주식 및 자본금 제도

김순석 저

Chonnam National University PRESS

머리말

법무부가 보다 나은 기업환경을 조성한다는 목표 아래 2005년 9월부터 시작하였던 회사법 개정작업이 2011년 4월 15일 법률 제10600호로 「상법일부개정법률」이 공포됨으로써 대단원의 막을 내리게 되었다. 개정상법은 2012년 4월 15일부터 시행되었으며, 개정조문이 총칙편 1개, 상행위편 10개, 회사편 249개로 무려 총 260개에 달하여 1962년 상법 제정 이래 가장 대폭적인 것으로 평가된다. 상법 개정에 따라 상법시행령이 개정되었고 또한 2011년 개정 상법에 대한 보완작업도 이루어지고 있다. 회사법은 역동적인 기업을 대상으로 하는 법률인 만큼 앞으로도 경영환경의 변화에 따라 시의 적절하게 지속적으로 보완되어야 할 것으로 보인다.

21세기 들어 세계 각국은 기업의 경쟁력을 높이기 위하여 모든 역량을 집중하여 보다 나은 삶의 조건을 국민들에게 제공하고자 한다. 이러한 기업의 경쟁력을 제고하는 데에는 가장 기본적인 생산요소인 자본, 노동, 기술 등을 가장 저렴하고 효율적으로 확보하는 것이 무엇보다 중요하다. 이러한 생산요소 중 회사법의 영역에서는 기업들이 자본을 효율적으로 조달할 수 있도록 하는 법제도를 어떻게 구축할 것인가가 중요한 과제로 등장하고 있다. 이를 위하여 미국, 일본, 유럽 등 주요 선진국들은 다양한 유형의 주식을 개발하고 자본금 제도에 유연성을 제공함으로써 투자가들을 유인하여 기업들이 원활하게 자금을 조달하도록 배려하고 있다.

이 책은 그 동안 필자가 주식과 자본금 제도에 관하여 작성하였던 글들을 보완하여 가필한 것이다. 제2장에서는 2011년 4월 개정상법 가운데 우선 종류주식에 관하여 개정전 제도의 내용 및 문제점을 분석하고, 개정상법의 주요 내용을 소개하였으며, 주요국의 입법례를 검토한 후 그 개선방안을 제시한다. 제3장은 종류주식의 활용방안 가운데 하나로 경영권 승계 과정에서 활용하는 방안에 대하여 논의하였다. 한편 제4장에서는 우리 상법상 아직 도입되지 않고 있는 황금주 제도에 관하여 그 의의와 특성, 주요국의 입법현황, 법적 검토과제 등을 분석한다. 제5장은 무액면주식 제도에 관하여 그 효용과 장단점, 주요국의 입법례, 법률관계, 액면주식과 무액면주식간의 상호 전환절차 및 전환효과 등을 다룬다. 또한 제6장은 우선 자기주식 제도에 관하여 개정 전 문제점, 주요국의 입법례, 개정상법의 내용 및 문제점, 그리고 자본시장법상 자기주식의 취득 및 처분의 특례 등을 검토한다. 한편 주식소각 제도에 대해서는 2011년 개정전 제도의 문제점 및 주요국의 입법례를 분석한 후 개정상법상 주식소각 제도를 검토한다. 제7장은 워런트 제도에 관하여 그 의의 및 기능, 입법례, 도입에 관한 법률관계를 논의한다. 제8장은 자본금 제도상 채권자 보호에 관하여 유럽에서의 논의동향을 소개하고, 개정상법상 자본금 제도의 개정내용을 검토한 후 자본금 제도상 채권자 보호의 법적 과제를 분석한다. 제9장은 법정준비금 제도에 관한 비교법적 고찰을 한 후 개정상법의 내용과 문제점을 검토하고 그 개선방안을 제시한다.

이 책자가 그동안 경직적으로 운영되어 왔던 우리나라의 주식과 자본금 제도를 발전시키는 데에 조그만 도움이 되었으면 한다. 또한 이 책은 전남대학교의 학술도서 출판지원을 받아 출간되었으며, 지원을 해 주신 대학당국에 감사한다. 이 책자의 교정과 색인작업을 위해 힘써 준 전남대학교 법학전문대학원에 재학중인 박재천 군과 연구조교 이승호 군 및 홍유정 양에게도 고마운 마음을 전한다. 마지막으로 출간작업을 위해 힘써 주신 전남대학교출판부 직원 여러분께도 감사드린다.

2015년 2월
저 자 씀

■ 차례 CONTENTS

제 1 장

서 설

1

서 설

21세기 들어 세계 각국은 기업의 경쟁력을 높이기 위하여 모든 역량을 집중하여 보다 나은 삶의 조건을 국민들에게 제공하고자 한다. 이러한 기업의 경쟁력을 제고하는 데에는 가장 기본적인 생산요소인 자본, 노동, 기술 등을 가장 저렴하고 효율적으로 확보하는 것이 무엇보다 중요하다.

이러한 생산요소 중 회사법의 영역에서는 기업들이 자본을 효율적으로 조달할 수 있도록 하는 법제도를 어떻게 구축할 것인가가 중요한 과제로 등장하고 있다. 이를 위하여 미국, 일본, 유럽 등 주요 선진국들은 다양한 유형의 종류주식을 개발하여 투자가들을 기업활동에 유인함으로써 기업들이 원활하게 자금을 조달하도록 배려하고 있다. 이러한 직접금융을 통하여 기업들은 사채를 발행하거나 금융기관으로부터 차입하는 경우에 부담하게 되는 금융비용을 부담하지 않고 자금을 조달함으로써 국제 경쟁에서 한층 우위를 점할 수 있게 된다. 특히 우리나라의 경우 시장금리가 미국이나 일본 등 선진국보다 높다는 점을 감안하면 직접금융시장에서 주식발행을 통하여 원활한 기업자금을 조달하는 것은 매우 절실한 과제이다.

법무부가 보다 나은 기업환경을 조성한다는 목표 아래 2005년 9월부터 시작하였던 회사법 개정작업이 2011년 4월 15일 법률 제10600호로 「상법일부개정법률」이 공포됨으로써 대단원의 막을 내리게 되었다. 개정상법은 2012년 4월 15일부터 시행되었으며, 개정조문이 총칙편 1개, 상행위편 10개, 회사편 249개로 무려 총 260개에 달하여 1962년 상법 제정 이래 가장 대폭적인 것으로 평가된다. 상법 개정에 따라 상법시행령이 개정되었고 또한 2011년 개정 상법에 대한 보완작업도 진행 중이다. 회사법은 역동적인 기업을 대상으로 하는 법률인 만큼 앞으로도 경영환경의 변화에 따라 시의적절하게 지속적으로 보완되어야 할 것으로 보인다.

법무부의 상법 회사편 개정안은 2006년부터 입법예고되기 시작하여 매년 국회에 상정되었으나 통과되지 못하였다. 2011년 개정상법은 정부가 2008년 10월 21일에 국회에 제출한 것이며, 국회는 이 정부안의 일부 조항에 대하여 2009년

2월과 5월에 걸쳐 두 번의 개정을 먼저 하였다.

정부안 가운데 상장회사에 관한 특례부분은 2009년 2월 4일부터 시행된 「자본시장과 금융투자업에 관한 법률」(이하 "자본시장법"이라 한다)에 따라 폐지된 구 증권거래법의 내용을 반영하는 것으로서, 위 법률의 시행시기에 맞출 필요가 있었으므로 정부안 중에 상장회사 특례부분만이 발췌되어 가결되었으며, 2009년 2월 4일부터 발효하였다. 개정의 주요내용은 구 증권거래법상 상장법인의 지배구조에 관한 규정을 대부분 그대로 옮겨서 상법 제542조의2부터 제542의12까지의 규정을 신설하고 그와 관련된 사외이사의 근거와 자격요건, 벌칙 등을 개정한 것이다.[1)]

또한 국회는 창업절차를 간소화하고 기업경영의 IT화를 지원하는 내용의 상법 개정을 제안하여 2009년 4월 29일에 통과시켰으며, 동 개정상법은 2009년 5월 28일 공포되어 일부 조항을 제외하고는 공포한 날로부터 1년 후인 2010년 5월 28일에 발효되었다.[2)] 2009년 5월 개정상법은 5천만원의 최저자본금제도를 폐지하고, 동일한 상호가 아닌 유사 상호의 사용을 허용하였다. 창업절차를 간소화하기 위하여 자본금 10억원 미만의 소규모회사에 대하여 감사선임 의무를 면제하고, 설립시 주금납입보관증명서 대신 잔고증명서로 대체가 가능하도록 하며, 발기설립을 하는 경우 정관에 대한 공증의무를 면제하는 한편 주주총회 소집절차를 간소화하였다. 또한 기업경영의 IT화를 지원하기 위하여 전자투표제도를 도입하고, 전자문서에 의한 주주제안권 및 주주총회소집청구권의 행사가 가능하도록 규정하였다.

이처럼 2008년 10월 21일 국회에 제출된 정부의 상법(회사편) 개정안에 대하여 2009년 2월과 5월에 걸쳐 두 차례 개정이 있었지만, 주식제도의 개정에 대해서는 2011년 4월 개정상법에 비로소 포함되었다. 2011년 개정전 상법은 주식의 종류에 관하여 수종의 주식과 상환주식이나 전환주식 등의 특수한 주식으로 규정하고 있었다. 이러한 제한된 주식제도는 기업의 자금조달의 유연성이나 경영권 방어수단 등으로 활용할 수 있는 다양한 주식유형을 제공하지 못하고 있다는 비판을 받아 왔다. 특히 경제의 글로벌화에 따라 기업들은 주식제도에 있어서도 보다 경쟁력 있는 자본조달체제를 요구하고 있다. 이에 따라 2011년 개정상법은 종

1) 구 증권거래법상 재무에 관한 조항은 자본시장법(제165조의2부터 제165조의18까지)에 포함되어 개정되었으며, 2009년 2월 4일부터 발효하였다.

2) 동 개정법률 부칙에 따라 창업절차 간소화에 관한 규정인 제292조, 제318조, 제329조, 제363조, 제383조, 제409조의 개정규정은 공포한 날부터 시행되었다.

류주식의 근거에 대하여 총론적으로 규정하고(제344조), 이익배당 · 잔여재산분배에 관한 종류주식(제344조의2), 의결권의 배제 · 제한에 관한 종류주식(제344조의3), 주식의 양도에 관한 종류주식(제344조의4), 주식의 상환에 관한 종류주식(제345조) 및 주식의 전환에 관한 종류주식(제346조) 등을 도입하였다.

그 이외에 적대적 M&A에 대한 방어수단을 염두에 둔 포이즌 필(poison pill)로서 신주인수선택권 제도를 도입하기 위한 상법개정 공청회가 2009년 11월 9일 개최되었으나, 아직까지 입법이 보류 중이다. 동 공청회에서 제시된 상법개정안은 신주인수선택권이라는 명칭으로 워런트(warrant) 도입의 근거를 마련하고, 주주평등의 원칙에 대한 예외로서 적대적 인수를 시도하는 자에 대하여 차별적 취급을 허용하며, 포이즌 필(poison pill)의 경우 신주의 저가발행을 허용한다. 또한 포이즌 필의 남용을 방지하기 위하여 정관상 근거규정을 두도록 하고, 포이즌 필 허용의 실체적 요건으로서 "회사의 가치 및 주주 일반의 이익을 유지 또는 증진시키기 위하여 필요한 경우"라는 기준을 제시하였으며, 주주의 留止請求權을 규정하여 위법한 신주인수선택권을 저지할 수 있도록 하는 한편, 주주총회 결의로써 신주인수선택권을 소각할 수 있도록 하고 있다.[3] 한편 2011년 4월 개정상법에서도 트래킹주식(Tracking Stock),[4] 거부권부종류주식, 임원임면권부종류주식, 차등의결권부종류주식 등은 도입되지 않고 있다.

이 책은 그 동안 필자가 주식과 자본금 제도에 관하여 작성하였던 글들을 보완하여 가필한 것이다. 제2장에서는 2011년 4월 개정상법 가운데 우선 종류주식에 관하여 개정전 제도의 내용 및 문제점을 분석하고, 개정상법의 주요 내용을 소개하였으며, 주요국의 입법례를 검토한 후 그 개선방안을 제시한다. 제3장은 종류주식의 활용방안 가운데 하나로 경영권 승계 과정에서 활용하는 방안에 대하여 논의하였다. 한편 제4장에서는 우리 상법상 아직 도입되지 않고 있는 황금주 제도에 관하여 그 의의와 특성, 주요국의 입법현황, 법적 검토과제 등을 분석한다. 제5장은 무액면주식 제도에 관하여 그 효용과 장단점, 주요국의 입법례, 법률관계, 액면주식과 무액면주식간의 상호 전환절차 및 전환효과 등을 다룬다. 또

---

3) 동 상법개정안 제317조, 제330조, 제432조의2부터 제432조의9까지, 제455조, 제631조; 이현철, "방어수단으로서 신주인수선택권제도", 「적대적 M&A 방어수단 도입을 위한 상법 개정 공청회」, 법무부, 2009. 11. 9., 64~65면.

4) 트래킹주식(특정사업연동주식)이라 함은 그 가치가 발행회사의 특정한 사업부문 또는 자회사의 업적에만 연동하도록 설계된 주식을 말하며, 이익배당에 관한 종류주식의 한 유형에 속한다(김순석, "종류주식의 다양화와 자금조달의 유연성에 관한 법적 쟁점 분석", 「상사법연구」 제27권 제2호(한국상사법학회, 2008), 11~31면 참조).

한 제6장은 우선 자기주식 제도에 관하여 개정 전 문제점, 주요국의 입법례, 개정상법의 내용 및 문제점, 그리고 자본시장법상 자기주식의 취득 및 처분의 특례 등을 검토한다. 한편 주식소각 제도에 대해서는 2011년 개정전 제도의 문제점 및 주요국의 입법례를 분석한 후 개정상법상 주식소각 제도를 검토한다. 제7장은 워런트 제도에 관하여 그 의의 및 기능, 입법례, 도입에 관한 법률관계를 논의한다. 제8장은 자본금 제도상 채권자 보호에 관하여 유럽에서의 논의동향을 소개하고, 개정상법상 자본금 제도의 개정내용을 검토한 후 자본금 제도상 채권자 보호의 법적 과제를 분석한다. 제9장은 법정준비금 제도에 관한 비교법적 고찰을 한 후 개정상법의 내용과 문제점을 검토하고 그 개선방안을 제시한다.

제 2 장

종류주식

2

종류주식*

Ⅰ. 서설

21세기 들어 세계 각국은 기업의 경쟁력을 높이기 위하여 모든 역량을 집중하여 보다 나은 삶의 조건을 국민들에게 제공하고자 한다. 이러한 기업의 경쟁력을 제고하는 데에는 가장 기본적인 생산요소인 자본, 노동, 기술 등을 가장 저렴하고 효율적으로 확보하는 것이 무엇보다 중요하다.

이러한 생산요소 중 회사법의 영역에서는 기업들이 자본을 효율적으로 조달할 수 있도록 하는 법제도를 어떻게 구축할 것인가가 중요한 과제로 등장하고 있다. 이를 위하여 미국, 일본, 유럽 등 주요 선진국들은 다양한 유형의 종류주식을 개발하여 투자가들을 기업활동에 유인함으로써 기업들이 원활하게 자금을 조달하도록 배려하고 있다. 이러한 직접금융을 통하여 기업들은 사채를 발행하거나 금융기관으로부터 차입하는 경우에 부담하게 되는 금융비용을 부담하지 않고 자금을 조달함으로써 국제 경쟁에서 한층 우위를 점할 수 있게 된다. 특히 우리나라의 경우 시장금리가 미국이나 일본 등 선진국보다 높다는 점을 감안하면 직접금융시장에서 주식발행을 통하여 원활한 기업자금을 조달하는 것은 매우 절실한 과제이다.

2011년 개정전 상법은 주식의 종류에 관하여 수종의 주식과 상환주식이나 전환주식 등의 특수한 주식으로 규정하고 있었다. 이러한 제한된 주식제도는 기업의 자금조달의 유연성이나 경영권 방어수단 등으로 활용할 수 있는 다양한 주식의 유형을 제공하지 못하고 있다는 비판을 받아 왔다. 특히 경제의 글로벌화에

---

* 이 장은 종류주식에 관하여 작성한 ① "종류주식의 다양화와 자금조달의 유연성에 관한 법적 쟁점 분석", 「상사법연구」 제27권 제2호(2008), 9~50면; ② "주식제도의 개선-종류주식을 중심으로-", 「상사법연구」 제28권 제3호(2009), 131~173면; ③ 「개정상법상 새로운 주식제도 해설」, 한국상장회사협의회, 2011, 1~82면; ④ "종류주식의 활용-우리 법 아래에서 활용 범위 및 일본에서 종류주식 활용의 응용가능 범위)", 「제2기 회사법 연수원 Ⅰ」(서울지방변호사회, 2014), 59~142면 등을 수정 · 보완한 것이다.

따라 기업들은 주식제도에 있어서도 보다 경쟁력 있는 자본조달체제를 요구하고 있다. 이에 따라 2011년 개정상법은 종류주식의 근거에 대하여 총론적으로 규정하고(제344조), 이익배당 · 잔여재산분배에 관한 종류주식(제344조의2), 의결권의 배제 · 제한에 관한 종류주식(제344조의3), 주식의 상환에 관한 종류주식(제345조) 및 주식의 전환에 관한 종류주식(제346조) 등을 도입하고 있다.

그 이외에 적대적 M&A에 대한 방어수단을 염두에 둔 포이즌 필(poison pill)로서 신주인수선택권 제도를 도입하기 위한 상법개정 공청회가 2009년 11월 9일 개최되었으나, 아직까지 입법이 보류 중이다.[1] 한편 2011년 4월 개정상법에서도 트래킹주식(Tracking Stock),[2] 거부권부종류주식, 임원임면권부종류주식, 차등의결권부종류주식 등은 도입되지 않고 있다.

Ⅱ. 종류주식의 총괄규정

1. 2011년 상법 개정 전 제도의 내용 및 문제점

2011년 개정전 상법 제344조는 내용이 다른 주식을 수종의 주식이라 하여 이익이나 이자의 배당 또는 잔여재산의 분배에 한하여 종류주식의 발행을 허용하고, 이익배당에 관한 우선주에 대하여는 의결권이 없는 것으로 할 수 있다고 규정하고 있었다(개정전 제370조 제1항 본문).

그 때까지 운영실정을 보면 이익배당에 있어서 내용이 다른 주식, 즉 배당우선주 이외의 주식은 발행사례가 거의 없는 실정이었다. 이처럼 기업들이 자금조달이나 경영권 방어 등을 위하여 활용할 수 있는 종류주식의 유형이 너무 제한적으로 규정됨에 따라, 경영환경 변화에 탄력적으로 대응하는데 지장을 초래하였다.

2. 2011년 개정상법의 내용

상법은 제344조에서 종류주식에 대한 총괄규정을 둔 다음 제344조의2부터 제351조까지 종류주식의 유형별로 별도의 조문을 두고 있다. 제344조는 종류주

---

1) 동 상법개정안 제317조, 제330조, 제432조의2부터 제432조의9까지, 제455조, 제631조; 이현철, "방어수단으로서 신주인수선택권제도", 「적대적 M&A 방어수단 도입을 위한 상법 개정 공청회」, 법무부, 2009. 11. 9., 64~65면.

2) 트래킹주식(특정사업연동주식)이라 함은 그 가치가 발행회사의 특정한 사업부문 또는 자회사의 업적에만 연동하도록 설계된 주식을 말하며, 이익배당에 관한 종류주식의 한 유형에 속한다(김순석, 전게논문, 11~31면 참조).

식의 유형을 다양화하였는데, 기존의 이익배당 · 잔여재산의 분배에 관한 종류주식 이외에 주주총회에서의 의결권의 행사, 주식의 상환 및 전환 등에 관하여 내용이 다른 종류주식을 발행할 수 있는 근거를 마련하고 있다(제344조 제1항). 한편 개정상법상 건설이자배당 제도가 철폐되었으므로(제463조), 건설이자배당에 관한 종류주식은 허용되지 아니한다.

3. 입법례

미국의 경우에는 증권의 발행에 관하여 최소한도의 제한만을 하고 있어서 증권의 유형을 자유롭게 설계할 수 있다.[3)]

영국 회사법의 경우 종류주식(classes of shares)에 관해서는 1985년 회사법을 물론 2006년 회사법에서도 정의규정이 없었지만, 보통법상 특정한 주식에 관하여 권리(의결권, 이익배당권, 잔여재산분배권)가 부여된 주식을 말하는 것이다.[4)] 회사는 정관의 정함에 따라 또는 주식의 내용을 결정하는 결의(resolution)에 따라 주주의 권리를 달리 정할 수 있는 다양한 종류주식을 발행할 수 있다.[5)] 공개회사 및 폐쇄회사를 위한 모델정관안은 각각 주주총회 보통결의로 종류주식을 발행할 수 있도록 규정하고 있다.[6)]

일본의 경우에도 2001년 상법개정을 통하여 종류주식을 대폭적으로 확대하였으며, 발행가능한 주식의 종류를 법률에서 열거하고 상세한 내용은 정관에 맡기는 방식을 채택하고 있다(일본회사법 제107조, 제108조, 제109조). 일본 회사법은 9가지의 종류주식을 도입하고 있다.[7)]

---

3) RMBCA §6.01; Del. Code Ann. tit. 8, §151(c), §212(a); N.Y. Bus. Corp. Law §§501, 505, 512, 519; Cal. Corp. Code §§203.5, 400, 402, 403 등 참조.

4) Saleem Sheikh, A Guide to the Companies Act 2006, Routledge-Cavendish, 2008, p. 678.

5) 문준우, "영국 회사법의 종류주식과 그 시사점", 「상사법연구」 제29권 제4호(한국상사법학회, 2011), 181~182면.

6) 심영, "영국 회사법", 「주요국 회사법」, 전국경제인연합회, 2009, 146면; Draft Model Articles for Public Companies, art. 42(1); Draft Model Articles for Private Companies, art. 21(1).

7) 즉, i) 잉여금의 배당, ii) 잔여재산의 분배, iii) 주주총회에서 의결권을 행사할 사항(의결권제한주식), iv) 양도에 의해 주식을 취득하는데 회사의 승인을 요하는 것(양도제한종류주식), v) 주주가 회사에 대하여 주식취득을 청구할 수 있는 것(취득청구권부종류주식), vi) 회사가 일정한 사유의 발생을 조건으로 주식을 취득할 수 있는 것(취득조항부종류주식), vii) 회사가 총회결의에 의해 전부 취득하는 것(전부취득조항부종류주식), viii) 주주총회(이사회설치회사의 경우 주주총회 또는 이사회) 결의사항 중 당해 결의 이외에 종류주주총회의 결의가 필요한 것(거부권부종류주식), ix) 종류주주총회에서의 이사 또는 감사를 선임하는 것(임원임면권부종류주식; 위원회설치회사와 공개회사에는 인정하지 않음) 등에 관하여 내용이 다른 종류주식을 발행할 수 있다(제108조 제1항).

4. 개정상법의 검토

(1) 종류주식의 개념 및 도입범위

2011년 개정상법 제344조 제1항은 종류주식의 개념에 대해서 "이익의 배당, 잔여재산의 분배, 주주총회에서의 의결권의 행사, 상환 및 전환 등에 관하여 내용이 다른 종류의 주식"으로 정의하고 있다. 즉, 종류주식이란 어떠한 주식에 대하여 권리의 내용이 다른 주식을 말한다.

발행주식 유형의 다양화는 투자자의 입장에서는 투자상품이 다양화되고, 금융회사 입장에서는 취급할 수 있는 금융상품이 다양화되는 것을 의미하여 자본시장 발전에도 긍정적인 영향을 미칠 수 있다. 그러므로 기존의 이익배당 등 이외에 의결권제한주식, 주식의 상환 및 전환에 관한 다양한 종류주식의 발행을 허용한 것은 국제적 흐름에 부합한다고 본다.

종류주식의 도입범위를 어디까지 확대할 것인가에 대하여는 각계의 의견이 대립하고 있다. 2011년 개정상법은 이익배당이나 잔여재산분배에 관한 종류주식 중 특정한 사업부문이나 자회사에 연동하는 트래킹주식에 대해 그 법률관계가 복잡하고 분쟁 가능성이 높은 반면 활용도는 많지 않다는 등의 이유로 해석상 논란은 있지만 그 도입을 유보하려는 의도로 입법되었다.[8] 또한 2006년 상법개정안은 원시정관을 통하거나, 총주주의 동의에 의한 정관변경을 통하여 임원임면권부종류주식과 거부권부종류주식의 도입을 허용하였으나, 2011년 개정상법에는 반영되지 않았다. 이는 경영권 방어수단으로의 남용 가능성을 우려하여 도입하지 않은 것이다. 또한 적대적 M&A에 대한 방어수단을 염두에 둔 포이즌 필이나 신주예약권과 같은 옵션형 잠재주식제도에 대해서도 경영권 방어수단으로서 남용 가능성이 매우 높다는 지적에 따라 보류되었다. 한편 주식의 양도에 관한 종류주식도 국회의 논의과정에서 삭제되었다. 이에 따라 2011년 개정상법 중 종류주식에 대해서 방어수단의 관점에서 보면 충분하지 않은 개정이라는 일부 견해도 있다.[9]

2011년 개정상법에서 종류주식의 유형을 다양화한 것은 바람직한 방향이지만, 우리나라 기업규모나 글로벌 경영환경 등을 고려할 때 주식제도가 기업의 창조적 경영활동을 하는데 제약요인이 되어서는 안된다고 본다. 종류주식에 대한

---

8) 법무부, 「상법(회사편)개정 특별분과위원회 회의록」, 2006, 626~630면.

9) 권종호, "방어수단으로서 종류주식 – 2006년 개정안과 2008년 개정안을 중심으로 –", 「상사법연구」 제27권 제2호(한국상사법학회, 2008), 55면.

규제는 되도록 완화하여 정관자치에 위임하고, 그 남용을 방지하기 위한 사후적인 규제수단을 마련하는 데에 중점을 두어야 할 것이다.

(2) 보통주식이 종류주식에 포함되는지 여부

보통주식이 종류주식에 포함되는지 여부에 따라 개정상법 아래에서도 ① 보통주식의 개념, ② 종류주식의 개념, ③ 보통주식의 발행근거, ④ 상법규정상 종류주식에 보통주식이 포함되어 있는지 여부 ⑤ 보통주식에 대한 상환이 허용되는지 여부, ⑥ 보통주식으로 전환되는 주식의 전환에 관한 종류주식(이하 전환주식이라 한다)의 발행이 가능한지 여부 등에 차이가 발생하게 된다.[10] 또한 회사가 종류주식을 조합하여 발행할 수 있는 종류주식의 수를 결정하는 데에도 영향을 미치게 된다.[11]

1) 불포함설 보통주는 다른 종류주식의 기준이 되는 주식을 정하기 위하여 사용되는 개념이지 보통주 자체를 종류주식으로 볼 수 없다는 견해이다. 보통주를 종류주식에 포함시키면 사실상 모든 주식이 종류주식에 포함되므로 종류주식의 개념을 별도로 규정하는 체계와도 맞지 않는다고 한다. 개정상법이 종류주식의 내용을 설명하는 조항(제344조)을 두고 개별 종류주식을 열거하는 형식을 취하고 있는 것도 이를 뒷받침한다고 본다.[12]

개정상법은 개정 전 "수종의 주식"을 "종류주식"으로 변경하여 의도적으로 개념을 바꾼 것은 아니다. 종류주식은 주주권의 내용이 다른 주식으로 정의되면서(제344조 제1항), 제344조의2 이하에서 구체적으로 그 유형을 열거하고 있기 때문에, 보통주는 종류주식에 포함되지 않는다고 한다.[13] 이에 따라 회사가 보통주를 발행할 수 있는 근거가 종류주식에 관한 제344조 이하가 아니라 일반적인 주식에 관한 규정에 있다고 본다. 상법에서 종류주식이 보통주를 포함하지 않고 있다는 규정의 예로서 종류주식을 발행하려면 정관으로 그 내용과 수를 정해야

---

10) 이영철, "개정상법상 상환주식의 해석상 쟁점에 관한 고찰", 「선진상사법률」 제66호(2014), 4면.

11) 김희준, "종류주식 발행의 실무상 쟁점과 법적 해결방안에 관한 연구－상환 및 전환에 관한 종류주식을 중심으로－", 「선진상사법률연구」 통권 제64호(2013), 7면.

12) 김홍기, "2011년 개정상법 및 동법시행령상 회사재무분야의 주요쟁점과 해석 및 운용상의 과제", 「기업법연구」 제26권 제1호(한국기업법학회, 2012), 117면.

13) 개정상법에서 보통주식과 종류주식을 모두 지칭하는 경우에는 법문상 '주식의 종류'로 표현하고 있다고 보고, 구체적인 조문을 예시하기도 한다(심영, "개정상법상 종류주식에 대한 고찰", 「일감법학」 제22호(건국대학교 법학연구소, 2012), 주) 11)). 그러나 후술하는 바와 같이 상법 제344조 제1항에서 종류주식의 정의를 "… 등에 관하여 내용이 다른 종류의 주식"으로 하고 있는 점에 비추어 타당하지 않다고 본다.

한다거나(제344조 제2항), 종류주식에는 종류주주총회가 인정되고(제435조 제1항), 주식배당은 같은 종류의 주식으로 할 수 있다는 규정 등을 열거하고 있다.[14] 또한 보통주식이 종류주식에 포함되지 않아야 제345조 제5항에서 규정한 보통주식을 상환주식으로 발행할 수 없다는 의미가 명확해 진다는 것이다.[15][16]

다만, 제346조 제1항과 제2항에 규정된 주식의 전환에 관한 종류주식에는 예외적으로 보통주가 포함된다고 해석하며, '다른 종류주식'이라는 문구는 '다른 종류의 주식'으로 읽을 필요가 있다고 한다.[17] 입법론으로 종류주식이라는 개념 대신 다른 일반적인 개념을 사용하여 보통주로도 전환이 허용된다는 점을 명확히 해야 한다고 한다.[18] 또한 제435조 제1항의 경우에도 예외를 인정하여 보통주의 경우에도 종류주주총회를 개최할 수 있다고 해석한다.[19]

2) 포함설 보통주식이 종류주식에 포함된다는 견해에 따르면, 주주가 가지는 권리 가운데 이익의 배당, 잔여재산의 분배, 주주총회에서의 의결권의 행사, 상환 및 전환 등 5개의 권리 중 어느 하나 또는 둘 이상의 권리에 관하여 조금이라도 내용이 다른 주식이 발행되면 그 주식은 모두 종류주식으로 본다. 즉, 회사가 권리의 내용이 다른 주식을 발행하면 그 모두가 종류주식이 되는 것이며, 보통주를 제외한 나머지 주식만이 종류주식이 되는 것은 아니라고 한다.[20] 즉, 종류주식이란 주식의 권리내용이 다른 주식을 말하며, 당연히 2종류 이상의 주식을 전제로 하는 것이고, 이 경우 어떠한 권리에 관한 표준이 되는 주식이 존재하게 되는데, 그것이 보통주식이라는 것이다.[21]

보통주식을 종류주식에 포함하여야 하는 근거로는 i) 제344조의 종류주식은 개정 전 제344조 제1항의 '수종의 주식'을 변경한 것인데, 개정 전 '수종의 주식'에는 보통주, 우선주, 열후주, 혼합주가 있다고 보는데 이설이 없었다고 한다.[22] 개정상법 아래에서도 이러한 주식을 재산적 내용에 관한 종류주식으로 보

---

14) 송옥렬, 「상법강의[제4판]」, 홍문사, 2014, 773면.

15) 심영, 전게논문, 115면.

16) 이러한 주장에 대한 반론으로는 정동윤, "보통주와 종류주의 개념에 관하여 – 개정상법의 해석과 관련하여 –" 「상사법연구」 제31권 제1호(2012), 46~50면 참조.

17) 정수용 · 김광복, "개정상법상 종류주식의 다양화", 「BFL」 제51호(2012), 108~109면; 동지, 이철송, 「회사법강의[제22판]」, 박영사, 2014(이하 "회사법강의"라 한다), 294면; 송옥렬, 전게서, 786면.

18) 송옥렬, 전게서, 786면.

19) 김홍기, 전게논문, 117면.

20) 정동윤, 전게논문, 41~42면.

21) 박철영, "종류주식의 활용과 법적 과제 – 의결권제한주식을 중심으로 –", 「기업법연구」 제25권 제4호(한국기업법학회, 2011)(이하 "종류주식의 활용과 법적 과제"라 한다), 36면.

기도 한다.[23] ii) 종류주식의 개념은 제344조의2 이하에서 규정하고 있는 것이 아니라 제344조 제1항에서 규정하고 있고, 제344조의2 이하에서는 제344조를 기본으로 하여 개별적인 종류주식에 대한 특칙과 세칙을 규정하고 있을 뿐이다.[24] iii) 주식의 내용은 상대적인 것이므로 보통주식도 상대적으로 정할 수 있다. 따라서 어느 회사가 내용이 다른 종류의 주식을 발행한 경우에는 모든 주식이 종류주식이 되는 것이고, 보통주식도 종류주식의 하나라는 것이다.[25] 예컨대, 보통주는 우선주와 후배주의 표준이 되는 주식인데 이들 구별은 상대적인 것이며, 보통주도 후배주를 기준으로 보면 우선주에 해당한다는 것이다. iv) 전환주식에 관한 개정상법 제346조 제1항과 제2항은 보통주가 종류주식임을 전제로 한 규정으로 본다.[26] v) 보통주에 손해를 미치는 결정이 있는 경우, 특히 보통주의 주주가 소수인 경우에는 보통주의 주주들에 의한 종류주주총회가 있어야 한다.[27] vi) 개정 전의 것으로서 보통주는 수종의 주식에 포함되지 않는다는 것을 전제로 한 판례[28]가 있지만, 개정상법 아래에서는 보통주도 종류주식의 일종임을 전제로 한 명문의 규정이 있으므로 달리 해석하여야 한다.[29]

보통주식을 종류주식으로 본다면, 회사가 종류주식을 발행하려면 정관으로 각 종류주식의 내용과 수를 정하여야 한다는 제344조 제2항의 규정상, 보통주도 그 내용과 수를 정관에서 정해야 하는지 여부가 문제된다. 이를 근거로 보통주는 종류주식에 포함되지 않는다는 견해도 제기된다.[30]

보통주의 경우 다른 종류주식과 달리 정관에서 그 내용과 수를 정하지 않아도 된다고 해석해야 하는 이유로서는 i) 보통주는 어떠한 권리가 부가되거나 제한되지 않은 가장 기본적인 주식으로서 상법에서 기본사항이 정하여져 있으므로 정관에서 그 내용을 따로 정할 필요가 없다.[31] ii) 정관에 보통주의 수를 기재하

---

22) 정동윤, 전게논문, 43면.

23) 최준선, 「회사법[제9판]」, 삼영사, 2014(이하 "회사법"이라 한다), 224면.

24) 정동윤, 전게논문, 46면.

25) 정동윤, 전게논문, 45면; 相澤 哲, · 葉玉匡美 · 郡谷大輔 編, 「論点解説 新 · 會社法」, 2006, 商事法務, 54~55면.

26) 임재연, 「회사법Ⅰ[개정판]」, 박영사, 2014, 354면.

27) 권종호, "종류주식의 쟁점과 과제", 「상사법연구」 제31권 제4호(한국상사법학회, 2013), 51면; 이승환, "종류주식의 활용방안에 관한 고찰", 「법학연구」 제23권 제1호(연세대학교 법학연구원, 2013), 45면.

28) 대법원 2006. 1. 27. 선고 2004다44575 판결.

29) 임재연, 전게서, 355면.

30) 송옥렬, 전게서, 773면.

31) 박철영, 종류주식의 활용과 법적 과제, 37면; 최준선, 「2011년 개정상법 회사편 해설」, 한국상장회

는 것은 자본금은 정관의 기재사항이 아니고 정관에는 회사가 발행할 주식총수(수권주식수)만을 기재하는 수권자본금제도에 정면으로 반한다.[32] iii) 정관으로 종류주식의 내용과 수를 정하도록 하는 것은 종류주식의 발행이 주주평등의 원칙의 예외가 되므로 다른 주주들의 이해관계에 영향을 미칠 염려가 있기 때문인데, 보통주의 경우에는 이러한 염려가 없다.[33]

또한 보통주식을 종류주식으로 보는 경우 상환주식에 관한 상법 제345조 제5항의 해석이 문제된다. 개정상법이 보통주를 상환주식으로 발행할 수 없도록 하기 위하여 “상환주식은 종류주식에 한하여 발행할 수 있다”고 규정하고 있다. 새로운 종류주식제도 아래에서는 이익배당 보통주도 의결권이 제한될 수도 있기 때문에, 개정 상법이 의도하는 것은 보통주가 아니라 ‘의결권에 제한이 없는 주식’이 상환주식으로 발행되어 소멸되는 것을 방지하고자 한 것이다. 즉, 상환에 의하여 소멸시킬 수 없도록 한 것은 의결권이지 이익배당에 관한 권리가 아니다. 개정 상법은 종래의 보통주 즉, 의결권이 있는 이익배당 보통주를 종류주식이 아닌 것으로 보고, 그 의결권에 주목하여 이를 상환할 수 없도록 한 것인데, 보통주의 개념과 성격에 대한 오해라고 본다.[34] 한편, 보통주식은 종류주식의 하나이므로(제344조 제1항) 보통주식도 상환주식의 대상이 된다고 해석하는 견해도 제기된다. 이 견해는 제345조 제5항을 상환주식은 종류주식을 발행하는 회사, 즉 두 가지 종류 이상의 주식을 발행하는 회사에 한하여 발행할 수 있고, 하나의 주식, 즉 보통주식만을 발행하는 회사는 이를 상환주식으로 발행할 수 없다는 취지로 해석한다. 만일 이를 허용하면 보통주식을 모두 상환함으로써 자본금이 없는 회사가 생길 수 있는데 이는 자본금이 없는 회사에 주주유한책임을 인정하는 것이 되어 주식회사의 본질에 반한다고 본다. 이 견해는 제345조 제5항은 자본금이 없는 주식회사는 존립할 수 없다는 점을 주의적으로 규정한 것으로 해석한다.[35]

3) 사견 종류주식에 관한 상법상의 조문은 보통주식이 포함되는지 여부에 관하여 정교하지 못한 입법으로 인하여 두 가지 견해에 모두 일정한 타당한 근거를 제공하고 있다고 본다. 종류주식에 보통주식이 포함되는지 여부에 관한 학설의 차이는 종류주식의 개념을 제344조 제1항에 비중을 두고 보는지, 아니면

사협의회, 2011, 81면.

32) 임재연, 전게서, 355면.

33) 임재연, 전게서, 355면.

34) 박철영, 종류주식의 활용과 법적 과제, 36~37면.

35) 정동윤, 전게논문, 52~53면.

제344조의2 이하의 규정에 비중을 두는지 여부에 따라 달라진다. 생각건대, 어느 견해를 취하거나 예외적인 현상이 발생하는 것은 사실이지만, 불포함설에 따를 경우 더 많은 문제점을 수반한다.[36] 따라서 입법에 의해 해결되기 전까지는 다음과 같은 근거에 의해 보통주식을 종류주식으로 보는 견해가 더 타당하다고 본다.

첫째, 상법 제344조 제1항은 종류주식의 정의를 "이익의 배당, 잔여재산의 분배, 주주총회에서의 의결권의 행사, 상환 및 전환 등에 관하여 내용이 다른 종류의 주식"으로 정의하고 있다.[37] 따라서 상법상 종류주식은 "종류의 주식"을 간략하게 표현한 것이므로 법문에 표현된 종류주식에 관한 모든 문언은 " … 등에 관하여 내용이 다른 종류의 주식"으로 읽어야 하며,[38] 보통주식을 이러한 "종류의 주식"의 하나로 보면 대부분의 문제가 해결된다.[39]

둘째, 보통주식은 이익의 배당이나 잔여재산의 분배에 관한 주식의 한 유형에 속하며, 이는 2011년 개정 전 상법과 그 법적 성격이 변화된 것은 없다. 즉, 보통주식은 다른 주식에 대한 상대적인 기준이 되는 주식이면서, 제344조 및 제344조의2에 따라 이익배당이나 잔여재산의 분배에 관하여 내용이 다른 "종류의 주식"의 한 유형에 속한다고 보아야 할 것이다.

셋째, 종류주식은 2종류 이상의 주식을 발행하는 경우에만 인정되는 개념이므로, 보통주식과 다른 종류주식을 발행한 경우 보통주식은 당연히 "종류의 주식"의 하나를 구성하게 된다.[40]

넷째, 보통주를 상환주식으로 발행하지 않는다는 점은 법무부 회의록이나 상법개정위원회의 논의과정에서는 언급이 없었다고 하지만, 포이즌 필에 대한 국회의 논의과정이나, 법무부가 2009년 별개의 입법을 통하여 포이즌 필을 도입하려고 추진하였던 점에 비추어 명백하다고 본다. 따라서 보통주식이 "종류의 주식"에 포함되는 것으로 해석하는 경우 제345조 제5항의 "종류의 주식"에는 보통주식이 포함되지 아니한다고 보아야 한다. 다만, '의결권이 없거나 의결권이 제한된

---

36) 불포함설에 따른 문제점에 관해서는 이철송, "2011 개정상법의 정책적 및 기술적 오류", 「증권법연구」 제13권 제2호(한국증권법학회, 2012), 12～13면 참조.

37) 제344조 이하의 상법개정안을 검토해 보면, 2007년 개정안에서는 "종류의 주식"과 "종류주식"으로 병기되었다가, 2008년 개정안부터 "종류의 주식"을 모두 "종류주식"으로 수정하였는데, 이 과정에서 이에 대한 특별한 논의는 없었다. 따라서 이러한 수정에 특별한 의미가 있었던 것은 아니고 법문언을 보다 간략하게 정리하려는 의도였던 것으로 보인다.

38) 동지, 송종준, "개정상법상 지배구조의 변화요소와 활용방안", 「상장협연구」 제64호(한국상장회사협의회, 2011), 119면.

39) 즉, 상환전환우선주의 허용이나, 보통주 주주들에 의한 종류주주총회 개최 문제 등이 해결된다.

40) 동지, 종류주식의 활용과 법적 과제, 전게논문, 36～37면.

보통주식'[41]의 경우에는 상환이 되어도 문제가 없으므로 "종류의 주식"에 포함될 수 있을 것이다.[42]

(3) 종류주식의 세부내용에 대한 이사회의 결정

종류주식을 발행하는 경우에는 정관변경을 수반하므로 주주총회의 특별결의가 필요하다(제344조 제4항). 또한 종류주식의 내용을 정관에서 정하도록 한 취지는 종류주식의 발행으로 손해를 입을 우려가 있는 종류주주의 승인을 받기 위한 것이다(제435조 제1항). 따라서 주식의 내용에 관한 정관기재는 종류주주가 자신에게 미치는 영향을 합리적으로 판단할 수 있을 정도로 명확하여야 한다.

그런데 종류주식의 권리내용을 정하는데 (종류)주주총회가 개최되어야 한다면, 경제 사정에 따라 기동적으로 그 권리내용을 정할 수 없게 된다. 이에 따라 종류주식을 발행하는 경우 정관에서는 주식의 내용에 관한 요강만을 정하고 그 세부적인 사항은 이사회가 종류주식을 발행할 때까지 정하도록 하는 규정이 필요하다고 본다(일본 회사법 제108조 제3항; 동 회사법시행규칙 제20조). 그 이유는 주식발행은 급박한 경영환경에 대응하기 위하여 신속히 이루어져야만 효과적인 경우가 많기 때문이다. 이 때 내용의 요강이 어느 정도 확정적으로 정해져야 하는가는 종류주식의 내용에 따라 다르겠지만, 일반적으로 다른 종류주주가 합리적인 예측 가능성을 가질 수 있을 정도로 명확하여야 할 것이다.[43]

Ⅲ. 이익배당·잔여재산분배에 관한 종류주식

1. 2011년 개정전 제도의 내용 및 문제점

개정전 상법 제344조는 이익이나 이자의 배당 또는 잔여재산의 분배에 관하여 내용이 다른 수종의 주식을 발행할 수 있도록 규정하고 있었다(개정전 제344조 제1항). 수종의 주식으로는 보통주, 우선주, 후배주, 혼합주 등이 발행될 수 있었다. 개정전 상법은 이익배당에 관한 우선적 내용이 있는 주식에 대하여는 정관으로 최저배당률을 정하도록 하고 있었다(개정전 제344조 제2항). 또한 이익배당에 관한 우선주에 대해서만 의결권이 없는 것으로 할 수 있었다(개정전 제370

---

41) 엄밀하게는 "의결권이 없거나 제한된 「주식」"을 말한다. 그 이유는 보통주식은 일반적으로 의결권과 이익배당청구권을 가지기 때문이다.

42) 이철송, 회사법강의, 288면.

43) 松尾建一, 「逐條解說 會社法(酒卷俊雄/龍田節 編) 第2卷 柱式 · 1」, 中央經濟社, 2008, 69面.

조 제1항 본문). 그 결과 배당우선주식이나 무의결권우선주식만이 활용되는 결과가 되어 기업의 자금조달 측면에서 유연성이 크게 부족하다는 문제가 지속적으로 제기되었다.[44] 이에 따라 실질적으로 의미가 있는 종류주식은 이익배당에 관한 우선주에 국한되고 그 이외의 종류주식은 발행사례가 별로 없었다.[45]

개정전 상법 제344조 제2항의 이익배당우선주에 대한 최저배당률제도는 그 동안 악용되어 왔던 1% 배당우선주의 발행을 방지하기 위하여 1995년에 신설된 조항이다. 그러나 이 조항은 효율성이 별로 없고, 이를 운영하는 입법례도 드물며, 배당가능이익이 구체화되기 전에 먼저 최저배당률부터 정한다는 것은 비논리적이라는 비판이 제기되었다.[46]

2. 2011년 개정상법의 내용

상법 제344조의2는 개정전 이익배당 · 잔여재산분배에 관한 종류주식을 독립된 조문으로 신설하였다. 이익배당 · 잔여재산분배에 관한 종류주식이라 함은 이익배당 · 잔여재산분배에 관하여 내용이 다른 종류주식을 말한다. 개정상법 제463조에서 건설이자배당제도를 폐지함에 따라 기존의 종류주식 중 건설이자배당에 관한 종류주식은 삭제하였다(제344조 제1항).

건설이자배당제도[47]를 폐지한 것은 이 제도가 이용된 예가 거의 없고, 건설이자의 지급은 출자의 일부환급 내지 장래 발생할 이익배당의 선지급에 해당하여 채권자의 이익을 침해할 우려가 있으며, 자본잉여금과 이익잉여금 등 배당재원에 대한 규제의 완화로 건설이자제도의 유지 필요성이 감소되었기 때문이다.[48]

개정상법은 이익배당에 관한 종류주식을 발행하는 경우 정관에서 배당재산의 종류, 배당재산의 가액의 결정방법, 이익을 배당하는 조건 등 이익배당에 관한 내용을 정하도록 규정함으로써 보다 유연한 규정으로 변경되었다(제344조의2 제1항). 또한 이익배당 우선주에 대하여 정관에서 최저배당률을 정하도록 한 개정

44) 박철영, "종류주식의 확대와 주주간 이해조정", 「상사법연구」 제24권 제2호(한국상사법학회, 2005), 48~50면.

45) 김순석, 전게논문, 11면.

46) 국회 법제사법위원회, "상법 일부개정법률안(정부제출) 검토보고[회사편]", 2008. 11, 66면.

47) 건설이자의 배당은 철도 · 항만 등 건설에 장기간을 요하는 사업을 목적으로 하는 회사의 경우 상당한 기간 이익배당을 할 수 없어 회사를 설립할 때 주주의 모집(자금조달)이 어려우므로, 이러한 회사의 설립을 용이하게 하고자 회사의 설립 후 일정기간 동안 이익이 없더라도 건설이자를 배당으로 지급할 수 있게 한 제도이다.

48) 국회 법제사법위원회, 전게검토보고서, 101~102면.

전 상법 제344조 제2항 후단의 규정을 삭제하였다(제344조 제2항). 최저배당률을 미리 정하도록 함에 따라 배당압박에 대한 염려로 우선주의 활용이 부진하여 자금조달이 어려운 점을 감안하여 이를 폐지한 것이다. 잔여재산분배에 관한 종류주식을 발행하는 경우에는 정관에 잔여재산의 종류, 잔여재산의 가액의 결정방법, 그 밖에 잔여재산분배에 관한 내용을 정하여야 한다(제344조의2 제2항).

이익배당에 관한 종류주식을 발행하는 경우 배당우선주에 관해서는 일반적으로 우선배당액, 참가적 · 비참가적인지 여부, 누적적 · 비누적적인지 여부, 우선권의 존속기간 등이 정관에서 정해져야 할 것이다. 또한 개정상법에서는 현물배당이 허용되었으므로(제462조의4), 종류주식에 대하여 배당하는 경우 금전배당, 주식배당, 현물배당 등 배당재산의 종류가 정해져야 한다. 배당재산 가액의 결정방법도 종류주식의 내용의 일부이기 때문에 다른 종류주주가 당해 종류주식의 창설에 의해 받을 영향을 합리적으로 판단할 수 있을 정도로 명확해야 한다. 또한 발행할 때 당해 종류주식의 발행이 유리발행에 해당하는지(불공정한 가격으로 발행되는지) 여부를 판단할 기회를 기존 주주들에게 보장하기 위하여, 종류주식의 가치결정의 요인으로 되는 배당액의 결정방법은 그러한 판단이 가능할 정도로 명확하여야 한다. 이러한 배당재산 가액의 결정방법은 현물배당제도가 도입됨에 따라 그 필요성이 높아졌다. 배당의 조건에 대해서는 예컨대, 트래킹주식에 대해 대상 자회사의 이사회가 정기주주총회에서 이익처분안의 제안을 결의한 경우에 배당금을 지불한다고 하는 방식으로 정할 수 있을 것이다.[49)]

잔여재산 가액의 결정방법으로서 1주당 잔여재산분배액이 아니라 i) 당해 종류주식에 분배될 잔여재산의 총액을 정하는 총액기재방식, ii) 보통주식에 분배될 잔여재산의 가액의 몇 배에 해당하는 가액으로 정하는 배당성향방식, iii) 당해 종류주식의 발행가액에 상당하는 가액으로 정하는 발행가액상당액방식 등도 가능하다.[50)]

3. 입법례

이익배당과 잔여재산분배에 관한 종류주식은 가장 전형적인 종류주식으로서 대부분의 국가가 채택하고 있다(RMBCA §6.01; 일본 회사법 제108조 제1항 제1호 및 제2호).

---

49) 松尾建一, 前掲書, 73面.

50) 松尾建一, 前掲書, 76面.

건설이자배당제도를 채택한 외국의 입법례는 거의 없으며, 우리나라는 일본 상법을 통하여 이 제도를 계수하였다. 그러나 일본도 2005년 회사법 제정에 따라 동 제도를 폐지하였다.

4. 2011년 개정상법의 검토

회사가 자금조달을 원활하게 하기 위하여 가장 활발하게 이용하는 것이 이익배당이나 잔여재산의 분배에 관한 종류주식이다. 개정상법 제344조의2는 개정전 상법 제344조 제1항과 유사한 규정으로서 그 입법형식은 제344조에서 종류주식의 총괄규정을 두고 각 종류주식별로 별도의 조항을 두는 것인데, 이는 일본 회사법의 방식을 도입한 것이다. 이익배당과 잔여재산분배에 관한 종류주식의 경우 개정상법은 일부 문구가 더 자세하게 규정된 점을 제외하고 개정전 상법과 근본적인 차이점은 없다.

제344조 제1항은 회사가 이익의 배당에 관하여 내용이 다른 종류주식을 정관에서 정하는 바에 따라 발행할 수 있도록 허용하고 있다. 그러나 그 내용은 공정하고 명확해야 할 뿐만 아니라 이익배당에 적용되는 상법상 다른 규정(예컨대, 제462조부터 제464조의2까지)에 따라 제한을 받는다. 그러므로 개정전 상법 아래에서 발행 가능여부가 논란되었던 종류주식이 개정상법 아래에서는 허용되는지 여부에 대한 검토가 필요하다.

(1) 배당재산의 가액 결정방법의 한계

배당재산의 가액 결정방법으로서 A종류주식에 대하여 B종류주식의 10배에 해당하는 배당액을 지불한다는 방법이 가능한지 여부가 문제된다. 형식논리적으로 보면 B종류주식의 배당액이 결정되면 A종류주식의 배당액이 일률적으로 정해지기 때문에 가액결정방법이라는 문언에 반하는 것은 아니며 적법하다고 해석된다.

그러나 우리나라 상법상 1주에 대해 2개의 의결권을 가진 복수의결권주식의 발행은 허용되지 않으며, 이는 사업위험의 부담정도와 회사에 대한 지배의 정도가 비례하여야 한다는 사고방식에 근거한 것으로 설명된다. 사업위험의 정도를 측정하는 것은 어려운 문제이지만, 예컨대 회사의 현금흐름에 대한 권리의 비율로 측정한다면, i) 이익배당에 대해 동등한 권리를 가진 2종류의 주식에 각각 1개와 10개의 의결권을 부여하는 것과, ii) 각각 1개의 의결권을 가진 2종류의 주식 중 일방에게 상대방의 10배의 배당을 받을 권리를 부여하는 것은 현금흐름에 대한 권리비율과 회사지배에 대한 권리비율의 괴리라는 관점에서는 마찬가지의 문제이다. 1주 1의결권의 원칙 또는 주주평등의 원칙의 내용에 위험부담의 정도와 회사지배의 정도가 비례하여야 한다는 요청도 포함된다고 해석하면, 위 배당액의 결정방법은 이러한 원칙에 반하여 무효로 해석될 여지가 있다.[51] 다만 비공개회사에 대해서는 이렇게 해석할 필요는 없다고 본다.[52]

(2) **최저배당률의 폐지에 따른 우선주의 참가적 조건 설정**(과거 1% 우선주 발행 문제)

2011년 개정상법은 우선주에 대한 최저배당률에 관한 규정을 폐지하였다(제344조 제2항). 최저배당률 규정은 종래 1% 우선주의 폐해를 방지하기 위하여 1995년 상법개정에서 도입된 규정이다. 당시 1% 우선주는 보통주의 배당률에 1%를 더 배당해 주면서 무의결권주식으로 발행되었다.[53] 그러나 이 주식은 보통주에 비하여 먼저 배당하는 것은 아니었기 때문에 상법상 우선주는 아니었다. 개정 전 상법 아래에서는 무의결권주식은 우선주에 한하여 발행할 수 있었으므로 과거 1% 우선주는 무의결권주식으로 발행되어서는 안되는 주식이었다. 이에 따라 1% 우선주의 발행을 금지하기 위하여 1995년 상법을 개정하여 우선주의 경우 정관에서 최저배당률을 정하도록 규정한 것이다.[54]

그러나 결산이 이루어지기 전에 최저배당률을 정하는 것은 불합리하다는 비판이 제기됨에 따라 2011년 개정에서는 우선주에 대한 최저배당률 조항을 삭제하였다. 이에 따라 우선주에 대하여 배당하는 경우 참가적 조건을 어떻게 정할 것인지가 문제된다.

첫째, 단순참가(또는 보통참가)적 방식으로 우선주에 먼저 소정의 우선 배당금을 지급하고, 잔여이익은 보통주에 대해 우선주와 같은 비율로 배당한 후 그래도 남은 이익이 있으면 우선주와 보통주가 같은 비율로 배당에 참가하는 방식이다. 이 때 배당가능이익이 클 경우에는 우선주와 보통주의 배당률이 동일하게 될

---

51) 洲崎博史, "平成13年・14年商法改正と一株一議決権原則", 「比較會社法研究(參本滋 編)」, 商事法務, 2003, 330~331面.

52) 松尾建一, 前掲書, 74~75面.

53) 우선주에 대한 배당을 보통주의 배당에 일정비율을 추가하여 지급하도록 하되 그 배당률을 이사회가 정하는 소위 "1% 무의결 우선주식"은 1980년대 초부터 발행되었다. 우선주가 먼저 배당을 받는 것이 아니고 보통주의 배당률이 정해진 후 그에 추가하여 몇 %를 더 받는 것인데, 이는 상법상 우선주가 아니다. 이러한 발행조건이 소액투자자에게 불리하다는 인식이 확산되면서 그 폐해를 시정하기 위하여 1995년 우선주에 대한 최저배당률 제도가 도입되었다(박상조, "회사법상 우선주의 법적지위", 「법학논집」 제18집(2002), 206~207면).

54) 이러한 최저배당률에 관한 규정도 법문이 불명확하여 실무상 혼선이 있었다(이철송, 회사법강의, 239면).

것이며, 이 방식은 개정상법 아래에서도 유효하다.

둘째, 즉시 참가적 방식은 우선주가 먼저 일정한 비율의 우선배당을 받고 그 후 즉시 잔여이익에 대하여 우선주와 보통주가 같은 비율로 배당에 참여하는 방식이다. 이 경우 배당가능이익이 충분하면 우선주는 항상 보통주보다 우선배당률만큼 더 많은 배당을 받는다.[55] 2011년 개정상법에 따르면 우선주에 대하여 최저배당률에 관한 조항을 철폐하였으므로, 즉시 참가적 방식으로 배당하는 것은 유효하다고 본다.

셋째, 과거 1% 무의결권 우선주식처럼 우선주가 먼저 배당을 받지 아니하고 보통주 배당률이 정해진 다음 몇% 추가하여 배당받는 방식이 2011년 개정상법 아래에서 허용될 것인지가 문제된다. 우선주의 개념은 개정상법 아래에서도 변경이 없으므로 "우선주"를 발행하면서 과거 1% 무의결권 우선주식처럼 보통주보다 먼저 배당이 보장되지 않는 주식의 발행은 허용되지 않을 것이다. 그러나 개정상법은 제344조 제1항에서 규정한 "이익의 배당에 관하여 내용이 다른 종류의 주식"은 반드시 우선적 배당을 내용으로 할 필요는 없다. 따라서 과거처럼 이익배당에 관한 종류주식에 관하여 우선적 배당이 강제되지 않으므로, 보통주보다 우선적 배당이 보장되지 아니하고 단지 몇% 추가배당만을 허용하는 이익배당에 관한 종류주식(과거 1% 무의결권 우선주식)의 발행은 허용될 것이다. 따라서 '과거 1% 우선주'는 개정상법 제344조의2 제1항의 이익배당에 관하여 내용이 다른 종류주식과 제344조의3의 의결권배제에 관한 종류주식의 성격을 동시에 가지고 있다고 볼 수 있다.[56] 이는 이익배당 우선주라기 보다 이익배당률 우대주에 불과하다.[57]

(3) 변동배당률부 우선주가 허용되는가?

개정전 상법 제344조 제2항 최저배당률 조항은 과거 1% 우선주를 금지하기 위한 것이었으므로 변동배당률부 우선주의 발행도 금지되는 것으로 해석되었다. 그러나 2011년 개정상법에서 최저배당률에 관한 조항이 삭제되었으므로 이익배당률을 3개월 만기 양도성예금증서(CD) 유통수익률 또는 6개월, 1년 만기 금융채 유통수익률이나 LIBOR 금리에 연동하는 조건 등으로 변동배당률부 주식을 발행할 수 있는지 여부가 문제된다. 이 경우 금리의 변동에 따라 우선주의 배당률이

55) 박상조, "회사법상 우선주의 법적 지위", 「법학논집」 제18집(2002), 187면.

56) 정수용 · 김광복, 전게논문, 100면.

57) 김교창, "구형우선주(무의결권 배당차등주식)의 발행", 「상장」, 2014년 4월호, 55면.

변경되므로 변동배당률부 우선주의 발행이 기존 주주나 채권자의 이익을 침해하는지 여부의 문제이다.[58)]

변동배당률부 종류주식의 발행을 결정하는 것은 기존 주주들이 하게 되므로 발행하는 단계에서는 기존 주주들의 이익을 침해하지는 않는다. 또한 종류주식의 이익배당은 배당가능이익의 범위 내에서 이루어지기 때문에 회사재산에 영향을 미치지 않으므로 회사채권자의 보호도 문제가 되지 않는다. 다만 변동배당률부 종류주식이 발행된 이후 이익배당을 하는 단계에서는 다른 종류주식의 주주들이 이익배당의 변동성으로 인하여 예측하지 못하는 손해를 입을 수 있는지 여부가 문제될 수 있다.

이익배당의 내용을 정관에서 정하도록 한 취지는 기존 주주가 예상하지 못하게 불평등하게 취급받는 것을 방지하기 위한 것이다. 따라서 이익배당의 조건은 주식의 종류간 배당액의 분배가 객관적이고 합리적으로 결정된 수 있는 명확한 기준이어야 한다. 변동배당률부 주식처럼 이익배당의 조건을 시중은행이나 국채의 금리 또는 LIBOR와 같은 객관적 지표로 할 경우 그 기준이 명확하고 어느 정도 예측 가능하기 때문에 다른 주주들이 예측하지 못한 손해를 입을 가능성은 적다. 따라서 2011년 개정상법 아래에서는 변동배당률부 종류주식 발행이 가능하다고 본다.[59)]

변동배당률부 종류주식을 허용하는 경우 이익배당의 상한과 하한을 정관에서 정할 필요가 있는지 여부에 대해 견해가 나뉜다. 최저배당률을 규정한 개정전 상법 제344조 제2항에 근거하여 한국상장회사협의회가 작성한 표준정관에 따르면 우선주식에 대하여 액면금액을 기준으로 상한선과 하한선의 비율을 정관에서 정하도록 규정하고 있었다(개정전 표준정관 제8조의2 제2항). 2011년 개정상법에 따라 변경된 표준정관에서도 우선배당주식에 대하여 액면주식의 경우 상한선과 하한선의 비율을 정하고, 무액면주식에 대해서는 비율이 아니라 상한선과 하한선의 "우선배당액"을 정하도록 규정하고 있다(2011년 개정 표준정관 제8조의2 제2항). 개정상법 아래에서도 자본충실을 유지하고 기존 주주나 채권자의 이익을 보호하기 위하여 정관에 우선배당률의 상한과 하한을 정할 필요가 있다는 견해가 제기된다.[60)]

---

58) 정수용 · 김광복, 전게논문, 99면.

59) 권재열, "개정상법상 주식관련제도의 개선내용과 향후과제", 「선진상사법률연구」 제56호(법무부, 2011), 10면; 김홍기, 전게논문, 120면; 정수용 · 김광복, 전게논문, 100면.

60) 김홍기, 전게논문, 120면.

우선주의 최고배당률은 개정상법 아래에서도 요구되는 정보는 아니지만 후순위자인 보통주주의 이익을 보호하기 위하여 정관에서 미리 정할 수 있다. 그러나 최저배당률을 정해놓았다 하더라도 배당은 배당가능이익에 따라 이사회가 결정하므로, 최저배당률은 이해관계자에게 제공하는 정보로서의 가치가 없기 때문에 굳이 정관에서 정할 필요는 없다는 견해가 있다.[61] 그러나 우선주의 주주로서는 시장금리와 비교 등 우선주에 대한 투자를 위해 판단기준이 되므로 필요한 정보라고 본다.

생각건대, 우선주에 대한 배당률의 상한과 하한을 정하는 것은 우선주의 주주와 다른 종류주주 간에 이해관계를 명확히 규정할 수 있다는 장점이 있다. 그러나 개정상법에 따르면 우선주의 배당률에 대한 상한과 하한에 대한 제한이 없으므로 변동배당률부 주식을 도입할 수 있는데, 이때 이러한 상한과 하한에 관한 제한규정을 정관에 둔 채로 변동배당률부 주식을 발행하게 되면 정관에 위배될 수 있다.[62] 따라서 변동배당률부 주식을 발행하고자 하는 회사의 경우 정관에서 우선주의 배당률에 관한 상한과 하한에 관한 규정을 두지 않는 것이 바람직하다.

(4) 배당의 시기를 달리하는 종류주식

배당의 조건으로서 배당시기를 달리하는 종류주식을 발행할 수 있는지 여부가 문제된다. 이익배당에 관한 상법개정에도 불구하고 중간배당에 관한 상법 제462조의3이 그대로 존치함에 따라 중간배당은 "영업년도 중 1회에 한하여" 할 수 있으므로(제462조의3 제1항) 정기배당과 중간배당 이외의 시기에 배당할 수는 없을 것이다. 다만 상장법인의 경우에는 분기배당 제도가 있으므로 3월, 6월, 9월 말일에 분기배당을 할 수 있다(자본시장법 제165조의12).

따라서 보통주식에 대해서는 정기배당만 하고, 종류주식에 대하여 중간배당이나 분기배당을 통하여 우선배당금을 일할계산하여 지급하고, 정기배당시에 나머지 우선배당금을 지급하면서 보통주주와 동일하게 참가하여 추가적 배당금을 받는 종류주식을 발행할 수 있을 것이다.[63]

(5) 트래킹주식의 도입문제

이익배당과 잔여재산분배에 관한 종류주식을 규정한 개정상법 제344조의2

---

61) 송옥렬, "2011년 개정 회사법의 해석상 주요쟁점－기업재무 분야를 중심으로－" 「저스티스」 제127호(2011), 55면.

62) 정수용 · 김광복, 전게논문, 99면.

63) 정수용 · 김광복, 전게논문, 99～101면.

는 일부 문구가 더 자세하게 규정된 점을 제외하고 개정 전 상법 제344조 제1항과 근본적인 차이점은 없다. 이에 따라 특정한 사업부문이나 자회사의 실적에 연동하는 주식(트래킹주식)이 2011년 개정상법 아래에서 허용되는지 여부가 문제된다. 개정상법의 의도는 트래킹주식의 경우 법률관계가 복잡하고, 분쟁의 소지가 많을 뿐만 아니라 미국, 일본 등에서도 별로 활성화되고 있지 않다는 점 등을 고려하여 허용하지 않는 것으로 보인다.[64] 그러나 일본의 개정 전 상법 제222조 제1항(우리나라 개정 전 상법 제344조 제1항)에 근거하여 소니사가 2001년 자회사연동형 트래킹주식을 발행하였던 것과 동일한 논리로 트래킹주식의 발행이 가능하다는 견해도 유력하다.

당시 일본의 경우에도 상법 제222조 제1항에 대하여 수종의 보통주식을 인정하지 않는 것이 일반적인 해석이었으나, 소니사는 "내용이 다른 수종의 주식"으로서 보통주도 가능하다는 해석에 입각하여 자회사연동형 트래킹주식을 발행하였다.[65] 이러한 해석론은 상법이 종류주식에 관하여 이익배당 등에 관하여 "내용이 다른 주식"이라고 규정하고 있을 뿐이며, 그 취지는 그 다른 내용을 정관에 기재하여 주주간 이해를 조정하도록 한 것일 뿐 트래킹주식과 같이 내용이 다른 보통주식의 발행을 금지한 것은 아니라고 보는 것이다.[66] 이렇게 볼 경우 트래킹주식은 개정 전 상법 제344 제1항에서 규정하는 "이익배당이나 잔여재산분배에 관하여 내용이 다른 수종의 주식"으로 볼 수 있고, 회사는 정관을 개정하여 종래의 보통주와는 다른 트래킹주식을 발행할 수 있게 된다.[67]

따라서 개정 전 상법 제344조 제1항 아래에서도 이익배당 및 잔여재산분배에 관하여 내용이 다른 주식의 한 종류로 트래킹주식의 발행을 허용할 수 있다는 견해도 있었다.[68] 개정상법 제344조의2 제1항의 경우에는 이익배당에 관하여 정관에서 정할 사항으로서 "배당재산의 가액의 결정방법, 이익을 배당하는 조건 등"을 다르게 정할 수 있도록 규정하고 있으므로, 이러한 배당기준의 하나로서 트래

64) 법무부, 「상법(회사편)개정 특별분과위원회 회의록」, 2006, 626~630면.

65) 소니사의 자회사연동주식은 그 내용면에서, (ⅰ) 자회사연동주식에 대한 우선배당이 없는 경우에도 보통주에 대하여 배당을 할 수 있도록 한 점(정관 제10조의2 제4항), (ⅱ) 주식소각에 있어 자회사연동주식만 자본감소의 규정에 의하여 소각할 수 있도록 한 점(정관 제10조의8), (iii) 회사의 필요에 의하여 트래킹주식 주주의 동의 없이 이를 보통주로 전환할 수 있도록 한 점(정관 제10조의9) 등에서 종래의 종류주식(우선주)과는 차이가 있다.

66) 黒沼悅郎, "日本におけるトラッンキング・ストックの導入と課題", 「증권법연구」 제2권 제2호(韓國證券法學會, 2001)」, 337面.

67) 김순석, 전게논문, 24~25면

68) 동지, 이철송, 「회사법강의[제19판]」, 박영사, 2011, 240면.

킹주식을 허용할 수 있을 것이다.[69]

그러나 이러한 해석론은 논란의 여지가 있고, 의결권에 관하여는 1주 1의결권의 원칙상 시장가치비율에 따라 의결권을 부여할 수 없는 등 제약요인이 있다. 그러므로 트래킹주식의 장점과 효용을 살리기 위해서는 새로운 입법조치가 필요할 것이다.[70]

또한 다양한 트래킹주식을 발행하기 위해서는 일정한 선결조건의 충족이 전제되어야 한다. 즉, 사업부문연동형 트래킹주식의 경우 사업부문간 독립적인 회계제도나 공통비용을 사업부문간 배분하는 비율 등에 대한 제도가 구비되어야 하지만 우리나라의 경우 아직 이러한 제도가 발달되어 있지 않으므로 그 도입에 어려움이 있다. 반면, 자회사업적연동형 트래킹주식의 경우에는 독립적인 법인의 실적에 연동되므로 전술한 회계제도상의 문제는 없으므로 도입하는 것이 가능하지만, 상법상 허용되는지 여부가 불확실하고, 구체적인 규정이 없는 상태에서 기업들이 트래킹주식을 발행하는 것은 현실적으로 어려울 것이다.[71]

(6) 잔여재산분배에 관한 종류주식

개정상법은 잔여재산분배에 관한 종류주식을 발행하는 경우 정관에서 잔여재산의 종류, 잔여재산의 가액의 결정방법, 그 밖에 잔여재산분배에 관한 내용을 정하여야 한다(제344조의2 제2항).

이 조항에 대하여 잔여재산분배의 경우 주식을 분배하는 일이 있을 수 없고, 현물배당을 할 수 있는 근거가 없으므로(제538조) 잔여재산의 종류와 가액의 결정방법을 정관으로 정하라 함은 무의미한 규정이라는 비판이 제기된다. 이 견해는 잔여재산분배에 관해서는 다만 종류주식에 대한 분배의 순위와 내용에 관해서는 명시해야한다고 한다.[72]

그렇지만 실무상 잔여재산분배에 관한 종류주식은 대부분 또한 이익배당에 관한 종류주식인 경우가 많다. 발행가액에 우선금리를 가산한 금액에서 우선배당액을 공제한 금액에 대하여 잔여재산분배의 우선권을 가지는 형태로 설계된다.

---

69) 권기범, 「현대회사법론[제4판]」, 삼영사, 2012, 429면; 김순석, 전게논문, 17~19면, 24~25면; 동지, 이철송, 회사법강의, 282면.

70) 박철영, "종류주식의 다양화를 위한 법적 연구", 성균관대학교대학원 박사학위논문, 2004, 107~108면.

71) 이에 대한 자세한 논의는 김순석, 전게논문, 24~27면 참조.

72) 이철송, 「2011 개정상법 - 축조해설 -」, 박영사, 2011(이하 "2011 개정상법 축조해설"이라 한다), 103면.

따라서 잔여재산의 환가방법, 환가가 청산기간 내에 불가능한 경우 어떠한 금액으로 평가하느냐에 따라 종류주주간 분배되는 재산에 차이가 발생할 수 있다. 그러므로 제344조의2 제2항은 잔여재산분배에 관한 종류주식에 관하여 잔여재산의 종류, 잔여재산의 가액의 결정방법으로서 환가 및 처분방법 등을 정하라는 의미로 보아야 한다는 견해가 타당하다고 본다.[73]

5. 트래킹주식의 의의

(1) 트래킹주식의 의의

트래킹주식(특정사업연동주식)[74]이라 함은 그 가치가 발행회사의 특정한 사업부문 또는 자회사의 업적에만 연동하도록 설계된 주식을 말하며, 배당의 재원을 달리하는 종류주식을 말한다. 예컨대, 트래킹주식을 어떠한 완전자회사의 업적과 가치에 연동하는 주식으로 하는 데에는 이익배당액 등의 산정의 기준으로서 정관 또는 주주총회결의 등에서, 트래킹주식 주주에 대하여 ① 당해 자회사로부터 지불되는 이익배당액과 동액을 이익배당하고, ② 잔여재산의 분배시에는 당해 자회사주식의 가치상당액의 우선분배를 하며, ③ 회사가 트래킹주식을 취득하는(상환조건부 종류주식 등) 때에는 그 시점의 당해 자회사주식의 가치상당액을 지불한다는 취지 등을 정하게 된다. 이것도 이익배당에 대해 (보통주식과) 내용이 다른 주식의 일종으로 인정된다.[75]

트래킹주식의 종류로서는 그 가치가 i) 발행회사 그룹 내 특정한 자회사의 업적에 연동하는 '자회사업적연동형 트래킹주식', ii) 발행회사 내의 특정한 사업부문의 업적 등에 연동하는 '부문업적연동형 트래킹주식', iii) 발행회사 그룹 내의

---

73) 정수용 · 김광복, 전게논문, 102～103면.

74) 트래킹주식에 관한 주요 국내문헌으로는 김성호, "트래킹 스톡(Tacking Stock)의 도입을 위한 회사법상 문제점－독일 주식법(AktG)상의 논의를 중심으로－", 「상사법연구」 제26권 제1호 (2007) 179면 이하; 동, "트래킹 스톡(Tracking Stock)의 개념과 허용 가능성", 「기업법연구」 제20권 제3호 (2006), 213면 이하; 박세화, "주식회사의 자금조달의 활성화를 위한 새로운 주식 제도", 「상사법연구」 제24권 제3호(2005), 199～204면; 박철영, "종류주식의 확대와 주주간 이해조정", 「상사법연구」 제24권 제2호(2005), 55～60면; 동, "상법상 주식제도의 문제점 및 과제", 「기업법연구」 제19권 제3호(2005), 30～36면; 동, 「종류주식의 다양화를 위한 법적 연구」, 성균관대학교대학원 박사학위논문, 2004, 89～117면; 손 성 · 김수경, "트래킹스톡 발행회사(TSC)에서의 법적 문제－미국법상 이익충돌문제의 해결을 중심으로－", 「상장협」 제46호(2002), 209면 이하; 윤영신, "미국법상 트랙킹 스톡(tracking stock)에 대한 고찰", 「21세기 한국상사법의 과제와 전망(심당송상현선생화갑기념논문집)」, 2002, 224면 이하; 동, 「상법상 다양한 증권발행의 촉진방안에 관한 연구－트래킹스톡을 중심으로－」, 한국법제연구원, 2001 등을 참조.

75) 江頭憲治郎, 「株式會社法[第4版]」, 有斐閣, 2011, 139～140面.

특정한 자회사와 사업부문으로부터 이루어진 특정한 사업단위(business unit)의 업적에 연동하는 '사업단위업적연동형 트래킹주식'으로 크게 구분할 수 있다.[76)]

트래킹주식은 회사가 완전자회사 등에 대한 지배를 유지한다거나 당해 자회사 등의 가치를 주식시장에 실현시키고자 하는 수요로부터 발생한다. 그러나 이익충돌 거래 등을 통하여 당해 자회사 등의 업적이 조작될 수 있는 문제도 있다.[77)]

트래킹주식과 보통주식이 공존하는 경우 정관에 정함이 없더라도 주식병합 등에 관하여 주식의 종류별로 다른 취급을 할 수 있는 점은 우선주식의 경우와 같다.

(2) 트래킹주식의 법적 성질

트래킹주식은 발행회사의 특정 사업단위 또는 자회사의 이익에 연동하여 이익배당을 받는 특별한 종류의 보통주식(common stock)이라고 할 수 있다.[78)] 트래킹주식은 이익배당 등에 있어 본래의 보통주식과는 다른 권리를 보유하지만, 우선배당을 받는 것은 아니다.

자회사가 트래킹주식 발행회사에 대하여 이익배당을 하는 한, 트래킹주식 주주는 다른 주주에 우선하여 그 금액의 이익배당을 받는다. 그러나 트래킹주식 주주에 대해서는 이익배당이 없는데(자회사로부터 잉여금 배당이 없는 경우) 다른 주주에게는 이익배당이 이루어지는 경우가 있을 수 있으므로 트래킹주식은 이익배당에 관한 우선주식은 아니다.[79)]

우선주는 이익배당의 순위에 있어 보통주에 우선하므로 우선주에 대한 배당이 없는 경우에는 보통주에 대한 배당도 할 수 없게 된다. 그런데 트래킹주식의 경우에는 그 사업단위에서 발생한 이익이 없거나 자회사가 내부유보를 위하여 이익배당을 실시하지 아니하여 트래킹주식에 대한 배당이 없는 경우에도 발행회

---

76) 太田 洋・小野美惠, "トラッキング・ストック", 「ファイナンス法大全(上)」(西村總合法律事務所編), 商事法務, 2003, 430面.

77) 大杉謙一, "トラッキング・ストック", 「法學教室」 第250号(2001), 54面.

78) Stephen I. Glover, Business Separation Transaction : Spin-Offs, Subsidiary IPOs and Tracking Stock, Law Journal Press, 2002, pp.10-12; Jeffrey J. Schick, Comment, "Toward Transaction-Specific Standards of Directorial Fiduciary Duty in the Tracking-Stock Context", 75 Wash. L. Rev. 1365, 1369(2000); Jeffrey J. Hass, "Directorial Fiduciary Duties in a Tracking Stock Equity Structure: The Need for a Duty of Fairness", 94 Mich. L. Rev. 2089, 2094(1996); 細川 健, "エクイティ・ファイナンスの新展開(1)－米國の現狀", 「商事法務」 第1548号(2001), 33面.

79) 江頭憲治郎, 前揭書, 140面 註) 12.

사(모회사)의 보통주식에 대하여는 배당할 수 있으므로 이익배당의 우선성이 인정되지 않는다. 그러므로 트래킹주식은 우선주가 아니라 보통주의 한 종류라고 할 수 있다. 트래킹주식이 연동대상 사업단위에서 이익이 발생하여 배당을 받는 때에는 사실상 다른 보통주주에 우선하여 이익배당을 받는 결과가 될 수 있다. 그러나 이는 사업단위에 대한 배당연동성의 결과이지 트래킹주식에 대하여 이익배당의 우선권이 인정된 것은 아니다.[80]

(3) 트래킹주식의 발행목적 및 효용

트래킹주식은 발행회사의 각 사업부문에 대하여 회사분할을 하지 않고서도 시장이 정확하게 평가할 수 있게 한다. 경쟁력 있는 사업부문에 연동하는 트래킹주식을 발행함으로써 기업 전체의 시장가치가 각 사업부문의 시장가치의 합계보다도 낮은 상태 즉, 복합기업 저평가(conglomerate discount) 현상을 해소하게 된다. 복합기업 저평가를 해소하기 위한 방법으로서 재무이론에서는 지금까지 회사분할(spin-off)이 거론되었다. 그러나 회사분할과 트래킹주식을 비교하면 회사분할의 단점으로서 ① 세무상 흑자부문과 적자부문의 손익을 상계할 수 없고, ② 회사가 복수로 분할됨에 따라 경영관리비용이 높아지며, ③ 기업규모가 축소되기 때문에 적대적 M&A의 대상으로 될 수 있는 우려 등이 거론된다.[81] 트래킹주식을 발행하는 경우에는 발행회사가 법적으로 분할되지 않기 때문에 회사분할에 수반되는 단점을 어느 정도 회피할 수 있다.[82]

트래킹주식은 관리비용의 공유나 차입이자의 인하 등 대기업을 운영함으로써 가지는 시너지 효과를 지속적으로 유지할 수 있다. 특정한 사업부문의 실적에 연동시킴으로써 종업원에 대한 스톡옵션이나 경영진에 대한 인센티브를 보다 현실화할 수 있다. 회사분할을 할 경우에 비해서 조세절감을 할 수 있다. 기업인수를 할 때 피인수기업의 경영자가 회사에 계속 근무하도록 하는 인센티브를 제공하고, 피인수기업의 주주가 연동사업에 대한 주식평가에 참여함으로써 계속투자를 하도록 하는 유인을 제공한다. 또한 사업단위별 독자적인 자금조달을 가능하

80) 박철영, "종류주식의 확대와 주주간 이해조정", 「상사법연구」 제24권 제2호(2005), 58면.

81) Jeffrey J. Hass, op. cit., pp. 2108-2111; 中島達哉, "エクイティ・ファイナンスの新展開(4)－トラッキング・ストックの效用(その2)", 商事法務 No. 1551 (2001), 40面.

82) 트래킹주식의 발행이 기대하는 효과를 가져오는 지에 대해서는 평가가 나누어진다. 트래킹주식을 발행하는 공표직 후 단기적인 실적이 양호해진다는 데는 실증분석이 일치한다. 그러나 장기적인 실적에 대해서는 회사분할과 비교할 때 트래킹주식이 반드시 양호한 것은 아니라는 실증분석도 있다(日本銀行金融硏究所, "「デットとエクイティに關する法原理についての硏究會」報告書", 「金融硏究」 제20권 제3호 (2001), 47面 註) 189 참조).

게 한다. 연동사업에 대하여 독립적으로 회계를 함으로써 실패한 사업부문으로 인하여 수익이 삭감되는 것을 방지한다.[83)]

(4) 트래킹주식의 법률관계

1) 트래킹주식 권리내용의 구체화 과정

트래킹주식의 권리가 구체화하는 과정은 첫째, 정관규정에서 트래킹주식에 관한 내용을 정하고, 둘째, 이사회에서 발행결의를 한 후, 셋째, 이익배당액 등이 최종적으로 확정되는 주주총회 또는 이사회의 결의 등을 통한 3단계에 걸쳐 권리내용이 확정된다. 주주의 의사를 존중한다는 측면에서는 가능한 정관에서 권리내용을 상세하게 기재하여 이사회결의의 수권범위를 되도록 좁게 하는 것이 바람직할 것이다. 그러나 트래킹주식은 자금조달을 위하여 발행되는 금융상품이라는 점을 감안하면 정관기재사항은 되도록 간단하게 규정하고 이사회가 시장상황의 변화에 따라 유연하게 권리내용을 조정할 수 있는 여지를 넓혀주는 것이 바람직하다. 따라서 트래킹주식을 발행하는데 있어서는 정관에서 어느 정도의 내용까지 규정하고, 이사회나 주주총회의 재량권을 어느 정도까지 부여할 것인가가 중요한 과제로 등장한다.[84)]

2) 트래킹주식의 설계[85)]

(가) 이익배당

(A) 배당방법 트래킹주식의 설계에 있어 가장 중요한 것이 가치연동성 내지 배당연동성을 어떻게 확보할 것인가이다. 배당연동의 방법은 (ⅰ) 트래킹주식에 대한 배당을 자회사의 이익을 감안하여 발행회사 이사회의 재량에 의해 결정하는 방법과, (ⅱ) 자회사의 이익에 직접 연동시켜 그 배당가능이익액과 동일한 금액을 트래킹주식에 배당하는 방법이 있다.

회사의 배당정책은 최적의 자본구성을 달성하고 기업가치를 극대화하는 방향으로 결정되어야 한다. 따라서 이론적으로는 (ⅰ)의 방법과 같이 이익배당의 결정을 경영진에게 맡기는 것이 (ⅱ)와 같이 사실상 이익배당을 강제하는 제도보다는 합리적이다. 그러나 이 경우 이사회는 매 결산기마다 합리적인 배당수준을 결정하기가 어렵고, 주주간 이해충돌 문제가 발생할 우려가 크다. 또한 이사회의

---

83) Dickson G. Brown & Jonathan Cantor, Tracking Stock, 548 PLI/Tax 815, 823(2002); Jeffrey J. Schick, op. cit., pp. 1370-73; 윤영신, "미국법상 트랙킹 스톡(tracking stock)에 대한 고찰", 「21세기 한국상사법의 과제와 전망(심당송상현선생화갑기념논문집)」, 2002, 229~234면.

84) 太田 洋・小野美惠, 前揭論文, 436~437面.

85) 이하에서는 자회사연동형 트래킹주식에 대한 구체적인 도입방안을 검토하기로 한다.

자의적 판단이 작용될 경우 가치연동성이 확보되지 않을 수 있다. 따라서 트래킹주식의 본질 및 실무상의 편리성을 감안할 때 후자의 방법이 타당하다.

한편, 트래킹주식에 대한 배당의 근거가 되는 연동대상 자회사의 배당가능이익은 구체적으로 무엇인지도 정하여야 한다. 자회사연동형의 경우 ① 자회사의 대차대조표상 배당가능이익, ② 자회사 이사회가 결의하는 배당액(이익처분안), ③ 자회사 주주총회의 결의로 확정된 배당액, 또는 ④ 트래킹주식 발행회사(모회사)가 자회사로부터 수령하는 배당액 등을 생각할 수 있다. 배당연동의 방법에 있어 (i)의 방법을 택하면 어느 것을 근거로 하여도 무방하겠으나, (ii)의 방법을 택하면 모자회사가 결산기가 동일할 수 있는 점과 실무적인 일정 등을 감안할 때 현실적으로 "자회사 이사회가 결의하는 배당액"이 될 수 밖에 없을 것이다.[86] 반면, 사업부문연동형의 경우에는 따로 결정할 수 있는 배당액이 없으므로 당해 사업부문을 독립기업으로 가정하고 산정한 배당가능이익이 될 것이다.

트래킹주식은 특정 자회사의 이익과 연동하여 배당액이 결정되어야 하므로 이익배당의 내용을 현행 우선주와 같이 배당률 또는 확정금액으로 정할 수 없다. 이익배당 등에 관한 내용을 정관에 정하도록 하는 취지는 기존주주가 예상 밖의 불평등한 취급을 받는 것을 방지하기 위한 것이므로 주식의 종류간 배당액의 분배관계가 객관적이고 합리적으로 결정될 수 있는 정도의 명확한 기준만 정하면 충분할 것이다.[87] 또한 우선주가 아니므로 최저한도 또는 최고한도를 정할 것은 아니다. 따라서 정관에는 배당액의 산정기준을 정하도록 하면 충분할 것이다. 일본의 2001년 개정상법은 정관에 "배당액 산정기준의 요강"을 정하면 되는 것으로 하였다(일본상법 제222조 제3항 단서).[88] 예를 들면, 그 배당액 산정기준은 "트래킹주식에 대한 배당금은 자회사 보통주식에 대한 배당금과 같은 금액으로 한다."거나 또는 "트래킹주식 1주에 대한 배당금은 자회사 보통주식 1주에 대한 배당금에 이사회가 별도로 정하는 비율(기준비율)을 곱한 금액으로 한다." 등이 될 것이다.[89]

---

86) 安藤博之・關谷理記, "トラッキング・ストックとグループ戦略", 「月刊 資本市場」 第194号(2001), 71面"; 關谷理記, "M&Aと資金調達－トラッンキング・ストックを中心に－", 「M&A法大全」, 商事法務硏究會, 2001, 586面.

87) 鈴木隆元, 前揭論文, 23面 ; 大杉謙一, 前揭論文, 58面 ; 宏戶善一, "種類株式, ストック・オプション等の自由化", ジュリスト (No. 1206), 2001, 42面.

88) 이 규정은 트래킹주식 외에 이익배당에 관하여 내용이 다른 수종의 주식을 발행할 경우 그 구체적인 배당액은 정관에 정하지 않고 당해 주식을 발행하는 때 신주발행사항을 결정하는 이사회가 정할 수 있도록 한 것이다(神田秀樹・武井一浩, 「新しい株式制度」, 有斐閣, 2002, 168面).

2005년 일본회사법은 잉여금 배당에 관한 우선액(우선배당액) 기타 법무성령에서 정한 사항(일본회사법시행규칙 제20조 제1항 제1호 · 제2호)의 전부 또는 일부에 대해서 정관에서는 그 내용의 요강을 정하고, 구체적인 내용은 당해 종류의 주식을 최초로 발행할 때까지 주주총회[90]가 결정할 수 있다는 취지를 정할 수 있다(일본회사법 제108조 제3항). 이는 우선주식의 기동적인 발행을 위한 것이다.[91]

여기서 정관에서 그 내용의 요강만을 정하면 충분한 사항의 범위는 법무성령에 의하면 배당재산 · 잔여재산의 종류 이외의 모든 사항으로 되어 있다(일본회사법시행규칙 제20조 제1항 제1호 · 제2호). 회사법 제정 이전에는 우선배당액에 대해서만 정관에서 그 상한액 기타 산정기준의 요강만을 정하도록 하였다. 반면 회사법시행규칙은 이사회 등에게 수권이 인정된 범위가 현저하게 확대되었다.[92]

(B) 배당재산의 가액 결정방법의 한계 배당재산의 가액 결정방법으로서 A종류주식에 대하여 B종류주식의 10배에 해당하는 배당액을 지불한다는 방법이 가능한지 여부가 문제된다. 형식논리적으로 보면 B종류주식의 배당액이 결정되면 A종류주식의 배당액이 일률적으로 정해지기 때문에 가액결정방법이라는 문언에 반하는 것은 아니며 적법하다고 해석된다.

그러나 우리나라 회사법상 1주에 대해 2개의 의결권을 가진 복수의결권주식의 발행은 허용되지 않으며, 이는 사업위험의 부담정도와 회사에 대한 지배의 정도가 비례하여야 한다는 사고방식에 근거한 것으로 설명된다. 사업위험의 정도를 측정하는 것은 어려운 문제이지만, 예컨대 회사의 현금흐름에 대한 권리의 비율로 측정한다면, ⅰ) 이익배당에 대해 동등한 권리를 가진 2종류의 주식에 각각 1개와 10개의 의결권을 부여하는 것과, ⅱ) 각각 1개의 의결권을 가진 2종류의 주식 중 일방에게 상대방의 10배의 배당을 받을 권리를 부여하는 것은 현금흐름에 대한 권리비율과 회사지배에 대한 권리비율의 괴리라는 관점에서는 마찬가지의 문제이다. 1주 1의결권의 원칙 또는 주주평등의 원칙의 내용에 위험부담의 정도와 회사지배의 정도가 비례하여야 한다는 요청도 포함된다고 해석하면, 위 배

89) 최준선 · 김순석, 「회사법 개정방향에 관한 연구」, 한국상장회사협의회, 2004(이하 "회사법 개정방향에 관한 연구"라 한다), 58～59면.

90) 이사회설치회사의 경우 주주총회 또는 이사회(위원회설치회사의 경우 집행임원에 위임 가능(일본회사법 제416조 제4항)), 청산인회설치회사의 경우에는 주주총회 또는 청산인회가 결정할 수 있다.

91) 江頭憲治郎, 前掲書, 136面.

92) 江頭憲治郎, 前掲書, 138～139面.

당액의 결정방법은 이러한 원칙에 반하여 무효로 해석될 여지가 있다.[93] 다만 비공개회사에 대해서는 이렇게 해석할 필요는 없다고 본다.[94]

(C) 대상자회사 내지 사업 및 연동대상인 재무지표의 결정 트래킹주식은 그 성질상 최종적으로 그 가치가 연동되는 대상자회사 또는 대상사업 및 연동대상으로 되는 재무상 지표가 특정되어야 한다. 예컨대, 소니사 트래킹주식의 경우 가치의 연동대상은 완전자회사인 SCN(Sony Communication Network)이었으며, 배당금액의 연동대상으로 된 SCN의 재무지표는 SCN의 매기 이익처분안에 기재된 배당금액이었다. 이처럼 자회사업적연동형 트래킹주식은 가치의 연동대상이 독립적인 법인격을 가진 자회사로서 간단하게 특정된다. 반면 부분업적연동형이나 사업단위업적연동형 트래킹주식의 경우에는 법인격에 의하여 구분되지 않는다. 따라서 가치의 연동대상을 발행회사 경영진이 자의적으로 조작하는 것을 방지하기 위하여 사업보고서 등에서 일반적으로 공시된 문서에 기재된 발행회사의 사업부문명칭 등으로 특정하게 된다.[95]

또한 배당하여야 하는 금액의 연동대상으로 되는 대상자회사 내지 사업부문의 재무지표도 발행회사 경영진의 자의에 의한 조작을 방지하기 위하여 기본적으로는 상법이나 자본시장법 등의 법령 아래에서 정의가 된 지표(예컨대, 배당가능이익 등) 또는 이들의 조합으로 산출된 지표(예컨대, 자기자본이익률)로 하는 것이 바람직하다. 부문업적연동형이나 사업단위업적연동형 트래킹주식의 경우에는 사업부문에 관한 재무지표 중 현행 법령 아래에서 정의가 부여된 재무지표가 거의 없기 때문에 큰 문제이다. 발행회사 경영진의 자의적인 조작을 방지하기 위해서는 적어도 공정하고 타당한 회계관행 아래에서 명확한 재무지표로서 감사법인이나 회사 외부의 제3자에 의해 검증받을 수 있는 재무지표로 하는 것이 바람직하다. 예컨대, 부문사업연동형의 경우 대상사업부문의 현금흐름금액이나 영업이익을 지표로 할 수도 있을 것이다. 현재 우리 나라에서는 회사 내 1개 사업부문에 대하여 독립적인 재무제표를 작성하여 외부감사를 받는 제도가 법령 등에 확립되어 있지 않기 때문에 이론상으로는 별론으로 하더라도 실제상으로는 사업부문에 관한 재무지표 중 적절한 지표를 개발하고 이의 적정성을 외부감사에 의

93) 洲崎博史, "平成13年・14年商法改正と一株一議決權原則", 「比較會社法硏究(參本滋 編)」, 商事法務, 2003, 330~331面.

94) 松尾建一, 前揭書, 74~75面.

95) 太田 洋・小野美惠, "トラッキング・ストック", 「ファイナンス法大全(上)」(西村總合法律事務所 編), 商事法務, 2003, 442面.

해 담보하는 제도를 구축하는 데에는 상당한 어려움이 수반될 것으로 보인다.[96)]

(나) 의결권[97)] 트래킹주식에 대한 의결권을 일률적으로 정하기는 어렵다. 미국 및 일본의 예를 보면, ① 다른 보통주와 동일하게 하거나, ② 무의결권주식으로 하거나, 또는 ③ 연동대상 자회사가 기업 전체에서 차지하는 시장가치 비율에 따라 의결권을 부여할 수도 있다. 그런데 트래킹주식은 우선배당을 받지 아니하는 보통주식이므로 무의결권주로 할 이유는 없고,[98)] 원칙적으로 다른 보통주와 동일하게 의결권을 부여하면 된다. 즉, 의결권의 비례적 취급은 가치연동성에 있어 반드시 본질적인 요소는 아니므로[99)] 일반 보통주와 동일하게 1주 1의결권을 부여할 수 있다. 그러나 트래킹주식은 그 본질이 특정 자회사의 실적에 연동하여 이익배당을 받는데 있으므로 지배권에 관한 권리에 있어 다른 보통주와 동일하게 취급하는 것은 부당하다. 따라서 ③의 방식이 타당하다.

이와 같이 트래킹주식의 의결권이 연동대상 사업부문의 시장가치에 비례하여 결정되는 것 자체는 매우 합리적이다. 문제는 우리 나라의 경우 미국과 달리 1주 1의결권원칙이 강하게 유지되어 복수의결권이나 부분의결권이 인정되지 않고, 그 결과 현행 상법상 해당 자회사의 시장가치비율에 따라 다른 보통주와의 관계에서 차등의결권을 부여하기가 어렵다는 점이다.

미국에서는 차등의결권이 모든 경우에 금지되는 것은 아니며, 차등에 합리적인 이유가 있고 처음부터 주주의 동의를 얻어 발행하는 것이라면 허용된다. 우리나라에서 1주 1의결권원칙을 엄격히 적용한다고 하더라도 어차피 주주평등원칙의 예외로서 종류주식을 인정하고, 나아가 트래킹주식을 상법상 허용할 것이라면 그 범위 내에서 1주 1의결권원칙의 예외를 인정하여도 무리가 없을 것이다. 따라서 "트래킹주식에 한하여 상법 제369조 제1항의 규정에도 불구하고 정관이 정하는 바에 따라 1주당 의결권의 수를 달리 정할 수 있다"는 규정을 둘 필요가 있다. 상법이 1주 1의결권의 예외로서 무의결권주식을 인정하는 이상 가치연동성이 있는 트래킹주식에 대하여 무의결권보다 낮은 정도의 의결권 제한인 차등의결권을 인정하지 못할 이유는 없다고 본다.

---

96) 太田 洋 · 小野美惠, 前揭論文, 442~443面.

97) 이하는 최준선 · 김순석, 회사법 개정방향에 관한 연구, 60~61면을 주로 참고함.

98) 일본의 경우 이익배당에 관하여 보통주에 대한 우선성을 인정하여 의결권에 있어서도 무의결권으로 하는 것이 가능하다는 견해도 있다. 關谷理記, 前揭 "M&Aと資金調達-トラッンキング · ストックを中心に-", 587面.

99) 加藤和成, "わが國における-トラッンキング · ストックの導入に可能性と問題點(2)", 「商事法務」 第1558号(2000), 38面.

한편, 트래킹주식 투자자는 배당이 연동되어 있는 자회사의 경영 및 그 실적에만 관심을 집중할 뿐 다른 사업에는 관심을 두지 않는다. 당해 자회사의 인사·업무의 집행 및 사업의 매각·폐지 등의 결정에 관하여는 보통주의 주주 이상으로 강한 이해관계를 가진다. 이러한 점을 감안하면, 트래킹주주는 다른 보통주주와는 의결권행사의 대상이 다르게 되도록 설계할 필요가 있다.[100] 즉, 결의사항의 일부에 대해서만 의결권이 없는 주식의 발행이 허용된다면 이해관계가 적은 결의사항에 대하여 의결권을 제한하는 방법도 가능할 것이다.

(다) 잔여재산의 분배[101] 발행회사가 청산하는 경우 트래킹주식에 대하여 어떠한 방법으로 잔여재산을 분배할 것인가가 문제된다. 여기에는 다른 보통주식과의 시가총액비율에 따라 분배하는 방법과, 트래킹주식의 시가 또는 자회사 보통주식의 교환가치 상당액에 대한 우선분배권을 인정하는 방법이 있다.

일본의 경우 트래킹주식은 자회사연동형을 전제로 하기 때문에 경제적으로는 자회사의 주주와 같은 지위를 인정할 필요가 있다는 관점에서 우선분배권을 인정하고 있다. 트래킹주주는 단지 자회사의 이익에 따른 배당을 받을 권리가 있을 뿐이지 모회사 또는 자회사의 재산에 대하여 직접 소유권적 권리를 갖는 것은 아니다. 따라서 모회사가 소유하고 있는 자회사의 보통주식은 회사채권자의 채권을 상환하고 남는 경우 이는 모든 주주에게 분배되어야 한다.[102] 개정전 상법 제344조의 규정에 의하여 잔여재산분배에 대하여 내용이 다른 주식을 발행할 수 있다는 것을 근거로 하는 견해도 있으나,[103] 트래킹주식의 성질상 이익배당에 있어 다른 보통주주에 대하여 우선권이 인정되지 않는 트래킹주주가 잔여재산분배에 있어서는 우선권이 인정되어야 하는 특별한 이유를 찾기 어렵다. 이러한 점을 감안할 때 잔여재산분배에 있어서는 미국의 경우와 같이 각 종류주식의 시가총액비율에 따라 처리하는 것이 타당하다.

이와 같이 하면 잔여재산분배에 있어서는 트래킹주식과 자회사와의 가치연동성이 유지되지 않고, 자회사에 대한 투자라는 성질에 불구하고 발행회사의 도산위험을 회피할 수 없는 문제가 있다. 그러나 트래킹주식도 발행회사의 주식이고, 트래킹주주는 발행회사의 주주로서 의결권 등 각종 권리를 행사하며, 또 발행

100) 橡川泰史, "トラッンキング・ストックや新株豫約權はどのように活用できるのか", 「法學セミナー」 Vol. 47 No. 11(2002), 2面.

101) 이하는 최준선·김순석, 회사법 개정방향에 관한 연구, 61~62면을 주로 참고함.

102) Schick, op. cit., p. 1370; Glover, op. cit., pp. 10-15.

103) 윤영신, 「상법상 다양한 증권발행의 촉진방안에 관한 연구」, 한국법제연구원, 2001, 60면.

회사가 각 자회사별 영업을 실질적으로 수행하는 점 등을 감안하면, 발행회사의 도산위험을 부담하는 것이 경제적인 관점에서는 불합리할지 모르지만 법적으로는 불가피한 면이 있는 것으로 생각된다. 또한 반대로 연동대상 자회사가 도산 등으로 가치가 소멸될 때 트래킹주식은 발행회사가 시가로 상환하거나 다른 주식으로 전환하는 방법으로 트래킹주주를 보호하므로 발행회사의 도산위험 부담이 부당하다고는 할 수 없다.

(라) 트래킹주식의 종료 트래킹주식은 그 권리내용이 복잡하기 때문에 장래 예상하지 못한 사정변경에 대비하기 위한 구조를 미리 구축할 필요가 있다. 트래킹주식은 대상사업을 지배하면서 그 가치를 실현하기 위하여 발행되므로 그룹 전략상의 이유나 대상사업의 중요성이 낮아지는 경우에는 트래킹주식을 존속시킬 필요성도 감소한다. 이러한 경우에 대비하여 임의적 또는 강제적으로 트래킹주식을 종료시켜서 트래킹주식의 주주에게 대상사업의 가치를 분배하는 구조(Exit Option)를 미리 만들어 둘 필요가 있다.

트래킹주식의 종료방법은 크게 세 가지로 구분할 수 있다. 첫째, 종료권한의 소재에 관하여 트래킹주식 주주의 의사에 관계없이 강제적으로 종료하는 방식과 주주의 개별적 의사결정에 따르는 임의적인 종료방식이 있다. 둘째, 트래킹주식의 보유자에게 교부하는 종료대가에 대하여 트래킹주식을 발행회사의 보통주식으로 전환한 후 이를 교부하는 방식, 트래킹주식의 시가에 상당하는 현금을 교부하는 방식, 대상사업이 독립한 자회사인 경우에는 당해 자회사의 보통주식을 교부하는 방식 등을 선택할 수 있다. 셋째, 대가의 재원으로서 발행회사의 배당가능이익으로 할 것인가, 자본금 및 자본준비금으로 할 것인가, 이들을 조합하여 할 것인가를 선택할 수 있다. 일반적으로는 이러한 세 가지의 차원에서 각각의 선택지를 적절하게 조합하는 형태로 설계하게 된다.[104]

(5) 트래킹주식 도입에 관한 법적 쟁점

1) 개정상법상 허용되는지 여부 특정한 사업부문이나 자회사의 실적에 연동하는 주식(트래킹주식)이 개정상법 아래에서 허용되는지 여부가 문제된다. 2011년 개정상법의 의도는 트래킹주식의 경우 법률관계가 복잡하고, 분쟁의 소지가 많을 뿐만 아니라 미국, 일본 등에서도 별로 활성화되고 있지 않다는 점 등을 고려하여 허용하지 않는 것으로 보인다.[105]

104) 트래킹주식의 종료방식에 대한 자세한 설명은 太田 洋・小野美惠, 前掲論文, 457~466面 참조.
105) 법무부 법무실, 「상법(회사편)개정 특별분과위원회 회의록」, 2006, 626~630면.

그러나 개정상법의 이러한 의도에도 불구하고 제344조의2 제1항의 문언에 따르면 배당의 결정방법을 자유롭게 정할 수 있기 때문에 트래킹주식이 허용된다는 견해도 제기된다.[106] 또한 일본의 개정전 상법 제220조 제1항(개정전 우리나라 상법 제344조 제1항)에 근거하여 소니사가 2001년 자회사연동형 트래킹주식을 발행하였던 것과 동일한 논리로 트래킹주식의 발행이 가능하다는 견해도 유력하다.

반면 트래킹주식이 허용되지 않는다는 견해는 트래킹주식은 특정한 사업부문의 실적에 연동하여 배당이 결정되므로 회사 전체의 의사를 결정하는데 있어서 다른 주식과 동일하게 1개의 의결권을 부여하는 것은 타당하지 않으며, 명확한 법적 근거 없이 주주간에 차별을 허용하는 결과를 초래하므로 1주 1의결권 원칙에 위배될 소지도 있다고 한다. 특정한 사업부문에 대해 이익배당을 하려면 회사분할 제도를 활용하면 된다는 것이다.[107]

우리나라 개정전 상법상 트래킹주식이 허용되는지 여부를 검토하기 위해서는 우리와 유사한 규정 아래에서 트래킹주식을 발행한 2000년 일본 소니사의 자회사연동주식을 분석할 필요가 있다. 일본의 경우 2005년 회사법 제정 이전의 수종의 주식에 관한 상법의 규정(日商 제222조 제1항)은 우리나라 개정전 상법 제344조 제1항과 유사하므로 시사점을 얻을 수 있기 때문이다.

당시 일본의 경우에도 상법 제222조 제1항에 대하여 수종의 보통주를 인정하지 않는 것이 일반적인 해석이었으나, 소니사는 "내용이 다른 수종의 주식"으로서 보통주도 가능하다는 해석에 입각하여 자회사연동형 트래킹주식을 발행하였다.[108] 이러한 해석론은, 상법은 종류주식에 관하여 이익배당 등에 관하여 "내용이 다른 주식"이라고 규정하고 있을 뿐이며, 그 취지는 그 다른 내용을 정관에 기재하여 주주간 이해를 조정하도록 한 것일 뿐 트래킹주식과 같이 내용이 다른 보통주식의 발행을 금지한 것은 아니라고 보는 것이다.[109] 이렇게 볼 경우 트래

---

106) 송옥렬, 전게논문, 55~56면. 배당가능이익의 범위 내에서 트래킹주식은 개정상법상 허용된다고 보는 견해도 있다(정수용 · 김광복, 전게논문, 102면).

107) 김홍기, 전게논문, 55면. 회사분할과 트래킹주식의 장단점에 대한 비교는 전술한 제2장 Ⅱ.5.(3) 참조.

108) 소니사의 자회사연동주식은 그 내용면에서, (ⅰ) 자회사연동주식에 대한 우선배당이 없는 경우에도 보통주에 대하여 배당을 할 수 있도록 한 점(정관 제10조의2 제4항), (ⅱ) 주식소각에 있어 자회사연동주식만 자본감소의 규정에 의하여 소각할 수 있도록 한 점(정관 제10조의8), (iii) 회사의 필요에 의하여 트래킹주식 주주의 동의 없이 이를 보통주로 전환할 수 있도록 한 점(정관 제10조의9) 등에서 종래의 종류주식(우선주)과는 차이가 있다.

109) 黑沼悅郎, 전게논문, 337面.

킹주식은 개정전 상법 제344 제1항에서 규정하는 “이익배당이나 잔여재산분배에 관하여 내용이 다른 수종의 주식”으로 볼 수 있고, 회사는 정관을 개정하여 종래의 보통주와는 다른 트래킹주식을 발행할 수 있게 된다.

따라서 개정전 상법 하에서도, 즉 개정전 상법 제344조 제1항에 의하여 이익배당 및 잔여재산분배에 관하여 내용이 다른 주식의 한 종류로 트래킹주식의 발행을 허용할 수 있다는 견해도 있었다.[110] 개정상법 제344조의2 제1항의 경우에는 이익배당에 관하여 정관에서 정할 사항으로서 “배당재산의 가액의 결정방법, 이익을 배당하는 조건 등”을 다르게 정할 수 있도록 규정하고 있으므로, 이러한 배당기준의 하나로서 트래킹주식을 허용할 수 있을 것이다.

그러나 이러한 해석론은 논란의 여지가 많고, 의결권에 관하여는 1주 1의결권의 원칙상 시장가치비율에 따라 의결권을 부여할 수 없는 등 제약요인이 있다.[111] 그러므로 트래킹주식의 장점과 효용을 살리기 위해서는 새로운 입법조치가 필요할 것이다.[112]

2) 도입대상회사 트래킹주식을 발행하는 근간은 대상사업의 가치를 증권시장에서 실현시키는 것이다. 매출액이나 이익에 대하여 주가의 평가가 높게 이루어지는 성장사업을 대상으로 트래킹주식을 발행하면 효율성이 높은 자금조달을 할 수 있다. 또한 기업매수를 통하여 신규사업에 진출하는 경우, 피인수회사의 주주에게 인수회사의 보통주식을 교부하는 대신에 피인수회사의 가치에 연동하는 트래킹주식을 교부하면 인수회사의 보통주주가 부담하는 사업위험을 경감할 수 있다.[113]

트래킹주식의 이용형태는 크게 매수형, 회사분할형, 자금조달형으로 구분할 수 있다. 미국에서 트래킹주식이 발행된 초기에는 GM 클래스E 주식처럼 기업인수의 대가로서 피인수회사(사업)의 가치에 연동하는 트래킹주식을 발행하는 경우가 많았다. 1999년부터 2000년 초반에는 인터넷 관련 주식의 고평가와 주식공개열기에 따라 IT 관련사업을 대상으로 하는 자금조달형 트래킹주식의 발행이 이루어졌다. 그 후 인터넷 버블이 붕괴됨에 따라 통신업계 등의 사업다각화에 대한

110) 동지, 이철송, 「회사법강의[제19판]」, 박영사, 2011, 240면.
111) 전술한 제2장 Ⅱ.5.(4)(나)(ⅱ) 참조.
112) 박철영, “종류주식의 다양화를 위한 법적 연구”, 성균관대학교대학원 박사학위논문, 2004, 107~108면.
113) 關谷理記, “子會社連動株式(日本版トラッキング・ストック)の開發”, 「商事法務」 第1581号(2000), 11面 註) 6.

불신감으로부터 회사분할형 발행계획이 잇달아 발표되었다.[114)]

이처럼 트래킹주식은 기본적으로 사업을 다각화한 대기업의 자본조달수단이다. 따라서 트래킹주식은 증권시장에의 상장된 기업을 전제로 하며 소규모회사보다는 대규모회사에, 폐쇄회사보다는 공개회사에 적합한 주식이다.

3) 도입 가능한 유형 우리 나라에서 트래킹주식을 도입하는 경우 가능한 유형을 자회사연동형일 것이다. 사업부문연동형의 경우 도입을 위한 전제조건인 사업부문별 자본구성, 회계감사제도나 사업부문 간 공통비용의 분담에 관한 기준이 아직 마련되어 있지 않기 때문에 현실적으로 도입에 어려움이 있다.[115)] 이러한 제도를 창설하고 시장의 신뢰를 얻는 데에는 상당한 시간이 필요하다. 따라서 우선은 자회사연동형 트래킹주식의 발행실적을 축적하면서 시장의 신뢰를 얻은 후에 사업부문연동형 트래킹주식의 발행을 검토하는 것이 바람직하다.[116)] 일본의 경우에도 우리와 비슷한 상황이었기 때문에 자회사연동형인 소니사의 트래킹주식이 먼저 도입된 것으로 보인다.

트래킹주식에서는 특정사업부문의 업적에 연동하여 이익배당이나 잔여재산의 분배가 이루어지기 때문에 그 전제로서 특정사업부문의 업적이 공정하게 산출, 측정될 필요가 있다. 이는 자회사업적 연동형 트래킹주식보다도 사업부문연동형 트래킹주식의 경우에 더 문제된다. 또한 특정사업무문과 기타 사업부문이 기업 내에서 거래를 하거나 자금을 융통하는 때에, 그 거래가격이 공정하지 않으면 특정한 사업부문으로부터 다른 사업부문으로 이익이 이전하게 됨으로써 특정사업부문의 트래킹주식주주와 보통주주간에 이해대립이 생긴다. 이러한 문제를 해결하기 위하여 미국에서는 트래킹주식을 발행하는 경우 트래킹주식의 가치가 연동하는 특정사업부문에 관한 재무제표를 '일반적으로 인정된 회계원칙'(GAAP : Generally Accepted Accounting Principles)에 따라 작성하도록 하고 있다.[117)]

미국과 달리 우리 나라의 회사분할은 모회사가 과반수의 지분을 유지하는 형태가 일반적이므로 회사분할 대신 트래킹주식을 발행할 필요성이 미국만큼 크지 않다. 즉, 위와 같이 회계제도상 어려움이 있는 사업부문연동형 트래킹주식을

114) 關谷理記, 前揭論文, 5面.

115) 關谷理記, "M&Aと資金調達－トラッンキング・ストックを中心に－", 「M&A法大全」, 商事法務研究會, 2001, 583面.

116) 關谷理記, "子會社連動株式(日本版トラッキンッグ・ストック)の開發", 「商事法務」 第1581号(2000), 5面.

117) 日本銀行金融研究所, "デットとエクイテイに關する法源理について研究會報告書", 「金融研究」 第20卷 第3号(2001), 53～54面.

발행하기 보다는 핵심사업을 영위하는 자회사에 대한 지배비율을 희석시키지 않고 기업공개의 장점을 향유할 수 있는 재무관리수단으로 자회사연동형 트래킹주식을 발행할 필요가 더 크다고 할 수 있다. 트래킹주식에 의하여 독립성을 확보할 수 있는 사업부문이라면 회사분할제도를 이용하여 분사한 후 그 자회사를 트래킹주식의 연동대상으로 하는 것도 가능하다.[118]

이처럼 자회사업적연동형 트래킹주식의 경우에는 독립적인 법인의 실적에 연동되므로 전술한 회계제도상의 문제는 없으므로 도입하는 것이 가능하지만, 상법상 허용되는지 여부가 불확실하고, 구체적인 규정이 없는 상태에서 기업들이 트래킹주식을 발행하는 것은 현실적으로 어려울 것이다.

4) 이익충돌의 문제(트래킹주식의 발행 후)

(가) 이익충돌의 발생원인

트래킹주식 발행회사는 트래킹주식의 보유자와 그 이외의 보통주식의 주주 간에 항상 이해의 충돌이 발생한다. 만일 경영자원을 연동대상 사업부문에 집중적으로 투입하면 트래킹주식의 주주에게는 유리하지만 보통주식의 주주에게는 불리하게 된다. 이에 따라 회사를 경영하는 이사로서는 누구의 이익을 우선적으로 배려해야 하는가라는 문제가 생긴다. 이 문제는 이사가 신인의무를 부담하는 상대방이 누구인가의 문제이기도 하다.

일반적으로 이사의 신인의무의 상대방은 회사이며 이사는 트래킹주식의 주주를 포함한 주주 전체의 이익을 도모하여야 한다. 그러나 주주 전체에 이익이 되더라도 주주 간에 이해대립이 발생하게 되면 이를 조정하는 문제가 중요한 과제로 등장한다.

(나) 이익충돌의 조정방법

(A) 계약에 의한 해결 - 정관규정 이해대립이 발생할 경우에 있어서 이사의 행위기준을 미리 정관에 기재하면 정관의 내용에 의해 주주간 이해를 조정할 수 있다. 그러나 장래 발생할 수 있는 모든 사정을 고려하여 이를 정관에 기재하는 것은 불가능하다. 또한 정보가 불완전하고 언어의 특성상 의무내용에 대한 불일치가 발생할 수 밖에 없다. 이에 따라 신의성실과 공정거래라는 묵시적인 계약원칙이 신인의무 개념에 유사한 기능을 할 수 있다는 주장이 제기된다.[119]

---

118) 박철영, 전게학위논문, 110면.

119) A Gilchrist Sparks, Ⅲ & Patricia A. O'Neill, "Merger Issues at the New Millenium: Strategic Deals, Tracking Stocks and the Duty to Be Informed", 1158 PLI/Corp 179, 209 (2000); 윤영신, "미국법상 트래킹 스톡(tracking stock)에 대한 고찰", 「21세기 한국상사법의 과제와 전망(심당송

(B) **종류주주총회의 승인** 각주 회사법들은 일반적으로 특정한 종류의 주식에 대해 불리한 결정을 하는 데에는 당해 종류주식의 주주총회를 요한다. 예컨대, 델라웨어주 일반회사법은 특정한 종류주식의 수권주식수의 증감이나, 액면가의 증감 또는 당해 종류주식의 권리를 불리하게 변경하는 정관개정을 하는 경우에는, 당해 종류주식의 주주들에 의한 별도의 종류주주총회가 필요하다고 규정하고 있다.120)

(C) **이사의 신인의무의 적용상의 문제점** 이사의 신인의무를 통하여 수종의 보통주주간의 이해조정을 하는 데에는 문제가 없지만 트래킹주식의 경우에는 곤란한 문제가 발생한다. 전통적인 수종의 보통주식간에는 권리내용면에서 차이점은 존재하지만 경제적인 측면에서는 수종의 보통주식이 회사 전체의 업적에 따라 이익이 결정되기 때문에 경제적인 이해충돌이 발생하지 않는다. 그러나 트래킹주식의 경우 서로 다른 경제적 이해관계를 가진 주주를 만족시켜야 하는 문제가 나타난다. 또한 이사가 트래킹주식의 종류별로 불균형적인 지분을 보유하고 있는 경우 충실의무와 관련하여 문제될 소지가 많다. 또한 기존의 주의의무의 법리에 의하면 이사가 절차적 공정성에 따라 합리적인 결정을 한 경우 경영판단의 원칙에 의해 보호받게 된다. 그러나 트래킹주식 발행회사의 경우에는 자금배분에서 배제된 사업부문에 연동되는 트래킹주식의 주주는 손해를 입게 되어 주주간 불공정의 문제가 발생하지만, 기존의 주의의무는 이에 대한 해결책을 제공하지 못한다. 충실의무의 법리도 회사 전체로서 회사와 이사의 이익충돌을 다루기 때문에 일부 사업부문에 대한 불균형적인 지분보유로 인한 이사의 이해충돌 문제를 해결하지 못한다. 이에 따라 새로운 기준의 필요성이 제기된다.121)

(D) **새로운 기준의 논의 - 공정의무기준**(duty of fairness) 트래킹주식의 이해충돌의 문제를 해결하기 위하여 Hass 교수는 공정의무기준을 제시한다. 이 기준에 의하면 이사회 결의가 합리적이라는 추정을 번복하기 위해서는 이의를 제기하는 원고가 ① 이해관계 없는 이사의 과반수 또는 주식위원회의 이해관계 없는 위원의 과반수의 결의에 의하지 않았거나, ② 이러한 결의를 하기 전에 경영판단에 필요한 정보를 수령하여 검토하지 않았거나, ③ 결의 당시 당해 결의가 공정하고 합리적이라고 믿지 않았다는 사실을 입증하여야 한다. 원고가 이러한

상현선생화갑기념)」, 2002, 237면.

120) Del. Code Ann. tit. 8, §242(b)(2); 윤영신, 전게논문, 237면.

121) 윤영신, 전게논문, 238~240면.

입증에 성공하는 경우에도 이사가 다음 사항을 입증하면 면책된다. 즉, ① 각 종류주식의 과반수 이상을 소유한 주주가 필요한 정보를 수령한 후 당해 이사회 결의를 승인한 경우, ② 당해 결의의 승인시 그 결의가 공정하고 합리적인 경우 등이다.[122)]

(E) 판례 및 실무 델라웨어주 법원은 1999년 트래킹주식 발행회사 이사의 신인의무와 관련하여 두 개의 판결[123)]을 하였다. 이 사례에서 델라웨어주 법원은 이사회의 결의가 경영판단원칙에 의해 보호받을 수 있다는 점을 인정하였다. 이해충돌의 우려가 있는 사안을 결정하는 경우 당해 사안과 독립된 이사들로 구성된 주식위원회가 검토하는 것이 중요하게 되었다. 이사가 각종의 트래킹주식에 대해 보유수량에 차이가 클 경우 당해 이사의 공정성이 문제될 수 있다.

Hass 교수가 주장한 공정의무기준을 기존 신인의무를 통한 해결방법에 대한 문제제기를 한 점에서 의미는 있지만, 미국 법원들은 아직까지 이를 수용하지 않고 있다. 실무계에서는 오히려 독립적인 이사들로 구성된 주식이사회를 통해 이해상충의 소지가 있는 트래킹주식 발행회사의 결정에 대해 검토하도록 함으로써 경영판단의 원칙에 의해 보호를 받도록 권유하고 있다. 또한 트래킹주식 관련 회사정책을 미리 SEC 신고서류에서 공시함으로써 분쟁의 소지를 사전에 예방하도록 한다.[124)]

5) 자본시장법 및 상장규제

트래킹주식은 거대기업이 상장을 전제로 발행하는 경우가 일반적이다. 따라서 연동대상이 되는 사업부문이나 자회사에 대한 정보공시, 내부자거래, 상장관련규정 등의 정비가 필수적이다.

일본의 경우 2001년 소니 트래킹주식의 상장을 위하여 자본시장법상 발행공시, 계속공시, 수시공시 제도에 대한 정비와 더불어 내부자거래에 관한 규정도 일

---

122) 공정의무기준에 대한 자세한 소개는 Jeffrey J. Hass, "Directorial Fiduciary Duties in a Tracking Stock Equity Structure: The Need for a Duty of Fairness", 94 Mich. L. Rev. 2089, 2165-66 (1996); 손성 · 김수경, "트래킹스톡 발행회사(TSC)에서의 법적 문제－미국법상 이익충돌문제의 해결을 중심으로－", 「상장협」 제46호 (한국상장회사협의회, 2002), 216～220면; 윤영신, 전게논문, 240면; 이기욱, "트래킹주식과 이사의 의무－미국에서의 논의를 중심으로－", 「법과 정책연구」 제4집 제2호(한국법정책학회, 2004), 644～647면 참조.

123) Solomon v. Armstrong, 747 A.2d 1098 (Del. Ch. 1999); In re General Motors Class H Stockholders Litigation, 734 A.2d 611 (Del. Ch. 1999). 이 사례의 자세한 소개는 이영주, "트래킹스톡에 관한 고찰", 「법학연구」 제20집(한국법학회, 2005), 364～369면 참조.

124) Stephen I. Glover, "The Tracking Stock Company's Board of Director", 4 NO. 9 M&A Law. 27 (2001).

부 보완하였다. 또한 동경증권거래소는 트래킹주식을 '자회사연동배당주'라는 명칭으로 상장하면서 상장심사기준과 수시공시규칙 등을 개정하였다.[125)]

Ⅳ. 의결권의 배제·제한에 관한 종류주식

1. 2011년 개정 전 제도의 내용 및 문제점

개정전 상법은 이익배당 우선주에 한해 무의결권주식을 발행하도록 하고 있었으며(개정전 제370조 제1항 본문), 의결권의 일부를 제한하는 주식에 관한 규정은 없다. 개정전 상법은 무의결권우선주식에 대하여 우선적 배당을 하지 않는 경우 의결권이 부활하도록 법률에서 직접 규정하고 있었다(개정전 제370조 제1항 단서). 또한 무의결권주식의 발행한도에 관해서도 발행주식총수의 4분의 1로 제한하고 있었다(제370조 제2항). 이에 따라 주요국에서 도입하고 있는 보통주를 대상으로 한 의결권제한주식을 발행할 수 없었다. 또한 무의결권주식을 발행하는 경우 우선적 배당을 하여야 하므로 배당압력이 가중된다는 문제가 제기되었다.

2. 2011년 개정상법의 내용

의결권의 행사에 관한 종류주식이라 함은 주주총회에서 의결권을 행사할 수 있는 사항에 관하여 내용이 다른 주식을 말한다. 즉, ① 어떤 종류주식은 주주총회 결의사항 전부에 관하여 의결권이 있으나(의결권보통주식), ② 어떤 종류주식은 모든 사항에 대하여 의결권이 없거나(완전무의결권주식) 또는 특정사안에 관해서만 의결권을 가지는 것(일부무의결권주식)으로 할 수 있다.[126)]

의결권의 내용은 '의결권의 수'와 '의결권을 행사할 수 있는 사항'으로 구분될 수 있으므로 의결권에 관한 종류주식도 이에 따라 구분 가능하다. '의결권의 수'가 다른 종류주식으로는 복수의결권주식과 부분의결권주식이 발행될 수 있으며, '의결권을 행사할 수 있는 사항'은 다시 '의결권의 유무' 및 '의결권의 인정범위'로 구분할 수 있다. 의결권의 유무에 관하여서는 의결권주식과 무의결권주식, 의결권의 인정범위에 대해서는 의결권의 제한이 전혀 없는 주식과 결의사항의 일부

---

125) 2001년 개정된 공시규정과 동경증권거래소의 상장규정은 太田 洋·小野美惠, "トラッキング·ストック", 「ファイナンス法大全(上)」(西村總合法律事務所 編), 商事法務, 2003, 484~489面; 윤영신, 「상법상 다양한 증권발행의 촉진방안에 관한 연구-트래킹스톡을 중심으로-」, 한국법제연구원, 2001, 39~42면 참조.

126) 江頭憲治郎, 前揭書, 141面.

에 관해서만 제한이 있는 주식 등으로 구분할 수 있다.[127)]

2011년 개정상법은 완전무의결권주식을 '의결권의 배제에 관한 종류주식'으로, 일부무의결권주식을 '의결권의 제한에 관한 종류주식'으로 도입하였다(제344조의3 제1항). 즉, 의결권의 배제에 관한 종류주식은 모든 의안에 관하여 의결권이 없는 주식을 말하며, 의결권의 제한에 관한 종류주식은 특정한 의안(일부 의안)에 관해서만 의결권이 없는 주식을 말한다. 의결권의 배제·제한에 관한 종류주식은 이익배당에 대해 우선권을 가지지 않는 주식에 대해서도 의결권이 없는 것으로 정할 수 있다. 즉, 보통주식에 대해서도 의결권의 배제·제한 종류주식으로 발행할 수 있게 되었다. 또한 이러한 의결권의 배제·제한에 관한 종류주식의 발행한도를 개정전 발행주식총수의 4분의 1(제370조 제2항)에서 2008년 상법개정안에서는 2분의 1로 확대하였다(2008년 상법개정안 제344조의3 제2항 제1문). 이는 자본시장법상의 발행한도(동법 제165조의15 제2항)를 반영한 것이었다. 그러나 국회에서 최종 조율과정에서 지배주주의 폐해가 큰 우리 기업 현실에서 지배주주의 경영권을 고착화할 우려가 있다는 반론에 부딪혀 결국 개정전과 마찬가지로 발행한도는 발행주식총수의 4분의 1로 회귀하였다(제344조의3 제2항 제1문).[128)]

한편 의결권의 배제·제한에 관한 종류주식이 발행한도를 초과하여 발행된 경우에는 무효로 하지 않고 지체 없이 그 제한을 초과하지 아니하도록 하기 위하여 필요한 조치를 하도록 규정하고 있다(제344조의3 제2항 제2문). 또한 무의결권우선주식에 관한 조항(개정전 제370조)이 삭제됨에 따라 우선적 배당을 하지 못하는 경우 의결권이 부활하는 규정(개정전 제370조 제1항)도 철폐되었다. 이에 따라 우선주에 관하여 우선적인 배당을 하지 못하는 때에 의결권은 개정전처럼 법률에 의하여 자동적으로 부활하는 것이 아니라, 정관에서 부활의 조건을 정한 경우에 한하여 의결권이 부활하게 된다(제344조의3 제1항).

3. 입법례

미국의 경우 의결권의 배제·제한에 관한 종류주식의 발행에 대해서는 각 주의 회사법에서 정관의 정함에 따라 발행할 수 있도록 규정하고 있다.[129)]

---

127) 박철영, 전게학위논문, 119면.

128) 구승모, "상법 회사편 입법과정과 향후과제", 「선진상사법률연구」 제55호(2011), 131면.

129) RMBCA §6.01(c)(1); Del Code Ann. tit. 8, §151(c), §212(a); N.Y. Bus. Corp. Law §§501, 505, 512, 519; Cal. Corp. Code §§203.5, 400, 402, 403 등.

한편 의결권의 배제 · 제한에 관한 종류주식의 상장문제를 다룬 규정인 SEC의 Rule 19c-4조는 Business Roundtable v. SEC[130] 판결에 의해 SEC의 권한을 넘었다는 이유로 무효화되었다.[131] 동 규정은 기존 발행된 보통주식에 대하여 다음의 행위를 통하여 의결권을 무효화하거나 제한하는 주식발행이나 여타 행위를 금지하고 있다. 즉, i) 보유한 주식 수에 따라 보통주식의 의결권을 제한하는 행위, ii) 주식을 보유한 기간에 따라 의결권을 제한하는 행위, iii) 기존 발행 보통주식보다 많거나 적은 의결권을 가진 신주식의 교환청약(exchange offer), iv) 기존 발행 보통주식의 의결권보다 많은 의결권을 가진 주식을 배당하거나 기타 분배의 일환으로 주식을 발행하는 행위 등이다.[132] 그러나 Rule 19c-4는 의결권제한주식의 발행을 엄격하게 금지한 것은 아니며, 기업공개에 따른 주식발행이나 기존 발행 보통주식보다 주당 의결권이 크지 않는 보통주식의 발행 등은 허용된다.[133] SEC의 Rule 19c-4조는 위법판결을 받았음에도 불구하고 자율규제기관인 NYSE 등이 이를 수용하여 상장기준으로 채택함에 따라 공개기업에 대해 규제기준이 되고 있다.[134]

독일은 의결권제한주식(일부무의결권주식)의 발행은 허용되지 않으며, 누적적 우선주에 한하여 무의결권주식(완전무의결권주식)으로 발행할 수 있다(주식법 제139조 제1항).

일본은 주주총회에서 의결권을 행사할 수 있는 사항에 관하여 내용이 다른 주식의 발행을 인정하고 있다(회사법 제108조 제1항 제3호). 회사가 이 주식을 발행하는 때는 ① 주주총회에 있어서 의결권을 행사할 수 있는 사항 및 ② 그 종류의 주식에 대해 의결권 행사의 조건을 정한 때는 그 조건 및 발행가능주식총수를 정관에서 정해야 한다(회사법 제108조 제2항 본문 및 제2항 제3호). 공개회사의 경우 의결권제한주식의 총수가 발행주식총수의 2분의 1을 초과하는 때에는, 회사는 즉시 의결권제한주식의 수를 발행주식총수의 2분의 1 이하로 하기 위하여 필요한 조치를 하여야 한다(회사법 제115조).

---

130) 900 F.2d 406 (D.C. Cir. 1990).

131) 미국의 경우 주식종류에 관한 사항은 기업지배에 대한 것으로 전통적으로 州法의 소관사항이다. Rule 19c-4가 위법판결을 받음에 따라 의결권제한주식에 관한 사항은 주회사법과 자율규제기관이 관장하게 되었다.

132) 17 C.F.R. §240.19c-4(c).

133) 17 C.F.R. §240.19c-4(d).

134) NYSE, Listed Company Manual, §313.00(A).

4. 2011년 개정상법의 검토

(1) 의결권의 배제 · 제한에 관한 종류주식의 범위

개정상법 제344조 제1항에 따르면 회사는 주주총회에서 의결권의 행사에 관하여 내용이 다른 종류주식을 발행할 수 있다. 또한 동법 제344조의3 제1항은 의결권이 없는 종류주식과 의결권이 제한되는 종류주식을 발행하는 경우에 한하여 규정하고 있다. 의결권의 행사에 관하여 내용이 다른 종류주식으로는 이러한 의결권의 배제 · 제한에 관한 종류주식 뿐만 아니라 차등의결권 종류주식, 임원임면권부 종류주식, 거부권부 종류주식 등이 있을 수 있다.[135] 이에 따라 의결권의 행사에 관하여 내용이 다른 종류주식을 제344조의3 제1항이 규정하는 의결권의 배제 · 제한에 관한 종류주식 이외에 다른 유형을 발행할 수 있는지 여부가 문제된다.

종류주식은 주식평등의 원칙에 대한 예외로서 허용된 것이므로 법률이 허용하지 아니한 유형의 종류주식의 발행은 허용되지 않는다고 본다. 따라서 제344조의3 제1항에서 규정한 의결권의 배제 · 제한에 관한 종류주식 이외에 의결권의 행사에 관하여 내용이 다른 종류주식은 발행할 수 없다고 보아야 할 것이다.[136]

개정상법은 "의결권을 행사할 수 없는 사항"을 정관에서 정하도록 규정하고 있는데(제344조의3 제1항), 이는 의결권을 행사할 수 없는 사항을 확정하기 위한 것으로 해석된다. 따라서 "이익처분의안에 대해서만 의결권을 가지고 그 밖의 사항에 대해서는 의결권을 가지지 않는다"는 방식으로도 정할 수 있을 것이다. 또한 회사를 설립하는 경우에 창립총회의 결의사항에 대해서는 의결권을 제한할 수 있다. 창립총회에서도 이사 선임 등에 있어서 의결권 제한주식이 활용될 수 있기 때문이다.[137]

회사가 정관으로 제435조 및 제436조에서 규정한 종류주주총회의 결의사항에 대하여 의결권을 제한하는 주식을 발행할 수 있는지 여부가 문제된다. 이에 대해서는 부정적으로 해석하여야 한다. 그 이유는 첫째, 종류주주총회는 주주총회의 일부가 아니라 주주총회 결의의 효력발생요건으로서 특정한 종류주주의 동

---

135) 최준선, 회사법, 225면.

136) 최준선, 회사법, 225면. 단지 제344조 제1항의 '의결권행사에 관한 종류주식'이라는 표현에서 의결권을 제한 · 배제하는 것 이외에 의결권에 특권을 부여하는 종류주식을 발행할 수 있다는 해석을 도출할 수는 없을 것이다(이철송, 회사법강의, 284면).

137) 박철영, "종류주식의 활용과 법적 과제－의결권제한주식을 중심으로－", 「기업법연구」 제25권 제4호(2011)(이하 "종류주식의 활용과 법적 과제"라 한다), 17면.

의절차이다. 따라서 종류주주총회의 결의사항에 대해 의결권을 제한하면 그 목적에 반하므로 허용될 수 없다.[138] 둘째, 이 규정들은 소수주주의 이익을 보호하기 위하여 마련된 강행규정이므로 상법상 명문의 규정 없이 회사가 정관으로 종류주주총회를 배제할 수 없기 때문이다.[139] 다만 종류주식이 발행됨에 따라 발생하는 종류주주총회에 관한 복잡한 법률관계를 해소할 수 있고, 특정한 종류주주가 종류주주총회를 통하여 사실상 거부권을 행사함으로써 사업수행에 지장을 초래하는 문제를 방지할 수 있다는 점에서 입법론적으로 그 도입의 필요성이 제기된다.[140] 일본의 경우 종류주식 발행회사는 종류주식의 내용으로서 종류주주총회의 결의를 요하지 않는다는 뜻을 정관에 정할 수 있다(일본회사법 제322조 제2항). 이 때 종류주식의 주주에게 손해를 미칠 우려가 있는 때에는 반대주주의 주식매수청구권을 인정한다(동법 제116조 본문 및 동조 제3항).[141]

(2) 의결권을 배제·제한에 관한 종류주식의 발행을 위한 정관변경

의결권의 배제·제한에 관한 종류주식을 발행하기 위해서는 정관에서 의결권을 행사할 수 없는 사항과, 의결권 행사 또는 부활의 조건을 정한 경우에는 그 조건 등을 정하여야 한다(제344조의3 제1항). 또한 정관에서 종류주식의 내용과 수를 정하여야 하므로 의결권의 배제·제한에 관한 종류주식의 수도 정해야 한다(제344조 제2항). 의결권의 배제·제한에 관한 종류주식의 총수는 발행주식총수의 4분의 1을 초과하지 못하며, 초과하여 발행된 경우에는 지체 없이 그 초과분을 해소하기 위하여 필요한 조치를 하여야 한다(제344조의3 제2항).

기존에 발행된 주식의 내용을 변경하여 의결권을 배제·제한하는 조항을 추가하는 경우 정관변경의 요건이 문제된다. 의결권은 주주의 가장 중요한 공익권이고, 고유권의 일종으로서 정관규정으로 이를 박탈하거나 제한할 수 없으므로,[142] 상법의 정관변경에 관한 규정으로 이를 제한하거나 박탈할 수 없다. 따라서 기존에 발행된 주식의 내용을 변경하여 의결권을 배제·제한하는 경우에는 해당 종류주식 주주 전원의 동의가 있어야 할 것이다.[143]

---

138) 박철영, 종류주식의 활용과 법적 과제, 17면.

139) 정수용·김광복, 전게논문, 104면.

140) 정수용·김광복, 전게논문, 104면.

141) 회사분할, 주식분할 등과 같이 원래 주식매수청구권이 인정되지 않은 경우 정관으로 종류주주총회를 배제하면 손해를 입은 주주의 보호수단이 없게 된다. 따라서 이러한 경우 종류주주총회의 배제를 조건으로 주식매수청구권을 인정할 필요성이 제기된다(박철영, 전게논문, 36면).

142) 이철송, 회사법강의, 511면; 정찬형, 전게서, 844면; 최기원, 신회사법론[제14대정판], 박영사, 2012, 471면; 최준선, 회사법, 372면.

(3) 주식매수청구권 및 주주총회 소집통지

의결권의 배제에 관한 종류주식의 주주에게 주식매수청구권이 인정되는지, 또는 주식매수청권을 행사할 수 있도록 주주총회의 소집통지를 하여야 하는지 여부가 문제된다. 상법은 분할 또는 분할합병의 경우에 제344조의3 제1항에 의하여 의결권이 배제되는 주주도 의결권이 있다고 규정한 결과(제530조의3 제3항) 주식매수청권이 인정되며, 이 경우 주주총회의 소집통지를 해야 한다. 그러나 그 이외의 사항에 대해서는 의결권이 배제되는 주주가 주식매수청구권을 가지는지 여부 및 주주총회의 소집통지가 필요한지 여부에 대하여 규정이 없다.

반면 자본시장법에서는 주권상장법인은 주식교환, 주식이전, 영업양도 등, 합병, 회사분할 및 분할합병에 관한 주주총회 소집의 통지 또는 공고를 하거나, 간이주식교환 및 간이합병에 관한 통지 또는 공고를 하는 경우에는 주식매수청구권의 내용 및 행사방법을 명시하여야 한다. 이때 의결권이 없는 주주에게도 그 사항을 통지하거나 공고하여야 한다(자본시장법 제165조의5 제5항).

상법에는 이러한 명문의 규정이 없을 뿐만 아니라, 의결권이 없는 주주에게는 주주총회의 소집통지나 소집공고를 하지 않아도 되는 것으로 규정하고 있다(제363조 제8항). 그러나 상법이 주식매수청구권의 행사요건으로서 사전반대의 통지만을 요구하고 주주총회에 출석하여 반대할 것을 요건으로 하지 않은 것은 의결권 없는 주주에게도 주식매수청구권을 인정하기 위한 취지로 보아야 한다.[144] 일본 회사법의 경우 명문의 규정으로 의결권 없는 주주에게 매수청구권을 인정하고 있다(일본회사법 제116조 제2항 제2호). 주권비상장법인이라고 하더라도 무의결권주식의 주주에게 주식매수청구권을 인정하지 않을 이론적 근거는 없다. 이는 입법적 불비로서 보완되어야 한다.[145]

(4) 발행한도를 초과한 경우

개정전 상법 제370조 제2항은 " … 의결권 없는 주식의 총수는 발행주식의 총수의 4분의 1을 초과하지 못한다"고만 규정하였다. 그러나 개정상법은 의결권의 배제 · 제한에 관한 종류주식의 총수는 발행주식총수의 4분의 1을 초과하지 못한다고 규정하면서(제344조의3 제2항 제1문), 이 발행한도를 초과하여 의결권의 배제 · 제한에 관한 종류주식이 발행된 경우에는 "회사는 지체 없이 그 제한을

---

143) 박철영, 종류주식의 활용과 법적 과제, 31~32면.

144) 최기원, 전게서, 437면. 반대하는 견해로는 손주찬, 「상법(상)[제15보정판]」, 박영사, 2005, 733면.

145) 640면; 최준선, 회사법, 225면.

초과하지 아니하도록 하기 위하여 필요한 조치를 하여야 한다"고 규정하고 있다(제344조의3 제2항 제2문).[146] 따라서 발행한도를 초과하여 발행된 주식의 효력과 발행한도를 초과한 후 필요한 조치를 취하지 아니한 경우 당해 주식의 효력이 문제된다.

이미 발행한도를 초과한 상태를 두고 초과하지 아니하도록 필요한 조치를 하라고 하는 것은 논리적 모순이며, 이 조항은 의결권이 배제되는 종류주식과 의결권이 제한되는 종류주식을 합산하여 발행주식총수의 4분의 1 이하가 되도록 필요한 조치를 취하라는 의미로 해석하여야 한다.[147] 이렇게 발행한도를 제한을 하는 이유는 소수의 주식을 가진 주주가 회사를 지배하는 것을 방지하기 위한 것이다.

이처럼 개정상법은 개정 전과는 달리 의결권의 배제 · 제한에 관한 종류주식이 발행한도를 초과하여 발행된 경우 그 제한을 초과하지 아니하도록 필요한 조치를 취하도록 규정하고 있는 점에 비추어, 발행한도를 초과하여 발행된 주식이 바로 무효로 되는 것은 아니며, 회사가 필요한 조치를 취할 때까지는 유효하다고 본다.[148]

발행한도를 초과한 때에 필요한 조치는 초과분을 감소시키기 위하여 의결권의 배제 · 제한에 관한 종류주식을 소각하거나, 아니면 의결권이 있는 주식을 추가로 발행하여 의결권의 배제 · 제한에 관한 종류주식의 총수가 발행주식총수에서 차지하는 비율을 4분의 1 이하로 줄이는 것이다.[149] 전자의 방식을 선택하는 경우 의결권의 배제 · 제한에 관한 종류주식만을 회사가 취득하여 소각하여야 한다. 회사가 종류주식을 발행하는 때에는 정관에 다른 정함이 없는 경우에도 주식의 종류에 따라 주식의 소각에 관하여 특수하게 정할 수 있다(제344조 제3항). 소각할 종류주식의 취득에 대해서는 자기주식 취득에 관한 절차에 따라야 할 것이다. 이러한 자기주식의 취득은 배당가능이익에 관계없이 자기주식을 취득할 수 있는 상법 제341조의2에 해당하지 않으므로, 일반적인 자기주식의 취득절차인 상

146) 이 조항은 일본회사법 제115조를 도입한 것이지만 약간의 차이가 있다. 즉, 일본회사법은 우리 상법 제344조의3 제2항 제1문에 해당하는 문구를 삭제하고 제2문의 취지로만 규정하고 있는데 이 방식이 더 명확하다고 본다. 또한 일본회사법은 발행한도에 관한 제한을 공개회사에게만 적용하여 비공개회사에 대하여 더 자율성이 부여하고 있다.

147) 이철송, 2011 개정상법 축조해설, 107면. 일본 회사법 제115조 참조.

148) 양만식, "종류주식의 다양화가 기업지배에 미치는 영향", 「상사법연구」 제30권 제2호(2011), 42면; 송옥렬, 전게논문, 56면; 이철송, 2011 개정상법 축조해설, 107면; 임재연, 전게서, 363면.

149) 이철송, 2011 개정상법 축조해설, 107면; 前田庸, 「會社法入門[第12版]」, 有斐閣, 2009, 101면.

법 제341조에 따라 취득하여야 한다. 즉, 배당가능이익의 범위 내에서 주주총회나 이사회의 결의를 거쳐 종류주주 간에 평등하게 취득하여야 하는 등의 절차에 따라야 한다.[150]

한편 이러한 필요한 조치를 취하지 아니한 경우 법적 효과에 대해서는 규정이 없다. 따라서 회사가 정당한 이유 없이 상당한 기간이 지나도록 필요한 조치를 취하지 아니한 경우 의결권의 배제 · 제한에 관한 종류주식이 어떠한 법적 효과를 가지는지가 문제된다. 발행한도를 초과한 경우 필요한 조치를 취하지 않는 경우에 대한 벌칙도 없고,[151] 손해배상청구나 이사의 해임청구에 의해서도 본 조항의 실효성은 확보되지 않는다.[152] 또한 일부 견해에 따르면 주주총회결의취소의 소는 의결권을 전제로 하는 것이므로, 의결권이 없는 주식을 가진 주주는 의결권이 있는 주주가 성립시킨 주주총회결의에 대한 취소의 소를 제기할 수도 없다.[153] 따라서 회사가 정당한 이유 없이 필요한 조치를 취하지 않은 경우에는 의결권의 배제 · 제한에 관한 종류주식의 의결권의 배제 · 제한이 무효로 된다는 견해가 있다.[154] 그러나 이 경우 의결권의 배제 · 제한만이 무효로 된다고 하면 그 조건을 제외한 주식으로서는 유효한 것인지 즉, 의결권이 회복된다는 것인지 불분명하다. 의결권이 회복되면 기존 주주의 의결권 지분이 희석되므로 이러한 해석은 부당하다. 따라서 의결권의 배제 · 제한에 관한 종류주식이 무효로 된다고 보아야 할 것이다.[155]

---

150) 송옥렬, 전게논문, 56~57면.

151) 이 경우 업무집행자에 대한 벌칙을 정하지 않은 것은 입법의 불비라는 지적이 있다(정동윤, 전게서, 451면).

152) 江頭憲治郎, 前掲書, 143面 註) 15; 伊藤靖史, 「逐條解說 會社法(酒巻俊雄 · 龍田節 編) 第2巻 株式 · 1」, 中央經濟社, 2008, 131面.

153) 손주찬, 전게서, 742면; 임홍근, 「회사법[개정판」, 법문사, 2001, 416면. 이에 반해 제소권은 의결권(경영참여권)의 부수적 요소가 아니고 별개의 주주권(경영감독권)으로 보아야 하기 때문에 의결권이 없는 주식의 주주도 주주총회결의취소의 소의 제소권을 갖는다는 견해도 제기된다(권기범, 전게서, 432면; 송옥렬, 전게서, 778면; 이철송, 회사법강의, 589면; 최기원, 전게서, 241면; 최준선, 전게서, 410면).

154) 양만식, 전게논문, 43면; 임재연, 전게서, 361면; 江頭憲治郎, 前掲書, 143面 註) 15; 伊藤靖史, 「逐條解說 會社法(酒巻俊雄 · 龍田節 編) 第2巻 株式 · 1」, 中央經濟社, 2008, 131面.

155) 동지, 송옥렬, 전게논문, 57면. 다만 무효로 보더라도 그 의미가 불확실하다는 지적이 제기된다. 즉, 신주가 발행된 다음에는 신주발행무효의 소에 의해서만 무효로 할 수 있는데, 초과발행주식은 신주발행무효의 사유에 해당하지만 제소되지 않고 6개월이 경과하면 유효가 된다. 또한 해당 발행회차에 발행된 신주 중 초과분을 특정할 수 없기 때문에 신주발행무효의 소를 제기하는 경우 해당 발행회차에 발행된 신주 전부를 대상으로 하여야 하는 등의 문제가 발생한다(송옥렬, 전게논문, 56~57면).

(5) 방어수단으로 이용 문제

의결권제한주식의 이용형태로서는 예컨대, 벤처기업과 이에 투자하는 벤처캐피털간의 이해를 조정하기 위하여 벤처캐피털이 보유하는 주식에 대해 이사선임의안에만 의결권을 가지는 주식을 발행할 수 있다. 의결권제한주식은 임원임면권부종류주식과는 다르며, 공개회사에서도 발행할 수 있을 뿐만 아니라 발행주식수의 상한이 설정되어 있다.[156] 또한 중소기업의 동업자간이나 합작회사의 파트너 간에 있어서 예컨대, 지주비율은 6대 4이더라도 의결권비율은 1대 1로 하는 등 자본다수결에 의하지 않는 지배권 분배를 할 필요성이 높다. 다수파가 소유하는 주식의 일부를 의결권제한주식으로 함으로써 이러한 수요를 충족시킬 수 있게 된다. 의결권에 관하여 인정된 주식내용의 차이는 어떤 사항에 대해 의결권을 행사할 수 있는지 여부에만 있는 것이므로 1주에 대해 복수의결권을 부여한다거나, 일정한 수준 이상의 주식을 가진 주주의 의결권에 상한제나 체감제를 부과하는 것은 인정되지 않는다.[157]

의결권제한주식에 대하여 자금조달의 효율성을 제고한다는 입법취지와 무관하게 법령이 아닌 정관의 정함에 의해 경영권 방어수단으로 악용될 수 있다고 하여 반대하는 견해가 제기되었다.[158] 즉, 기존 지배주주가 향후 신주를 임원임면권에 관해서만 의결권이 제한되는 종류주식으로 발행함으로써 경영권을 고착화할 수 있다는 것이다.[159]

이와는 반대로 자본조달 기능과 경영권 방어기능을 동시에 달성할 수 있는 재무경영전략을 효과적으로 수행할 수 있게 되었다는 점에서 긍정적인 평가도 있었다.[160] 결국 경영권 방어수단으로서 악용의 문제는 당해 조치가 기업가치 향상을 위한 것인지 여부에 따라 효력을 달리 할 수 있으며, 시장의 감시나 제도적 보완을 통하여 해결할 수 있으므로, 지배권의 분배 및 자금조달의 수단을 다양화한다는 측면에서 의결권제한주식이 도입되게 되었다.

---

156) 松尾建一, 前掲書, 79面.

157) 江頭憲治郎, 前掲書, 141～142面.

158) 경제개혁연대, "상법 일부개정법률안(의안번호 1566호)에 대한 의견서", 2008. 11. 14, 2～4면, 〈http://www.ser.or.kr/upload/200906/Of200811400.pdf〉.

159) 참여연대, "상법(회사편) 개정 법무부안에 대한 참여연대 의견서", 2008. 5. 27, 5면, 〈http://blog.peoplepower21.org/Economy/23107〉.

160) 송종준, "방어적 주식제도의 국제적 입법동향과 도입 과제－2006년 회사법 개정안을 중심으로－", 「경영법률」 제17집 제2호 (한국경영법률학회, 2007), 115면.

(6) 의결권행사에 관한 조건을 정하는 방법과 주주평등의 원칙

보통주식의 의결권을 배제하거나 제한하면서 의결권을 부활하지 않는 조건의 종류주식으로 발행하면, 특히 상장주식의 경우 투자자 보호문제를 야기할 수 있다. 개정상법 아래에서는 개정전 의결권 부활조항(개정전 상법 제370조)이 삭제되고, 정관에서 의결권 행사 또는 부활조건을 자유롭게 정할 수 있으므로(제344조의1 제1항) 이러한 주식을 발행하는 데에 제한이 없다. 그러나 상장주식을 거래하는 일반 소액투자자에 대하여 이러한 주식의 위험성을 충분히 인식하고 대처하길 기대하는 것은 무리라고 본다. 따라서 미국이나 일본처럼 상법에서 이러한 주식을 허용하면서도, 투자자 보호문제는 자본시장법이나 한국거래소 상장규정을 통하여 규율하는 것이 바람직하다.[161] 미국 뉴욕증권거래소의 상장규정에 따르면 의결권 없는 우선주주들에게 6기 이상 우선배당이 이루어지지 아니하면 이러한 우선주주들이 최소한 회사의 2인 이상의 이사를 선임할 권리를 부여받도록 규정하고 있다.[162]

의결권 부활조건이 없는 의결권제한주식을 발행하면 연구개발이나 인프라 투자가 필요한 회사는 이익의 내부유보를 통하여 장기적인 성장투자정책을 추진하기가 용이한 장점이 있다. 그러나 투자자의 관점에서는 이익배당에 관한 권리를 확보할 수 있는 수단이 없다는 측면에서 매력적이지 않다. 따라서 일정한 요건이 충족되면 상환하거나, 의결권이 있는 주식으로 전환할 수 있는 조건을 추가하는 방식을 활용할 수 있을 것이다.[163]

의결권제한주식에 대해서는 의결권 행사에 대해서 조건을 정할 수 있지만, 다음과 같이 조건을 정함으로써 적대적 매수로부터 기업을 방어하는 수단으로 의결권제한주식을 이용할 수 있다고 하는 견해가 있다. 즉, 주주가 가지는 주식의 수가 발행주식총수의 일정비율(예컨대 20%) 미만인 것을 당해 주주가 의결권을 행사할 수 있는 조건으로 정하는 것이다.[164]

---

161) 예컨대, 동경증권거래소의 경우 하나의 회사가 의결권제한주식만을 상장하거나, 보통주식과 의결권제한주식을 동시에 상장하는 것을 허용한다. 그러나 극히 적은 출자비율로 회사를 지배하는 상황이 생긴 경우에 의결권에 관한 종류주식을 해소할 수 있도록 하는 등 일정한 요건을 만족시키도록 요구하고 있다(江頭憲治郎, 前掲書, 142面 註) 14; 宇都宮純子, "議決權種類株式の上場制度の整備", 「會計・監査ジャーナル」 第20巻 第9号(2008), 86面; 神谷光弘・西里廣, "上場を前提とした無議決權優先株式の設計上の留意点", 「商事法務」 第1838号(2008), 28面.

162) 정수용・김광복, 전게논문, 104면; NYSE Listed Company Manual §313.00(c).

163) 박철영, 종류주식의 활용과 법적 과제, 22면.

164) 葉玉匡美, "議決權制限株式を利用した買收防衛策", 「商事法務」 第1742号(2005), 28面.

이처럼 주주의 지주수에 의해서 권리내용이 다르게 되는 정관의 정함은 일반적으로 주주평등의 원칙에 반하여 무효라고 해석되며,[165] 또한 이러한 형태로 의결권행사를 제한하는 것은 자본다수결의 원칙을 수정하는 것으로 되기 때문에 그 유효성에 대해서는 엄격히 심사되어야 한다. 일본에서의 논의를 보면 실효적인 매수방어의 구조를 구축하는데 있어서는 특정한 주주를 차별적으로 취급하는 것은 불가피하며, 또한 주주평등의 원칙도 주주를 구별하여 취급하는 것이 회사로서 필요하고 또한 합리적인 경우에까지 이를 금지하는 것은 아니라고 본다. 따라서 의결권의 행사조건을 이러한 방식으로 정하는 것도 적대적 매수에 대한 방어 목적과의 관련해서는 유효하다고 해석할 여지가 있다. 그렇지만, 다른 매수방어책과 마찬가지로 '방어책을 취하는 것이 진정으로 필요한 국면에서만 발동되는 구조로 되어있는가'라는 관점에서 엄격하게 심사되어야 한다는 견해가 일본에서 제기되고 있다.[166]

Ⅴ. 주식의 상환에 관한 종류주식

1. 2011년 개정 전 제도의 문제점

2011년 개정전 상법은 상환주식과 전환주식을 종류주식의 하나로 인정하지 않고 어떤 종류의 주식에 대해 특수한 약정이 부가된 것에 불과한 것으로 보았다. 종류주식은 주주평등 원칙의 예외이기 때문에 그 유형은 법률로 정하는 것만 인정되므로 상법 제344조에 규정하고 있지 않는 유형은 종류주식으로 볼 수 없기 때문이다.[167]

개정전 상법 제345조 제1항에 따르면 상환주식은 이익배당 우선주에 대하여만 발행할 수 있고 이익으로써만 소각하여야 하였다. 이로 인하여 상환재원이 배당가능이익으로 제한되어 있을 뿐만 아니라, 우선주 아닌 다른 종류주식에 대하여 회사에 의한 강제상환이 인정되지 않고 있었다. 따라서 상환주식을 이용하여 자금을 조달하는 경우에 장기적으로 우선배당의 부담을 해소하기 어렵고, 또한

---

165) 鈴木竹雄 · 竹內昭夫, 「會社法[第3版]」, 有斐閣, 1994, 107面 註) 2; 江頭憲治郎, 前揭書, 128面 註) 6.

166) 松尾建一, 前揭書, 81~82面; 江頭憲治郎, 前揭書, 128面 註) 6; 森本 滋, "會社法の下における株主平等原則", 「商事法務」 第1825号(2008), 9面; 大杉謙一, "新會社法における株主平等の原則", 「會社法と商事法務」(辛堂幸司 · 山下友信 編), 商事法務, 2008, 19面.

167) 권종호, "2006년 회사법개정시안의 주요내용", 「상사법연구」 제25권 제2호(2006)(이하 "회사법개정시안"이라 한다), 321면.

향후 상법 개정에 따라 주식의 종류가 의결권제한주식 등으로 다양화되어도 회사가 이들 주식을 취득하여 소멸시키는 것이 거의 불가능하다는 점 등이 문제로 제기되었다.[168] 회사의 배당가능이익의 규모가 큰 경우에는 문제없으나, 그렇지 못한 경우에는 현실적으로 종류주식의 상환이 필요함에도 불구하고 상환을 할 수 없는 문제가 있다. 종류주식이 확대되는 경우 상환의 필요성은 그에 비례하여 높아지는 반면, 이익의 규모는 그만큼 증가하지 않는다. 또한 종류주식의 소멸방법으로서의 상환은 전형적인 보통주와 권리내용이 다른 모든 종류주식에 대하여 요구되는데, 개정전 상법은 우선주 아닌 다른 종류주식에 대한 상환을 인정하지 않았다.

또한 개정 전에는 회사가 상환할 권리를 갖는 주식만 발행할 수 있었고, 주주가 상환할 권리를 갖는 주식은 발행할 수 없었다. 따라서 개정 전 상환조건으로는 종류주식의 확대를 수용하는데 한계가 있었다.[169]

2. 2011년 개정상법의 주요 내용

2011년 개정상법은 상환주식을 종류주식의 한 유형으로 규정하고 정관이 정하는 바에 따라 이익으로 소각할 수 있도록 규정하고 있다(제344조 제1항). 상환주식은 회사가 상환권을 가지는 상환사유부주식(회사상환주식, 상환조건부주식이라고도 함)(제344조 제1항)과, 주주가 회사에 대하여 상환청구권을 가지는 상환청구권부주식(주주상환주식이라고도 함)(동조 제3항)으로 구분되는데, 후자가 새로 도입된 것이다.

상환의 대가는 현금 이외에도 유가증권(다른 종류의 주식은 제외) 그 밖의 자산을 교부할 수 있도록 규정함으로써(제345조 제4항) 상환대가를 다양화하고 유연화 하였다. 다만 이 경우 교부하는 자산의 장부가액이 배당가능이익(제462조)을 초과하여서는 아니 된다(동조 제4항 단서). 여기서 상환대가로 다른 종류주식을 제외한 이유는 전환주식으로 기능하지 않도록 하기 위한 것이다. 그러나 상환의 대가로 주식의 교부를 허용하는 것이 상환주식의 본질에 반하는 것은 아니라고 본다.[170]

회사상환주식을 발행하려는 회사는 정관으로 상환대가, 상환기간, 상환의 방

168) 법무부, “상법(회사편) 개정안 설명자료”, 2007. 10, 87~88면.
169) 박철영, 전게학위논문, 164면.
170) 동지, 송종준, 전게논문, 112면.

법과 상환할 주식의 수를 정하여야 하고, 회사는 상환대상인 주식의 취득일 2주일 전에 그 사실을 그 주식의 주주 및 주주명부에 기재된 권리자에게 따로 통지 또는 공고하여야 한다(제345조 제1항, 제2항). 주주상환주식을 발행하고자 할 때에 회사는 정관으로 주주가 회사에 대하여 상환을 청구할 수 있다는 뜻, 상환가액, 상환청구기간, 상환의 방법을 정하여야 한다(동조 제3항).

상환주식은 제344조에서 규정한 종류주식에 한하여 발행할 수 있으며, 상환주식과 전환주식에 상환조건을 붙인 상환주식의 발행은 허용되지 않는다(동조 제5항). 이는 상환주식이 종류주식에 해당함을 명백히 한 것이며, 보통주에 대하여 상환조건을 붙이는 것을 허용하지 않으려는 의도로 본다.[171)]

3. 입법례

일본의 경우 2001년 종류주식의 다양화 이후 이익배당우선주와 트래킹주식 외에 통상의 보통주식도 상환주식으로 할 수 있다. 또한 2005년 회사법에서는 상환주식과 전환주식의 구분을 철폐하고 취득청구권부주식, 취득조항부주식, 전부취득조항부주식 등으로 규정하고 있다(일본 회사법 제108조 제1항 제5호~제7호).

미국 및 영국의 경우에도 상환주식의 발행에 제한이 없기 때문에 보통주도 상환주식으로 할 수 있다.[172)] 특히 미국의 1969년 MBCA는 우리 상법과 같이 상환주식을 배당우선주에 한하여 인정하였었는데(MBCA §15), 1984년의 개정(RMBCA)에서는 이를 "인위적인 제한"(artificial restriction)으로 보아 폐지하고 그 대상을 모든 종류의 주식으로 확대하였다.[173)]

미국, 일본은 주식의 상환과 전환을 동일한 조건으로 규정함으로써 상환에 의하여 전환의 효과를 달성할 수도 있고 전환이 사실상 상환의 결과가 되기도 한다.[174)]

영국은 자본준비금 및 신주발행대금으로 상환하는 것이 가능하며,[175)] 폐쇄

---

171) 송종준, 전게논문, 113면; 권종호, 회사법개정시안, 322면.

172) RMBCA §6.01(c)(2); Companies Act 2006, §684(1), (3).

173) ABA, Model Business Corporation Act Annotated 3rd ed., Vol. 1, Prentice Hall & Business, 1993, p. 315.

174) 미국의 경우 상환 및 전환의 재원은 현금(cash) 외에 채무(indebtedness), 유가증권(securities) 및 현물(property)도 가능하므로(RMBCA §6.01(c)(2)), 주식을 사채로 상환하는 경우에는 전환과 동일한 결과가 되며, 주식을 현금 또는 현물로 전환하는 경우에는 상환과 동일한 결과가 된다(RMBCA Official Comment §6.01(c)(2)).

175) Companies Act 2006 §687(4), (5).

회사의 경우에는 기존의 자본금으로도 상환할 수 있다.[176] 또한 미국도 상환재원에 제한을 두지 않아 지급불능의 경우를 제외하고는 자본준비금이나 자본금으로도 상환할 수 있다.[177]

4. 개정상법의 검토

(1) 의의

주식의 상환에 관한 종류주식이라 함은 정관의 정함에 따라 장차 회사 스스로 또는 주주의 청구에 의해 이익으로써 소각할 수 있는 주식을 말한다(제345조 제1항, 제3항). 상환주식은 회사가 자금이 필요할 때 주로 우선주식을 대상으로 상환주식을 발행하였다가 나중에 자금사정이 호전되면 상환함으로써 회사의 지배관계에 영향을 미치지 않고 자금을 조달할 수 있는 장점이 있다. 또한 새로 도입된 '주주가 상환을 청구할 수 있는 주식'의 경우에는 회사의 경영상황에 따라 투자회수를 쉽게 할 수 있는 장점이 있다.[178] 상환주식과 사채는 기업의 자금조달수단으로서 유사한 기능을 하지만 상환주식은 이자가 지급되지 않고 이익이 있어야만 상환할 수 있다는 점에서 사채와 구별된다. 그러나 경제적 실질은 사채에 가깝다고 볼 수 있으므로 한국채택 국제회계기준에서는 상환주식을 부채로 처리한다.[179]

(2) 상환주식의 대상

1) 보통주식의 포함 여부 우선 보통주식을 상환주식으로 발행할 수 있는지 여부가 문제된다. 상환주식은 상법 제344조에서 규정한 종류주식에 한하여 발행할 수 있으며, 상환주식과 전환주식에 상환조건을 붙인 상환주식의 발행은 허용되지 않는다(제345조 제5항).[180] 이 조항은 보통주식이 종류주식에서 제외된다는 주장의 근거로 활용된다. 즉, 상환주식이 종류주식에 해당함을 명백히 한 것이며, 보통주에 대하여 상환조건을 붙이는 것을 허용하지 않으려는 의도로 본다. 그러나 보통주식을 종류주식으로 보는 견해를 취하는 경우에도 제345조 제5항의 종류주식에는 의결권 있는 보통주식은 포함되지 않는 것으로 본다.[181] 보통주에

176) Companies Act 2006 §§709, 710, 734.

177) RMBCA §6.01(c)(2).

178) 이철송, 회사법강의, 287면.

179) 송옥렬, 전게서, 780면.

180) 상법 제345조 제5항 : 제1항(회사상환주식)과 제3항(주주상환주식)에 규정한 주식은 종류주식(상환과 전환에 관한 것은 제외한다)에 한정하여 발행할 수 있다.

대해 상환조건을 붙이는 것을 허용할 경우 정관에서 정한 일정한 조건이 충족되면, 회사가 보통주를 상환하여 소각시킬 수 있는데, 이 경우 보통주는 초기 형태의 포이즌필과 유사한 기능을 하게 된다. 이러한 결과는 종류주식이 방어수단으로 활용되는 것을 허용하지 않는다는 입법방향과 배치되기 때문이다.[182] 표준정관 주석에서는 보통주식은 상환주식으로 발행할 수 없다고 설명한다.

보통주식 가운데서도 의결권 없거나 또는 의결권이 제한된 주식일 경우에는 상환주식으로 발행할 수 있다는 견해가 제기된다.[183] 당초 입법의도가 경영권 방어목적으로 종류주식이 활용되는 것을 방지하기 위한 것이므로, 이러한 영향을 초래하지 않는 의결권이 제한되거나 의결권이 없는 보통주식의 경우에는 상환주식으로 발행할 수 있다고 보는 것이 타당하다고 본다.

2) 상환전환우선주 2011년 상법개정 전부터 널리 활용되던 상환전환우선주(Redeemable Convertible Preferred Share : RCPS)[184]를 개정법 아래에서도 발행할 수 있는지 여부이다. 상법 제345조 제5항에서 '상환과 전환에 관한 것은 제외한다'라는 문구가 입법과정에서 추가된 이유는 전환주식과 상환주식이 개념상 구별되어야 한다는 취지에서 주의적으로 규정된 것이다. 따라서 입법의도는 전환상환우선주의 발행을 금지하려는 것은 아니었다고 한다.[185] 그러나 문언의 해석상 이러한 입법의도대로 해석할 수 있을지에 대해서는 논란의 소지가 있다. 우선 '상환에 관한 것은 제외한다'라는 문구는 상환주식을 상환주식으로 발행한다는 것은 무의미하기 때문에 당연한 사항을 주의적을 규정한 것에 불과하다. 반면 '전환에 관한 것은 제외한다'라는 문구에 따르면 전환주식을 상환주식으로 발행하는 것은 허용되지 아니한다.

전환주식에 상환권을 붙이지 못한다고 하는 것은 입법오류로 지적된다.[186] 현재 비상장회사 특히 벤처기업의 경우에 널리 활용되고 있는 상환전환우선주가 개정상법 아래에서도 유효하다고 하기 위해서는 이 조항을 목적론적 해석에 의

---

181) 전술한 Ⅱ.4.(2)2) 참조.

182) 송종준, 전게논문, 113면; 권종호, 회사법개정시안, 322면.

183) 이철송, 회사법강의, 288면.

184) 상환전환우선주란 상환권과 전환권을 동시에 가지고 있는 우선주를 말한다. 투자자들은 이를 통하여 투자대상회사의 사업이 성공할 경우에는 상장과 연계하여 보통주식으로 전환권을 가지고, 만약 사업이 실패하는 때에는 일정한 기간이 지난 다음 상환을 받음으로써 투자금액을 회수할 수 있게 된다(정수용 · 김광복, 전게논문, 106면).

185) 법무부, 「상법 회사편 해설」, 2012, 151면.

186) 송옥렬, 전게서, 781면.

하여 수정할 필요성이 제기된다. 이에 따라 전환주식에 상환권을 붙이는 것은 실무상 필요가 있고 이론상 문제도 없으므로 '전환에 관한 것은 제외한다'는 문구를 축소해석하여 '전환주식의 내용이 상환주식으로 전환하는 것'만을 의미한다는 것으로 좁게 해석하는 견해가 있다.[187] 또는 전환주식을 상환주식으로 발행할 수는 없지만 상환주식을 전환주식으로 발행할 수 있다고 해석하는 견해가 있다.[188] 그러나 이러한 해석에는 논란의 소지가 있는 만큼 괄호부분을 삭제하는 개정이 조속히 이루어져야 할 것이다.

(3) 상환주식의 발행

상환주식을 발행하기 위해서는 원시정관에 규정이 없을 경우 정관을 개정하여 상환조건을 정하여야 하며, 정관에 다른 규정이 없을 경우 이사회가 신주발행절차에 준하여 상환주식을 발행할 수 있을 것이다.

1) 정관의 개정 상환주식을 발행하여 상환하게 되면 배당가능이익이 감소하게 되므로 상환주식의 발행은 정관에 명문의 규정이 있어야 하고 상환조건도 마찬가지이다. 정관에서 일정한 범위를 정하고 세부사항을 이사회에 위임하는 것은 허용된다. 그러나 상환조건이나 상환기간을 전부 이사회에 위임하는 것은 허용되지 않는다.[189]

정관에서 정해야 할 사항은 회사상환주식의 경우에는 회사가 이익으로 소각할 수 있다는 뜻, 상환가액, 상환기간, 상환방법과 상환할 주식의 수를 정해야 한다(제345조 제1항). 주주상환주식의 경우에는 주주가 회사에 대하여 상환을 청구할 수 있다는 뜻, 상환가액, 상환청구기간, 상환의 방법을 정하여야 한다(동조 제3항).

회사가 종류주식을 발행한 경우에 정관을 변경함으로써 어느 종류주식의 주주에게 손해를 미치게 될 때에는 주주총회의 결의 외에 그 종류주식의 주주의 총회의 결의가 있어야 한다(제435조 제1항). 회사가 상환주식을 발행할 때 보통주식이나 다른 종류주식이 존재하는 경우 이러한 주식의 주주들에 의한 종류주주총회가 필요한지 여부가 문제된다. 상환주식은 통상적인 우선주보다 고율의 배당

---

187) 송옥렬, 전게서, 781면. 예컨대, 전환우선주가 전환권을 통하여 보통주로 전환된 이후에 이러한 보통주에 대해 상환권이 존속하여서는 아니된다(만일 보통주로 전환된 이후에도 상환권이 존속하게 되면 경영권 방어수단으로 악용될 우려가 있다)는 의미로 해석하는 것이다(정수용 · 김광복, 전게논문, 107면).

188) 임재연, 전게서, 372면.

189) 임재연, 전게서 370면.

을 받는 경우가 많고 상환기간이 도래하면 투자위험의 부담 없이 발행가액 자체를 회수할 수 있는 점에서 다른 주식보다 유리한 측면이 있는 반면 기존 주주는 어느 정도 불리하게 되는 측면이 있기 때문이다.[190)]

상법 개정 전에도 정관에서 보통주 발행만이 예정되어 있는데 우선주 발행을 위한 정관개정을 하는 때에도 보통주주들의 종류주주총회가 필요하지 않다고 보는 것이 실무상 관행이었으며, 상환주식의 상환은 배당가능이익으로 하기 때문에 자본금이 환급되지도 않는다는 점에서 보통주 주주들의 종류주주총회가 필요하지 않다고 보았는데,[191)] 개정상법 아래에서도 마찬가지라도 본다.

한편 상환주식을 종류주식으로 규정한 개정상법 아래에서 상환주식을 발행하면 다른 종류주식에 대하여 영향을 미칠 수 있다. 종류주식의 도입을 위한 주주총회 특별결의에서 기존 종류주식 주주들의 의사가 이미 반영되므로, 특정한 종류주식에 대해서만 특별하게 불리하게 발행되지 않는 한[192)] 그 종류주식 주주의 총회결의는 필요가 없다고 할 것이다.

이미 발행된 종류주식을 정관을 변경하여 상환주식(또는 전환주식)으로 전환할 수 있는가? 이에 대해 해당 종류주주를 포함한 주주 전원의 동의가 있으면 가능하다는 견해[193)]와 불가능하다는 견해[194)]가 대립한다. 일본의 경우 이미 발행된 종류주식에 관한 내용을 정관에서 변경할 수 있도록 하고 있는데, 이때에는 정관변경을 위한 주주총회특별결의(일본회사법 제309조 제2항 제1호)와 해당 종류주주 전원의 동의(동법 제110조, 제111조 제1항)를 요건으로 하고 있다. 우리나라의 경우에도 이러한 절차를 거쳐서 이미 발행된 종류주식을 변경하여 상환주식(또는 전환주식)으로 전환할 수 있다고 본다.

2) 상환조건

(가) 상환가액 상환가액이란 회사가 주주에게 상환주식의 상환 대가로 지급하는 금액이다. 상환가액은 특정한 금액으로 정할 수도 있고, 아니면 액면가액, 발행가액 또는 상환시점에서의 시가처럼 상환가액의 기준만을 정관에서 정하

190) 한원규 · 이제원, "상환주식과 전환주식의 법적 성질", 「증권법연구」 제3권 제1호(2002), 279면.

191) 한원규 · 이제원, 전게논문, 279～280면.

192) 예컨대, 상환우선주식의 주주가 다른 우선주 주주들에 비하여 먼저 우선적 배당을 받도록 하여, 기존 우선주 주주들의 이익배당에 있어서 지위를 상환주 주주보다 후순위로 만드는 조건으로 상환주식이 발행되는 경우에는 다른 우선주 주주들의 종류주주총회가 필요할 것이다(한원규 · 이제원, 전게논문, 281면 주) 6).

193) 임재연, 전게서, 370면; 박철영, 전게논문, 31면.

194) 최준선, 전게서, 229면.

고 이러한 기준에 따라 이사회가 실제 상환가액을 정할 수도 있다. 다른 주주가 상환가액의 결정기준을 사전에 예측할 수 있어야 하므로 이러한 이사회의 재량은 제한적일 수밖에 없다. 상환가액이 지나치게 고액일 경우 다른 주주들의 이익배당청구권을 해하게 되므로 상환주식의 발행무효사유가 될 수 있을 것이다.[195]

상환가액을 시장가격으로 하는 경우 시장가격이 발행가격보다 더 하락하게 되면 상환주식의 주주가 손해를 볼 우려가 있으며, 회사의 입장에서도 시장가격의 변동으로 상환자금을 적립하기 어려운 문제가 있다. 이에 따라 발행가액을 상환가액으로 하는 경우가 많다.[196]

유 · 무상증자와 주식배당을 하는 때에 상환주식에 대하여 동일한 상환주식을 배정 또는 배당하는 경우 새롭게 발행된 상환주식의 상환가액을 기존 상환주식의 상환가액과 동일하게 정할 수 있는지 여부가 문제된다.[197]

상환가액을 발행가액으로 정한 경우 유상증자를 하는 때에는 유상증자에 의한 상환주식의 추가 인수분에 대해서는 당해 유상증자를 할 때의 발행가액을 상환가액으로 하면 될 것이다. 동일한 조건에서 무상증자를 하는 때에 무상증자에 의한 상환주식의 추가 인수분에 대해서는, 추가 인수한 상환주식의 발행가액은 무상증자를 할 때 자본금으로 전입된 금액을 의미한다고 보아야 할 것이므로 상환주식 1주당 자본전입금액을 상환가액으로 정하면 될 것이다. 그러나 무상증자를 할 때 상환주식에 대하여 상환주식을 배정하면 상환주식의 주주가 상환기일에 자신이 회사에 납입한 주식대금에 비하여 더 많은 금액을 상환받게 되므로 이는 발행가액을 상환금액으로 정한 취지와 어긋나게 된다. 즉, 무상증자를 할 때 총 상환금액은 동일하여야 할 것이며, 1주당 상환가액이 비례적으로 줄어들어야 한다. 한편 상환주식에 대한 주식배당을 상환주식으로 하는 때(제462조의2)에는 무상증자의 경우와 동일한 문제가 발생한다. 상환가액을 액면가액으로 정한 경우에도 상환가액이 발행가액인 경우처럼 1주당 상환가액의 조정문제가 발생하게 될 것이다.[198]

이러한 번잡함을 피하기 위하여 상환주식을 발행하면서 향후 유 · 무상증자를 하는 경우 상환주식에는 신주를 배정하지 아니하기로 정할 수도 있을 것이다.

---

195) 이철송, 회사법강의, 289면.

196) 한원규 · 이제원, 전게논문, 282면.

197) 이 때 상법 제344조 제3항에 근거하여 상환주식에 대하여 보통주를 배정 또는 배당할 수 있는 것으로 정하면 이러한 복잡한 문제를 피할 수 있다.

198) 한원규 · 이제원, 전게논문, 283~284면.

상환주식을 무의결권 우선주식으로 발행하는 경우 유 · 무상증자를 하는 때에 상환주식에 대하여 신주를 배정하지 아니하여도 상환주식의 주주에게 손실이 발생하지는 않는다.[199] 의결권 있는 주식이 상환주식인 경우에 유 · 무상증자를 할 때 상환주식의 인수인이 신주를 배정받지 못하게 되면 이에 동의하지 않겠지만, 개정상법에서는 의결권이 있는 주식을 상환주식으로 발행할 수 없다고 보므로, 이러한 문제는 발생하지 않을 것이다.

(나) 상환기간 상환기간은 상환이 이루어져야 할 기간을 말하는데, 통상 시기와 종기를 정한다. 회사상환주식은 상환기간을, 주주상환주식은 상환청구기간을 각각 정하여야 한다. 상환기간에 대해서는 명문의 규정이나 판례가 없으므로 어느 정도 구체적으로 상환기간을 정해야 하는지가 문제된다. 상환기간은 정관에서 구체적으로 정해져야 하며, 그 종기가 사회통념상 합리적인 기간 이내이어야 한다.[200]

상환기간 내에 상환을 하지 못하는 경우에는 상환기간이 연기된다고 본다. 정관의 규정에 따라 회사상환주식은 물론 주주상환주식을 발행한 경우일지라도 정관규정은 배당가능이익의 범위 내에서 상환해야 한다는 상법의 강행규정을 위반할 수 없으므로 배당가능이익이 없으면 상환할 수 없고 상환기간이 연기된다. 상장회사의 표준정관도 상환기간 내에 상환하지 못한 경우나 우선적 배당이 완료되지 아니한 경우에는 그 사유가 해소될 때까지 상환기간이 연기된다고 규정하고 있다.[201]

상환조항은 주식청약서에 기재하고(제302조 제2항 제7호, 제420조 제2호), 등기하여야 한다(제317조 제2항 제6호).

(다) 상환시기 상환시기는 회사상환주식의 경우 정관에 정한 기간이 되며, 주주상환주식의 경우 주주가 청구한 때이다. 회사에 이익이 없어서 상환이 지연되더라도 회사나 이사의 손해배상책임은 발생하지 않는데, 그 이유는 상환의 지연이 상환주식에 내재하는 본질적 위험(fundamental risk)이기 때문이다.

(라) 상환방법 및 상환할 주식의 수 상환방법으로는 강제상환이나 임의상환, 일시상환이나 분할상환 등을 들 수 있다. 임의상환의 경우에는 회사가 상환을 원하는 주주로부터 개별적으로 주식을 취득하여야 한다. 강제상환을 하는 경

199) 한원규 · 이제원, 전게논문, 283～284면.

200) 한원규 · 이제원, 전게논문, 284～285면.

201) 상장회사 표준정관 제8조의2 제1항 제2호.

우에는 상법상 명문의 규정이 없으나, 모든 주주에게 획일적으로 처리하기 위하여 주식병합절차를 준용하여 1월 이상의 기간을 정하여 주권을 제출하도록 하고, 이 기간이 만료한 때에 상환의 효력이 생기는 것으로 보아야 할 것이다(제440조, 제441조 본문).[202]

이 경우 상환주식 상호간에는 주식평등의 원칙에 따라 비례적인 상환이 이루어져야 할 것이다. 또한 주식불가분의 원칙상 주금액의 일부상환은 허용되지 아니한다.

(4) 상환주식의 상환

1) 상환절차 회사가 상환권을 가지는 회사상환주식의 경우 정관의 규정에 따르는 한 다른 절차 없이 이사회의 결의만으로 상환할 수 있다. 상환에 사용할 자금은 이익처분안(상법 제447조 제1항 제3호, 상법시행령 제16조 제1항 제2호)에 포함시켜 주주총회의 승인을 얻어야 하므로(제449조) 그 범위에서는 주주총회의 의사결정이 필요하다.[203] 다만 이 때에도 정관에 규정을 두어 일정한 요건을 충족하는 경우 주주총회에 갈음하여 이사회가 이익처분안을 승인하게 할 수도 있으며(제449조의2 제1항), 이사회가 승인한 경우에는 이사는 이익처분안의 내용을 주주총회에 보고하여야 한다(제449조의2 제2항). 배당가능이익의 확정과 상환자금의 결정은 결국 주주총회 또는 정관에 규정이 있는 경우 이사회의 권한사항이 된다.

회사상환주식의 경우 상환을 결정한 이후에는 상환대상인 주식의 취득일부터 2주 전에 그 사실을 그 주식의 주주 및 주주명부에 적힌 권리자에게 따로 통지하여야 한다. 다만, 통지는 공고로 갈음할 수 있다(제345조 제2항). 주식의 취득일은 상환의 효력발생일을 의미하며, '그 주식의 주주'는 주주명부상의 주주를, '주주명부에 적힌 권리자'는 질권자를 말한다. 상환의 효력발생일에 대해서는 전환의 효력발생에 관한 제350조 제1항 및 제346조 제3항 제2호처럼 명문의 규정이 없어 입법적 보완이 필요하다.[204] 상법은 통지와 공고를 선택할 수 있도록 하고 있으나, 회사에 의한 상환주식의 상환은 주주에게는 중요한 사항이므로 입법론상 통지를 원칙으로 하는 것이 타당하다.[205]

---

202) 이철송, 회사법강의, 292～293면; 송옥렬, 전게서, 782면.

203) 이철송, 회사법강의, 290면.

204) 상환의 효력발생일에 관해서는 회사가 강제상환하는 경우, 회사가 설정한 주권제출기간이 경과하면 효력이 발생한다는 견해와(이철송, 회사법강의, 293면), 주권을 회사에 제출하여 대가를 교부받을 수 있는 날에 발생한다는 견해(권기범, 전게서, 440면)로 나누어진다.

한편 주주가 상환권을 가지는 주주상환주식의 경우에 주주의 상환청구권은 형성권이므로, 주주가 상환을 청구하면 회사는 상환에 응할 의무를 진다. 그러나 배당가능이익이 없으면 상환할 수 없으므로 이 경우에는 상환이 연기된다.[206]

2) 상환재원 상법 제345조 제1항에 따르면 회사상환주식의 경우 회사의 이익이 상환재원임을 명시하고 있다. 따라서 정관에서 정한 상환조건이 충족되더라도 배당가능이익이 없는 경우에 회사가 상환을 하면 이사의 손해배상책임이 발생한다(제399조).[207]

그러나 제345조 제3항은 주주상환주식에 관하여 "회사의 이익으로써"라는 문구가 없으므로 상환재원이 회사의 이익에 한정되는지가 문제된다. 제1설은 상환재원은 배당가능이익에 한정된다는 견해이다. 그 근거를 제345조 제4항에서 찾거나, 또는 주주상환주식의 상환을 배당가능이익 이외에 회사의 기본재산으로도 할 수 있다고 해석하는 경우 자본금감소절차(제438조)를 따라야 하므로 상환주식을 발행하는 의의가 없어진다는 데에 둔다.[208] 제2설은 주주상환주식의 경우 상환조건부주식과는 달리 상환재원에 관한 명시적인 규정이 없으므로, 회사가 상환의무를 이행하기 위하여 정관에서 정한 상환기금을 적립한 경우에는 배당가능이익을 확정하지 않거나 배당가능이익이 없더라도 적립된 상환기금에서 상환할 수 있다고 본다. 제3설은 주주상환주식의 경우 정관에서 정한 상환기금에서 상환하는 것을 원칙으로 하고, 정관에서 정함이 없거나 적립된 상환기금이 상환하기에 부족한 경우 배당가능이익으로 상환할 수 있다고 보는 견해이다.[209] 생각건대, 회사상환주식과 주주상환주식을 차별해야 할 특별한 이유가 없으므로 양자 모두 배당가능이익으로 상환할 수 있다고 보는 제1설이 타당하다고 본다.

배당가능이익이 적립되어 주주총회에서 상환결정이 이루어지더라도 실제 상환시점에서 배당가능이익이 없을 경우에는 상환할 수 없다. 정기주주총회에서 이익잉여금처분계산서가 승인되어 배당가능이익이 확정되더라도 이는 전(前) 회계연도 말을 기준으로 하는 것이므로, 정기주주총회 이후 실제 상환시점에 배당가능이익이 존재하지 않을 수도 있다.[210] 또한 상환적립금을 적립하였더라도 이는

205) 임재연, 전게서, 373면; 이철송, 회사법강의, 290~291면.
206) 이철송, 회사법강의, 291면; 송옥렬, 전게서, 782면.
207) 임재연, 전게서, 374면.
208) 이철송, 회사법강의, 291면.
209) 임재연, 전게서, 376면.
210) 한원규 · 이제원, 전게논문, 290면.

임의적립금이므로 적립된 이후 다음 회계연도에 결손이 발생하는 경우 다른 적립금에 우선하여 결손에 보전된다(기업회계기준 제78조 제2항 가목). 따라서 상환기금을 적립하였더라도 상환기일이나 상환청구가 있을 때 결손이 발생하게 되면 배당가능이익이 없어서 상환하지 못할 위험도 존재한다. 이러한 위험은 상환주식의 특성에 따른 것으로 상환주식의 주주가 부담해야 한다.[211]

한편 배당가능이익이 존재함에도 불구하고 이사회나 주주총회에서 상환에 필요한 조치를 취하지 아니한 경우 상환주식의 주주의 보호가 문제된다. 이는 상환기간의 종류나 상환청구시 정기주주총회에서 상환의 건을 포함한 이익잉여금처분계산서의 승인이 반드시 필요하다고 보는지 여부에 따라 견해가 달라진다.

승인필요설의 입장에 따르는 경우 상환주식의 주주는 상환을 받을 수 없고 이사나 회사에 대하여 손해배상청구를 할 수 있을 뿐이다. 반면 승인불요설의 입장에 따르면 상환기간 종료나 상환청구시 회사에 상환을 청구할 수 있으며, 회사가 불응할 경우 가압류를 하고 손해가 있으면 회사에 대해 손해배상청구를 할 수 있을 것이다.[212] 생각건대, 회사상환주식의 경우에는 주주총회의 승인이 필요하지만, 주주상환주식의 경우에는 배당가능이익이 존재하는 한 주주총회의 승인이 없더라도 상환하여야 한다고 본다. 회사가 일방적으로 상환의 건을 이익잉여금처분계산서에 포함하였는지에 따라 상환여부가 좌우되는 것은 부당하기 때문이다.[213]

3) 현물상환 상법 제345조 제4항은 주식의 상환대가로 현금 외에 유가증권(다른 종류주식을 제외한다)이나 그 밖의 자산을 교부할 수 있도록 함으로써 현물상환을 허용하고 있다. 현물상환이란 미리 정관에서 정해진 바에 따라 상환가액에 상응하는 다른 재산을 교부하는 것을 말한다. 정관에 정함이 없이 주주와 협의를 통하여 현물을 교부하는 것은 대물변제이지 상법상 현물상환은 아니다.

상환주식의 대가로 지급하려면 소규모로 단위화되어 있는 것이어야 할 것이므로 현물상환으로 교부되어야 하는 자산은 발행회사의 사채, 모회사 또는 자회사 그리고 계열회사의 주식이나 사채 등 대부분 유가증권이 될 것이다. 현물상환에서 발행회사의 다른 종류주식을 허용하지 않는 것은 이를 허용하면 전환주식과 구별이 되지 않기 때문이다. 보통주식이 종류주식에서 제외된다고 보는 견해

211) 한원규 · 이제원, 전게논문, 292면.
212) 한원규 · 이제원, 전게논문, 291～292면.
213) 한원규 · 이제원, 전게논문, 285～286면.

를 취하는 경우, 발행회사의 '다른 종류주식'에 보통주식은 포함되지 않으므로 보통주식으로 현물상환하는 것이 허용된다고 본다.[214] 그러나 보통주식이 종류주식에 포함된다는 견해를 취하면, 보통주식으로 현물상환은 허용되지 않게 된다.[215] 한편, 자기주식은 단순한 자산을 보아 종류주식에 포함되지 않는다고 본다.[216]

한편 제345조 제4항 단서의 "자산의 장부가액이 제462조에 따른 배당가능이익을 초과하여서는 아니 된다"라는 문구는 입법의 오류로 지적된다. 우선 현물상환으로 유출되는 가액은 현물자산의 시가 내지 공정한 가치에 해당하는 금액이며 장부가액과는 무관하다. 또한 현물상환의 공정성 확보를 위해서는 현물자산의 공정한 가액이 상환가액을 초과할 수 없다고 규정해야 할 것이다.[217] 이러한 내용은 해석론으로도 도출할 수 있는 것이므로 이 단서조항은 불필요한 조항이다.[218]

(5) 상환의 효과

주주가 상환을 청구하는 경우 회사는 청구일자에 상환주식을 취득하고 주주는 그 대가로 교부받은 재산을 취득한다. 상환의 개념 자체에 이익으로 소각한다는 의미가 포함되어 있으므로 회사상환주식이든 주주상환주식이든 상환된 주식은 소각하여야 한다.[219]

1) 자본금에 미치는 영향 상환주식을 상환하더라도 자본금은 감소되지 않는다. 그 이유는 이것은 자본감소절차(제438조 이하)에 의한 주식소각이 아니므로 자본감소가 되지 않기 때문이다(제343조 제1항).[220] 따라서 이때에는 액면주식을 발행한 회사의 경우에는 발행주식의 액면총액은 자본금(제451조 제1항)이라는 등식이 성립하지 않는다. 왜냐하면 자본금에서 상환하는 것이 아니라 배당가능이익 내지 임의준비금인 상환적립금을 재원으로 하여 상환하기 때문이다.

---

214) 권기범, 전게서, 439면; 이철송, 회사법강의, 292면. 보통주식이 종류주식에 포함되지 않는다는 견해를 취하는 경우 입법론적으로 제345조 제4항은 상환대가로 교부할 수 있는 '유가증권'에서 발행회사의 주식을 제외하도록 괄호를 개정해야 할 것이다.

215) 임재연, 전게서, 374면 주) 127.

216) 송옥렬, 전게서, 783면. 즉, 자기주식을 상환대가로 할 수 있다고 한다.

217) 송옥렬, 전게서, 783면.

218) 이철송, 회사법강의, 292면.

219) 임재연, 전게서, 377면.

220) 상법상 주식소각은 제343조 제1항에 따라 자본금감소 절차에 따르는 것이 원칙이지만, 이익으로 주식을 소각할 수 있는 예외적인 경우로서 배당가능이익으로 취득한 자기주식의 소각(제343조 제1항 단서) 및 상환주식의 상환(제345조 제1항, 제3항)이 인정되고 있다.

자본금이 감소하지 않으므로 채권자보호절차도 불필요하다.

2) 수권주식 총수에 미치는 영향 상환주식을 상환하면 그 주식은 소멸하므로 발행주식의 총수는 그 수만큼 감소되고, 따라서 변경등기를 하여야 한다(제317조 제2항 제3호, 제183조). 그러나 수권주식총수는 영향이 없다.

한편 상환된 주식만큼 신주를 새로 발행할 수 있는가 의문이다. 그러나 회사가 상환한 부분에 대하여는 다시 신주를 발행할 수 없다고 본다(통설). 왜냐하면 그 부분에 대한 주식의 발행권한은 이미 행사되었기 때문에, 재발행을 인정하면 이사회에 대한 이중의 발행수권이 되기 때문이다.[221] 또한 상환주식의 상환과 발행을 반복하면 이익이 자본금으로 전환되는 효과가 발생하고 이에 따라 주주의 이익배당을 받을 권리를 침해하면서 채권자에게 유리하게 된다는 것이다.[222]

이에 대하여 소수설로서는 상환주식의 재발행은 인정될 수 없으나, 보통주식의 재발행은 정관의 규정이 있으면 가능하다고 보는 견해와,[223] 상환된 주식수만큼 주식을 재발행할 수 있다는 견해가 있다(재발행가능설).[224]

생각건대 근래 제기된 재발행가능설의 근거가 설득력이 있다고 본다. 그 주된 논거는 우리나라는 일본과는 달리 주주에게 신주인수권이 인정되어 재발행을 하더라도 주주의 신주인수권이 보장되므로 일본처럼 기존 주주의 비례적 지분이 감소하는 불이익이 발생하지 않는다고 한다. 또한 발행주식총수의 개념을 주주가 이사회에 발행을 수권한 주식수의 누적 최대치를 의미하는 것이 아니라, 회사가 현시점에 발행할 수 있는 주식수의 최대치(스톡 개념으로서 최대수량)를 의미하는 것으로 보아야 한다는 것이다. 이렇게 해석하면 소각된 주식은 발행예정주식총수 중 미발행주식수를 구성하고 재발행이 가능하다는 것이다.[225] 또한 이익이 자본금으로 전환는 효과가 발생되어 주주에게 불리하다고 하지만, K-IFRS의 경우 이미 상환주식으로 부채로 처리하고 있으며, 재발행된 신주도 원칙적으로 기존 주주가 배정받게 되므로 결국 이익배당을 현금으로 받느냐, 아니면 새로 발행된 상환주식으로 받느냐의 차이에 불과하게 된다.

---

221) 정동윤, 회사법[제7판], 법문사, 2001(이하 "회사법"이라 한다), 197면.
222) 송옥렬, 전게서, 784면; 임재연, 전게서, 378면 주) 138.
223) 정찬형, 전게서, 695면.
224) 소수설의 자세한 논거는 이철송, 회사법강의, 428~430면.
225) 이철송, 회사법강의, 429면.

Ⅵ. 주식의 전환에 관한 종류주식

1. 2011년 개정 전 제도의 내용 및 문제점

전환주식은 정관으로 주주의 청구에 의하여 다른 종류주식으로 전환할 것을 청구할 수 있는 권리를 부여함으로써 주주모집을 용이하게 하여 회사의 자금조달을 원활하게 한다.

2011년 개정전 상법상 전환주식의 전환권은 주주에게만 인정되고 회사측에는 인정되지 않음으로써(개정전 상법 제346조 제1항) 자금조달을 위하여 우선주를 발행한 회사는 우선배당의 부담을 해소하기 어려웠다. 또한 회사가 적대적 M&A의 대상이 된 경우 무의결권우선주식을 보통주식으로 전환하면 효과적으로 경영권을 방어할 수 있으나 이러한 전환권의 행사가 불가능하다는 등의 문제가 있다. 기업공개나 기업구조조정의 과정에서 종류주식을 단순화 하거나, 주주관리 비용 등을 절감하기 위하여 전환주식을 활용하기 어려운 실정이었다. 또한 다양한 종류주식이 도입되는 경우 그 소멸방법으로 강제전환권을 행사할 필요성도 제기되었다.

회사가 종류주식을 발행하는 때에는 이와 같이 회사가 강제전환권을 행사할 필요가 있음에도 불구하고 2011년 개정 전 상법에서는 이에 관한 규정이 없었다. 이에 따라 정관에 일정한 기한의 도래 또는 조건의 성취로 우선주가 자동적으로 보통주로 전환된다는 조항을 두는 방법처럼 우회적인 방법을 통하여 강제전환의 목적을 달성하였다.[226)]

2. 2011년 개정상법의 주요 내용

2011년 개정 전 상법상 전환주식의 전환권은 주주에게만 있었으나(개정전 상법 제346조 제1항) 2011년 개정상법은 회사에 대하여도 이를 허용하는(제346조 제2항) 한편 전환주식의 절차와 관련한 규정을 일부 개정하였다. 2011년 개정상법에서 종류주식의 유형이 확대되었으므로 전환주식의 대상과 전환으로 발행할 주식도 개정전보다 더 확대되어서 전환주식의 발행을 통한 자금조달이 보다 용이해질 것으로 기대된다. 또한 회사의 경영판단에 따라 우선배당 등의 부담해소가 가능해지고 회사가 적대적 M&A의 대상이 된 경우 종류주식(무의결권우선주)을 보통주식으로 전환하여 효과적으로 경영권을 방어할 수 있는 등의 긍정적

---

226) 鳥本喜章, "優先株式に關する實務的問題(1)", 商事法務 No. 1337 (1993), 10面.

인 효과가 있을 것으로 예상된다.

2011년 개정상법은 전환의 대가를 다른 종류주식에 한하도록 하면서 현금 등의 자산을 제외하였다(제346조 제1항, 제2항). 미국이나 일본 회사법처럼 전환 대가로 현금이나 사채 등을 지급하는 경우에는 상환주식과 구별되지 않으며, 전환주식의 본질상 전환구주는 소멸되는데 이는 자본금감소절차를 거치지 않고 자본금을 감소시키는 효과를 초래하는 점을 방지하기 위한 것이다.[227]

3. 입법례

미국은 정관의 규정에 근거하여 회사·주주·타인의 선택이나 또는 정관에서 정한 사항의 발생에 따라 상환주식이나 전환주식을 발행할 수 있다. 또한 특정한 주식을 다른 종류의 주식이나 현금, 부채, 증권 또는 기타 재산으로 전환할 수 있다(RMBCA §6.01(c)(2)). 델라웨어주회사법, 뉴욕주회사법, 캘리포니아주회사법, 텍사스주회사법 등에도 유사한 규정을 두고 있다.[228]

일본은 2005년 회사법 제정으로 상환주식과 전환주식의 개념을 폐지하고 이를 대신하여 종류주식으로 취득청구권부주식(회사법 제108조 제1항 제5호)과 취득사유부주식(회사법 제108조 제1항 제6호)을 도입하였다. 또한 이들 주식은 모두 회사가 주주로부터 주식을 취득함에 있어서 대가로 교부하여야 하는 재산의 내용에 대하여 특별한 제한은 없다(회사법 제107조 제2항 제2호 ホ, 제107조 제2항 제3호 ト). 따라서 현금 이외에도 사채, 다른 종류주식, 신주예약권 및 기타 재산을 대가로 지급할 수 있게 되어 상환주식 및 전환주식과 동일한 효과를 얻을 수 있게 되었다.[229]

4. 2011년 개정상법의 검토

(1) 의의

주식의 전환에 관한 종류주식이라 함은 회사가 종류주식을 발행하는 경우에 정관으로 정하는 바에 따라 주주가 인수한 주식을 다른 종류주식으로 전환을 청구하거나, 정관에서 정한 일정한 사유가 발생하는 경우 회사가 주주의 인수 주식

---

227) 송종준, 전게논문, 114면.

228) Del Code Ann. tit. 8, §151; N.Y. Bus. Corp. Law §§501, 505, 512, 519; Cal. Corp. Code §§203.5, 400, 402, 403; Tex. Bus. Org. Code Ann. §§21.151 - 21.154.

229) 금전을 교부하는 경우 의무상환주식형이 되며, 회사의 다른 주식을 교부하면 전환예약권부주식형이 된다(江頭憲治郎, 前揭書, 147面 註) 19).

을 다른 종류주식으로 전환할 수 있는 주식을 말한다.

정관으로 일정한 기한의 도래, 조건의 성취에 의해 다른 종류의 주식으로 자동전환되는 주식도 발행할 수 있다고 해석되지만,[230] 이러한 주식이 상법이 규정하는 주식의 전환에 관한 종류주식은 아니다.[231]

2011년 개정 전 상법에서는 주주가 전환을 청구할 수 있는 전환청구권부주식(주주전환주식)만이 허용되었으나(제346조 제1항), 2011년 개정상법은 그 이외에도 정관에서 정한 사유가 발생할 경우 회사가 전환을 할 수 있는 전환사유부주식(회사전환주식)을 추가하였다(제346조 제2항).

(2) **발행절차**

1) 정관의 규정 전환주식의 경우 상환주식과는 달리 전환조건 등을 정관에서 정해야 한다고 규정하지 않고 있다. 그러나 주주의 전환청구권은 '정관으로 정하는 바에 따라', 회사의 전환권은 정관에서 정한 '일정한 사유가 발생할 때' 각각 행사할 수 있으므로 전환주식의 발행과 전환조건 등을 정관에서 정해야 한다.[232]

회사전환주식을 발행하는 경우 전환사유는 어느 정도로 구체적으로 정관에 규정하여야 하는가? 상법 제346조 제2항에 따르면 정관에서 정한 일정한 사유가 발생하는 경우 회사가 주주의 인수 주식을 다른 주식으로 전환할 수 있다(회사전환주식). 이 때 회사는 전환조건, 전환기간, 전환으로 인하여 발행할 주식의 수와 내용을 정하여야 한다.

전환사유로서 "일정한 사유"에 확정성(자의적이지 않을 것), 객관성 및 명확성이 인정되면 적법하다고 할 수 있다. 그러나 구체적으로 어떠한 경우에 이러한 기준이 충족되는 지를 결정하는 것은 쉽지 않으며, 이를 엄격히 하면 상품설계의 폭이 현저하게 좁아지게 된다. 이렇게 제한적으로 운영할 경우 실무상의 합리적인 수요가 충족되지 않기 때문에 발생하는 기회비용이 높아진다는 점도 고려하여야 한다. 이처럼 법이 강제적으로 종류주식 상품설계의 폭을 한정하는 것은 폐

---

230) 예컨대, 삼성전자주식회사 정관 제8조 제5항
⑤ 우선주식의 존속기간은 발행일로부터 10년으로 하고 이 기간만료와 동시에 보통주식으로 전환된다. 그러나 위 기간 중 소정의 배당을 하지 못한 경우에는 소정의 배당을 완료할 때까지 그 기간을 연장한다. 이 경우 전환으로 인하여 발행하는 주식에 대한 이익의 배당에 관하여는 제8조의2(신주의 배당 기산일)의 규정을 준용한다.

231) 정동윤, 「상법(상)[제6판]」, 법문사, 2012, 457면; 정찬형, 전게서, 696면.

232) 임재연, 전게서, 381면.

해가 있으므로 바람직하지 않다. 불확정성의 평가라는 점에서는 전환가액, 전환비율 등 전환조건을 발행회사가 발행 후에 임의로 정하는 것만 금지되면, 시장에 의한 합리적인 가격형성이나 (상장하지 않은 전환주식에 있어서도) 투자자의 자기책임에 맡기는 것은 타당하다.[233]

실제로는 전환사유가 문제되는 경우는 해제조건의 성취에 의해 보통주식으로 전환하는 경우이다. 종류주식의 발행자는 해제조건을 탄력적으로 부과함으로써 보다 유연하고 기동성이 풍부한 종류주식의 종결방법을 선호하게 된다. 다음의 해제조건은 일반적으로 그 유효성이 인정되고 있다. 즉, ① 보통주식에 대한 배당액이 일정기간 계속하여 일정한 수준에 달하는 경우, ② 보통주식의 주가가 우선주식 발행 시에 비하여 일정한 비율 이상 상승한 경우, ③ 잔존하는 종류주식의 수가 일정한 수 이하로 감소하는 경우(그 원인으로서는 전환권행사소각 등을 상정) 등이다.[234]

결국 남용 가능성이 큰 전환조건을 제외하고 원칙적으로 어떠한 전환조건의 정함도 유효한 것으로 하면서, 구체적인 폐해가 생긴 경우에만 개별적인 해석으로 대응할 수 밖에 없을 것이다.[235]

2) 새로 발행할 주식 수의 유보 회사가 전환에 관한 종류주식을 발행하는 경우에는 전환으로 인하여 신주를 발행되게 된다. 따라서 수권주식 가운데 미발행주식의 종류 및 수가 전환청구기간 또는 전환기간 내에는 그 여분이 남아있어야 한다(제348조, 제346조 제4항).

3) 발행사항의 공시 전환주식을 발행하는 때에는 주식청약서 또는 신주인수권증서에 ⅰ) 주식을 다른 종류의 주식으로 전환할 수 있다는 뜻, ⅱ) 전환의 조건, ⅲ) 전환으로 인하여 발행할 주식의 내용, ⅳ) 전환청구기간 또는 전환의 기간 등을 기재하여야 한다(제347조). 또한 동일한 내용을 등기하여야 하며(제317조 제2항 제7호), 주권(제356조 제6호)[236] 및 주주명부에 기재하여야 한다(제

233) 大杉謙一, "優先株の實務的問題(Ⅱ)", 「商事法務」 No. 1443 (1996), 21～22面.

234) 吉川 純, "エクイティ・ファイナンスの新展開(8)－多様化をめぐる法的論点(その2)", 「商事法務」 第1555号(2000), 44面.

235) 太田 洋・小野美惠, "トラッキング・ストック", 「ファイナンス法大全(上)」(西村總合法律事務所編), 商事法務, 2003, 427面; 大杉謙一, 前揭論文, 21～22面.

236) 2011년 개정상법은 개정 전 제356조 제7호 및 제8호를 개정상법 제356조 제6호에 포함된다고 보아 삭제하였다(법무부, 전게서, 164면). 그러나 제356조 제6호의 "종류주식이 있는 경우에는 그 주식의 종류와 내용"이라는 문구가 상환주식에 관한 제345조 제2항과 전환주식에 관한 제347조를 포함한다고 볼 수 있을지는 의문이다.

352조 제3항).

전환청구기간은 시기와 종기를 함께 정한다. 종기를 두지 않을 경우 전환청구시기를 주주가 예측할 수 없어 주주의 권리가 불안정하게 되고, 또한 회사도 장기간 불안정한 자본구조를 가지게 된다. 따라서 종기를 두지 않거나 무기한이나 다름없는 장기로 하는 것은 허용되지 아니한다.[237)]

회사전환주식의 경우 회사가 전환권을 행사할 수 있는 사유는 주주에게 중대한 이해가 걸린 문제임에도 불구하고 주식청약서 또는 신주인수권증서에 기재할 사항 및 등기할 사항에서도 누락되었다(제317조 제2항 제7호, 제347조).[238)] 입법적 보완이 필요하다고 본다.

(3) **전환절차**

1) 주주전환주식 주주전환주식의 경우 전환을 하기 위해서는 전환을 청구하는 자가 청구서 2통에 주권을 첨부하여 회사에 제출하여야 한다. 전환청구서에는 전환하고자 하는 주식의 종류, 수와 청구연월일을 기재하고 기명날인 또는 서명하여야 한다(제349조 제1항 및 제2항). 상법 제352조 제2항에 비추어 주주명부 폐쇄기간에도 전환청구가 가능하다.

2) 회사전환주식 회사전환주식의 경우 정관에서 정한 전환사유가 발생할 때 전환할 수 있으나(제346조 제2항), 반드시 전환해야 하는 것은 아니고 이사회가 전환을 결정하여야 한다. 회사가 전환을 결정한 경우 이사회는 주주 및 주주명부에 적힌 권리자에게 i) 전환할 주식, ii) 2주 이상의 일정한 기간 내에 그 주권을 회사에 제출하여야 한다는 뜻, iii) 그 기간 내에 주권을 제출하지 아니할 때에는 그 주권이 무효로 된다는 뜻 등을 통지하여야 한다. 다만, 통지는 공고로 갈음할 수 있다(제346조 제3항). 상법 제346조 제3항에서 이사회가 전환에 관한 사항을 통지하라는 문구는 이사회가 전환을 결정해서 통지하라는 취지로 해석한다.[239)]

3) 다른 종류주식으로 전환(보통주식으로 전환 문제) 상법 제346조 제1항과 제2항은 주주가 인수한 주식을 다른 종류주식으로 전환할 수 있다고 규정하고 있다. 2011년 개정상법에서 도입된 종류주식을 활용하여 전환주식을 구성하면 매우 다양한 유형의 전환주식을 발행할 수 있을 것이다.[240)]

---

237) 이철송, 회사법강의, 297면; 임재연, 전게서, 382면.

238) 이철송, 회사법강의, 296면.

239) 이철송, 회사법강의, 298면; 임재연, 전게서, 383면.

보통주식을 종류주식으로 보지 않는 견해를 취하면 전환할 수 있는 "다른 종류주식"에 보통주식이 포함되지 않게 된다. 이 경우 전환주식의 대부분을 차지하는 우선주를 보통주로 전환하는 것이 불가능하게 되어 전환주식 제도를 유명무실하게 만드는 결과를 초래한다. 이에 따라 보통주식을 종류주식으로 보지 않는 견해를 취하는 경우에도 이 때에는 예외적으로 보통주식이 다른 종류의 주식(또는 전환주식)에 포함되는 것으로 해석한다.[241] 보통주식이 종류주식에 포함되지 않는다는 견해를 취하는 경우 입법론적으로는 제346조 제1항과 제2항의 "종류주식"을 "종류의 주식"으로 개정하여 인수한 주식을 보통주식으로 전환할 수 있도록 규정해야 할 것이다.

(4) **전환의 효력**

1) 전환의 효력발생 주주전환주식의 경우 주주의 전환청구권의 법적 성질은 형성권이므로 회사의 승낙이나 신주발행절차를 요하지 않고 주주가 전환청구를 한 때에 전환의 효력이 발생한다. 회사전환주식 경우 전환결정의 통지일로부터 2주 이상의 주권제출기간이 끝난 때에 전환의 효력이 발생한다(제350조 제1항). 2주의 기간 내에 주권을 제출하지 않을 경우 무효가 되는 것은 주권이며, 주주가 전환에 의해 발행되는 신주식에 대한 권리를 상실하는 것은 아니다.[242]

주주명부 폐쇄기간이라 할지라도 전환청구는 허용되지만, 폐쇄기간 중 전환된 주식의 주주는 그 기간 중의 주주총회 결의에 관해서는 의결권을 행사할 수 없다(제350조 제2항).

2) 신주의 발행가액 및 전환조건(전환비율) 전환조건이란 전환주식 1주에 대하여 전환으로 발행하는 신주식 몇 주로 전환할 것인가의 비율을 말한다. 상법은 전환주식의 전환비율에 대하여 특별하게 규정하지 않고 있다.

상법 제348조는 전환으로 인하여 신주식을 발행하는 경우에는 전환 전의 주식의 발행가액을 신주식의 발행가액으로 한다고 규정한다. 이는 신주식의 발행가액의 합계가 기존 전환주식의 발행가액의 합계와 동일할 것을 요구하는 것으로 전환조건을 통제하는 규정으로 해석된다. 또한 액면주식을 발행한 회사의 경우에는 제417조에 따라 액면미달 발행이 금지되므로 제348조는 전환비율을 제한하는

240) 2011년 개정상법에 의해 발행 가능한 주식의 유형에 관해서는 최준선, 「2011 개정상법 회사편 해설」, 한국상장회사협의회, 2011, 82~84면; 이철송, 회사법강의, 295면 참조.

241) 이철송, 회사법강의, 294면; 동지, 송옥렬, 전게서, 786면.

242) 이철송, 회사법강의, 298면.

효과가 생긴다.[243] 상법 제348조는 이사회가 자금조달을 위해 무모하게 전환주식을 발행함으로써 자본충실의 원칙을 해하는 것을 방지하기 위한 것이다.[244]

또한 상장회사의 경우에는 전환주식의 발행가액이 「유가증권의 발행 및 공시 등에 관한 규정」 제5-18조에서 규정하고 있는 기준주가와 합치하여야 하고, 전환신주의 발행가액은 전환주식 발행 당시의 기준주가와 합치되어야 한다.[245]

3) 이익배당 전환에 의하여 발행된 신주식의 이익배당에 관해서는 주주전환주식의 경우에는 주주가 전환을 청구한 때가 속하는 영업연도 말에 또는 회사전환주식의 경우에는 주권제출기간이 끝난 때가 속하는 영업연도 말에 전환된 것으로 본다. 즉, 원칙적으로 해당 결산기분의 이익배당에 대해서는 전환 전 주식을 기준으로 한다. 다만, 정관으로 정하는 바에 따라 직전 영업연도 말에 전환된 것으로 할 수 있다(제350조 제3항).

중간배당과 관련하여 상법 제462조의3 제5항은 제350조 제3항의 적용에 관하여 특칙을 두었다. 즉, 제350조 제3항의 이익배당을 '중간배당'으로, 영업연도 말을 '중간배당의 기준일'로 간주한다. 이에 따라 제350조 제3항 제1문은 전환에 의하여 발행된 주식의 중간배당에 관하여는 주주가 전환을 청구한 때 또는 주권제출기간이 끝난 때가 속하는 중간배당의 기준일에 전환된 것으로 본다고 해석된다. 그러나 제2문의 경우에는 중간배당에 관하여는 정관이 정하는 바에 따라 주주가 전환을 청구한 때 또는 주권제출기간이 끝난 때가 속하는 영업연도의 직전 중간배당기준일에 전환된 것으로 할 수 있다고 해석하여야 하는데 이는 직전 영업연도말에 전환된 것으로 규정하는 것과 같은 의미이므로 간주규정이 무의미하게 된다.[246]

4) 자본금에 미치는 영향 액면주식을 발행한 회사의 경우 전환비율이 1:1을 넘을 때에는 발행주식수가 증가하게 되어 자본금이 증가하게 된다. 반면 전환비율이 1:1 미만일 경우 발행주식수가 감소하여 자본금이 감소하게 되는데, 이 경우 자본금의 감소절차를 거치지 않고 자본금이 감소하게 되므로 허용되지 않는다는 것이 통설이다. 이 때에도 채권자보호절차를 거치면 1:1 미만의 전환비율이 허용된다고 본다.[247]

---

243) 송옥렬, 전게서, 787면.
244) 이철송, 회사법강의, 299면.
245) 한원규 · 이제원, 전게논문, 209면.
246) 이철송, 회사법강의, 300면.
247) 이철송, 회사법강의 300면; 임재연, 전게서, 385면.

무액면주식을 발행한 회사의 경우에는 주식수와 자본금의 상관관계가 없으므로 1:1 미만으로 전환비율을 정하여도 무방하다.

5) 미발행주식수에 대한 영향 전환주식을 발행하여 전환이 이루어지면 전환 전 주식의 종류에 관하여 발행예정주식총수 중에서 미발행주식수가 증가하게 된다. 이 경우 미발행주식의 재발행 문제가 제기되는데, 상환주식의 경우와는 달리 통설은 재발행이 가능하다고 본다. 그 근거는 재발행을 인정하더라고 이사회에 의한 수권주식의 한계가 준수되기 때문이다. 미발행주식을 재발행하는 경우에는 전환권이 없는 전환 전 종류주식이 발행된다고 본다.[248] 그 이유는 전환에 따라 전환 전 종류주식수만큼 발행예정주식총수 중 미발행주식수가 증가하기 때문이다.

6) 질권의 물상대위 주식의 전환이 있는 때에는 이로 인하여 종전의 주주가 받을 금전이나 주식에 대하여도 종전의 주식을 목적으로 한 질권을 행사할 수 있다(제339조).

7) 전환의 등기 주식의 전환으로 인한 변경등기는 전환을 청구한 날 또는 주권제출기간이 끝난 날이 속하는 달의 마지막 날부터 2주 내에 본점소재지에서 하여야 한다(제351조).

Ⅶ. 2011년 개정상법에서 도입되지 않은 종류주식 검토

1. 주식의 양도에 관한 종류주식

(1) 현행 제도의 내용 및 문제점

현행 상법은 주식양도의 자유를 원칙적으로 인정하면서 정관이 정하는 바에 따라 이사회의 승인을 얻을 수 있도록 규정하고 있으나(제335조 제1항), 주식양도를 제한하는 때에는 '모든' 주식에 대하여 하도록 한다. 이는 소규모 주식회사의 경우 주주 상호간에 신뢰관계를 보호하고 주주가 바라지 않는 주주의 참여를 배제하여 경영의 안전을 도모한다는 취지에서 1995년 도입되었다. 그러나 이러한 전주식양도제한회사 제도가 우리나라에서는 거의 사용되지 않고 있는데, 이는 중소기업들이 이 제도에 관하여 잘 알지 못하고, 또한 한국상장회사협의회가 작성한 표준정관에도 이에 관한 규정이 없기 때문인 것으로 보인다.

---

248) 이철송, 회사법강의, 301면; 임재연, 전게서, 385면. 이에 대해 재발행을 다시 전환주식으로 발행하더라도 특별히 문제될 것이 없다는 견해도 제기된다(송옥렬, 전게서, 788면).

또한 복수의 종류주식을 발행하고 있는 회사가 그 일부 종류주식에 대해 양도제한을 할 수 있는지 여부에 대하여 견해가 나누어져 있었다. 일부의 종류주식에 대해서만 양도제한을 하는 정관의 정함은 주주평등의 원칙에 반하여 무효라는 견해도 있었지만,[249] 다수의 학설은 그러한 정관에는 합리성이 있으며 주주평등원칙의 위반이 아니라고 해석하였다.[250]

(2) 2008년 상법개정안의 내용

주식의 양도에 관한 종류주식이라 함은 주식의 양도에 관하여 내용이 다른 주식을 말한다. 2008년 상법개정안은 회사가 발행하는 주식 '일부'의 양도에 관하여 이사회의 승인이 필요한 종류주식을 발행하고자 하는 경우에는 정관에 주식양도에 관하여 이사회의 승인이 필요하다는 뜻, 일정한 경우에 이사회의 승인이 있는 것으로 보는 경우에는 그 뜻과 일정한 경우의 내용 등을 정하도록 규정하고 있다(안 제344조의4 제1항). 이러한 주식양도에 관하여는 주식 '전부'의 양도절차에 관한 규정(제335조의2～제335조의5)을 준용한다(안 제344조의4 제2항).

이처럼 복수의 종류주식을 발행하고 있는 경우에 일부의 종류주식에만 양도제한을 할 수 있게 된다면, 보통주식은 상장하고 우선주식은 상장하지 않고자 하는 경우 우선주식을 양도제한주식으로 발행하면 된다. 또한 양도제한의 유무만으로도 하나의 종류주식을 구성하므로 보통주식만 발행하고 있는 회사일지라도 그 일부에 대해 양도제한주식으로 할 수 있게 된다.

양도제한주식을 종류주식의 형태로 발행하는 경우의 용도로서는 이익배당이나 거부권 등에 있어서 다른 종류주주보다도 유리한 내용을 부여하고, 양도제한을 함으로써 제3자에 대한 유통을 방지하는 한편, 상환청구권을 가미하여 투하자본 회수의 길을 확보한 후, 이를 벤처캐피털이나 기업구조조정을 지원하는 금융기관에 배정하는 것이다.

(3) 입법례

미국의 경우 주식양도에 관하여 제한할 수 있는 규정을 두고 있으며(RMBCA §6.27), 또한 종류주식을 발행하면서 일정한 제한을 할 수 있다(RMBCA §6.01).

일본은 양도에 의한 주식취득에 관하여 당해 주식회사의 승인을 요하는데

249) 北澤正啓, 「會社法[第6版]」, 青林書院, 2001, 204面.

250) 江頭憲治郎, 「株式會社法・有限會社法[第4版]」, 有斐閣, 2005, 212面; 大隅健一郎・今井宏, 會社法論(上)[第3版], 有斐閣, 1991, 418面; 味村治・竹內昭夫ほか, "(座談會) 定款・株式取扱い規則の變更(Ⅰ)", 商事法務 第389号(1966), 12～13面.

있어서 내용이 다른 주식을 발행할 수 있도록 규정하고 있다(회사법 제108조 제1항 제4호, 제2조 제17호).

(4) 2008년 상법개정안의 검토

현행 상법상 주식양도의 제한은 모든 주식을 대상으로 하지만 개정안은 정관에 의하여 주식 종류별로 또는 그 일부에 대하여 양도제한을 가능하게 하려는 것이었다. 이에 대하여는 경영권 방어수단으로의 악용 가능성을 이유로 반대하는 의견이 있었다. 즉, 현행 상법상 정관에서 주식을 양도할 때 이사회의 승인을 얻도록 규정할 수 있고(제335조 제1항), 당사자 간의 채권적 계약에서도 이를 정할 수 있다. 그럼에도 불구하고 주식 자체에 양도 제한성을 특별히 부여할 경우 오히려 주식의 환금성이 현저히 떨어져 발행가격이 저렴할 수밖에 없고, 그 결과 지배주주가 이러한 주식을 염가로 다량 인수함으로써 경영권방어에 악용할 수 있다는 것이다.[251] 반면, 법무부는 양도제한주식을 비롯한 종류주식의 다양화는 경영권 방어수단으로서 보다는 자금조달의 원활화를 위하여 도입하는 것이고, 어떠한 종류주식을 매수할 것인지는 주주의 선택 문제이며 지배주주의 경영권방어 대한 악용 염려는 지나친 것이라고 한다.[252]

정관에 의한 주식양도의 제한은 주주 상호간의 인적관계가 중시되는 소규모의 주식회사를 위해 인정되는 것이므로 주권상장회사의 경우 주식양도가 제한되어서는 안된다고 보아야 할 것이다. 그러나 상장회사도 종류주식을 발행한 경우 특정한 종류의 주식에 대하여만 양도를 제한하는 것은 가능하다고 보아왔다. 개정안은 이를 반영하여 주식의 양도에 관하여 이사회의 승인을 필요로 하는 종류주식의 발행근거를 분명하게 규정한 것으로서 그 필요성은 인정된다고 본다.

2. 2006년 상법개정안상의 거부권에 관한 종류주식(안 제344조의4)

2006년 개정안〈신설〉

제344조의4 (특정한 사항의 거부권에 관한 종류주식) ① 회사가 특정한 사항에 관하여 주주총회의 결의 외에 특정종류의 주주총회의 결의를 필요로 하는 종류의 주식을 발행하는 경우에는 정관으로 당해 종류주주총회의 결의를 필요로 하는 사항과 결의의 요건 및 조건을 정하여야 한다.

② 제1항이 규정하는 종류주식의 발행은 원시정관 또는 총주주의 동의에 의하여 변경된 정관에 의하여야 한다.

---

251) 참여연대, 전게의견서, 6면.

252) 국회 법제사법위원회, 전게검토보고서, 71면.

(1) 개정안의 내용

거부권에 관한 종류주식이라 함은 회사가 주주총회, 이사회 등에서 결의해야 하는 사항에 대해 그 결의 이외에 특정한 종류주식의 종류주주총회가 필요로 하는 점에 있어서 내용이 다른 주식을 말한다.

2006년 상법개정안은 원시정관이나 총주주의 동의를 전제로 한 특정한 사항의 거부권에 관한 종류주식을 도입하였다. 이는 특정한 사항에 대하여 주주총회 결의 이외에 특정한 종류주식을 보유한 종류주주총회의 결의를 필요로 하며, 그 결의를 필요로 하는 사항과 결의의 요건 및 조건을 정관에서 정하도록 규정하고 있다(2006년 상법개정안 제344조의4).

(2) 입법례

미국의 경우 거부권부종류주식에 관한 사항은 주 회사법에서 규정하여야 하는 것이지만, 실제로 이를 명문으로 규정하고 있지 않다.[253] 따라서 이러한 주식들은 주주간 계약(shareholders agreement)을 통하여 자유롭게 발행할 수 있다.[254] 미국의 주주간 계약은 폐쇄회사에서 의결권계약(voting agreement), 의결권신탁(voting trust) 등의 형태로 널리 활용되었다.[255] 폐쇄회사의 주주간 계약에 대하여 개정모범사업회사법(RMBCA) 제7.32조에서 규정하고 있다. 이 조항은 미시건주, 텍사스주, 앨라배마주, 아이다호주 등 미국의 24개 주 회사법에서 전부 또는 그 일부를 도입하고 있다.[256]

일본은 2001년 상법개정에 의해 어떠한 종류주식의 속성으로서 거부권을 부여하는 것은 가능하였지만(개정전 일본상법 제222조 제9항), 거부권 자체는 조문의 형식상 주식의 종류를 구성하지 않는 것으로 해석되었다.[257] 종류주식으로서 거부권부주식은 회사법에서 도입된 것이다(일본회사법 제108조 제1항 제8호). 회사법에서는 거부권과 같은 주식의 속성을 종류주식으로 규정하였다. 2001년 개

---

253) RMBCA §6.01(a); Delaware General Corporation Law §151(a); N.Y. Business Corporation Law §501(a).

254) 그 이외에도 미국은 복수의결권주식 내지 차등의결권주식을 통하여 회사의 지배권을 통제할 수 있도록 함으로써 실질적인 황금주 역할을 하고 있다.

255) 주주간 계약의 효용에 대해서는 임재연, 「미국기업법」, 박영사, 2009, 655면 참조.

256) ABA Section of Business Law, Model Business Corporation Act Annotated, 4th ed., vol. 2, 2008, p. 7-275~276; 김순석, "황금주(Golden Shares) 제도에 관한 연구", 「비교사법」 제16권 제1호(2009), 290~293면.

257) 酒井太郎, "株式の內容と種類", 「新しい會社法制の理論と實務(川村正幸 · 布井千博 編)」, 經濟法令硏究會, 2006, 58面.

정의 취지는 종류주주의 보호 특히 합작회사, 벤처기업 등에서 체결된 주주간 계약이 종류주주에게 부여하고 있는 보호를 상법상 제도로서 실현시키고자 하는데 있었다.[258] 이에 비해 2005년 회사법은 거부권의 유무 자체가 주식의 종류를 구성하며, 종류주주의 이익보호에 추가하여 지배권의 배분수단으로서 거부권을 이용하는 것을 정면으로 인정하였다.[259] 거부권부종류주식은 종류주주의 찬성 없으면 회사의 의사결정을 할 수 없다는 점에서 강한 위력을 가지고 있지만, 경영진과 종류주주와의 대립이 심각한 경우에는 경영이 교착상태에 빠지기 쉬운 결점이 있다.[260]

(3) 개정안의 검토

2006년 상법개정안에서 거부권부종류주식을 도입한 것은 적대적 M&A의 방어수단으로서보다는 합작기업이나 벤처기업의 주주간 계약을 수용하기 위한 것이었다.[261] 그러나 이 제도가 적대적 M&A에 대한 방어효과가 너무 강력하므로[262] 기업인수를 통한 외부통제가 기능을 할 수 없게 만드는 등 문제점이 지적됨에 따라 2008년 상법개정안에서는 삭제되었다. 2008년 신정부 출범이후 적대적 M&A에 대한 방어수단을 확충한다는 취지에서 포이즌필이나 황금주 등에 대한 도입논의가 있었으나 의견통일을 보지 못하였다.

거부권부종류주식의 도입은 지배주주의 경영권을 고착화하거나, 종류주주와 회사 또는 경영진 간에 의견대립으로 인하여 경영이 교착상태에 빠지는 등 그 부작용이 생길 수 있으므로 도입에 신중을 기하여야 한다고 본다. 따라서 도입방안을 검토하는 경우에도 그 적용범위를 한정하여야 한다. 우선 적용대상을 폐쇄회사에 한정하고, 국가기간산업에 종사하는 회사의 경우에는 해당 특별법에서 규정하는 것이 바람직할 것이다. 또한 남용을 방지하기 위하여 거부권의 대상은 회사의 합병, 분할, 영업양도, 이사의 선해임, 주식 · 사채의 발행, 중요재산의 양수, 합작계약서의 기재사항 등 그 범위를 정관으로 한정하도록 하는 것이 타당하다.

또한 거부권부종류주식이나 임원임면권부종류주식의 발행을 원시정관이나

---

258) 前田庸, "商法等の一部を改正する法律案要綱の解說[上]－株式制度の見直し · 會社關係書類の電子化等－",「商事法務」第1606号(2001), 9～10面.

259) 加藤貴仁,「株主間の議決權配分」, 商事法務 (2007), 28面.

260) 그러므로 발행할 때에는 취득조항부로 하는 등의 대응이 필요하다.

261) 권종호, 회사법개정시안, 318～319면.

262) 특정한 종류주주에게 거부권부주식을 발행하면서 그 주식을 양도제한주식을 하는 경우 거부권부주식은 1주만 가지고 있어도 회사의 중요한 의사결정에 중대한 역할을 하는 황금주로 기능하게 된다.

총주주의 동의에 의하도록 하는 경우 현실적으로 이를 활용할 수 있는 기업은 매우 제한적일 수밖에 없을 것이다. 따라서 상법상 제도로서 도입하는 경우 그 실질적 활용을 위하여 원시정관이나 초다수결의(출석의결권주식수의 3분의 2 이상과 발행주식총수의 과반수)에 의한 정관변경으로도 발행할 수 있도록 그 요건을 완화할 필요가 있다고 본다.[263)]

한편 2006년 상법개정안 제344조의4 제1항과 제344조의5 제1항에서 정관으로 정해야 하는 사항으로서 '발행가능주식총수'를 포함하여야 할 것이다.

3. 2006년 상법개정안상의 임원임면권에 관한 종류주식(안 제344조의5)

2006년 개정안〈신설〉

제344조의5 (임원임면권에 관한 종류주식) ① 회사가 특정한 종류주식의 주주총회에서 이사 또는 감사를 선임하는 권한을 가지는 종류의 주식을 발행하는 경우에는 특정한 종류주주총회에서 선임하는 이사 또는 감사의 수, 이사 또는 감사의 전부 또는 일부를 다른 종류주식의 주주와 공동으로 선임하는 때에는 그 다른 종류주식 및 공동으로 선임하는 이사 또는 감사의 수, 위의 사항을 변경하는 조건이 있는 때에는 그 조건 및 그 조건이 성취된 경우에 선임하는 이사 또는 감사의 수와 다른 종류주식의 주주와의 공동선임에 관한 사항 등을 정하여야 한다. 이사 또는 감사의 해임에 관하여도 같다.

② 제1항이 규정하는 종류주식의 발행은 원시정관 또는 총주주의 동의에 의하여 변경된 정관에 의하여야 한다.

③ 이사 또는 감사의 임기 만료 전에 그를 선임한 종류주식의 주주총회에서 의결권을 행사할 자가 없게 된 경우에는 그 이사 또는 감사의 해임은 주주총회의 해임결의에 의한다.

④ 법령 또는 정관에서 규정한 이사 또는 감사의 원수를 결한 경우에 그를 선임한 종류주식의 주주총회에서 의결권을 행사할 자가 없게 된 때에는 제1항의 종류주식에 관한 정관의 규정을 폐지한 것으로 본다.

⑤ 회사가 정관의 변경에 의하여 제1항의 종류주식에 관한 규정을 폐지한 경우에는 그 이사 또는 감사의 임기는 그 정관변경의 효력이 발생한 때에 만료한 것으로 본다.

(1) 개정안의 내용

임원임면권부종류주식이라 함은 이사, 감사의 선임을 특정한 종류주식의 종

---

263) 동지, 증권거래법학회, 「적대적 M&A 방어수단 관련연구」, 2008. 9, 66~67면.

류주주총회에서 선임하는 점에 있어서 내용이 다른 주식을 말한다. 2006년 상법 개정안은 원시정관이나 총주주의 동의를 전제로 하여 임원임면권에 관한 종류주식을 도입하였다. 특정한 종류주식의 주주총회에서 이사 또는 감사를 선임하는 권한을 가지는 종류의 주식을 발행하는 경우에는 그 특정한 종류주주총회에서 선임하는 이사 또는 감사의 수 등을 정관에서 정하도록 규정하고 있었다(2006년 상법개정안 제344조의5 제1항).

(2) 입법례

미국의 경우 정관이 주식을 종류로 분할하는 것을 허용하는 경우에는, 당해 정관은 이사의 일부나 전부의 선임을 종류주주에 의하도록 할 수 있다. 이사를 선임할 권한이 있는 종류주식은 이사의 선임에 관하여 독립적인 의결권그룹을 형성한다.[264] 이러한 종류주주에 의한 이사선임은 폐쇄회사에서 소수주주가 일정한 이사의 선임권을 확보할 수 있도록 하기 위하여 널리 이용되고 있다. RMBCA 제8.04조는 미국의 45개 주 회사법이 채택하고 있다.[265] 뉴욕증권거래소 상장규칙은 상장회사가 우선주식을 발행한 후 일정한 기간동안 우선주식에 배당을 하지 못하는 때에는, 우선주식의 주주에게 적어도 2명의 이사를 선임하는 권한을 부여하도록 규정하고 있다.[266]

일본의 경우 임원임면권부종류주식이라 함은 정관에서 이사 및 감사의 선해임을 종류주주총회의 결의사항으로 하는 취지의 정함이 있는 종류주식을 말한다. 이는 위원회설치회사를 제외한 주식양도제한회사에 한하여 인정된다(회사법 제108조 제1항 본문 및 동항 제9호).[267] 임원임면권부종류주식은 회사의 기관구성 그 자체를 종류주주의 영향 아래 두고 있다는 점에서 종류주주의 지배력을 대폭적으로 강화하는 데에 도움이 된다.[268]

(3) 개정안의 검토

합작기업 등 특정한 주주에게 일정한 수의 이사 선임을 인정하는 주주간 합

---

264) RMBCA §8.04.

265) ABA, Model Business Corporation Act Annotated 4th ed., Vol. 2, 2008, p. 8-51; Del. Code Ann. tit. 8, § 141; N.Y. Bus. Corp. Law §518, 703 (McKinney); Cal. Corp. Code §301 (West).

266) NYSE, Listed Company Manual, §313(C).

267) 위원회설치회사의 경우 지명위원회가 이사 선임의안의 내용을 정하도록 규정하고 있는데(제404조 제1항), 이는 종류주주총회별로 이사를 선임하는 것과 양립하지 않는다. 따라서 전주식양도제한회사일지라도 위원회설치회사는 임원임면권부주식 제도를 이용할 수 없다(江頭憲治郎, 「株式會社法[第4版]」, 有斐閣, 2011, 159面 註) 42).

268) 酒井太郎, 前揭論文, 59面.

의가 이루어질 수 있는데, 임원임면권부종류주식은 이를 종류주식으로서 정관에 기재함으로써 당해 합의의 법적 효과를 강화시킬 수 있다.[269] 벤처기업, 합작기업 등에서는 자본출자와 독립하여 지배권의 배분을 결정하는 것에 대한 수요가 존재한다. 예컨대, 벤처캐피탈이 벤처기업에 융자를 하면서 자신의 이익을 보호하기 위하여 이사나 감사의 일부에 대하여 선임권을 요구할 수 있다. 임원임면권부종류주식이 도입되기 이전에는 이러한 수요를 주주간 계약에 의하여 충족하여야 한다. 2006년 개정안은 이사 또는 감사의 선해임권에 관해 주주간 계약에서 정하였던 일부 주주의 이익보호를 제도적으로 보장하려고 한다.

그러나 주식양도제한회사 이외의 회사의 경우에는 특별한 합리적 근거도 없이 일부 주주에게 이사를 선임하도록 하는 등 남용의 우려가 있을 뿐만 아니라, 일반투자가에게 예상하지 못한 불이익이 생길 우려가 있기 때문에, 일본 회사법에서는 임원임면권부종류주식은 주식양도제한회사에 한정하여 인정된다. 주식의 양도제한을 기준으로 종류투표의 가부를 판단하는 것에 대해서는 주식의 양도제한이 없는 벤처기업도 있으므로 종류투표의 수요는 반드시 주식의 양도제한회사에 한정되지 않는다는 비판이 제기된다.[270]

2006년 상법개정안에서 임원임면권부종류주식을 도입한 것은 거부권부종류주식처럼 적대적 M&A의 방어수단으로서보다는 합작기업이나 벤처기업의 주주간 계약을 수용하기 위한 것이었다. 그러나 이 종류주식도 적대적 M&A에 대한 방어효과가 너무 강력하므로 2008년 상법개정안에서는 삭제되었다. 또한 임원임면권부종류주식의 발행을 원시정관이나 총주주의 동의에 의하도록 하는 경우 현실적으로 이를 활용할 수 있는 기업은 매우 제한적일 수밖에 없을 것이다. 따라서 상법상 제도로서 도입하는 경우 그 실질적 활용을 위하여 원시정관이나 초다수결의(출석의결권주식수의 3분의 2 이상과 발행주식총수의 과반수)에 의한 정관변경으로도 발행할 수 있도록 그 요건을 완화할 필요가 있다고 본다.[271]

2006년 상법개정안 제344조의5에서 규정한 임원임면권부종류주식에 의하여 이사나 감사를 선임하는 경우에 대해서도 집중투표제도에 관한 규정(제382조의2)이 적용되는지 여부가 문제된다.[272] 우리나라에서는 아직 논란이 없으나, 어느

269) 關西法律特許事務所 · 成和共同法律事務所 編, 前揭書, 114面.

270) 加藤貴仁, 「株主間の議決權配分」, 商事法務, 2007, 30面.

271) 동지, 증권거래법학회, 「적대적 M&A 방어수단 관련연구」, 2008. 9, 66~67면.

272) 상법은 종류주주총회에 관하여 주주총회에 관한 규정만을 준용할 뿐, 이사와 이사회에 관한 규정의 준용은 규정하지 않고 있다(제435조 제3항).

종류주주에 의해 이사를 선임하기로 정한 경우 당해 종류주주 간에는 집중투표를 할 필요성을 없을 것으로 본다. 일본의 경우 2005년 회사법에서 집중투표에 의한 이사선임규정(일본 회사법 제342조)을 종류주주총회의 준용대상으로부터 제외함으로써 이를 입법적으로 해결하였다.[273]

이사나 감사가 그 직무에 관하여 부정행위 또는 법령이나 정관에 위반한 중대한 사실이 있음에도 불구하고 주주총회에서 그 해임을 부결한 때에는 발행주식의 총수의 100분의3 이상에 해당하는 주식을 가진 주주는 총회의 결의가 있은 날부터 1월내에 그 이사나 감사의 해임을 법원에 청구할 수 있다(제385조 제2항, 제415조). 그러나 이사나 감사가 종류주주총회에 의하여 선임된 때에는 당해 종류주주총회의 해임결의가 있어야 한다. 이 경우 해임결의에 참가할 수 없는 당해 종류주식을 가지지 아니한 주주는 그 해임결의를 기다리지 않고 바로 법원에 해임청구를 할 수 있는지 여부가 문제된다. 임원임면권부 종류주식을 도입할 경우에는 어느 종류주주가 선임한 이사를 다른 종류주주가 해임을 청구할 수 있다면, 그 선임권이 훼손될 수 있으므로 당해 종류주주총회 해임결의가 부결된 이후에 법원에 해임청구를 할 수 있도록 규정하여야 할 것이다. 이처럼 해임의안의 부결이 소송요건으로 되는 경우, 해임의 소를 제기하고자 하는 주주는 주주제안권이나 소수주주의 총회소집권을 통하여 해임의안을 우선 총회에 부의할 필요가 있을 것이다.[274]

이사해임결의의 정족수(제385조 제1항)도 현행 특별결의에서 보통결의로 수정할 필요가 있다고 본다. 해임결의 정족수를 특별결의로 한 취지는 이사의 지위를 안정시키는 것이 주목적이었다. 그러나 현대 회사법은 기업지배구조의 측면에서 주주총회에 의한 이사의 선해임권을 통하여 이사를 통제하는 측면을 보다 중시하고 있다. 일본도 2005년 회사법 개정에서 해임정족수를 보통결의로 완화한 바 있다(일본 회사법 제341조).[275]

273) 이는 일본 회사법 제347조 제1항(종류주주총회에서 이사 또는 감사를 선임하는 경우 준용조항)에 회사법 제342조(누적투표에 의한 이사선임)의 언급이 없는데 따른 해석이다(江頭憲治郎, 前揭書, 368面); 松尾健一, "種類株式Ⅱ", 「新會社法の檢討－ファイナンス關係の改正－」(證券去來法硏究會 編), 別冊 商事法務 No. 298 (2006), 33～34面.

274) 江頭憲治郎, 前揭書, 372面.

275) 關西法律特許事務所 · 成和共同法律事務所 編, 前揭書, 333面.

Ⅷ. 주주평등의 원칙과 종류주식

주식평등의 원칙이라 함은 주주가 주주로서의 자격에 근거한 법률관계에 대해 그가 가지는 주식의 내용 및 수에 따라 평등하게 취급받는 것을 말한다. 주주평등의 원칙은 종래 주식의 내용이 동일하다는 것을 전제로 지주수에 비례한 취급이 이루어지는 것을 의미하며, 수종의 주식제도는 주주평등의 원칙에 대한 예외적인 제도로 해석되었다.[276)]

현행 상법상 주주평등의 원칙에 관한 일반적 규정은 없는 실정이며, 개별적인 규정에서 구체적인 주식평등의 원칙을 규정하고 있다. 즉, 이익배당청구권(제464조), 의결권(제369조 제1항), 잔여재산분배(제538조) 등의 규정에서 각 주식을 평등하게 취급하여야 한다는 취지의 규정을 두고 있다.[277)] 통설은 주주평등의 원칙은 주식회사법 전체를 관장하는 기본원칙으로서 다른 단체에서 구성원평등의 원칙과 기본적으로 동일한 정의 · 형평의 이념으로부터 인정되는 것이며, 회사와 주주 간에 모든 관계를 규율하지만, 주식을 균일한 비율적 단위로 다루기 위하여 지주수에 비례한 평등원칙이라고 본다. 더욱이 일반주주 내지 소수주주를 보호하기 위하여 정관에 의해 주주평등의 원칙을 수정하는 것은 인정되지 않는다는 면에서 강행규정의 성격을 가지는 데(다수결원리의 한계)에 특징이 있다고 설명된다.[278)]

주주평등의 원칙에 관한 입법례로서는 독일 주식법 제53a조는 "주주는 동일한 조건 아래에서 평등하게 취급된다."고 규정하고 있다. 이는 'EU회사법 조정을 위한 제2지침' 제42조가 이 원칙을 규정하였기 때문에 도입된 것이지만, 이러한 대응은 EU에서 예외적인 현상이다. 프랑스는 다수결남용법리를 기초로 하여 대응하고, 영국은 불공정취급금지규정에 의해 제2지침의 취지가 실현된다고 본다. 즉, 2006년 영국회사법 제172조 제1항 (f)는 '주주를 공정하게 취급하는 것'을 이사의 의무로 규정하고 있다. 미국의 경우 주주평등의 원칙에 관한 명문의 규정은 없다.[279)] 반면, 2005년 일본 회사법 제109조 제1항은 그동안 명문의 규정없이 법원리로 인정되어 오던 주주평등의 원칙을 명문화하였다. 즉, "주식회사는 주주가

276) 森本 滋, "會社法の下における株主平等原則", 「商事法務」 第1825号(2008), 8面.

277) 최준선, 회사법, 239면.

278) 南保勝美, "新會社法における株主平等原則の意義と機能", 「法律論叢」 第79卷 第2 · 3合併号(2007), 340面 이하.

279) 森本 滋, 前揭論文, 11面 註 11).

가진 주식의 내용 및 수에 따라 평등하게 취급하여야 한다."고 규정하였다.

그러나 독일이나 일본처럼 주주평등의 원칙에 관한 일반규정을 두고 있는 입법례는 비교법적으로 예외적인 경우이며, 시대에 뒤진 것으로 평가된다.[280] 주주평등의 원칙이 중시되는 것은 독일, 일본 및 우리 나라의 특수한 사정으로서, 개별적 구제법리의 발전과 그 실효성에 대한 신뢰가 결여되어 있기 때문에 경직적인 주주평등의 원칙에 의존하지 않을 수 없게 된다는 것이다.[281]

주주평등의 원칙을 검토하는 실익은 이 원칙이 회사에서 다수결의 남용으로부터 소수주주의 이익을 보호하는 기능을 가진다는 점에 있다. 즉, 주주총회나 이사회에 있어서 다수결로 가결된 사항도 그것이 주주평등의 원칙에 반하는 경우에는 그 결의의 효력이 부정된다. 다만, 주주평등의 원칙에 반하는 불평등취급도 그것에 의해 불이익을 받은 개별 주주가 승인하는 경우에는 허락된다.[282]

지배주주의 자본다수결의 남용을 규제하는 많은 법리 중에서 주주평등원칙의 장점은 적용요건이 비교적 객관적이라는 점이다. 그러나 단점으로서는 요건의 객관성, 명확성으로 인하여 기계적, 경직적이며, 지배주주와 회사간 이익충돌거래와 같은 주주 이외의 자격으로 이루어지는 지배주주의 권한남용(형식적으로는 주주는 평등하게 손해를 입음)에 대처할 수 없는 점이다.[283] 이에 따라 독일에서도 주주평등원칙으로부터 주주의 성실의무 등 다른 일반법리로 관심이 이동하고 있는 것으로 보인다.[284]

현행 상법상 주주평등의 원칙은 주주가 가지는 지주수에 따른 비례적 평등을 의미하며, 주식평등의 원칙을 말한다. 주식평등의 원칙은 모든 주식에 대하여 평등하게 대우하는 것이 아니라 같은 종류의 주식에 대하여 동일하게 대우하는 상대적 평등을 말한다. 주식평등의 원칙은 민법의 신의성실의 원칙처럼 상법의 기본이념 중의 하나로 이를 위반한 정관변경, 주주총회 결의, 이사회 결의, 이사의 업무집행 등은 원칙적으로 무효로 보는 등 엄격한 강행규범의 하나로 보고 있다.[285] 종류주식을 도입한 2011년 개정상법에서도 주주평등의 원칙에 대해서는 특별한 규정을 두지 않고 있다.

---

280) 森本 滋, 前揭論文, 12面.

281) 上村達男, "株主平等原則", 「特別講義商法 I」(竹內昭夫編), 有斐閣, 1995, 20面.

282) 前田 庸, 「會社法入門[第12版]」, 有斐閣, 2009, 88面.

283) 江頭憲治郎, 前揭書, 128面.

284) Dirk A. Verse, Der Gleichbehandlungsgrudsatz im Recht der Kapitalgeschellschaften (2006) S. 577 ff.

285) 이철송, 회사법강의, 308면.

주주평등원칙의 결과 종류주식 등 법률에 규정이 있는 경우를 제외하고는 지주수에 비례하지 않고 주주의 권리를 차별화하는 것은 인정되지 않는다. 그러나 동 원칙을 구체적으로 적용하는 데에는 미묘한 문제가 적지 않다. 예컨대, 의결권제한주식의 의결권행사조건을 지주수에 따라 차별적으로 정하는 것, 일정한 주식수 이상을 가진 주주만을 '주주우대제도'[286]의 대상으로 하는 것 등이 주주평등의 원칙에 반하는 것은 아닌가 하는 문제이다. 또한 회사가 주주에게 무상배정하는 신주예약권의 내용에도 주주평등의 원칙의 취지가 영향을 미치는지 여부 등 법리의 확장도 검토할 필요가 있는 반면, 권리내용의 차별화를 엄격하게 제약하는 해석이 각 회사의 창의적인 자금조달을 방해하지 않을지 우려가 제기된다. 이러한 여러 가지 관점에서 주주평등의 원칙의 타당한 범위에 대하여 검토가 필요한 실정이다.[287]

2011년 개정상법의 경우 자본조달의 유연화 등을 위하여 종류주식을 다양화하고 있는데, 종류주식을 주주평등원칙의 예외로 보아야 하는지 아니면, 주주평등의 원칙에 포함되어 주식의 내용에 따라 평등하게 취급하여야 한다고 해석하여야 하는지 여부가 문제된다. 일본의 경우 회사법 아래에서 종류주식제도는 회사법 제109조 제1항이 정한 주주평등의 원칙의 예외가 아니라, 주식의 내용에 따라 평등하게 취급하는 것으로 해석하는 것이 일반적이다.[288] 우리나라의 경우에도 주주평등의 원칙을 명문으로 규정하고 있지 않지만 회사법의 기본원칙으로 인정하고 있으므로 일본과 같이 해석할 수 있을 것이다.

그러나 2011년 개정상법이나 일본 회사법은 '주식의 내용'을 법정하고 있으며, 법정의 종류내용 이외의 새로운 종류주식을 창출하는 것은 인정하지 않는다.[289] 따라서 종류주식제도가 주주평등의 원칙의 예외인지 여부는 표현의 문제에 불과하다.[290] 2011년 개정상법이나 일본 회사법은 '주식의 내용' 그 자체를 어떻게 정하여야 하는가에 대하여 특별히 규정하고 있지 않지만, 주식의 내용이 회사법상의 규제를 잠탈하는 경우에는 일정한 제한이 가해지는 것으로 해석한다.[291]

---

286) 예컨대, 철도회사가 일정한 주식수를 가진 주주에게 우대승차권을 제공하는 것을 말한다.

287) 江頭憲治郎, 前揭書, 128面; 前田 庸, 前揭書, 89~90面.

288) 森本 滋, 前揭論文, 8面; 前田 庸, 前揭書, 88面.

289) 江頭憲治郎, 前揭書, 127面.

290) 森本 滋, 前揭論文, 8面.

291) 弥永眞生 外 3人, 「新會社法實務相談」, 商事法務, 2006, 59面; 葉玉匡美, "議決權制限株式を利用した買收防衛策", 「商事法務」 第1743号(2005), 30面.

주주평등의 원칙은 종류주식제도에서 정관자치의 제약원리로서도 기능하며, 종류의 특성과 무관한 자의적인 차별취급은 주주평등의 원칙에 위반한다고 해석하는 것이 합리적이다. 종류주식의 구체적 내용에 대해서는 정관 내지 회사자치가 인정되지만 주주평등의 원칙으로부터 제약을 받는다.[292]

종류주식제도 아래에서도 주주의 이익을 부당하게 침해하는 차별적 조항은 주주평등의 원칙에 근거하여 위법무효이다. 의결권제한주식에 관한 행사조건은 종류주식의 '내용'이며(상법 제344조의3 제1항, 일본회사법 제108조 제2항 제3호 ロ), 주주가 가지는 주식(의결권)수가 일정비율 미만인 것을 당해 주주의 의결권 행사의 '조건'으로 할 수 있다는 견해도 있다.[293] 그러나 이 경우에도 주주평등의 원칙의 이념으로부터 제약이 가해지며, 합리적인 이유가 있는 경우에 예외적으로 인정되는데 불과하다고 해석하여야 할 것이다.[294]

Ⅸ. 종류주주총회

1. 의의

종류주주총회라 함은 회사가 종류주식을 발행한 경우에 정관을 변경함으로써 어느 종류주식의 주주에게 손해를 미치게 될 때에 주주총회 결의 이외에 그 종류주식의 주주만에 의해 개최되는 주주총회를 말한다. 종류주주총회는 주주총회 결의가 효력을 발생하기 위하여 요구되는 부과적 요건일 뿐 그 자체가 주주총회나 회사의 기관도 아니다.[295] 종류주주총회는 회사가 복수의 종류주식을 발행하는 경우 주주간 이해관계가 다르기 때문에 다수결원리에 따른 소수의 종류주식의 주주를 보호하고 주주간 이해를 조정하는 수단이다.[296]

2. 종류주주총회가 필요한 경우

상법은 종류주주총회가 필요한 경우를 제435조 제1항과 제436조에서 규정하면서, 공통적인 요건으로서 '어느 종류주식의 주주에게 손해를 미치게 될 때'를

---

292) 南保勝美, 前揭論文, 352面 以下; 野村修也, "新會社法の意義と問題點－株式の多様化とその制約原理", 「商事法務」 第1775号(2006), 32面 以下; 森本 滋, 前揭論文, 8面.

293) 葉玉匡美, 前揭論文, 30面.

294) 江頭憲治郎, 前揭書, 128面 註7); 森本 滋, 前揭論文, 9面.

295) 이철송, 회사법강의, 621면.

296) 박철영, 종류주식의 활용과 법적 과제, 32면.

규정하고 있다. 여기서 손해란 일반적 추상적 손해로서 종류주주의 비례적 권리가 종전보다 추상적으로 불이익하게 변경되는 것을 의미하며, 실제로 손해가 발생할 것까지 요구하는 것은 아니라고 본다.[297] 또한 판례에 따르면 어느 종류의 주주의 지위가 정관의 변경에 따라 유리한 면이 있으면서 불이익한 면을 수반하는 경우에도 종류주주총회가 필요하다고 본다.[298]

상법상 종류주주총회가 필요한 경우는 i) 회사가 정관을 변경함으로써 어느 종류주식의 주주에게 손해를 미친 경우(제435조 제1항), ii) 주식의 종류에 따라 신주인수, 주식병합 · 분할 · 소각, 회사합병 · 분할로 인한 주식의 배정에 관하여 주식의 종류에 따라 특수한 정함을 하는 경우에 어느 종류의 주주에게 손해를 미치게 되는 경우(제436조 및 제344조 제3항) 및 iii) 회사분할 · 분할합병, 주식교환 · 이전 및 회사합병으로 인하여 어느 종류의 주주에게 손해를 미치게 되는 경우(제436조) 등이다.

한편 종류주식을 발행한 경우 보통주주의 주주들에 의한 종류주주총회가 가능한지 여부가 문제된다. 종류주식의 발행에 따라 보통주식의 주주에게 손해를 미치는 경우[299]가 발생하는 때에는 종류주주총회가 필요하게 된다.[300]

또한 제435조 제1항과 제436조 규정에서 열거하지 아니한 사항 이외에 정관으로 종류주주총회를 요구하는 경우를 추가할 수 있는지 여부가 문제된다. 제435조 제1항과 제436조에 열거된 사항만으로는 종류주식의 다양한 이익충돌의 문제를 해결하기 어렵다고 보고, 동 조항에서 열거된 사항을 예시적인 것으로 보고 종류주주총회를 요구할 수 있다고 보는 견해가 제기된다.[301] 그러나 이러한 해석은 명문의 규정없이 주주총회 결의의 효력을 제약하고 일부 종류주주에게 거부권을 부여하는 것과 같은 효과를 발생시키므로 타당하지 않다고 본다.[302]

---

297) 정관변경에 따른 주주의 손해는 정관변경으로 인한 업무집행이 있어야 구체화되는데, 종류주주총회는 정관변경을 위한 동의절차로 요구되기 때문에 이 경우의 손해는 이론적 추상적일 수밖에 없다(박철영, 종류주식의 활용과 법적 과제, 33면).

298) 대법원 2006. 1. 27. 2004다44575, 44582.

299) 예컨대 '의결권제한 배당우선주'를 '의결권 있는 배당주'로 전환하는 정관변경을 하는 경우 의결권 없는 배당우선주의 의결권 부활로 인하여 의결권 있는 다른 주식(보통주)의 의결권이 희석되는 결과를 초래하게 된다(최준선, 회사법, 189면).

300) 보통주식이 종류주식에 포함되지 않는다는 견해를 취하는 경우 제435조 제1항의 문언에 따르면 보통주식의 주주에 의한 종류주주총회를 개최할 수 없다고 해석된다. 따라서 이 때에는 제435조 제1항의 문언을 "회사가 종류주식을 발행하는 경우에 정관을 변경함으로써 어느 <u>종류의 주식</u>의 주주에게 손해를 미치게 될 때에는 주주총회의 결의 외에 그 <u>종류의 주식</u>의 주주의 총회의 결의가 있어야 한다."로 수정하여야 할 것이다.

301) 박철영, 종류주식의 활용과 법적 과제, 33면; 相澤哲, 「新會社法の解說」(商事法務, 2006), 88面.

3. 결의요건

종류주주총회는 출석한 주주의 의결권의 3분의 2 이상의 수와 그 종류의 발행주식총수의 3분의 1 이상의 수로써 하여야 한다(제435조 제2항). 이 결의요건과 다른 결의방법을 정할 수 없다는 것이 통설이다. 또한 종류주주총회에서는 의결권 없는 종류의 주식도 의결권을 가진다(제435조 제3항).[303]

4. 결의의 하자

상법 제435조 제3항에 따르면 종류주주총회에 관해서는 주주총회에 관한 규정을 준용하게 되므로 종류주주총회의 결의에 하자가 있을 때에는 종류주주총회 결의의 취소의 소로 다투면 된다는 것이 다수설이다.[304] 반면 종류주주총회의 결의는 주주총회결의의 효력발생요건에 불과하므로 주주총회결의의 하자로 다투면 된다는 소수설이 제기된다.[305] 소수설은 다수설에 대해 주주총회결의의 효력을 부정하기 위해서는 종류주주총회결의의 하자를 다투는 소송에서 승소한 후 다시 이를 원인으로 주주총회 결의의 효력을 다투는 소를 제기하여야 하므로 독립하여 다툴 실익이 없다고 비판한다. 생각건대, 주주총회 자체는 아무런 하자가 없기 때문에 주주총회결의 하자를 다투는 것은 부당하고 종류주주총회의 결의의 하자를 다투는 다수설이 타당하고 본다.[306]

5. 종류주주총회결의 흠결의 효과

종류주주총회결의가 필요함에도 불구하고 이를 거치지 아니한 주주총회결의의 효력이 문제된다. 다수설인 결의불발효설(또는 부동적무효설)은 주주총회는 종류주주총회가 없으면 완전한 효력을 발생하지 못하고, 종류주주총회의 유무에 따라 확정적으로 유무효가 결정된다고 본다.[307] 소수설은 종류주주총회의 결의는 주주총회의 결의가 유효하기 위한 절차적 요건이므로 이를 흠결한 경우 주주총회결의 취소의 사유로 본다.[308]

---

302) 이철송, 회사법강의, 623면.

303) 입법론적으로는 제435조 제3항의 "의결권없는 종류의 주식"은 "의결권없는 종류주식"으로 수정해야 할 것이다.

304) 권기범, 전게서, 665면; 이기수 · 최병규, 「회사법[제9판]」(박영사, 2011), 492면; 임재연, 「회사법 Ⅱ[개정판]」, 박영사, 2013, 127면; 정동윤, 회사법, 363면; 최기원, 전게서, 525면.

305) 서헌제, 「회사법」(법문사, 2000), 286면; 이철송, 회사법강의, 624면.

306) 송옥렬, 전게서, 947면.

307) 이기수, 전게서, 492면; 정동윤, 회사법, 363면; 정찬형, 전게서, 876면; 최기원, 전게서, 525면.

판례는 주주총회의 결의 외에 추가로 요구되는 종류주주총회의 결의는 정관변경이라는 법률효과가 발생하기 위한 하나의 특별요건이라고 할 것이므로, 그와 같은 내용의 정관변경에 관하여 종류주주총회의 결의가 아직 이루어지지 않았다면 그러한 정관변경의 효력이 아직 발생하지 않은 데에 그칠 뿐이고, 그러한 정관변경을 결의한 주주총회결의 자체의 효력에는 아무런 하자가 없다고 본다. 종류주주총회결의가 흠결된 경우 정관변경이 무효라는 확인을 구하면 족한 것이지, 그 정관변경을 내용으로 하는 주주총회결의 자체가 아직 효력을 발생하지 않고 있는 상태(이른바 불발효 상태)라는 관념을 애써 만들어서 그 주주총회결의가 그러한 '불발효 상태'에 있다는 것의 확인을 구할 필요는 없다고 본다.[309] 판례와 다수설의 차이점은 결의불발효의 대상이 정관변경인지 아니면 주주총회결의인지의 차이에 불과하다.[310]

X. 종류주식의 발행절차

1. 도입절차(총론)

회사가 종류주식을 도입하는 유형으로는 종류주식을 신설하는 경우, 기존 종류주식을 발행하고 있는 회사가 종류주식을 더 추가하는 경우, 기 발행된 종류주식의 내용을 변경하는 경우 등 세 가지로 구분할 수 있다.

첫째, 종류주식을 신설하는 경우에는 ① 종류주식의 내용 및 수를 정하는 정관변경(주주총회 특별결의 : 제344조 제2항), ② 변경등기절차, ③ 주식의 발행절차 등을 거치게 된다.

둘째, 기존 종류주식을 발행하고 있는 회사가 새로운 종류주식을 추가하는 경우에는 ① 주식의 종류 및 내용에 대한 정관변경, ② 어떠한 종류주식의 종류주주에게 손해를 미칠 우려가 있는 경우에는 당해 종류주주총회의 특별결의(제435조 제1항), ③ 변경등기절차, ④ 주식의 발행절차를 거친다.

셋째, 이미 발행된 종류주식에 특정한 조건을 추가하여 종류주식의 내용을 변경하는 경우에는 ① 주식의 종류 및 내용에 대한 정관변경, ② 다른 종류주식의 종류주주에게 손해를 미칠 우려가 있는 경우에는 그 종류주주총회의 특별결

308) 이철송, 회사법강의, 625면.
309) 대법원 2006. 1. 27. 선고 2004다44575, 44582 판결.
310) 송옥렬, 전게서, 948면.

의(제435조 제1항), ③ 조건이 변경되는 종류주식의 종류주주총회에서 종류주주 전원의 동의,[311] ④ 변경등기절차, ⑤ 주식의 발행절차를 거쳐야 한다.

2. 도입절차(각론)

가. 주식의 종류 및 내용에 대한 정관변경

종류주식의 내용은 정관변경사항이므로 i) 보통주식밖에 발행할 수 없는 회사가 새로운 종류주식을 발행하거나, ii) 새롭게 종류주식을 추가하거나 또는 iii) 기발행된 일부 종류주식의 내용을 변경하는 경우에는 그 때마다 정관변경을 위한 주주총회 특별결의를 거쳐야 한다.

그래서 개정상법은 종류주식의 내용이나 발행가능 종류주식총수 등에 대해서 정관에서 정하는 것으로 규정하고 있다. 즉, 종류주식의 내용으로서 서로 다른 2종 이상을 조합시켜 종류주식을 도입하는 것도 가능하다.[312]

나. 종류주주총회의 결의가 필요한 경우

첫째, 회사가 종류주식을 발행한 경우에 정관을 변경함으로써 어느 종류주식의 주주에게 손해를 미치게 될 때이다(제435조 제1항). 예컨대, 우선주에 대한 배당률을 낮추거나 참가적 우선주를 비참가적 우선주로 하거나, 누적적 우선주를 비누적적 우선주로 한다는 것 등이 이에 해당된다. 같은 종류의 주주들에게 어느 면에서는 유리하고 어느 면에서는 불리한 경우 이는 종류주주총회의 결의를 요한다.[313]

둘째, 이미 발행된 종류주식에 특정한 조건을 추가하여 종류주식의 내용을 변경하는 경우이다. 예컨대, 기존 주식에 전환조항이나 상환조항을 추가하거나, 의결권 제한조항을 추가하는 것이다. 문제는 기 발행된 종류주식에 새로운 조건이 추가되는 경우 이러한 주주로 구성되는 종류주주총회에서 결의가 필요한데, 그 결의요건에 대해서는 상법에 규정이 없다. 이러한 경우에 회사에게 전환권이나 상환권을 부여하거나(회사전환주식, 회사상환주식), 의결권을 제한하는 조항

---

311) 후술하는 Ⅸ.2.나 참조.

312) 일본 회사법의 경우 종류주식의 모든 것을 처음부터 정해야 하는 것은 아니다. 그 전부 또는 일부에 대해서는 당해 종류주식을 발행할 때까지는 주주총회의 결의에 의해 정할 수 있으며, 처음에는 일단 내용의 요강만을 정해놓는 것도 가능하다. 그리고 주주총회에서 정해진 요강에 따라 그 후 주주총회 또는 이사회에서 구체적인 세목이 결의된 때, 그 세목은 당해 종류주식 전부에 대해서 내용으로 된다(일본 회사법 제108조 제3항, 회사법시행규칙 제20조).

313) 대법원 2006. 1. 27. 선고, 2004다44575 · 44582 판결; 이철송, 전게서, 535~536면.

등을 추가하면(의결권제한종류주식) 주주에게 예측하지 못한 불이익을 초래할 우려가 있다. 따라서 이때에는 해당 종류주주 전원의 동의가 있어야 할 것이다.[314] 이처럼 엄격한 조건이 요구되므로 이미 발행된 종류주식에 새로운 조건을 부가하여 종류주식의 내용을 변경하는 방법은 상장회사의 경우에는 실질적으로 활용되기 어렵다고 본다.

셋째, 회사가 종류주식을 발행하는 때에는 정관에 다른 정함이 없는 경우에도 주식의 종류에 따라 신주의 인수, 주식의 병합 · 분할 · 소각 또는 회사의 합병 · 분할로 인한 주식의 배정에 관하여 특수하게 정하는 경우와(제344조 제3항), 회사의 분할 또는 분할합병, 주식교환, 주식이전 및 회사의 합병으로 인하여 어느 종류의 주주에게 손해를 미치게 될 때에도 종류주주총회가 필요하다(제436조).[315]

다. 변경등기절차

자본금의 액, 발행주식의 총수, 그 종류와 각종 주식의 내용과 수는 등기사항이므로 그 내용에 변경이 있었던 경우에는 그 취지의 등기를 할 필요가 있다(제317조의 제2항 제2호, 제3호, 동조 제4항 → 제183조).

라. 발행절차

(1) 종류주식의 발행절차

종류주식의 발행절차에 대해서는 통상의 신주발행과 기본적으로 마찬가지이며, 발행사항으로서 발행주식의 종류와 그 수, 납입금액, 납입기일 및 납입기간 등을 정한 후에 공시, 배정 등을 하게 된다.

또한 당해 종류주식의 인수모집이 어떠한 종류주주에게 손해를 미칠 우려가 있는 경우에는 전술한 것처럼 주주총회결의 외에 당해 종류주주에 의한 종류주주총회의 결의도 거쳐야 하는 것에 주의가 필요하다.

(2) 종류주식발행 등기절차

회사가 실제로 종류주식을 발행한 때는 납입기일(납입기간을 정하지 않은 때는 납입기간의 말일)부터 2주간 이내에 본점소재지의 관할등기소에 주식발행에 관한 등기신청을 할 필요가 있다(제317조 제1항).

---

314) 박철영, 종류주식의 활용과 법적 과제, 31면. 일본 회사법의 경우에도 전환조항이나 상환조항을 부가하는 정관변경에 대해서는 예외적으로 해당 종류주주 전원의 동의가 필요하다고 규정하고 있다(일본회사법 제110조, 제111조 제1항).

315) 이철송, 회사법강의, 622면.

XI. 종류주식의 활용

1. 종류주식의 조합

종류주식의 다양화는 기업의 자금조달을 원활화 하는 이외에도 지배권 분배를 통하여 사업제휴, 경영승계, 적대적 M&A에 대한 방어 등 다양한 필요에 부합하는 경영수단을 제공하는 기능도 하고 있다. 종류주식을 설계하는데 있어서는 주식의 재산권과 지배권이라는 양면적 성질을 어떻게 조합시킬 것인가 하는 점이 가장 중요하다. 즉, 주식이 가지는 가장 중요한 권리인 이익배당과 의결권의 내용을 어떻게 구성할 것인가의 문제이며, 이는 종류주식의 발행목적에 따라 다를 수밖에 없다.[316)]

상법은 종류주식을 이익배당, 잔여재산의 분배, 의결권의 배제 · 제한, 상환 및 전환에 관한 종류주식을 규정하고 있는데, 이는 내용을 달리할 수 있는 권리의 유형을 규정한 것이며, 실제로 발행할 수 있는 주식의 종류를 다양한 조합과 다양한 발행조건이 결합되어 매우 많은 유형이 발행될 수 있을 것이다.[317)]

〈상법상 종류주식의 결합 유형〉

이익배당/잔여재산	이익배당의 성격	의결권	상환권	전환권
보통주	-	-	-	-
우선주	참가적	의결권 존재	회사상환	회사전환
열후주	비참가적	의결권 배제	주주상환	주주전환
후배주	누적적	의결권 제한		
	비누적적			
	참가적/누적적			
	참가적/비누적적			
	비참가적/누적적			
	비참가적/비누적적			
잔여재산분배				

316) 박철영, 종류주식의 활용과 법적 과제, 15면.

317) 상법상 발행할 수 있는 종류주식의 유형에 대해서는 24가지, 42가지, 63가지, 220가지 등 다양한 견해가 존재한다(최준선, 2011 개정상법 회사편 해설, 82~84면; 박철영, 종류주식의 활용과 법적 과제, 15면 주) 25; 김희준, "종류주식 발행의 실무상 쟁점과 법적 해결방안에 관한 연구-상환 및 전환에 관한 종류주식을 중심으로-", 「선진상사법률」 통권 제64호(2013), 126~128면; 이철송, 2011 개정상법-축조해설-, 116면).

2. 종류주식의 활용 사례

가. 자금조달

회사가 의결권제한 종류주식을 발행하는 가장 큰 이유는 회사 지배권의 영향을 받지 않고 필요한 자금조달을 하기 위해서이다. 이를 위해 의결권의 일부를 제한하는 종류주식을 활용할 수 있다. 즉, 경영권을 확보하고자 하는 창업주주와 투자수익을 위해 자본참가하는 벤처캐피탈 등 투자주주 간에 투하자본 회수불능 위험을 경감시키는 등 이해조정을 위해 후자에게 이익처분안 등 일정한 사항에 대해서만 의결권을 부여하는 방법이 그 예이다.[318]

나. 경영권 방어

적대적 M&A에 대한 경영권 방어대책으로 의결권제한 종류주식에 회사의 강제전환권을 부여하는 방식이 있는데 다음 두 가지가 있다. 첫째, 매수자가 보유하는 주식의 의결권을 제한하는 것이다(보통주식 → 의결권제한주식). 의결권있는 주식을 의결권제한주식으로 전환하는 전환주식으로 발행하면서 전환사유를 "○○% 이상의 주식을 취득하는 경우"로 하면 평상시에는 의결권이 있으나 적대적 기업매수가 발생하는 때에는 의결권이 제한되기 때문에 기업매수의 목적을 저지할 수 있게 된다. 그러나 이 방식은 동일한 종류주식 간에 의결권을 행사할 수 있는 주식보유비율 및 주식수를 달리하는 것이 되기 때문에 주주평등의 원칙에 반하여 허용되지 않는다고 보아야 한다.[319]

둘째, 매수자가 보유하는 주식의 지분율을 희석시키는 방법이다(의결권제한주식 → 보통주식). 사전에 우호적 제3자에게 의결권제한주식을 발행하면서 전환사유를 "○○% 이상의 주식매수가 성공한 경우"로 함으로써 이를 의결권있는 주식으로 전환하면 매수자의 지분율을 낮출 수 있기 때문에 방어효과를 가질 수 있다.

다. 경영승계와 종류주식의 활용

경영승계를 위하여 종류주식을 활용하는 방안으로서 의결권의 배제 · 제한에 관한 종류주식, 주식의 상환에 관한 종류주식 및 주식의 전환에 관한 종류주식을 활용하는 방안 등에 대해서는 다음 장에서 후술한다.

---

318) 박철영, 종류주식의 활용과 법적 과제, 18면.

319) 동지, 박철영, 종류주식의 활용과 법적 과제, 21면; 김재범, "2011년 개정상법에 의한 종류주식 발행의 법적 문제", 「사법」 제19호(2012), 16면.

XII. 종류주식의 정관기재 사례[320)]

1. 총론규정

예1) 종류주식 발행회사가 아닌 경우

제5조(발행예정주식의 총수) 이 회사가 발행할 주식의 총수는 ○○주로 한다.

예2) 액면주식의 발행하는 경우

제6조(일주의 금액①) 이 회사가 발행하는 주식 일주의 금액은 ○○원으로 한다.

예3) 무액면주식을 발행하는 경우

제6조(무액면주식의 발행②) ① 이 회사가 발행하는 주식은 무액면주식으로 한다.
② 신주를 발행하는 경우에는 신주의 발행가액 중 자본금으로 계상하는 금액은 총발행가액의 2분의 1이상 범위에서 발행시 이사회가 정한다.
※ 기존의 액면주식을 무액면주식으로 전환하는 경우에는, 부칙에 경과규정을 두어 전환비율을 정해야 함.

예4) 설립시 발행하는 주식의 총수

제7조(설립시에 발행하는 주식의 총수) 이 회사가 설립시에 발행하는 주식의 총수는 ○○주로 한다.

예5) 기명식 보통주식만 발행하는 경우

제8조(주식의 종류①) 이 회사가 발행할 주식은 기명식 보통주식으로 한다.

2. 보통주식 외에 종류주식을 발행하는 경우 정관기재

제8조(주식의 종류②) ① 이 회사가 발행할 주식의 종류는 기명식 보통주식과 기명식 종류주식으로 한다.
② 회사가 발행하는 종류주식은 이익배당에 관한 우선주식, 의결권 배제 또는 제한에 관한 주식, 상환주식, 전환주식 및 이들의 전부 또는 일부를 혼합한 주식으로 한다.
※ 종류주식은 보통주식을 제외하면 1)이익배당에 관한 우선주식, 2)무의결권 또는 의결권제한주식, 3)상환주식, 4)전환주식, 5)이들의 전부 또는 일부를 혼합한 주식으로 나눌 수 있으며, 혼합방법에 따라 다양한 형태의 종류주식으로 만들 수 있음. 다만, 상법 제345조 제5항에 의거 종류주식(상환과 전환

320) 한국상장회사협의회, 상장회사 표준정관, 2013. 12. 27. 개정.

에 관한 것은 제외)에 한정하여 상환주식을 발행할 수 있음에 따라 보통주식에 대하여는 상환주식으로 발행할 수 없음.

※ 회사가 필요에 따라 2가지 이상의 종류주식을 발행하고자 할 때에는 개별적으로 조문을 두고 그 수와 내용을 기재하는 것이 바람직함. 복수의 종류주식을 구분하기 위하여 1종 종류주식, 2종 종류주식, …… 등으로 표시하여야 함.

[유형1] 무의결권 배당우선 (존속기한부)전환주식을 발행할 경우[표준형]

※ 조문제목에서 "종류주식"이란 일반용어가 아닌 앞의 특정종류주식(무의결권 배당우선 전환주식)을 가리키는 것임.

※ 의결권과 관련한 종류주식에는 무의결권주식과 의결권제한주식이 있는데, 여기서는 무의결권주식을 표준형으로 하고, 의결권제한주식에 대하여는 회사가 필요하면 선택할 수 있도록 [유형2]에서 예시함. 또한 [유형2]를 활용하여 '의결권제한 전환주식', '의결권제한 상환주식'의 설계가 가능함.

※ 주식의 소멸방법도 존속기한부 전환방식 외에 강제전환 또는 의무전환방식이 있으며, 회사가 필요하면 선택할 수 있도록 [유형3]에서 예시함.

※ 소멸방법으로 상환(소각)방식을 택하는 경우 강제상환 및 의무상환방식이 있는바, 회사가 필요하면 선택할 수 있도록 [유형4]에서 예시함.

※ 예시한 유형 이외에도 '의결권 있는 배당우선 전환주식', '의결권 있는 배당우선 상환주식', '의결권 없는 전환주식', '의결권 없는 상환주식', '의결권제한 전환주식', '의결권제한 상환주식', '의결권 있는 전환주식' 등은 회사의 사정에 맞추어 정관에 규정할 수 있음. 그러나 '의결권 있는 상환주식'은 발행이 불가능함을 유의하여야 함.

제8조의2(종류주식의 수와 내용①) ① 이 회사가 발행할 (1종) 종류주식은 무의결권 배당우선 전환주식(이하 이조에서는 "종류주식"이라 함)으로 하며, 그 발행주식의 수는 ○○주로 한다.

※ 괄호안의 '1종'이라는 표현은 복수의 종류주식을 발행하는 경우 종류주식 간의 구별을 위해 표시한 것으로 한 종류의 종류주식만을 발행하는 경우에는 표시하지 아니할 수 있음.

② 종류주식에 대하여는 액면금액을 기준으로 년 ○○% 이상 ○○% 이내에서 발행시에 이사회가 정한 우선 비율에 따른 금액을 현금으로 우선 배당한다.

※ 무액면주식인 경우 '○○%'는 '○○원'으로, '우선 비율에 따른 금액을'은 '우선배당액을'로 규정하여야 함. 이하 같음.

③ 보통주식의 배당률이 종류주식의 배당률을 초과할 경우에는 그 초과분에 대하여 보통주식과 동일한 비율로 참가시켜 배당한다.

※ 위 단순참가방식 외에 즉시참가방식을 택하고자 할 때에는 ③항을「우선주식에 배당하고 잔여이익을 보통주식에 배당하는 경우 종류주식의 배당률에 보통주식의 배당률을 추가하여 배당한다」로 규정함.

※ 또 비참가형으로 하고자 할 때에는 ③항을「종류주식은 보통주식의 배당에 참가하지 아니한다」로 규정하여야 함.

④ 종류주식에 대하여 어느 사업년도에 있어서 소정의 배당을 하지 못한 경우에는 누적된 미배당분을 다음 사업년도의 배당시에 우선하여 배당한다.

※ 우선배당을 비누적적으로 하고자 할 때에는 본 항을「④종류주식에 대하여 어느 사업연도에 있어서 소정의 배당을 하지 못한 경우 그 부족분은 다음 년도의 배당시에 전보하지 아니한다」로 규정하여야 함.

⑤ 이 회사가 신주를 발행하는 경우 종류주식에 대한 신주의 배정은 유상증자 및 주식배당의 경우에는 보통주식에 배정하는 주식과 동일한 주식으로, 무상증자의 경우에는 그와 같은 종류의 주식으로 한다.

※ 유상증자 시 우선주에 대한 신주의 배정은 정관의 정함이 없는 경우에 회사는 보통주식과 같이 또는 달리 정할 수 있음(상법 제344조 제3항). 다만, 보통주식과 달리 정하는 경우에는 종류주주총회의 결의가 필요할 수 있으므로 신중을 요함.

⑥ 종류주식에 대하여 소정의 배당을 하지 아니한다는 결의가 있는 경우에는 그 결의가 있는 총회의 다음 총회부터 그 우선적 배당을 한다는 결의가 있는 총회의 종료시까지는 의결권이 있는 것으로 한다.

※ 의결권이 부활되지 않는 것으로 할 경우에는 이 조항을 규정하지 않으면 됨. 따라서 이 경우에는 우선주에 의결권을 부여하지 아니한 것과 같은 결과가 됨.

⑦ 종류주식의 존속기간은 발행일로부터 ○년으로 하고 이 기간 만료와 동시에 보통주식(또는 제○조의 종류주식)으로 전환된다.

※ 존속기간 대신 여타 전환주식으로 하고자 할 때에는 [유형3]을 참조하여 본 항을 대체하고, 상환주식으로 하고자 할 경우에는 [유형4]의 상환조항을 참조하여 그 규정으로 대체하면 됨.

⑧ 전환기간 만료일까지 소정의 배당을 완료하지 못한 경우에는 소정의 배당을 완료할 때까지 그 기간을 연장한다.

※ 우선배당을 비누적적 조건으로 한 경우에는 본 항은 필요하지 아니함.

⑨ 전환으로 인하여 발행하는 주식에 대한 이익의 배당에 관하여는 제10조의4의 규정을 준용한다.

※ 본 항은 상대적 기재사항으로 만약 본 항이 없으면 이익배당에 관하여는 전환신주를 발행한 때가 속하는 영업년도말에 전환된 것으로 보게 됨.(전문개정 2012.1.16.)

[유형2] 의결권제한 배당우선 (존속기한부)전환주식을 발행할 경우

※ 무의결권 배당우선 (존속기한부)전환주식을 의결권제한 배당우선 (존속기한부)전환주식으로 발행하려는 경우에는 [유형1](이하 "표준형"이라 함) 제1항을 다음과 같이 규정함

제8조의3(종류주식의 수와 내용②) ① 이 회사가 발행할 (○종) 종류주식은 주주총회결의사항 중 다음 각 호에 대하여 의결권이 없는 배당우선 전환주식(이하 이조에서는 "종류주식"이라 함)으로 하며, 그 발행주식수는 ○○주로 한다.

1. ……………
2. ……………
3. ……………

※ 주주총회 결의사항중 이사의 선임·해임, 감사의 선임·해임 등 회사의 사정에 따라 기재함.

※ 괄호안의 '○종'이라는 표현은 복수의 종류주식을 발행하는 경우 종류주식 간의 구분을 위해 표시한 것으로 회사의 사정에 따라 변경하여 규정하여야 함.

② ~ ⑨ ([표준형] ② ~ ⑨와 동일)

[유형3] 무의결권 배당우선 전환주식을 발행할 경우

※ 표준형 제1항과 제7항을 다음과 같이 규정하고, 제2항 내지 제6항과 제8항, 제9항은 동일함.

제8조의4(종류주식의 수와 내용③) ① 이회사가 발행할 (○종) 종류주식은 무의결권 배당우선 전환주식(이하 이조에서는 "종류주식"이라 함)으로 하며, 그 발행주식의 수는 ○○주로 한다.

※ 괄호안의 '○종'이라는 표현은 복수의 종류주식을 발행하는 경우 종류주식 간의 구분을 위해 표시한 것으로 회사의 사정에 따라 변경하여 규정하여야 함.

② ~ ⑥ ([표준형] ② ~ ⑥과 동일)

⑦-1 종류주식은 다음 각 호에 의거 회사의 선택에 따라 전환할 수 있다.

1. 전환으로 인하여 발행할 주식의 수는 전환전의 수와 동수로 한다.
2. 전환할 수 있는 기간은 발행일로부터 ○○년 이상 ○○년 이내의 범위에서 이사회결의로 정한다. 다만 전환기간 내에 전환권이 행사되지 아니하면, 전환기간 만료일에 전환된 것으로 본다.
3. 전환으로 인하여 발행할 주식은 보통주식(또는 제○조의 종류주식)으로 한다.
4. 종류주식은 다음 각목의 사유가 발생한 경우 전환할 수 있다.
   가. ……………………

나. ....
다. ....
라. ....

※ 전환사유는 회사 사정에 따라 조정하여 규정할 수 있음. 예를 들면 보통주식의 주가가 종류주식의 주가를 (1년 평균 1.3배) 상회하는 경우, 종류주식의 유통주식 비율이 (1년간 10%) 미만인 경우, 특정인이 ○○%이상 주식을 취득하는 경우, 기타 적대적 M&A가 우려되는 경우 등임.

※ 회사는 주주 간 이해 조정수단, 적대적 M&A 방어수단 등으로 전환사유를 설계하여 활용할 수 있음.

⑦-2 종류주식은 다음 각 호에 의거 주주가 회사에 대하여 전환을 청구할 수 있다.

1. (⑦-1의 1호와 동일)
2. (⑦-1의 2호에서 "전환할 수 있는 기간"을 "전환을 청구할 수 있는 기간"으로 하고, 나머지는 동일)
3. (⑦-1의 3호와 동일)

※ [유형3]에서 ⑦-1은 회사가 전환권을 갖는 경우이고, ⑦-2는 주주에게 전환청구권이 있는 경우인데, 이를 각각 별개의 항으로 규정할 수 있고, 또 통합하여 하나의 항으로 규정할 수도 있음. 하나의 항으로 규정하는 경우 문언은 "⑦ 종류주식은 다음 각 호에 의거 회사의 선택 또는 주주의 청구에 따라 전환할 수 있다"로 하고, ⑦-1의 제2호의 "전환할 수 있는 기간"을 "전환 또는 전환청구를 할 수 있는 기간"으로 수정하고, 나머지는 그대로 기재하면 됨. 다만, 회사가 전환권을 행사할 수 있는 경우는 전환사유가 발생한 때이므로, 이에 관한 제4호는 그대로 두어야 함.

⑧ · ⑨ ([표준형] ⑧ · ⑨와 동일)(본조신설 2012.1.16.)

[유형4] 무의결권 배당우선 상환주식을 발행할 경우

※ 표준형 제1항과 제7항을 다음과 같이 규정하고, 제2항 내지 제6항은 동일하나 제8항, 제9항은 삭제되어야 함.

제8조의5(종류주식의 수와 내용④) ①이 회사가 발행할 (○종) 종류주식은 무의결권 배당우선 상환주식(이하 이조에서는 "종류주식"이라 함)으로 하며, 그 발행주식의 수는 ○○주로 한다.

※ 괄호안의 '○종'이라는 표현은 복수의 종류주식을 발행하는 경우 종류주식 간의 구분을 위해 표시한 것으로 회사의 사정에 따라 변경하여 규정하여야 함.

② ~ ⑥ ([표준형] ② ~ ⑥과 동일)

⑦-1 종류주식은 다음 각 호에 의거 회사의 선택에 따라 상환할 수 있다.

1. 상환가액은 「발행가액+연 ○%를 초과하지 않는 범위 내에서 정한 가산금액」으로 하며, 가산금액은 배당률, 시장상황 기타 종류주식의 발행에 관련된 제반 사정을 고려하여 발행시 이사회가 정한다. 다만, 상환가액을 조정할 수 있는 것으로 하려는 경우 이사회에서 상환가액을 조정할 수 있다는 뜻, 조정사유, 조정의 기준일 및 조정방법을 정하여야 한다.

※ 가산금액은 본조와 같이 비율한도를 정하거나 금액을 정할 수 있는 지표를 정하는 등 구체적인 기준을 정하여야 함.

2. 상환기간은 발행일이 속하는 회계연도의 정기주주총회 종료일 익일부터 발행 후 ○년이 되는 날이 속하는 회계연도에 대한 정기주주총회 종료일 이후 1개월이 되는 날 이내의 범위에서 이사회가 정한다. 다만, 상환기간이 만료되었음에도 불구하고 다음 각 호의 1에 해당하는 사유가 발생하면 그 사유가 해소될 때까지 상환기간은 연장된다.

가. 상환기간 내에 상환하지 못한 경우

나. 우선적 배당이 완료되지 아니한 경우

3. 종류주식을 일시에 또는 분할하여 상환할 수 있다. 다만, 분할상환하는 경우에는 회사가 추첨 또는 안분비례의 방법에 의하여 종류주식을 정할 수 있으며, 안분비례시 발생하는 단주는 이를 상환하지 아니한다.

4. 회사는 상환대상인 주식의 취득일 2주일 전에 그 사실을 그 주식의 주주 및 주주명부에 기재된 권리자에게 통지 또는 공고하여야 한다.

⑦-2 종류주식은 다음 각 호에 의거 주주가 회사에 대하여 상환을 청구할 수 있다.

1. ⑦-1의 1호와 동일함.

2. ⑦-1의 2호와 동일함. 다만 가목의 "상환기간"은 "상환청구기간"으로 본다.

3. 주주는 종류주식 전부를 일시에 또는 이를 분할하여 상환해 줄 것을 회사에 청구할 수 있다. 다만, 회사는 상환청구당시에 배당가능이익이 부족한 경우에는 분할상환할 수 있으며 분할상환하는 경우에는 회사가 추첨 또는 안분비례의 방법에 의하여 상환할 주식을 정할 수 있고, 안분비례시 발생하는 단주는 이를 상환하지 아니한다.

4. 상환청구주주는 2주일 이상의 기간을 정하여 상환할 뜻과 상환대상주식을 회사에 통지하여야 한다.

※ ⑦-1과 ⑦-2중 어느 하나를 선택하여 ⑦항으로 규정할 수 있고, 또한 이를 각항으로 나누어 규정(⑦항 및 ⑧항)하거나 통합하여 ⑦항으로 규정할 수도 있음.

⑧ 회사는 주식의 취득의 대가로 현금 외의 유가증권(다른 종류의 주식은 제외한다)이나 그 밖의 자산을 교부할 수 있다.

※ 상환의 대가를 금전으로 한정하고자 하는 경우에는 본 항을 규정하지 아니하면 됨.

XIII. 소결

2011년 개정상법의 종류주식에 관한 조항은 개정 전 수종의 주식과 상환주식, 전환주식 등 특수한 주식에 한정하여 운영되었던 주식유형을 다양화함으로써 기업들이 자금조달과 지배권 배분에 있어서 보다 신축적인 경영을 할 수 있도록 배려하고 있다. 그러나 미국, 일본을 비롯한 주요 선진국의 회사법들은 주식유형에 대한 회사법상의 규제를 정관자치에 대폭적으로 위임하고 사후적으로 남용 등 문제점이 발생하는 경우 이를 보완하는 방식으로 운영하고 있다.

종류주식은 지배권의 배분과 자금조달의 효율성, 그리고 적대적 M&A에 대한 방어수단 등으로 그 기능이 매우 다양하다. 그러나 2011년 개정상법은 적대적 M&A에 대한 방어수단으로 활용되는 측면을 경계하여 폐쇄회사의 경우 다양한 주주간 계약을 상법상 수용하는데 매우 제한적인 형편이다. 벤처기업이나 합작회사의 주주간 계약 뿐만 아니라, 최근에는 중소기업의 사업승계의 문제[321]를 해결하는 수단으로서 종류주식이 관심을 받고 있다. 주식제도는 기본적으로 기업들의 창조적인 재무활동이나 지배권 배분활동에 대하여 다양한 조합이 가능하도록 앞으로 그 제한을 더욱 완화해 나아가야 할 것이라고 본다.

종류주식제도의 다양화와 더불어 발생하는 종류주주간의 이해를 조정하는 문제가 더욱 중요하게 되었으며, 지배주주 충실의무에 관한 규정의 필요성도 높아지고 있다. 상법상 주주평등의 원칙을 종류주식에 적용하는 경우 어느 정도로 유연하게 해석할 것인지 여부도 심층적인 검토가 필요하다고 본다. 또한 종류주식을 보유한 폐쇄회사가 상장하는 경우에 대비한 종류주식의 상장문제 등에 대해서도 추가적인 논의가 있어야 할 것이다.[322]

---

321) 加藤貴仁, "事業承繼の手段としての種類株式－株式の評價の問題を中心に", 「ジュリト」 No. 1377 (2009), 69～71面.

322) 김순석, "황금주(Golden Shares) 제도에 관한 연구", 「비교사법」 제16권 제1호(2009), 305～309면.

제 3 장

경영권 승계와 종류주식의 활용

3

경영권 승계와 종류주식의 활용*

Ⅰ. 서설

중소기업은 어느 나라를 막론하고 국민경제에서 차지하는 비중이 막대하다. 우리나라의 경우 2012년 기준으로 중소기업은 전체 사업체수의 99.9%를 차지하며, 전체 산업종사자의 87.7%를 차지하고 있다.[1] 1970년대 공업화가 시작된 이래 40년 이상이 경과함에 따라 최근 중소기업 창업세대의 고령화가 빠르게 진행되면서 중소기업의 경영승계가 중요한 사회문제로 대두되고 있다.[2]

중소기업은 일반적으로 소유와 경영이 분리되어 있지 않고, 주식의 유통성이 없거나, 회사의 인적 자원이 한정되어 있어서 경영자의 자식 등 친족에게 경영권이 승계되는 경우가 많다. 가족 중심으로 운영되는 중소기업에서 특히 창업자가 10년 이내에 은퇴할 계획이라면 경영승계 작업을 시작해야 한다. 원만한 승계작업의 완성은 창업자 자신은 물론, 종업원, 가족 구성원, 거래업체 모두에게 만족을 주게 된다.[3]

이 때 경영자가 가지고 있는 주식을 무조건으로 후계자에게 이전할 수 있으면 회사의 지배권은 후계자에게 원만하게 양도하게 된다. 그러나 상속에 의해 경영권이 승계될 때, 후계자가 생각하는 것처럼 원활하게 기업의 지배권을 확보할 수 없는 경우가 있다. 즉, 상속재산이 여러 자식들에게 분배된다거나, 상속세로 인한 자금부담 때문에 후계자가 주식을 상속받더라도 경영권을 승계할 수 없는

---

* 이 장은 "중소기업의 경영권 승계 원활화를 위한 회사법제의 개선방안－종류주식의 활용을 중심으로－", 「비교사법」 제20권 제1호(2013), 239～272면을 수정 · 보완한 것이다.

1) 중소기업중앙회, 「2014년 중소기업현황」, 2014, 36면.

2) 2006년 기준으로 중소기업 CEO는 창업자가 80.1%를 차지하고 있으며, 평균연령은 52.7세로 나타나고 있다. 중소기업 경영자 중 60세 이상의 고령자 인구는 1993년 10.6%, 2008년 11.3%, 2009년 12.4% 등으로 지속적으로 증가하고 있다(홍성철 · 신상철 · 조봉현, 「중소기업 가업승계 제도적 기반조성에 관한 연구」, 중소기업연구원, 2011, 10면).

3) Sebastian V. Grassi, Jr. & Julius H. Giarmarco, "The Five Levels of Practical Succession Planning for the Family-Owned Business", 23 No. 2 PRACTXL 39, 53 (2009)

수가 있다.[4)]

이처럼 경영승계를 준비해야 할 중소기업이 크게 증가하고 있지만 우리나라 중소기업의 대부분은 경영승계를 대비하지 못한 상태이다. 경영승계를 '부의 대물림'으로 보는 일부 부정적 시각과 과중한 상속세 · 증여세의 문제, 후계자 양성 프로그램의 부재, 승계전략 및 준비 부족 등으로 인하여 원활한 중소기업의 경영승계가 이루어지지 못하고 있다. 원활한 경영승계를 위해서는 통상 10년 정도의 준비기간이 필요한 점을 감안할 때, 이를 지원할 제도적 기반의 마련이 절실한 상황이다.

이에 따라 중소기업의 경영승계를 지원하기 위하여 지금까지는 주로 상속세 및 증여세를 완화해 주는 방안을 중심으로 검토되어 왔다. 그러나 경영승계가 이루어지더라도 후계자에게 주식을 집중하여 안정적인 경영권을 확보할 수 있도록 하는 것은 별개의 문제이다. 주식이 분산되어 있는 경우에는 재집중하기가 곤란하며, 경영승계를 할 때 오너에게 주식이 집중되어 있더라도 복수의 자녀가 상속하게 되면 유류분 등으로 인하여 특정한 자에게 주식을 집중시키기 어려운 문제가 발생한다.

산업화의 역사가 우리나라보다 앞선 주요 선진국들은 중소기업 경영승계의 원활화가 국민경제의 안정과 성장, 고용유지 및 중소기업의 경쟁력 제고를 위해 매우 중요하다는 인색 아래 상속 및 증여에 관한 세제를 개선하는 한편, 민법상 유류분 제도에 대한 특례를 규정하는 등 다각적으로 대응하고 있다.[5)] 또한 M&A를 추진하거나 회사분할, 합병, 자회사 설립 등 기업구조조정수단을 활용하기도 하며, 종업원지주제나 신탁을 이용하는 방안도 제시된다. 그 이외에도 회사법상 종류주식을 활용하거나, 세법상 상속주식에 대한 평가제도를 보완하는 등 다양한 방안을 모색하고 있다.[6)]

그러나 우리나라는 산업화의 역사도 일천할 뿐만 아니라 경영승계에 대한

---

4) 荒井邦彦 · 大村健 編, 「新株予約權 · 種類株式實務－法務 · 會計 · 稅務 · 登記－[改訂版]」, 第一法規, 2009, 481面. 후계자 이외에 상속인이 있는 경우 다른 상속인의 동의를 얻지 못하면 일부 주식을 상속받을 수 없다. 또한 우량한 회사에서 상속세 평가액이 높으면 그 회사의 주식을 승계할 수 없는 경우가 많다. 특히 비상장주식은 환금성이 낮기 때문에 비록 세법상의 평가액은 높더라도 다른 재산이 없으면 부담이 가중된다(荒井邦彦 · 大村健 編, 前揭書, 484面).

5) 조병선 · 조봉현, "가족기업 승계 지원정책의 현황과 발전방안", 「중소기업연구」 제33권 제3호 (2011), 53면.

6) 이러한 노력에도 불구하고 미국의 경우 창업주로부터 2세로 승계된 가족기업의 70% 이상이 생존하지 못하고 있다고 한다(Sebastian V. Grassi, Jr. & Julius H. Giarmarco, op. cit., p. 39).

부정적 인식으로 인하여 경영승계를 원활하게 지원하기 위한 법제도가 제대로 마련되어 있지 않다. 또한 중소기업의 경영승계의 문제는 그 계기가 오너경영자의 사망이나 상속이라는 개인적인 문제이어서, 중소기업의 경영승계를 모색하는 관점에서 회사법적 검토는 이루어지지 않았다.

따라서 중소기업의 경영승계를 원활하게 하기 위하여, 지금까지 주로 논의된 상속세나 증여세의 부담을 완화하는 방안 이외에, 선진국에서 도입되고 있는 회사법의 분야에서 경영승계 지원제도를 마련할 필요성이 높아지고 있다. 이 장에서는 중소기업의 경영승계의 원활화를 위하여 우선 2011년 개정상법에서 도입된 의결권의 배제 · 제한에 관한 종류주식, 주식의 상환 및 전환에 관한 종류주식 등을 활용하는 방안을 검토한다. 또한 금번 상법개정에서는 아직 도입되지 않은 거부권부종류주식이나 상속인이 상속받은 주식에 대해 회사가 매도청구를 할 수 있는 제도 등에 대해서도 논의한다.

Ⅱ. 경영승계의 회사법상 문제점 및 승계유형

1. 경영권 승계자에게 주식의 집중이 어려운 이유

승계대상 기업에서 경영승계가 이루어진 이후 원활하게 경영권을 행사하기 위해서는 경영권 승계자가 충분한 주식을 보유해야 한다. 따라서 경영권 승계자에게 대상기업의 주식을 집중시키는 것이 매우 중요하지만, 후계자에게 의결권을 집중시키고자 하는 경우 다음과 같은 문제가 발생한다.[7)]

첫째, 경영승계의 시점에 주식이 이미 분산되어 소유되고 있는 경우가 문제된다. 주식이 분산된 사례에는 몇 가지 유형이 존재한다. ⅰ) 세무대책으로 주식을 친족 내에 분산시키는 사례이다. ⅱ) 상속에 의해 주식이 분산된 경우이다. ⅲ) 주식이 친족 이외의 자에게 분산된 경우이다. 동기유발 등을 목적으로 친족 이외에 임원, 종업원에게 주식을 취득시킨 결과, 주식이 분산된 사례이다.

선대 오너경영자가 경영을 하고 있는 동안은 인간적 유대관계에 의해 의결권행사 등이 원활하게 이루어졌다 하더라도 경영권 교체에 의해 이러한 인간관계가 분산되고, 회사의 의사결정에 지장을 초래하는 사태가 생길 수 있다. 더불

---

7) 事業承継協議會 · 事業承継關連會社法制等檢討委員會, "事業承継關連會社法制等檢討委員會 中間報告", 2006. 6.(이하 "中間報告"라 한다), 4∼11面, 〈http://jcbshp.com/achieve/law_mid_01.pdf〉 (2014. 8. 26. 방문).

어 이렇게 분산소유하고 있는 자가 사망하여 그 직계비속에게 상속이 이루어지게 되면, 시간이 지날수록 주식의 분산은 더 심화된다.

둘째, 일단 주식이 분산되면 다시 모으는 것이 곤란하다는 점이다. 한번 분산된 주식을 다시 모으는 주요한 방법으로서 i) 경영자가 임의로 취득하는 방법, ii) 회사가 금고주 등으로 임의로 취득하는 방법, iii) 공개매수, iv) 시장에서의 매수 등이 있다. 현행법상 허용되지 않는 방식으로, v) 회사가 옵션부주식을 활용하여 취득하는 방법, vi) 회사가 '상속인에 대한 매도청구'에 근거하여 취득하는 방법 등이 있다.

그러나 이러한 방법들에 공통적인 것이지만, 한번 분산된 주식을 재집중하기 위해서는 매도주주가 우호적이거나, 경영자 또는 회사에 풍부한 매수자금이 있어야 하는 등 일정한 조건이 충족되어야 한다. 이미 주식이 분산된 경우 다른 주주의 협력이 없으면 이러한 제도를 활용하는 것 자체가 불가능하다. 이처럼 한번 분산된 주식을 다시 집중시키는 것은 일반적으로 매우 어려운 것이 현실이다.

셋째, 민법상의 권리에 의한 제약이다. 기업을 승계할 때에 오너경영자에게 주식이 집중되어 있더라도 여러 명의 자식 중 1인을 후계자로 하고, 상속이나 증여라는 형태로 주식을 집중시키고자 하는 경우, 遺留分 등 민법상의 권리에 의해 특정한 자에게 주식을 집중시키는 것이 제한된다. 이러한 권리를 배려하면서 경영승계자에게 주식을 집중시키기 위해서는 후계자 이외의 상속인에 대해 주식 이외의 자금을 우선적으로 상속시킬 필요가 있지만, 일반적인 중소기업의 오너경영자로서는 그러한 자산을 준비하는 것은 쉬운 일이 아니다.

2. 경영승계에 활용할 수 있는 회사법상의 수단

경영승계를 원활하게 하기 위하여 이용 가능한 회사법상의 제도로서 구체적으로는 자기주식의 취득과 처분, 각종 종류주식의 발행, 신주의 발행, 회사조직의 변경과 재편성인 합병 · 회사분할 · 영업양도, 그리고 주식교환 또는 주식이전에 의한 완전자회사화 등을 들 수 있다.[8)]

2011년 개정상법에서 주식에 관한 규정이 개정되어 의결권의 배제 · 제한에 관한 종류주식, 주식의 상환 및 전환에 관한 종류주식 등이 도입됨에 따라 경영승계의 국면에서 활용할 수 있는 주식이 확충되었다. 2006년 상법개정안에서는

8) 新谷勝, 「新しい事業承繼と企業再生の法務－事業承繼の圓滑化 · 事業再生ADR－」, (株)税務經理協會, 2010, 90~91面.

거부권부종류주식이 포함되었고, 일부의 주식에 대해서만 양도제한을 하는 종류주식은 2008년 상법개정안까지에는 포함되어 있었으나, 이들 모두 최종안에서는 삭제되었다. 또한 의결권·배당 등에 대해서 주주별로 차별적인 취급을 허용하는 제도나, 상속인 등에 대하여 정관의 정함에 의해 매도를 청구할 수 있는 제도 등도 도입되지 않았다. 이러한 회사법상 제도들은 주식분산으로 인하여 의결권이 분산되는 것을 방지하여 경영승계를 원활하게 하는데 도움이 되는 제도이다.

중소기업의 경영승계에서 활용되는 수단들은 각각의 장단점이 있고 또한 활용하기 위해서는 일정한 조건이 충족되어야 하므로 용도에 따라 적절하게 구분하여 사용하여야 한다. 또한 이러한 방법을 중소기업에 보다 정착시키기 위해서는 실제로 활용하는데 있어서 절차나 운용방법 등을 명확하게 하여야 한다.

3. 종류주식을 활용한 경영권 승계의 유형

주식분산을 수반하는 의결권의 확산을 방지하기 위해서는 2011년 개정상법에서 도입된 종류주식을 활용할 수 있다. 예컨대, 의결권의 배제·제한에 관한 종류주식을 발행하여 의결권주식은 경영후계자에게 상속하고, 의결권의 배제·제한에 관한 종류주식은 경영후계자가 아닌 자녀에게 상속하는 방안도 생각할 수 있다. 또한 정관에 주식양도제한에 관한 규정을 두면, 주식의 양도에 대해서 회사의 승인이 필요하기 때문에 회사의 승인 없이 주식을 제3자에게 양도하는 사태를 방지할 수 있다.

그 이외에도 주식의 상환에 관한 종류주식 가운데 주주상환주식을 활용하는 방안이나, 주식의 전환에 관한 종류주식 가운데 회사전환주식을 활용하는 방안도 생각할 수 있다.

개정상법에서는 아직 도입하지 않았지만, 일정한 경우 회사가 상속인이 상속한 주식에 대해 매도청구를 하는 제도의 경우 원하지 않는 자에게 상속에 의해 주식이 분산되는 것을 방지할 수 있다. 이러한 제도를 활용할 수 있다면 주식의 분산에 의한 의결권 확산이 방지되어 경영승계를 원활하게 하는 데에 도움이 될 것이다.

특정한 자의 의결권을 제한함으로써 후계자에게 경영권을 집중시키는 방법으로서 주로 다음의 세 가지가 거론된다.[9] 첫째, 의결권의 배제·제한에 관한 종류주식을 활용하는 방법이다. 주주총회에서의 의결권이 제한되는 주식으로 의결

9) 事業承継協議會·事業承継關連會社法制等檢討委員會, 前揭 中間報告, 12～14面.

권제한의 내용에 대해서는 완전무의결권주식으로 하거나 특정한 사항에 대해서만 의결권을 제한할 수 있다. 경영승계에서 이용할 수 있는 방식으로는 상속에 앞서 의결권제한주식을 발행하여 두고, 후계자에게는 보통주식을, 기타 상속인에게는 의결권제한주식을 취득시키는 것이다. 이를 통하여 후계자 이외의 상속인이 갖는 유류분 등을 고려할 때 불리하지 않도록 배려하면서 후계자에게 경영권을 집중시킬 수 있다.

둘째, 거부권부종류주식을 활용하는 것이다. 이는 특정한 사항에 대해 주주총회 결의 이외에 그 종류주식을 보유한 주주의 승인결의가 필요로 하는 주식이며, 2011년 개정상법에서는 도입되지 않았다. 거부권부종류주식에 대해서만 양도제한을 하는 것도 가능하다. 경영승계에서 이용하는 경우로서 상속에 앞서 거부권부종류주식을 발행하고, 경영후계자에게 거부권부종류주식을 취득시킨다. 현재 오너경영자가 거부권부종류주식을 보유하여 경영에 영향력을 가지면서 후계자에게 대부분의 주식을 생전에 증여하여 경영권을 이양한다. 또는 후계자 이외의 상속인에게 취득시킨 주식에 대해 의결권제한주식으로 하는 대신에, 일정한 중요한 사항에 대해서는 거부권을 부여하여 두는 방식도 활용할 수 있다.

셋째, 의결권 · 배당 등에 대해서 주주별로 다른 취급을 하는 방법이다. 주식양도제한회사에서 정관의 정함으로써 의결권이나 배당에 대해서 주주별로 다른 취급을 할 수 있도록 하는 것으로 우리나라에서는 아직 도입되지 않은 제도이다. 일본회사법에서는 미리 주주 중 이사인 자만이 의결권을 가진다는 취지를 정관에서 정하여 두고, 경영승계자를 이사로 함으로써 경영권을 집중시킬 수 있다. 다만 이 경우 정관변경의 결의는 주주총회의 특수결의(총주주의 과반수 이상과 총주주 의결권의 4분의 3 이상의 찬성)를 요한다.

Ⅲ. 종류주식을 활용한 경영권 승계의 법적 과제

1. 의결권의 배제 · 제한에 관한 종류주식을 활용한 경영권 승계

(1) 의결권의 배제 · 제한에 관한 종류주식의 개요

종류주식을 활용한 경영승계의 유형 가운데 오너경영자가 후계자에게 경영권을 집중시킴과 동시에 다른 상속인의 유류분도 배려하면서 주식을 분배하는 경우, 의결권의 배제 · 제한에 관한 종류주식을 활용하는 방법이 가장 효율적이다.

의결권의 배제 · 제한에 관한 종류주식이라 함은 주주총회에서 의결권을 행사할 수 있는 사항에 대해 내용이 다른 종류주식을 말한다(상법 제344조 제1항). 즉, 주주총회 결의사항의 전부 또는 일부에 대해 의결권을 행사할 수 없는 주식이다.

의결권의 행사에 관하여 내용이 다른 종류주식으로는 이러한 의결권의 배제 · 제한에 관한 종류주식 뿐만 아니라 차등의결권 종류주식, 임원임면권부 종류주식, 거부권부 종류주식 등이 있을 수 있다.[10] 이에 따라 의결권의 행사에 관하여 내용이 다른 종류주식을 상법 제344조의3 제1항이 규정하는 의결권의 배제 · 제한에 관한 종류주식 이외에 다른 유형으로 발행할 수 있는지 여부가 문제된다.

종류주식은 주식평등의 원칙에 대한 예외로서 허용되는 것이므로 법률이 허용하지 아니한 유형의 종류주식 발행은 허용되지 않는다고 본다. 따라서 상법 제344조의3 제1항에서 규정한 의결권의 배제 · 제한에 관한 종류주식 이외에 의결권의 행사에 관하여 내용이 다른 종류주식은 발행할 수 없다고 보아야 할 것이다.[11]

의결권의 배제 · 제한에 관한 종류주식 발행수는 발행주식총수의 4분의 1 이하여야 한다(상법 제344조의3 제2항). 의결권의 배제 · 제한에 관한 종류주식을 발행하기 위해서는 발행가능주식총수, 의결권행사사항, 의결권행사의 조건을 정한 때는 그 조건을 정관에서 정해야 한다(상법 제344조 제2항, 제344조의3 제1항).

의결권의 배제 · 제한에 관한 종류주식의 취지는 당해 주식의 주주가 총회결의를 통하여 회사경영에 관여하는 것을 배제하는 것을 목적으로 하므로 그 배제되는 주주가 우선적으로 경제적 이익을 확보하도록 함으로써 균형을 도모해야 한다. 그러므로 의결권의 배제 · 제한에 관한 종류주식과 이익배당에 대한 우선주식을 조합하는 방법이 합리적이다.[12]

상법은 "의결권을 행사할 수 없는 사항"을 정관에서 정하도록 규정하고 있는데(동법 제344조의3 제1항), 이는 의결권을 행사할 수 없는 사항을 확정하기 위

10) 최준선, 「회사법[제9판]」, 삼영사, 2014(이하 "회사법"이라 한다), 225면.

11) 최준선, 회사법, 225면. 단지 제344조 제1항의 '의결권행사에 관한 종류주식'이라는 표현에서 의결권을 제한 · 배제하는 것 이외에 의결권에 특권을 부여하는 종류주식을 발행할 수 있다는 해석을 도출할 수는 없을 것이다(이철송, 「회사법강의[제22판]」, 박영사, 2014(이하 "회사법강의"라 한다), 284면).

12) 新谷勝, 前掲書, 124面.

한 것으로 해석된다. 따라서 "이익처분의안에 대해서만 의결권을 가지고 그 밖의 사항에 대해서는 의결권을 가지지 않는다"는 방식으로도 정할 수 있을 것이다. 또한 회사를 설립하는 경우에 창립총회의 결의사항에 대해서도 의결권을 제한할 수 있다. 창립총회에서도 이사 선임 등에 있어서 의결권 제한주식이 활용될 수 있기 때문이다.[13]

회사가 정관으로 상법 제435조 및 제436조에서 규정한 종류주주총회의 결의사항에 대하여 의결권을 제한하는 주식을 발행할 수 있는지 여부가 문제된다. 이에 대해서는 부정적으로 해석하여야 한다. 그 이유는 첫째, 종류주주총회는 주주총회의 일부가 아니라 주주총회 결의의 효력발생요건으로서 특정한 종류주주의 동의절차이다. 따라서 종류주주총회의 결의사항에 대해 의결권을 제한하면 그 목적에 반하므로 허용될 수 없다.[14] 둘째, 이 규정들은 소수주주의 이익을 보호하기 위하여 마련된 강행규정이므로 상법상 명문의 규정 없이 회사가 정관으로 종류주주총회를 배제할 수 없기 때문이다.[15] 다만 종류주식이 발행됨에 따라 발생하는 종류주주총회에 관한 복잡한 법률관계를 해소할 수 있고, 특정한 종류주주가 종류주주총회를 통하여 사실상 거부권을 행사함으로써 사업수행에 지장을 초래하는 문제를 방지할 수 있다는 점에서 입법론적으로 그 도입의 필요성이 제기된다.[16] 일본의 경우 종류주식 발행회사는 종류주식의 내용으로서 종류주주총회의 결의를 요하지 않는다는 뜻을 정관에 정할 수 있다(일본회사법 제322조 제2항). 이 때 종류주식의 주주에게 손해를 미칠 우려가 있는 때에는 반대주주의 주식매수청구권을 인정한다(동법 제116조 본문 및 동조 제3항).[17]

(2) 의결권의 배제 · 제한에 관한 종류주식의 발행

의결권의 배제 · 제한에 관한 종류주식을 신규로 발행하기 위해서는 주주총회 특별결의를 통하여 정관을 변경하여야 한다(상법 제433조 제1항, 제434조).

기존에 발행된 주식의 내용을 변경하여 의결권을 배제 · 제한하는 조항을 추가하는 경우 정관변경의 요건이 문제된다. 의결권은 주주의 가장 중요한 공익권

13) 박철영, "종류주식의 활용과 법적 과제 - 의결권제한주식을 중심으로 -", 「기업법연구」 제25권 제4호(2011), 17면.
14) 박철영, 전게논문.
15) 정수용 · 김광복, "개정상법상 종류주식의 다양화", 「BFL」 제51호(2012), 104면.
16) 정수용 · 김광복, 전게논문, 104면.
17) 회사분할, 주식분할 등과 같이 원래 주식매수청구권이 인정되지 않은 경우 정관으로 종류주주총회를 배제하면 손해를 입은 주주의 보호수단이 없게 된다. 따라서 이러한 경우 종류주주총회의 배제를 조건으로 주식매수청구권을 인정할 필요성이 제기된다(박철영, 전게논문, 36면).

이고, 고유권의 일종으로서 정관규정으로 이를 박탈하거나 제한할 수 없으므로,[18] 상법의 정관변경에 관한 규정으로 이를 제한하거나 박탈할 수 없다. 따라서 기존에 발행된 주식의 내용을 변경하여 의결권을 배제 · 제한하는 경우에는 해당 종류주식 주주 전원의 동의가 있어야 할 것이다.[19]

2011년 개정상법에서는 의결권의 배제 · 제한에 관한 종류주식의 내용으로서 특정한 사항에 대해서만 의결권을 제한하는 것도 가능하게 되었다. 의결권의 배제 · 제한에 관한 종류주식을 발행할 때 검토해야 하는 사항으로서 완전무의결권주식으로 할 것인지 아니면 특정한 사항에 대해서만 의결권을 제한할 것인지 여부와, 만일 특정한 사항에 대해서만 의결권을 제한하는 경우 어떠한 사항에 대해서 제한할 것인가를 정해야 한다. 또한 종류주주총회의 규정에 대해서도 검토해야 한다.

이러한 점을 고려하여 중소기업의 경영승계의 국면에서 이용하는 의결권의 배제 · 제한에 관한 종류주식의 내용으로서는 완전무의결권주식을 채택하고, 회사의 다양한 수요에 대응하기 위해 배당 · 잔여재산분배청구권에 차이를 두거나, 이익배당에 대해서만 의결권을 설정할 수도 있을 것이다.[20]

(3) 의결권의 배제 · 제한에 관한 종류주식의 발행방법 및 활용도 검토

의결권의 배제 · 제한에 관한 종류주식을 이용함으로써 경영승계를 원활하게 하기 위해서는 경영자에 대하여 의결권의 배제 · 제한에 관한 종류주식을 발행하여 경영자가 의결권 있는 주식(통상 보통주식)과 의결권의 배제 · 제한에 관한 종류주식을 보유하도록 미리 계획해야 한다.

중소기업 오너경영자가 경영승계에 앞서 의결권의 배제 · 제한에 관한 종류주식을 발행 · 취득하는 방법으로서는 주로 다음의 네 가지 방법을 생각할 수 있다. i) 의결권의 배제 · 제한에 관한 종류주식을 신규로 발행하고 자신에게 배정한다. ii) 자신이 보유하는 주식의 일부를 의결권의 배제 · 제한에 관한 종류주식으로 내용을 변경한다. iii) 주식무상배정의 방법을 사용하여 기존 보통주주 전원에게 의결권의 배제 · 제한에 관한 종류주식을 배정한다. iv) 모든 기존 보통주식을 옵션부종류주식으로 내용을 변경하면서, 새롭게 보통주식을 발행하여 그 때까

18) 이철송, 회사법강의, 511면; 정찬형, 「상법강의(상)[제17판]」, 박영사, 2014, 844면; 최기원, 「신회사법론[제14대정판]」, 박영사, 2012, 471면; 최준선, 회사법, 362면.

19) 박철영, 전게논문, 31～32면.

20) 事業承継協議會 · 事業承継關連會社法制等檢討委員會, 前揭 中間報告, 11面.

지의 주식보유비율에 따라 배정한다. 그 후 회사가 옵션부종류주식을 취득하여 의결권의 배제 · 제한에 관한 종류주식을 교부한다.[21)]

이러한 방식의 상대적인 장단점을 분석하면, 첫째, 의결권의 배제 · 제한에 관한 종류주식을 신규로 발행하는 방법은 회사의 자금수요와 상속대책을 해결할 수 있는 유형이지만, 경영자에게 지출 가능한 현금이 필요하다. 또한 소수주주가 존재하는 경우에는 당해 소수주주에게도 의결권의 배제 · 제한에 관한 종류주식을 배정하거나 또는 의결권의 배제 · 제한에 관한 종류주식의 발행가액을 적절하게 설정하는 등의 조치를 취하지 않으면, 소수주주에게 불이익을 초래할 수 있기 때문에 신중한 배려가 필요하다.

둘째, 자기가 보유하는 주식의 일부를 의결권의 배제 · 제한에 관한 종류주식으로 내용을 변경하는 방법은 새로운 자금조달이 필요하지 않기 때문에 현 오너경영자가 주식을 100% 보유하는 때에는 유효한 방법이다. 그러나 주주 전원의 동의가 필요하기 때문에 그 활용이 제한적이다.

셋째, 주식의 무상배정을 통하여 의결권의 배제 · 제한에 관한 종류주식을 배정하는 방법은 새로운 자금을 필요로 하지 않는다. 현 오너경영자가 대다수의 주식을 보유하고 있는 때는 물론, 의결권보유비율이 2/3 이하인 때에도 무상배정의 경우 소수주주의 권리관계에 영향을 미치지 않기 때문에, 다른 주주의 이해를 얻어 실시할 수 있다.

넷째, 기존 보통주식을 옵션부종류주식으로 내용을 변경하고 새로운 보통주식을 발행한 다음, 옵션부종류주식을 취득하고 의결권의 배제 · 제한에 관한 종류주식을 교부하는 방법이다. 이는 적은 자금으로 상대적으로 의결권의 배제 · 제한에 관한 종류주식을 많게 할 수 있는 유형이지만, 절차가 복잡하고, 반대주주의 주식에 대한 매수자금이 필요하다. 이 때문에 오너경영자가 주식을 100% 소유하고 있는 경우나, 대다수 주주가 찬성하는 경우에 한하여 활용할 수 있다.

이상의 검토에 따르면 현 오너경영자가 100% 주식을 보유하고 있는 경우라면 모든 방법을 이용할 수 있지만, 소수주주가 있는 경우에는 주식무상배정의 방법을 활용하여 의결권의 배제 · 제한에 관한 종류주식을 배정하는 방법이 가장 활용 가능성이 높다고 본다. 또한 회사의 상황이나 실제의 필요에 따라 기타 방법도 활용할 수 있을 것이다.[22)]

---

21) 事業承継協議會 · 事業承継關連會社法制等檢討委員會, 前揭 中間報告, 18面.

22) 事業承継協議會 · 事業承継關連會社法制等檢討委員會, 前揭 中間報告, 19~20面.

(4) 의결권의 배제 · 제한에 관한 종류주식과 경영승계의 원활화

경영승계를 원활하게 수행하기 위해서는 후계자가 경영권을 장악하기에 충분한 의결권을 확보하여야 한다. 후계자에게 의결권을 집중시키기 위한 방안으로서 비후계자가 상속받을 지분을 의결권의 배제 · 제한에 관한 종류주식으로 정하는 것이 효율적이다.[23] 비후계자가 의결권의 배제 · 제한에 관한 종류주식(특히 완전의결권제한주식)을 상속하면, 주주총회에서 의결권을 행사할 수 있는 주식수가 감소하기 때문에, 후계자는 보다 적은 지분을 보유하더라도 회사를 지배할 수 있다.[24] 또한 유류분의 관계에서도 경영자(피상속인)가 보유하는 의결권의 배제 · 제한에 관한 종류주식을 비후계자에게 보유시킴으로써 유류분반환청구가 적게 된다.

이 경우 의결권의 배제 · 제한에 관한 종류주식과 이익배당(잉여금의 분배) 우선주식을 조합시킴으로써, 비후계자가 주주총회의 결의에는 관여하지 않지만, 우선적으로 이익배당을 받을 수 있도록 배려해야 한다. 이러한 방식을 통하여 후계자는 다수의 의결권을 확보할 수 있음과 더불어 비후계자 등의 불만을 완화시킴으로써 다른 상속인과의 관계도 원활하게 유지할 수 있게 된다. 더불어 유류분반환청구(민법 제1115조 제1항)[25]의 문제도 생기지 않을 것이다.[26]

경영자는 의결권 있는 주식을 후계자에게, 의결권의 배제 · 제한에 관한 종류주식을 비후계자에게 생전 증여하는 방법, 혹은 유언에 의해 이것과 같은 상속 또는 유증의 방법이 있다. 또한 생전증여나 유언이 없는 경우에도 후계자가 의결권 있는 주식을 상속하고, 비후계자는 의결권의 배제 · 제한에 관한 종류주식을 상속하는 유산분할의 방법이 있다.

물론 비후계자가 의결권의 배제 · 제한에 관한 종류주식을 보유하게 되더라도 의결권에 관계없는 권리는 가지는 것이므로, 회계장부의 열람 등 청구권이나 이사의 책임을 추궁하는 소송(주주대표소송)을 제기할 수는 있을 것이다.[27]

---

23) Sebastian V. Grassi, Jr. & Julius H. Giarmarco, op. cit., p. 44.

24) 新谷勝, 前揭書, 125面.

25) 유류분의 반환청구에 대해서는 최수정, “개정신탁법상의 재산승계제도－유언대용신탁과 수익자연속신탁을 중심으로－”, 「법학논총」 제31집 제2호(전남대학교 법학연구소, 2011), 81~82면 참조.

26) 新谷勝, 前揭書, 126面.

27) 新谷勝, 前揭書, 127面.

2. 주식의 상환에 관한 종류주식을 활용한 경영권 승계

(1) 주식의 상환에 관한 종류주식의 개요

2011년 개정상법은 상환주식을 종류주식의 한 유형으로 규정하고 정관이 정하는 바에 따라 이익으로 소각할 수 있도록 규정하고 있다(제344조 제1항). 주식의 상환에 관한 종류주식이라 함은 정관의 정함에 따라 장차 회사 스스로 또는 주주의 청구에 의해 이익으로써 소각할 수 있는 주식을 말한다(제345조 제1항, 제3항). 상환주식은 회사가 상환권을 가지는 상환사유부주식(회사상환주식, 상환조항부주식이라고도 한다; 제344조 제1항)과, 주주가 회사에 대하여 상환청구권을 가지는 상환청구권부주식(주주상환주식이라고도 한다; 동조 제3항)으로 구분되는데, 후자가 새로 도입된 것이다.

상환주식은 회사가 자금이 필요할 때 주로 우선주식을 대상으로 상환주식을 발행하였다가 나중에 자금사정이 호전되면 상환함으로써 회사의 지배관계에 영향을 미치지 않고 자금을 조달할 수 있는 장점이 있다. 또한 새로 도입된 '주주가 상환을 청구할 수 있는 주식'의 경우에는 회사의 경영상황에 따라 투자회수를 쉽게 할 수 있는 장점이 있다.[28] 상환주식과 사채는 기업의 자금조달수단으로서 유사한 기능을 하지만 상환주식은 이자가 지급되지 않고 이익이 있어야만 상환할 수 있다는 점에서 사채와 구별된다. 그러나 경제적 실질은 사채에 가깝다고 볼 수 있으므로 한국채택 국제회계기준에서는 상환주식을 부채로 처리한다.[29]

상환의 대가는 현금 이외에도 유가증권(다른 종류의 주식은 제외) 그 밖의 자산을 교부할 수 있도록 규정함으로써(제345조 제4항) 상환대가를 다양화하고 유연화 하였다. 다만 이 경우 교부하는 자산의 장부가액이 배당가능이익(제462조)을 초과하여서는 아니 된다(동조 제4항 단서). 여기서 상환대가로 다른 종류주식을 제외한 이유는 전환주식으로 기능하지 않도록 하기 위한 것이다.[30] 그러나 상환의 대가로 주식의 교부를 허용하는 것이 상환주식의 본질에 반하는 것은 아니라고 본다.[31]

---

28) 이철송, 회사법강의, 287면.

29) 송옥렬, 「상법강의[제4판]」, 홍문사, 2014, 780면.

30) 김순석, "종류주식의 다양화와 자금조달의 유연성에 관한 법적 쟁점 분석", 「상사법연구」 제27권 제2호(2008), 33면.

31) 동지, 송종준, "방어적 주식제도의 국제적 입법동향과 도입 과제 – 2006년 회사법 개정안을 중심으로 –", 「경영법률」 제17집 제2호 (2007), 112면.

(2) 주식의 상환에 관한 종류주식을 활용한 경영권 승계

(가) 발행방법 주주상환주식을 발행하기 위해서는 주주총회의 특별결의를 통하여 정관을 변경하여야 한다. 정관의 내용에는 발행 가능한 종류주식의 총수, 주주가 회사에 대하여 주식을 상환하는 것을 청구할 수 있다는 취지, 청구기간, 주식 1주와 교환으로 상환하는 재산의 내용, 수, 금액 또는 그러한 산정방법, 주식과 상환으로 다른 주식을 교부하는 때는 그 주식의 종류, 수 또는 그 산정방법 등을 포함하여야 할 것이다. 이러한 사항은 정관에서 정하여 등기한다. 등기에 의해 제3자는 종류주식의 발행상황을 알 수 있다.

(나) 회사상환주식을 활용하는 방안 우선 회사상환주식을 활용하는 방안으로는 주주배정의 방식으로 회사상환주식을 주주에게 무상으로 발행한다. 오너경영자는 추가출자의 부담 없이 기존에 소유하고 있는 주식에 추가하여 회사상환주식을 새롭게 취득하게 된다. 경영자는 유언을 통해 후계자에게는 보통주를 상속하고, 후계자 이외의 상속인에게는 회사상환주식을 상속하여 유류분에 관한 분쟁을 피하면서 후계자에게 경영권을 승계하는 방법이다. 후계자 이외의 상속인이 상속한 회사상환주식은 상환조건이 충족되면 회사가 취득하여 소각하게 된다.[32]

그러나 이 방법은 주주를 회사로부터 강제로 퇴출시켜 경영권을 승계하는 방법이기 때문에 경영권 승계만을 목적으로 하는 주주의 강제퇴출이 정당화될 수 있는지에 대한 의문이 제기된다.[33] 따라서 이하에서는 주주상환주식을 활용하는 방안을 중심으로 논의한다.

(다) 상환청구권주식을 활용하는 방안 중소기업의 경영권을 승계하는데 있어서 상환주식을 활용하는 방법으로는 다음의 네 가지의 유형을 고려할 수 있을 것이다.[34]

첫째, 후계자 이외의 상속인에게 주주상환주식을 부여하는 방법이다. 예컨대, 대주주인 대표이사가 미리 보통주식 및 의결권제한주식을 보유한다. 유언으로 후계자에게 보통주식을, 후계자 이외의 상속인에게는 의결권제한주식을 상속

---

32) 권종호, "중소기업의 원활한 사업승계를 위한 방안-2011년 개정상법 및 개정신탁법을 중심으로-", 「비교사법」 제18권 제4호(2011), 1347~1348면.

33) 권종호, 전게논문, 1350면.

34) 이하 내용은 今川嘉文, 「事業承繼法の理論と實際」, 信山社, 2009, 90~92面에서 소개된 일본의 취득청구권부주식을 활용한 경영권 승계방안을 참고로 하고, 이를 우리 상법상 "주식의 상환에 관한 종류주식"에 적용하여 수정·보완한 것이다.

시킨다. 이때에 후계자 이외의 상속인에게 의결권제한주식을 상속하면 불만이 생긴다. 그러므로 이러한 문제를 해결하기 위하여 후계자 이외의 상속인이 상속받는 의결권제한주식에 대하여 상환청구권을 부여한다. 이를 통하여 후계자 이외의 상속인은 회사에 배당가능이익이 존재하면 언제라도 회사에 대하여 주식의 상환을 요청할 수 있다. 경영에 관심이 없는 후계자 이외의 상속인으로서는 실리를 확보할 수 있어 불만을 완화할 수 있는 방법이다.

둘째, 제3자배정 증자를 활용하는 방법이다. 제3자배정 증자를 활용하여 주주상환주식을 발행한 다음 이를 경영자에게 우호적인 거래기업에 배정한다. 증자를 하기 쉬운 점은 있지만, 제3자가 상환청구를 하는 경우 이에 따라야 할 의무가 있다.

셋째, 종업원지주조합에서 주주상환주식을 보유하게 하는 방법이다. 종업원지주조합은 보유하는 주식을 주주상환주식으로 하고, 회사가 이를 매입하는 구조를 취하게 되면 종업원은 회사에 상환청구를 하면 현금화가 가능하므로 종업원지주조합에 가입하기가 쉽게 된다.

넷째, 상환청구에 조건을 붙이는 방법이다. 예컨대, '甲이 대표이사로 되지 않는 경우'에 상환청구를 할 수 있다고 정하는 것이다.

3. 주식의 전환에 관한 종류주식을 활용한 경영권 승계

(1) 주식의 전환에 관한 종류주식의 개요

주식의 전환에 관한 종류주식이라 함은 회사가 종류주식을 발행하는 경우에 정관으로 정하는 바에 따라 주주가 인수한 주식을 다른 종류주식으로 전환을 청구하거나, 정관에서 정한 일정한 사유가 발생하는 경우 회사가 주주의 인수 주식을 다른 종류주식으로 전환할 수 있는 주식을 말한다. 2011년 개정 전 상법에서는 주주가 전환을 청구할 수 있는 전환청구권부주식(주주전환주식이라고도 한다)만이 허용되었으나(제346조 제1항), 2011년 개정상법은 그 이외에도 정관에서 정한 사유가 발생할 경우 회사가 전환을 할 수 있는 전환사유부주식(회사전환주식, 전환조항부주식이라고도 한다)을 추가하였다(제346조 제2항). 2011년 개정상법에서 도입된 종류주식을 활용하여 전환주식을 구성하면 매우 다양한 유형의 전환주식을 발행할 수 있을 것이다.[35)]

---

35) 2011년 개정상법에 의해 발행 가능한 주식의 유형에 관해서는 최준선, 「2011년 개정상법 회사편 해설」, 한국상장회사협의회, 2011, 82~84면; 이철송, 회사법강의, 295면 참조.

이에 따라 전환주식의 대상과 전환으로 발행할 주식도 개정전보다 더 확대되어서 전환주식의 발행을 통한 자금조달이 보다 용이해질 것으로 기대된다. 또한 회사의 경영판단에 따라 우선배당 등의 부담해소가 가능해지고, 회사가 적대적 M&A의 대상이 된 경우 종류주식(무의결권우선주)을 보통주식으로 전환하여 경영권을 방어하는 데에도 활용할 수 있을 것이다.

2011년 개정상법은 전환의 대가를 다른 종류주식에 한하도록 하면서 현금 등의 자산을 제외하였다(제346조 제1항, 제2항). 미국이나 일본 회사법처럼 전환대가로 현금이나 사채 등을 지급하는 경우에는 상환주식과 구별되지 않으며, 전환주식의 본질상 전환구주는 소멸되는데 이는 자본금감소절차를 거치지 않고 자본금을 감소시키는 효과를 초래하는 점을 방지하기 위한 것이다.[36]

한편 정관으로 일정한 기한의 도래, 조건의 성취에 의해 다른 종류의 주식으로 자동전환 되는 주식도 발행할 수 있다고 해석되지만,[37] 이러한 주식은 상법이 규정하는 주식의 전환에 관한 종류주식은 아니다.[38]

(2) 전환사유부주식(회사전환주식)을 활용한 경영권 승계

(가) 발행방법 회사전환주식을 발행하는 구체적 방법은 다음의 원칙에 근거한다. 우선 발행회사가 회사전환주식을 발행하려면 주주총회 특별결의를 통하여 정관을 변경하여야 한다. 이 경우 회사는 정관에서 전환사유, 전환조건, 전환기간, 전환으로 인하여 발행할 주식의 수와 내용을 정하여야 한다. 정관에서 전환주식의 발행근거가 정해지면 전환주식의 발행은 상법 제416조의 통상의 신주발행이므로 이사회의 결의만으로 발행할 수 있다. 정관에서 정한 전술한 내용은 등기를 요한다(제317조 제2항 제7호, 제347조). 이는 제3자가 회사전환주식의 내용을 알 수 있도록 하기 위한 것이다. 회사전환주식의 발행에 의해 다른 종류주주에게 손해를 미칠 우려가 있는 경우 그 종류주주총회의 특별결의를 요한다.

기존의 보통주식 및 종류주식의 일부에 대해서만 전환조항을 붙이는 것은

---

36) 송종준, 전게논문, 114면; 김순석, "주식제도의 개선 - 종류주식을 중심으로 -", 「상사법연구」 제28권 제3호(2009), 157~158면.

37) 예컨대, 삼성전자주식회사 정관(2002.2.28. 개정)〈http://www.samsung.com/sec/aboutsamsung/ir/governance/articles/articles.html〉(2012.11.6. 방문)
제8조 ⑤ 우선주식의 존속기간은 발행일로부터 10년으로 하고 이 기간만료와 동시에 보통주식으로 전환된다. 그러나 위 기간 중 소정의 배당을 하지 못한 경우에는 소정의 배당을 완료할 때까지 그 기간을 연장한다. 이 경우 전환으로 인하여 발행하는 주식에 대한 이익의 배당에 관하여는 제8조의2(신주의 배당 기산일)의 규정을 준용한다.

38) 정동윤, 「상법(상)[제6판]」, 법문사, 2012(이하 "상법(상)"이라 한다), 457면; 정찬형, 전게서, 696면.

허용되지 않는다. 기존의 모든 주식에 전환조항을 붙이기 위해서는 주주총회 특별결의에 추가하여 주주 전원의 동의를 요한다. 또한 기존의 종류주식에 전환조항을 붙이기 위해서는 정관변경을 위한 주주총회의 특별결의에 이외에 기존 종류주주 전원의 동의를 요한다. 이것은 발행회사가 일정한 조건을 만족하면 회사전환주식을 강제적으로 매입할 수 있기 때문이다.[39]

(나) 활용유형 회사전환주식은 일정한 사유가 생기는 것을 조건으로 하여 발행회사가 주주의 인수 주식을 다른 종류주식으로 전환할 수 있는 종류주식이다. 발행회사가 전환할 권리를 가지는 콜옵션이 붙은 주식이라고 할 수 있다. 정관에서 전환사유, 전환조건, 전환기간, 전환으로 인하여 발행할 주식의 수와 내용을 정하여야 한다(제346조 제2항).

중소기업의 경영권을 승계하는데 있어서 회사전환주식을 활용하는 방법으로는 다음의 네 가지의 유형을 고려할 수 있을 것이다.[40]

첫째, 후계자가 보유하는 의결권제한주식에 전환조항을 붙여 보통주식으로 전환하는 방법이다. 회사전환주식은 전환대상 주식을 다른 종류의 주식으로 전환할 수 있다. 그러므로 의결권제한주식에 전환조항을 붙여서 교부한 후 나중에 이를 보통주식으로 전환시킬 수 있다. 예컨대, 복수의 후계자 후보자에게 '의결권제한'이 붙은 회사전환주식을 발행시점과 전환조건을 약간 달리하여 각각 교부한다. 후계자가 확정된 경우 발행회사가 주식을 취득하여 후계자가 가지는 의결권제한주식을 보통주식으로 전환한다. 이렇게 함으로써 후계자에게만 의결권을 집중시킬 수 있다.

둘째, 후계자 이외의 자가 가지는 주식을 의결권제한주식으로 전환하는 방법이다. 즉, 보통주식에 전환조항을 붙이고, 후계자 후보자에게 교부한다. 후계자가 정해진 경우 발행회사가 이 주식을 취득하여, 후계자 이외의 자가 가지는 보통주식을 의결권제한주식으로 전환한다. 다만 이 방법은 보통주주 전원의 동의가 필요하다.

셋째, 후계자 이외의 자에게 회사전환주식을 상속시키는 방법이다. 후계자 이외의 자에게 회사전환주식을 상속시킴으로써 발행회사는 일정한 범위에서 당해 주식을 매입할 수 있고, 후계자에게만 의결권을 집중시킬 수 있다.

---

39) 今川嘉文, 前揭書, 89~90面.

40) 이하 내용은 今川嘉文, 前揭書, 88~89面에서 소개된 일본의 취득조항부주식을 활용한 경영권 승계방안을 참고로 하고, 이를 우리 상법상 '주식의 전환에 관한 종류주식'에 적용하여 수정 · 보완한 것이다.

넷째, 종업원지주조합에서 회사전환주식을 보유하게 하는 방법이다. 주식의 분산을 방지하기 위하여 종업원지주조합이 보유하는 주식을 회사전환주식으로 한다. 발행회사는 종업원의 퇴사를 '일정한 사유'로 하여 주식을 전환할 수 있다. 퇴직자로부터 주식을 매입할 수 있으며, 퇴직자의 사망 등으로 주식이 분산되는 것을 방지할 수 있다.

Ⅳ. 경영권 승계 원활화를 위한 입법적 과제

1. 상속인 등에 대한 매도청구 제도의 도입문제

2011년 개정상법에서는 논의되지 않았지만, 일본회사법에서 도입한 상속이나 합병과 같은 일반승계에 의해 취득된 주식(양도제한주식에 한한다)에 대해서 회사가 매도청구를 할 수 있도록 하는 제도를 도입할 필요가 있다(일본회사법 제174조 내지 제177조). 원래 양도제한주식의 양도제한은 매매 등 특정승계에만 적용되고 상속 등 일반승계에는 적용되지 않았다(일본회사법 제134조 제4호). 그러나 주주의 구성을 인적 신뢰관계가 있는 자로 제한하고자 하는 주식양도제한의 취지는 일반승계의 경우에도 마찬가지로 타당하다. 그러므로 일반승계를 양도제한의 대상으로 하는 것에 대한 실무계의 강한 요청이 있었는데, 회사법은 이를 수용하여 상속인 등에 대한 매도청구 제도를 도입한 것이다.[41)]

이러한 제도가 도입되면 중소기업이 경영승계를 할 때 상속에 앞서 상속 등의 일반승계에 의해서 취득된 주식에 대해 회사가 매도청구할 수 있다는 취지를 정관에서 정하여 두고, 사업에 관여하지 않는 자가 상속에 의해 취득한 주식에 대하여 회사가 매도청구를 함으로써 주식의 분산을 방지할 수 있다.

이 제도를 도입하기 위해서는 정관변경을 통하여 상속인 등의 매도청구에 관한 규정을 두어야 한다(일본회사법 제466조, 제309조 제2항 제11호). 매도청구를 하는 빈도, 매도청구하는 주식수, 매도청구의 대상으로 되는 자를 결정하기 위한 주주총회의 특별결의가 필요하다(동법 제175조 제1항, 제309조 제2항 제3호). 회사와 매도청구의 대상자와의 사이에 매매가격의 협의가 필요하며(동법 제177조 제1항), 협의가 성립하지 않는 경우에는 법원에 가격결정을 신청하여야 한다(동법 제177조 제2항). 매도청구는 상속 등이 있었던 것을 안 날로부터 1년 이내이며, 법원에 매매가격 결정의 신청은 매도청구일로부터 20일 이내이다.

41) 松尾建一, 『逐條解說 會社法(酒卷俊雄/龍田節 編) 第2卷 株式・1』, 中央經濟社, 2008, 457面.

다만 재원규제에 의해 배당가능이익을 초과하는 매수는 할 수 없도록 하여야 한다. 또한 상속의 개시, 매도청구, 매매가격의 협의, 매매가격의 결정, 주식의 매도에 관한 구체적인 절차를 미리 마련하여야 한다.

2. 거부권부종류주식(동의권부종류주식)의 도입문제

(1) 의의

거부권부종류주식이라 함은 주주총회 · 이사회 · 청산인회에서 결의해야 하는 사항에 대하여 그 결의 이외에 당해 종류주식의 주주를 구성원으로 하는 종류주주총회의 결의가 필요하다는 점에서 내용이 다른 주식을 말한다(일본회사법 제108조 제1항 제8호). 즉, 주주총회나 이사회 등의 결의사항에 관한 거부권의 유무(또는 거부권의 내용의 차이)를 주식의 종류로 하는 것이다.[42] 거부권부종류주식을 도입함으로써 합작회사나 벤처기업 등에서 이루어지는 주주간 계약의 일부에 대해서 그 법적 위치를 명확하게 할 수 있게 되었다.[43]

회사가 종류주식을 발행하고 정관의 규정에 따라 종류주주총회의 결의로써 거부권을 행사하는 것이기 때문에 주주평등의 원칙이나 1주1의결권원칙에 반하는 문제가 없다. 이러한 종류주주총회는 상법의 규정에 의한 종류주주총회(상법 제435조 및 제436조)와 구분하여 특정종류주주총회라고 할 수 있다.[44]

일본의 경우 회사가 거부권부종류주식을 발행하기 위해서는 정관에서 ① 주주총회 · 이사회 · 청산인회에서 결의해야 하는 사항 중 당해 종류주주총회가 필요하다는 것, ② 당해 종류주주총회의 결의를 필요로 하는 조건을 정한 때에는 그 조건(일본회사법 제108조 제2항 제8호), ③ 발행가능 종류주식수 등을 정해야 한다(동법 제108조 제2항 본문). 이 종류주주총회의 결의사항은 우리 상법 제435 및 제436조에 의한 종류주주총회와는 다른 것이며, 반드시 종류주주 간에 이해대립이 있어야 하는 것은 아니므로, 복수의 종류주주가 공동으로 결의할 수 있다고 정관에서 정할 수 있다. 결의요건도 원칙적으로 보통결의이지만 정관에서 달리 정할 수 있다(일본회사법 제324조 제1항).[45]

---

42) 江頭憲治郎, 「株式會社法[第4版]」, 有斐閣, 2011, 157面.
43) 前田庸, 「會社法入門[第12版]」, 有斐閣, 2009, 110面.
44) 최준선 · 김순석, 「회사법 개정방향에 관한 연구」, 한국상장회사협의회, 2004, 127면.
45) 江頭憲治郎, 前揭書, 158面.

(2) 2009년 상법개정안의 내용

거부권부종류주식은 2006년 회사법개정위원회에서 발표한 상법개정안에는 포함되어 있었으나 적대적 M&A에 대한 방어효과가 너무 강력하므로 기업인수를 통한 외부통제가 기능을 할 수 없게 만드는 등 문제점이 지적됨에 따라 2008년 상법개정안에서는 삭제되었다.[46] 법무부는 그 이후 다시 2008년부터 2009년에 걸쳐 경영권방어법제개선위원회의 논의를 거쳐 동의권부주식의 초안을 작성하였으나 역시 입법화되지 못하였다.

2009년 개정초안에서 동의권부종류주식이라 함은 주주총회의 결의사항 중 정관에서 정하는 사항에 관해 주주총회결의 이외에 특정종류주주총회의 결의가 필요하다는 점에서 내용이 다른 주식을 말한다(개정초안 제344조의5). 동의권부종류주식의 도입은 2006년 개정안과 마찬가지로 원시정관이나 총주주의 동의에 의한 정관변경으로 할 수 있으며(동조 제2항), 상장회사에 대해서는 도입을 허용하지 않는다(동조 제5항).[47] 동의권의 대상은 법령상 주주총회의 결의사항이 아니더라도 정관으로 정할 수 있도록 하였으며, 다만 감사의 선임과 해임에 대해서는 그 대상에서 제외하였다(동조 제1항). 이는 특정한 종류주주가 감사의 선·해임권을 갖는 것은 감사선임에 대해서 의결권을 제한하는 상법규정에 비추어 바람직하지 않기 때문이다. 한편 동의권부종류주식은 정관에서 규정한 사유가 발생하는 경우 언제든지 폐지할 수 있다(동조 제3항 제2호). 또한 정관변경 등으로 동의권부종류주식의 주주가 손해를 입을 경우 결의요건에 대해 정관에 달리 정함이 없는 한 주주총회의 일반결의요건에 따른다(동조 제4항).[48]

(3) 거부권부종류주식을 활용한 경영권의 승계

(가) 필요성 경영후계자가 의결권의 과반수를 보유하고 있는 경우는 거부권부종류주식을 이용할 필요성은 적다. 그러나 의결권제한주식이 보통주식으로 전환된 경우나, 제3자배정의 신주발행이 이루어진 경우, 그리고 주식의 일부

46) 동 개정안에 대해서는 김순석, “황금주(Golden Shares) 제도에 관한 연구”, 「비교사법」 제16권 제1호(2009)(이하 “황금주 제도에 관한 연구”라 한다), 309~313면; 권종호, “방어수단으로서 종류주식 -2006년 개정안과 2008년 개정안을 중심으로-”, 「상사법연구」 제27권 제2호(2008), 67~70면 참조.

47) 일본의 경우 상장규칙으로 규율하고 있으며, 상장회사가 거부권부종류주식의 발행을 결의하는 것은 ‘주주의 권리내용 및 그 행사가 부당하게 제한’되는 경우에 해당하여 상장폐지가 될 수 있다(東京証券取引所, 有價証券上場規程601條17号, 同施行規則601條12号, 上場管理等に關するガイドラインⅣ5; 松尾建一, 前揭書, 99面).

48) 권종호, “적대적 M&A방어수단의 도입 필요성-2008년 경영권방어법제 개선위원회의 입법초안을 중심으로-”, 「상사판례연구」 제22집 제4권(2009), 276~277면.

양도 등에 의해 의결권의 과반수를 상실하는 경우 등이 있으므로, 이러한 때에 대비하여 거부권부종류주식을 이용할 필요가 있다. 그 이외에 경영자의 사망에 따른 주식의 분산에 대비하여 후계자에게 거부권부종류주식을 상속 또는 유증할 필요성이 있다.

한편 前경영자가 후계자에게 사업을 양도한 후에도 거부권부종류주식을 보유함으로써 후계자의 독단적인 회사경영을 방지하고, 거부권부종류주식에 의해 감독시정 기능을 발휘할 수 있게 된다. 이를 통해 후계자를 체크할 수 있으므로 현실적이라고 할 수 있다.

그러나 경영승계가 안정된 후에 일정기간이 경과하면 前경영자는 후계자에게 거부권부종류주식을 양도하거나, 또는 회사가 이를 취득하여 소각함으로써 거부권부종류주식을 소멸시킬 필요가 있을 것이다.

前경영자가 거부권부종류주식을 보유한 채로 사망하면 거부권부종류주식이 상속에 의해 분산될 가능성이 있으므로 유언에 의해 후계자에게 상속시킬 필요가 있다. 혹은 거부권부종류주식과 상환 · 전환조건부종류주식을 조합하여 前경영자의 사망에 의해 회사가 거부권부종류주식을 취득하고, 이를 소각하는 방안을 마련해야 할 것이다.49)

(나) 활용유형 경영승계에서 거부권부종류주식을 활용하는 방법은 크게 세 가지로 구분할 수 있다. ⅰ) 상속에 앞서 거부권부종류주식을 발행하고, 경영 후계자에게 거부권부종류주식을 취득시킨다. ⅱ) 현재 오너경영자가 거부권부종류주식을 보유하여 경영에 영향력을 가지면서 후계자에게 대부분의 주식을 생전에 증여하여 경영권을 이전한다. 또는 ⅲ) 후계자 이외의 상속인에게 취득시킨 주식을 의결권제한주식으로 하는 대신에, 일정한 중요한 사항에 대해서는 거부권을 부여하여 두는 방식도 활용할 수 있다.50) 다만 거부권부종류주식을 보유한 주주와 의결권의 과반수를 점유하는 주주 간에 대립이 발생할 경우에 회사로서는 의사결정이 교착상태에 빠질 우려가 있다. 따라서 이러한 상황을 회피 내지 해소하기 위한 수단을 동시에 강구하여야 한다.51)

(다) 폐해 및 대책 거부권부종류주식을 활용하는 방법은 중소기업에서 후계자가 원활하게 경영승계를 하는 데에 도움이 되는 반면, 원활한 회사경영에

49) 新谷勝, 前掲書, 137~138面.

50) 事業承継協議會 · 事業承継關連會社法制等検討委員會, 前掲 中間報告, 13面.

51) 平野敦士 · 藤本純也 · 板倉はるみ · 杉田和哉 編, 「新しい事業承繼對策と實務手續」, 清文社, 2008, 164面.

걸림돌이 되거나 거부권부종류주식의 주주가 독주하는 문제가 생길 수 있다.

거부권부종류주식을 도입하면 회사의 중요한 의사결정에 대해 거부권부종류주식의 주주에 의한 종류주주총회의 결의가 필요하다. 회사의 중요사항에 관한 결정은 이러한 주주의 승인이 없으면 이루어질 수 없게 된다. 그러나 거부권부종류주식의 기능은 주주총회의 결의 등에 대한 승인이며, 승인하지 않는다는 거부권이므로 거부권부종류주식의 주주가 적극적으로 회사의 의사결정을 하는 것은 아니다.

후계자가 거부권부종류주식을 가지고 있지만, 보유주식수가 과반수에 미치지 못하는 때에 거부권부종류주식을 가진 후계자와 그 이외의 주주 사이에 회사경영을 둘러싼 대립이 생긴 경우 거부권의 행사에 의해 회사경영이 교착상태에 빠질 우려가 있다. 또한 前경영자가 거부권부종류주식을 가지고 있더라도 감독기능을 발휘하기 어려운 경우가 있다.

후계자가 의결권의 과반수를 지배하더라도 前경영자가 거부권부종류주식을 보유하거나 혹은 유언에 의해 다른 상속인이 이를 상속한 경우에는 후계자가 자유롭게 경영할 수 없게 되어 경영에 장해가 될 수 있다.

경영자가 자신이 보유하는 거부권부종류주식을 증여 또는 상속에 의해 후계자에게 양도하면, 후계자 이외의 상속인 등이 비록 다수의 보통주식을 보유하고 있더라도 경영지배권을 확보할 수 없게 된다. 거부권부종류주식은 적극적으로 경영에 관여하는 것을 허용하지 않을 뿐만 아니라 주주간에 대립이 생기게 하며, 경영을 정체시킬 우려가 있다.[52]

거부권부종류주식의 주주와 의결권의 과반수를 보유하는 주주 간에 대립이 생기는 경우 회사로서는 의사결정이 교착상태에 빠지게 된다. 교착상태에 일단 빠지게 되면 이를 해소할 수 있는 법적 수단이 없기 때문에 사전에 대응책을 마련하는 것이 중요하다. 교착상태를 해소하기 위하여 거부권부종류주식과 상환 · 회사전환주식을 조합하여 교착상태에 이른 것을 '일정한 사유가 생긴 것'으로 하여 회사가 거부권부종류주식을 취득하게 하는 방법이 모색된다.[53]

교착상태에 빠진 경우에 대한 대책으로서 종류주식의 거부권을 소멸시키는 방안도 논의된다. 예컨대, 중재판정이나 조정에 의해 거부권의 행사가 부적절하다고 판단이 내려진 경우에는 거부권이 없는 주식으로 강제전환하는 방법이다.

52) 新谷勝, 前掲書, 138~139面.

53) 平野敦士 · 藤本純也 · 板倉はるみ · 杉田和哉 編, 前掲書, 169面.

또는 종류주주에 의한 승인을 요구하는 조건에 대해 이러한 중재판정이 있는 때에는 승인을 요하지 않는다고 정할 수 있을 것이다.[54]

거부권부종류주식에 의해 주주총회의 결의나 이사회결의의 효력을 저지할 수 있지만, 반면 원활한 회사경영을 방해할 우려가 있으므로 그 이용은 매우 제한적으로 해야 할 것이다. 경영승계에 있어서 거부권부종류주식의 이용이 문제되는 것은 친족내 승계이며, 친족외 승계는 기업을 매각하는 것이므로 고려할 필요가 없다. 더욱이 주의해야 할 것은 거부권부종류주식을 발행한 때는 이것이 후계자나 前경영자 이외의 자에게 양도되면 곤란하므로 반드시 양도제한주식으로 해야 한다.[55]

거부권부종류주식의 경우 거부권의 대상은 다른 주주의 이해에 크게 관련되므로 그 행사자가 누구인지가 매우 중요한 의미를 갖는다. 따라서 양도를 위해서는 주주의 다수결에 의한 승인을 원칙으로 해야 한다는 주장도 제기된다.[56] 그러나 우리 상법은 일부 양도제한주식을 도입하고 있지 않으므로 거부권부종류주식이 도입되더라도 일부 주식에 대해서만 양도를 제한할 수는 없는 실정이다.

(라) 도입방안의 검토 거부권부종류주식의 도입은 지배주주의 경영권을 고착화하거나, 종류주주와 회사 또는 경영진 간에 의견이 대립하는 경우 경영이 교착상태에 빠질 우려가 있는 등 그 부작용이 생길 수 있으므로 도입에 신중을 기하여야 한다. 따라서 도입방안을 검토하는 경우에도 그 적용범위를 제한하여야 한다. 우선 적용대상을 폐쇄회사에 한정하고, 국가기간산업에 종사하는 회사의 경우에는 해당 특별법에서 규정하는 것이 바람직할 것이다. 또한 거부권부종류주식의 남용을 방지하기 위하여 거부권의 대상은 회사의 합병, 분할, 영업양도, 이사의 선해임, 주식 · 사채의 발행, 중요재산의 양수, 합작계약서의 기재사항 등 그 범위를 정관으로 제한하도록 하는 것이 타당하다.

또한 거부권부종류주식의 발행을 원시정관이나 총주주의 동의에 의하도록 하는 경우 현실적으로 이를 활용할 수 있는 기업은 매우 제한적일 수밖에 없을 것이다. 따라서 상법상 제도로서 도입하는 경우 그 실질적 활용을 위하여 원시정관이나 특수결의(출석의결권주식수의 3분의 2 이상과 발행주식총수의 과반수)에 의한 정관변경으로도 발행할 수 있도록 그 요건을 완화할 필요가 있다고 본다.[57]

---

54) 松尾建一, 前揭書, 97面.

55) 新谷勝, 前揭書, 139面.

56) 稻葉威雄, 「會社法の解明」, 中央經濟社, 2010, 308面.

57) 동지, 한국증권법학회, 「적대적 M&A 방어수단 관련연구」, 2008. 9., 66~67면.

한편 2009년 상법개정초안 제344조의5 제1항에서 정관에서 정하여야 하는 사항으로서 '발행가능종류주식총수'를 포함하여야 할 것이다.

거부권부종류주식의 남용을 제한하기 위하여 지배주주에게 충실의무를 부과하고 이를 위반한 경우 회사나 주주에게 손해배상책임을 부과하는 방안을 검토할 필요가 있다. 또한 거부권부종류주식은 폐쇄회사에 대해서만 허용함으로써 상장하지 못하도록 하여야 한다. 이를 위해서는 한국거래소의 유가증권시장상장규정 및 코스닥시장상장규정 등을 통하여 규제하는 것이 바람직하다고 본다.[58)]

Ⅴ. 결어

중소기업의 원활한 경영권 승계를 위한 회사법제의 검토에는 다양한 주제에 관한 논의가 필요하다. 이 연구에서는 주로 종류주식을 활용하여 경영권을 승계하는 방안에 한정하여 현행 제도의 문제점과 개선방안을 검토하고, 새롭게 도입되어야 할 제도를 논의하였다.

우선 의결권의 배제 · 제한에 관한 종류주식을 활용하여 중소기업의 경영권 승계에 활용하는 방안을 유형별로 검토하였다. 또한 주식의 상환에 관한 종류주식에 관해서도 회사상환주식을 중심으로 경영권 승계에 관련된 법적 쟁점과 보완과제를 제시하였다. 주식의 전환에 관한 종류주식을 활용하는 방안으로는 주로 회사전환주식을 중심으로 발행방법과 활용방안을 검토하였다. 그 이외에도 상법에서 아직 도입하지 않은 거부권부종류주식과 상속인 등에 대한 매도청구 제도를 논의하고 이를 경영권 승계에 활용하는 방안을 분석하였다.

이 논문에서 논의된 내용 이외에도 중소기업의 경영권 승계를 위해서는 자기주식의 취득과 처분, 신주 또는 신주인수선택권(warrant)의 발행, 회사조직의 변경과 재편성인 합병 · 회사분할 · 영업양도, 그리고 주식교환 또는 주식이전에 의한 완전자회사화 등을 활용하는 방안에 대해서도 추후 연구가 이루어져야 할 필요가 있다.

또한 상속세 및 증여세 등 세법상의 논의 이외에도 종류주식의 평가가 종류주식 제도를 도입하는데 있어서 중요한 과제로 등장하고 있다. 종류주식을 적절하게 평가하는 방식으로서 회사법상 평가방식과 세법상 평가방식의 괴리 문제와 이를 조화시키기 위한 논의가 더 필요할 것이다.

---

58) 김순석, 황금주 제도에 관한 연구, 310~313면.

중소기업의 경영권 승계를 원활하게 하기 위해서는 이러한 회사법 및 세법상의 제도 개선과 더불어 민법상의 유류분 제도에 대한 개선도 필요하다. 또한 최근에는 종업원지주제도나 신탁을 활용하는 방안도 논의되고 있다. 중장기적으로는 이러한 내용을 포괄적으로 규정하는 특별법을 제정하는 방안도 검토할 필요가 있다고 본다.

제 4 장

黃金株
(Golden Shares)

4

黃金株(Golden Shares)*

Ⅰ. 서설

우리나라 기업실무에서 적대적 M&A 방어수단으로서 가장 빈번하게 활용되고 있는 수단은 신주의 제3자 배정, 자기주식의 취득 또는 우호적인 지분의 확보 등인 것으로 보인다. 이에 따라 저비용의 방어수단으로서 황금주의 도입 문제가 거론되어 왔다.

2006년 법무부의 상법개정안은 거부권부종류주식과 임원임면권부종류주식을 도입하였으나, 이는 너무 강력한 방어수단으로서 M&A를 통한 적절한 시장통제가 이루어지지 못하게 하는 점이 문제로 지적되었다. 이후 황금주 관련 조항은 상법개정안에서 삭제되었다. 2008년 신정부 출범이후 다시 M&A 방어수단의 확충을 위하여 포이즌필 등을 도입하는 논의가 이루어졌으나 입법이 보류되었다.

2000년 이후 유럽법원은 황금주가 EC조약상 자본이동의 자유원칙과 기업설립의 자유원칙에 반한다는 이유로 위법판결을 하여왔다. 이에 따라 유럽에서는 매우 제한적이고 투명한 절차적인 조건 아래에서만 황금주의 도입이 가능하게 되었다. 미국이나 일본에서도 황금주가 도입되어 기업들이 적절하게 활용할 수 있도록 하고 있다. 이 장에서는 주요국의 황금주 제도를 검토하고 우리나라에 이를 도입하는 경우 제기되는 문제점을 논의하고자 한다.

Ⅱ. 황금주의 의의 및 특징

1. 황금주의 의의

황금주(golden share)라는 용어에서 주식(share)이라는 단어를 사용하고 있

---

* 이 장은 "황금주(Golden Shares) 제도에 관한 연구", 「비교사법」 제16권 제1호(2009), 267~320면을 수정 · 보완한 것이다.

지만, 황금주가 일반적인 주식이나 증권으로 간주될 수 있을 것인지는 불확실하다.[1)] 황금주는 회사 정관상 특정한 변경을 반대할 수 있는 권한으로 정의되기도 한다. 더 구체적으로는 황금주는 정부가 소유하였다가 민영화된 기업들에 대해, 회사에 중대한 영향을 미치는 결정에 관하여 정부가 계속적인 영향력을 행사하도록 하는 특정한 종류주식이나 규제시스템을 말한다.[2)] 또는 특정한 회사를 기업인수로부터 보호하기 위하여 주식보유자에게 충분한 의결권을 주는 주식을 말하기도 한다.[3)] 또한 황금주를 과거의 국유기업이 민영화된 후에도 국가나 공공단체가 주식의 보유에 관계없이 그 기업경영이나 자본구조에 대한 영향력이나 통제력을 행사할 수 있도록 특별한 권리가 부여된 주식으로 정의하기도 한다.[4)]

이 장에서는 황금주를 일반적으로 기업의 경영권 유지를 위하여 통상의 주식에 비하여 우월적인 특별한 권리를 부여한 주식으로 정의한다.[5)] 또한 유럽의 황금주 개념과는 달리 종류주식의 개념으로 파악하여 거부권부종류주식, 임원임면권부종류주식을 포함하는 개념을 정의하고 복수의결권주식(또는 차등의결권주식)은 제외한다. 거부권부종류주식이라 함은 주주총회나 이사회 결의사항 중 정관에서 정한 사항에 관하여 거부권(동의권)이 있는 종류주식을 말한다. 임원임면권부종류주식이라 함은 이사나 감사의 선·해임을 종류주주총회의 결의사항으로 정한 주식을 말한다.

2. 황금주의 연혁

황금주는 1980년대 영국의 보수당 정권이 집권하였을 때 대처수상이 석유, 전기, 가스, 항공, 우편, 통신 등에 종사하는 국영기업의 민영화를 추진하면서 도입한 제도이다. 그 이후 프랑스, 이탈리아, 스페인 등 유럽 전역에서 광범위하게 도입되었다. 또한 이스라엘이나 터키, 말레이시아, 뉴질랜드, 필리핀, 잠비아, 브

---

1) Andre A. Baev, "Is There a Niche for the State in Corporate Governance? Securitization of State-owned Enterprises and New Forms of State Ownership", 18 Hous. J. Int'l L. 1, 28 (1995).
2) Larry C. Backer, "The Private Law of Public Law: Public Authorities As Shareholders, Golden Shares, Sovereign Wealth Funds, and the Public Law Element in Private Choice of Law", 82 Tul. L. Rev. 1801, 1806 Fn. 12 (2008).
3) Reuters Fin. Glossary, "Golden Share", 〈http://glossary.reuters.com/index.php?title=Golden_Share〉 (last visited July. 20, 2014).
4) 이형규, "상법개정안상 거부권부주식의 도입에 관한 검토", 「상사법연구」 제25권 제4호(2007), 124~125면.
5) 최준선·김순석, 「회사법 개정방향에 관한 연구」, 한국상장회사협의회, 2004, 114면.

라질, 베네수엘라 등에 이르기까지 전 세계적으로 활용되고 있다.[6] 이처럼 황금주가 전 세계적으로 도입되게 된 가장 중요한 이유는 사적 소유권을 제한하지 않고 국가적으로 중요한 산업에 대하여 정부의 영향력을 행사할 수 있기 때문이다.

이처럼 유럽에서 발달한 황금주는 미국에서도 1984년에 이사임명권에 관한 종류주식 그리고 1990년에는 주주간 계약이 각각 개정모범사업회사법(Revised Model Business Corporation Act : RMBCA)에 의하여 도입되었다. 일본의 경우 2005년 회사법 제정을 계기로 거부권부주식과 임원임면권부주식을 종류주식의 하나로 도입하였다.

3. 황금주의 특징

일반적으로 황금주는 정부에게 특정한 기업의 운영에 영향을 미치는 중요한 결정을 승인하거나 거부하는 권한을 부여하기 위하여 고안된 것이다.[7] 황금주의 내용은 국가별로 다르지만 일반적인 보통주식 및 우선주식과 비교하여 몇 가지 특징을 가지고 있다.

첫째, 보통의 주주는 직접 경영에 참가하거나 회사의 일상적인 업무를 통제할 수 없지만, 황금주의 경우 그 주주가 회사업무 뿐만 아니라 영업라인을 결정하는 데에도 간여한다. 둘째, 황금주는 긍정적인 권한과 부정적인 권한으로 구성된다. 긍정적인 것으로는 이사임명권이 대표적이며, 부정적인 것으로는 거부권을 들 수 있다. 셋째, 황금주는 주주총회의 소집통지를 받고 주주총회에 참석할 수는 있으나, 의결권은 가지지 못한다. 넷째, 황금주는 일반적으로 회사의 자본이나 이익에 참가할 자격이 없다. 다섯째, 회사의 정관변경은 주주총회의 특별결의로 효력이 발생하지만, 황금주를 발행한 경우에는 황금주를 보유한 주주의 동의가 없으면 효력이 발생하지 않는다. 여섯째, 황금주는 그 보유주주에게 당해 회사 주식의 보유비율에 비례하지 않는 초다수 통제권을 부여한다. 일곱째, 황금주는 통상 정부가 보유한다.[8]

6) Andre A. Baev, op. cit., pp. 20-23 (1995).

7) Cherry W. Gray et al., "Hungarian Legal Reform for the Private Sector", 26 Geo. Wash. J. Int'l L. & Econ. 294, 326 (1992).

8) Andre A. Baev, op. cit., pp. 23-26.

Ⅱ. 주요국의 황금주 제도

1. 유럽

(1) 서설

유럽법원은 2000년 이후 체약국의 황금주에 대하여 EC조약에 위반된다는 판결들을 내리고 있다. 유럽법원은 회원국이 도입한 황금주 관련 조치가 EC조약 제56조 자본이동자유의 원칙과 제43조 회사설립자유의 원칙에 위배되는지 여부를 각 사안별로 판단하고 있다. 황금주를 일반적으로 금지한다는 판결을 내리고 있는 것은 아니며,[9] 제한적인 요건 아래에서 이를 허용하고 있다.

즉, EU법원은 황금주 관련 제도가 회원국의 자본이동과 회사설립의 자유를 침해하지 않도록 그 조치가 구체적, 객관적일 것을 요구하고 있다. 또한 국가안보나 안전 등 공공이익상 필요한 경우 예외적인 조치의 적용을 받기 위해서는, 비례성과 명확성의 원칙에 입각하여 당해 조치를 취하는 자가 공공의 이익을 보호하기 위하여 필요하고 상당하다는 입증을 하도록 요구하고 있다. 따라서 유럽에서 황금주 제도는 그 도입이 금지되는 것은 아니며, 단지 황금주를 도입할 경우 그 제도의 내용이나 절차가 보다 엄격하게 EC조약을 준수하도록 객관성, 투명성, 구체성, 상당성, 비례성 등이 요구되고 있다. 그러므로 이러한 규범에 어긋나지 않도록 정교하게 계획된 황금주는 국가적 이익에 중대한 산업에 대하여 정부의 통제를 유지할 수 있는 실용적인 수단이라고 할 수 있다.[10]

(2) 황금주 관련 EU 법규범

1) EC조약 EC조약 제56조는 체약국간 그리고 체약국과 제3국간에 자본이동에 관한 모든 제한은 금지되어야 한다고 규정하고 있다. 그리고 제58조 제1항 (b)에서는 제56조의 예외로서 공공정책이나 공공안전을 근거로 하여 정당화되는 조치를 취할 수 있음을 규정하고 있다.

이러한 공공정책을 근거로 하여 정당화되는 조치를 취하기 위해 필요한 요건으로서 EU법원은 Gebhard 사례[11]에서 4단계 테스트를 제시하였다. 즉, 당해

---

9) 영국의 경우에만 하더라도 25개 회사가 황금주를 보유하고 있다(Terry Macalister, “Ruling Leaves UK Firms Vulnerable”, The Guardian, May 14, 2003, at 18). 황금주에 이르기까지 유럽법원의 판례에 대해 분석한 문헌으로는 Leo Flynn, “Coming of Age: The Free Movement of Capital Caselaw 1993-2002”, 39 Common Mkt. L. Rev. 773 (2002) 참조.

10) Christine O’Grady Putek, “Limited But Not Lost: A Comment on the ECJ’s Golden Share Decisions”, 72 Fordham L. Rev. 2219, 2221 (2004).

조치가 비차별적이어야 하며, 공익을 위해 필요하여야 하고, 당해 목적을 달성하는데 적절하여야 하며, 목적 달성을 위하여 필요한 범위를 초과하지 않아야 한다.[12] 이것이 비례성의 원칙[13]이다.

EC조약 제43조는 체약국 국민의 회사설립의 자유에 대한 제한은 금지된다고 규정하고 있다. 회사설립의 자유는 투자를 포함하며, 자본의 자유이동과 밀접하게 관련된다. EU법원은 제56조와 제43조의 두 가지의 자유를 관할하는 법을 병행하여 적용한다.

2) EU집행위원회의 1997년 통신(Communication) EU집행위원회는 1997년 EC조약 제56조 및 제43조에 대한 해석을 명확하게 하기 위하여 이에 관한 통신[14]을 발표하였다. 특정한 회사에 대하여 지배주식을 취득하는 것은 자본이동으로 간주되기 때문에, EC조약 제56조는 투자가 이루어지는 경우 고려 대상이 되어야 한다. 또한 이러한 주식취득은 회사설립의 문제이므로 제43조의 규율을 받는다.

EU집행위원회는 서비스의 자유이동과 회사설립의 자유에 대하여 네 가지 요건을 충족하는 경우 예외가 인정될 수 있음을 명시하였다. 즉, 첫째, 당해 조치가 무차별적으로 적용되어야 한다. 둘째, 당해 법률은 공공이익을 위하여 필수불가결하여야 한다는 요건을 충족하여야 한다. 셋째, 당해 조치가 목적을 달성하는데 적합하여야 한다. 넷째, 당해 규범은 목적달성을 위하여 필요한 한도를 초과하여 제한을 하지 않아야 한다.[15]

특히 EU집행위원회는 투자에 대해 사전승인을 요구하거나, 중요한 회사의 결정에 대하여 국가가 거부권을 가지거나, 또는 이사의 임명권을 보유한 경우 등에 대해서는 근본적으로 EC조약 제56조 및 제43조에 위배된다고 본다. 따라서 이러한 조치들은 매우 제한된 범위 내에서 허용될 수 있는데 이들은 일반적으로 황금주의 수단으로 활용되는 것들이다.

---

11) Case C-55/94, Gebhard v. Consiglio dell'Ordine degli Avvocati e Procuratori di Milano, 1995 E.C.R. I-4165.

12) Id. para. 39.

13) 비례성의 원칙은 Cassis de Dijon 사례에서 상품의 자유이동에 관하여 도입된 이후, In re Insurance Service 사례에서는 서비스 공급 권리에 도입되었으며, Sanz de Lera 사례에서 자본이동의 자유에 대해 도입되었다.

14) Communication of the Commission on Certain Legal Aspects Concerning Intra-EU Investment, 1997 O.J. (C 220) 15. EU집행위원회의 통신은 집행위원회의 의견을 표시한 것이며 구속력 있는 법률은 아니다. 그러나 EU법원은 판결을 할 때 통신상의 주요 기준을 근거로 제시하는 경우가 많다.

15) Id. para. 5(ii).

(3) EU법원의 황금주 판례

1) 이탈리아 황금주에 관한 최초의 사례는 2000년 5월 EU집행위원회 대 이탈리아 사례[16]이다. 이탈리아는 에너지, 통신 분야의 기업을 민영화하면서 황금주를 부여하는 법률을 제정하였다. 즉, 정부는 이사회에 적어도 1명 이상의 이사를 임명할 권한을 가지며, 회사의 특정한 결정에 대하여 반대할 권리는 가지고 있었다. EU집행위원회는 이탈리아의 황금주가 EC조약상 자본의 자유이동과 회사 설립의 자유를 제한하며 1997년 'EU집행위원회 통신'에서 제시한 네 가지 요건을 충족하지 못한다고 제소하였다. 또한 이탈리아의 관련 법률이 정부에게 너무 많은 재량권을 부여함으로써 법률 적용을 자의적이고 차별적으로 할 수 있다고 주장하였다.

이 사건의 경우 이탈리아가 당해 법률이 EC조약의 관련 조항에 위반한다는 점을 인정하였으므로 EU법원은 법률문제를 자세히 다룰 필요가 없었다.

2) 포르투갈 2002년 6월 4일 EU법원은 포르투갈, 프랑스 및 벨기에의 황금주에 관하여 세 개의 판결을 하였다.[17] 포르투갈은 민영화를 위한 기본법률(Law No 11/90 of 5 April 1990)을 제정하고 이에 근거하여 많은 시행법률을 제정하였는데, EU집행위원회는 이 중 기본법률과 두 가지의 시행법률[18]이 EC조약의 자본의 자유이동과 기업 설립의 자유 원칙에 위반한다고 제소하였다.

기본법률 제13조 제3항은 민영화하는 경우 외국기업이 취득할 수 있는 주식의 양을 제한할 수 있는 법률을 제정할 있다고 규정하고 있었다. 이에 근거하여 시행법률(Decree-Law No 65/94)은 민영화기업에 대한 외국법인의 투자를 25%로 제한하고 있었다. 또한 다른 시행법률(Decree-Law No 380/93)은 1인이 민영화기업의 의결권 주식을 10% 이상 취득하는 경우 사전에 재무부장관의 승인을 받도록 규정하였다.[19]

EU법원은 우선 주식취득의 수량을 제한하는 기본법률과 시행법률(No 65/94)은 체약국 국민에 대한 불평등한 대우이며 자본의 자유이동을 제한하는 것으로 판단하였다. 포르투갈은 국내정책상 이 법률조항에 의해 부여된 권한을 사용하지 않고 있으며, 또한 EU법의 해석상 이러한 조항은 비체약국의 투자자들에

---

16) Case C-58/59, Commission v. Italy, 2000 E.C.R. I-3811.

17) Case C-367/98, Commission v. Portugal, 2002 E.C.R. I-4731; Case C-483/99, Commission v. France, 2002 E.C.R. I-4781; Case C-503/99, Commission v. Belgium, 2002 E.C.R. I-4809.

18) Decree-Laws Nos 380/93 of 15 November 1993 and 65/94 of 28 February 1994.

19) Case C-367/98, Commission v. Portugal, 2002 E.C.R. I-4731, paras. 11-14.

게만 적용된다고 주장하였다. 그러나 EU법원은 행정관행만으로는 EC조약상의 체약국의 의무를 이행하는 것으로 볼 수 없다고 보았는데, 그 이유는 이러한 행정관행이 관련 당사자들에게 EC조약상의 권리를 보장받는데 상당한 정도의 불확실성을 제공하기 때문이라고 한다.[20]

한편 10% 이상의 주식을 취득하는 경우 재무부장관의 사전승인을 받도록 한 법률(No 383/93)에 대해서, 포르투갈은 이 조항이 자본의 자유이동을 제한할 수 있지만, 이는 내외국인을 불문하고 무차별적으로 적용된다고 주장하였다. 그러나 이 주장도 인용되지 않았으며, 자본의 자유이동원칙은 단순히 불평한 취급 이상을 의미한다고 보았다. 따라서 이 사전승인을 요하는 법률은 불평한 취급은 아니지만, 민영화 기업에 대한 주식의 취득이나 투자자의 투자를 저해하고 있다고 보고, 이는 자본의 자유이동원칙에 대한 제한으로 판단하였다.[21]

따라서 이러한 제한이 정당화될 수 있는지 여부에 대한 판단이 필요하였다. EU법원은 4단계 테스트를 언급한 후 포르투갈 정부의 재정적 이익을 보호할 필요성에 대해서는 그것이 조세 등 EC조약상 허용되는 경우를 제외하고, 체약국의 일반적인 재정적 이익은 EC조약상 금지되는 제한을 정당화하는 근거로 될 수 없다는 확립된 판례를 근거로 인정하지 않았다. 결국 특정한 수준 이상으로 주식을 취득하는 경우에 대한 사전승인은 자본의 자유이동원칙에 위반하는 것으로 판단하였다.[22]

3) 프랑스 프랑스의 황금주 제도는 65개의 국영기업을 민영화하기 위하여 1986년 최초로 도입되었다.[23] 민영화법률은 1993년에 다시 개정되었으며[24] 황금주는 5년간 한시적으로 운영되었다. 동 개정으로 인하여 영국식 황금주 제도에 프랑스적인 색채를 가미하게 되었다.[25]

EC조약 위반으로 제소된 프랑스 민영화법률[26]은 정부에게 석유공급 관련 민영화기업(Société Nationale Elf-Aquitaine : SNEA)에 대한 황금주를 부여하고 있었다. 황금주의 내용은 특정인이나 법인이 단독이나 공동으로 민영기업의 자본

20) Id. paras. 40-42.
21) Id. paras. 43-46.
22) Id. paras. 49-54.
23) The Act 86-912 of August 6, 1986.
24) The Act 99-923 of July 19, 1993.
25) Alice Pezard, "The Golden Share of Privatized Companies", 21 Brook. J. Int'l L. 85 (1995).
26) Decree No 93-1298 of 13 December 1993.

이나 의결권의 1/10, 1/5, 1/3을 초과하여 취득하는 경우에는 사전에 경제부장관으로부터 승인을 받도록 하였다. 또한 경제부장관은 동 기업의 자산양도나 담보제공에 반대할 권리를 가지며, 2명의 이사를 임명할 수 있었다.[27] 이 사례에서는 SNEA에 대한 프랑스 정부의 황금주의 내용 중 사전승인과 거부권 제도가 자본의 자유이동과 회사설립의 자유에 관한 제한에 해당하는지 여부가 문제되었다.

EU법원은 우선 일정한 비율 이상의 주식이나 의결권을 취득하는 경우에 대한 사전승인제도에 대해서는 원칙적으로 자본의 자유이동원칙을 침해한다고 보았다. 프랑스는 포르투갈과 마찬가지로 사전승인제도가 무차별적으로 적용된다고 주장하였으나 이는 받아들여지지 않았다.

따라서 이러한 사전승인제도라는 제한조치가 자본의 자유이동원칙에 일치하기 위해서는 EC조약상 명시적인 예외조치나 공공이익을 위한 요건에 의해 정당화되어야 한다. 또한 그 목적이 정당화되더라도 그 조치가 당해 목적을 달성하는데 가장 제한적이지 않는 방법이어야 한다.

프랑스는 석유제품의 공급에 대한 방해는 국가안전에 중대한 위협이 된다고 주장하여 첫째 요건을 만족시켰다. 즉, 국가의 석유공급을 보호하는 목적은 정당한 국가이익이며 이는 자본자유이동에 대한 제한을 정당화할 수 있다는 것이다.

EU법원은 이를 인정하고 사전승인제도에 대하여 비례성 원칙에 따른 분석을 하였다. 즉, 공공안전의 예외조치를 활용하기 위해서는 "진정하고 충분하게 심각한 위협"이 존재하여야 하며, 체약국은 이러한 위협을 방지하는데 절대적으로 필요한 조치를 취할 수 있다. 그러나 프랑스의 사전승인제도는 당해 사전승인이 수락될 것인지 여부에 대한 구체적이고 객관적인 기준을 규정하지 않고 있었다. 이에 따라 EU법원은 투명성과 확실성이 부족하여 너무 많은 재량권을 프랑스 정부에 부여하고 있으며, 그 결과 사전승인제도가 목적에 비례하지 않는다고 판단하였다.[28]

또한 중요자산의 매각이나 담보제공에 관한 거부권에 대해서도 외국인 투자자가 당해 기업의 주식매입을 고려할 때 근거할 수 있는 구체적이고 객관적인 기준이 없기 때문에, 거부권이 석유공급을 유지하기 위하여 필요한 범위를 초과하여 비례성 원칙을 위반하였다고 판단하였다.[29]

---

27) Case C-483/99, Commission v. France, 2002 E.C.R. I-4781, paras. 1, 9-10.

28) Id. paras. 50-51.

29) Id. paras. 52-53.

프랑스 황금주 사건의 가장 중요한 측면은 EU법원이 몇 가지 중요한 국가적 이익을 보호하기 위하여 자본의 자유이동과 회사의 설립자유를 제한할 수 있다는 것을 인정한 점이다. 더욱이 이러한 제한이 정당화되기 위해서는 투명성과 비례성이 절대적으로 중요함을 명확히 하였다.[30)]

4) 벨기에 2002년 이후 황금주에 관한 EU법원의 판결 중 유일하게 합법적이라고 판단한 사례로서 매우 중요한 판결[31)]이다. 이 사례에서는 가스와 에너지 유통업에 종사하는 두 기업에 대해 정부에게 황금주를 부여한 두 개의 칙령(Royal Decree)[32)]이 문제되었다. 황금주의 내용은 ⅰ) 정부에게 당해 기업으로부터 그 전략적 자산의 양도, 매도 또는 담보 제공 등에 대하여 통지받을 권리를 부여하고, ⅱ) 이사회에 2명의 정부대표를 임명하는 권리이다. 정부대표는 회사의 특정한 영업행위가 에너지 분야의 국익에 반한다고 판단하는 경우 이사회의 결정을 무효화하도록 관련 장관에게 신청할 수 있다. 이사로 임명된 정부관리는 제4 영업일 이내에 이사회의 결정을 무효화하여야 한다는 신청을 관련 장관에게 한다. 당해 신청이 있으면 이사회의 결정은 즉각 효력이 중지된다. 관련 장관은 당해 신청 후 제8 영업일 이내에 조치를 취하여야 하며, 이 기간 내에 조치를 취하지 않은 경우 이사회의 결정은 효력을 발생한다.[33)] 또한 장관의 무효 결정에 불복하는 절차를 두고 있었다.[34)]

EU법원은 네 가지 판단기준을 적용하였다. 에너지 공급 및 국가 에너지 정책을 보호하고자 하는 목적은 첫째 기준을 충족하였다. 즉, 에너지 공급을 보호하는 것은 정당한 공공이익으로 보았다. 그 다음 황금주 관련 조치가 비례성과 법적 확실성의 원칙을 충족하는지를 분석하였다.

EU법원은 세 가지의 요소가 법적 확실성의 요건을 충족한다고 보았다. 첫째, 사전승인이 아니라 사후에 반대하는 방식을 채택한 점이다. 둘째, 에너지 공급망을 변경하는 등 특정한 자산에 관계되는 이사회 결정에 대해서만 정부가 반대할 수 있도록 한 점이다. 셋째, 이사회 결정이 정부의 에너지 정책의 목표에 반하는 경우에만 간여하도록 한 점이다. 또한 사법적 재심사의 절차를 허용한 것은 비례성의 원칙[35)]을 충족한다고 보았다.[36)] 이에 따라 EU법원은 벨기에의 황금주는 자

30) Christine O'Grady Putek, op. cit., p. 2262.
31) Case C-503/99, Commission v. Belgium, 2002 E.C.R. I-4809.
32) The Royal Decree of 10 June 1994 and the Royal Decree of 16 June 1994.
33) Case C-503/99, Commission v. Belgium, 2002 E.C.R. I-4809, paras. 9-10.
34) Id. para. 29.

본자유이동과 회사설립 자유원칙에 대한 허용 가능한 제한조치에 해당한다고 판단하였다.

EU법원은 황금주 분석을 하는데 네 가지 기준의 적용을 명시적으로 하지 않았지만 실질적으로 고려한 것으로 보인다. 당해 조치가 무차별적이야 하며, 공익에 의하여 정당화되어야 한다. 또한 당해 조치가 목적을 효과적으로 달성하여야 하고, 과도한 제한을 하지 않고 목적을 달성하기 위하여 한정적으로 제한이 이루어져야 한다.[37] 벨기에 사례는 향후 정부가 공익을 보호하기 위하여 황금주를 도입하고자 할 경우 하나의 모델을 제시하고 있다.[38]

5) 스페인 2003년 5월 EU법원은 스페인과 영국의 황금주에 대한 판결을 하였다.[39] EU집행위원회는 스페인을 대상으로 1995년 스페인의 민영화 기본법률[40]과 동법 제4조에 따른 5개의 칙령(Royal Decree)상의 사전승인제도가 EC조약의 제56조(자본의 자유이동) 및 제43조(회사설립의 자유)를 위반하였다고 제소하였다.

동 법률은 국가가 25% 이상의 지분을 보유하면서 공공서비스나 필수서비스에 종사하는 기업에 적용되었다. 또한 합병, 회사 자산의 처분 등에 관한 회사의 결정이나, 10% 이상 정부소유 주식이 감소하거나 또는 투자자에 의한 주식취득이 10%에 달하는 경우 정부의 사전승인을 받도록 하였다.[41] 이 제도는 개별적인 시행령을 통하여 석유, 통신, 담배, 상업은행, 전기 등에 종사하는 다양한 기업에서 시행되었다.

외국의 직접투자에 대한 사전승인제도는 자본의 자유이동에 대한 제한이라는 것이 확립된 EU법원의 판례이다.[42] 이에 따라 사전승인제도가 허용되기 위해서는 EC조약 제58조 제1항의 허용된 예외조치이거나 공익목적에 필수적이어야 한다. 또한 법적 확실성과 비례성의 원칙을 충족하여야 한다. 비례성의 원칙을

35) Id. paras. 29-30.
36) Id. paras. 48-51.
37) Christine O'Grady Putek, op. cit., p. 2264.
38) Id. p. 2262.
39) Case C-463/00, Commission v. Spain, 2003 E.C.R. I-4581; Case C-98/01, Commission v. United Kingdom, 2003 E.C.R. I-4641.
40) Law 5/1995 of 23 March 1995.
41) Case C-463/00, Commission v. Spain, 2003 E.C.R. I-4581, para. 9.
42) Case C-463/00, Commission v. Spain, 2003 E.C.R. I-4581, para. 33(citing Case C-54/99, Église de Scientologie, 2000 E.C.R. I-1335, para. 14).

충족하기 위해서는 당해 조치가 목적을 달성하는데 적합하여야 하며, 필요한 범위를 초과하지 않아야 한다.[43)]

EU법원은 담배와 상업은행 분야에 대해서는 공익목적을 부정하였으며, 상업은행의 경우 국가적 이익이 아니라 일반적인 재정적 이익일 뿐이며 이는 포르투갈 판결[44)]에서 보듯이 자본이동자유의 원칙의 예외사유가 될 수 없다. 한편 석유, 통신, 전기회사에 대해서는 공익목적을 긍정하였으나 법적 확실성과 비례성의 원칙을 충족하지 못하였으므로 자본이동 및 회사설립의 자유원칙을 침해하는 것으로 판단하였다.[45)] 즉, 1995년 민영화법률 제3조 제2항에 따르면 10% 이상 정부소유 주식이 감소하거나 또는 투자자에 의한 주식취득이 10%에 달하는 경우 정부의 사전승인을 받아야 하지만, 이러한 정부승인에 관한 구체적인 규정이 없었다. 그러므로 관련 투자자에게 당해 사전승인이 허용될 것인지 여부에 대하여 구체적이고 객관적인 기준이 제공되지 않았으므로 법적 확실성이 없었다. 행정기관이 이처럼 광범위한 재량권을 가짐에 따라 필요한 범위 이상의 제한으로 간주되어 비례성의 원칙도 위반하였다.[46)]

한편 1995년 민영화 기본법률 제3조 제1항에 의하면 회사의 해산 · 합병 · 분할, 자산의 처분, 회사의 목적 변경 등의 경우에는 행정기관의 사전승인을 받도록 규정하고 있었다. EU법원은 벨기에의 사례와 비교하면서 회사의 해산 · 합병 · 분할, 자산의 처분, 회사의 목적 변경 등이 벨기에의 경우처럼 '구체적인' 경영문제로 다루어지는 것이 아니라 기업활동의 '일상적인' 업무결정으로 이루어진다고 보았다. 또한 행정부의 개입권한에 관해서도 행정부의 재량을 제한하는 조건이 없었다. 또한 법원에 제소할 수 있다고 하지만, 기본법률이나 칙령에 행정부가 재량권을 행사하는 경우 이를 심사할 구체적인 기준이 제시되지 않았으므로 의미가 없다고 보았다. 이처럼 구체적 기준의 부재로 인하여 비례성의 원칙을 침해한 것으로 보았다.[47)]

6) 영국 영국은 1986년 항공법[48)]에 의해 영국의 7개의 국제공항을 관리하고 있는 영국공항공단(British Airport Authority : BAA)을 민영화하였다. 동법

43) Case C-463/00, Commission v. Spain, 2003 E.C.R. I-4581, para. 68.
44) Case C-367/98, Commission v. Portugal, 2002 E.C.R. I-4731, para. 52.
45) Case C-463/00, Commission v. Spain, 2003 E.C.R. I-4581, para. 36.
46) Id. paras. 74-76.
47) Id. paras. 77-80.
48) The Airports Act 1986.

은 1파운드의 황금주를 발행하여 운수장관에게 부여하였다. 황금주의 내용은 운수장관에게 BAA의 자산 처분이나 경영권 양도에 대한 동의권을 부여하는 것이었는데, 이는 BAA 정관 제10조에서 규정하고 있었다. 또한 동 정관 제40조는 1인이 보유할 수 있는 주식수를 제한하여, 오직 허락된 자만이 15% 이상의 주식을 보유할 수 있었다.[49)]

EU집행위원회는 영국 황금주가 EC조약 제56조 및 제43조에 위반됨을 이유로 제소하였다. 영국은 동 황금주에 대하여 EC조약상 예외조치나 공공이익을 위한 필수적인 요청 등에 근거한 정당화 사유를 주장하지 않았다. 그 대신 Keck & Mithouard 사례를 근거로 하여 상품의 자유이동원칙에서 인정된 판매계약의 예외조치를 근거로 하여 주장하였다.[50)]

영국은 주식의 매도를 통제하는 조치는 다른 체약국의 투자자를 차별하거나 시장접근에 대한 제한을 하지 않으므로 EC조약을 위반한 것이 아니라고 주장하였다. 또한 회사의 정관은 *私法*의 영역이므로 *私法*의 원칙이 지배하여야 하며, EU법상 관련 규정이 없으므로 회사는 자유롭게 영업활동을 수행할 수 있다고 주장하였다. 즉, 황금주는 영국 회사법상 종류주식의 일환이므로 EU법이 적용되지 않는다는 것이다.

이에 대하여 EU법원은 상품의 자유이동원칙과 자본의 자유이동원칙을 구분하면서 Keck 사례의 규범을 황금주에 적용하는 것을 거부하였다. Keck 판례는 시장접근을 저해하는 것을 방지하기 위한 것이었지만, 영국의 황금주는 주식을 취득하려는 다른 체약국 투자자들에게 부정적인 영향을 미치므로 시장접근을 제한하는 것으로 보았다.[51)] 또한 황금주 관련 규정을 포함하고 있는 정관이 공법적 권한으로부터 파생된 것이기 때문에, 정관에 따른 조치가 사법영역이므로 EU법이 적용되지 않는다는 주장을 배척하였다.[52)]

7) 네덜란드 네덜란드는 1989년 통신과 우편서비스를 민영화하였으며, 1998년에는 두 개의 유한책임회사를 설립하여 통신은 KPN, 우편은 TPG가 담당하도록 분리하였다. 네덜란드 정부는 두 회사에 대해 황금주를 보유하였으며 그 내용은 전체 자본의 1%를 초과하는 주식양도, 주식발행, 회사지배의 일반원칙 등

49) Case C-98/01, Commission v. United Kingdom, 2003 E.C.R. I-4641, paras. 8-10.
50) Joined Case C-267 & 268/91, Keck & Mithouard, 1993 E.C.R. I-6097. 이 사례는 특정한 판매계약을 제한하는 국내 규정이 무차별적으로 적용되는 한 체약국간 교역을 방해하는 것은 아니라고 본다.
51) Case C-98/01, Commission v. United Kingdom, 2003 E.C.R. I-4641, paras. 45-47.
52) Id. paras. 48-49.

을 승인할 권한을 부여하는 것이었다.[53)]

네덜란드의 황금주에 대하여 EU집행위원회가 EC조약 제56조 및 제43조의 위반을 이유로 제소하였다. 네덜란드 정부는 KPN과 TPG의 행위는 국가기관이 아니라 私法人의 지위에서 하는 것이기 때문에 국내법이 적용되어야 한다고 주장하였다.[54)] 또한 TPG의 행위에 대해서는 우편서비스는 공공이익을 보호하기 위하여 필요하다는 주장을 하였다.[55)]

EU법원은 체약국은 시장참가자로 활동하더라도 공법적 성질을 가지는 것으로 보아 EU법이 적용된다고 판단하였다. 따라서 네덜란드 황금주에 의하여 정부에 부여된 광범위한 재량권은 EC조약상 자본의 자유이동원칙을 침해한다고 보았다.[56)] 또한 우편서비스를 제공하는 TPG에 대해서는 우편서비스가 공공이익을 보호하기 위한 필수적인 것으로서 그 목적은 정당화될 수 있지만, 비례성의 원칙에 따라야 한다고 하였다. 그러나 TPG에 관한 황금주는 그 권한을 행사하는 구체적인 기준이 없고, 이유서 등을 요구하지 않으므로 비례성의 원칙을 위반한 것으로 판단하였다.[57)]

8) 독일 폭스바겐의 민영화법률[58)]에 따르면 독일 연방정부와 니더작센(Niedersachsen) 주정부는 각각 폭스바겐사의 지분을 20%씩 보유하고 또한 감사회 위원을 각각 2명씩 임면할 수 있었다.[59)] 동법에 의하면 1인의 의결권은 20%를 초과할 수 없었으며, 결의는 총의결권의 80% 찬성을 요건으로 하였다. EU집행위원회는 이러한 규정이 실질적으로 연방정부와 지방정부에 의한 승인요건에 해당한다고 간주하고, EC조약 제56조의 위반을 이유로 제소하였다. 특이한 점은 제43조의 위반을 언급하지 않은 점이다.

독일은 폭스바겐의 지배구조가 국내적인 조치가 아니라 노동조합, 근로자, 정부간 협상의 결과이며, 동 협상에서 노동조합과 근로자가 정부로 하여금 특정한 대주주가 당해 회사를 지배하는 것을 방지하는 대가로 폭스바겐에 대한 지배

53) Joined Case C-282/04 & 283/04, Commission v. Netherlands, 2006 E.C.R. I-9141, paras. 4-9.
54) Id. para. 16.
55) Id. para. 17.
56) Id. paras. 22-31.
57) Id. paras. 37-40.
58) The Law of 21 July 1960(Gesetz über die Überführung der Anteilsrechte an der Volkswagenwerk Gesellschaft mit beschränkter Hafting in private Hand, BGB Ⅰ. 1960 Ⅰ, p. 585, und BGB Ⅰ. 1960 Ⅲ, p. 641-1-1).
59) Case C-112/05, Commission v. Germany, 2007 ECJ (Oct. 23, 2007), 〈http://europa.eu. int〉.

권을 양도한 것이라고 주장하였다.

그러나 EU집행위원회는 80%의 결의요건과 더불어 20%의 주식취득 상한의 설정이 일반 주주가 아니라 정부만을 이롭게 하는 것으로 판단하였다. EU법원도 독일이 당해 법률을 통제함으로써 정부가 자신들의 보유수준을 넘어서 상당한 영향력을 행사하고 있다고 보았다. 독일 주식법 제134조 제1항에 따르면 의결권은 주식수에 따라 부여하고, 특정한 경우 이를 정관에서 제한할 수 있도록 규정하고 있으나, 상장회사에 대한 의결권 제한은 허용하지 않는다. 그러나 민영화법률 제2조 제1항은 의결권 상한을 20%로 제한하고 있는데 주주들의 합의에 따라 정관을 통하여 제한하는 것이 아니라, 법률에 의하여 제한함으로써 주식법의 규정을 일탈하였다. 또한 상장회사인 폭스바겐사에 대해서는 주식법상 의결권 제한이 허용되지 않았지만 민영화법률은 이를 제한하고 있었다. 또한 주식법은 정관이나 회사의 자본구성을 변경하는 경우 4분의 3의 결의요건을 규정하고 정관으로 이를 더 강화할 수 있도록 규정하고 있었다. 그러나 민영화특별법 제4조 제3항은 결의요건을 80%로 강화하면서 주주의 동의를 거치지 않고 법률에 의하여 강제하고 있었다. 이러한 20%의 의결권 제한과 80%의 결의요건 강화가 소수 주주의 회사 경영에 대한 참가를 제한하고, 정부에게 상당한 영향력을 부여하는 것으로 보았다. 이에 따라 다른 체약국의 폭스바겐사에 대한 투자에 부정적인 영향을 미침으로써 자본의 자유이동원칙을 위반한다고 판단하였다.[60)]

또한 집행위원회는 민영화법률 제4조 제1항이 연방과 지방정부에 2인의 감사회 위원을 각각 임명하도록 규정한 것은 정부에게 상당한 특권을 부여한 것으로서, 이는 외국인 투자를 저해함으로써 자본의 자유이동원칙을 침해한다고 주장하였다.[61)] EU법원도 독일 주식법상 주주는 감사회 위원을 1/3까지 임명할 수 있음에 비추어(주식법 제101조 제2항) 감사회 위원을 4명까지 임명한 것은 주식법의 규정을 일탈한 것으로 보았다. 즉, 폭스바겐사의 감사회 위원은 총 20명으로 이 중 10명을 주주가 임명하도록 규정되어 있었다. 따라서 독일 주식법에 따르면 1인의 주주가 임명할 수 있는 감사회 위원의 상한은 1/3이므로 3명을 초과하여 임명할 수 없다. 그러나 폭스바겐 민영화법률은 정부가 4명을 임명하도록 규정함으로써 이러한 주식법상의 규정을 일탈하여 정부에게 과도한 권한을 부여한 것으로 보았다. 독일은 정부가 40% 이상의 주식을 보유하고 있으므로 보유주식수

---

60) Id. paras. 38-56.

61) Id. para. 57.

에 비례하여 4명을 임명한 것이며, 오히려 지방정부가 보유한 주식수보다 감사회 위원이 덜 임명된 것이라고 주장하였다. 그러나 EU법원은 독일 주식법상의 3분의 1을 초과하여 임명할 수 있도록 민영화법률에서 규정한 것은 정부에게 과도한 권한을 부여한 것으로 보았다. 또한 독일은 감사회가 의결기관이 아니며 감독기능과 주주에게 경영진에 관항 사항을 보고하는 기능을 담당하는 기관에 불과하다는 항변을 하였다. 이에 대해 EU법원은 감사회가 의결기관이 아니지만, 전술한 기능을 수행하기 위하여 이사회 구성원을 임면하는 권한을 가지고, 또한 주요한 거래 즉, 생산설비의 구축 및 이전, 지점의 설치, 토지의 매도나 매입, 다른 회사에 대한 투자나 인수 등에 대하여 사전승인 권한을 가지고 있다는 점을 근거로 독일의 주장을 배척하였다. 이처럼 민영화법 제4조 제1항은 정부를 제외한 다른 주주가 회사 경영에 참가하는 것을 제한함으로써 다른 체약국 투자자들이 동 기업에 투자하는 것을 저해한다고 보았다. 그러므로 이는 EC조약 제56조 위반으로 판단하였다.[62)]

또한 독일은 민영화법률의 관련 조항이 근로자 보호라는 공공이익 보호를 위한 것으로 정당성을 가진다고 주장하였다.[63)] 자본이동의 자유원칙에 대한 예외가 정당화되기 위해서는 EC조약 제58조에서 규정한 사유나, 관련 공공이익 보호를 위해 필요한 조치를 규정하는 EU규범이 없는 경우에, 당해 공공이익의 보호를 위해 필수불가결한 이유가 있어야 한다. EU규범이 없는 경우 관련 공공이익 보호를 위한 조치는 비례성의 원칙을 충족하여야 한다. 즉, 당해 조치가 목적을 달성하는데 적절하여야 하며, 목적 달성을 위해 필요한 한도를 초과하지 않아야 한다.[64)] 그러나 EU법원은 독일이 근로자의 이익보호를 위하여 왜 독일 정부가 폭스바겐사의 자본에서 강화된 지위를 가지고 있는 것이 적절하고 필요한 지를 설명하지 못하였다고 보았다. 또한 근로자가 감사회 위원의 일부를 임명하는 권한을 가지고 있는 점도 독일의 주장을 약화시켰다. 그 이외에 독일은 소수주주의 보호 목적이나 폭스바겐사에 대한 기업인수가 공공이익에 미치는 영향을 거론하였으나, 역시 당해 조치가 그러한 목적 달성을 하는데 적절하고 필요하다는 근거를 밝히지 못하였으므로 수용되지 않았으며, EC조약 제56조의 위반으로 보았다.[65)]

62) Id. paras. 59-68.

63) Id. para. 70.

64) Id. paras. 72-73. 이는 EU법원이 2002년 이후 황금주 관련 판례에서 일관되게 판시한 원칙이다.

65) Id. paras. 74-81.

9) Federconsumatori v. Comune di Milano[66] 이 사례는 이탈리아 밀라노 지역의 가스와 에너지 공급업체인 AEM에 대한 이해관계자 분쟁으로서, 이탈리아의 주주와 소비자 그룹이 밀라노시를 상대로 제기하였다. 원고는 EU법원의 황금주 판례법을 언급하면서 AEM을 효과적으로 통제하기 위하여 밀라노시에 허용된 조치를 제소하였다. 원고는 이탈리아 민법(The Italian Civil Code) 제2449조 및 1994년 시행법률[67]이 EC조약 제56조를 위반한다고 주장하였다. 이탈리아 민법 제2449조는 회사의 정관에서 정부에게 1인 이상의 이사나 감사 등의 임면권을 부여하는 것을 허용하였다. 또한 1994년 시행법률은 2003년 개정되었는데 동법 제2조 제1항 및 제3항은 국가가 지분을 보유하고 있는 특정한 공공서비스회사(에너지, 국방, 운송, 통신)에 대하여 정부가 의결권이 없는 이사를 임명하는 것을 허용하고 있었다. 또한 동법 제4조 제1항은 이사로 임명되는 명단 제도를 규정하고 있었는데 당해 명단은 임기가 종료하는 이사나 당해 회사에 1% 이상의 지분을 보유한 주주가 제출할 수 있었다. 적어도 5분의 1 이상의 이사가 소수주주 명단으로부터 임명되도록 규정하고 있었다.[68]

원래 밀라노시가 1998년 AEM 주식의 51%를 보유하고 있었으나, 2004년 보유지분을 33.4%로 줄이기로 하였다. 단, 동 지분의 축소는 다음과 같은 정관개정을 전제로 한 것이었다. 즉, 2004년 4월 AEM의 과반수 주주들은 밀라노시에게 이사회 구성원의 4분의 1을 초과하지 않는 이사의 임명권을 부여하고, 밀라노시가 직접 임명하지 않는 이사에 대해서도 그 선임에 참여할 권리를 부여하는 내용의 정관 개정을 결의하였다. 이러한 조치에 따라 밀라노시는 지분은 33.4%였음에도 불구하고 이사회 구성원에 대해서는 절대적인 과반수를 임명할 수 있었다. 롬바디 지역행정법원은 이러한 정관조항의 유효성의 문제를 EU법원에 회부하였다.[69]

밀라노시는 이탈리아 민법 제2449조는 회사법의 영역에 관한 것이며, 정관개정은 회사법의 정상적인 절차에 따라 AEM의 주주총회에서 자발적으로 결정된 것이라고 항변하였다.[70] 이에 대해 EU법원은 문제되는 조항이 회사 정관의 채택

66) Joined Cases C-463/04 and 464/04, Federconsumatori v. Comune di Milano, 2007 ECJ (Dec. 6, 2007), 〈http://europa.eu.int〉.

67) Law No. 474 of 30 July 1994.

68) Joined Cases C-463/04 and 464/04, Federconsumatori v. Comune di Milano, 2007 ECJ (Dec. 6, 2007), paras. 3-5.

69) Id. paras. 6-10.

70) Id. para. 30.

에 관한 것이고, 私法 및 회사 내부의 지배구조에 관한 것이라는 사실임에도 불구하고, 이탈리아의 관련 조항이 EC조약 제56조의 문제라고 보았다. 즉, 민법 제2449조는 오직 정부 및 공공기관만이 정관상 1인 이상의 이사 임면권을 가질 수 있도록 규정하고 있었는데 이는 일반적인 회사법 규범으로 일탈한 것이라는 점이다. 또한 이러한 특별한 권한을 부여하는 조치를 민법에 규정하였더라도 EC조약 제56조의 적용대상으로 보았다.[71)]

동 법원은 국가가 회사의 경영에 효과적으로 참여할 수 있도록 하는 지분보유는 제56조를 위반한다는 Advocate General의 의견에 동의한 것으로 보인다.[72)] 비록 밀라노시가 자신의 보유지분에 비례한 숫자의 이사를 임명할 수 있었지만, 다른 조항은 이사를 임명하는 명단 제도에 참여할 수 있도록 하였다. 이러한 조항은 밀라노시에게 불공정하게 다수의 지위를 허용함으로써 다른 체약국의 투자를 저해함으로써 제56조를 위반하는 것으로 판단하였다.[73)]

EU법원은 밀라노시에 부여된 권리가 영속적인 것이 아니고, 개인 주주가 주장할 수 있는 것임에도 불구하고, 국가에게 과반수의 의결권이 부여되어 있기 때문에 개인주주가 국가의 의결권을 제거하거나 개인주주에게 동등한 의결권을 부여할 수 없다는 점을 근거로 하였다.[74)]

유럽법원 가스와 전기서비스의 경우 공익목적을 위하여 정당성이 있을 때는 자본의 자유이동을 제한할 수 있지만 비례성의 원칙을 충족하여야 한다고 보았다. 그러나 이탈리아 민법 제2449조는 국가가 이사를 임명하는 것을 정당화하는 구체적 조건을 규정하지 않았다. 이는 밀라노시가 직접 임명하지 않는 이사의 선임에 관여하는 권한을 부여한 '1994년 시행법률'과 더불어 정부가 보유한 지분 33.4%에 비하여 과도하게 개입하는 것으로서 비례성의 원칙을 충족하지 못한 것으로 판단하였다.[75)]

10) 소결 2000년 이후 유럽법원의 황금주에 대한 판결은 사전승인, 거부권, 이사 임면권 등에 대하여 원칙적으로 EC조약 제56조의 자본이동의 자유원칙과 제43조의 회사설립의 자유원칙을 침해하는 것으로 판단하였다. 제56조의 위반이 인정되면 제43조의 위반이 수반되는 것으로 판단하고 있다.[76)]

---

71) Id. paras. 31-33.
72) Id. para. 29.
73) Id. paras. 26-29.
74) Id. paras. 36-37.
75) Id. paras. 40-43.

그러나 EC조약 제58조 제1항에서 규정한 예외적인 사항이나, 공공이익의 목적을 위하여 필수적인 경우에는 그 제한의 정당성을 인정하고 있다. 그러나 그러한 제한 조치는 법적 확실성이 있어야 하고, 또한 당해 목적을 달성하는데 적절하고 필요한 범위를 초과하지 않아야 한다는 비례성의 원칙에 따라야 한다. 이는 유일하게 합법적이라고 판결받은 벨기에의 황금주 판례가 매우 시사적이라고 본다.

초기의 판례는 체약국들이 국내 법률규정을 통하여 황금주를 부여함으로써 동 법률이 EC조약 제56조 및 제43조에 위반하는지 여부를 판단하는 것이 대부분이었으나, 판례가 진전되면서 국내 법률에 근거하여 정관에서 황금주를 발행하는 경우에 대한 판례로 진전되어 나가고 있다. 그러나 EU법원은 자본이동에 대한 제한조치가 법률이든 그 위임을 받은 정관의 규정에 의한 것이든 형식에 구애받지 않고 판단하고 있다.

따라서 이제까지 EU법원의 황금주에 대한 판결은 다음과 같이 요약할 수 있을 것으로 본다. 첫째, 특정한 국내조치가 주식취득을 저해하거나 다른 체약국으로부터의 투자를 저해하는 경우에는 자본이동의 자유원칙에 대한 위반이다. 둘째 자본이동의 자유원칙은 일정한 조건을 충족하는 경우에는 제한될 수 있다. 즉, 당해 조치가 국적을 불문하고 무차별적으로 적용되어야 하며, 제58조 제1항의 예외조치이거나 제한의 목적이 공익을 위하여 필수불가결하여야 한다는 요건을 충족하여야 한다. 셋째, 이러한 제한조치는 당해 목적을 달성하는데 적절하여야 하고, 필요한 범위를 초과하지 않아야 하는 비례성의 요건을 충족하여야 한다. 또한 법적 확실성을 위하여 사전적인 조치보다는 사후적인 조치가 바람직하며, 이해관계자에게 미리 알려진 객관적인 기준에 의하여야 한다. 한편 이러한 제한조치에 대한 법적 구제절차가 명확하게 구비되어 있어야 한다.[77]

---

76) 차등의결권주식의 경우 EU법원 판례에서는 거론하지 않고 있는데, 이는 차등의결권주식을 정관에 의해 주주가 정할 수 있는 종류주식의 일환으로 보아 국내 회사법이 규율하는 문제로 인식하기 때문인 것으로 보인다.

77) Larry C. Backer, "The Private Law of Public Law: Public Authorities As Shareholders, Golden Shares, Sovereign Wealth Funds, and the Public Law Element in Private Choice of Law", 82 Tul. L. Rev. 1801, 1829-30 (2008); Joined Case C-463/00, Commission v. Spain and Case C-98/01, Commission v. United Kingdom, 2003 E.C.R. I-4581, I-4593 (opinion of AG Ruiz-Jarabo Colomer).

〈EU법원 황금주 관련 판례의 동향〉

판결 년도	판례명 (집행위 v. 국가)	대상 국내조치	EC조약 관련 조항	판결 내용	판단근거
2000	이탈리아	민영화법률(이사임명, 거부권)	56조, 43조	위법	이탈리아가 조약 위반 시인
2002	포르투갈	민영화법률/시행법률(외국인주식취득 수량제한, 10% 이상 취득시 사전승인	〃	위법	수량제한, 사전승인 - 위법 체약국의 일반적 재정이익은 정당화사유 아님
2002	프랑스	민영화법률(일정지분취득시 사전승인, 거부권, 이사임명권)	〃	위법	사전승인, 거부권 - 위법 석유공급은 정당한 목적 구체적 · 객관적 기준미비 - 비례성원칙 위반
2002	벨기에	칙령(통지수령권, 이사임명권 - 특정행위에 대한 사후적거부권, 불복절차 구비)	〃	적법	사전승인이 아니라 사후반대. 대상이 특정되고 사법재심사 허용 등으로 비례성 충족
2003	스페인	민영화법률, 칙령(일정지분취득시 사전승인, 특정한 결정 사전승인)	〃	위법	담배,상업은행 - 공익목적부정 석유,통신,전기 - 공익목적인정 구체적 · 객관적기준 부재 - 법적 확실성, 비례성 위반 이사회결정 승인에 구체적 제한 없음 - 비례성부재
2003	영국	항공법, 정관(동의권 - 법률, 주식취득상한제한 - 정관)	〃	위법	정관 - 공법권한에서 파생되어 규제대상 영국 - 비례성 주장 안함
2006	네덜란드	상법 - 정관(사전승인)	〃	위법	사법인이 공법적성질 보유 - 규제대상 우편서비스 - 공익충족, 구체적 기준부재 - 비례성 위반
2007	독일	민영화법률(1인의결권을 20%로 제한, 결의는 80%)	56조	위법	주식법 규정 일탈 사실상 승인요건으로 간주 정당화 사유 부재
2007	Federconsumatori v. Commune di Milano	민법/시행법률(일정수 이사임명권, 이사임명리스트)	56조, 43조	위법	민법(회사법규정일탈) - 규제대상 이사임명 구체적 조건부재 - 비례성 위반

2. 미국

(1) 거부권부종류주식과 주주간 계약

미국의 경우 거부권부종류주식에 관한 사항은 주 회사법에서 규정하여야 하는 것이지만, 실제로 이를 명문으로 규정하고 있지 않다.[78] 따라서 이러한 주식들은 주주간 계약(shareholders agreement)을 통하여 자유롭게 발행할 수 있다.[79]

주주간 계약이라 함은 주식회사의 주주간에 지배권을 분배하는 방법으로서 이사의 선임, 임원의 임명, 이익배당, 분쟁의 해결방법, 주식양도의 제한 등 여러 가지 사항들에 대해서 미리 약정하는 계약이다.[80] 주주간 계약의 전형적인 것으로 이사선임 등에 관하여 당사자 간의 합의에 따라 의결권을 행사한다는 취지를 정하는 의결권구속계약이나, 다른 당사자의 승인이 없이는 주식을 양도하지 않는다는 취지의 동의조항 등을 들 수 있다.

정관에 기재하면 강행규정의 위반으로서 무효인 사항도(예컨대, 특정한 자를 이사로 선임하는 것) 주주간 계약으로서 합의하면 당사자 간에는 채권계약으로서 유효하다고 인정되는 경우가 많다.[81]

미국의 주주간 계약은 폐쇄회사에서 의결권계약(voting agreement), 의결권신탁(voting trust) 등의 형태로 널리 활용되었다.[82] 폐쇄회사의 주주간 계약에 대해서는 개정모범사업회사법(RMBCA) 제7.32조에서 규정하고 있다. 폐쇄회사는 가족회사에서 대기업에 의한 합작회사에 이르기까지 그 범위가 광범위한데, 폐쇄회사의 주주들은 회사의 운영에 관한 주주간 계약을 빈번하게 체결하고 있다. 이러한 주주간 계약이 과거에는 이사회를 무력화하거나 실정법상의 규범에 위반한다는 이유로 법원에 의해 무효화되는 사례가 적지 않았다.[83] 그러나 점차 주주간 계약을 수용하려는 경향이 강하다.[84] 더욱이 최근 주 회사법은 주주간 계약을 유

---

78) Revised Model Business Corporation Act §6.01(a); Delaware General Corporation Law §151(a); N.Y. Business Corporation Law §501(a).

79) 그 이외에도 미국은 복수의결권주식 내지 차등의결권주식을 통하여 회사의 지배권을 통제할 수 있도록 함으로써 실질적인 황금주 역할을 하고 있다. 그러나 이 장에서는 황금주의 범위에 거부권부종류주식과 임원임면권부종류주식만을 포함하고 복수의결권주식은 제외하였으므로 이에 대한 논의는 생략한다.

80) 정동윤, 「회사법」, 박영사, 2001, 342면; 곽관훈, "벤처기업에 있어서의 주주간 계약 - 의결권구속계약을 중심으로 -", 「상사법연구」 제22권 제1호(2003), 329면.

81) 鈴木正貢, "株主間協定の法的諸問題", 「商事法務」 第1043号(1985), 24面.

82) 주주간 계약의 효용에 대해서는 임재연, 「[수정2판]미국회사법」, 박영사, 2007, 450～451면 참조.

83) Long Park, Inc. v. Trenton-New Brunswick Theatres Co., 297 N.Y. 174, 77 N.E.2d 633 (1948).

84) Galler v. Galler, 32 Ill. 2d 16, 203 N.E.2d 577 (1964).

효로 규정하는 경우가 증가하고 있다. 1990년 제7.32조의 도입 이전에 모범사업회사법은 제7.31조에서 규정한 의결권계약을 제외하고는 명시적으로 주주간 계약을 유효로 하는 규정이 없었다. 이에 따라 제7.32조는 이러한 법적 불확실성을 해소하고 폐쇄회사 주주들에게 회사를 규율하는 주주간 계약의 자유를 더욱 확대하기 위하여 도입되었다. 이 조항은 미시건주, 텍사스주, 앨라배마주, 아이다호주 등 미국의 24개 주 회사법에서 전부 또는 그 일부를 도입하고 있다.[85)]

주주간 계약의 대상은 지배구조, 이익배당, 주주 · 이사 · 회사 간의 관계 등이다. 제7.32조는 주주간 계약의 당사자, 주식양수인, 회사만을 규율할 뿐이며, 주정부, 채권자, 제3자 등에 대해서는 법적 효력이 없다.

이처럼 제7.32조 (a)항에 의해 효력이 인정되는 주주간 계약의 범위는 무제한적이지는 않지만 광범위하다. 주주간 계약의 효력규정을 입안하는데 있어서 가장 어려운 점은 그 효력의 범위를 설정하는 것이다. 몇몇 주들은 주주간 계약의 효력규정의 한계를 분명하게 하려고 한다.[86)] 그러나 이처럼 한계를 분명하게 설정하면, 주주간 계약의 효력을 문제시하는 다른 법적 근거가 제시되는 경우 그 법적 효력이 불확실하게 되는 문제점이 나타난다. 또한 다른 주법들은 수정될 수 없다고 열거된 일부 조항을 제외하고는 주주간 계약은 회사법의 모든 규정의 적용을 면제받거나 이를 변경할 수 있다고 규정한다.[87)] 이러한 입법방식은 수정되지 않는다고 열거된 조항들이 주관적이고 자의적이며 불완전하다는 결점이 있다.[88)]

이에 따라 RMBCA 제7.32조는 실용적인 접근법을 취하여 주주간 계약에서 자주 사용되는 형태를 포함하기 위하여 일곱 가지 유형을 정하고 있다. 제7.32조 (a)항은 주주간 계약의 일곱 가지 유형을 나열한 후 이러한 사항에 해당하는 주주간 계약은 RMBCA의 다른 규정에 일치하지 않는다고 하더라도 유효하다고 규정하고 있다. 또한 마지막으로 유보조항까지 규정함으로써 이러한 유형들이 예시적인 열거사항임을 분명히 하고 있다. 예시적인 열거사항으로는 ① 이사를 해임하거나 이사의 재량이나 권한을 제한하는 것, ② 제6.40조의 제한에 따라, 보유주식수에 비례하거나 비례하지 않는 배당의 승인, ③ 이사나 임원의 지명, 그 임기나

---

85) ABA Section of Business Law, Model Business Corporation Act Annotated, 4th ed., vol. 2, 2008, pp. 7-275~276.

86) Del. Code Ann. tit. 8, §§ 350, 354; N.C. Gen. Stat. §§ 55-73(b).

87) Cal. Corp. Code §300(b)-(c).

88) ABA Section of Business Law, op. cit., p. 7-267.

선해임의 방식을 정하는 것, ④ 가중된 의결권이나 이사위임장을 통하여 주주나 이사에 의한 의결권의 행사를 규율하는 것, ⑤ 재산의 양도나 사용 또는 회사와 주주, 이사, 임원 또는 종업원간의 서비스의 규정에 관한 조건의 설정, ⑥ 이사나 주주가 교착상태에 빠지는 경우 당해 문제에 대한 결정권, 또는 회사의 권한이나 경영권 등을 1인 또는 그 이상의 주주에게 양도하는 것, ⑦ 1인 또는 그 이상 주주의 요청에 근거한 해산 또는 특정한 사건이나 조건의 발생에 따른 회사의 해산 등을 들 수 있다.

한편 제7.32조 제(a)(8)항은 유보조항으로서 기타 회사권한의 실행, 경영권, 회사업무, 주주 · 이사 · 회사의 관계를 규율하고, 공공정책(public policy)에 반하지 않을 것을 요구한다. 이 유보조항의 적용범위를 해석하는데 있어서 전술한 일곱 가지 유형이 고려되어야 하며, 또한 공공정책상의 한계가 고려되어야 한다. 예컨대, 이사에 대하여 선관주의의무나 충실의무를 면제하거나 법령상 이사의무를 면제하는 주주간 계약은 무효이다.[89)]

주주간 계약은 정관이나 부속정관에서 정하는 것이 일반적이지만, 이러한 규정이 없더라도 서면으로 작성되고 당시의 모든 주주가 동의한 경우에는 유효하다. 주주간 계약은 주주의 권리의무에 중대한 영향을 미치는 것이 일반적이므로 주주의 동의는 무의결권 주식에 대해서도 필요하다. 주주간 계약은 회사에 대해서도 통지되어야 하며, 그 존속기간은 다른 규정이 없는 한 10년이다.[90)]

(2) 종류주주에 의한 이사선임

정관이 주식을 종류로 분할하는 것을 허용하는 경우에는, 당해 정관은 이사의 일부나 전부의 선임을 종류주주에 의하도록 할 수 있다. 이사를 선임할 권한이 있는 종류주식은 이사의 선임에 관하여 독립적인 의결권그룹을 형성한다.[91)]

이러한 종류주주에 의한 이사선임은 폐쇄회사에서 소수주주가 일정한 이사의 선임권을 확보할 수 있도록 하기 위하여 널리 이용되고 있다. RMBCA 제8.04조는 미국의 거의 모든 주 회사법이 채택하고 있다.[92)]

Insituform of North America, Inc. v. Chandler 사건[93)]에서 델라웨어주 법원

89) Id. at 7-268～269.

90) RMBCA §7.32(b); ABA Section of Business Law, op. cit., pp. 7-269～270.

91) RMBCA §8.04.

92) Del. Code Ann. tit. 8, § 141; N.Y. Bus. Corp. Law §518, 703 (McKinney); Cal. Corp. Code §301 (West).

93) 534 A.2d 257 (Del. Ch. 1987).

은 회사 종류주식의 과반수를 보유한 파산관재인은 특정한 이사를 해임하고 그 후계자를 지명할 수 있다고 판결하였다. 이 사건에서 회사는 2개의 종류주식을 발행하였다. B종류주식이 이사의 2/3의 선임권을 가지는 것을 제외하고는, 각 종류주식의 권리는 동일하였다. 사기 사건의 결과 B종류주식의 과반수가 파산관재인에게 양도되었다. 파산관재인은 4명의 기존 이사를 해임하고 그 후계자를 선임하는 서면동의를 실행하였다. 구 이사진은 이 동의를 인정하지 않고서 법원에 제소하였다. 델라웨어주 법원은 파산관재인의 이사의 해임과 새로운 이사의 임명을 지지하였다.

Walden Inv. Group v. Pier 사건[94]에서 당해 회사는 A종류주식과 B종류주식을 발행하였는데, B종류주식은 언제든지 이사의 25%를 선임할 수 있는 권한을 보유하였다. 이에 따라 법원은 A종류주식과 B종류주식이 독립적으로 이사를 선임해야 한다고 판단하였다. 더욱이 이러한 독립적인 선임이 B종류주식의 주주가 누적적으로 투표하는 권한을 침해하지 않는다고 보았다. 그 이유는 그러한 의결방식은 B종류주주의 선임에 대하여 계속적으로 적용될 수 있기 때문이다.[95]

3. 일본

일본의 경우 황금주는 일반적으로 거부권부주식을 칭하는 것으로 본다.[96] 그러나 이 장에서는 황금주를 거부권부주식 이외에도 임원임면권부주식을 포함하는 개념으로 다루기 때문에 이에 대해서도 검토하고자 한다.

(1) 거부권부종류주식

1) 의의 거부권이라 함은 어떤 사항을 종류주주총회에 부의하도록 정한 것을 말한다.[97] 종류주식으로서 거부권부주식은 회사법에서 도입된 것이다(회사법 제108조 제1항 제8호). 2001년 상법개정에 의해 어떠한 종류주식의 속성으로서 거부권을 부여하는 것은 가능하였지만(개정전 상법 제222조 제9항), 거부권 자체는 조문의 형식상 주식의 종류를 구성하지 않는 것으로 해석되었다.[98] 회사법에서는 거부권과 같은 주식의 속성을 종류주식으로 규정하였다. 그 이유는 주

94) 29 Wash. App. 28, 627 P.2d 129 (1981).

95) ABA Section of Business Law, op. cit., pp. 8-52~53.

96) 浜田道代, “黃金株”, 「法學敎室」 第306号(2006), 2面; 酒井太郎, “株式の內容と種類”, 「新しい會社法制の理論と實務(川村正幸 · 布井千博 編」, 經濟法令硏究會, 2006, 58面.

97) 酒井太郎, 前揭論文, 53面.

98) 酒井太郎, 前揭論文, 58面.

식의 내용이 속성으로 분류되는가 아니면 주식의 종류에 해당하는가에 따라 달리 취급해야 하는 것은 아니며, 내용에 차이가 있으면 종류주식으로 구성하는 것이 타당하기 때문이다.[99)]

2001년 개정의 취지는 종류주주의 보호 특히 합작회사, 벤처기업 등에서 체결된 주주간 계약이 종류주주에게 부여하고 있는 보호를 상법상 제도로서 실현시키고자 하는데 있었다.[100)] 이에 비해 2005년 회사법은 거부권의 유무 자체가 주식의 종류를 구성하며, 종류주주의 이익보호에 추가하여 지배권의 배분수단으로서 거부권을 이용하는 것을 정면으로 인정하였다.[101)]

또한 정관에서 정해진 종류주주총회(임의종류주주총회)는 법률에서 요구되는 종류주주총회(법정종류주주총회)의 경우와는 달리 종류간의 이해대립이 반드시 존재할 이유는 없으며, 따라서 복수종류의 주주가 공동으로 거부권을 행사하는 것도 정할 수 있다고 해석된다.[102)]

2) 정관기재사항 일본 회사법은 거부권부종류주식을 발행하는 때는 그 발행가능 주식총수와 함께 그 종류주주총회의 결의를 요하는 사항을 정관에 기재하도록 규정하고 있다. 또한 일정한 조건 아래 종류주주총회의 결의를 필요로 하는 경우에는 그 조건을 기재하여야 한다(회사법 제108조 제2항 제8호).

종류주주총회 결의대상으로 할 수 있는 사항은 주주총회, 이사회(이사회설치회사의 경우만), 청산인회(청산인회설치회사의 경우)에 있어서 결의사항으로 하고 있으며, 이것은 결국 회사에 있어서 모든 결정사항을 포함한다는 취지로 해석된다.[103)] 따라서 대표이사의 선정 · 해직(제362조 제2항)은 물론 특별이사의 결의사항(제373조)[104)]으로 되어 있는 것이나, 위원회설치회사에 있어서 집행임원의

---

99) 相澤哲 · 岩崎友彦, "株式(總則 · 株主名簿 · 株式の譲渡等)", 「商事法務」 第1739号(2005), 36面.

100) 前田庸, "商法等の一部を改正する法律案要綱の解說[上] – 株式制度の見直し · 會社關係書類の電子化等 –", 「商事法務」 第1606号(2001), 9~10面.

101) 加藤貴仁, 「株主間の議決權配分」, 商事法務 (2007), 28面.

102) 江頭憲治郎, 「株式會社法[第4版]」, 有斐閣, 2011(이하 "株式會社法"이라 한다), 158面; 神田秀樹 · 武井一浩, 「新しい株式制度」, 有斐閣, 2002, 180~182面.

103) 개정전 상법 제222조 제9항에 대해서 江頭憲治郎ほか編, 「改正會社法セミナー株式編」, 有斐閣, 2005, 477面 [森本發言] 참조.

104) 규모가 큰 주식회사의 경우 이사의 수가 많아서 이사회에서 신속한 의사결정을 하기가 어려운 경우가 있다. 따라서 이사회 구성원 중 3명 이상을 미리 특별이사로 선정하여 특히 신속한 의사결정이 요구되는 중요재산의 처분 및 양수(제362조 제4항 제1호), 다액의 借財(제362조 제4항 제2호)에 대해서 특별이사로 구성된 특별이사회에서 결의할 수 있는 규정을 도입하였다(회사법 제373조 제1항 본문).
이 제도는 원래 구상법특례법 제1조의3에서 '중요재산위원회'로 설치된 것이지만, 위원회설치회

결정사항으로 된 것에 대해서 종류주주총회의 승인을 요하는 것도 금지되지 않는다. 또한 종래 이사선임권부주식의 주주에 의한 이사선임에 대해서 다른 종류주주의 승인을 요하는 것으로 할 수 있는가, 즉 거부권부주식과 이사선임권부주식을 병용할 수 있는지 여부에 대해서 명확하지 않았다.[105] 회사법에서도 이 병용에 대해서 특별히 규정한 것은 없다. 그렇지만 예컨대, 회사법 제45조를 보면 이것은 설립시에 임원 등의 선임 및 해임의 효력에 관한 규정이지만, 거부권부종류주식으로 이사, 감사의 선임에 대해서 승인이 필요한 경우에는 당해 종류주식을 인수한 발기인의 결의도 필요한 것으로 규정되어 있기 때문에 이사, 감사 등의 선해임을 거부권부종류주식의 결의사항으로 할 수 있다고 본다.[106]

3) 기업방어책으로서 황금주로 활용 거부권부종류주식을 우호적 기업에게 발행하여 두면 중요사항의 결의에는 당해 우호적 기업의 찬성을 얻지 않는 한 가결될 수 없기 때문에, 제3자의 적대적 기업매수에 대하여 강력한 억지효과를 가지게 할 수 있다(황금주).

회사법에서는 거부권부주식과 양도제한주식이 새롭게 종류주식에 추가됨으로써 이들을 조합시켜 적대적 기업매수에 대한 방어를 위해서 특정한 주주에게 양도제한 조건을 부과한 거부권부주식을 배정할 수 있다. 이처럼 거부권부종류주식에 대해서만 양도제한을 하는 것도 가능하므로 우호적인 기업 이외의 자에게 유통을 제한할 수 있어서 보다 강력한 매수방어책으로 기능할 수 있다. 하지만 거부권부종류주식은 억지효과가 너무 강하고 다른 일반투자가에게도 불이익을 줄 우려가 높기 때문에, 상장기업 또는 상장을 준비하고 있는 기업에서 활용하는 데에는 신중한 대응이 필요하다.[107]

'방어책지침'은 특정한 자에게 거부권부주식을 발행하는 것은 법률상 명문으로 규정되어 있는 주주평등원칙의 예외이며, 정관에 의해 그 내용이 결정되고 종

사 이외의 회사에서도 이용되는 것이 바람직하므로, 회사법에서는 중요재산위원회를 특별이사회로 대체하여 보다 이용하기 쉽도록 규세를 완화한 것이다. 이 제도를 이용할 수 있는 회사는 위원회설치회사 이외의 이사회설치회사로서 이사의 수가 6인 이상이고 또한 사외이사가 1인 이상인 회사이다(제373조 제1항 제1호 · 제2호). 이는 중요재산설치회사를 이용할 수 있는 회사는 위원회설치회사 이외의 대회사(의사대회사도 포함)로서 이사가 10인 이상인 회사로 한정되었던 것과 비교하면 이용할 수 있는 회사가 상당히 확대되었다(關西法律特許事務所 · 成和共同法律事務所 編, 「詳解新會社法の理論と實務」, (株)民事法研究會, 2006, 341～342)

105) 江頭憲治郎ほか編, 前揭書, 440면 [江頭發言 · 郡谷發言].

106) 松尾健一, "種類株式Ⅱ", 「新會社法の檢討－ファイナンス關係の改正－」(證券去來法研究會 編), 別冊 商事法務 No. 298 (2006), 32面.

107) 關西法律特許事務所 · 成和共同法律事務所 編, 前揭書, 113～114面.

류주주가 보통주주와 다른 취급을 받는 것에 대해 주주의 승인을 얻고 있으므로 통상 적법하다고 한다. 그러나 필요성 · 상당성 확보의 원칙과의 관계에서 거부권부주식은 매수자 이외의 주주를 차별적으로 취급하기 때문에 투자자 보호를 위한 배려가 필요하다. 특히 주식을 공개하고 있는 회사가 소각할 수 없는 거부권부주식을 새롭게 발행하는 것에 대해서는 신중해야 한다. 다른 주주에 대한 영향을 최소화한다는 관점에서 거부권부주식을 목적으로 하는 신주예약권을 발행하여, 소각조항을 설정하는 방법을 생각할 수 있을 것이다.[108]

이는 거부권형 라이츠플랜(rights plan)이라 불리며 설계방법은 다양하다. 전형적인 유형은 우호적인 제3자에게 회사경영상 중요한 영업자본의 처분에 대해서 거부권을 가지는 종류주식을 목적으로 하는 신주예약권을 배정하여 두는 방식이다. 적대적 매수방어책의 관점에서 보면 이처럼 신주예약권을 개입하지 않고 직접 거부권부종류주식을 제3자에게 배정하는 방식은 원활한 회사경영을 저해하거나, 주주간 이해대립을 초래할 수 있다. 이러한 관점에서 역시 평상시에는 회사경영을 저해하지 않고 또한 적대적 매수가 발생한 경우에 이사가 당해 매수자와 교섭하여 경우에 따라서는 라이츠를 무효화할 수 있는 플립인(flip in)형 라이츠플랜[109]의 특성은 거부권형 라이츠플랜에서도 중요하다. 또한 이 점이 유지된다면 신주예약권에는 없는 전환주식의 형태나 거부권의 행사를 일정한 조건에 연계시킨 종류주식을 이용할 수도 있을 것이다.

여기서 신주예약권은 플립인형 라이츠플랜과 마찬가지로 적대적 매수가 발생하는 경우에만 행사할 수 있지만, 그 이전에는 이사회가 언제든지 명목적인 가격으로 이를 소각하도록 설계된다. 또한 플립인형 라이츠플랜과는 달리 이 경우에 인수가 가능하게 되는 거부권부종류주식은 그 자체로서는 커다란 경제적 가치를 가지는 것은 아니며, 다른 주주의 경제적 이익을 희석화하지 않도록 할 수도 있다.

이러한 라이츠플랜은 플립인형 라이츠플랜과는 다르게 모든 적대적 매수자에 대해서 유효한 것은 아니지만, 회사재산을 처분하거나 회사를 해체하여 파탄적 이익을 얻고자 하는 매수자에 대해서는 유효한 대항수단으로 될 수 있다. 이처럼 거부권 내용의 설정방식에 따라서 특정한 유형의 매수자에게만 유효한 것

108) 松本眞輔, 「新會社法 · 新證取法下における敵對的買收と防衛策」, 稅務經理協會, 2005, 130面.

109) 플립인형 라이츠플랜이라 함은 적대적 매수자가 대상회사의 주식을 일정비율 이상 취득하면, 대상회사의 보통주주에게 대상회사의 보통주식을 시가보다 현저하게 저렴한 가격으로 인수할 수 있는 선택권을 부여하는 것을 말한다.

으로 될 수 있기 때문에 이러한 라이츠플랜은 "백신플랜(vaccine plan)"[110]이라고도 불린다.[111]

거부권부주식에 관하여 동경증권거래소는 2005년 가을 회사법 제정에 따라 상장기준의 개정 방침으로서 주주평등원칙에 저촉하거나, 기업가치향상을 위한 매수활동이 저해되는 것 등을 근거로, 상장회사가 상당한 이유 없이 거부권부주식을 발행하면 원칙적으로 상장폐지요건에 해당한다는 입장이었다.[112] 그러나 정부 및 재계의 강한 비판을 받아 이를 철회하고 주주총회의 보통결의에 의해 거부권을 무효화할 수 있는 등 일정한 조건을 만족하는 경우에는 상장회사의 경우에도 발행할 수 있게 되었다. 그 후 조건이 더욱 완화되어 이사 과반수의 선 · 해임 기타 중요사항에 대해 거부권이 부여된 종류주식을 발행한 경우만을 상장폐지대상으로 하고, 이것 이외의 거부권부주식의 발행은 원칙적으로 허용하는 형태로 되었다.[113][114]

4) 발행사례 - 국제석유개발주식회사 국제석유개발(주)는 국가적 중추회사로서 일본에서 에너지를 안정적이고 효율적으로 공급하는데 일익을 담당하는 회사이다. 동사는 2004년 12월 12일 갑종류주식을 공적 기관인 석유공단에 발행하였는데 이는 거부권부주식이었다. 갑종류주식의 발행주식수는 1주이며, 제3자 배정방법에 의해 석유공단에게 1주가 배정되었다.

갑종류주식은 단기적인 투기자본이나 외자 등에 의한 경영권 지배 가능성을 배제하면서 경영의 효율성 · 유연성을 부당하게 저해하지 않도록 투명성을 높여 필요한 최소한의 조치로서 발행되었다. 갑종류주식은 적대적 매수 위험을 방지하는 수단으로서 유효하고, 국가적 중추회사로서 위치가 명확하게 됨에 따라 대외적인 교섭이나 신용 등의 면에서 적극적 효과도 기대될 수 있으므로, 상장의 전제조건으로서 발행된 것이다.

국제석유개발(주) 정관에서는 갑종류주주총회의 결의가 필요한 사항으로서

---

110) 이러한 명칭은 2003년 3월 18일 일본 西村總合法律事務所(現 西村ときわ法律事務所)가 개최한 심포지움에서 처음 사용되었다.

111) 中山龍太郎, "日本版ライツ・プラン(ポイズン・ピル)導入に係る法的課題", 「敵對的M&A對應の最先端(太田 洋 · 中山龍太郎 編」, 商事法務, 2005, 245～246面.

112) 東京證券取引所, "買収防衛策の導入に係る上場制度の整備等について(要綱試案)" (2005年 11月 22日) 7面 참조.

113) 東京證券取引所, "買収防衛策の導入に係る上場制度の整備等に伴う株券上場審査基準等の一部改正について" (2006年 2月 21日). 또한 東京證券取引所, "買収防衛策の導入に係る上場制度の整備等について"(2006年 1月 24日) 참조.

114) 酒井太郎, 前揭論文, 59面.

이사의 선해임(결의시점에 총주주 의결권의 20% 이상을 공적 주체 이외의 단일한 주주 또는 그 공동보유자가 보유하고 있었던 경우), 일정한 경우 중요자산의 처분, 정관변경(회사목적 변경이나 보통주식 이외의 주식에 의결권을 부여하는 것), 구조조정(일정한 경우의 합병, 주식교환 또는 주식이전), 감자(주주에게 금전의 반환을 수반하는 것), 해산 등을 열거하고 있다.

석유공단은 2004년 6월 11일 "국제석유개발주식회사 갑종류주식의 의결권행사기준"에 따라 갑종류주주총회의 결의사항에 대해 부결하는 사항을 정하고 있다. 즉, 이사의 선해임 및 구조조정, 보통주식 이외의 주식으로 의결권 부여에 관한 정관변경, 중요한 자산의 전부 또는 일부의 처분 등에 관한 결의 등이다.[115]

(2) **임원임면권부종류주식**

1) 의의 임원임면권부종류주식이라 함은 정관에서 이사 및 감사의 선해임을 종류주주총회의 결의사항으로 하는 취지의 정함이 있는 종류주식을 말한다. 이는 위원회설치회사를 제외한 주식양도제한회사에 한하여 인정된다(회사법 제108조 제1항 본문 및 동항 제9호).[116] 거부권부종류주식은 종류주주의 찬성이 없으면 회사의 의사결정을 할 수 없다는 점에서 강한 위력을 가지고 있지만, 경영진과 종류주주와의 대립이 심각한 경우에는 경영이 교착상태에 빠지기 쉬운 결점이 있다.[117] 이에 대해서 임원임면권부종류주식은 회사의 기관구성 그 자체를 종류주주의 영향 아래 두고 있다는 점에서 종류주주의 지배력을 대폭적으로 강화하는 데에 도움이 된다.[118]

2) 정관기재사항 임원임면권부종류주식을 발행하는 데는 그 발행가능주식총수와 함께 그 종류주주총회에서 선임하는 이사 또는 감사의 수를 기재하여야 한다. 또한 임의적 기재사항으로서 2종류 이상의 주주가 공동으로 이사 · 감사를 선임하는 경우, 공동으로 선임하는 주식의 종류 및 이사 · 감사의 수가 열거된다. 더욱이 일정한 조건이 성취된 경우에 선임방법을 변경하는 것으로 규정하는 경우에는 그 조건 및 변경 후의 선임방법을 기재하도록 하고 있다(제108조 제

115) 松本眞輔, 「新會社法 · 新證取法下における敵對的買收と防衛策」, 稅務經理協會, 2005, 130~132面.

116) 위원회설치회사의 경우 지명위원회가 이사 선임의안의 내용을 정하도록 규정하고 있는데(제404조 제1항), 이는 종류주주총회별로 이사를 선임하는 것과 양립하지 않는다. 따라서 전주식양도제한회사일지라도 위원회설치회사는 임원임면권부주식 제도를 이용할 수 없다(江頭憲治郎, 株式會社法, 159面 註) 42).

117) 그러므로 발행할 때에는 취득조항부로 하는 등의 대응이 필요할 것이다.

118) 酒井太郎, 前揭論文, 59面.

2항 제9호 イ・ロ・ハ). 이것은 개정전 상법 제222조 제7항에서 정하는 내용과 거의 변함이 없다. 다만 회사법에서는 이에 추가하여 법무성령에서 사외이사 및 사외감사에 대해서도 동일한 사항을 정관에 기재하도록 규정하고 있다(회사법 제108조 제2항 제9호 ニ, 회사법시행규칙 제19조).[119)]

3) 이사·감사의 선해임 절차 임원임면권부종류주식을 발행하고 있는 경우에는 이사·감사의 선임은 그 종류주주총회의 결의에 의한다(이사에 대해서는 제347조 제1항에 의한 제329조 제1항의 준용, 감사에 대해서는 제347조 제2항에 의한 제329조 제1항의 준용). 해임도 종류주주총회에 의한다(이사에 대해서는 제347조 제1항의 준용으로, 감사에 대해서는 제347조 제2항에 의한 제339조 제1항의 준용). 또한 종래 종류주주에 의한 이사의 선임에 누적투표의 규정이 적용되는가 여부에 대해 견해가 나누어져 있었지만,[120)] 회사법에서는 누적투표에 의한 이사 선임의 규정(제342조)은 종류주주총회의 준용대상으로부터 제외되어 있는데,[121)] 그 이유는 한 가지 종류주식의 주주간에 누적투표를 인정할 필요성이 없기 때문이다.[122)]

이사·감사 해임의 소에 관해서는 직무집행에 대해서 부정한 행위 또는 법령·정관에 위반하는 중대한 사실이 있었음에도 불구하고 당해 이사·감사의 선임권을 가지는 종류주주총회에서 해임결의가 부결되는 때는, 의결권총수 또는 발행주식총수의 3% 이상을 가지는 주주는 소송을 통하여 그 해임을 청구할 수 있다(이사에 대해서는 제854조 제3항에 의한 동조 제1항의 준용, 감사에 대해서는 동조 제4항에 의한 동조 제1항의 준용). 종래는 법원에 해임청구를 할 수 있는 자는 의결권총수의 3% 이상을 가진 주주와 선임권 있는 종류주식 의결권의 3% 이상을 가지는 주주로 규정되어 있었다. 또한 당해 이사 등에 대해서는 선임권은 없지만, 의결권총수의 3% 이상을 가지는 주주는 원칙적으로 종류주주총회에서 해임의안의 부결을 요하지 않고 법원에 해임청구를 할 수 있었다(개정전 상법 제257조의3 제4항). 그러나 회사법에서는 동 조항은 삭제되었으며, 종류주주총회에

---

119) 松尾健一, 前揭論文, 33面.

120) 긍정하는 견해로서 江頭憲治郎, 「株式會社·有限會社法[第4版]」, 有斐閣, 2005, 342面; 부정하는 견해로서 前田 庸, "商法等の一部を改正する法律案要綱の解説[Ⅰ]", 「商事法務」 第1621号(2002), 8面; 神田秀樹·武井一浩, 「新しい株式制度」, 有斐閣, 2002, 156面[中山龍太郎].

121) 이는 회사법 제347조 제1항(종류주주총회에서 이사 또는 감사를 선임하는 경우 준용조항)에 회사법 제342조(누적투표에 의한 이사선임)의 언급이 없는데 따른 해석이다(江頭憲治郎, 株式會社法, 368面); 松尾健一, 前揭論文, 33~34面.

122) 江頭憲治郎, 株式會社法, 368面.

서 해임의안이 부결되지 않는 한 선임권을 가지지 않은 종류주주는 해임청구를 할 수 없다고 해석된다.[123]

4) 활용 합작기업 등 특정한 주주에게 일정한 수의 이사 선임을 인정하는 주주간 합의가 이루어질 수 있는데, 임원임면권부종류주식은 이를 종류주식으로서 정관에 기재함으로써 당해 합의의 법적 효과를 강화시킬 수 있다.[124]

벤처기업, 합작기업 등에서는 자본출자와 독립하여 지배권의 배분을 결정하는 것에 대한 수요가 존재한다. 예컨대, 벤처캐피탈이 벤처기업에 융자를 하면서 자신의 이익을 보호하기 위하여 이사나 감사의 일부에 대하여 선임권을 요구할 수 있다. 2002년 상법개정에 의해 임원임면권부종류주식이 도입되기 이전에는 이러한 수요를 주주간 계약에 의하여 충족하였다. 개정법은 이사 또는 감사의 선해임권에 관한 주주간 계약에서 정하였던 일부 주주의 이익보호를 제도적으로 보장하려고 한다. 그러나 주식양도제한회사 이외의 회사의 경우에는 특별한 합리적 근거도 없이 일부 주주에게 이사를 선임하도록 하는 등 남용의 우려가 있을 뿐만 아니라, 일반투자가에게 예상하지 못한 불이익이 생길 우려가 있기 때문에, 종류투표의 정함은 주식양도제한회사에 한정하여 인정된다. 주식의 양도제한을 기준으로 종류투표의 가부를 판단하는 것에 대해서는 주식의 양도제한이 존재하지 않는 벤처기업도 있으므로 종류투표의 수요는 반드시 주식의 양도제한회사에 한정되지 않는다는 비판이 제기된다.[125]

Ⅳ. 황금주 도입을 둘러싼 법적 검토 과제

1. 도입의 필요성 문제

(1) 찬성론

황금주는 단순히 적대적 M&A에 대한 방어수단의 차원(기업가치증대, 주주공동이익)에서 뿐만 아니라 기업에게 다양한 자금조달방식과 지배구조의 유연성을 제공한다는 차원에서도 검토가 필요하다고 한다. 재계에서는 황금주가 실질적으로 활용될 수 있도록 그 발행요건을 원시정관이나 총주주의 동의에 의한 정관변경이 아니라 주주총회 특별결의에 의하여 가능하도록 완화할 것을 요구한

123) 江頭憲治郎, 前掲書, 374面; 松尾健一, 前掲論文, 34面.
124) 關西法律特許事務所 · 成和共同法律事務所 編, 前揭書, 114面.
125) 加藤貴仁,「株主間の議決權配分」, 商事法務, 2007, 30面.

다.[126]

국가안보, 공공성 등이 중시되는 공공적 법인 또는 국가 기간산업의 경우에는 특히 외국인에 의한 적대적 M&A로부터 경영권을 보호할 정당성이 있으므로 황금주를 발행할 사회적 요청이 강하다. 폐쇄회사에 대해서는 사적 자치를 최대한 인정하여 기업경영의 유연성을 제공할 필요가 있다.[127] 회사의 자본조달과 지배권 분배에 관한 필요에 의해 주주간 계약의 방법으로 적법하게 행하여지고 있는 것을 상법이 부인할 이유가 없다고 한다.[128]

(2) 반대론

반대론자들은 우선 유럽법원이 황금주에 대하여 EC조약상 자본이동의 자유나 회사설립의 자유를 침해하는 것을 이유로 위법으로 판결함에 따라 유럽에서도 황금주를 폐지하는 경향이 있다고 한다. 황금주는 회사의 중요사항의 결정이 소수 종류주주의 의사에 의하여 좌초되거나, 경영진이 우호적인 제3자에게 발행하면 경영권의 과잉보호수단으로 남용될 수 있다. 소수의 종류주주에 의하여 다수주주의 의사결정을 부정할 수 있도록 함으로써 지배관계상 이익을 침해한다. 주식회사는 다수의 이해관계인이 관여하는 단체이므로 개인법적인 계약관계보다는 단체법적 법리를 중시하여야 하며, 자본다수결 원리를 제한하는 입법은 자제하여야 한다는 것이다.[129]

(3) 소결

황금주는 회사법의 단체법으로서의 성격보다는 주주간 계약을 중시하는 입장에서 허용되고 있다. 그러나 황금주는 경영진이 경영권을 영구화하는 수단으로서 활용하는 등 남용 가능성이 높은 만큼 제한적으로 허용되는 것이 바람직하다고 본다.

특히 국가기간산업의 경우 외국인의 적대적 M&A에 대한 방어수단이 충분하지 않은 점을 고려하여 황금주의 도입을 허용할 필요가 있다고 본다. 허용하는 경우에도 이를 특별법으로 규정할 것인지 아니면 상법에서 규정할 것인지의 문제가 있다.

국가기간산업에 대해서는 해당 특별법에서 개별적으로 규정하는 것이 바람직

---

126) 전국경제인연합회, "상법개정 입법예고(안)에 대한 의견", 2006. 11. 38면.

127) 증권법학회 M&A법연구회, 「적대적 M&A 방어수단 관련연구」, 2008. 9., 64~65면.

128) 박철영, "종류주식의 확대와 주주간 이해조정", 「상사법연구」 제24권 제2호(2005), 65면.

129) 이형규, 전게논문, 134~135면.

직하다고 본다. 그러나 벤처기업이나 합작회사 등에서 황금주가 활용되기 위해서는 상법에 그 근거조항을 두면서 이를 도입할 수 있는 회사의 범위를 비상장회사로 제한하는 것이 바람직할 것이다.

2. 법리적 검토

(1) 종류주주간 이해관계의 조정

황금주를 발행하는 경우 종류주식으로서 발행되므로 각 종류주식의 권리내용이 상이함에 따라 주주간 이익충돌의 문제가 발생한다. 이러한 이익충돌은 회사경영의 교착상태를 초래할 수 있으므로 적절한 해결책이 필요하다. 이러한 문제를 해결하는 방식은 사전적인 것과 사후적인 것으로 구분할 수 있다. 사후적인 수단으로서 주식매수청구권의 확대, 지배주주의 신인의무(fiduciary duty) 도입(미국 및 독일), 영국 회사법상의 종류주주의 주주총회결의 취소청구권 등을 생각할 수 있다. 그러나 이러한 수단들은 법원에 사후적으로 청구할 수 있는 수단이며, 부정행위(misconduct)나 불공정한 권리침해(unfair prejudice)를 요건으로 하기 때문에 종류주주의 보호수단으로 충분하지 아니하다.[130] 반면 사전조정은 정관의 규정(상법 제344조 제3항)과 종류주주총회(제435조 및 제436조)에 따르도록 하고 있으나, 이러한 수단은 종류주식이 다양화됨에 따라 이익충돌의 해결에 한계가 있다. 그 이외에 이사의 충실의무나 거부권에 의해 종류주주간 이해를 조정하는 방안을 검토할 수 있다.

일반적으로 정관을 변경하기 위해서는 우선 주주총회의 특별결의가 있어야 한다(상법 제433조 제1항, 제434조). 또한 정관의 변경이 어떠한 종류주식의 주주에게 손해를 미칠 우려가 있는 때는 그 종류의 종류주주총회 결의를 요한다(상법 제435조 제1항). 기업구조조정의 경우에도 마찬가지이다(제436조). 이 때 '어떠한 종류의 종류주주에게 손해를 미칠 우려가 있는 때'를 평가하는 것은 전통적인 우선주식을 염두에 두면 비교적 쉽다. 즉, 손해를 미칠 우려가 있는 경우인가 여부를 판단하는 기준으로서 전통적인 우선주식을 중심으로 하는 종류주식을 염두에 두고, 종류주주의 권리가 직접 불이익을 입는가 또는 종류간에 비율적인 권리관계에 불이익이 미치는가 등을 판단기준으로 하는 것이다. 그러나 종류주식에 있어서 종류의 구성요소가 우선주식을 넘어서 다양화됨에 따라 이러한 판단기준에 의해서 '손해가 미칠 우려가 있는가'를 판단하는 것은 쉽지 않게 되었다.[131]

130) 박철영, 전게논문, 68~70면.

(2) 주주평등의 원칙과 황금주[132)]

현행 상법상 주주평등의 원칙은 주주가 가지는 지주수에 따른 비례적 평등을 의미하며, 주식평등의 원칙을 말한다. 주식평등의 원칙은 모든 주식에 대하여 평등하게 대우하는 것이 아니라 같은 종류의 주식에 대하여 동일하게 대우하는 상대적 평등을 말한다. 주식평등의 원칙은 민법의 신의성실의 원칙처럼 상법의 기본이념 중의 하나로 이를 위반한 정관변경, 주주총회 결의, 이사회 결의, 이사의 업무집행 등은 원칙적으로 무효로 보는 등 엄격한 강행규범의 하나로 보고 있다.[133)] 황금주를 도입하였던 2006년 상법개정안[134)]에서도 주주평등의 원칙에 대해서는 특별한 규정을 두고 있지 않았다.

2011년 개정상법의 경우 자본조달의 유연화 등을 위하여 종류주식을 다양화하고 있는데, 종류주식을 주주평등원칙의 예외로 보아야 하는지 아니면, 주주평등의 원칙에 포함되어 주식의 '내용'에 따라 평등하게 취급하는 것으로 해석하여야 하는지 여부가 문제된다. 일본의 경우 회사법 아래에서 종류주식제도는 회사법 제109조 제1항이 정한 주주평등의 원칙의 예외가 아니라, 주식의 내용에 따라 평등하게 취급하는 것으로 해석하는 것이 일반적이다.[135)] 우리나라도 주주평등의 원칙을 명문으로 규정하고 있지 않지만 회사법의 기본원칙으로 인정하고 있으므로 일본과 같이 해석할 수 있을 것이다.

그러나 2011년 개정상법이나 일본 회사법은 '주식의 내용'을 법정하고 있으며, 법정의 종류내용 이외의 새로운 종류주식을 창출하는 것은 인정하지 않는다.[136)] 따라서 종류주식제도가 주주평등의 원칙의 예외인지 여부는 표현의 문제에 불과하다.[137)] 개정상법이나 일본 회사법은 '주식의 내용' 그 자체를 어떻게 정하여야 하는가에 대하여 특별히 규정하고 있지 않지만, 주식의 내용이 회사법상의 규제를 잠탈하는 경우에는 일정한 제한이 가해지는 것으로 해석한다.[138)]

---

131) 山下友信, "種類株主間の利害調整－序說", 「會社法と商事法務」, 商事法務, 2008, 83～84面.

132) 김순석, "종류주식의 다양화와 자금조달의 유연성에 관한 법적 쟁점 분석", 「상사법연구」 제27권 제2호(2008), 34면.

133) 이철송, 회사법강의, 308면.

134) 전술한 제2장 Ⅶ. 2., 3. 참조.

135) 森本 滋, "會社法の下における株主平等原則", 「商事法務」 第1825号(2008), 8面; 前田 庸, 「會社法入門[第12版]」, 有斐閣, 2009, 88面.

136) 江頭憲治郎, 株式會社法, 127面.

137) 森本 滋, 前揭論文, 8面.

138) 弥永眞生 外 3人, 「新會社法實務相談」, 商事法務, 2006, 59面; 葉玉匡美, "議決權制限株式を利用した買收防衛策", 「商事法務」 第1743号(2005), 30面.

주주평등의 원칙은 황금주 제도에서 정관자치의 제약원리로서도 기능하며, 종류의 특성과 무관한 자의적인 차별취급은 주주평등의 원칙에 위반한다고 해석하는 것이 합리적이다. 황금주의 구체적 내용에 대해서는 정관 내지 회사자치가 인정되지만 주주평등의 원칙으로부터 제약을 받는다.[139)][140)]

황금주 제도 아래에서도 주주의 이익을 부당하게 침해하는 차별적 조항은 주주평등의 원칙에 근거하여 위법무효이다. 황금주에 관한 행사조건은 종류주식의 '내용'이며(일본회사법 제108조 제2항 제3호 ロ), 주주가 가지는 주식(의결권) 수가 일정비율 미만인 것을 당해 주주의 의결권행사의 '조건'으로 할 수 있다는 견해도 있다.[141)] 그러나 이 경우에도 주주평등의 원칙의 이념으로부터 제약이 가해지며, 합리적인 이유가 있는 경우에 예외적으로 인정되는데 불과하다고 해석하여야 할 것이다.[142)]

(3) 상장문제

미국의 경우 임원임면권부종류주식은 폐쇄회사를 상대로 발행되기 때문에 상장을 전제로 하지 않는다(RMBCA 제8.04조). 거부권부종류주식의 경우에도 일반적으로 폐쇄회사에서 주주간 계약의 형태로 이용되기 때문에 상장하기에는 부적합하다(RMBCA 제7.32조).

일본은 2006년 3월 동경증권거래소 상장규정에서 상장종목에 관하여 주주의 권리내용 및 그 행사가 부당하게 제한되고 있다고 판단하는 경우에는 6개월 이내에 그 상태가 해소되지 않는 때에는 당해 종목의 상장을 폐지할 수 있도록 규정하고 있다(상장폐지기준 제2조 제1항 제7호). 상장폐지기준의 대상 중 하나로서 거부권부종류주식의 발행을 열거하고 있다. 즉, 거부권부종류주식 중 이사의 과반수의 선해임 기타 중요한 사항에 대해서 종류주주총회의 결의를 요하는 주식의 발행에 관한 결의 또는 결정을 하는 경우에는 상장폐지된다.

다만 회사의 사업목적, 거부권부종류주식의 발행목적, 배정대상자의 속성 및 권리내용 기타 조건에 비추어서 "주주 및 투자자의 이익을 침해할 우려가 적다"고 동경증권거래소가 인정하는 경우에는 예외적으로 거부권부종류주식의 발행은 허용된다. 이 요건에 해당할 수 있는 경우로서는 민영화기업이 거부권부종류주식

139) 南保勝美, 前揭論文, 352面 以下; 野村修也, "新會社法の意義と問題點－株式の多樣化とその制約原理", 「商事法務」第1775号(2006), 32面 以下.

140) 森本 滋, 前揭論文, 8面.

141) 葉玉匡美, 前揭論文, 30面.

142) 江頭憲治郎, 株式會社法, 128面 註7); 森本 滋, 前揭論文, 9面.

을 국가에 배정하는 것을 생각할 수 있지만, 실제로는 각각의 구체적인 사안에 따라 판단하게 된다. 또한 상장회사가 신규로 거부권부종류주식을 발행하는 때에는 기존 일반주주의 이익이 침해될 우려가 크기 때문에 허용되기 어렵다.

또한 지주회사[143]인 상장회사의 주요한 사업을 수행하고 있는 자회사가 거부권부종류주식 또는 이사선임권부종류주식을 상장회사 이외의 자에게 배정하여 발행하는 경우는, 상장회사 자체가 당해 배정처에 대해서 거부권부종류주식을 발행하는 것과 동일한 효과가 예상된다. 따라서 이러한 경우에 동경증권거래소가 당해 종류주식의 발행이 그 상장회사에 대한 매수를 곤란하게 하는 방어책이라고 인정하는 때는, 그 상장회사가 중요한 사항에 대해서 종류주주총회의 결의를 요하는 취지의 정함이 있는 거부권부종류주식을 발행하는 것으로서 취급한다.[144]

또한 상장회사가 매수방어책을 도입함으로써 "주주의 권리내용 및 그 행사가 부당하게 제한되고 있다고 동경증권거래소가 인정하는 경우"에 해당하면, 상장회사가 당해 매수방어책을 발동시키는 때는 상장폐지기준이 적용되는 것으로 취급한다(상장폐지기준 1(14)c).[145]

우리나라의 경우 아직 황금주가 상법상 도입되어 있지 않더라도 이미 도입된 종류주식의 상장 문제에 대해서는 규정보완이 필요할 것이다.

3. 2006년 상법개정안상의 황금주 관련 조항

2006년 상법개정안은 특정한 사항에 대해 거부권를 갖는 종류주식(개정안 제344조의4) 임원임면권에 관한 종류주식(개정안 제344조의5)을 도입하였으나 입법화되지 못하였다. 이에 대해서는 이미 기술하였으므로 생략한다.[146]

Ⅴ. 소결

황금주는 국가별로 그 개념과 성격이 다르고 이를 운영하는 목적과 방식에도 차이가 있음을 알 수 있다. 영국을 비롯하여 유럽에서 발달한 황금주는 주로

143) 「사적독점금지 및 공정거래의 확보에 관한 법률」 제9조 제5항 제1호에 규정하는 지주회사 중 국내회사 기타 이에 준하는 것으로서 동경증권거래소가 적당하다고 인정하는 국내회사를 말한다.

144) 그 때문에 지주회사인 상장회사는 그 자회사가 거부권부종류주식 또는 이사선임권부종류주식을 상장회사 이외의 자에게 배정하는 방식으로 발행하는 경우에는 곧바로 동경증권거래소에 통지하여야 한다(적시공시규칙취급 5(5)m).

145) 飯田一弘, "買収防衛策の導入に係る上場制度の整備", 「商事法務」 第1760号(2006), 21～22面.

146) 전술한 제2장 Ⅶ.2.3. 참조.

국가기간산업을 민영화하는 과정에서 공공정책이나 공공안전을 목적으로 국가가 해당기업에 대하여 어느 정도의 통제권을 유지하기 위하여 발전된 제도이다. 그러나 EC조약에 의하여 자본이동의 자유와 기업설립의 자유가 중시됨으로써 유럽의 황금주 제도는 대부분 유럽법원에 의해 EC조약에 위반하는 것으로 판결되고 있다. 단지, 벨기에의 황금주 사건에서 나타난 것처럼 투명한 절차를 거치고, 사전적 승인이 아닌 사후에 반대하는 방식을 채택하며, 이사회의 결정이 정부의 정책목표에 반하는 경우에만 제한적으로 간여하도록 하면서 사법적 심사를 보장하는 경우에는, 비례성의 원칙을 충족하여 EC조약의 위반이 아니라고 판결하였다. 따라서 향후 유럽의 황금주는 벨기에 사건을 모델로 하여 매우 제한적이고 투명하게 운영될 것으로 보인다.

반면 미국은 이사임명권에 관하여는 RMBCA에서 규정하고 있으나, 거부권부종류주식에 관해서는 주주간 계약에 위임하고 있다. 미국은 오히려 복수의결권주식(또는 차등의결권주식)이 발달하여 유럽의 황금주 역할을 하고 있다고 볼 수 있다. 일본은 거부권부종류주식과 임원임면권부종류주식을 도입하였으나, 복수의결권주식에 대해서는 직접적으로 규정하지 않았다. 그러나 단원주 제도를 통하여 실질적으로 복수의결권주식과 유사한 기능을 수행하도록 하고 있다.

우리나라의 경우 2006년 상법개정안에서 거부권부종류주식과 임원임면권부종류주식을 도입하였으나, M&A에 대한 방어효과가 너무 강하여 경영권을 고착화할 우려가 있다는 이유 등으로 인하여 개정안에서 삭제하였다. 2008년 신정부 출범이후 적대적 M&A에 대한 방어수단을 확충한다는 취지에서 포이즌필 등 방어수단에 대한 검토가 다시 이루어졌으나 입법이 보류되었다.

우리나라는 1997년 이후 외환위기를 극복하는 과정에서 자본시장의 개방이 급속하게 이루어졌으며, 그 결과 M&A에 대한 공격과 방어수단이 제도상 불균형을 이루고 있다는 지적이 많다. 실무계에서는 현실적으로 M&A를 방어하는 기업이 동원할 수 있는 수단이 더 많고 유리한 입장에 있기 때문에 추가적인 방어수단은 불필요하다고 주장한다. 즉, 회사의 경영상 목적을 달성하기 위하여 필요한 경우에 신주를 제3자에게 배정할 수 있다는 상법 조항(제418조 제2항 단서)을 법원이 매우 광범위하게 인정하는 경향이 있으며, 대주주의 소유지분율이 높고 우호적인 기업을 통한 경영권 방어가 용이하다는 것이다.[147)]

그러나 황금주는 적대적 M&A에 대한 방어수단으로서의 기능 뿐만 아니라

147) 증권거래법학회, 전게보고서, 17면.

벤처기업이나 합작기업의 지배구조나 자금조달의 유연성을 확보할 수 있는 수단으로도 활용되고 있다. 따라서 황금주의 남용을 방지할 수 있는 수단을 보완하면서 국가기간산업과 폐쇄회사에 한하여 제한적으로 허용하는 입법은 필요하다고 본다.

황금주의 남용을 제한하기 위하여 지배주주에게 충실의무를 부과하고 이를 위반한 경우 회사나 주주에게 손해배상책임을 부과하는 방안을 검토할 필요가 있을 것이다. 또한 황금주는 폐쇄회사에 대해서만 허용함으로써 상장하지 못하도록 하여야 한다. 이를 위해서는 한국거래소의 유가증권시장상장규정 및 코스닥시장상장규정 등을 통하여 규제하는 것이 바람직하다고 본다. 국가기간산업에 종사하는 업체의 경우 특별법에 의해 황금주 발행을 허용하고, 상장문제는 국가 정책적인 측면에서 일반적인 폐쇄회사와는 별개로 검토하여야 할 것이다.

제 5 장

무액면주식

5

무액면주식*

Ⅰ. 서설

우리 상법은 1962년 제정 이래 액면주식제도만을 유지해 오다가 2011년 상법개정으로 50년 만에 무액면주식 제도를 도입하였다. 무액면주식은 액면이 없는 주식, 즉 주권에 단지 그 표창하는 주식의 수만이 기재되고 액면주식의 권면액에 해당하는 금액은 기재되지 않는 주식이다. 무액면주식 제도는 미국에서 발달한 제도로서 일본은 1950년 상법개정을 통하여 도입하였다. 원래 미국의 무액면주식에는 기재식무액면주식(stated value no-par stock)[1]과 진정무액면주식(true no-par stock)의 두 가지가 있었다. 기재식무액면주식은 주권에는 권면액의 기재가 없지만 정관에서는 권면액을 정하고 그 금액 미만의 가액으로 발행할 수 없으며, 또한 발행가액 중 그 금액이 자본에 전입되어야 한다. 따라서 액면주식과의 차이는 주권에 권면액의 기재가 없다는 점뿐이므로, 실질적으로는 액면주식과 다르지 않는 주식이다. 반면 진정무액면주식은 주권은 물론 정관에도 권면액에 해당하는 금액의 기재가 없는 주식이다.[2]

2011년 4월 개정상법은 무액면주식을 발행하면 액면주식을 발행할 수 없도록 함으로써(제329조 제1항) 두 제도 중 기업들이 한 가지만을 선택할 수 있도록 규정하고 있다.[3] 기존의 액면주식 제도는 채권자를 보호하는 기능이 없고, 주주간 형평성을 유지하는 기능은 회사를 설립하는 때에만 제한적으로 발휘되는데 비하여 제도를 유지하는데 상당한 비용을 초래하였다. 또한 회사의 경영상태가 부진할 경우 액면미달발행이 허용되지 않아 자금조달을 어렵게 한다는 점도 문

---

* 이 장은 "무액면주식 제도 도입에 따른 법적 쟁점", 「저스티스」 통권 제127호(한국법학원, 2011), 171～ 203면을 수정 · 보완한 것이다.

1) 또는 준무액면주식(quasi no-par stock)이라고도 한다.

2) 上柳克郎 · 鴻常夫 · 竹內昭夫, 新版注釋會社法(3) 株式(1), 有斐閣, 1986, 19面(松岡誠之助 執筆).

3) 「자본시장 및 금융투자업에 관한 법률」(이하 "자본시장법"이라 한다)에 의하여 설립되는 투자회사의 주식은 무액면 기명주식으로 발행하여야 한다(동법 제196조 제1항).

제로 제기되었다.[4] 이에 따라 무액면주식 제도를 도입하게 되었는데, 급격한 변화로 인한 혼동을 우려하여 액면주식 제도와 함께 존치시키면서 기업들이 선택할 수 있도록 하고 있다.

이 장에서는 무액면주식 제도의 효용과 그 장단점을 분석한 후, 주요국의 무액면주식 제도를 고찰한다. 또한 2011년 개정상법에서 도입된 무액면주식의 법률관계와 전환절차를 논의하며, 개정상법의 문제점 및 보완방안을 제시하고자 한다.

Ⅱ. 무액면주식 제도의 효용과 장단점

1. 무액면주식의 효용

주식은 회사의 그때그때에 있어서 자산상황과 총주식수에 대응한 시장가격을 갖게 된다. 설립시에도 회사사업의 경제적 가치를 예측하여 주가가 형성된다. 주식의 발행가액은 시장가격을 기준으로 정해지는 것이 원칙이다. 액면주식에 있어서도 그 시가는 권면액과는 관계 없이 형성되어 변화하므로 권면액의 존재는 주식의 경제적 가치에 관하여 오히려 일반의 오해를 불러일으킬 우려가 있다. 이 점에서는 무액면주식이 오히려 합리성이 있다. 액면주식의 경우 액면미만의 발행가액에 의한 주식발행은 극히 예외적인 경우를 제외하고(제417조) 원칙적으로 허용되지 않는다(제329조 제1항). 그러므로 주가가 하락하여 액면금액 이하로 된 때, 따라서 가장 자금이 필요할 때에 신주발행에 의해 자금을 조달하는 데에 장해가 있다. 그러나 이 경우 무액면주식을 인정하면 자금조달을 용이하게 하고, 실질적으로는 액면주식의 권면액 인하를 보다 탄력적으로 허용한 것과 마찬가지의 효과가 생긴다. 이 점에 무액면주식의 실제상 유용성이 있다.

무액면주식제도는 이러한 이유에서 채택되지만 법률적으로는 수권자본제도와 아울러 회사의 자금조달의 편의를 도모하는 데에 중요한 의미가 있다. 무액면주식이 인정되는 이론적 근거는 주식이 회사에 대한 균등한 비율적 지위라는 데에 있다. 주식의 균등성을 전제로 하는 한, 주주의 지위는 회사의 총주식수에 대한 주주의 지분비율에 의해서 표창되므로, 자본에 대한 지분의 주금액의 비율로 표시할 필요가 없기 때문이다. 따라서 더욱이 액면주식에 있어서도 주금액의 균일성이 요구된 결과(제329조 제2항), 주식이 균등한 비율적 지위를 나타내는 것

4) 김건식 외 6인, 21세기 회사법 개정의 논리－2006년 법무부 상법개정작업 기초실무 자료(기업재무편)－, 도서출판 소화, 2007, 167면.

에는 변함이 없으므로 액면주식과 무액면주식의 병존도 인정될 수 있다.

액면주식이 여러 국가에서 일반적으로 채택되었던 것은 액면주식은 권면액을 표준으로 하여 법률관계를 명확하게 하는 장점이 있기 때문이다. 권면액은 최저발행가액, 즉 최저출자액으로 됨과 동시에 자본금의 구성단위로 되며, 이것에 의해 자본충실을 위한 제약적 작용을 완수하게 된다. 더욱이 실무상으로는 배당률의 표시나 투자수익률 계산의 기준으로도 이용된다. 그러나 이러한 권면액이 있다는 점은 동시에 액면주식의 단점으로도 된다. 우선 권면액은 적어도 그것만의 금액이 출자되었다는 과거의 사실을 나타내는데 그치며, 주식의 경제적 가치는 회사의 재산상태 · 예상수익력 · 일반적 신용이나 상황 등에 의해서 좌우되는 것이기 때문에, 그런 의미에서는 기술한 것처럼 무액면주식이 합리적이라고 할 수 있다. 또한 액면주식의 경우 권면액이 발행가액의 최저한도로 되는데 비하여, 이러한 제약이 없는 무액면주식은 자금조달의 측면에서도 편리한 경우가 많다. 그 외에도 액면주식에는 주금총액이 자본금의 최저한도액으로 되지만, 권면액이 없는 무액면주식에는 이러한 자본금과의 견련관계가 생기지 않으므로, 자본금의 증감과 주식수의 증감을 각각 별개로 할 수 있다. 따라서 자본감소, 합병 등에 의한 자본의 변경이나 주식의 분할 · 병합에 의한 주식수의 변경이 탄력적으로 이루어지게 된다. 그러나 무액면주식에도 결함이 없는 것은 아니다. 액면주식에서 권면액과 같은 기준이 되는 금액이 없기 때문에 특히 발행가액을 결정할 때 불공정이 생기기 쉬우며, 또한 그 자본구성에 대해서 타당하지 않은 결정이 이루어질 우려가 있다.[5] 그래서 이 점에 대처하기 위해 상법은 무액면주식의 자본구성에 대하여 일정한 제한(제451조 제1항, 제2항)을 두는 이외에, 불공정한 발행가액의 결정에 대해서는 이사의 책임을 인정하고(제382조의3, 제399조 제1항), 또한 이사와 통모한 주식인수인에게도 책임을 인정하고 있다(제424조의2 제1항).[6]

2. 무액면주식 제도의 특질

액면제도의 의의는 주주유한책임제와 관련하여 주로 채권자보호 이념으로 규정된 다음의 기본원칙에 있다. 즉, 첫째, 액면액은 주주의 출자의무의 최소한을 결정한다. 둘째, 액면액은 회사 자본의 구성단위로서 회사 자본의 액을 결정하고

5) 특히 미국의 몇몇 주처럼 발행가액 중 자본전입분과 납입잉여금의 배분을 이사회 결정에 위임하고, 그 위에 납입잉여금의 배당을 인정하는 때에는 '무액면주식은 무자본으로 도입한다'는 폐해를 초래할 위험이 크다.

6) 上柳克郎 · 鴻常夫 · 竹內昭夫, 前揭書, 20~21面.

자본유지원칙의 기초가 된다. 셋째, 주주유한책임의 원칙은 액면금액을 한도로 하여 적용된다.[7] 환언하면, 액면제는 자본충실 · 유지의 원칙에 관한 이사 · 주주 · 채권자의 권리의무 관계를 규제하는 일률적으로 강제적인 기준이다.

따라서 무액면주식은 주식 권면상의 액면을 폐기함으로써 이처럼 일률적으로 강제적인 기준을 제거하는 것이며, 그로부터의 해방 내지 자유를 의미한다. 그 법률상 효과는 이사 권한의 관점에서 보면, '주식발행대가결정의 자유'(절대적 최저 발행가액의 폐기) 및 '자본구성(법정자본금 결정)의 자유'이다. 이러한 두 가지 점이 동 제도의 핵심이다.[8] 무액면주식 제도는 이사의 권한강화와 자유재량권의 확대를 가져오는 회사법 자유화의 일환이다. 수권자본제도 등과 함께 미국 회사법에 '자본활동의 탄력성', '자본에 관한 법칙의 탄력성'이라는 특색을 부여하고 있다고 할 수 있다.

주식발행대가 결정의 자유 측면에서 보면 발행대가의 결정권한은 통상 정관규정에 의해 이사회에 수권되기 때문에, 수권자본제에 근거하여 주식발행자유의 권한과 함께 발행대가결정의 자유재량권이 이사에 속하게 되었다. 이 점을 주주의 납입책임(출자의무) 측면에서 보면, '액면'(=발행대가의 절대적 최소한) 이라는 제약의 배제이므로, 납입책임은 이사와 주식인수인과의 계약 자유에 속하는 사항으로 되었다.[9]

또한 무액면주식은 이사에게 법정자본금 결정의 자유(자본금이나 잉여금으로 분할하는 자유)를 부여한다. 주식회사법 제도상의 법정자본금(legal capital)은 주주유한책임제의 특혜에 대응한 것으로서 채권자 보호 이념으로부터 채무변제의 '담보기금', '신탁기금'이라는 의의를 가진 자본유지원칙의 기초가 되었다. 주식의 액면은 법정자본금 구성상 계산단위로서 의의를 가지고 있지만, 그 폐지의 법률상 효과는 법정자본금 결정의 자유 즉, 주주출자액의 자본금 · 잉여금으로의

7) 高島文雄, "無額面株式(No-Par Stock)の觀念及價値(一)", 「法學協會雜誌」 第48卷 第10号(1930), 82面.

8) 무액면주식제도의 논의에서 특히 염두에 두어야 할 점은 회사법의 범위에서 나타나는 주식액면 제거의 주된 영향은 i) 주식발행대가 결정의 자유, ii) 자본구성의 자유, iii) 액면금액의 심리적 영향 등 세 가지에 있다는 것이다(高島文雄, 前揭論文, 70面). 무액면주식제도에 관한 도입초기 미국의 주요 문헌으로는 Adolf A. Berle, Studies in the Law of Corporation Finance, 1928, Chapter Ⅳ. Non-Par Stock and Control of Participation Rights; James C. Bonbright, "The Dangers of Shares Without Par Value", 24 Col. L. Rev. 449 (1924) 등이다. Guthmann과 Dougall도 이 제도의 특징을 '발행가격의 자유'와 '배당지급의 자유'로 파악하고 있다(H.E. Guthmann & H.E. Dougall, Corporate Financial Policy, 1940, pp. 92-96).

9) Adolf A. Berle, op. cit., pp. 65-68.

분할의 자유를 초래한다. 기재식 무액면주식의 경우에는 표시가액에 발행주식수를 곱한 총액이 법정자본금을 구성하지만, 진정무액면주식의 경우에는 일반적으로는 이사에게 법정자본금 결정의 자유가 존재하게 된다.[10)]

3. 무액면주식 제도의 장·단점

(1) 무액면주식 제도의 장점

1) 회사의 측면 회사의 입장에서 볼 때 무액면주식 제도의 가장 큰 장점은 첫째, 회사의 경영상태가 악화되어 주가가 액면금액에 미치지 못하더라도 액면금액 이하로 신주를 발행할 수 있다는 점이다. 반면 액면주식 제도를 취할 경우에는 원칙적으로 액면미달 발행이 금지되고(제330조), 회사 성립 후 2년이 지난 다음 주주총회 특별결의와 법원의 인가를 거쳐 허용되므로 그 절차가 까다롭다(제417조). 따라서 이러한 상황에 처한 기업으로서는 무액면주식제도를 활용하면 자금조달이 더 용이할 것이다.[11)]

둘째, 무액면주식을 발행하는 경우 이사회가 발행가액을 결정하고, 그 중 자본금과 자본준비금으로 할당하는 비율을 정할 수 있다. 따라서 회사의 재무전략에 탄력성을 기할 수 있고, 자본준비금을 통하여 결손전보 등을 함으로써 기업구조조정을 원활하게 할 수 있다.

셋째, 주식분할이나 주식병합의 경우 액면주식 제도 아래에서는 액면금액이 변동하므로 주주총회 특별결의를 거쳐 정관을 변경해야 하고 신주권을 교부하는 등 절차가 복잡하다. 그러나 무액면주식 제도 아래에서는 액면금액을 변경할 필요가 없으므로 정관변경이 불필요하고, 주권에 액면금액의 기재가 없으므로 신주권을 발행할 필요가 없다.[12)]

넷째, 액면주식을 채택하는 기업이 자본감소를 하는 경우 자신들이 보유한 주식의 액면총액이 감소하므로 반대하는 등 저항이 일어난다.[13)] 그러나 자본이 감소하더라도 자본금에 대한 주식의 비율적 지위에는 변동이 없다. 무액면주식의

10) Id., pp. 68-69; Henry W. Ballantine, Ballantine on Corporations, rev. ed., 1946, p. 480; 西田博, "米國無額面株式制度展開の一考察 - 『株式水增』問題との關連において -", 「經營硏究」 第30卷 第5·6号(1980), 263~266面.

11) 무액면주식제도의 장단점에 관해 자세히 소개문헌으로는 장지석, "무액면주식에 관한 법적 고찰", 연세대학교 대학원 법학박사논문(1990), 63~83면 참조.

12) 국회 법제사법위원회, 상법 일부개정법률안 심사보고서, 2010. 3. 10, 47면.

13) 주주들은 액면가치와 주식의 가치를 관련시키려는 경향이 있다. 자본감소를 하는 경우 주주는 자신이 보유하는 주식의 액면총액이 감소하므로 회사의 자본감소에 반대하기 쉽다.

경우에는 액면금액이 존재하지 않으므로 주주들이 자본감소에 합리적으로 대응하게 된다.[14)]

2) 주주의 측면 주주의 측면에서 장점으로는 첫째, 무액면주식은 물탄주식(watered stock)의 경우처럼 주식인수인에 대하여 책임을 물을 수 있는 여지를 제거한다. 무액면주식은 회사 자본금에 대하여 주주가 가지는 지주수의 비율로 그 가치가 평가되므로 과대평가로 인한 책임문제가 발생하지 않는다.

둘째, 주주가 액면금액에 대해 가지는 오해를 방지할 수 있다. 무액면주식은 액면금액이 표시되지 않으므로 투자자가 주식의 본질가치에 대하여 관심을 갖게 된다. 실질적 경제가치와 관계가 없는 액면금액에 어떠한 경제적 의미가 있는 것처럼 실무상 취급되는 폐해[15)]도 방지할 수 있다. 무액면주식 제도 아래에서는 기업의 재무제표가 투자판단에 중요한 역할을 하게 되므로 기업회계의 투명성이 중요하게 된다. 주식은 자본의 지분으로 구성되지만, 실제로 주식은 회사재산의 지분이다. 회사의 순자산액은 통상 자본금과 일치하지 않는다. 더욱이 순자산액이 서로 대등한 기업의 경우에도 장래의 수익이나 발전 가능성에 따라 시장에서 다르게 평가된다. 그러므로 액면금액은 투자판단에 오히려 혼선을 주는 측면이 있으나, 무액면주식은 기업의 지분가치를 액면금액으로 판단할 수 없다는 점을 투자자에게 인식시키는데 도움이 된다.[16)]

회사채권자의 측면에서는 기업구조조정 과정에 있는 기업이 주가가 액면금액에 미달할지라도 자금을 조달할 수 있는 여지가 있게 됨에 따라 회사채권의 변제 가능성이 높아져서 채권자에게도 유리하다. 또한 이러한 신주발행이 성공하면 파산되기 보다는 기업이 회생할 가능성이 높아지고, 채권의 회수 가능성도 높아지게 된다.

(2) 무액면주식 제도의 단점

회사의 입장에서는 무액면주식 제도를 도입하면 기업의 평판이 나빠질 우려가 있다는 점이 가장 큰 단점이다. 이는 1950년 무액면주식 제도를 도입하여 2001년까지 액면주식과 무액면주식 제도를 동시에 운영하였던 일본의 경험에서

---

14) 국회 법제사법위원회, 앞의 보고서, 47면.

15) 액면금액의 폐해로는 예컨대, 이익배당을 액면금액에 대한 비율로 표시한다거나, 폐쇄형 회사의 주식양도가 실질적 경제가치와 무관하게 액면금액을 양도가격으로 하여 이루어지는 경향이 있었다(江頭憲治郎, 株式會社法[第4版], 有斐閣, 2011, 123面 註) 4).

16) Jahr/Stützel, Aktien ohne Nennbetrag, 1963, SS. 17-26; 小林量, "無額面株式制度に關する一考察(一),「民商法雜誌」第89卷 第1号(1983), 30面.

잘 나타난다. 그 당시 회사가 무액면주식을 발행하면 기업의 영업상태나 재무적인 측면에서 문제가 있는 것으로 시장에서 평가되어 기업의 평판이 나빠진다는 점이 가장 큰 걸림돌이었다. 이에 따라 일본에서는 2001년 이전까지 무액면주식 제도를 채택하였던 기업이 극소수이었다. 또한 미국은 주법에 따라 매우 다양한 입법례를 선택하고 있지만, 액면주식과 무액면주식 제도를 동시에 채택하고 있는 주법의 경우 세제상 불리한 취급 등으로 인하여 무액면주식 제도가 활성화되지 않고 있다. 2011년 우리나라 개정상법은 독일처럼 액면주식과 무액면주식 중 하나를 기업이 선택하도록 하고 있지만, 우량한 기업이 무액면주식 제도로 전환할 유인이 없기 때문에, 동 제도는 기업구조조정 과정에 있는 기업들에게 극히 제한적으로 활용될 것으로 예상된다.

주주의 측면에서는 주식사기가 우려된다. 무액면주식의 가치는 자본금에 대한 비율적인 지분금액이므로, 회사 계산서류의 정확성이 담보되지 않으면 투자자가 주식가치를 정확하게 파악할 수 없어 주식사기의 위험이 존재한다. 또한 발행가액 중 일부를 준비금으로 전입하고 이를 이익배당에 활용하면 이익배당이 불규칙해지고 투기적 요소가 나타날 수 있다.[17)]

회사채권자의 입장에서는 담보재산이 유동적이어서 예상하지 못한 손해를 볼 우려가 있다. 이사회가 발행가액의 결정, 그리고 발행가액 중 어느 정도의 비율로 자본금과 자본준비금에 할당할 것인지에 대하여 재량권을 가진다. 이에 따라 회사 채권의 담보적 기능을 하는 자본금이 이사회에 의해 좌우되므로 채권자의 입장에서는 담보재산의 안정성이 저해된다.

Ⅲ. 주요국의 무액면주식 제도

무액면주식은 미국에서 시작된 제도이며, 미국에는 현재 일본과 마찬가지로 무액면주식만을 인정하는 주(캘리포니아주 등)도 있다. 그러나 많은 주는 액면주식의 존재를 인정하며, 실무상 권면액이 1달러에 미달하는 명목적 액면주식(nominal par value shares)이 많이 사용되고 있다. 실질은 무액면주식에 가까운 액면주식의 이용이 많은 이유는 주에 따라 이것이 과세상 유리한 점에 있다고 할 수 있다.[18)] 유럽국가에서는 전통적으로 무액면주식이 이용되지 않으며, 독일, 프

17) 장지석, "무액면주식제도 도입론", 「상장협」 제48호(2003), 241면.

18) 小林量, "無額面株式制度に關する一考察(二・完)", 「民商法雜誌」 第89卷 第2号(1983), 174面.

랑스는 1998년에 무액면주식을 도입하였지만(독일주식법 제8조 제3항, 프랑스상법 제228-8조), 영국에서는 특수한 기업형태 등의 예외를 제외하고는 무액면주식의 발행은 인정되지 않는다(영국회사법 제542조).[19] 1950년 무액면주식 제도를 도입한 일본 이외에 캐나다, 멕시코, 벨기에 및 리히텐쉬타인에서 무액면주식 제도를 채택하고 있다.[20]

1. 미국

무액면주식은 1912년 뉴욕주회사법에서 최초로 도입되었다. 그 이후 네브라스카주와 노스 다코다 주 등 극히 예외적인 경우를 제외하고[21] 거의 모든 주가 무액면주식의 발행을 허용하고 있다.[22] 무액면주식은 달러로 명목적인 가액이나 액면가액이 표시되지 않으며, 무액면주식의 지분은 가치에 의해 측정되는 자본금에 대한 비율적 지분을 나타내는 것은 아니며, 발행회사의 발행주식총수 중 차지하는 비율을 나타낼 뿐이다.

무액면주식제도는 미국의 대부분의 주에서 물탄주식(watered stock)[23]의 문제를 해결하기 위하여 등장하였다. 무액면주식의 발행을 허용하는 법률의 정책적 목적은 회사와 체결한 인수계약의 경우를 제외하고, 주주가 회사채권자에 대하여 책임을 부담하는 위험을 제거하기 위한 것이다.[24] 회사가 발행한 주식에 대하여 액면금액 이하의 대가를 지불하거나 전혀 대가를 지불하지 않은 경우에는 당해 주식은 물탄주식 또는 가장납입주식(fictitiously paid up stock)으로 불린다. 물탄주식에 대한 책임은 특혜나 보너스 또는 과대평가된 재산, 노무나 서비스에 대하여 주식이 발행된 때에 발생한다. 또한 이 책임은 주식교환이나 합병 또는 구조조정 등으로 인하여 영업이 다른 회사로 이전할 때에도 발생한다. 반면 자본재편,

---

19) 江頭憲治郎, 前掲書, 121面.

20) Coing-Kronstein, *Die nennwerlose Aktie als Rechtsproblem*, 1959, S. 13 u. 104 ff.; 中村武, "比較無額面株制度論", 「法學新報」 第67卷 第3号(1960), 1面 以下; 松岡熊三郎, "額面株式と無額面株式", 株式會社法講座Ⅱ, 有斐閣(1956), 523面.

21) N.D. Cent. Code §§ 10-19.1-61.2.c., 10-19.1-01.4(모든 주식은 정관 등에 다른 규정이 없는 한 1주당 1센트의 액면가치를 가진다).

22) ABA Section of Business Law, Model Business Corporation Act Annotated, 4th ed., vol. 1, 2008, p. 6-92.

23) 물탄주식은 농장주인이나 상인이 가축을 판매하기 전에 가축에게 물을 먹여서 중량을 많이 나가게 한 데에서 유래한다(T. Fiflis, Accounting Issues for Lawyers, 4th ed., 1991, p. 366).

24) James D. Cox & Thomas L. Hazen, *Cox & Hazen on Corporations*, 2nd ed., vol. 2, Wolters Kluwer, 2003, p. 1114; Richard A. Booth, *Financing the Corporation*, § 3:21 (Westlaw DB).

자기주식의 처분 또는 주식배당 등의 경우에는 발생하지 않는다.

주주에게 물탄주식이 발행되었다고 해서 당해 주주가 계약상의 문제로 추가적으로 지불해야 하는 책임을 부담하는 것은 아니다. 왜냐하면 그 주주는 이미 지불하기로 합의한 금액을 납부하였을 것이기 때문이다. 그러나 회사법 아래에서는 물탄주식의 보유자가 회사나 채권자에 대하여 종종 책임을 부담한다. 그 책임 부담액은 당해 주식의 액면가액과 ⅰ) 그 주주가 지급한 현금가액과의 차액, 또는 ⅱ) 그 주식과 교환으로 제공한 재산가액과의 차액이다.[25)]

물탄주식의 보유자에 대한 책임의 근거에 대해서는 다양한 이론이 존재하지만, 대부분 법원은 허위표시이론(misrepresentation theory)을 적용하였다. 법원은 회사가 현금이나 그에 상응한 것으로 액면주식의 모든 가치를 취득하여 보유하고 있다는 주장을, 기존 주주들의 지분을 희석화시키고 또한 회사의 자산가치를 허위로 부풀려서 투자자와 채무자를 기만함으로써 이들의 권리를 침해할 잠재적 위험을 가진 허위표시로 보았다.[26)] 주주들은 채권자의 권리나 반대주주의 권리에 따른 제한을 받으면서, 액면 이하로 주식을 발행하는 데에 동의할 수 있다.[27)]

액면주식제도를 유지하고 있는 주회사법은 명시적으로 종류주식을 무액면으로 발행하는 것을 허용하고 있다.[28)] 뉴욕주와 델라웨어주 회사법은 당초에는 무액면 우선주식의 발행을 허용하지 않았으나, 현재는 정관에 규정이 있으면 허용하고 있다.[29)]

액면주식제도를 유지하고 있는 주에서는 회사가 액면주식과 무액면주식의 발행가액을 정하는 방식에 있어서 별 차이는 없다. 델라웨어주가 전형적인 예이다. 만일 델라웨어주 회사가 액면주식을 발행하는 경우에는, 이사회 또는 정관이 허용하는 경우 주주가 발행가액을 결정하는데, 단 액면가 이하로 발행할 수는 없다.[30)] 회사가 무액면주식을 발행하는 경우에는 이사회의 재량으로 발행가액을 정할 수 있다.[31)] 액면주식제도를 유지하고 있는 다른 주회사법도 델라웨어의 모

25) Melvin A. Eisenberg, *Corporations and Other Business Organizations*, 9th ed. - unabridged, Foundation Press, 2005, p. 1260.

26) Public Investment Ltd. v. Bandeirante Corp., 740 F.2d 1222 (C.A.D.C., 1984).

27) 11 Fletcher Cyc. Corp. § 5199 (2011).

28) Del. Code Ann. tit. 8, § 151; NY Bus. Corp. Law § 501.

29) Del. Code Ann. tit. 8, § 151; Triplex Shoe Co. v. Rice & Hutchins, Inc., 17 Del 356, 152 A 342; NY Bus. Corp. Law § 402, 501.

30) Del. Code Ann. tit. 8, § 153(a).

31) Del. Code Ann. tit. 8, § 153(b).

델을 따르고 있다.[32)]

일견 무액면주식이 액면주식보다 더 탄력적일 것으로 보인다. 그러나 회사는 이사회의 재량으로 액면주식에 대한 제한을 완화하기 위한 다양한 수단을 사용할 수 있다. 예컨대, 액면가액이 명목적인 금액으로 정해지면, 신주의 발행가액을 결정하는 이사회나 주주의 권한에 대하여 회사는 아무런 제한을 하지 않는다. 더욱이 액면금액은 고정되는 것이 아니며 정관변경을 통하여 달리 정할 수 있다.[33)] 액면주식이나 무액면주식을 불문하고 발행가액을 결정하는 주체는 이사나 주주이다.

법정자본금은 이익배당을 규제하는 기능을 하는데 이 점에 관해서는 액면주식과 무액면주식 간의 차이는 크지 않다. 이사회는 무액면주식의 발행으로 취득한 대가의 매우 적은 부분을 자본금으로 할당할 수 있다.[34)] 액면주식을 발행하는 경우 액면총액이 자동적으로 자본금으로 편입되므로, 이사회는 표면상 무액면주식의 경우와 같은 재량을 갖지 않는다. 그러나 사실 이사회는 매우 낮은 액면금액을 정하고, 액면가액과 자본금을 조절하는 데에 광범위한 재량권을 가진다. 따라서 결국 무액면주식은 자본금을 설정하는데 있어서 액면주식에 비하여 단지 근소하게 더 탄력적이라고 할 수 있다.[35)]

주정부는 헌법상의 제한을 위반하지 않는 한,[36)] 조세 목적상 무액면주식의 가치를 임의적으로 정할 수 있다.[37)]

또한 액면주식은 무액면주식으로 전환할 수 있다. 무액면주식의 발행을 허용하는 대부분의 주들은 액면주식을 무액면주식으로 전환하거나 또는 전자를 후자와 교환하는 것을 허용하며, 통상 전환절차에 대해서는 주회사법에서 규정하고 있다.[38)] 이러한 전환권은 공공서비스회사에 대해서도 허용되지만, 단, 공공서비스위원회나 공공규제기관의 승인을 조건으로 할 수 있다. 이러한 전환을 하는 정책목적은 사기가 없는 한 내부적인 사항이나 규정의 문제이다. 단, 법률상 명시

---

32) N.Y. Bus. Corp. Law § 504; Mo. Rev. Stat. §§ 351.085, 351.185.

33) Del. Code Ann. tit. 8, § 242(3).

34) Del. Code Ann. tit. 8, § 154; N.Y. Bus. Corp. Law § 506.

35) 11 Fletcher Cyc. Corp. § 5080.60 (2011).

36) 미국 헌법은 주식에 대하여 액면가액의 유무에 따라 세율에 차별을 두는 것은 제14조의 위반으로 본다(Southwestern Bell Tel. Co. v. Middlekamp, 1 F.2d 563 (D.C. MO. 1921).

37) 예컨대, 델라웨어주는 1주에 대하여 1달러, 미네소타주는 1센트의 액면가치를 각각 갖는 것으로 본다(Del. Code Ann. tit. 8, § 205; Minn. Stat. § 302A.401(c)).

38) Del. Code Ann. tit. 8, § 242(a)(3); N.Y. Bus. Corp. Law § 801.

적으로 감독이나 규제권한이 법원이나 공적 규제기관에 부여된 경우를 제외하고는 이들 기관의 통제사항은 아니다. 전환을 위한 법적 절차는 전환의 유효성을 확보하기 위하여 실질적으로 준수되어야 한다. 전환으로 인하여 수권주식수나 자본금의 증감이 필연적으로 수반되는 것은 아니다.[39]

2. 일본

일본에서는 1950년 무액면주식을 도입한 이후 2001년까지 상당한 기간이 경과하였지만 무액면주식이 발행되는 사례는 극히 적었다. 그 원인은 종래 오랫동안 액면주식으로 운영되었고, 무액면주식의 발행이 자금조달의 편의성에 도움이 된다는 입법취지와는 반대로 회사가 불황이라는 사실을 나타내는 것으로 받아들여질 우려가 있었기 때문이다. 1981년까지 상장회사 가운데 5개사가 발행하고 있는데 불과하였으며,[40] 그 중 1개사는 무액면주식을 무상교부에 이용한 경우이다. 또한 1981년 개정 후에는 주식분할을 위해 액면주식을 무액면주식으로 전환한 회사가 10여개 있었지만, 이러한 경우에도 무액면주식이 자금조달의 수단으로 이용된 것은 아니었다.[41]

(1) 1950년 개정상법

1950년 개정상법은 무액면주식 제도를 도입함과 동시에 회사는 액면주식만 또는 무액면주식만을 발행하는 것도 가능하도록 하고, 액면주식과 무액면주식의 쌍방을 발행하는 것도 가능한 것으로 하였다(상법 제199조). 회사설립시에 무액면주식의 발행가액은 5만엔을 하회할 수 없다(제168조의3). 구체적인 발행가액은 그 한도액 이상으로 정관으로 정하거나 또는 발기인 전원의 동의로 정한다(제168조의2 제2항). 구체적인 발행가액을 정관에서 정하지 아니한 경우에도 최저발행가액이 법정되고 또한 그 금액까지 반드시 자본에 전입되기 때문에(제284조의2 제2항), 설립시에 발행된 주식총수가 정관에 기재됨으로써(제166조 제1항 제6호) 창업시에 있어서 자본의 최저액이 명확하게 된다.

회사성립 후에는 원칙으로서 이사회에서 자유롭게 정할 수 있다(제280조의2 제1항 제2호). 그러나 공모발행의 경우에는 현재의 주주 이익을 해하지 않기 위

39) Chrysler Corp. v. State, 457 A.2d 345 (Del., 1983); Hood Rubber Co. v. Commonwealth, 238 Mass. 369 (1921); 11 Fletcher Cyc. Corp. § 5152 (2011).

40) 渡部喬一, “額面・無額面株式の發行等の實務”, 「改正商法と實務」, 1981, 119面.

41) 上柳克郎・鴻常夫・竹內昭夫, 前揭書, 21～22面.

해 시장가격을 표준으로 한 공정한 가액으로 발행할 필요가 있다. 신주인수권을 가지는 주주, 또는 특정한 제3자에 대하여 특히 유리한 가액으로 발행할 수 있지만, 후자의 경우에는 주주총회의 특별결의를 요한다(제280조의2 제1항 제5호, 제8호; 제2항).

회사설립시이든 성립 후이든지를 불문하고 액면주식과 무액면주식 쌍방을 동시에 발행하는 때는 주식의 종류를 다르게 하지 않는 한 발행조건이 균일하여야 하므로(제280조의3), 양자의 발행가액은 동일해야 한다고 해석된다. 따라서 그 경우에는 사실상 액면주식의 권면액이 무액면주식의 최저발행가액으로 된다.[42]

그러나 액면주식과 무액면주식 간에 상호 전환할 수 있는지 여부에 대해서는 규정이 없었으므로 해석의 문제로 보았지만, 이에 대해서는 부정적으로 해석하는 것이 통설이었다. 그 이유는 기명주식과 무기명주식의 전환에 관한 규정(제227조 제2항)처럼 전환을 인정하는 명문의 규정이 없다는 것, 액면주식과 무액면주식 간에는 발행가액의 자본전입분에 대해 차이가 있지만(제284조의2 제2항, 1981년 개정전 제284조의2 제1항, 제2항), 전환한 경우의 자본구성이 어떻게 되는지 불명료하다는 점, 또한 무액면주식으로부터 액면주식으로 전환을 인정하는 경우에는 액면주식의 권면액 미만의 발행(할인발행)을 금지하는 규정(제202조 제2조)을 회피할 우려가 있다는 것이었다.[43]

(2) 1966년 개정상법

액면주식과 무액면주식은 내용적으로 동일한 주주권이며, 또한 양적으로 균등한 비율적 단위이므로 그 쌍방을 발행하는 것이 인정될 것이다. 그렇다면 이론적으로는 양자 상호의 전환을 인정하는 데에 문제는 없다. 다만 기술적으로는 자본구성의 문제 및 할인발행의 문제를 해결해 둘 필요가 있다. 그래서 1966년 개정법은 제213조를 신설하여 주주가 전환을 청구할 수 있다는 점을 명확히 함과 동시에(제213조 제2항), 자본구성과의 관계에서는 전환에 의해 자본의 액에 변경이 생기지 않는 것으로 하고 있다(제284조의2 제4항). 또한 무액면주식을 액면주식으로 전환하기 위해서는 자본의 액이 액면주식의 액면금액에 발행주식총수를 곱한 금액 이상일 것을 요하고 있는데(제213조 제3항), 이는 할인발행 금지의 회피를 방지하기 위한 것이다.

---

42) 上柳克郎・鴻常夫・竹内昭夫, 前揭書, 22～23面.
43) 松岡誠之助, "額面株式と無額面株式の轉換",「商事法務」第1207号(1990), 2面.

1966년 개정법이 전환을 인정한 목적은 실제적으로는 액면주식과 무액면주식 쌍방을 가지고 있는 주주가 전환에 의해 이를 어느 하나로 통일하여 주권을 병합할 수 있도록 하기 위한 것이라고 설명되었다.[44] 그러나 애초 무액면주식을 발행한 회사가 매우 적었고, 액면주권과 무액면주권을 병합해야 하는 필요성도 없었으므로, 주주의 청구에 의한 전환이라는 번거로운 절차에 수요가 있었다고는 생각되지 않는다. 결국 규정의 목적은 전환을 인정함으로써 액면주식과 무액면주식의 동등성을 일반에 인식시키고, 무액면주식에 대한 편견을 제거하여 그 발행에 대해 심리적 장해를 제거하는데 있었다고 볼 수밖에 없다.[45] 다만 무액면주식으로부터 액면주식으로의 전환에 대해서는 전술한 바와 같이 할인발행 방지를 위한 규정(제213조 제3항)이 도입되었기 때문에, 오히려 양자의 차이를 분명하게 하는 면도 있는 것은 아닌가 생각된다.[46]

(3) 1981년 개정상법

1966년 개정법은 주주의 청구에 의한 전환을 인정하였지만, 회사가 전환을 청구할 수 있는지 여부는 문제로 남았었다. 이에 대해서는 주식의 분할을 쉽게 하기 위하여 이전부터 경제계로부터 요청이 있었으며, 해석상 다투어졌다. 그러나 실무상으로는 이를 인정하면 주권의 제출 · 교환의 절차에 관한 규정이 없는 이상 회사가 전환을 결정함으로써 무액면주권이 그대로 액면주권으로 되거나, 또는 액면주권이 그대로 무액면주권으로 되지만, 법은 그러한 상황을 예상하고 있지 않다고 하여 부정적으로 취급을 하였다.[47] 이에 관해 학설은 이 문제를 긍정적으로 해석하는 견해가 적지 않았지만, 이사회결의로 전환할 수 있다고 하는 견해는 소수설이었으며,[48] 다수설은 정관변경의 특별결의에 의해 회사가 그 발행하고 있는 주식을 다른 주식으로 전환하는 방법으로 회사에 의한 일제전환이 가능한 것으로 해석하였다.[49]

---

44) 味村 治, 改正株式會社法, 商事法務研究會, 1967, 86面 以下.

45) 鈴木竹雄 外, 1966年改正會社法實務の研究, 商事法務研究會, 1966, 67面 以下; 味村 治, 前掲書, 86面 以下.

46) 松岡誠之助, 前掲論文, 2～3面.

47) 味村 治, 前掲書, 88面; 鈴木竹雄 外, 前掲書, 69面 以下; 稲葉威雄, 改正會社法, 金融財政事情研究會, 1982, 123面.

48) 北澤正啓, 會社法[新版], 青林書院, 1982, 145面; 同, "會社の決定による額面 · 無額面株式の一齊轉換", 「商事法の諸問題(石井照九先生追悼論文集)」, 有斐閣(1974), 134面.

49) 大隅健一郎 · 今井宏, 新版會社法論 上卷, 有斐閣, 1980, 262面; 田中誠二, 全訂會社法詳論 上卷, 勁草書房, 1974, 236面; 石井照九 · 鴻常夫, 會社法 第1卷, 勁草書房, 1977, 175面.

1981년 개정법은 명문으로 이 문제를 해결하여, 회사는 이사회결의에 의해 전환할 수 있는 것으로 하였다(제213조 제1항). 이 규정의 주된 목적은 회사가 그 액면주식을 무액면주식으로 전환하여 시장가격이 앙등한 소위 고가주의 분할을 용이하게 하기 위한 것이다.[50] 1981년 개정 이후 실제로도 회사가 이러한 목적으로 액면주식을 무액면주식으로 전환한 사례가 몇 개 있었다. 액면주식의 분할에는 권면액 인하를 위하여 주주총회에서 정관변경의 특별결의(제166조 제1항 제4호, 제342조, 제343조) 이외에 주권의 제출 · 교환절차를 필요로 한다(제293조의4 제2항, 제293조의3의3 제2항, 제293조의3의4, 제293조의3의5). 반면 무액면주식의 분할에는 이사회에서 그 취지의 결의를 하고(제293조의4 제1항), 신주권을 추가발행하면 족하다. 또한 발행가액의 제한은 아니지만 주식의 무상교부 및 주식분할의 경우에는 1주당 회사의 순자산액이 5만엔을 하회하지 않아야 한다는 제약을 받는다(제293조의3 제2항 후단, 제293조의3의2 제2항, 제293조의4 제2항, 1981년 개정부칙 21).[51]

그러나 1981년 개정법은 그때까지 주주의 청구에 의한 전환과는 다른 요소를 가진 회사에 의한 전환을 인정하였지만, 관련한 여러 가지 규정, 즉 자본구성에 관한 규정 및 할인발행 방지에 관한 규정은 완전히 그대로 유지하고 있었기 때문에 해석상 논란의 여지가 있었다.[52]

(4) 2001년 개정상법 및 2005년 회사법

주식은 2001년 개정(동년법 제79호) 이후 모두 무액면주식(share without par value)으로 되었다. 무액면주식이라 함은 정관상 '1주의 금액'(액면금액 · 권면액 · 주금액)이 정해지지 않고 따라서 주권에도 그 기재는 없으며, 당해 주권이 표창하는 주식수만이 기재된 주식이다(2001년 개정전 상법 제166조「정관에서 '1주의 금액'의 정함」, 제225조 제4호「주권에서 '1주의 금액'의 기재」 대비). 2001년 개정은 주로 회사가 주식의 분할 등에 의해 출자단위를 조정하는 때의 절차가 간단하게 된다는 이유에서 주식제도를 무액면주식으로 통일하게 되었다.

무액면주식과 자본금의 액과의 관계에 대해서는 설립 시 발행주식의 발행, 회사성립 후의 주식발행 또는 신주예약권의 행사에 의한 주식발행 등 납입 · 급부

50) 1981년 개정법은 법정의 최저권면액 제도(구상법 제202조 제2항)를 폐지하였기 때문에 액면주식의 분할에 관해서도 이 점에 관한 제약은 없게 되었다.

51) 上柳克郎 · 鴻常夫 · 竹內昭夫, 前揭書, 23面.

52) 松岡誠之助, 前揭論文, 3面.

에 관한 금액의 2분의 1 이상을 자본금으로 계상하는 것으로 규정하고 있다(회사법 제445조 제2항).[53] 그러나 주식의 분할에 의한 발행주식총수의 증가, 흡수합병 등 조직재편행위에 의한 주식발행 등 납입 · 급부가 수반되지 않는 경우에는 발행주식총수가 증가하더라도 자본금의 액을 반드시 증가시킬 필요는 없다.

2001년 개정전에는 상장회사, 비상장회사를 불문하고 무액면주식을 발행하는 회사는 적었으며, 액면주식만을 발행하는 회사가 압도적으로 많았다. 무액면주식의 이용이 적었던 이유는 제도를 도입한 당초에는 무액면주식은 주식시가가 액면 이하로 된 회사가 발행하는 것이라는 나쁜 이미지가 있었기 때문이다. 1981년 개정 후 일시적으로 주가가 상승한 우량 상장회사가 주식분할을 용이하게 하기 위하여 액면주식을 무액면주식으로 전환하는 형태로 무액면주식을 이용하였다. 그러나 1989년 세제 개정전에는 개인투자가의 주식양도익에 대한 비과세범위가 액면주식보다 무액면주식의 경우에 더 협소하였기 때문에, 무액면주식을 액면주식으로 재전환하는 사례가 속출하였다.[54] 2001년 개정은 이러한 세제의 문제도 해소하였기 때문에 주가가 현저하게 올랐던 주식에 대해 주식분할 등에 의해 출자단위의 조정을 용이하게 하기 위한 법정비의 일환으로서 무액면주식 제도로 일체화하였다.[55]

3. 독일

(1) 도입배경

독일에서 무액면주식 제도가 도입된 계기는 유럽의 화폐통합이다. 독일 증권거래소와 상장회사들은 유로화와 마르크화의 환산(Umrechnung) 문제에 직면하게 되었다. 문제는 마르크화로 표시된 액면주식의 액면가를 유로화로 변경할 때 대부분 주식의 액면가가 정수로 되지 않고 소수점 이하의 자리까지 나오게 되는 것이었다. 이는 유로화 대 마르크화의 비율이 1 : 1.94로 환산된데 기인한다.

액면가가 소수점 이하의 자리까지 표시되는 것은 복잡하고, 독일 주식법상 주식의 최소액면가를 5마르크로 규정하고 있었는데 이 규정에 위반하는 것이었

53) 폐쇄형 회사에서는 실무상 납입 · 급부액의 전액을 자본금으로 전입하는 사례가 많다. 그러나 납입 · 급부액의 일부를 자본준비금으로 하는 것에 의해 자본금의 액을 적게 하는 사례도 있으며, 그 주된 동기는 ① 대회사(회사법 제2조 제6호 イ)로 되는 것을 회피하고, ② 등록면허세를 절약하는(등록세법 별표 제1[24](1)ニ) 것 등에 있다(江頭憲治郎, 前掲書, 121面 註) 2).

54) 小林俊明, "株式における額面価額の意義(二 · 完)", 「東京都立大學法學會雜誌」 第30卷 第2号(1989), 356面.

55) 江頭憲治郎, 前掲書, 120～121面 註) 1.

다(독일 주식법 제8조 제1항 제1문 및 제2문). 이를 해결하기 위한 방안으로 무액면주식 제도가 도입되었다. 무액면주식은 주식수와 주식의 경제적 가치를 변경하지 않으며, 정수화에 따른 자본의 증감을 피할 수 있었다. 무액면주식 제도는 "비율표시 없는 부진정 무액면주식(Stückaktie) 허용에 관한 법률(Gesetz über die Zulassung von Stückaktie : StückAG)"[56]의 제정을 통하여 시행되었다.[57]

(2) 개정내용

독일은 비율 표시가 없는 부진정무액면주식 제도를 도입하면서도 액면주식 제도를 포기하지 않고, 회사가 양자 중 하나를 선택할 수 있도록 규정하고 있다(독일 주식법 제8조 제1항).[58]

독일 회사법상 부진정 무액면주식은 회사가 확정된 기본자본을 가지고 있으며, 기본자본이 주식으로 분할되어 있고 각 주식이 기본자본의 일부를 표시하여 양자 사이에 관련성이 있는 것이다. 따라서 무액면주식은 회사의 총재산에 대한 지분만을 표시하게 된다. 또한 비율의 표시가 없는 무액면주식이 도입되어 액면이나 자본에 대한 비율이 표시되지 않는다. 결국 독일은 자본과 주식과의 관계를 절연하지 않는 부진정 무액면주식을 채택하였으며, 그 중에서도 자본금의 개념을 유지하면서 자본금에 대한 주식의 비율의 표시가 없는 무액면주식을 채택하였다.[59]

무액면주식의 도입 이후에도 자본 관련제도는 변경되지 않았다. 자본제도도 유지되고 있으며(주식법 제6조), 자본은 주식으로 분할된다는 규정도 유지되고 있다(주식법 제1조 제1항). 무액면주식의 가액은 기본자본(Grundkapital)을 발행주식총수로 나눈 금액에 해당한다(동법 제8조 제4항). 무액면주식 제도를 선택하는 경우 주식 총수에서 무액면주식 1주가 차지하는 비율에 따른 자본액을 계산할 때, 그 금액이 주식 발행가액의 최소 요구치인 1유로 이상이 되어야 한다(동법 제8조 제3항 제3문 및 제4문). 이는 액면주식의 액면미달 발행금지에 대응한 규정이다. 무액면주식을 발행하는 경우 그 발행가액은 무액면주식 1주가 차지하는 기본자본에 대한 지분금액(anteiligen Betrag des Grundkapitals) 이상이어야 한다

56) BGB1. 1998, S. 590.

57) 이영종, "독일 무액면주식 제도-제도적 특징과 우리 회사법 상의 주식제도에 대한 시사점에 관한 고찰-", 일감법학 제18호(2010), 269~272면.

58) 주식들은 액면주식(Nennbetragaktie) 혹은 비율 표시 없는 부진정무액면주식(Stückaktie) 중 하나로 발행될 수 있다.

59) 이영종, 앞의 논문, 273~276면.

(동법 제9조 제1항). 모든 무액면주식의 크기는 동일해야 하고, 자본에 대하여 같은 범위로 참가하고 있어야 한다(동법 제8조 제3항 제2문). 무액면주식의 도입에 따라 무상증자를 할 때 무액면주식을 신주로 발행할 수 있게 되었다. 또한 신주를 발행하지 않고 자본금에 대한 무액면주식의 비율을 높이는 것도 가능하게 됨에 따라 신주발행 없는 자본증가가 가능하게 되었다.[60]

4. 영국

회사가 주식을 발행하는 경우에는 일정한 액면가(fixed amount)를 정하여야 한다. 따라서 영국 회사법상 유한책임회사의 무액면주식의 발행은 인정되지 않는다.[61] 무액면주식을 인정하지 않는 이유는 EC 회사법 제2지침[62]이 공개회사의 주식에 대하여 명목적 가치를 요구하기 때문이다.[63] 유한책임회사가 무액면주식을 발행한 경우는 무효이다.[64] 주식의 액면가는 어떠한 통화라도 가능하며 주식의 종류별로 통화를 달리할 수 있다.[65]

Ⅳ. 무액면주식의 법률관계

1. 발행가액

상법상 액면주식의 최저 발행가액은 1998년 개정에 의해 5,000원에서 100원으로 인하되었다(상법 제329조 제3항). 액면 이상으로 할증발행된 경우 액면총액이 자본금으로 되고, 액면초과액은 자본준비금인 주식발행초과금으로 편입된다. 또한 액면미달발행은 원칙적으로 금지되며(제330조), 일정한 조건을 충족하는 경우 매우 까다로운 절차에 따라 예외적으로 허용되고 있어서(제417조) 실제상 거

---

60) 이영종, 앞의 논문, 277면.

61) CA 2006, s. 542(1). 1985년 회사법은 수권자본을 정관기재사항으로 규정하고(동법 제2조 제5항 제호), 그 변경을 주주총회 보통결의로 할 수 있도록 규정하고 있었다(동법 제121조). 그러나 회사법검토위원회(Company Law Review Group)는 회사가 수권자본을 가져야 한다는 요건을 철폐하도록 권고하였다. 이에 따라 2006년 회사법은 더 이상 정관에서 수권자본을 기재하도록 요구하지 않는다. 제542조는 이 조건이 철폐됨에 따라 필요하게 된 규정이다(Saleem Sheikh, A Guide to the Companies Act 2006, Routledge · Cavendish, 2008, p. 619).

62) Article 8 of the Second Company Law Directive (77/91/EEC).

63) Geoffrey Morse, et al., *Palmer's Company Law Annotated Guide to the Company Act 2006*, Sweet & Maxwell, 2007, p. 440.

64) CA 2006, s. 542(2).

65) CA 2006, s. 542(3); 심영, “영국 회사법”, 주요국 회사법, 전국경제인연합회(2009), 146면.

의 활용되지 못하고 있다.

이에 따라 2011년 개정상법은 무액면주식 제도를 도입하였다. 무액면주식의 경우 권면액이 없으며, 개정상법은 무액면주식의 최저 발행가액에 대한 제한을 하지 않고 있다. 회사설립 시에 무액면주식을 발행하는 경우 정관이나 발기인 전원의 동의로 무액면주식의 발행가액을 정하여야 한다(제291조 본문 및 제3호). 회사성립 후에는 신주의 종류와 수 및 발행가액은 이사회가 결정한다. 다만 상법에 다른 규정이 있거나 정관으로 주주총회에서 결정하기로 정한 경우에는 그러하지 아니하다(제416조 본문, 제1호, 제2호).

회사성립 후는 무액면주식의 발행가액은 원칙으로서 이사회에서 자유롭게 정할 수 있다(제416조 제2호). 그러나 공모발행의 경우에는 현재의 주주 이익을 해하지 않기 위해 시장가격을 표준으로 한 공정한 가액으로 발행할 필요가 있다는 점은 말할 필요도 없다.

주권상장법인은 일반공모증자 방식(자본시장법 제165조의6 제1항 제3호)으로 신주를 배정하는 경우에는 정관으로 정하는 바에 따라 이사회의 결의로써 동법 제165조의6 제4항 각 호의 어느 하나에 해당하는 방식으로 신주를 배정하여야 한다.[66] 이 경우 상법 제418조 제1항(주주에 대한 신주배정) 및 제2항(제3자에 대한 신주배정) 단서를 적용하지 아니한다(자본시장법 제165조의6 제4항). 「증권의 발행 및 공시 등에 관한 규정」은 주권상장법인이 일반공모 증자방식 및 제3자배정 증자방식으로 유상증자를 하는 경우의 발행가액 결정에 관하여 상세하게 규정하고 있다.[67]

---

66) 자본시장법은 2013년 개정으로 실권주의 처리에 대해 종래 문제점으로 지적되었던 변칙적인 경영권 상속이나 기타 부정한 이득의 취득을 방지하기 위하여 "주식의 발행 및 배정에 관한 특례" 조항(동법 제165조의6)을 대폭적으로 개선하였다(임재연, 「2014년판 자본시장법」, 박영사, 2014, 693면).

67) 제5-18조(유상증자의 발행가액 결정)

① 주권상장법인이 일반공모증자방식 및 제3자배정증자방식으로 유상증자를 하는 경우 그 발행가액은 청약일전 과거 제3거래일부터 제5거래일까지의 가중산술평균주가를 기준주가로 하여 주권상장법인이 정하는 할인율을 적용하여 산정한다. 다만, 일반공모증자방식의 경우에는 그 할인율을 100분의 30 이내로 정하여야 하며, 제3자배정증자방식의 경우에는 그 할인율을 100분의 10 이내로 정하여야 한다. 〈개정 2009.7.6, 2013.9.17〉

② 제1항 본문에 불구하고 제3자배정증자방식의 경우 신주 전체에 대하여 제2-2조 제2항 제1호 전단의 규정에 따른 조치 이행을 조건으로 하는 때에는 유상증자를 위한 이사회결의일(발행가액을 결정한 이사회결의가 이미 있는 경우에는 그 이사회결의일로 할 수 있다) 전일을 기산일로 하여 과거 1개월간의 가중산술평균주가, 1주일간의 가중산술평균주가 및 최근일 가중산술평균주가를 산술평균한 가격과 최근일 가중산술평균주가 중 낮은 가격을 기준주가로 하여 주권상장법인이 정하는 할인율을 적용하여 산정할 수 있다.

이러한 규정이 없더라도 상법상 이사회에서 발행가액을 시가로 정할 수 있다. 투자자들이 발행가의 적정성 여부를 판단하기 어렵기 때문에 위 규정들은 기업가치에 상응하는 발행가를 산정하는 기준을 제시하고 있다.[68]

2. 자본금의 구성

회사설립 시에 무액면주식을 발행하는 경우 정관이나 발기인 전원의 동의로 무액면주식의 발행가액과 그 발행가액 중 자본금으로 계상하는 금액을 정하여야 한다(제291조 본문 및 제3호).

회사성립 후에는 신주의 종류와 수 및 발행가액, 무액면주식을 발행하는 경우 신주의 발행가액 중 자본금으로 계상하는 금액 등에 대하여 정관에 규정이 없는 것은 이사회가 결정한다. 다만 상법에 다른 규정이 있거나 정관으로 주주총회에서 결정하기로 정한 경우에는 그러하지 아니하다(제416조 본문, 제1호, 제2호, 제2호의2).

회사성립 후에 무액면주식이 발행된 경우 회사의 자본금은 주식발행가액의 2분의 1 이상의 금액으로서 이사회(제416조 단서에서 정한 주식발행의 경우에는 주주총회를 말한다)에서 자본금으로 계상하기로 한 금액을 말한다. 이 경우 주식

---

③ 〈삭제 2009.7.6, 구 제5-18조③ 삭제〉

③ 제1항 및 제2항에 따라 기준주가를 산정하는 경우 주권상장법인이 증권시장에서 시가가 형성되어 있지 않은 종목의 주식을 발행하고자 하는 경우에는 권리내용이 유사한 다른 주권상장법인의 주식의 시가(동 시가가 없는 경우에는 적용하지 아니한다) 및 시장상황 등을 고려하여 이를 산정한다.

④ 주권상장법인이 다음 각 호의 어느 하나에 해당하는 경우에는 제1항 단서에 따른 할인율을 적용하지 아니할 수 있다.

1. 금융위원회 위원장의 승인을 얻어 해외에서 주권 또는 주권과 관련된 증권예탁증권을 발행하거나 외자유치 등을 통한 기업구조조정(출자관계에 있는 회사의 구조조정을 포함한다)을 위하여 국내에서 주권을 발행하는 경우

2. 기업구조조정촉진을 위한 금융기관협약에 의한 기업개선작업을 추진중인 기업으로서 금산법 제11조 제6항 제1호의 규정에 의하여 같은 법 제2조 제1호의 금융기관(이하 이 절에서 "금융기관"이라 한다)이 대출금 등을 출자로 전환하기 위하여 주권을 발행하거나, 「기업구조조정촉진법」에 의하여 채권금융기관 공동관리 절차가 진행 중인 기업으로서 채권금융기관이 채권재조정의 일환으로 대출금 등을 출자로 전환하기 위하여 주권을 발행하는 경우

3. 금산법 제12조 및 제23조의8, 「예금자보호법」 제37조 및 제38조에 따라 정부, 「한국정책금융공사법」에 의하여 설립된 정책금융공사 또는 「예금자보호법」에 의하여 설립된 예금보험공사의 출자를 위하여 주권을 발행하는 경우 〈개정 2013.9.17〉

4. 금융기관이 공동(은행법 제8조의 규정에 의하여 은행업을 인가받은 자를 1 이상 포함하여야 한다)으로 경영정상화를 추진 중인 기업이 경영정상화계획에서 정한 자에게 제3자배정증자방식으로 주권을 발행하는 경우

68) 이철송, 회사법강의[제19판], 박영사, 2011, 729면.

의 발행가액 중 자본금으로 계상하지 아니하는 금액은 자본준비금으로 계상하여야 한다(제451조 제2항). 만일 발행가액 중 자본금으로 계상하는 금액에 관하여 이사회에서 특별한 정함이 없는 때에는 무액면주식을 발행한 회사의 자본금은 원칙적으로 발행가액총액이 될 것이다.[69)]

반면 액면주식을 발행하는 때에는 자본금은 액면총액이 된다. 따라서 액면금액을 2배 이상 할증하여 액면주식을 발행하게 되면 무액면주식을 발행하는 경우보다 자본금으로 계상하는 금액은 더 적고, 자본준비금으로 계상하는 금액은 더 많게 될 것이다.[70)] 이렇게 되면 무액면주식을 발행하는 경우가 액면주식에 비해서 더 많은 금액을 자본금으로 편입해야 하므로 기업 재무전략의 탄력성 측면에서 문제가 될 수 있으며, 무액면주식의 보급에도 부정적인 영향을 줄 가능성이 있다.[71)]

이러한 문제를 해결하기 위하여 1981년 일본의 개정상법은 액면주식과 무액면주식에 대해서도 양자 모두 발행가액의 2분의 1을 초과하지 않은 금액을 자본금에 전입하지 않을 수 있도록 하였으며(1981년 일본 개정상법 제284조의2 제2항), 이는 자본준비금으로 전입된다. 즉, 자본구성의 측면에서 액면주식과 무액면주식을 동일하게 취급하여 양자의 접근을 시도하였다.[72)] 이러한 입법방향은 액면주식과 무액면주식 중 하나를 선택하도록 하고 있는 우리 상법에서도 참고할 필요가 있다고 본다.

회사설립시 무액면주식을 발행하는 경우 무액면주식의 1주당 발행가액은 액면주식의 경우와는 달리 정관의 절대적 기재사항은 아니다(제289조 제1항 제4호). 설립등기에서 자본금의 액(제317조 제2항 제2호), 발행주식의 총수, 그 종류와 각종 주식의 내용과 수(제317조 제2항 제3호) 등을 등기하게 되어 있으므로

---

69) 2001년 개정전 일본회사법 제284조의2 제1항은 "회사의 자본금은 본법에서 별도로 정한 경우를 제외하고 발행주식의 발행가액의 총액으로 한다"고 규정하고 있었다.

70) 무액면주식의 경우 발행가액의 2분의 1 이상을 자본금으로 계상하여야 하지만, 액면주식의 경우 액면총액만을 계상하면 된다. 따라서 액면주식이 액면금액보다 2배 이상으로 할증되어 예컨대 5배로 할증되어 발행되면, 액면총액의 1배만 자본금으로 계상하고 나머지 4배의 금액은 자본준비금으로 전입된다. 그러나 동일한 발행가액으로 무액면주식이 발행되면 발행가액(액면금액)의 2.5배 이상을 자본금으로 계상하고 나머지 2.5배 미만의 금액을 자본준비금으로 전입하여야 하기 때문이다.

71) 발행가액 중 일부를 자본금으로 계상하지 않고 자본준비금으로 적립하게 되면, 자본의 결손전보를 위하여 자본을 감소하는 절차와 자본준비금을 감소하는 절차에 차이가 있으므로, 자본구성에 여유를 가져서 어느 정도의 결손은 이 준비금의 감소에 의해서 비교적 쉽게 보전할 수 있게 된다(北澤正啓, 會社法[第6版], 青林書院, 2001, 148面).

72) 北澤正啓, 前揭書, 146面.

무액면주식의 발행가액은 설립등기를 통하여 공시될 것으로 보인다. 설립등기사항에서도 발행가액은 직접 규정하지 않고 있으나, 상법은 액면주식과 무액면주식 중 한 가지 주식만을 허용하고 있으므로 무액면주식을 발행하는 경우 자본금의 액을 발행주식의 총수로 나누면 1주당 발행가액을 산출할 수 있을 것이다. 그러나 설립시 발행하는 무액면주식이 보통주식과 종류주식으로 두 가지 이상의 종류가 발행되는 경우에는 각각의 발행가액을 등기하지 않으면 이를 알 수 없는 문제가 있다. 따라서 최소한 설립시에 등기사항으로서 종류별 무액면주식의 발행가액을 포함하는 것이 바람직하다고 본다. 물론 회사가 스스로 정관에 설립시 무액면주식의 1주당 발행가액을 기재할 수는 있을 것이다.[73]

3. 자본금과 주식과의 관계 단절

주식은 회사에 대한 비율적 지위이며, 주주의 회사에 대한 지위의 비율은 회사의 총주식수에 대한 주주의 持株數에 의해서 정해진다. 액면주식만을 인정하는 제도 아래에서는 회사의 자본금은 발행주식의 액면총액이다(제451조 제1항). 액면주식은 균일하여야 하므로(제329조 제2항) 자본금은 균등한 권면액의 주식으로 나누어 진다. 따라서 주식은 우선 자본금의 구성단위로서의 금액을 의미하고, 주주의 회사에 대한 지위의 비율은 자본금액에 대한 주주의 지주금액에 의해서 정해진다고 구성되었다. 따라서 자본금은 주식으로 나누어지며, 주식은 자본금을 구성하기 때문에 주금총액은 항상 자본금에 일치해야 하는 것으로 되었다(이익소각이나 상환주식의 경우에 일부 예외가 인정되었다). 그러나 무액면주식이 도입됨에 따라 이러한 자본금과 주식과의 관계가 단절되게 되었다. 즉, 자본금액이 곧 액면총액이라는 원칙은 유지할 수 없게 되었다.[74]

자본금과 주식과의 관련성은 자본금의 증감과 주식수(또는 주금액)의 증감이 서로 수반하는 것이 보통이라는 점에서 단절되지는 않고 있다. 그러나 예컨대, 주식증가를 수반하지 않는 자본금의 증가, 자본금의 증가를 수반하지 않는 주식

73) 한편 무액면주식 제도의 도입에 따라 주식매수선택권의 행사가액에 관한 조항도 개정되었다. 개정 전 주식매수선택권의 행사가액은 신주를 발행하는 경우에는 주식매수선택권의 부여일을 기준으로 한 주식의 실질가액과 주식의 권면액 중 높은 금액이었다(제340조의2 제4항 제1호). 개정상법에 여기에 "무액면주식을 발행한 경우에는 자본으로 계상되는 금액 중 1주에 해당하는 금액을 권면액으로 본다"는 문구를 추가하였다(제340조의2 제4항 제1호 단서).

74) 수권자본제도를 채택한 결과 자본금은 정관 소정사항으로부터 제외되고, 자본금의 액은 정관에서 확정되지 않게 되었다. 그러나 등기 및 대차대조표에 의해 일반에 공시된다(제317조 제1항 제2호, 제449조 제3항).

증가 등의 현상이 허용된 결과, 이미 이전과 같은 자본금과 주식의 밀접한 상관관계는 인정되지 않는다. 이처럼 자본금의 균등한 구성단위로서의 주식이라는 개념은 없어지고, 주식의 본질은 회사에 대한 비율적 지위로서 다루어져야 한다. 자본금과 주식과의 관계에 대해서는 일반적으로 이렇게 해석하지만, 특히 자본금과 주식과의 종전과 같은 밀접한 관련 즉 주식이 자본금의 균등한 구분단위라는 점, 따라서 자본금과 주금총액은 일치한다고 하는 관계가 단절되었다는 점은 부정할 수 없게 되었다.[75]

4. 액면주식과 무액면주식 간의 권리내용 비교

액면주식과 무액면주식은 회사에 대한 관계에서 권리 내지 지위로서는 동일하며, 주주에 귀속하는 주주권에도 어떠한 차이가 없다. 따라서 주주권을 어떠한 것으로 이해하든 액면주식과 무액면주식은 그 내용을 달리 하지 않으며 양자 모두 회사에 대한 비율적 지위를 의미한다. 다만 무액면주식에서는 그 균등성을 전제로 하여 주주의 비율적 지위는 본래 회사의 총주식수에 대한 주주의 지주수에 의해서 표시될 수밖에 없다. 그 때문에 무액면주식은 비례주(Quotenaktien, proportional share)라고도 불린다. 이에 대해 액면주식만을 채택하는 제도 아래에서 주식은 자본금의 구성단위로서의 금액으로 되어, 주주의 비율적 지위는 자본금 즉 주금총액에 대한 주주의 지주금액으로서 나타나는 것이 원칙이다. 다만 주금액은 균일할 것을 요하기 때문에 주금전액불입주의가 채택되면, 실질적으로는 총주식수에 대한 지주수로 비율을 표시하는 것과 차이가 없다. 그러나 어쨌든 무액면주식을 채택한 결과 주식을 자본금의 구성단위금액으로 하는 원칙은 이미 유지될 수 없으며, 액면주식도 또한 무액면주식과 동일한 의미에서 비율적 지위 그 자체라고 해석하게 되었다.

그리고 양자 모두 균등한 비율적 지위로 된 이상, 그 사이에 어떠한 차이도 없다. 결국 액면주식과 무액면주식 어느 쪽이든 한 쪽을 발행하더라도 주식은 균등한 비율적 지위를 나타내는 것이며, 주주의 지위는 회사의 총주주수에 대한 주주의 지주수의 비율에 의해서 정해진다. 이처럼 액면주식과 무액면주식 간에는 그 내용면에서 질적인 차이는 없기 때문에 양자의 구별은 주식종류의 차이를 구성하지 않는다. 또한 양자의 권리내용은 양적으로도 균등하며, 어느 1주라도 1개의 의결권으로 인정되고, 동액의 이익배당청구권이나 잔여재산분배청구권이 인

75) 上柳克郎 · 鴻常夫 · 竹內昭夫, 前揭書, 26～28面.

정되는 등 어떠한 차이도 없다.

액면주식에서는 액면금액이 발행가액의 최저한을 획정하지만, 무액면주식의 발행가액은 회사사업의 경제적 가치를 반영하는 시가를 표준으로 하여 정해지기 때문에, 발행할 때마다 주식의 취득가액 즉, 주주의 회사에 대한 출자액이 다르다. 그러나 이것은 그때그때 회사의 자산상태가 다름에 따라 회사사업의 비율적 단위인 주식의 경제적 가치도 변동하며, 그 취득의 대가인 발행가액(정확히는 인수가액)에 차이를 생기게 하는 것이다. 따라서 발행가액이 다르다는 것은 오히려 비율적 지위로서의 주식의 균등성을 보다 실질적으로 실현하는 것이 된다. 이는 액면주식의 경우에도 마찬가지이며, 다만 액면주식에 있어서는 출자액이 액면금액을 하회하지 않아야 한다는 것 뿐이다. 따라서 액면주식이나 무액면주식의 경우에 그 발행가액이 상이한 것은 주식이 균등한 비율적 지위 라는 사실에 반하는 것은 아니다.[76]

5. 주식분할 및 주식병합

액면주식을 분할하는 경우에는 액면분할이 되어 액면금액이 감소하게 된다. 액면금액은 정관의 절대적 기재사항이기 때문에 주주총회 특별결의에 의하여 정관변경 절차를 거쳐야 한다(제329조의2 제1항). 또한 구 주권의 제출과 신 주권의 교부가 있어야 하므로 이에 대해서는 주식병합의 절차를 준용한다(제329조의2 제3항, 제440조 내지 제444조). 한편 2011년 개정상법은 주식분할을 하는 경우 분할 후 '액면주식' 1주의 금액은 100원 미만으로 하지 못한다고 규정하여(제329조의2 제2항), 주식분할 후 액면금액의 제한이 액면주식에 한하여 적용되는 점을 명확히 하고 있다.

무액면주식의 분할은 자본금, 자산과 무관하게 단지 회사가 발행한 주식의 총수를 주금의 납입 없이 증가시키는 것을 말한다.[77] 따라서 무액면주식을 분할하는 때에는 액면분할이 필요하지 않고 주식 수만 증가하게 되므로 정관을 변경하는 절차가 필요 없게 된다. 그러나 상법은 액면주식과 무액면주식을 구분하지 않고 주식을 분할하는 때에 주주총회 특별결의를 요구하고 있는데(제329조의2 제1항), 이는 무액면주식 제도의 도입을 고려하지 않은 입법의 미비이다. 따라서 무액면주식의 주식분할은 이사회 결의로 가능하다는 내용을 제329조의2 제1항에

---

76) 上柳克郎 · 鴻常夫 · 竹內昭夫, 前揭書, 24~25面.

77) 이철송, 「2011 개정상법 - 축조해설 -」, 박영사, 2011(이하 "2011 개정상법"이라 한다), 72면.

추가하여야 할 것이다.[78] 2001년 개정전 일본 상법은 이사회에서 주식분할의 취지를 결의하고(2001년 개정전 일본상법 제293조의4 제1항) 신주권을 교부하면 족한 것으로 규정하고 있었다. 다만 무액면주식을 분할함에 따라 발행주식수가 정관상 발행예정주식총수를(제289조 제1항 제3호) 초과하는 경우에는 정관변경이 필요함은 당연하다.[79]

무액면주식을 분할하더라도 액면주식처럼 액면금액에 변경이 생기지 않으므로 주권을 교체하여 발행하여 줄 필요는 없다. 추가로 발행하는 주식에 관한 주권을 발행하여 주면 되므로 주주에게 주권의 제출을 요구할 필요가 없다. 따라서 제329조의2 제3항에 따라 주식분할에 준용하는 조항(제440조 내지 제444조) 중 제440조 내지 제442조는 무액면주식의 주식분할에는 준용할 필요가 없는 조문이다. 한편 주권제출이 없으므로 주권제출 기간이 만료한 때 주식분할의 효력이 발생한다는 조문(제440조, 제441조)이 적용되지 않는다. 따라서 주주총회에서 주식분할을 결의할 때 주식분할의 효력발생일을 정해야 한다.[80]

주식병합에 대해서 2011년 개정상법은 특별한 변경이 없다. 주식의 병합은 수개의 주식을 합하여 종전의 주식수를 줄이는 것을 말한다.[81] 이에 따라 단주가 발생하고 주식의 유통성을 줄여 각 주주의 이해에 영향을 줄 수 있으므로 예외적인 경우에 한하여 인정된다. 상법은 자본감소(제440조), 합병(제530조 제2항), 분할(제530조의11 제1항)의 경우에 한하여 주식병합을 허용한다.[82] 액면주식을 병합하는 경우에는 주식수가 감소하기 때문에 자본금이 감소되므로, 주주총회 특별결의가 필요하다(제438조 제1항). 그러나 무액면주식을 병합하는 경우에 회사의 자본금이나 재산을 변경하지 않고 주식수만을 감소시킬 수 있는데, 이 때에는 주주총회 특별결의가 필요 없고 이사회 결의로 가능하다고 본다.[83]

6. 주식배당

2011년 개정상법은 주식배당에 관하여 제462조의2 제2항에서 '수종의 주식'을 '종류주식'으로 용어를 변경한 것 이외에는 특별한 변함이 없다. 이에 따라 무

78) 동지, 송옥렬, "2011년 개정 회사법의 해석상 주요쟁점－기업재무 분야를 중심으로－", 「저스티스」 제127호(2011), 49면.
79) 이철송, 2011 개정상법, 72면.
80) 이철송, 2011 개정상법, 72면.
81) 최준선, 회사법[제9판], 삼영사, 2014, 216면.
82) 이철송, 회사법강의[제22판], 박영사, 2014, 433면.
83) 동지, 송옥렬, 전게논문, 50면.

액면주식 제도를 채택하고 있는 회사가 주식배당을 할 수 있는지 여부에 관하여 견해가 나누어진다.

주식배당을 부정하는 견해는 제462조의2에 규정된 주식배당제도는 배당할 이익을 액면가로 나눈 수의 주식을 발행하는 구조이므로(동조 제2항) 제462조의2를 수정없이 무액면주식에 적용할 수 없다고 한다. 또한 동조의 제2항을 제외하고 나머지 조항만 적용하고자 하여도 그 근거가 없다는 것이다.[84)]

이에 대해 긍정설은 무액면주식에 대해 주식배당을 할 수 있는 근거를 제462조의2 제1항에서 찾는다. 동조 제1항이 주식배당을 액면주식에 한정하고 있지 않는 이상 무액면주식도 주주총회의 결의로 이익배당을 주식배당의 형태로 할 수 있다고 보아야 한다는 것이다. 이는 무액면주식을 발행한 회사도 배당가능이익을 자본금으로 전환할 수 있다는 것으로서, 당연한 결론이라 한다.[85)]

이러한 논란이 생긴 것은 무액면주식 제도를 도입하면서 주식배당의 기준에 대하여 주식의 권면액으로 한다는 조항(제462조의2 제2항)을 그대로 방치함으로써 액면주식에 관한 배당기준만을 정하고, 무액면주식의 주식배당 기준에 관하여 규정을 하지 않은 입법의 미비로 인한 것이다. 일본의 경우 2001년 개정전 상법 제293조의2 제2항은 주식배당을 하는 경우 액면주식에 대해서는 권면액을, 무액면주식에 대해서는 주식배당을 결의한 주주총회에서 정한 발행가액을 기준으로 주식배당을 하도록 규정하고 있었다. 입법론적으로는 제462조의2 제2항에서 무액면주식을 발행한 경우 주식배당 기준을 일본의 입법례처럼 "주식배당을 결의한 주주총회에서 정한 발행가액"을 기준으로 한다는 문구를 추가하여야 할 것이다.

이러한 입법의 미비와는 별개의 문제로 무액면주식 제도를 채택한 기업들의 경우에도 현실적으로 주식배당을 할 필요성이 있음을 감안할 때 해석론상 그 가능성을 모색할 필요가 있다. 그 근거로는 긍정설이 제시하고 있는 제462조2 제1항에서 찾을 수 있다고 본다.[86)] 동 조항은 "회사는 주주총회 결의에 의하여 이익의 배당을 새로이 발행하는 주식으로써 할 수 있다" 규정하고 있다. 이 조항에 따르면 주식배당은 새로이 발행하는 주식이 액면주식이든지 무액면주식이든지를 불문하고 할 수 있다. 이 경우 문제는 무액면주식의 주식배당에 대한 기준이 없다는 점이다. 이는 입법취지를 고려하여 제462조의2 제2항을 유추해석을 함으로

84) 이철송, 2011 개정상법, 207면.

85) 송옥렬, 전게논문, 51~52면.

86) 송옥렬, 전게논문, 51면.

써 무액면주식을 발행한 회사가 주식배당을 하는 경우에는 액면주식의 권면액에 대응하는 기준으로서 주식배당을 결의한 주주총회에서 정한 무액면주식의 발행가액을 기준으로 주식배당을 할 수 있다고 해석하여야 할 것이다.

Ⅴ. 액면주식과 무액면주식간의 상호 전환절차 및 전환효과

1. 액면주식과 무액면주식간의 상호전환 절차

회사는 정관에서 정하는 바에 따라 액면주식을 무액면주식으로 전환하거나 무액면주식을 액면주식으로 전환할 수 있다(제329조 제4항). 전환의 절차에 대해서는 주식병합의 절차를 준용하고 있다(제329조 제5항).

우리 상법은 회사가 액면주식과 무액면주식 가운데 하나만을 선택하도록 하고 있다(제329조 제1항). 또한 전환을 청구할 수 있는 주체로는 회사만을 규정하고 있다. 따라서 주주는 액면주식이나 무액면주식 중 하나의 주식만을 보유하게 되므로, 양자를 동시에 채택하는 입법례처럼 주주에 의한 전환청구를 인정할 필요성이 없다고 볼 수 있다.

(1) **정관의 정함**(주주총회 특별결의 필요)

회사가 전환을 청구하기 위해서는 정관에 규정이 있어야 하므로(제329조 제4항) 원시정관에 전환에 관한 규정이 없는 이상 주주총회 특별결의를 통하여 정관변경을 먼저 하여야 할 것이다.

개정상법은 액면주식과 무액면주식 중 어느 하나를 선택하도록 규정하고 있으므로 회사성립 후 전환을 하는 경우에는 정관변경이 필요하게 된다. 또한 무액면주식을 액면주식으로 전환하는 때에는 정관을 변경하면서 반드시 액면금액을 정하여야 한다(제329조 제3항).[87]

(2) **주식병합 절차의 준용**

회사가 주식을 전환할 경우에는, 회사는 먼저 1월 이상의 기간을 정하여 그 뜻과 그 기간 내에 주권을 회사에 제출할 것을 공고하고 주주명부에 기재된 주주와 질권자에 대하여는 각별로 그 통지를 하여야 한다(제329조 제5항, 제440조). 주식의 전환은 이 기간이 만료한 때 효력이 발생한다(제329조 제5항, 제441조 본문). 회사가 이 기간 내에 구주권을 제출받으면 이를 회수하고 신주권을 교부한

87) 北澤正啓, 會社法[第6版], 靑林書院, 2001, 153～154面.

다. 분실 기타의 사유로 구주권을 제출하지 못하는 자가 있으면, 공시최고절차보다 간편한 방법으로 회사는 그 자의 청구와 비용으로 이해관계인에 대하여 異議가 있으면 제출하도록 공고하고, 일정한 기간(3월 이상)이 경과한 후에 신주권을 교부할 수 있다(제329조 제5항, 제442조).

(3) 부분전환의 불인정

회사가 전환을 청구하는 경우에도 발행한 주식의 일부에 대해서만 전환(부분전환)을 청구하는 것은 허용되지 않고, 모든 주식에 대하여 일제전환을 청구하는 것으로 해석하여야 할 것이다. 개정상법은 무액면주식을 발행하는 경우 액면주식을 발행할 수 없다고 규정하여(제329조 제1항) 회사가 두 가지 제도 가운데 하나를 선택하여 운영하도록 하고 있다. 따라서 일부전환을 허용하게 되면 회사가 액면주식과 무액면주식을 동시에 운영하여야 하는 결과를 초래하므로 이것은 개정상법의 취지에 부합하지 않는다. 또한 일부 주식에 대해서만 전환청구를 인정할 경우 주식사무가 번잡하게 되고 주주 간에 차별적 취급을 하는 문제가 생길 수 있다.[88]

2. 전환의 효과

(1) 자본금의 불변

액면주식과 무액면주식은 동등한 주식이기 때문에 전환에 의하여 주주권의 내용에 어떠한 변경이 생기는 것은 아니다. 그러나 전술한 것처럼[89] 양자는 주식발행 시에 자본금을 구성하는데 있어서 동일하지 않기 때문에 전환의 경우 어떻게 되는지가 문제된다. 개정상법은 회사의 자본금은 액면주식을 무액면주식으로 전환하거나 무액면주식을 액면주식으로 전환함으로써 변경할 수 없다고 규정한다(제451조 제3항). 이 조항은 전환이 주식의 내용을 변경시키는 것은 아니며,[90] 자본금 구성의 측면에서도 어떠한 변경도 없다는 취지일 것이다. 즉, 액면주식과 무액면주식은 동등하다는 것을 나타내는 것으로서 주주권과 자본금 구성에 변경이 없다는 것은 전환에 있어서 하나의 원칙이라고 볼 수 있다.[91]

---

88) 일본의 2001년 개정전 상법의 경우 회사가 액면주식과 무액면주식 양자를 발행하는 것을 허용하였으므로 부분전환을 인정한 것과 비교된다.

89) Ⅳ.2. 참조.

90) 上柳克郎・鴻常夫・竹內昭夫, 前揭書, 304面.

91) 松岡誠之助, "額面株式と無額面株式の轉換", 「商事法務」 No. 1207(1990), 3~4面.

(2) 실질적 할인발행의 문제

액면주식을 발행하는 회사는 주식을 액면미달의 금액으로 발행하지 못한다(제330조). 그러나 회사가 성립한 날로부터 2년을 경과한 후에 주식을 발행하는 경우에는 회사는 주주총회 특별결의와 법원의 인가를 얻어서 액면미달 발행을 할 수 있으나(제417조), 절차의 번거로움으로 인해 거의 활용되지 않고 있다. 이에 따라 주권상장법인에 대해서는 법원의 인가 없이 주주총회 특별결의만으로 액면미달의 가액으로 발행할 수 있도록 규정하고 있다(자본시장법 제165조의8 제1항). 이 경우 주주총회 특별결의에서 주식의 최저발행가액을 정하여야 하며, 최저발행가액은 대통령령으로 정하는 방법에 따라 산정한 가격 이상이어야 한다(동조 제2항, 자본시장법시행령 제176조의10).

개정상법은 무액면주식을 액면주식으로 전환하는 경우에 관하여 특별한 제한규정을 두지 않고 있다. 그러나 액면주식은 액면금액이 100원 이상이어야 하므로(제329조 제3항) 무액면주식을 액면주식으로 전환하는 경우 무액면주식의 1주당 가치가 최소한 100원 이상이 되지 않으면 전환할 수 없을 것이다. 또한 정관으로 액면금액을 미리 정하여야 하며, 액면금액을 미리 정하지 아니한 경우 주주총회 특별결의를 통하여 정관을 변경하여 액면금액을 정해야 한다.

그런데 무액면주식이 액면주식의 액면금액 미만으로 발행된 후에 액면주식으로 전환되는 경우, 이는 액면주식이 액면금액 미만으로 발행된 것과 동일한 효과가 발생한다(실질적인 할인발행). 또한 액면주식의 할인발행이 이루어진 때는 주식인수인의 보전책임 및 이사의 손해배상책임이 발생한다고 해석된다. 그렇지만 무액면주식을 발행하면서 실질적 할인발행의 방법을 취한 경우, 무액면주식은 그 발행가액으로 유효하게 발행되고 그 후에 전환하더라도 자본금은 변경되지 않는다. 따라서 이러한 발행가액과 액면금액과의 차액에 대해서 누구도 책임을 부담하지 않게 된다. 그러므로 전환에 의해 실질적으로 할인발행하는 것을 방지할 필요성이 제기된다.[92)]

2011년 개정상법은 1998년 개정된 독일 주식법처럼 액면주식이나 무액면주

---

92) 권재열, “개정상법상 주식관련제도의 개선내용과 향후과제”, 선진상사법률연구 제56호(2011), 7면; 최병규, “개정 상법상 무액면주식제도에 관한 연구”, 경영법률 제21권 제4호(2011), 351면. 이와 관련하여 회사는 액면주식의 액면미만발행의 금지에 위반하는 신주발행의 무효를 그 신주를 무액면주식으로 전환함으로써 치유할 수도 있다는 견해가 있다(北澤正啓, 會社法[新版], 青林書院, 1982, 145面). 그러나 이에 대해서는 액면주식을 무액면주식으로 전환한 후에도 자본의 액에는 변경이 없으므로, 자본전입액(액면액 이상)과 현실의 발행가액과의 차액에 대해 자본충실의 원칙이 충족되지 않는 하자가 남는다는 비판이 제기된다(松岡誠之助, 前掲論文, 6面 註) 14).

식 중 하나만을 선택적으로 둘 수 있도록 하고, 양자 간에 상호 전환을 허용하고 있다. 그러나 무액면주식의 최저 발행가액에 대해서는 특별한 제한규정을 두지 않고 있다. 이는 회사가 자본조달을 탄력적으로 할 수 있게 한다는 측면에서는 바람직하지만, 자본충실의 측면에서는 논란의 소지가 있다.[93] 즉, 액면주식의 액면미달발행금지 조항을 탈피하기 위하여, 무액면주식을 낮은 가액으로 발행한 후 이를 모두 액면주식으로 전환하면 실질적으로 액면주식을 액면미달로 발행하는 것과 동일한 효과를 가져 온다.

독일의 경우 무액면주식은 기본자본에 대한 지분금액 이상으로 발행되어야 한다(독일주식법 제9조 제1항). 일본의 경우에도 2001년 액면주식을 폐지하고 완전한 무액면주식 제도를 도입하기 이전에는 무액면주식의 최저발행가액(5만엔)에 대한 제한조항을 두고 있었다(2001년 개정전 일본상법 제168조의3). 독일주식법 제9조 제1항이 무액면주식 제도의 취지를 반영하면서도 자본충실을 도모한다는 측면에서 참고할만한 입법례라고 본다.

이러한 실질적 할인발행 금지의 문제는 2001년 상법개정 이전의 일본처럼 액면주식과 무액면주식을 동시에 발행하는 경우 그 필요성이 인정될 것이다. 이 경우 무액면주식을 액면주식으로 전환할 때에는 자본충실의 원칙상 자본금은 정관에서 정한 액면금액에 발행주식총수를 곱한 금액 이상이어야 할 것이다. 2001년 개정전 일본상법에서는 실질적 할인발행을 방지하기 위하여 이를 명문으로 정하고 있었다(2001년 개정전 일본상법 제213조 제3항).[94]

그러나 2011년 개정상법처럼 액면주식과 무액면주식 가운데 하나만을 선택하여 운영하는 경우 실질적 할인발행의 문제는 무액면주식을 액면주식으로 전환하기 전에는 생기지 않는다. 왜냐하면 무액면주식과 비교되는 액면주식 자체가 존재하지 않기 때문이다. 무액면주식이 아무리 낮은 가격으로 발행되더라도 무액면주식 발행가액총액의 2분의 1 이상은 자본금으로 계상되어야 한다(제451조 제2항). 따라서 그 이후 이를 액면주식으로 전환하는 경우에는 이러한 낮은 발행가액총액에 대응한 자본금을 기준으로 하여 액면주식의 액면금액이 정해질 것이다. 따라서 이렇게 정해진 액면금액에 관하여 액면미달 발행의 문제는 논리적으로 생기지 않는다.[95] 그러나 전환에 의하여 자본금에 변경이 생기지 않기 때문에(제

93) 무액면주식 제도를 도입하는 경우에도 자본충실이 요구되며, 무액면주식의 발행가액을 결정하는데 있어서 주주 상호간의 형평성과 자본충실을 위하여 일정한 수준이 유지되어야 한다는 견해가 제기된다(옥무석, "무액면주식제도의 도입에 관한 연구", 법학논집 제4권 제4호(2000), 77면).

94) Ⅲ.2.(2) 참조.

451조 제3항) 무액면주식의 발행가액이 자본금에 대한 지분금액 이하로 낮게 발행되는 경우 자본충실의 원칙에 반하며, 또한 이러한 주식이 제3자배정이나 공모에 의해 발행되는 경우에는 지분이 희석화됨으로써 기존 주주의 이익을 해하는 문제가 발생할 수 있을 것이다.

Ⅵ. 결어

2011년 개정된 상법은 경영상 어려운 여건에 처한 기업이 자금조달을 원활하게 할 수 있도록 하기 위하여 무액면주식 제도를 도입하였다. 다만 완전한 무액면주식 제도를 도입하지 않고 액면주식과 무액면주식 제도를 병용하면서 기업들의 필요에 따라 그 중 한 가지 제도를 선택하도록 규정하고 있다. 이는 갑작스러운 제도 변화로 인한 혼란을 방지하고 무액면주식 제도에 대한 적응기간을 거친다는 점에서 타당한 입법이라고 본다.

그러나 개정상법은 이처럼 액면주식과 무액면주식 중 하나만을 선택적으로 채택하고, 양자 간에 상호 전환을 허용하고 있지만, 무액면주식의 최저 발행가액에 대해서는 제한하지 않고 있다. 만일 무액면주식을 낮은 가액으로 발행한 후 이를 모두 액면주식으로 전환하면 실질적으로 액면주식을 액면미달로 발행하는 것과 동일한 효과를 가져 온다. 따라서 자본충실의 측면에서 무액면주식의 경우 자본금에 대한 지분금액 이상으로 발행되어야 한다는 조항이 필요하다고 본다(독일주식법 제9조 제1항).

개정상법에 따르면 무액면주식을 발행하는 경우 자본금은 주식발행가액의 2분의 1 이상으로서 이사회에서 정한 금액이며 자본금으로 계상하지 아니하는 금액은 자본준비금으로 계상한다(제451조 제2항). 반면 액면주식을 발행하는 때는 자본금은 액면총액이 되고, 그 이상의 금액은 자본준비금으로 된다. 따라서 액면주식의 액면금액을 2배 이상 할증하여 발행하면, 무액면주식을 발행하는 경우보다 자본금으로 계상하는 금액은 더 적게 되고 자본준비금으로 더 많은 금액을 할당할 수 있으므로 보다 탄력적인 재무전략을 취할 수 있게 된다. 이러한 문제를 해결하기 위해서는 액면주식과 무액면주식을 동일하게 취급할 필요가 있으며, 양자 모두 발행가액(또는 액면금액)의 2분의 1을 초과하지 않은 금액을 자본금에 전입하지 않을 수 있도록 규정하는 것이 필요하다.

95) 송옥렬, 전게논문, 50면.

무액면주식을 분할하는 때에는 액면분할이 필요하지 않고 주식 수만 증가하게 되므로 정관을 변경하는 절차가 필요 없게 된다. 그러나 상법은 액면주식과 무액면주식을 구분하지 않고 주식을 분할하는 때에 주주총회 특별결의를 요구하고 있는데(제329조의2 제1항), 이는 무액면주식 제도의 도입을 고려하지 않은 입법의 미비이다. 따라서 무액면주식의 주식분할은 이사회 결의로 가능하다는 내용을 제329조의2 제1항에 추가하여야 할 것이다.

무액면주식을 채택한 경우 주식배당을 할 수 있는지 여부가 문제된다. 이러한 논란이 생긴 것은 무액면주식 제도를 도입하면서 무액면주식의 주식배당 기준에 관하여 규정을 하지 않은 입법의 미비로 인한 것이다. 입법론적으로는 제462조의2 제2항에서 무액면주식을 발행한 경우 주식배당 기준을 "주식배당을 결의한 주주총회에서 정한 발행가액"을 기준으로 한다는 문구를 추가하여야 할 것이다.

무액면주식의 경우 1주당 발행가액은 액면주식과는 달리 정관의 절대적 기재사항이 아니다(제289조 제1항 제4호). 따라서 설립등기를 통하여 공시되어야 하는데, 무액면주식이 보통주식과 종류주식으로 두 가지 이상의 종류가 발행되는 경우 각각의 발행가액을 등기하지 않으면 이를 알 수가 없다. 따라서 설립 시 등기사항으로서 종류별 무액면주식의 발행가액을 포함하는 것이 바람직할 것이다.

제 6 장

자기주식 및 주식소각 제도

6

자기주식 및 주식소각 제도*

제1절 자기주식 제도

Ⅰ. 자기주식 제도의 의의 및 규제 동향

자기주식의 취득에 대한 주요국의 입법동향을 보면 자기주식의 취득으로 인한 폐해를 방지하기 위한 조치를 강구하면서,[1] 자기주식의 취득목적, 취득수량, 취득재원, 보유 및 처분 등에 대한 규제를 대폭적으로 완화하여 기업이 상황변화에 따라 신축적인 재무관리를 할 수 있도록 배려하고 있다.

2011년 개정전 상법은 자기주식의 취득을 원칙적으로 금지하고 일부 예외적인 경우에만 이를 허용하며(개정전 상법 제341조), 허용하는 경우에도 그 보유 및 처분에 대하여 규제를 하고 있었다. 반면 「자본시장과 금융투자업에 관한 법률」(이하 "자본시장법"이라 한다)은 자기주식의 취득을 원칙적으로 허용하고 예외적인 경우에만 제한하며, 보유 및 처분에 대해서도 제한을 완화함으로써 상법과는 정반대의 규제방식을 취하고 있다(동법 제165조의2).[2] 이처럼 기업의 상장 여부에 따라 차별하는 논거가 약하고, 자기주식의 취득은 회사재산을 주주에 반환한다는 점에서 본질적으로 배당과 유사하며, 모든 주주로부터 지분비율에 따라 취득하면 주주 간에 불공정한 문제도 발생하지 않으므로 자기주식의 취득을 제한하는 제도에 대하여 그 타당성이 없다는 점이 문제로 지적되었다.[3] 더불어 그 동

---

* 이 장은 ① "미국의 배당규제와 자기주식 제도", 「비교사법」 제13권 제2호(2006), 251～283면; ② "상법개정안상 자기주식 및 주식소각 제도의 검토", 「일감법학」 제18호(건국대학교 법학연구소, 2010), 135～190면을 수정 · 보완한 것이다.

1) 예컨대, 자기주식의 취득현황 등에 대한 공시의무를 강화하고, 내부자거래 및 시세조종을 방지하기 위한 규정을 보완하는 것 등이다.

2) 구 증권거래법의 개정으로 주권상장법인(1994년)과 코스닥상장법인(1998년)에 대해서는 자기주식의 취득이 원칙적으로 자유화되었으나, 비상장법인의 경우 상법이 적용되기 때문에 원칙적으로 금지되었다. 그러나 비상장법인이더라도 기업구조조정이나 신축적인 재무관리를 위하여 자기주식 취득의 필요성이 제기되었다.

안 자기주식의 취득에 대해 제한적인 입장을 취하였던 일본이 2001년 그 규제를 완화하였으며, EU와 영국도 규제를 완화하는 추세이다.[4)]

자기주식의 취득이라 함은 주식을 발행한 회사가 그 주주들로부터 자기회사의 주식을 취득하는 것을 말한다.[5)] 일단 유효하게 성립한 주식을 회사가 사후적으로 다른 자로부터 유상으로 취득하는 행위(승계취득)를 말한다. 종래 자기주식의 취득을 금지하는 취지는 회사 자신에 의한 자사주식의 취득을 금지하는 것이다. 자기주식의 취득은 회사가 자기의 계산으로 그 회사의 주식을 취득하는 것으로(개정전 상법 제341조) 그 명의가 누구이냐는 불문하였다.[6)] 그러나 법형식상으로는 회사 이외의 주체에 의한 취득이더라도 실질적으로 회사에 의한 취득과 차이가 없는 경우에는 규정의 실효성을 확보하기 위하여 그 취득을 제한하였다. 즉, 회사가 타인명의로 자기의 계산으로 자기주식을 취득하는 경우를 금지하였다.[7)]

종래 자기주식의 취득을 제한하는 근거는 자기주식을 취득함으로써 발생할 수 있는 폐해를 제거하거나 완화하기 위한 정책적 목적에 두었다. 자기주식 취득의 폐해는 크게 다섯 가지로 구분할 수 있다. 즉, ⅰ) 자본금이나 법정준비금을 재원으로 하는 경우 주주에게 출자를 환급하는 결과가 되어 채권자의 이익을 해하며(자본의 유지), ⅱ) 배당가능이익을 재원으로 하는 경우일지라도 유통성이 낮은 주식을 일부 주주로부터만 매수하는 경우 주주 상호간에 투자자본 회수기회에 불평등이 생길 수 있으며, 취득가액을 공정하게 결정하더라도 잔존주주 등과의 사이에 불공평한 결과가 생길 수 있다(주주상호간의 공평). ⅲ) 반대파 주주(그린메일 등을 포함)로부터 주식을 매수한 이사가 회사지배를 유지하는 등 경영을 왜곡하는 수단으로 이용되거나(회사지배의 공정), ⅳ) 시세조종, 내부자거래 등에 이용될 수 있다(증권시장의 공정).[8)]

그러나 ⅰ)의 근거에 대해서는 자기주식을 배당가능이익으로 한정하여 취득

---

3) 이범찬 · 임충희, "자기주식취득의 규제에 관한 몇 가지 문제", 「현대상사법의 제문제(일석박상조 교수화갑기념)」, 한올출판사, 1998, 326～327면; 국회 법제사법위원회, "상법 일부개정법률안(정부제출) 검토보고", 2007. 11., 61～62면; 김홍식, 「M&A 개론」, 박영사, 2009, 254면.

4) 김순석, "미국의 배당규제와 자기주식 제도", 「비교사법」 제13권 제2호(2006), 251～253면.

5) Ok-rial Song, "Hidden Social Costs of Open Market Share Repurchases", 27 J. Corp. L. 425, 426 n.1 (2002).

6) 이범찬 · 임충희, 전게논문, 322면.

7) 대법원 2003.5.16. 선고, 2001 다 44109 판결; 김순석, 전게논문, 253면.

8) 江頭憲治朗, 「株式會社法[第4版]」, 有斐閣, 2011, 238面. 특히 폐쇄회사의 경우 공개회사와는 달리 매수한 자기주식을 처분하기가 쉽지 않기 때문에 회사채권자에게 손해를 끼칠 위험성이 높다고 한다.

하면 채권자의 이익을 해하지 아니한다는 반론이 제기된다. ii)와 iii)의 근거에 대해서는 시장거래나 공개매수 또는 다른 주주도 매각에 참가할 수 있는 절차(tag along right)[9]를 구비하거나, 자기주식의 처분에 대해 신주발행과 같은 절차를 따르도록 함으로서 해소할 수 있다. iv)의 근거에 대해서는 내부자거래와 시세조종에 관한 자본시장법의 개정을 통해서 해결할 수 있다.[10] 따라서 오늘날은 이러한 정책적 이유에 의한 자기주식의 취득제한 제도도 그 근거가 약해지고 있다.[11]

Ⅱ. 2011년 개정전 상법상 자기주식 제도의 내용 및 문제점

1. 취득목적, 취득재원

(1) 2011년 개정전 상법

2011년 개정전 상법은 자기의 계산으로 자기의 주식을 취득하는 것을 금지하고 있었다. 다만, 그 예외로서 i) 주식을 소각[12]하기 위한 때, ii) 회사의 합병 또는 다른 회사의 영업전부의 양수로 인한 때, iii) 회사의 권리를 실행함에 있어 그 목적을 달성하기 위하여 필요한 때, iv) 단주의 처리를 위하여 필요한 때, v) 주주가 주식매수청구권을 행사한 때 등에 대해서는 자기주식의 취득을 허용하고 있었다(개정전 상법 제341조). 또한 주식매수선택권을 부여한 후 그 행사에 대비하여 자기주식을 취득하거나(개정전 제340조의2 제1항), 발행주식총수의 20분의 1의 범위에서 자기주식을 질권의 목적으로 받을 수 있다(개정전 제341조의3). 반면 합병 또는 다른 회사의 영업 전부의 양수로 인한 경우 및 회사의 권리를 실행함에 있어 목적달성을 위해 필요한 경우(개정전 제341조 제2호 및 제3호)에는 그 한도를 초과하여 질취할 수 있다(개정전 제341조의3 단서).

그 이외에도 해석상 자기주식의 취득이 허용되는 경우로 i) 자기주식을 무상으로 양수하는 경우, ii) 위탁매매업자가 위탁자의 계산으로 자기주식을 매수하는 경우, iii) 신탁회사가 자기주식의 신탁을 인수하는 경우, iv) 자기주식을 채

9) 神田秀樹・武井一浩 編,「新しい株式制度」, 有斐閣, 2002, 83面.

10) 神田秀樹・武井一浩 編, 前揭書, 63～64面.

11) 김순석, 전게논문, 255～256면.

12) 주식소각의 종류에는 자본감소 절차에 의한 경우(개정전 제343조 제1항 본문)와 주주에게 배당할 이익으로 소각하는 경우로 구분되었으며, 후자는 정관규정에 의한 경우(개정전 제343조 제1항 단서), 정기주주총회에 의한 경우(개정전 제343조의2) 및 상환주식의 상환(개정전 제345조)에 의한 경우로 나누어졌다.

무이행의 담보로서 점유하는 경우 등이다.[13)]

상법 제341조의 예외적 사유로서 자기주식을 취득하는 때에는 재원규제가 없으나, 주식매수선택권 부여목적 등으로 자기주식을 취득하는 경우에는 배당가능이익의 한도 내에서 허용되었다(개정전 제341조의2 제1항 단서).

(2) 자본시장법

주권상장법인은 다른 법률에 따르는 경우 외에는 해당 법인의 명의와 계산으로 자기취득을 취득할 수 있도록 규정하고 있다(동법 제165조의2 제1항). 이때 자기주식의 취득금액은 배당가능이익 한도 이내이어야 한다(동조 제2항).

(3) 문제점

이처럼 기업이 증권시장에 상장되어 있는지 여부에 따라 자기주식의 취득에 대하여 차별적으로 규율하여야 할 합리적인 이유가 존재하지 않는다. 회사가 자기주식의 취득하는 데에는 적정한 수준의 주가유지 등 재무전략적 차원이나, 주주의 이익을 환원하는 등 다양한 동기가 존재하며, 이러한 유인을 기업의 상장에 여부에 따라 다르게 취급할 이유는 없다.[14)]

2. 취득방법

(1) 상법

2011년 개정전 상법은 자기주식의 취득을 예외적으로 허용하면서도 그 취득방법에 대해서는 명문의 규정을 두고 있지 않았다. 전술한 개정전 제341조에서 규정한 다섯 가지의 자기주식 취득금지 예외사유의 경우에는 자기주식의 취득이 선행하는 다른 자본거래의 목적을 달성하기 위하여 이루어지며, 그 요건과 효과에 대하여 단체법리가 적용되었다. 따라서 이사의 재량이 개입할 소지가 적으므로 공정성이 문제될 여지가 거의 없었다. 그러나 주식매수선택권 부여목적의 자기주식 취득(개정전 제341조의2 제1항), 이익소각을 위한 자기주식의 취득(개정전 제343조 및 제343조의2) 등에는 가격결정과 상대방 선택에 있어서 회사의 재량여지가 있었다. 자본충실의 원칙상 가격결정이 공정해야 하며, 전술한 바와 같이 자기주식의 취득은 출자의 환급효과가 있으므로 주식평등의 원칙에 따라 모든 주주에게 주식을 매도할 기회가 균등하게 제공되어야 한다.[15)]

---

13) 최준선, 「회사법강의[제5판]」, 삼영사, 2010, 237면.

14) 최준선 · 김순석, 「회사법 개정방향에 관한 연구」, 한국상장회사협의회, 2004, 142~143면; 김병연, 「자기주식의 처분 및 활용방안」, 한국상장회사협의회, 2005, 47~48면.

(2) 자본시장법

자본시장법에 의한 자기주식 취득의 경우(자본시장법 제165조의2)에도 가격결정과 상대방의 선택에 있어서 회사의 재량의 여지가 있다. 그러나 자본시장법은 자기주식의 취득에 대하여 일정한 절차적 규제를 함으로써 공정성의 문제를 해결하고 있다. 즉, 주권상장법인이 자기주식을 취득하는 경우에는 i) 증권시장에서 취득하는 방법, ii) 공개매수의 방법, iii) 신탁계약에 따라 자기주식을 취득한 신탁업자로부터 신탁계약이 해지되거나 종료된 때 반환받는 방법(다만, 신탁업자가 해당 법인의 자기주식을 i), ii)에 따라 취득한 경우만 해당)에 따라야 한다(동법 제165조의2 제2항). 이러한 증권시장을 통한 매수와 공개매수 자체가 불공정하지 않는 한 상대방 선택과 가격결정은 공정하게 이루어지는 것으로 해석한다.[16]

(3) 문제점

개정전 제341조가 규정한 자기주식 취득금지의 예외사유 가운데 이익소각을 제외하고는 각각의 거래절차에 따라 가격결정 및 상대방 선택의 공정성이 보장된다고 본다. 이익소각의 경우에도 자본시장법에 의한 경우는 취득방법을 규율하는 규정에 의해 공정성이 확보된다고 할 수 있다(동법 제165조의2 제2항). 상법에 의한 이익소각에 대해서는 명문의 규정이 없었지만, 단체법적 거래라는 특성으로 인해 해석상 적절한 가격과 상대방 선택의 공정성이 요구되었다.[17]

개정전 제341조의2 주식매수선택권의 행사에 대비한 자기주식의 취득의 경우 발행주식총수의 100분의 10 이상을 가지고 있는 주주로부터 취득하는 경우에는 주주총회 특별결의를 거치고 주주총회에서 가격을 정하도록 하고 있다. 이를 통하여 공정성이 담보된다. 그러나 100분의 10 미만의 주주로부터 취득하는 경우에 대해서는 규정이 없다. 이 경우에는 이사와 매도인간의 개인법적 거래로 이루어지므로 상대방 선택과 가격결정이 불공정해질 우려가 있으므로 입법적 보완이 필요하다고 지적되었다.[18]

---

15) 이철송, 「회사법강의[제18판]」, 박영사, 2010, 320면; 동, "불공정한 자기주식거래의 효력 - 주식평등의 원칙과 관련하여", 「증권법연구」 제7권 제2호(2006), 6~11면.

16) 이철송, 전게논문, 10~11면. 독일주식법 제71조 제1항 제8호.

17) 이철송, 전게논문, 8면.

18) 이철송, 전게논문, 10면.

3. 자기주식의 처분

(1) 자기주식 처분의 법적 성격

서울서부지방법원은 자기주식의 처분에 관하여 기존 주주들에게 신주를 발행하는 것과 유사한 효과를 가져오기 때문에 신주발행과 같은 통제를 가할 필요성이 있으며, 전환사채 발행의 경우에 사실상 신주를 발행하는 것과 유사하여 신주발행무효의 소에 관한 상법 제429조를 유추적용하고 있는 것과 마찬가지로, 자기주식 처분의 경우에도 다른 주주들에게 매수 기회를 주지 않은 채 특정한 주주에게 일방적으로 매도하는 것은 주주평등의 원칙에 반하고 주주의 회사지배에 대한 비례적 이익과 주식의 경제적 가치를 현저하게 해하는 경우라면, 이러한 자기주식의 처분행위는 무효라고 판시하였다.[19] 이 결정을 둘러싸고 자기주식 처분의 법적 성격에 대한 논의가 제기되었다.

2011년 개정전 상법상 자기주식의 처분은 주주평등의 원칙과 같은 단체법적 원리가 적용될 수 없는 손익거래로 파악하고 신주발행절차를 유추적용하는 것에 반대하여 이 하급심의 결정에 대해 비판하는 견해가 제기되었다.[20] 즉, 주주평등의 원칙은 자본거래와 같은 단체법적 거래에 적용되는 이념으로 자기주식의 처분과 같은 개인법적 거래에 적용하는 것은 타당하지 않다는 것이다. 또한 주주의 지분비율이 희석화 되는 등의 폐해를 시정하기 위하여 주식평등의 원칙과 같은 단체법적 원리를 적용하여 신주발행절차를 준용하는 것은 자기주식 처분의 재무전략적 활용 등 순기능을 억제하는 과잉입법의 여지가 있다고 한다.[21] 대법원은 법인세법상 과세대상인 손익거래에 해당하는지 여부를 판단한 사례에서 자본감소절차의 일환으로서 자기주식을 취득하여 소각하거나 회사합병으로 인하여 자기주식을 취득하여 처분하는 것은 자본의 증감에 관련된 거래로서 자본의 환급 또는 납입의 성질을 가지므로 자본거래로 봄이 상당하지만, 그 외의 자기주식의 취득과 처분은 순자산을 증감시키는 거래임에 틀림이 없고, 그것은 법인세 과세대상인 자산의 손익거래에 해당한다고 한다.[22]

---

19) 서울서부지방법원 2006. 3. 24. 선고, 2006카합393 결정; 서울서부지방법원 2006. 6. 29. 선고, 2005가합8262 판결.

20) 국중권, 「적대적 M&A 방어법제에 관한 연구」, 성균관대학교대학원 법학박사학위논문, 2006, 142면; 송종준, "자기주식의 처분절차규제에 관한 소고", 「법률신문」 제3504호(2006. 11. 9), 13면; 이철송, 전게논문, 18, 22면; 신우진, "경영권 방어를 위한 자기주식의 제3자에 대한 처분의 법적 문제점", 「기업법연구」 제21권 제1호(2007), 154~155면.

21) 송종준, 전게논설, 13면.

22) 대법원 1995.4.11. 선고, 94누21583 판결.

그러나 자기주식의 처분을 단체법적 거래(자본거래)로 파악하느냐, 개인법적 거래(손익거래)로 파악하느냐는 것은 자기주식의 본질적인 성격에서 유래하는 것이 아니라 입법정책의 선택문제이다. 또한 전술한 대법원 판례(94누21583 판결)는 법인세 과세사건에 관한 것이므로, 자기주식의 회사법적 성질을 언급한 것으로 보기 어려운 측면이 있다.[23] 독일주식법은 자기주식의 처분을 주식평등의 원칙에 따르도록 함으로써(독일주식법 제71조 제1항 제8호) 개인법적 거래인 자기주식의 처분에 대해 단체법적 구속을 가한다. 2011년 개정전 우리나라 상법 제342조와 유사한 규정을 가지고 있었던 2001년 개정 이전의 일본 상법 제211조 아래에서는 자기주식 처분의 법적 성질을 신주발행이 아니라 '민법상 매매'[24]로 해석하여 개인법적 거래로 보는 것이 통설이었다.[25] 그러나 일본은 2001년 개정 상법과 2005년 회사법에서 자기주식의 취득을 자유화하면서 자기주식의 처분에 대해서는 신주발행절차를 따르도록 하고(일본회사법 제199조 이하) 처분의 하자를 형성의 소로 다투도록 규정함으로써(일본회사법 제828조 제1항 제3호), 자기주식의 처분을 자본거래로 파악한다.[26]

(2) 상법

2011년 개정전 상법은 자기주식의 처분에 대하여 처분의 시기를 제외하고는 처분의 절차나 요건에 대해 규정하지 않고 있었다. 소각을 목적으로 한 주식은 지체없이 실효절차를 밟아야 하고 그 이외의 자기주식은 상당한 시기에 처분하도록 규정하고 있었다(개정전 상법 제342조). 따라서 자기주식의 처분은 개인법적 거래를 통하여 이루어졌다.

(3) 자본시장법

자본시장법도 자기주식의 취득방법에 대해서는 규정하고 있으나(동법 제165조의2 제2항), 처분에 대해서는 처분시기와 내부자거래를 방지를 방지하기 위한

---

23) 이철송, 전게논문, 18면.

24) 우리나라에서도 자기주식의 처분계약의 성질, 효력 등에 대해서 민법상 매매에 관한 규정이 적용되므로, 자기주식의 처분은 신주인수권과는 무관하고, 액면 이하의 대가라도 상관이 없다는 견해가 있다(이범찬, 「자기주식취득규제에 관한 연구」, 한국상장회사협의회, 1993, 61면).

25) 上柳克郎 · 鴻常夫 · 竹內昭夫 編, 「新版注釋會社法(3)」, 有斐閣, 1986, 265面.

26) 이철송, 전게논문, 18~19면. 일본의 경우 자기주식을 처분하면 처분가액이 대차대조표상 자산의 部에 계상되어 공제되었던 순자산의 部가 회복되지만, 당해 처분은 손익거래가 아니라 자본거래로 회계처리된다. 그 결과 처분차익은 대차대조표상 기타자본잉여금으로 계상되며, 처분차손은 우선 기타자본잉여금의 감소로 처리하고 충분하지 않을 경우 기타이익잉여금의 감소로서 처리된다. 세제상으로도 자기주식의 처분은 자본거래로서 양도손익은 0으로 보며, 처분차손익은 자본금등의 증감으로 처리된다(일본 법인세법시행령 제8조 제1항 제1호)(江頭憲治朗, 前揭書, 260面).

것을 제외하고는 특별히 규정하고 있지 않다. 따라서 상법과 마찬가지로 개인법적 거래를 통해 처분이 이루어진다.

(4) 문제점

2011년 개정전 상법은 자기주식의 취득을 예외적으로 허용하는 경우에도 자기주식의 보유기간을 엄격하게 제한하며, 주식소각을 위해 취득한 경우에는 지체없이 실효절차를 거쳐야 하고, 그 이외 합병 등의 경우에는 상당한 기간 내에 처분하여야 하였다(개정전 상법 제342조). 이에 따라 구조조정이나 스톡옵션 또는 신주인수권이 행사된 경우 등에 자기주식을 효율적으로 활용할 수 없었다.

또한 자기주식을 처분하는 경우 가격의 공정성은 이사의 선관주의의무의 대상이 되므로 이를 통해 규제할 수 있지만, 상대방의 선택에 대해서는 주식평등을 의식한 규정이 없어 입법적 보완이 필요한 실정이었다.[27]

Ⅲ. 입법례

1. 미국[28]

(1) 서설

자기주식취득[29]에 대한 미국의 주별 회사법상 규제는 배당규제와 밀접하게 관련되어 있으며[30] 매우 다양한 형태로 나타나고 있다. 미국의 모든 주가 목적을 불문하고 자기주식의 취득을 인정하며, 논의의 초점은 주로 자기주식 취득의 '재원 및 한도액'에 대한 문제가 중심이 되고 있다.

자기주식에 관한 미국의 제도가 이해하기 어려운 이유는 ① 자기주식을 주주로부터 현금으로 취득하는 것은 주주에게 현금을 교부한다는 측면에서 '배당'

---

27) 이철송, 전게논문, 13, 22면.

28) 김순석, 전게논문, 258~273면.

29) 미국의 경우 자기주식의 취득이 배당지불을 대체하고 있다는 증거는 없지만 배당지불은 지속적으로 감소하고 있는 것으로 나타나고 있다. 공개회사 및 비금융회사 등의 경우 배당지불을 한 회사는 1978년 66.5%에서 1999년 20.8%로 감소하고 있다(Eugene F. Fama & Kenneth R. French, "Disappearing Dividends: Changing Firm Characteristics or Lower Propensity to Pay?", 60 J. Fin. Econ. 3, 35-36 (2001)). 그러나 이에 비해 자기주식의 취득은 1978-82년간 총수익의 5.12%에서 1988-92년에는 30.02%, 1993-98년에는 35.46%로 증가하고 있다(Id.).
한편 1996-98년 사이 미국 회사들은 약 5,500억불의 자기주식을 취득하였으며 같은 기간동안 뉴욕증권거래소(NYSE) 상장기업들은 4,900억불의 현금배당을 하였다(David Ikenberry et al., "Stock Repurchases in Canada: Performance and Strategic Trading", 55 J. Fin. Econ. 2373 (2000)).

30) 양자가 현금을 주주에게 분배하는 메카니즘으로서 경제적으로 상호 호환적이기 때문이다(Ok-rial Song, op. cit., p. 439).

과 같은 형태이므로, 많은 주의 회사법에서 자기주식의 취득과 배당규제를 주주에 대한 분배로서 일체화해서 다룬다는 점이다. 또한 ② 금고주(Treasury Stock)라는 개념 자체도 회사법 차원에서는 기본적으로 폐지되어 있다는 점이다[31]

(2) 미국 주별 배당규제의 유형

미국의 주별 배당규제의 유형은 잉여금(Surplus), 자본금(Capital) 및 액면주식(Par Value Share) 등의 개념을 유지하고 있는 전통적 입법모델(법정자본금제도에 근거한 모델)과 이를 폐지한 현대적 입법모델(법정자본금제도를 폐지한 모델)로 구분할 수 있다. 전통적 입법모델에는 델라웨어주회사법, 뉴욕주회사법, 1969년 모범사업회사법(Model Business Corporation Act : MBCA) 등이 속하며, 이 모델은 금고주[32]의 개념을 유지하고 있다. 반면 현대적 입법모델은 1970년대 후반 이후 등장한 모델로서 캘리포니아주회사법, 1984년 개정모범사업회사법(Revised Model Business Corporation Act : RMBCA) 등이 여기에 속한다. 이 모델은 배당(Dividend)과 자기주식의 취득(Repurchase)을 모두 '분배(Distribution)'라는 개념 아래 통일적으로 이해하고, 금고주의 개념을 폐지하고 있다.[33]

현대적 모델에서는 금고주 내지 자기주식의 취득한도액이라는 문제 자체가 독립적인 논점은 아니며, 이 문제는 주주에 대한 '분배'의 재원 및 한도의 문제 중에 포함된다.[34] 반면 전통적 모델에서는 금고주의 취득한도액이라는 문제 자체는 계속 법적 논점으로 존재한다.[35]

〈표 6-1〉에 나타난 것처럼 미국의 배당규제는 배당가능이익의 산정방식에 따라 크게 여섯 가지로 분류할 수 있다. 즉, ① 실질지불불능기준(Equitable Insolvency Test)은 회사가 지불불능상태이거나, 배당을 하면 지불불능상태에 빠지는 경우 배당을 금지한다. 이 기준은 실질적으로 모든 주(델라웨어주 제외)가 채택하고 있으며, 다른 배당기준을 채택하고 있는 주일지라도 실질지불불능기준

---

31) 太田 洋, "「金庫株」の解禁問題に關する論点整理[Ⅰ]－米國の關係規制からの示唆－", 商事法務 No. 1586 (2001)(이하 '前掲論文[Ⅰ]'라 칭한다), 15面.

32) 금고주라 함은 취득목적을 특정하지 않거나 취득목적을 묻지 않고 취득 · 보유할 수 있는 자기주식을 말한다.

33) 太田 洋, 前掲論文[Ⅰ], 15面.

34) 현대적 모델에서는 자본금, 자본준비금이라는 개념 자체가 존재하지 않기 때문에 이러한 개념을 전제로 하는 '감자', '자본준비금을 이용한 주식소각'이라는 개념 내지 절차가 존재하지 않는다. 따라서 현대적 모델에서는 우리나라의 이익배당, 주식의 이익소각, 자본준비금에 의한 소각, 감자 등이 모두 '주주에 대한 분배'의 문제로 취급된다.

35) 자기주식 취득의 재원규제와 그 수량한도는 대개 배당규제와 일치하지만, 델라웨어주처럼 자기주식 취득의 재원 및 그 수량한도가 배당규제에 비하여 엄격한 주도 상당수 존재한다.

을 모두 동시에 채택하고 있다. ② 델라웨어주 등이 채택하고 있는 당기이익에 의한 배당기준은 잉여금이 존재하지 않더라도 당기 또는 전기에 회사이익이 있으면 그 범위 내에서 현금배당을 인정한다. ③ MBCA가 채택하고 있는 이익잉여금기준은 이익잉여금이 존재하여야 배당이 가능하다. ④ 대차대조표잉여금방식은 자본잉여금과 이익잉여금으로 배당할 수 있으며 뉴욕주 등이 채택하고 있다. ⑤ RMBCA가 채택하고 있는 대차대조표기준의 경우 순자산이 플러스이면 배당이 가능하다. ⑥ 캘리포니아주 등이 채택하고 있는 재무비율방식은 가장 제한적인 기준으로 자기자본비율이나 기타 재무제표에 의한 재무기준을 충족하여야 배당이 가능하다.[36)]

〈표 6-1〉 〈미국의 주별 배당규제의 유형〉[37)]

배당규제의 기준	해당 주
이익잉여금기준(MBCA) (자산〉부채+자본금+자본잉여금)	없음
잉여금기준 (Balance Sheet Surplus) (자산〉부채+자본금)	Missouri, New York, Ohio, Texas
잉여금기준과 당기이익 병용	Delaware, Kansas, Louisiana, Oklahoma
대차대조표기준 (RMBCA) (자산〉부채)	Alabama, Arizona, Arkansas, Colorado, Connecticut, Florida, Georgia, Hawaii, Idaho, Illinois, Indiana, Iowa, Kentucky, Maine, Maryland, Massachusetts, Michigan, Minnesota, Mississippi, Montana, Nebraska, Nevada, New Hampshire, New Jersey, New Mexico, North Carolina, Oregon, Pennsylvania, Rhode Island, South Carolina, South Dakota, Tennessee, Utah, Vermont, Virginia, Washington, West Virginia, Wisconsin and Wyoming(39)
자기자본비율 기타 재무기준	Alaska, California
실질지불불능기준	North Dakota

36) 자세한 내용은 Craig A. Peterson & Norman W. Hawker, "Does Corporate Law Matter? Legal Capital Restrictions on Stock Distribution", 31 Akron L. Rev. 175, 183-195(1997). Richard O. Kummert, "State Statutory Restrictions on Financial Distributions by Corporations to Shareholders", 59 Wash. L. Rev. 185, 193-266 (1984); 太田 洋, "「金庫株」の解禁問題に關する論点整理[Ⅱ]－米國の關係規制からの示唆－", 商事法務 No. 1587 (2001)(이하 '前揭論文[Ⅱ]'라 칭한다), 28~35面; 김재문, "주식회사의 이익배당에 관한 법적 고찰－이익배당의 기준을 중심으로－", 상사법연구 제14집 제2호 (1995), 241면 이하 참조.

37) Barbara Black, Corporate Dividend and Stock Repurchases, Westlaw DB CORPDIVSR (updated to December 2014) §1:3; ABA, Model Business Corporation Act Annotated 4th ed., vol. 1, 2008, pp. 6-242~6-245.

(3) 배당규제 유형별 자기주식 취득규제

1) 법정자본금제도에 근거한 모델에서 자기주식 취득규제

(가) 델라웨어주회사법상 자기주식 취득규제

(A) 회사법상의 규제 자기주식의 취득에 대한 델라웨어주회사법[38]상의 규제로는 잉여금에 의한 규제와 자본침해금지 기준을 들 수 있다. 또한 판례법상 발달한 "부적정 목적 기준"(Improper Purpose Doctrine)도 적용된다.

델라웨어주회사법상 아래에서는 자기주식의 취득재원 및 취득한도액에 관한 규제내용과 배당의 지불재원 및 한도액에 대한 규제내용 간에는 약간 차이가 있다. 즉, 동법은 배당의 경우 ① 잉여금이 존재하거나, ② 당기 그리고/또는 전기에 순이익(Nimble Profit)이 있으면 일정한 범위에서 배당할 수 있도록 규정하고 있다.[39] 그러나 자기주식 취득은 잉여금이 있는 한 자유롭게 할 수 있지만, 잉여금이 없으면 당기 그리고/또는 전기에 순이익이 있더라도 할 수 없도록 규정하고 있다.[40][41] 또한 배당규제나 자기주식 취득규제에 있어서도 실질지불불능기준이 명문으로 채택되어 있는 것은 아니지만, 보통법상 사기양도금지(Fraudulent Conveyance) 법리나 州의 사기양도금지법령, 연방도산법 등이 적용된 결과 실제상은 이미 실질지불불능에 빠져 있는 경우 또는 자기주식을 취득하면 실질지불불능 상태에 빠지는 경우에는 잉여금이 존재하더라도 자기주식의 취득은 허용되지 아니한다.[42]

잉여금의 존재여부나 자본잠식이 있는지 여부를 어떻게 결정할 것인가 라는 문제는 자기주식의 취득이나 배당을 결정하는데 매우 중요하다.[43] 델라웨어주회

---

38) 델라웨어주에 본사를 두고 있는 법인은 100만개 이상이며, Fortune 500에 등재되어 있는 기업의 약 64%를 비롯하여 미국 증권시장에 상장되어 있는 기업의 약 50%가 포함된다(〈http://www.state.de.us/corp/aboutagency.shtml〉, 2014.8.5. 방문). 따라서 델라웨어주회사법이 가지는 실무상 중요성은 매우 높다.

39) Del. Code. Ann. tit. 8, §170(a).

40) Del. Code. Ann. tit. 8, §160.

41) 델라웨어주회사법은 뉴욕주회사법처럼 감자를 통한 방법에 의해 사실상 자본금을 재원으로 현금배당 내지 자기주식의 취득을 할 수 있다. 또한 감자절차 자체도 이사회결의로 가능하다. 다만 감자결과로서 잔존하는 회사의 자산이 채무지불에 충분하지 않는 경우에는 감자를 할 수 없다(Del. Code. Ann. tit. 8, §244).

42) Richard A. Booth, Financing the Corporation (Supp. 2005, West), §5:9; 太田 洋, "「金庫株」の解禁問題に關する論点整理[Ⅲ]－米國の關係規制からの示唆－", 商事法務 No. 1588 (2001)(이하 '前揭論文[Ⅲ]'라 칭한다), 15～16面.

43) Rodman Ward, Jr., Edward P. Welch & Andrew J. Turezyn, Folk on the Delaware General Corporation Law 4th. ed., vol. Ⅰ, Aspen, 2005, §154.2.

사법상 잉여금이라 함은 총자산에서 총부채 및 자본금(Stated Capital)을 공제한 항목으로 표시되며,[44] 우리 나라의 자본준비금도 여기의 잉여금에 포함되기 때문에 자본준비금을 재원으로 자기주식을 취득할 수 있다.

델라웨어주 판례법은 잉여금을 산정하는데 있어서 자산은 현재가치를 사용하여 평가해야 한다고 한다.[45] 자산평가에 대한 단일한 객관적인 표준은 존재하지 아니한다. 이사들은 입수 가능한 자료와 현재가치를 반영한다고 합리적으로 믿을 만한 기준에 의할 수 있다.[46] 델라웨어주회사법 제154조에 근거한 총자산 및 총부채의 평가가 부적절하게 이루어졌기 때문에 자기주식의 취득이 불법이라고 주장한 사건에서 델라웨어주 대법원의 판결[47]도 같은 맥락이다. 즉, 이사가 입수가능한 데이터 및 그들이 현재가치를 반영하는 것이라고 합리적으로 신뢰할 수 있는 방법에 따라 자산 및 부채를 성실하게 재평가하고 있는 한, 부외자산재평가익을 자기주식의 취득재원으로 하여도 좋다고 판시하였다. 이러한 판례를 종합하면 결국 델라웨어주 법규범은 대체로 이사가 기본적으로 공인회계사의 감사를 받은 재무제표상 숫자에 의거할 수 있으며, 부외함익에 관한 자산재평가익에 대해서도 이를 자기주식의 취득재원으로 하는데 대해서 투자은행 등 외부전문가에 의한 적정의견(Solvency Opinion 등)이 있으면 이에 근거할 수 있다는 것이다.[48]

한편 이러한 자기주식의 취득으로 인하여 자본금이 잠식되지 않아야 한다.[49] 자본금 잠식은 회사자산이 당해 회사의 사외주식(Outstanding Shares)[50]총액보다 적게되는 경우를 말한다.[51] 즉, 회사는 자기주식을 취득하기 위해서는 잉여금(순자산이 자본을 초과하는 금액)만을 사용할 수 있다는 것이다. 이러한 자본금 잠식 금지의 기준은 회사채권자와 주주의 이익을 위한 것이다.[52]

자기주식의 취득은 이사회결의에 의하며 이 결의에 대해서는 경영판단의 원칙에 의해 사법적 판단이 배제된다.[53] 그러나 공개매수 등의 경우에 이사는 자기

---

44) Del. Code. Ann. tit. 8, §154.

45) Farland v. Wills, C.A. No. 4888 (Del. Ch. Nov. 15, 1975).

46) Morris v. Standard Gas & Electric Co., 63 A.2d, 577, 582 (Del. Ch. 1949).

47) Klang v. Smith's Food & Drug Centers, Inc., 702 A.2d 150 (Del. 1997).

48) 太田 洋, 前揭論文[Ⅲ], 16面.

49) Del. Code Ann. tit. 8, §160(a)(1).

50) 사외주식이라 함은 발행주식(issued stock) 중 발행회사가 보유하고 있는 자기주식(treasury stock: 金庫株)을 제외한 주식을 말하며, 이익배당청구권이나 의결권 등 주주로서 권리는 사외주식의 주주가 행사한다.

51) In re International Radiator Co., 92 A.2d 255, 256 (Del. Ch. 1914).

52) Rodman Ward, Jr., Edward P. Welch & Andrew J. Turezyn, op. cit., §160.4.

주식의 취득이 회사의 이익을 위한 것이라는 입증책임을 부담한다.[54] 한편 자기주식의 취득 권한을 이사 등에게 위임하는 것도 허용된다고 해석된다.[55] 다만 자본금 감소[56]에 대해서는 이사회결의가 필요하다.

(B) 판례상의 규제 자기주식 취득에 대해서는 회사법상의 규제 이외에도 판례법상 부적정 목적 기준(Improper Purpose Doctrine)이나 정관상 양도금지조항의 타당성 등에 의해서도 규제된다. 부적정 목적 기준이라 함은 자기주식 취득의 유일한 목적이 회사의 지배권을 유지하기 위한 것인 때에는 자기주식의 취득은 허용되지 아니한다는 원칙이다.[57] 그러나 이 원칙은 판례에 의해 여러 가지 예외가 인정된다.[58] 회사가 자기주식을 시장가격보다 프리미엄을 주고 취득하고, 당해 취득이 이사 지위에 대한 위협을 제거하기 위하여 필요한 경우, 이사회가 당해 취득이 회사의 이익을 위한 것이라는 입증책임을 부담한다. 당시 특정인에게 주식이 집중되는 것이 회사의 유지 등을 하는데 합리적인 위협이 된다고 믿을 만한 합리적인 정당성이 있었다는 것을 입증하여야 한다. 이러한 판단을 하는데 있어서 이사들은 자신들의 조사나 관찰, 전문가의 조언에 의지할 수 있다. 이사들의 판단이 당시에 합리적이었다면 면책된다. 따라서 판례는 자기주식의 취득을 결정하는데 있어서 기준으로 신의성실, 합리적인 조사, 논증할 수 있는 정당성 등을 들고 있다.[59]

또한 정관상 주주에게 부과된 주식의 양도제한 조항의 적법성이 문제된다. 즉, 주주가 주식을 매도하는 경우 당해 회사에게 우선적으로 매도하여야 한다는 정관상의 제한이 적법한지 여부에 대한 문제이다. 델라웨어주 법원은 주주가 지분을 매각하고자 하는 경우 회사 자산의 현재가치로 회사에 대해 최우선적으로 청약(Offer)하여야 한다는 규정에 대해 적법성을 인정하였다.[60] 그러나 이사가

53) Cheff v. Mathes, 199 A.2d 548, 555 (Del. 1964); Kaplan v. Goldsamt, 380 A.2d 556, 569 (Del. Ch. 1977).

54) Crane Co. v. Harsco Corp., 511 F. Supp. 194, 305 (D. Del. 1981).

55) Richard A. Booth, op. cit., §5:6.

56) Del. Code Ann. tit. 8, §244(a). 자본금을 재원으로 자기주식을 취득하는 경우(감자의 경우)에는 주식의 소각이 필요하기 때문에 금고주가 생기지 않는다(§160(a)(1)). 반면 잉여금을 재원으로 자기주식을 취득하는 경우(감자 이외의 경우)에는 주식소각이 반드시 필요한 것은 아니며, 취득한 자기주식을 금고주로 보유할 수 있다(§160(b)).

57) Potter v. Sanitary Co. of America, 194 A. 87 (Del. Ch. 1937).

58) Kors v. Carey, 158 A.2d 136 (Del. Ch. 1960); Bennett v. Propp, 187 A.2d 405 (Del. 1962); Cheff v. Mathes, 199 A.2d 548 (Del. 1964).

59) Good v. Texaco, Inc., C.A. No. 7501, slip op. at 31-32 (Del. Ch. Feb. 19, 1985).

60) Lawson v. Household Finance Corp., 152 A. 723 (1930).

원하는 경우 주주는 언제든지 회사에 매각하여야 한다는 조항은 제3자에 대한 매각 가능성을 배제하는 것으로 이는 부당하고 불법적인 양도금지에 해당한다고 한다.[61]

(나) 1969년 모범사업회사법(MBCA)상 취득규제[62]

MBCA는 배당가능이익의 산정방식에 관해 이익잉여금기준을 채택하고 있다. 자기주식의 취득재원 및 취득한도액에 관한 규제내용과 배당의 지불재원 및 지불한도액에 관한 규제내용 간에는 약간 차이가 있다. 원칙적으로 이익잉여금이 있으면 그 범위 내에서 현금배당의 지불이나 자기주식의 취득을 이사회의 재량에 의해 자유롭게 할 수 있다. 그러나 자본잉여금이 재원으로 된 경우에 배당의 지불과 자기주식의 취득 간에 취급이 다르다. 즉, 자본잉여금을 재원으로 배당을 하기 위해서는 기본정관에 의한 수권이나 또는 '의결권부 주식 여부를 불문하고 각 종류의 사외주식(Outstanding Stock) 총수의 과반수의 승인'이 필요하다.[63] 반면 자본잉여금을 재원으로 자기주식을 취득하기 위해서는 기본정관에 의한 수권 또는 '의결권부 주식총수의 과반수의 승인'이 있으면 된다.[64] 또한 잉여금이 전혀 없는 경우 현금배당을 할 수 없지만, 상환주식의 상환 등 네 가지 예외적인 경우에는 자본금을 재원으로 자기주식을 취득할 수 있다.[65] 델라웨어주회사법이나 뉴욕주회사법에 의하면 감자를 통한 방법에 의해 사실상 자본금을 재원으로 하여 현금배당을 하거나 자기주식을 취득할 수 있다. 감자절차의 실행에는 원칙적으로 이사회결의 뿐만 아니라 의결권주식의 과반수의 승인이 필요하다.[66]

MBCA도 실질지불불능기준을 채택하고 있다.[67] 이미 실질지불불능에 빠진 경우 또는 자기주식을 취득하면 실질지불불능의 상태에 빠지는 경우에는 잉여금이 존재하더라도 자기주식을 취득하는 것은 허용되지 않는다.[68]

---

61) Greene v. E.H. Rollins & Sons, Inc., 2 A.2d 249, 253 (Del. Ch. 1938).

62) 太田 洋, 前揭論文[Ⅲ], 16～17面.

63) MBCA §46.

64) MBCA §6.

65) MBCA §6. 구체적으로는 ① 단주의 상환, ② 회사채권의 회수 또는 회사의 채권 · 부채에 관한 화해, ③ 반대주주가 소유한 주식에 대해 주식매수청구권을 가진 경우의 대가지불, ④ 법률의 규정에 따라 행하는 자사가 발행한 상환주식의 매입 혹은 상환의 이행목적이라면 자본금(또는 기타 자본계정)을 재원으로 하여 자기주식을 매수하는 것 등이 인정된다.

66) MBCA §§58, 59, 69.

67) MBCA §§6, 45.

68) MBCA §§2(n), 6, 66; Barbara Black, Corporate Dividends and Stock Repurchases, West, 2004, §6:11.

MBCA 아래에서도 자본잉여금의 계산에 있어서 그 기준이 되는 총자산 및 총부채 금액을 장부가기준으로 산출하여야 하는지 시가기준으로 산출하여야 하는지에 대해 다툼이 있지만, 기본적으로 시가(공정시장가치)기준으로 산출하여야 한다고 해석된다.[69]

더불어 MBCA는 델라웨어주 등의 경우와 달리 자회사에 의한 친회사주식의 취득도 자기주식 취득의 일종으로 규제되는 점에 주의할 필요가 있다.[70] 한편 자기주식의 취득은 이사회 결의사항으로 규정되어 있다.[71]

(다) 뉴욕주회사법상 자기주식취득규제[72]

뉴욕주회사법 제510조는 배당금의 지불을 위해서는 잉여금기준[73]과 지불불능기준[74]을 동시에 만족하도록 명문으로 규정하고 있다. 기본적으로 자기주식의 취득재원 및 취득한도액에 관한 규제는 배당재원 및 배당한도액에 관한 규제와 일치한다. 즉, 잉여금[75]이 존재하는 한 자기주식 취득과 소각을 자유롭게 할 수 있는 것이 원칙이다. 그러나 이미 실질지불불능 상태인 경우 또는 자기주식을 취득하면 실질지불불능 상태에 빠지는 경우에는 자기주식의 취득이 허용되지 않으며,[76] 이 때에는 감자절차를 거치더라도 불가능하다.

잉여금을 산정할 때 총자산과 총부채를 장부가격을 기준으로 계산하여야 하는지 아니면 시가기준으로 산출하여야 하는지에 대해 해석상 다툼이 있다. 법령상은 이사가 공인회계사가 작성한 재무제표상의 숫자에 의거할 수 있으며, 입법자는 자산재평가익도 배당재원(자기주식 취득재원)으로 해석한다. 이에 대해서는 반대설도 유력하다. 더불어 자산재평가익을 배당재원(자기주식 취득재원)으로 하는 견해를 취하더라도 자산재평가손을 동시에 배당재원(자기주식 취득재원)으로부터 공제하는 것을 당연히 전제로 해야 한다고 본다.[77]

---

69) Bishop v. Prosser-Grandview Broadcasters, Inc., 472 P.2d 560, 564 (Wash. App. Ct. 1970); Hansen v. Singmaster Ins. Agency Inc., 722 P.2d 1254, 1257 (Or. App. Ct. 1986).

70) MBCA §6.

71) Id.

72) Barbara Black, op. cit., §§ 2.31-2.40; 太田 洋, 前掲論文[Ⅲ], 15面.

73) 대차대조표잉여금방식(Balance Sheet Surplus Test)으로 이익잉여금과 자본잉여금으로 배당이 가능하다.

74) N.Y. Bus. Corp. Law §§102(a)(8), 513(a) (McKinney 1986).

75) 잉여금은 총자산에서 총부채와 자본금을 공제한 금액이다(N.Y. Bus. Corp. Law §102(a)(3) (McKinney 1986)).

76) N.Y. Bus. Corp. Law §513(a) (McKinney 1986); Barbara Black, op. cit., §6.5.

77) Barbara Black, op. cit., §§2.31-2.40; 太田 洋, 前掲論文[Ⅲ], 15面.

현금배당만이 아니라 자기주식의 취득에 대해서도 원칙적으로 이사회결의에 의하지만, 그 권한을 이사 등에 위임할 수 있다고 해석된다. 다만 감자를 할 경우에는 원칙적으로 이사회결의가 필요하다.[78)]

2) 법정자본제도를 폐지한 모델에서 자기주식 취득규제

(가) 캘리포니아주회사법상 자기주식 취득규제[79)]

캘리포니아주회사법에서는 자기주식의 취득재원 및 취득한도액 규제와 배당규제는 모두 주주에 대한 분배규제로서 일체화된다. 따라서 자기주식의 취득이 허용되는지 여부도 현금배당의 경우와 같이 이익잉여금기준, 총자산/총부채기준, 유동자산/유동부채기준 및 실질지불불능기준 이라는 네 가지 기준에 의해서 판단된다. 구체적으로는 우선 ① 이익잉여금(= 유보이익(Retained Earnings))[80)]이 있는 한, 자기주식의 취득은 현금배당과 같이 자유롭게 할 수 있다. ② 이익잉여금이 없는 경우에는 회사의 총자산/총부채기준 및 유동자산/유동부채기준 모두를 만족하지 않는 한, 현금배당 뿐만 아니라 자기주식의 취득도 금지된다. 즉, 자기주식의 취득 이후에 (a) 자산이 부채의 1.25배 이상이며,[81)] 또한 (b) 유동자산이 유동부채와 같거나 그 이상인 경우(유동자산/유동부채 비율이 100% 이상) 또는 과거 2년 평균 유동자산이 유동부채의 1.25 이상인 경우(유동자산/유동부채 비율이 125% 이상)의 어느 한 가지에 해당하는 때에 한하여(유동자산/유동부채기준) 자기주식의 취득이 허용된다.[82)] ③ 이러한 기준에 저촉되지 않는 경우에도 실질지불불능에 빠지는 결과를 초래하는 자기주식의 취득은 명문으로 금지된다.[83)]

또한 캘리포니아주회사법 아래에서는 ① 및 ② 소정의 재무기준은 친회사와 그 친회사가 50% 이상의 의결권을 가진 자회사를 일체(Unit)로 하여 적용된다.[84)] 즉, 배당지불이나 자기주식의 취득에 대한 한도액규제가 연결대차대조표기준으로 되어 있는 점[85)]에 유의할 필요가 있다.

적법하게 취득된 자기주식은 금고주로 되는 것이 아니라 모두 자동적으로

78) N.Y. Bus. Corp. L. §516(a).

79) 太田 洋, 前揭論文[Ⅲ], 19面.

80) 캘리포니아주회사법상 유보이익에 대한 개념정의는 없지만, 일반적으로 유보이익이라 함은 영업활동에 의해 획득된 누적이익을 말하며, 납입잉여금, 감자잉여금은 이에 포함되지 않는다.

81) 분배 후 자기자본비율이 20% 이상인 것과 같은 의미이며, 이것이 회사의 총자산/총부채기준이다.

82) Cal. Corp. Code §§500-502.

83) Cal. Corp. Code §§501.

84) Cal. Corp. Code §§189(a), 500.

85) Cal. Corp. Code §§160, 500-503; Richard A. Booth, op. cit., §5:9.

소각된다.[86] 캘리포니아주회사법은 RMBCA처럼 자본금의 개념을 폐지하였기 때문에 자본금 감소의 규제가 없지만, 대체로 주주에 대한 현금분배는 분배규제에 따른다. 따라서 RMBCA처럼 캘리포니아주회사법 아래에서도 자본금 감소절차를 따르는 것에 의해 배당규제나 자기주식의 취득규제를 회피할 수 없다.

이처럼 캘리포니아주회사법상 배당규제 및 자기주식의 취득규제는 유보이익이 없더라도 일정한 자기자본비율이나 기타 재무기준을 만족하면 현금배당이나 자기주식의 취득이 가능하다. 이는 이익잉여금 및 자본잉여금에 구속되고 있는 우리 나라 현행법상 배당규제 및 자기주식의 취득규제보다도 어떤 의미에서 유연한 규제로 되어있다.[87]

자기주식의 취득에 관한 규정을 위반한 이사는 회사에 대하여 연대책임을 부담하며, 그 책임은 채권자의 채권액이나 주주의 손해액에 한정된다. 악의로 자기주식을 양도한 주주도 회사에 대해 책임을 부담한다.[88]

(나) 1984년 개정모범사업회사법(RMBCA)상 자기주식의 취득규제[89]

RMBCA에서는 자기주식 취득의 취득재원 및 한도액 규제와 배당규제가 모두 주주에 대한 '분배(Distribution)'규제로서 일체화되어 있기 때문에 그 규제내용은 동일하다. 따라서 자기주식의 취득이 허용되는지 여부도 현금배당의 경우와 같이 대차대조표(Balance Sheet)기준 및 지불불능기준이라는 두 가지의 기준에 의해 판단된다. 즉, ① 회사의 총자산이 총부채와 소요운전자금과의 합계액을 하회한 결과를 초래하는 자기주식의 취득은 금지되며,[90] 또한 ② 이러한 제한에 저촉하지 않는 경우에도 통상의 사업과정에서 지불기한이 도래한 채무에 대해 지불불능에 빠지는 형태의 자기주식의 취득은 금지된다.[91]

대차대조표기준은 자산과 부채의 확정이 일정한 유형의 회계상 관행에 따르는 것을 전제로 하고 있다. 또한 RMBCA §6.40(d)는 이사회가 '그 상황에서 합리

---

86) 캘리포니아주회사법은 RMBCA처럼 금고주 개념을 폐지하였다(Cal. Corp. Code §510(a)).

87) 牛丸與志夫・黒沼悦朗・近藤光男・田村詩子・正井章筰・行澤一人, "資本準備金による自己株式の取得と消却[中]", 商事法務 No. 1499 (1998), 27面 이하.

88) Richard A. Booth, op. cit., §5:19.

89) 太田 洋, 前掲論文[Ⅲ], 18~19面.

90) RMBCA §6.40(c).

91) RMBCA §6.40(c). 어떠한 경우에 이러한 지급불능기준에 저촉하는가에 대해 기준을 제시하는 안전조항(Safe Harbor Rule)은 없다. RMBCA의 공식주석에 의하면 지불가능(solvency) 결정에 무엇이 필요한가를 어느 정도 상세하게 기술하고 동시에 동 조항에 근거하여 결정을 하는 때는, 이사가 §8.30에서 규정한 주의의무를 해태한 경우에만 이사는 위법한 분배에 대해 책임을 부담한다(RMBCA §8.33).

적이라고 판단되는 공정한 평가 혹은 기타 방법'을 근거로 관련된 자산 및 부채를 확정하는 것을 인정한다. 다만 여기서는 캘리포니아주회사법과는 달리 '일반적으로 인정된 회계원칙(Generally Accepted Accounting Principles : GAAP)'의 적용이 강제되지는 않는다. 그 이유는 제6.40조가 대회사나 소회사를 불문하고 모든 회사에 적용되기 때문에, 공인회계사의 감사를 전제로 하는 GAAP의 채택을 모든 회사에게 요구하는 것은 적절하지 않기 때문이다.

한편 대차대조표기준과 실질지불불능기준이 충족되어야 하는 시점은 ① 금전 또는 기타 재산이 이전하거나 회사에 부채가 발생한 때, ② 취득된 자기주식에 대해 주주가 자격을 상실한 때 중 빠른 시점이다.[92]

적법하게 취득된 자기주식은 금고주가 폐지되었기 때문에 모두 자동적으로 소각된다. 취득된 자기주식은 수권되었지만 미발행된 주식으로 된다.[93] 또한 자본금의 개념도 폐지하였기 때문에 자본금 감소의 규제도 없지만, 대체로 주주에 대한 현금분배는 모두 전술한 분배규제에 따른다. 따라서 델라웨어주나 뉴욕주 등에서처럼 자본금 감소절차를 따르는 것에 의해 배당규제나 자기주식의 취득규제를 회피하는 것은 전혀 불가능하다.[94] 자기주식의 취득은 이사회 결의사항이다.[95]

(4) 증권거래법상의 자기주식의 취득규제[96]

자기주식을 취득하는 구체적 방법으로서는 ① 시장매수(Open Market Repurchase),[97] ② 발행회사 자신에 의한 공개매수(Self Tender Offer), ③ 상대거래(Private Negotiated Transaction) 등 세 가지 방법이 존재한다. 이들 각각에 대하여 회사법상의 규제와 증권거래법상의 규제가 미친다. 이러한 세 가지의 방법

92) RMBCA §6.40(e)(1).

93) RMBCA §6.31(a).

94) RMBCA에서는 자본금의 개념이 없기 때문에 납입잉여금으로부터 분배하거나 감자에 의해 잉여금을 만들어서 분배한다는 개념이 없다.

95) RMBCA §6.31.

96) 이하는 太田 洋, "「金庫株」の解禁問題に關する論点整理[Ⅳ]－米國の關係規制からの示唆－", 商事法務 第1589号(2001)(이하 '前揭論文[Ⅳ]'라 한다), 12～14面을 주로 참고함.

97) 미국 기업들은 1984～2000년을 대상으로 한 조사에서 연간 총수익의 약 26%를 자기주식의 취득에 사용하고 있으며, 그 중 90% 이상의 자기주식취득이 시장매수에 의해 이루어지고 있다. 1999년과 2000년에는 최초로 자기주식취득금액이 배당금액보다 더 높은 것으로 나타났다(Gustavo Grullon & Roni Michaely, The Information Content of Share Repurchase Program 3 (2002), 〈http://papers.ssrn.com/sol3/ papers.cfm?abstract_id=206328〉(2014.8.5. 방문). 이에 따라 자기주식의 시장매수는 미국 증권시장에서 주주에 대한 주요한 배당채널이 되고 있다(Ok-rial Song, op. cit., pp. 426-427).

중 어느 방법을 채택하는지 여부와 관계없이 공개회사의 자기주식 취득에 대해서는 허위의 정보공시 등을 금지하는 1934년 증권거래소법 Rule 10b-5가 적용된다.[98)]

자기주식의 취득방법에 대해서는 시장매수가 가장 선호된다. 그 이유는 공시요건이 적용되지 않고 취득절차가 신축적으로 운영되는 등 상대적으로 규제가 완화되어 있기 때문이다.[99)] 더불어 시장매수에 대해서는 시세조종금지와 내부거래규제를 목적으로 하는 연방증권거래법에 의한 규제가 이루어지지만, 안전조항(Safe Harbor Rule)으로서 증권거래위원회(SEC)에 의해 1982년 제정된 Exchange Act Rule 10b-18이 존재한다.[100)] 안전조항은 공시가 없는 경우에도 시세조종의 책임으로부터 이사가 책임을 면할 수 있게 한다. 그러나 이러한 안전조항도 절대적인 것은 아니며, 다만 자기주식의 취득시간 · 장소 · 양, 브로커의 수 등을 이유로 한 증권사기나 시세조종의 책임으로부터 발행회사를 보호할 뿐이다.[101)]

공개매수에 대해서는 정보공시와 주주평등원칙의 관점에서 연방증권거래법에 근거한 절차(Exchange Act Rule 10b-5, 13e-1, 13e-4 등에서 정한 절차)의 준수가 요구된다.[102)] 즉, 제3자에 의해 공개매수의 대상으로 된 회사가 자기주식을 취득하기 위해서는 취득금액, 취득수량, 취득할 주주 등에 대하여 SEC에 사전신고를 하여야 한다.[103)] 또한 공개매수는 모든 주주에게 허용되어야 하며, 매수기간, 매수가격상승의 효과, 매수의 철회 등에 대해 엄격한 공시가 요구된다.[104)]

일부 주주에게만 Offer를 하는 상대거래에 의한 자기주식 취득이 인정되는지 여부는 우선 회사법에서는 주로 주주평등원칙과의 관계에서 문제된다. 적어도 시장에서 시가를 상회하는 가격으로 특정한 주주에 대해서만 Offer를 하여 자기주식을 취득하는 것(Selective Tender Offer)은 보통법상 일반원칙인 주주평등원칙

98) 太田 洋, 前揭論文[IV], 12面.

99) Ok-rial Song, op. cit., pp. 450-451.

100) Richard A. Booth, op. cit., §5:21. 예컨대 i) 발행회사는 자기주식을 취득하는데 있어서 1일 거래에 사용할 수 있는 브로커 또는 딜러는 오직 1개사에 한정되고, ii) 자기주식의 거래는 그 일자의 시장에서 최초거래나 거래종료 전 30분 이내의 거래로서 이루어져서는 아니되며, iii) 자기주식의 취득가격은 최고가격이나 최근가격 중 높은 쪽의 금액을 넘지 않아야 하고, iv) 임의의 1일에 자기주식 취득수량이 당해 주식의 1일당 평균거래고(과거 4주간 평균으로 산출)의 25%를 초과하지 않아야 하는(다만 블록거래의 예외 존재) 등 상세한 규정이 있다(17 C.F.R. §240.10b-18(b)).

101) Richard A. Booth, op. cit., §5:21.

102) Richard A. Booth, op. cit., §5:23.

103) 17 C.F.R. §240.13e-1.

104) 17 C.F.R. §240.13e-4.

에 반하며 위법이라고 해석된다.[105] 그렇지만 특히 델라웨어주 등에서는 주주평등원칙의 예외가 인정되는 경우가 우리나라보다 광범위하다.[106] 기타 경우에 자기주식의 취득(시장에서 시가 또는 시가를 하회하는 가격으로 특정한 주주에 대해서만 Offer를 하는 경우)이 위법으로 되는지 여부는 관련된 자기주식을 취득한 상황에 따라 상대거래라는 이유만으로 일률적으로 자기주식 취득이 주주평등원칙에 반하여 위법이라고 할 수는 없다. 다만 경영진이 오직 자기의 경영권을 유지하기 위해 자기주식을 취득한 경우 충실의무(Duty of Loyalty) 위반 등으로 위법이라는 데에는 거의 다툼이 없다.[107] 그렇지만 적대적 매수의 대항책으로 그린메일(Greenmail) 등에 의한 자기주식 취득을 어느 정도까지 인정할 것인가에 대해서는 불명확한 점이 많다.[108] 경제적 합리성이 높고, Offer를 받지 않은 주주에게 경제적인 불이익이 생기지 않는다면 특정한 대주주에 대해서만 Offer를 하는 형태로 시장가격 이하로 자기주식을 취득하는 것은 허용된다고 해석하는 견해가 유력하다.[109]

Unocal 판결 이후 1987년 SEC는 Exchange Act Rule 14d-10[110]을 채택함과 동시에 Exchange Act Rule 13e-4(f)[111]를 수정하여, 제3자에 의해 이루어지는 취득 뿐만 아니라, 발행회사 자신에 의해서 이루어진 취득도 그것이 1934년 증권거래소법 아래에서의 '매수(Tender Offer)'에 해당하는 것인 한, 모든 주주를 대상으로 하여 이루어져야 한다는 점을 명확히 하였다. 그렇지만 적어도 판례상은 적대적 매수의 대항책으로서 그린메일 등을 통하여 자기주식을 취득한 경우, 그것이 항상 이러한 '매수'에 해당하여 모든 주주에 대하여 평등한 조건으로 Offer를 해야 하는 것은 아니다.[112]

---

105) In re Sea-land Corp. Shareholders Litigation, 642 A.2d 792, 799-800 (Del. Ch. 1993), aff'd, 633 A.2d 371 (Del. Sup. 1993).

106) In re Sea-land Corp. Shareholders Litigation, 642 A.2d at 800 n. 10.

107) Richard A. Booth, op. cit., §5:5.

108) 예컨대, 단순한 과잉자본(overcapitalization) 해소를 위해 특정한 대주주에 대해서만 Offer를 하는 형태로 시장가격 이하로 자사주를 취득하는 것이 과연 위법인지 여부에 대해서는 명확하지 않다.

109) Unocal Corp. v. Mesa Petroleum, 493 A.2d 946, 954 (Del. 1985).

110) 17 C.F.R. §240.14d-10 (1987).

111) 17 C.F.R. §240.13e-4(f) (1987).

112) 발행회사가 적대적 M&A에 대해 그린메일로 대항하기 위해 자기주식을 취득하는 경우 다른 주주들이 당해 자기주식의 취득은 "매수(tender offer)"에 해당하며 모든 주주에 대해 평등한 조건으로 Offer가 이루어질 필요가 있다고 소송을 제기한 사건에 대해 법원은 주주의 소를 기각하였다 (In re General Motors Class E Stock Buyout Sec. Litigation, 694 F. Supp. 1119 (D. Del. 1988) 또는 Pin v. Texaco Inc., 793 F.2d 1448 (5th Cir. 1986)). 이 판결들은 제3자에 의한 주식취득에

이에 따라 적대적 매수의 대항책으로서 그린메일 등에 의한 자기주식 취득이 이루어진 발행회사가 일정한 한도로 상대거래 방법에 의해 자기주식을 취득하는 것은 회사법 및 연방증권거래법상 적법하다고 인정될 여지가 있다. 적어도 주주 전원에 대해 Offer를 하면 결과적으로 지주비율에 비례하지 않은 형태로 자기주식의 취득이 이루어지더라도 특별히 문제되지 않는다는 데에는 다툼이 없다.[113] 법원은 그린메일이 당연위법이라고 판단하는 것을 기피하는 경향이며 경영판단의 원칙을 고려한다.[114]

또한 회사법상의 규제이지만, 몇몇 주에서는 주주평등원칙의 관점에서 일부의 대주주로부터 시장가격보다 높은 가격으로 자기주식을 취득하는 것을 금지하는 규정(일반적으로 그린메일 대항규정이라 한다)을 제정하고 있다. 예컨대, 뉴욕주는 회사가 이사회 및 주주총회 과반수의 승인이 없는 한, 주식보유기간이 2년 미만인 주주로부터 10%를 초과하는 자기주식을 시장가격보다 높은 가격으로 취득하는 것을 금지한다.[115] 한편 경영진 간의 의견차이가 있는 경우 법원은 대주주로부터의 취득을 정당화한다. 이 때 당해 거래는 경영판단의 원칙에 의해 보호받게 된다.[116]

2. 유럽연합

2006년 9월 EU 회사법 제2지침[117]이 개정됨에 따라 자기주식 제도에 대해서도 수정이 이루어졌다. 주요 개정내용은 자기주식의 취득에 관한 주주총회 승인의 유효기간이 18개월에서 5년으로 연장된 것이다(제19조(1)(a)). 또한 자기주식의 취득한도가 액면총액(액면이 없는 때에는 순자산가치)을 기준으로 인수자본(subscribed capital)의 10%에서 '회원국이 정하는 한도'로 개정되었으며, 이 한도는 10% 이상이 되도록 규정할 수 있다(회원국의 재량)(제19조(1)(c)(i)). 그 이외에도 제3자가 회사의 주식을 취득하는데 있어서 회사가 금융지원을 하는 것을 금지

관한 Hansen Trust PLC v. SCM Corp., 774 F.2d 47 (2nd Cir. 1985) 판결을 인용하고 있다.

113) Richard A. Booth, op. cit., §§5:5, 5:23.

114) Id. at §5:4.

115) N.Y. Bus. Corp. Law §513.

116) Richard A. Booth, op. cit., §§5:4; Grobow v. Perot, 539 A.2d 180 (Del. 1988) (overruled by, Brehm v. Eisner, 746 A.2d 244 (Del. 2000); Kahn on Behalf of DeKalb Genetics Corp. v. Roberts, 679 A.2d 460 (Del. 1996).

117) Directive 2006/68/EC of the European Parliament and of the Council of 6 September 2006 amending Council Directive 77/91/EEC as Regards the Formation of Public Limited Liability Companies and the Maintenance and Alteration of Their Capital, OJ L 264, 25.9.2006, pp. 32-36.

하였는데, 이 규제도 완화하였다. 즉, 제2지침 제40조의 주주총회 특별결의 요건에 의한 승인이 있을 경우 배당가능이익의 범위 내에서 일정한 조건을 충족시키는 때에는 회사는 제3자에게 금융지원을 할 수 있다(제23조(1)).[118)]

2006년 개정된 제2지침은 EU 관보 게재일로부터 20일 후인 2006년 10월 15일부터 발효하였다(동지침 제3조). 회원국은 2008년 4월 15일까지 동 지침을 반영한 입법이 효력을 발생하도록 하여야 하며, 관련 법률 규정을 EU 집행위원회에 보고하여야 한다(동지침 제2조).

3. 영국

영국회사법[119)]에 따르면 회사는 원칙적으로 자기주식을 취득할 수 없으며(영국회사법 제658조(1)), 다만 동법 제690조 내지 제708조에 따라 예외적으로 자기주식을 취득할 수 있다(제690조(1)). 예외적으로 취득 가능한 경우라 할지라도 자기주식을 취득함으로써 회사 이외의 주주가 없는 경우 또는 상환주주만이 남는 경우에는 자기주식취득이 불가능하다(제641조(2)). 회사는 정관으로 자기주식 취득에 대한 제한 또는 금지를 정할 수 있다(제690조(1)). 자본금의 감소나 법원의 명령에 의한 경우(제659조(2))와 무상으로(gift) 취득하는 경우는 자기주식 취득금지의 예외이다.

자기주식의 취득재원은 배당가능이익(distributable profits)이지만 주식을 소각하기 위한 경우에는 신주발행대금으로 취득할 수 있다(제692조(2), 제724조(1)(b)). 기존의 주식을 소각하고 다른 종류주식을 발행하고자 하는 경우에는 신주발행대금으로 자기주식을 취득할 수 있다. 폐쇄회사의 경우에는 상환주식의 상환과 같은 조건으로 자본금으로 자기주식을 취득할 수 있다(제692조(1)).

회사가 취득한 자기주식을 금고주(treasury shares)로 보유하는 것은 가능하다(제724조(1), (4)). 금고주의 취득은 배당가능이익만으로 가능하며(제724조(1)(b)), 금고주로 보유할 수 있는 자기주식은 영국 또는 EEA(European Economic Area) 국가에 상장된 주식, 또는 런던증권거래소의 규정에 따라 창설된 대체투자시장(Alternative Investment Market : AIM)[120)]에서 거래되는 주식이나, EEA국가의 규

---

118) EU 회사법 제2지침의 개정경과와 '개정안'의 내용에 관해서는 윤영신, "EU 회사법상 자본제도에 관한 제2지침 개정 동향", BFL 제13호(2005), 114~115면 참조. 최종 개정내용은 일부 조항(제19조(1)(d))이 삭제되는 등 약간의 수정이 이루어졌다.

119) Companies Act 2006.

120) AIM는 중소회사들이 영국증권거래소의 정규시장에서 적용되는 것 보다 더 완화된 규제를 적용

제시장으로 인정된 시장에서 거래되는 주식 등이다(제724조(2)).

자기주식의 처분에 대해서는 회사는 금고주를 현금을 대가로 하여 매각하거나, 종업원지주제도에 양도하거나(제727조(a)) 소각할 수 있다(제729조(1)). 주식을 매각하는 경우에는 신주인수권과 같이 주주의 권리를 인정하여야 한다(제560조(2)(b)).[121]

4. 독일

독일 역시 자기주식의 취득을 원칙적으로 금지하고, 예외적으로 취득할 수 있는 경우를 규정하고 있다. 1937년 주식법은 자기주식 취득을 비교적 엄격하게 규제하였으나, 1965년법과 EC 제2지침을 반영한 1978년법 및 1998년 「기업영역의 통제 및 투명성에 관한 법률(KonTraG)」[122]은 취득의 예외사유를 확대하였다.[123] 또한 2006년 개정된 EU 회사법 제2지침 등의 내용을 반영하기 위한 2009년 7월 30일 「주주권지침의 개정에 관한 법률(ARUG)」[124]에서도 자기주식 제도에 관한 개정이 이루어졌다.

주식법 제71조 제1항은 자기주식 취득금지의 예외사유를 규정하고 있다. 즉, ① 중대하고 직접적이며 절박한 회사의 손해(schweren, unmittelbar bevorstehenden Schade von der Gesellschaft)를 피하기 위하여 취득이 필요한 경우(제1호), ② 회사 또는 관련회사의 사용인 혹은 사용인이었던 자에게 양도하기 위하여 취득한 경우(제2호), ③ 자회사의 주주에 대한 보상을 위한 취득(제3호), ④ 무상취득 또는 금융기관의 위탁매입 실행으로 인한 취득(제4호), ⑤ 포괄승계에 의한 취득(제5호), ⑥ 자본금감소의 규정에 따른 주식소각에 대해 주주총회결의가 있는 때의 취득(제6호), ⑦ 회사가 금융기관인 경우 주주총회결의에 근거하여 증권거래 목적으로 취득한 경우(제7호)[125] 및 ⑧ 주주총회 보통결의에 의해 취득가액의 최고한도와 최저한도 및 주식자본의 10%를 초과하지 않은 주식수를 규정하고, 최장

받으면서 거래하도록 허용하는 영국증권거래소 산하의 비정규시장이다. AIM은 1995년 창설되었으며 현재까지 3,000개 이상의 기업이 약 240억 파운드를 조달하였다(〈http://en.wikipedia.org/wiki/Alternative_Investment_Market〉, 2014.8.5. 방문).

121) 김순석 · 심영 · 권종호 · 최병규 · 곽관훈, 「주요국 회사법」, 전국경제인연합회, 2009, 148~150면.

122) Gesetz zur Kontrolle und Transparenz im Unternehmensbereich(KonTrag) vom 30. April 1998 (BGB1. I S. 786).

123) 최준선 · 김순석, 「회사법 개정방향에 관한 연구」, 한국상장회사협의회, 2004, 137면.

124) Gesetz zur Umsetzung der Aktionärsrechterichtlinie(ARUG) vom 30 Juli 2009, Artikel 1, 6(a).

125) 이 목적으로 취득할 수 있다고 결의한 주식수는 매일 자본의 5%를 초과할 수 없으며, 결의에서는 취득가액의 최고한도와 최저한도를 정하여야 한다. 결의에 의한 수권은 5년을 초과할 수 없다.

5년의 수권에 근거한 취득(제8호)[126] 등이 거론되고 있다. 거래목적의 자기주식의 취득은 인정되지 않는다.[127]

제71조 제1항 제1호부터 제3호, 제7호 및 제8호에 의한 취득에는 재원규제와 수량규제가 부과된다. 이러한 자기주식은 배당가능이익의 범위 내에서만 취득할 수 있으며, 취득주식은 회사가 이미 취득하여 보유하고 있는 것과 합하여 자본금의 10%를 초과할 수 없다(제71조 제2항 제1문, 제2문). 이러한 자기주식을 보유하기 위해서는 취득총액과 동액의 준비금(자기주식준비금)을 적립하여야 하며, 이 준비금은 배당에는 사용할 수 없고 자기주식이 처분된 경우에만 감소할 수 있다(동 제71조 제2항 제2문, 상법 제272조 제4항 제2문).

제1항 제1호 및 제8호에 근거한 취득의 경우 이사회는 다음 주주총회에서 취득이유와 목적, 취득한 주식수 및 액면총액, 자본에서 점하는 비율 및 취득가액을 보고하여야 한다(제71조 제3항). 제1항 제2호에 근거하여 취득한 경우에는 취득으로부터 1년 이내에 사용인에게 양도하여야 한다.

취득한 자기주식의 주주권은 일체 없다(제71b조). 제71조 제1항 또는 제2항을 위반하여 취득한 주식은 취득으로부터 1년 이내에 매각하여야 한다(제71c조 제1항). 또한 제71조 제1항에 따라 적법하게 취득하여 보유하고 있는 주식이 자본의 10%를 초과하는 경우에는 초과부분은 주식을 취득한 때로부터 3년 이내에 매각하여야 한다(제71c조 제2항). 이러한 기간 내에 처분되지 아니한 주식은 제237조에 따라 소각되어야 한다(제71c조 제3항).

제71조 제1항 제8호에 근거한 취득 및 처분에 대해서는 주주평등원칙(제53a조)이 준수되어야 한다. 거래소를 통한 취득과 처분은 이 요건을 충족하지만, 주주총회는 그 이외의 처분방법을 정할 수 있다. 무엇보다도 양도할 때 주주평등원칙의 준수가 필요하다는 것은 경제적으로는 시장에서 매각된 경우를 제외하고 양도된 자기주식에 대해 주주가 인수권을 가진다는 것을 의미한다.[128] 따라서 이

---

126) 주주총회의 보통결의에 의한 자기주식의 취득은 1998년 KonTraG에 의해 새롭게 인정된 것이다. 이에 따라 기업금융이 유연화 되고 세계적인 실무에 부응하는 한편, 주식이 투자대상으로 수용되고 독일 자본시장의 매력이 증대하였다고 평가된다. 기업도 달리 유리한 투자방법이 없는 경우 자기주식의 취득에 의해 주식수를 감소하면서 잉여금을 반환함으로써 주가수익률을 높일 수 있게 된다(Begründung eines Regierungsentwurf eines Gesetz zur Kontrole und Transparenz im Unternehmensbereich, BT-Dru. 13/9712 vom 28.01.1998, S.13). 그 후 EU 회사법 제2지침의 개정내용을 반영하기 위한 2009년 「주주권지침의 개정에 관한 법률(ARUG)」에서 주주총회의 수권기간이 18개월에서 5년으로 연장되었다.

127) 자기주식을 계속적으로 매매하거나 거래이익을 얻을 목적으로 취득하는 것은 금지된다(Begründung eines Regierungsentwurf, a. a. O., S.13.).

경우에는 신주발행시 주주의 신주인수권을 배제할 때와 같은 절차가 이루어지게 된다. 또한 이러한 사유에 의해 취득한 주식을 스톡옵션을 위해 이용할 수도 있지만, 그 때에도 스톡옵션을 부여하는 경우와 같은 절차가 필요하다. 그리고 총회는 취득에 즈음하여, 다시 총회결의를 하지 않고 취득주식의 소각을 이사회에게 수권할 수 있다(제71조 제1항 제8호).

이러한 취득규제에 대해 일정한 탈법방지규제(제71a조)가 있으며, 또한 자기주식의 취득, 보유상황에 대해 일정한 공시규제(제160조 제1항 제2호, 상법 제266조 제2항)가 부과된다. 또한 자기주식의 質取도 취득과 같이 취급된다(주식법 제71e조 제1항).[129]

5. 일본

일본 상법은 2001년 개정 이전에는 자기주식의 폐해를 예방하기 위하여 그 취득을 원칙적으로 금지하고, 취득할 필요성이 높은 경우에 예외적으로 허용하는 규제(유럽형)를 하고 있었다. 그러나 산업계의 요청에 따라 2001년 6월 상법 개정에서 자기주식을 취득하고 취득한 자기주식의 보유를 원칙적으로 자유로 하는 규제(미국형)로 전환하였다.[130] 자기주식 취득의 폐해를 방지하기 위하여 취득가액은 배당가능이익의 범위 내로 하고 취득가액상당액은 이후 배당가능이익 산정할 때 자산성을 부정하며,[131] 주주평등의 위하여 일정한 절차상의 규제를 하고 있다. 2003년 개정에서는 정관의 정함이 있으면 이사회의 결의에 의해 자기주식을 취득할 수 있도록 개정되었다.[132] 2005년 회사법에서는 일부 불명확한 점을 개선하기 위하여 매수 · 소각 · 전환 등의 개념을 '취득'을 중심으로 정리하였으며,

---

128) Begründung eines Regierungsentwurf, a. a. O., S.14.

129) 森本滋 編, 「比較會社法硏究」, 商事法務, 2003, 220~221面; 弥永眞生, "ヨーロッパ諸國における「金庫株」法制[上]", 「商事法務」 第1586号(2001), 10~11面.

130) 이른바 금고주(treasury shares) 제도를 도입하여 회사가 일정한 요건 하에 취득목적이나 주식수의 제한없이 자기주식을 취득할 수 있게 하는 한편, 취득한 주식을 소각하지 아니하고 계속 보유할 수 있도록 하였다. 이는 당시 자기보유주식의 대량 방출에 따른 주식의 수급안정, 회사분할 · 합병 · 주식교환 등을 통한 기업구조조정에 있어 신주발행 대신 자기주식의 교부, 적대적 M&A 방어수단 등의 필요에 의한 것이었다(原田晃治 · 泰出啓太 · 君谷大輔, "自己株式の取得規制等の見直しに係る商法改正の解説", 「商事法務」 第1607号(2001), 8~9面). 2001년 개정은 왕순모, "일본 상법의 최근 개정동향 - 일본의 '금고주 해금 등에 관한 상법개정'과 우리 법에의 시사 -", 「법조」 제548호(2002), 68면 이하 참조.

131) 이러한 의미에서 주주와의 합의에 의한 자기주식의 취득은 잉여금의 배당과 아울러 주주에 대한 재산분배의 한 방법이다.

132) 江頭憲治郎, 前揭書, 239面.

취득사유를 확대하고 명확하게 하는 한편 재원규제를 통일하였다.

구상법에서는 '매수'를 중심으로 규율하였으므로 금전 이외의 대가로 취득하는 등 매수 이외의 취득에 대한 규정이 없었다. 이에 따라 회사법에서는 매수 이외의 취득도 포함하여 '취득'이라는 개념에 통일적으로 규정하였다. 회사법상 취득에는 기업구조조정이나 사업양도에 수반되는 자기주식의 취득이 포함될 뿐만 아니라 무상취득 등 발행회사가 자기주식을 취득하는 경우를 폭넓게 포함된다.[133)]

회사법은 자기주식 취득사유를 한정적으로 열거하고 있다(일본회사법 제155조). 지금까지 취득여부가 불명확하였던 점을 명확하게 하고, 합의에 의한 취득에 대해서 주주 전원에게 양도신청의 기회를 부여하는 이른바 간이공개매수절차(제157조)를 신설하는 등 실질적으로 취득사유를 확대하고 있다.[134)]

회사법은 자기주식의 유상취득에 대하여 잉여금의 배당과 더불어 원칙적으로 배당가능액이라는 통일적인 재원규제를 한다(제461조 제1항). 다만 취득청구권부주식이나 취득조항부주식에 대해서는 배당가능이익에 의한 재원규제를 하면서, 취득대가를 그 회사의 다른 주식으로 하는 경우를 규제대상에서 제외하는 등 별도의 규정에 의해 재원규제를 한다(제166조 제1항 단서, 제170조 제5항).[135)]

취득방법은 ⅰ) 주주 전원으로부터 양도신청을 받는 방법, ⅱ) 특정한 주주로부터 양도신청을 받는 방법, ⅲ) 시장거래나 공개매수에 의한 방법 등 세 가지로 분류할 수 있다. 이 가운데 주주 전원으로부터 양도신청을 받는 방법은 2005년 회사법에서 추가된 것이다. 구상법상 시장가격이 없는 주식에 대해서는 특정한 주주로부터 양도받는 절차에 따를 수밖에 없었다. 이 절차에서는 정기주주총회 특별결의에 의한 수권에 추가하여 매도인으로 지정되지 않은 주주에게도 의안에 자신을 매도인으로 추가하도록 청구할 수 있는 권리(매도인추가청구권)가 인정되었다. 그러나 수권결의를 할 때 매수가격 등 구체적 조건이 확정되어 있지 않기 때문에 주주는 이러한 청구권을 행사하여야 하는지 여부에 대하여 판단이 곤란하였다. 또한 수권결의 후에 주식을 취득한 자에게는 회사에 매각할 기회가

---

133) 關西法律特許事務所 · 成和共同法律事務所 編, 「詳解新會社法の理論と實務」, (株)民事法研究會, 2006, 161~162面.

134) 關西法律特許事務所 · 成和共同法律事務所 編, 前揭書, 162~163面.

135) 그 이외에도 기업구조조정에 의한 취득, 단원주 미만 주주의 매수청구 및 반대주주의 주식매수청구에 따른 취득의 경우에는 배당가능이익에 의한 사전 재원규제를 따르지 않는다. 그 이유는 기업구조조정에 의한 취득의 경우 별도의 채권자 보호 절차가 구비되어 있으며, 매수청구에 따른 취득은 단원주 미만 주주나 반대주주를 보호할 필요가 있기 때문이다(關西法律特許事務所 · 成和共同法律事務所 編, 前揭書, 166面).

부여되지 않는 등 주주보호로서 불충분하다는 문제가 제기되었다. 이에 따라 회사법에서는 주주평등을 실현하기 위하여 주주 전원으로부터 양도신청을 받는 절차를 신설하였다.[136)]

주주 전원으로부터 양도신청을 받는 절차는 ① 주주총회의 결의(수권결의)(제156조 제1항),[137)] ② 취득조건의 결정(제157조), ③ 주주에 대한 통지 및 공고(제158조), ④ 주주의 양도신청(159조) 등으로 구성된다. 수권결의는 주주총회의 보통결의에 의하며 취득주식의 수, 취득가액의 내용 및 총액, 취득가능기간(1년 이내)을 정하여 구체적인 취득을 이사(이사회설치회사의 경우 이사회)에 수권한다(제156조 제1항).

특정한 주주로부터 양도신청을 받는 절차는 주주총회의 특별결의를 요하며(제309조 제2항 제2호 괄호), 그 밖에는 주주 전원으로부터 양도신청을 받는 절차에 따른다(제160조). 매도인으로 지정되지 않은 주주에게도 매도인추가청구권이 인정되지만, 예외적으로 ① 시장가격이 있는 주식을 시장가격 이하로 취득하는 경우(제161조), ② 비공개회사가 상속인 등으로부터 취득하는 경우(제162조), ③ 정관에서 정하는 경우(제164조), ④ 모회사가 자회사로부터 취득하는 경우(제163조) 등에는 청구권이 배제된다.

시장거래나 공개매수에 의한 방법의 경우 취득조건의 결정, 주주에 대한 통지 및 공고, 주주의 양도신청에 관한 규정은 적용되지 아니한다(제165조 제1항). 이사회설치회사의 경우 자기주식의 취득을 이사회결의에 의해 결정할 수 있다는 정관의 규정을 둘 수 있으므로, 이때에는 수권결의사항을 이사회가 정한다(동조 제2항, 제3항).

회사법에서는 자기주식의 처리방법으로서 구상법처럼 소각(제178조), 대용자기주식으로 이용(제839조) 및 처분(제199조 이하)이 인정된다. 회사법에서는 신주를 발행할 때의 주식과 자기주식을 처분할 때의 처분주식을 포함한 상위개념으로서 '모집주식'[138)]이라는 새로운 개념을 창설하고(제199조 제1항), 자기주식

---

136) 關西法律特許事務所 · 成和共同法律事務所 編, 前揭書, 166面.

137) 구상법 아래에서 수권결의는 자기주식 취득의 이익처분적 성질로 인하여 정기주주총회에서만 가능하였지만, 회사법에서는 이익처분을 언제라도 할 수 있기 때문에 임시주주총회에서도 가능하게 되었다(關西法律特許事務所 · 成和共同法律事務所 編, 前揭書, 167面).

138) 회사법은 신주발행과 자기주식의 처분이, 회사가 주주 또는 제3자에 대하여 주식인수를 모집하고, 인수한 자로부터부터 납입을 받은 후 주식을 교부한다는 점에서 회사 및 기존주주와의 관계에서는 동일한 취급을 해야 하는 행위이며, 양 절차를 실질적으로 달리 할 필요가 없기 때문에, 양자의 규율을 일체화하여 주식회사가 발행하는 주식의 인수자를 모집하는 절차와 그 처분하는

의 처분과 신주발행을 동일하게 규율하고 있다.139)

Ⅳ. 2011년 개정상법의 내용

개정 전 상법	개정 상법
제341조(자기주식의 취득) 회사는 다음의 경우 외에는 자기의 계산으로 자기의 주식을 취득하지 못한다. 1. 주식을 소각하기 위한 때 2. 회사의 합병 또는 다른 회사의 영업전부의 양수로 인한 때 3. 회사의 권리를 실행함에 있어 그 목적을 달성하기 위하여 필요한 때 4. 단주의 처리를 위하여 필요한 때 5. 주주가 주식매수청구권을 행사한 때	제341조(자기주식의 취득) ① 회사는 다음의 방법에 따라 자기의 명의와 계산으로 자기의 주식을 취득할 수 있다. 다만, 그 취득가액의 총액은 직전 결산기의 대차대조표상의 순자산액에서 제462조 제1항 각 호의 금액을 뺀 금액을 초과하지 못한다. 1. 거래소에서 시세(市勢)가 있는 주식의 경우에는 거래소에서 취득하는 방법 2. 제345조제1항의 주식의 상환에 관한 종류주식[이하 "상환주식(償還株式)"이라 한다]의 경우 외에 각 주주가 가진 주식 수에 따라 균등한 조건으로 취득하는 것으로서 대통령령으로 정하는 방법 ② 제1항에 따라 자기주식을 취득하려는 회사는 미리 주주총회의 결의로 다음 각 호의 사항을 결정하여야 한다. 다만, 이사회의 결의로 이익배당을 할 수 있다고 정관에서 정하고 있는 경우에는 이사회의 결의로써 주주총회의 결의를 갈음할 수 있다. 1. 취득할 수 있는 주식의 종류 및 수 2. 취득가액의 총액의 한도 3. 1년을 초과하지 아니하는 범위에서 자기주식을 취득할 수 있는 기간 ③ 회사는 해당 영업연도의 결산기에 대차대조표상의 순자산액이 제462조 제1항 각 호의 금액의 합계액에 미치지 못할 우려가 있는 경우에는 제1항에 따른 주식의 취득을 하여서는 아니 된다.

자기주식의 인수자를 모집하는 절차를 동일한 절차로 정리하였다. 주식을 발행하는 경우와 자기주식을 처분하는 경우에 대해 모집에 따라 인수신청을 한 자에 대하여 배정하는 주식을 모집주식이라 한다(相澤哲・豊田祐子, "株式(株式の併合等・單元株式數・募集株式の發行等・株券・雜則)", 「立法擔當者による新・會社法の解說(相澤 哲 編)」, 別冊商事法務 No. 295(2006), 50面). 모집에는 공모에 한정하지 않고 제3자배정이나 주주배정도 포함된다. 여기서 모집의 개념은 금융상품거래법상 모집과는 다르며, 사모도 포함된다(關西法律特許事務所・成和共同法律事務所 編, 前揭書, 196面).

139) 關西法律特許事務所・成和共同法律事務所 編, 前揭書, 177面.

개정 전 상법	개정 상법
	④ 해당 영업연도의 결산기에 대차대조표상의 순자산액이 제462조제1항 각 호의 금액의 합계액에 미치지 못함에도 불구하고 회사가 제1항에 따라 주식을 취득한 경우 이사는 회사에 대하여 연대하여 그 미치지 못한 금액을 배상할 책임이 있다. 다만, 이사가 제3항의 우려가 없다고 판단하는 때에 주의를 게을리 하지 아니하였음을 증명한 경우에는 그러하지 아니하다.
제341조의2(주식매수선택권부여목적등의 자기주식취득) ① 회사는 제340조의2 제1항의 규정에 의하여 자기의 주식을 양도할 목적으로 취득하거나 퇴직하는 이사·감사 또는 피용자의 주식을 양수함으로써 자기의 주식을 취득함에 있어서는 발행주식총수의 100분의 10을 초과하지 아니하는 범위안에서 자기의 계산으로 자기의 주식을 취득할 수 있다. 다만, 그 취득금액은 제462조제1항에 규정된 이익배당이 가능한 한도이내이어야 한다. ② 회사가 제1항의 주식을 발행주식총수의 100분의 10이상의 주식을 가진 주주로부터 유상으로 취득하는 경우에는 다음 각호의 사항에 관하여 제434조의 규정에 의한 주주총회의 결의가 있어야 한다. 이 경우 회사는 주주총회결의 후 6월 이내에 주식을 취득하여야 한다. 1. 주식을 양도하고자 하는 주주의 성명 2. 취득할 주식의 종류와 수 3. 취득할 주식의 가액 ③ 회사가 제1항의 규정에 의하여 자기의 주식을 취득한 경우에는 상당한 시기에 이를 처분하여야 한다. ④ 제433조제2항의 규정은 제2항의 주주총회에 관하여 이를 준용한다.	제341조의2(특정목적에 의한 자기주식의 취득) 회사는 다음 각 호의 어느 하나에 해당하는 경우에는 제341조에도 불구하고 자기의 주식을 취득할 수 있다. 1. 회사의 합병 또는 다른 회사의 영업전부의 양수로 인한 경우 2. 회사의 권리를 실행함에 있어 그 목적을 달성하기 위하여 필요한 경우 3. 단주(端株)의 처리를 위하여 필요한 경우 4. 주주가 주식매수청구권을 행사한 경우
제342조(자기주식의 처분) 회사는 제341조 제1호의 경우에는 지체없이 주식실효의 절차를 밟아야 하며, 동조 제2호 내지 제5호와 제341조의3 단서의 경우에는 상당한 시기에 주식 또는 질권의 처분을 하여야 한다.	제342조(자기주식의 처분) ① 회사가 보유하는 자기의 주식을 처분하는 경우에 다음 각 호의 사항으로서 정관에 규정이 없는 것은 이사회가 결정한다. 1. 처분할 주식의 종류와 수 2. 처분할 주식의 처분가액과 납입기일 3. 주식을 처분할 상대방 및 처분방법

개정상법은 자기주식취득제도를 크게 두 가지 유형으로 구분하여, 첫째, 배당가능이익(제462조 제1항)의 범위 내에서 취득목적의 제한없이 자기주식을 취득하는 유형(제341조)과, 둘째, 일정한 제한된 목적으로 취득하는 때에는 재원규제 없이 취득하는 유형(제341조의2)으로 구분하고 있다.

배당가능이익 범위 내에서 거래소의 시세가 있는 주식의 경우 거래소에서 취득하는 방법(공개매수와 시장매수)에 따라 매수하고(제341조 제1항 제1호), 상환주식(제344조 제1항) 이외에는 각 주주가 가진 주식 수에 따라 균등한 조건으로 취득하되 대통령령 정한 방법(동조 제1항 제2호)에 따른다. 이에 따라 상법시행령은 자기주식을 취득할 때에는 모든 주주에게 통지 또는 공고한 후 주식을 취득하거나 공개매수의 방법으로 취득하도록 규정하고 있다(상법시행령 제9조 제1항). 또한 회사가 자기주식을 취득하려는 경우에는 이사회에서 취득 목적, 취득할 주식의 종류와 수, 그 밖에 취득의 대가로 교부할 금전 및 재산 등에 대해 사전에 결의하도록 하고 있다(상법시행령 제10조 제1호).

회사의 합병 또는 다른 회사의 영업전부의 양수로 인한 경우 등 특별한 목적이 있는 경우에는 개정전 상법 제341조처럼 재원규제 없이 자기주식의 취득을 허용한다(제341조의2).

개정상법은 배당가능이익의 범위 내에서 자기주식의 취득에 대한 규제를 완화함과 더불어, 그 처분에 대해서는 배당가능이익에 의한 취득과 특정목적에 의한 취득 모두에 대하여 제한을 완화하였다. 그 근거는 회사가 취득한 자기주식은 자금이 이미 주주에게 환급된 것이므로 처분을 강제할 이유가 없기 때문이다. 개정전 자기주식의 처분에 관한 규정(개정전 제342조)을 삭제하고 회사가 자기주식을 처분하는 경우 처분할 주식의 종류와 수, 처분할 주식의 처분가액과 납입기일에 관하여 정관에 규정이 없는 것은 이사회가 결정하도록 한다(제342조). 이에 따라 자기주식의 보유기간에 대한 제한이 철폐되어 회사가 자기주식을 취득한 후 보유하고 있다가 처분시기를 자유롭게 선택할 수 있게 된다(금고주). 금고주의 도입으로 회사의 합병이나 분할 등의 경우에 구조조정이나 스톡옵션 또는 신주인수권이 행사된 때에 자기주식을 교부함으로써, 신주발행에 따른 배당압력이나 기존 주주의 지분비율의 감소를 회피하면서 구조조정 등을 용이하게 할 수 있게 되었다.[140)]

140) 국회 법제사법위원회, 「상법 일부개정법률안 검토보고」, 2008. 11, 59면.

Ⅴ. 2011년 개정상법의 검토

1. 자기주식의 취득

(1) 규제의 기본방향

자기주식의 취득과 관련하여 2011년 개정상법에 따라 배당가능이익에 의한 취득이 신설되고(제341조), 특정한 목적에 의한 취득 사유 중 주식소각을 위한 취득(개정전 제341조 제1호)과 주식매수선택권 부여를 위한 취득(개정전 제341조의2)이 폐지되었으며(제341조의2), 취득한 자기주식의 처분기간에 관한 제한(개정전 제342조)을 폐지되어 금고주로 보유할 수 있게 되었다(제342조). 개정상법상 자기주식의 취득이 허용되는 예외적인 경우로는 ⅰ) 배당가능이익에 의한 취득(제341조), ⅱ) 특정목적에 의한 취득(제341조의2), ⅲ) 해석상 인정되는 취득 등을 들 수 있다.

개정전 상법 제341조는 회사가 “자기의 계산으로” 자기의 주식을 “취득하지 못한다”고 규정하여 원칙적으로 자기주식의 취득을 금지하고 있었다. 반면 개정상법 제341조는 “자기의 명의와 계산으로” 자기주식을 “취득할 수 있다”고 규정하고, 제341조의2는 특정목적을 위해 자기주식을 “취득할 수 있다”고 규정하고 있다. 이에 따라 상법 제341조 제1항이 배당가능이익의 범위 내에서 자기주식 취득을 원칙적으로 허용한 규정인지, 아니면 개정상법에도 불구하고 상법상 자기주식의 취득은 금지가 원칙이고 예외적으로만 허용된다고 보아야 하는지 여부가 논란된다.

원칙허용설은 상법은 종래 자기주식을 “취득하지 못한다”는 표현을 일반취득과 특정목적의 취득에서 모두 “취득할 수 있다”로 변경함으로써 자기주식 취득 금지의 원칙은 더 이상 유지되지 않는다고 주장한다.[141] 즉, 개정 전 상법 제341조는 “회사는 다음의 경우 외에는 자기의 계산으로 자기의 주식을 취득하지 못한다”고 규정하였으나, 개정상법 제341조 제1항은 “회사는 다음의 방법에 따라 자기의 명의와 계산으로 자기의 주식을 취득할 수 있다”고 규정하고, 제341조의2는 “회사는 다음 각 호의 어느 하나에 해당하는 경우에는 제341조에도 불구하고 자기의 주식을 취득할 수 있다”고 규정한 점을 근거로 든다. 또한 개정법의 입법취지로부터 그 근거를 찾기도 한다. 즉, 2011년 개정상법이 배당가능이익의 범위

141) 임재연, 「회사법Ⅰ[개정판]」, 박영사, 2014, 442면.

내에서 자기주식의 취득을 자유화 한 근거는 자기주식의 취득은 본질적으로 회사의 재산을 주주에게 반환하는 것이므로 배당과 특별히 다르지 않으며, 특히 회사가 모든 주주로부터 지분비율에 따라 자기주식을 취득하면 주주 사이에 불공정한 문제를 유발하지 않고 순수하게 회사의 재산을 주주에게 반환하는 효과만을 가져오기 때문이라는 것이다.[142)]

원칙금지설은 개정상법의 취지와 관련하여 개정상법이 자기주식의 취득에 대한 규제를 대폭적으로 완화하였지만, 주식회사의 출자의 환급을 원칙적으로 금지하는 것이 채권자보호를 위한 요청이라는 점에서 명문의 규정은 없지만 여전히 자기주식취득 금지가 원칙이라는 견해이다. 이 견해는 상법 제341조 배당가능이익의 범위 내에서의 취득과 제341조의2 특정한 목적에 의한 취득은 모두 자기주식의 취득이 예외적으로 허용되는 경우라는 주장이다.[143)]

생각건대, 개정상법 제341조의 문언이 "자기의 명의와 계산으로" 자기주식을 취득할 수 있다고 제한적으로 규정됨으로써 자기주식취득 금지원칙이 철폐되었다고 볼 수 없는 실정이다. 오히려 출자환급을 원칙적으로 금지하는 것이 채권자보호를 위한 회사법의 기본원칙이므로 명문의 규정이 없더라도 자기주식취득의 금지가 원칙이다(통설). 따라서 제341조와 제341조의2는 예외적으로 자기주식의 취득이 허용되는 경우를 한정적으로 열거하는 것으로 해석하여야 한다.[144)]

한편 제341조의2는 특정한 목적에 의한 자기주식의 취득을 규정하고 있는데, ① 회사의 합병 또는 다른 회사의 영업전부의 양수로 인한 경우, ② 회사의 권리를 실행함에 있어 그 목적을 달성하기 위하여 필요한 경우, ③ 단주의 처리를 위하여 필요한 경우, ④ 주주가 주식매수청구권을 행사한 경우 경우에는 제341조에도 불구하고 자기주식을 취득할 수 있다. 이는 제341조의2에 따라 특정목적에 의해 자기주식을 취득하는 경우에는 제341조의 배당가능이익에 의한 취득재원의 규제나 주주평등의 원칙에 따른 절차규제를 받지 아니하고 주식을 취득할 수 있음을 의미한다. 특정목적에 의한 자기주식취득 제도는 2011년 상법개정 전에는 있었던 조항이며, 다만 주식소각을 위한 취득이 삭제된 점만 다르다. 제341조의2는 배당가능이익을 재원으로 하지 않더라도 특정한 목적을 위하여 부득

---

142) 법무부, 「상법 회사편 해설」, 2012, 105면.

143) 권기범, 「현대회사법론[제4판]」, 삼영사, 2012, 513면; 송옥렬, 「상법강의[제4판]」, 홍문사, 2014, 837면; 이철송, 「회사법강의[제22판]」, 박영사, 2014, 380면; 최준선, 「회사법[제9판]」, 삼영사, 2014, 278면.

144) 송옥렬, 전게서, 837면; 이철송, 전게서, 382면.

이 하게 취득을 허용해야 하는 경우이며, 자기주식으로 인한 폐해가 없다는 점도 고려한 것이다.[145]

(2) 배당가능이익에 의한 자기주식의 취득

1) 요건 및 절차

(가) 취득결의 : 주주총회 또는 이사회 결의

자기주식을 취득하려는 회사는 미리 주주총회 결의로 ① 취득할 수 있는 주식의 종류 및 수, ② 취득가액의 총액의 한도, ③ 1년을 초과하지 아니하는 범위에서 자기주식을 취득할 수 있는 기간을 정하도록 규정하고 있다. 다만 이사회의 결의로 이익배당을 할 수 있다고 정관에서 정하고 있는 경우에는 이사회의 결의로써 주주총회에 갈음할 수 있다(상법 제341조 제2항).

종류주식을 자기주식의 취득절차에 의하여 취득하는 경우 정관의 정함이나 종류주주총회의 결의도 없이 특정한 종류의 주식만을 취득한다는 결의를 할 수 있다. 그 결의가 이루어진 경우에 다른 종류주식의 주주는 회사에 대하여 자신들의 주식을 취득하도록 요청할 수도 없다. 비상장회사처럼 모든 종류주식이 환금하기 어려운 경우 이처럼 종류별로 다른 취급을 하게 되면 취득대상에서 배제된 종류주식의 주주에게 손해를 미칠 가능성이 높다. 따라서 종류주식을 발행한 회사에서 자기주식을 취득하는 경우 취득대상에서 배제된 다른 종류주식 주주의 종류주주총회가 필요한 것인지가 문제될 수 있다. 그러나 종류주주총회에서 관한 상법 제435조 제1항 및 제436조는 자기주식 취득의 경우를 열거하지 않고 있으므로 현행법상 종류주주총회가 필요하다고 볼 수 없다. 따라서 종류주식을 발행한 회사가 자기주식을 취득하는 경우에 취득대상에서 배제된 종류주식의 주주에게 손해를 미칠 우려가 있는 때에는 그 종류주식의 종류주주총회 결의가 필요하도록 입법적 보완이 필요하다고 본다.

(나) 취득재원 규제 및 이사 등의 책임

(A) 취득재원의 규제 제341조 제1항 단서에 따르면 자기주식의 취득가액의 총액은 직전 결산기의 대차대조표상의 순자산액에서 제462조 제1항 각 호의 금액을 뺀 금액(배당가능이익)을 초과하지 못한다. 즉, 대차대조표상 순자산액으로부터 자본금의 액, 그 결산기까지 적립된 자본준비금과 이익준비금의 합계액, 그 결산기에 적립하여야 할 이익준비금의 액, 대통령령으로 정하는 미실현이익을

145) 한국상사법학회, 「주식회사법대계 I」, 법문사, 2013, 993~994면(정수용 집필부분); 이철송, 전게서, 389면.

공제한 금액를 초과하지 못한다(제462조 제1항).[146] 여기서 "대통령령으로 정하는 미실현이익"이란 일반적으로 공정하고 타당한 회계관행에 따른 자산 및 부채에 대한 평가로 인하여 증가한 대차대조표상의 순자산액으로서, 미실현손실과 상계하지 아니한 금액을 말한다(상법시행령 제19조).[147] 또한 제341조 제1항 단서는 취득가액의 총액이 배당가능이익을 초과하지 못할 뿐만 아니라, 자기주식의 취득재원으로 배당가능이익을 사용해야 한다는 의미로 해석해야 한다.[148]

한편 제341조 제1항 단서가 자기주식 취득가액의 총액을 "직전 결산기의 대차대조표상의 순자산액에서 제462조 제1항 각 호의 금액을 뺀 금액(배당가능이익)을 초과하지 못한다"고 규정함에 따라 제462조 제1항 각 호의 금액(그 결산기까지 적립된 자본준비금과 이익준비금의 합계액, 그 결산기에 적립하여야 할 이익준비금의 액, 대통령령으로 정하는 미실현이익)을 직전 결산기말의 금액을 기준으로 하는지, 자기주식 취득 당시의 금액을 기준으로 하는지 여부가 문제된다. 이는 주로 미실현이익이 평가시점에 따라 크게 변동할 수 있기 때문에 문제된다.[149] 법무부의 해설자료에 따르면 제462조 제1항 각 호의 금액은 직전 결산기말의 금액을 기준으로 자기주식을 취득할 수 있는 한도를 계산한다고 설명하고 있다.[150] 그렇다면 직전 결산기만을 기준을 계산한 자기주식의 취득한도가 자기주식을 실제 취득할 때나 취득한 영업연도 결산기말에 축소되는 경우 채권자나 자본충실을 해할 우려가 있는데 이에 대해서는 어떻게 대응해야 하는가가 문제될 수 있다. 이 경우 제341조 제3항 및 제4항이 적용되어 배당가능이익을 초과하여 자기주식을 취득하면 이사가 손해배상책임을 질 가능성이 높게 된다.[151]

---

146) 법문에는 규정이 없지만 해당기간의 법인세도 공제하여야 할 것이다.

147) 개정상법은 회사의 회계장부에 기재될 자산의 평가방법을 규정하였던 제452조를 삭제함으로써 이를 기업회계기준에 위임하고 있다. 이에 따라 기업회계기준에 의한 미실현이익이 배당가능이익에 포함될 수 있으므로 배당가능이익을 산정할 때 미실현이익을 배제하는 규정을 둔 것이다(임재연, 전게서, 450면 주) 294). 상법시행령(대통령령 제23720호, 2012. 4. 10.) 부칙 제6조의 경과규정에 따라 회사가 상법시행령의 시행일(2012. 4. 15.)이 속하는 사업연도까지 이익잉여금으로 순자산액에 반영한 미실현이익이 있는 경우에 그 미실현이익은 상법시행령 제19조의 개정규정에 따른 미실현이익에 포함되지 아니한 것으로 본다. 이는 2011년 개정상법 이전까지 실무상 당기순이익에 포함된 미실현이익을 차감하지 않고 배당가능이익으로 계산하고 있었는데, 개정상법을 적용할 경우 급격하게 배당가능이익이 감소하게 되는데, 이를 방지하기 위한 것이었다. 그러나 2013년부터 미실현이익은 배당가능이익에서 공제하여야 한다.

148) 이철송, 전게서, 383면.

149) 한국상사법학회, 전게서, 995면(정수용 집필부분).

150) 법무부, 전게서, 111면.

151) 법무부, 전게서, 111면; 한국상사법학회, 전게서, 995면(정수용 집필부분).

(B) 기말 재산상태의 예측으로부터의 규제 회사는 해당 영업연도의 결산기에 대차대조표상의 순자산액이 제462조 제1항 각 호의 금액의 합계액에 미치지 못할 우려가 있는 경우에는 자기주식의 취득을 하여서는 아니 된다(제341조 제3항). 이는 배당가능이익이 마이너스인 경우, 즉 결손이 발생할 우려가 있는 때에는 자기주식의 취득을 허용하지 않는다는 것이다.

해당 영업연도의 결산기에 대차대조표상의 순자산액이 제462조 제1항 각 호의 금액의 합계액에 미치지 못함에도 불구하고 회사가 자기주식을 취득한 경우, 이사 또는 집행임원[152]은 회사에 대하여 연대하여 그 미치지 못한 금액을 배상할 책임이 있다. 다만, 이사가 배당가능이익이 존재하지 않을 우려가 없다고 판단하는 때에 주의를 게을리하지 아니하였음을 증명한 경우에는 그러하지 아니하다(제341조 제4항).

이 경우 "미치지 못한 금액"을 배상한다고 하여 연대배상책임의 한도액이 결손금액 전액으로 규정되어 있다. 이는 불합리한 규정으로 수정되어야 할 것이며, 중간배당의 결과 결손이 발생하였을 경우 손해배상책임을 규정한 제462조의3 제4항을 유추적용하여 자기주식 취득금액을 한도로 하여 결손금액에 관해 책임을 진다고 해석해야 한다.[153] 즉, 결손금액이 자기주식의 취득금액보다 큰 경우에는 취득금액을 한도로, 취득금액보다 적은 경우에는 결손금액을 한도로 책임을 진다.

회사가 자기주식을 취득한 다음 결산을 하기 전에 이를 처분하고 처분손실이 발생하지 않은 경우에는, 결산기에 결손이 발생하더라도 자기주식의 취득과 무관하므로 이사 또는 집행임원은 책임을 부담하지 않는다.[154]

(다) 명의 및 계산의 주체 : 타인명의로 회사의 계산으로 취득하는 경우

(A) 해석론 개정상법 제341조 제1항은 회사는 "자기의 명의와 계산으로" 자기의 주식을 "취득할 수 있다"고 규정하고 있다. 이처럼 회사가 "자기의 명의와 계산으로" 자기주식을 취득할 수 있다고 규정함에 따라 "타인의 명의로 자기의 계산으로" 자기주식을 취득하는 경우에 대해서 상법에 규정이 없으므로 그 취득이 허용되는지 여부가 문제된다.[155]

---

152) 집행임원 설치회사(제408조의2부터 제408조의9까지)의 경우 자기주식 취득의 실행은 업무집행의 일환으로 집행임원이 담당하게 되므로, 집행임원이 배상책임을 지게 된다. 따라서 제341조 제4항의 "이사"는 "이사 또는 집행임원"으로 수정되어야 할 것이다(동지, 정찬형, 「상법강의(상)[제17판]」, 박영사, 2014, 737면 주) 1).

153) 이철송, 전게서, 389면.

154) 송옥렬, 전게서, 839면; 이철송, 전게서, 389면.

155) 회사가 자기주식을 취득하는 방법은 회사명의 회사계산, 타인명의 회사계산, 회사명의 타인계산

다수설은 타인의 명의로 회사의 계산으로 자기주식을 취득하는 것은 허용되지 않는다고 한다.[156] 즉, 개정상법이 "자기의 명의와 계산으로"라는 문구를 사용한 것은 회사의 명의와 계산으로 자기주식을 취득하는 것만이 허용된다는 뜻으로 해석하여야 한다고 본다. 개정상법은 배당가능이익의 범위 내에서는 원칙적으로 자기주식의 취득을 허용하고 있으므로 허용되는 폭을 좁혀서 부작용을 방지할 필요성이 있다는 것이다.[157] 회사가 타인명의로 자기주식을 취득하면 외부인은 알 수 없으므로 명의 및 계산상의 주체를 회사로 한정함으로써 거래의 투명성을 유지하기 위한 것이라고 한다.[158] 또한 누구의 명의로 취득하든 회사의 계산으로 자기의 주식을 취득하는 한 자본충실을 해하는 결과는 동일하기 때문이라고 한다.[159]

소수설은 타인명의, 회사계산에 의한 자기주식의 취득행위가 상법 제341조가 규정한 배당가능이익의 범위 내에서 주주평등의 원칙에 따라 이루어진 경우라면 허용된다고 보는 견해이다. 즉, 회사의 계산에 의하여 자기주식을 취득한 이상 취득자의 명의가 회사인지 또는 제3자인지 여부에 따라 그 경제적 실질에 차이가 있는 것은 아니므로 이를 다르게 규제할 이유가 없으며, 따라서 회사가 타인명의로 자기의 계산으로 자기주식을 취득할 수 있다는 것이다.[160]

생각건대, 제341조가 "자기의 명의와 계산으로" 자기주식을 취득할 수 있다고 규정하고 있으므로, 그 이외의 경우에는 자기주식의 취득이 허용되지 아니한다고 해석해야 하므로 다수설이 타당하다.

개정전 상법 제341조 아래에서 판례는 회사가 제3자의 명의로 회사의 주식을 취득하더라도 그 주식취득을 위한 자금이 회사의 출연에 의한 것이고 그 주식취득에 따른 손익이 회사에 귀속되는 경우라면, 상법 기타의 법률에서 규정하는 예외사유에 해당하지 않는 한, 그러한 주식의 취득은 회사의 계산으로 이루어져 회사의 자본적 기초를 위태롭게 할 우려가 있는 것으로서 상법 제341조가 금지하

의 세 가지 유형으로 구분할 수 있다. 개정상법 제341조 제1항은 자본시장법 제165조의2 제1항의 문언을 도입한 것이다.

156) 안성포, "자기주식취득의 허용에 따른 법적 쟁점", 「상사법연구」 제30권 제2호(2011), 77면; 이철송, 전게서, 381면; 임재연, 전게서, 442면; 정준우, "2011년 개정상법상 자기주식의 취득 · 처분과 그 규제", 「한양법학」 제23권 제2집(2012), 252면; 정찬형, 전게서, 739면.

157) 김홍기, 전게논문, 125면.

158) 임재연, 전게서, 443면.

159) 이철송, 전게서, 381면.

160) 김이수, "타인명의, 회사계산에 의한 자기주식 취득의 판단기준에 관한 고찰 - 대법원 2011. 4. 28. 선고 2009다23610 판결을 대상으로 -", 「상사판례연구」 제25집 제2권(2012), 52면.

는 자기주식의 취득에 해당한다고 보았다.[161] 이러한 법리는 개정상법 아래에서도 마찬가지로 적용된다.

(B) **입법론** 필자는 상법개정 이전에 2010년 발표한 논문에서 당시 상법개정안 제341조 제1항에 대해서 「"회사는 다음의 방법에 따라 자기의 명의와 계산으로 자기의 주식을 취득할 수 있다."고 규정하고 있다. 이렇게 규정하면 '타인의 명의로 하면서 자기의 계산으로' 자기주식을 취득하는 경우에는 자기주식의 취득이 허용되지 않기 때문에, 신탁계약을 통해서는 자기주식을 취득할 수 없게 되므로 문제이다. 또한 제341조의2의 경우에도 타인명의의 자기주식 취득을 허용할 수 있어야 한다. 따라서 개정안 제341조 제1항은 현행 제341조처럼 "자기의 명의"를 삭제하여 "회사는 다음의 방법에 따라 자기의 계산으로 자기의 주식을 취득할 수 있다." 라고 규정하는 것이 타당하다고 본다.」고 기술한 바 있다.[162]

이에 대하여 신탁계약에 의한 자기주식취득은 신탁법리상 타인(신탁업자)명의, 타인(신탁업자)계산으로 보아야 한다는 견해가 제기되었는데, 이는 신탁업자가 위탁자인 발행회사의 주식을 취득하는 측면에서는 보는 것이다.[163] 한편 자본시장법에서 허용하는 자기주식취득은 위탁자가 신탁계약에 따라 자기주식을 취득한 신탁업자로부터 신탁계약이 해지되거나 종료되어 자기주식을 반환받는 방법에 의한 취득이다(자본시장법 제162조의2 제3호).

이러한 자본시장법의 규제방식은 일관성 측면에서 문제가 있다고 본다. 위탁자가 특정금전신탁 등을 통하여 수탁자로 하여금 자기주식(위탁자의 주식)을 취득하도록 하는 경우, 당해 위탁자가 이러한 방식으로 자기주식을 '취득'하는 단계에 대해서는 규정하지 않고, 신탁계약을 해지 또는 종료하는 단계에서 위탁자가 자기주식을 취득하는 것을 허용한다고 규정하는 것(자본시장법 제162조의 제3호)이 일관성 측면에서 타당한 것인지 의문이다. 이 조항은 신탁을 해지하거나 종료할 때 신탁업자의 편의를 위하여 도입되면서 체계적으로 혼란을 초래한 측면이 있다. 또한 신탁을 해지하거나 종료할 때 자기주식을 반환하지 않고 처리할 수도 있으므로, 이러한 경우 발행회사인 위탁자의 자기주식의 취득에 대해서는 규정하지 않고 있다.

또한 위탁자가 자기재산을 신탁회사에 출연하여 자기주식을 신탁목적으로

---

161) 대법원 2011. 4. 28. 선고 2009다23610 판결; 대법원 2007. 7. 26. 선고 2006다33609 판결; 대법원 2003. 5. 16. 선고 2001다44109 판결.

162) 김순석, "상법개정안상 자기주식 및 주식소각 제도의 검토", 「일감법학」 제18호(2010), 159면.

163) 안성포, 전게논문, 77면, 주) 9.

취득하도록 하는 경우, 위탁자가 자기의 계산(출연)[164]으로 타인(수탁자)의 명의로 자기주식을 취득하는 것에 해당하는데, 이를 상법상 금지해야 할 이유는 없을 것이다.[165] 따라서 이 경우 회사가 타인의 명의(수탁자)와 자기의 계산으로 자기주식을 취득하는 것을 허용해야 할 것이다. 그렇지 않게 되면 신탁계약에 의한 자기주식의 취득이 위탁자의 입장에서는 무효라고 볼 수 있기 때문이다. 또한 자본시장법에서 위탁자의 이러한 취득을 허용한다는 예외규정도 없는 실정이다.

이러한 문제를 해결하기 위한 입법론으로는 세 가지 방법을 생각할 수 있다. 첫째, 제341조 제1항의 "자기명의와 자기계산"에서 "자기명의"는 삭제하고 포괄적으로 규정하는 방법이다. 둘째 제341조의2에서 항목을 추가하여 특정목적에 의한 취득의 한 유형으로 규정하는 방법이다. 셋째, 자본시장법에서 신탁계약에 의한 취득에 대해 상법상 예외를 규정하는 방법이다.

생각건대, 자본시장법에서 규정하는 경우에는 상장법인 또는 신탁업자에 한하여 규제하는 경우가 대부분이므로, 비상장법인에게도 적용하기 위해서는 일반법인 상법에서 규정하는 것이 바람직하다고 본다. 제341조의2에서 규정한 특정목적에 의한 자기주식의 취득은 매우 제한적인 범위에서 인정되는 것이므로, 2011년 개정상법에 의해 활용도가 높아진 배당가능이익에 의한 자기주식취득 규정인 제341조에서 규정하는 것이 타당하고 본다.

2) 취득방법

배당가능이익의 범위 내에서 자기주식을 취득하면 자본충실의 침해하는 문제는 발생하지 않는다. 그러나 취득의 상대방이나 취득가격을 정하는 방식에 따라 주주간에 불공평이 생길 수도 있으므로 상법은 취득방법을 제한하고 있다. 즉, ⅰ) 거래소에서의 매수(제341조 제1항 제1호)와 ⅱ) 균등한 조건에 의한 매수를

---

164) 회사가 직접 자기 주식을 취득하지 아니하고 제3자의 명의로 회사의 주식을 취득하였을 때 그것이 상법상 금지하는 회사의 계산으로 취득한 것에 해당한다고 보기 위해서는, 그 주식취득을 위한 자금이 회사의 출연에 의한 것이고 그 주식취득에 따른 손익이 회사에 귀속되는 경우이어야 한다(대법원 2003. 5. 16. 선고 2001다44109 판결, 대법원 2007. 7. 26. 선고 2006다33609 판결, 대법원 2011.04.28. 선고 2009다23610 판결). 위탁자가 수익자를 위탁자 자신으로 정하는 신탁을 자익신탁이라 한다. 예컨대, 특정금전운용신탁은 위탁자가 운용방법에 대하여 구체적인 지시권을 유보하고 있고, 수탁자에게 재량의 여지는 없으므로 전형적인 자익신탁이다(新井誠, 「信託法[第3版]」, 有斐閣, 2008, 71面).

165) 위탁자가 특전금전신탁을 통해 자기주식을 취득하는 경우 위탁자의 회계처리는 위탁자가 직접 자기주식을 취득하는 경우와 동일하다. 예컨대, 100억 원을 특금으로 설정한 후 기말 특금의 신탁재산이 자기주식 90억 원과 MMF 10억 원이라면, 위탁자인 발행회사는 90억 원은 자본조정항목으로, 10억 원은 단기매매증권으로 회계처리한다.

규정하고 있다(제341조 제1항 제2호). 그러나 특정한 주주로부터만 취득하는 것은 주주평등의 원칙에 반하므로 허용되지 아니한다.

(가) 거래소에서의 취득

거래소에서 시세가 있는 주식의 경우에는 거래소에서 취득하는 방법으로 배당가능이익의 범위 내에서 자기의 명의와 계산으로 자기주식을 취득할 수 있다(제341조 제1항 본문 및 제1호).

거래소에서의 취득은 일반적으로 모든 주주가 공평하게 매도할 수 있고 가격도 경쟁적으로 형성되므로 주주 간에 평등하게 취득할 수 있게 된다. 그러나 거래소에서의 취득이 반드시 이러한 공평성을 보장하는 것은 아니며, 거래방식에 따라서는 일부 주주의 주식만을 집중적으로 매수할 수 있기 때문에 주주들에게 실질적인 공평한 기회가 보장되어야 한다. 따라서 상장회사라 하더라도 반드시 거래소에서 취득해야만 하는 것은 아니며, 거래소 이외일지라도 균등한 조건으로 취득할 수 있다.[166]

(나) 균등한 조건으로 취득하는 방법

상환주식 이외의 경우[167]에는 각 주주가 가진 주식 수에 따라 균등한 조건으로 취득하는 것으로서 대통령으로 정하는 방법으로 취득할 수 있다(제341조 제1항 제2호).[168] 대통령령이 정하는 방법이란 ⅰ) 회사가 모든 주주에게 자기주식 취득의 통지 또는 공고를 하여 주식을 취득하는 방법 또는 ⅱ) 자본시장법 제133조부터 제146조까지 규정에 따른 공개매수의 방법을 말한다(상법시행령 제9조 제1항). 공개매수의 방법에 대해서는 자본시장법에서 자세하게 규정하고 있으므로 상법에서는 균등한 조건으로 취득하는 방법에 대해서만 규정하고 있다.

(A) 모든 주주에게 통지 또는 공고하여 취득하는 방법

ⅰ) 취득방식 주주총회 또는 이사회결의로 자기주식 취득을 결정한 회사가 모든 주주에게 자기주식 취득의 통지 또는 공고하는 방법을 통하여 자기주식을 취득하는 경우에는(상법시행령 제9조 제1항 제1호), 실제로 자기주식을 취득

166) 이철송, 전게서, 386면. 상장회사의 경우 증권시장에서의 매수 또는 자본시장법상 공개매수의 방법만 인정된다는 견해도 제기된다(송옥렬, 전게서, 839면).

167) 상환주식을 제외한 이유는 상환조건이 성취되지 않았음에도 불구하고 자기주식취득의 방법으로 상환주식을 취득하면 사실상 상환의 효과를 가져오게 되므로 이를 방지하기 위한 것이다. 상환주식의 상환도 배당가능이익으로 하기 때문에 자기주식의 취득과 동일한 경제적 효과를 발생시킨다(송옥렬, 전게서, 840면).

168) 균등한 조건은 같은 종류주식에만 적용되며, 다른 종류주식에는 적용되지 않는다.

하려는 때에 이사회 결의로 ① 자기주식 취득의 목적, ② 취득할 주식의 종류 및 수, ③ 주식 1주를 취득하는 대가로 교부할 금전이나 그 밖의 재산(해당 회사의 주식은 제외한다. 이하 "금전 등"이라 한다)의 내용 및 그 산정 방법, ④ 주식 취득의 대가로 교부할 금전 등의 총액, ⑤ 20일 이상 60일 내의 범위에서 주식양도를 신청할 수 있는 기간(이하 "양도신청기간"이라 한다), ⑥ 양도신청기간이 끝나는 날부터 1개월의 범위에서 양도의 대가로 금전 등을 교부하는 시기와 그 밖에 주식 취득의 조건 등을 정하여야 한다. 이 때 주식 취득의 조건은 이사회가 결의할 때마다 균등하게 정하여야 한다(상법시행령 제10조 제1호).

ii) 통지 및 공고 회사는 양도신청기간이 시작하는 날의 2주 전까지 각 주주에게 회사의 재무 현황, 자기주식 보유 현황 및 상법시행령 제10조 제1호 각 목의 사항을 서면으로 또는 각 주주의 동의를 받아 전자문서로 통지하여야 한다(상법시행령 제10조 제2호).

iii) 주식양도신청 회사에 주식을 양도하려는 주주는 양도신청기간이 끝나는 날까지 양도하려는 주식의 종류와 수를 적은 서면으로 주식양도를 신청하여야 한다(상법시행령 제10조 제3호).

iv) 자기주식 취득계약의 성립시기 및 배정주식수의 결정방법 주주가 회사에 대하여 주식 양도를 신청한 경우 회사와 그 주주 사이의 주식 취득을 위한 계약 성립의 시기는 양도신청기간이 끝나는 날로 정하고, 주주가 신청한 주식의 총수가 회사가 취득할 주식의 총수를 초과하는 경우 계약 성립의 범위는 취득할 주식의 총수를 신청한 주식의 총수로 나눈 수에 주주가 신청한 주식의 수를 곱한 수(이 경우 끝수는 버린다)로 정한다(상법시행령 제10조 제4호).

상법시행령 제10조 제4호는 상법 제341조 제1항 제2호에 따라 "각 주주가 가진 주식 수에 따라 균등한 조건"으로 취득하는 방법을 규정한 것이다. 상법의 동 조항은 주주평등의 원칙을 보장하기 위한 것이다(통설).[169] 그러나 상법시행령 제10조 제4호는 상법 제341조 제1항 제2호의 위임입법의 한계를 벗어났다는 지적을 받는다. 즉, 상법시행령은 신청주식 수가 취득예정주식 수를 초과하는 경우 배정방법을 "취득할 주식의 총수를 신청한 주식의 총수로 나눈 수에 주주가 신청한 주식의 수를 곱한 수"를 기준으로 정하도록 규정하고 있는데, 이는 위임규정인 상법 제341조 제1항 제2호에서 규정한 "각 주주가 가진 주식 수"가 아니라 신

---

169) 신현탁, "개정상법에 의한 자기주식취득 제도의 변화" 「경영법률」 제23권 제4호(2013), 138면 각주 36).

청비율에 비례하여 자기주식을 취득하도록 규정하고 있으므로, 이는 상법 제341조 제1항 제2호에서 규정한 주주평등의 원칙에 반한다는 것이다. 그렇지 않으면 상법시행령이 주주평등의 원칙에 대하여 예외를 규정한 것으로 해석하여야 하는데, 이는 위임입법의 일반법리에 비추어 타당하지 않으며 조속히 상법시행령 제10조 제4호의 후문을 삭제해야 한다는 주장이 제기된다.[170)]

이에 대해 반대로 상법 제341조 제1항 제2호의 "각 주주가 가진 주식 수에 따라"라는 문구를 상법시행령 제10조 후단을 지원하는 내용으로 수정하여야 한다는 견해가 제기된다. 즉, 위 문구는 주주에게 신주를 배정하는 단계에서의 주주평등을 염두에 둔 것이지만, 이미 배정된 주식을 매도하는 단계인 자기주식 취득의 경우에는 이러한 평등원칙은 배려대상이 아니라는 것이다.[171)]

생각건대, 주주평등의 원칙은 주주에게 신주인수권을 부여하는 단계에서 보장되면 주주의 이해관계는 적절하게 보호된다고 보며, 주주가 주식을 매도하는 단계인 자기주식 취득의 경우에는 매도수량에 따른 비례적 취급이 타당하다는 점에서 후자의 견해에 찬성한다.

(나) 균등한 조건으로 취득하는 방법

상환주식 이외의 경우에는 각 주주가 가진 주식 수에 따라 균등한 조건으로 취득하는 것으로서 대통령으로 정하는 방법으로 취득할 수 있다(제341조 제1항 제2호).[172)] 대통령령이 정하는 방법이란 i) 회사가 모든 주주에게 자기주식 취득의 통지 또는 공고를 하여 주식을 취득하는 방법 또는 ii) 자본시장법 제133조부터 제146조까지 규정에 따른 공개매수의 방법을 말한다(상법시행령 제9조 제1항).

(B) 자본시장법상 공개매수에 의하여 취득하는 방법

i) 공개매수의 의의 자본시장법상 공개매수라 함은 불특정 다수인에 대하여 의결권 있는 주식, 그 밖에 대통령령으로 정하는 증권(이하 "주식 등"이라 한다)의 매수(다른 증권과의 교환을 포함한다)의 청약을 하거나 매도(다른 증권

170) 신현탁, 전게논문, 144면. 상법시행령 제10조 제4호는 일본회사법 제159조 제2항과 유사하지만, 일본의 경우 주주에게 신주인수권이 보장되지 않으며, 특정한 주주로부터 자기주식의 취득도 허용된다. 또한 일본회사법 제157조는 "자기주식의 취득조건은 균등하여야 한다"고만 규정하고 있을 뿐, 우리나라 상법 제341조 제1항 제2호처럼 "각 주주가 가진 주식 수에 따라" 자기주식을 취득해야 한다는 규정은 없다. 상법시행령 제10조 제4항은 일본회사법 조항을 참고하면서 양국 법제의 차이를 간과한데 따른 문제로 보인다. 상법시행령 제10조 제4항을 적용함에 따른 모순점에 대해서는 신현탁 전게논문 140~142면 참조.

171) 이철송, "2011년 개정 자기주식제도의 입법적 보완방안", 「선진상사법률연구」 통권 제69호(2015), 34면.

172) 균등한 조건은 같은 종류주식에만 적용되며, 다른 종류주식에는 적용되지 않는다.

과의 교환을 포함한다)의 청약을 권유하고 증권시장 및 다자간매매체결회사(이와 유사한 시장으로서 해외에 있는 시장을 포함한다) 밖에서 그 주식 등을 매수하는 것을 말한다(자본시장법 제133조 제1항). 공개매수의 주체는 발행회사와 그 외 제3자로 구분할 수 있는데, 발행회사에 의한 공개매수는 결국 자기주식의 취득에 해당한다.[173]

불특정 다수인이어야 하는 것은 매수의 상대방이 아니라 매수청약의 상대방 또는 매도청약 권유의 상대방을 말한다.[174] 다수인의 범위에 대해서는 어느 정도의 인원을 말하는지에 대하여 법령상 특별한 규정은 없다. 이에 따라 증권의 모집·매출에 적용되는 50인 기준을 적용하는 견해, 공개매수의 강제요건인 과거 6개월간 해당 주식 등의 양도인을 합산하여 10인 이상(자본시장법 제133조 제3항, 동법시행령 제140조 제1항, 제2항)으로 하는 견해,[175] 구체적인 인원 수에 따라 정하는 것은 타당하지 않고 구체적인 거래의 사정을 고려하여 판단하는 견해[176] 등이 거론된다. 생각건대, 공개매수의 규제를 위반하는 경우 형사책임까지 수반되는 점을 고려하면(자본시장법 제444조) 그 기준이 객관적으로 명확해야 한다고 본다. 따라서 구체적 숫자를 기준으로 하는 것이 타당하고, 50인 기준은 규제의 공백이 크므로 공개매수의 강제요건인 10인 이상을 기준으로 하는 것이 타당하다고 본다.

ii) 공개매수의 대상 공개매수의 대상은 의결권 있는 주식, 그 밖에 대통령령으로 정하는 증권이다(자본시장법 제133조 제1항). "의결권 있는 주식, 그 밖에 대통령령으로 정하는 증권"이란 의결권 있는 주식에 관계되는 다음의 증권을 말한다(자본시장법시행령 제139조).[177]

1. 주권상장법인이 발행한 증권
   가. 주권[178]

173) 김건식 · 정순섭, 「자본시장법[제3판]」, 두성사, 2013, 338면.

174) 김건식 · 정순섭, 전게서, 341면; 임재연, 전게서, 446~447면.

175) 김건식 · 정순법, 전게서, 341면; 김정수, 「자본시장법원론[제2판]」, SFL그룹, 2014, 920면; 임재연, 「2014년판 자본시장법」, 박영사, 2014, 447면.

176) 송종준, 「적대적 M&A의 법리」, 도서출판 개신, 2008, 74면.

177) 자본시장법 제133조 제1항은 "주식등"을 의결권 있는 주식, 그 밖에 대통령령으로 정하는 증권으로 정의하고, 동법시행령 제139조는 "주식등"을 의결권이 있는 주식에 관계되는 다음 각 호의 어느 하나에 해당하는 증권으로 정의하고 있다. 동일한 법령에서 동일한 용어를 다르게 규정하는 것은 혼동을 초래할 수 있으므로 정비를 요한다. 또한 시행령에서는 "그 밖에 대통령령으로 정하는 증권"만 규정하지 않고, 법률에서 이미 규정한 "의결권 있는 주식"을 포함하여 "의결권 있는 주식, 그 밖에 대통령령으로 정하는 증권"을 정의함으로써 위임입법의 한계를 벗어나고 있다.

나. 신주인수권이 표시된 것
다. 전환사채권
라. 신주인수권부사채권
마. 가목부터 라목까지의 증권과 교환을 청구할 수 있는 교환사채권
바. 가목부터 마목까지의 증권을 기초자산으로 하는 파생결합증권(권리의 행사로 그 기초자산을 취득할 수 있는 것만 해당한다)

2. 주권상장법인 외의 자가 발행한 증권[179]
가. 제1호에 따른 증권과 관련된 증권예탁증권
나. 제1호에 따른 증권이나 가목의 증권과 교환을 청구할 수 있는 교환사채권
다. 제1호에 따른 증권이나 가목 · 나목의 증권을 기초자산으로 하는 파생결합증권(권리의 행사로 그 기초자산을 취득할 수 있는 것만 해당한다)

신주인수권이 표시된 것에는 상법상 신주인수권증서 이외에 신주인수권부사채에서 분리된 신주인수권증권도 포함된다. 분리형 신주인수권부사채에서 신주인수권증권이 분리되고 남은 사채는 의결권 있는 주식과 관련이 없으므로 공개매수 대상이 아니다. 파생결합증권에는 권리의 행사로 그 기초자산을 취득할 수 있는 것만 해당하므로 주가연계증권(ELS), 주식워런트증권(ELW)처럼 차액을 현금결제하는 것은 포함되지 않는다.[180]

한편 주권비상장법인의 자기주식을 자본시장법상 공개매수의 방법으로 취득할 수 있는지 여부가 문제된다. 제1설은 자본시장법상 주권비상장법인의 주식에 대한 공개매수 규정이 없기 때문에 허용되지 않는다는 것이다.[181] 제2설은 상법시행령 제9조 제1항 제2호는 자기주식의 취득방법의 하나로서 자본시장법상 규정된 공개매수의 방법을 규정한 것이므로, 주권비상장법인의 주식은 자본시장법상 공개매수의 대상증권에는 해당하지 않지만, 공개매수 방법으로 취득하는 것은 가능하다는 견해이다.[182] 생각건대, 주권비상장법인의 경우 자본시장법상 공개매

178) 법문상 '의결권 있는 주식'과 같은 의미로 보아야 한다(김건식 · 정순섭, 전게서, 341면). 정관에서 의결권 부활의 조건을 정하여 의결권의 배제 · 제한의 종류주식을 발행한 경우(상법 제344조의3 제1항), 그 조건이 충족되어 의결권이 부활된 주식은 '의결권 있는 주식'에 포함된다.

179) 구 증권거래법에서는 공개매수 대상을 상장법인이 발행한 증권에 한정함으로써 규제의 공백이 있었다(구 증권거래법시행령 제10조). 이에 따라 자본시장법에서는 주권상장법인 외의 자가 발행한 증권이더라도 주권상장법인의 주식으로 전환될 가능성이 있는 증권을 공개매수의 대상에 포함시켰다(변제호 외 4인, 「자본시장법」, 지원출판사, 2009, 418면).

180) 임재연, 전게서, 447면 주) 291.

181) 송옥렬, 전게서, 839면; 안성포, 전게논문, 85면; 정준우, 전게논문, 256면 주) 58.

182) 임재연, 전게서, 448면. 이 경우 자본시장법상 공개매수에 관련된 규제는 적용되지 않는다.

수에 대한 규제가 적용되지 않으므로 주주들로부터 공평한 매수하는 방법으로서의 그 실효성을 확보되기 어렵다고 본다. 따라서 주권비상장법인의 주식에 대해서는 공개매수가 아니라 상법시행령 제1항 제1호의 "회사가 모든 주주에게 자기주식 취득의 통지 또는 공고를 하여 주식을 취득하는 방법"으로 취득해야 한다고 본다.

iii) 매수의 청약 또는 매도청약의 권유 공개매수자가 불특정 다수인을 상대로 매수청약 또는 매도청약의 권유를 하게 되는데, 응모주주의 응모행위가 공개매수자의 매수청약에 대한 승낙인지, 매도청약의 권유에 따른 매도청약인지에 대하여 논란된다.

제1설은 매수의 청약은 별 의미가 없고 매도청약의 권유만이 의미가 있다고 보는 견해이다. 매수의 청약을 하는 경우 이론상 주주의 응모를 승낙으로 파악하여야 하는데, 이는 ① 공개매수자는 응모주식을 공개매수기간이 종료한 날의 다음 날 이후에 지체없이 매수할 의무를 부담하는데(제141조 제1항), 이는 주주의 응모를 승낙으로 파악해서는 원만한 설명이 어렵고, 공개매수에 따른 주식등의 매매계약시점을 규정한 것으로 보아야 하며,[183] ② 응모한 주주는 공개매수기간 중 응모를 취소할 수 있는데(제139조 제4항) 응모의 의미를 매수청약에 대한 승낙으로 보면 계약성립 후에 승낙을 취소한다는 어색한 결과가 발생한다는 것이다. 이에 따라 공개매수를 매도청약의 유인으로 보고, 주주의 응모를 매도청약으로 보며, 공개매수자는 사전에 명시된 조건에 따라 승낙할 의무가 있다고 본다. 제141조 제1항 단서를 이러한 내용을 규정한 것으로 본다.[184]

제2설은 응모주식 전부를 조건없이 매수하기로 하는 경우에는 공개매수를 매수청약으로 보고, 주주의 응모는 승낙으로 본다. 그러나 그 이외의 경우에는 공개매수는 매도청약의 권유, 주주의 응모는 청약으로 본다. 즉, 제141조 제1항의 단서에 따라 공개매수자는 ① 응모한 주식등의 총수가 공개매수 예정주식등의 수에 미달할 경우 응모 주식등의 전부를 매수하지 아니한다는 조건 또는 ② 응모한 주식등의 총수가 공개매수 예정주식등의 수를 초과할 경우에는 공개매수 예정주식등의 수의 범위에서 비례배분하여 매수하고 그 초과 부분의 전부 또는 일부를 매수하지 아니한다는 조건 등을 공개매수공고에 게재하고 공개매수신고서

---

183) 반면 제2설을 취하는 견해는 제141조 제1항을 응모주주에게 매수대금을 지체없이 지급하라는 취지의 규정으로 해석한다(임재연, 전게서, 449면).

184) 김건식 · 정순섭, 전게서, 342~343면.

에 기재한 경우에는 그 조건에 따라 응모한 주식등의 전부 또는 일부를 매수하지 아니할 수 있다. 이러한 경우 공개매수의 공고는 확정적 의사표시가 아니므로 매도청약의 권유로 보고, 주주의 응모는 청약으로 본다는 것이다. 매매계약의 체결시점은 주주의 응모를 승낙을 보는 경우에는 승낙에 의해 매매계약이 체결되고, 주주의 응모를 매도청약으로 보는 경우에는 공개매수자가 공개매수기간 종료시점에 전체 응모에 대하여 동시에 승낙함으로써 계약이 체결된다고 본다. 이 견해는 제133조 제1항이 공개매수의 정의에 관하여 '매수의 청약'과 '매도의 청약을 권유'하는 행위를 구분하여 규정하며, 응모주주의 응모취소에 관한 제139조 제4항도 응모를 '매수의 청약에 대한 승낙 또는 매도의 청약'으로 구분하여 규정하므로, 주주의 응모를 항상 매도청약으로 보는 것은 곤란하고, 공개매수의 조건 여하에 따라 공개매수공고 및 주주의 응모를 구분하여 해석해야 한다는 것이다.[185]

제3설은 매수청약은 민법상의 청약, 매도청약의 권유는 청약의 유인을 의미하는 것으로 본다. 다만 민법상 매매계약과는 달리 매수청약의 경우 응모주주는 응모에 의하여 승낙하는 것이지만, 주주의 개별적인 매도의사표시만으로는 부족하고 개별주주의 매도의사표시의 총체로서 승낙이 있어야 계약이 성립한다고 본다. 즉, 응모주식의 총수가 공개매수자의 매수예정수량조건을 충족하여야 계약이 성립한다. 매도청약의 권유에 따라 주주가 청약한 경우에도 이러한 조건의 성취가 있을 때에 공개매수자가 승낙할 의무를 부담한다. 매수조건에 부합할 경우 공개매수자의 승낙의무는 공개매수의 부합계약성에 따른 귀결로 본다.[186]

생각건대, 자본시장법 제133조 제1항의 공개매수 정의규정이나, 제139조 제4항의 응모주주의 취소에 관한 규정이 비추어 매수청약과 매도청약의 권유를 구분하여 해석하는 제2설이 공개매수계약의 구조를 가장 적절하게 설명하고 있다고 본다.

iv) 증권시장 밖에서의 매수 공개매수는 증권시장 밖에서 매수하여야 한다. 증권시장 내에서의 매수는 누구나 참여할 수 있으므로 주주간 평등이 보장되고, 또한 거래수량과 가격이 공표되며 경쟁매매에 의하여 공정하게 체결되기 때문에 공개매수의 규제가 필요 없다.[187] 그러나 증권시장에서의 경쟁매매 외의 방법에 의한 주식 등의 매수로서, 매도와 매수 쌍방당사자 간 계약, 그 밖의 합의에

185) 임재연, 전게서, 448면.
186) 송종준, 전게서, 76면.
187) 김건식 · 정순섭, 전게서, 343~344면; 임재연, 전게서, 449면.

따라 종목, 가격과 수량 등을 결정하고, 그 매매의 체결과 결제를 증권시장을 통하는 방법으로 하는 주식 등의 매수, 즉 시간외 매매는 증권시장에서의 매수로 보지 아니한다(자본시장법 제133조 제4항, 동법시행령 제144조). 따라서 이러한 시간외 매매는 공개매수의 규제대상이다.

v) **주식 등의 수량** 자본시장법 제133조 제1항의 공개매수 정의규정에는 수량기준에 대해서는 규정하지 않고 있다. 반면 취득수량이 의결권 있는 발행주식총수의 5% 이상인 경우에는 공개매수가 강제된다(자본시장법 제133조 제3항). 따라서 5% 미만의 주식을 취득하는 경우일지라도 불특정 다수인에게 매도청약을 권유하여 매수하는 것이라면 공개매수에 해당되어 규제를 받게 된다. 그러나 이 경우 상법시행령 제9조 제1항 제1호에서 규정한 '회사가 모든 주주에게 자기주식 취득의 통지 또는 공고를 하여 주식을 취득하는 방법'을 활용할 수 있으므로, 절차가 복잡하고 시간과 비용이 많이 소요되는 공개매수 방법을 선택하지는 않을 것이다.[188]

vi) **공개매수가 강제되는 경우** 회사가 자기주식을 취득하는 경우 자본시장법상 공개매수가 강제되는 요건을 충족하는 때에는 공개매수의 방법에 의하여 취득하여야 한다. 즉, 주식등을 매수하는 날부터 과거 6개월 동안 증권시장 밖에서 10 이상의 자로부터 이의 매수등을 하고자 하는 자는 그 매수등을 한 후에 본인과 그 특별관계자가 보유하게 되는 주식등의 수의 합계가 그 주식등의 총수의 100분의 5 이상이 되는 경우(본인과 그 특별관계자가 보유하는 주식등의 수의 합계가 그 주식등의 총수의 100분의 5 이상인 자가 그 주식등의 매수등을 하는 경우를 포함한다)에는 공개매수를 하여야 한다(자본시장법 제133조 제3항, 동법시행령 제140조).

자기주식에는 의결권이 없으므로 발행회사가 자기주식을 취득하더라도 지배권 변동에 영향을 주는 것은 아니지만, 자기주식을 취득하는 과정에서 특정한 주주에게만 이익을 주면 주주평등원칙에 반하거나 내부자거래 또는 시세조종 등의 우려가 있으므로, 공개매수의 강제요건에 해당하는 경우에는 자기주식의 취득도 반드시 공개매수의 방법에 따라야 한다.[189]

(C) 자기주식 취득내역서의 비치

자기주식을 취득한 회사는 지체 없이 취득 내용을 적은 자기주식 취득내역

188) 동지, 김건식 · 정순섭, 전게서, 344면.
189) 임재연, 전게서, 449면 주) 293면.

서를 본점에 6개월간 갖추어 두어야 한다. 이 경우 주주와 회사채권자는 영업시간 내에 언제든지 자기주식 취득내역서를 열람할 수 있으며, 회사가 정한 비용을 지급하고 그 서류의 등본이나 사본의 교부를 청구할 수 있다(상법시행령 제9조 제2항).

3) 자본시장법상 자기주식 관련 규정의 정비

2011년 개정상법 제341조는 현행 자본시장법 제165조의2 자기주식 취득 특례에 관한 조항을 거의 수용하였으므로 중복적인 규정을 철폐를 위하여 정부는 이를 2013년 개정 자본시장법에 반영하였다.

즉, 개정전 자본시장법 제165조의2 제2항의 증권시장에서의 취득과 공개매수에 의한 자기주식 취득은 상법 제341조 제1항에 반영되었으므로 이를 철폐하고, 신탁계약에 따라 자기주식을 취득한 신탁업자로부터 신탁계약이 해지되거나 종료된 때 반환받는 방법(신탁업자가 해당 주권상장법인의 자기주식을 「상법」 제341조 제1항의 방법으로 취득한 경우로 한정한다)으로 자기주식을 취득하는 경우에 대해서만 규정하고 있다(자본시장법 제165조의5 제1항 및 제2항).

또한 개정상법 제341조 제2항에 따르면 회사가 자기주식을 취득하려면 주주총회 결의(또는 정관에서 이사회 결의로 이익배당을 할 수 있다고 정하고 있는 경우에는 이사회 결의)를 거쳐야 한다. 이에 따라 주권상장법인도 이러한 절차를 거쳐야 하는지에 대하여 논란이 있었다. 이러한 문제를 해소하기 위하여 자본시장법은 주권상장법인이 자기주식을 취득하는 경우에는 상법 제341조 제2항에도 불구하고 이사회의 결의로써 자기주식을 취득할 수 있다고 규정하고 있다(자본시장법개정안 제165조의5 제3항).

〈2013년 개정 자본시장법의 내용〉

개정 전	현행법
제165조의2(자기주식 취득의 특례) ① 주권상장법인(외국법인등은 제외한다. 이하 제165조의16 및 제165조의18을 제외한 이 장에서 같다)은 다른 법률에 따르는 경우 외에는 해당 법인의 명의와 계산으로 자기주식을 취득할 수 있다.	제165조의3(자기주식 취득 및 처분의 특례) ① 주권상장법인은 다음 각 호의 방법으로 자기주식을 취득할 수 있다. 1. 「상법」 제341조 제1항에 따른 방법 2. 신탁계약에 따라 자기주식을 취득한 신탁업자로부터 신탁계약이 해지되거나 종료된 때 반환받는 방법(신탁업자가 해당 주권상장법인의 자기주식을 「상법」 제341조 제1항의 방법으로 취득한 경우로 한정한다)

개정 전	현행법
② 주권상장법인은 제1항에 따라 자기주식을 취득하는 경우에는 다음 각 호의 방법에 따라야 한다. 이 경우 그 취득금액은 「상법」 제462조제1항에 따른 이익배당을 할 수 있는 한도 이내이어야 한다. 1. 증권시장에서 취득하는 방법 2. 제133조제1항에 따른 공개매수의 방법 3. 제3항에 따른 신탁계약에 따라 자기주식을 취득한 신탁업자로부터 신탁계약이 해지되거나 종료된 때 반환받는 방법. 다만, 신탁업자가 해당 법인의 자기주식을 제1호 또는 제2호에 따라 취득한 경우만 해당한다.	② 제1항의 경우 자기주식의 취득가액의 총액은 「상법」 제462조 제1항에 따른 이익배당을 할 수 있는 한도 이내이어야 한다.
③ 주권상장법인이 금전의 신탁계약에 따라 신탁업자에게 자기주식을 취득하게 하는 경우에는 그 신탁계약의 계약금액을 제2항 각 호 외의 부분 후단에 따른 취득금액으로 본다.	③ 주권상장법인은 제1항의 방법 또는 「상법」 제341조 제1항 각 호의 어느 하나에 해당하는 방법으로 자기주식을 취득하는 경우에는 같은 조 제2항에도 불구하고 이사회의 결의로써 자기주식을 취득할 수 있다.
④ 주권상장법인은 제1항부터 제3항까지의 규정에 따라 자기주식을 취득(신탁계약의 체결을 포함한다. 이하 이 조에서 같다)하거나 이에 따라 취득한 자기주식을 처분(신탁계약의 해지를 포함한다. 이하 이 조에서 같다)하는 경우에는 대통령령으로 정하는 요건·방법 등의 기준에 따라야 한다.	④ 주권상장법인은 제1항에 따라 자기주식을 취득(자기주식을 취득하기로 하는 신탁업자와의 신탁계약의 체결을 포함한다)하거나 이에 따라 취득한 자기주식을 처분(자기주식을 취득하기로 하는 신탁업자와의 신탁계약의 해지를 포함한다)하는 경우에는 대통령령으로 정하는 요건·방법 등의 기준에 따라야 한다.
⑤ 주권상장법인은 이익배당을 할 수 있는 한도 등의 감소로 제2항 후단에 따른 범위를 초과하여 자기주식을 취득하게 된 경우에는 그날부터 대통령령으로 정하는 기간 이내에 그 초과분을 처분하여야 한다.	
⑥ 주권상장법인이 제1항 및 제2항에 따라 자기주식을 취득하는 경우에는 「상법」 제341조의2 제1항부터 제3항까지의 규정을 적용하지 아니한다.	

(3) 특정목적에 의한 취득

특정한 목적이 있는 경우에는 배당가능이익에 의한 제한을 받지 않고 자기주식을 취득할 수 있다(상법 제341조의2).

1) 회사의 합병 또는 다른 회사의 영업전부의 양수로 인한 경우(제1호)

흡수합병의 경우 소멸회사의 재산 중에 존속회사의 주식이 포함되어 있거나,

영업양도의 경우 영업목적인 영업재산 중에 양수회사의 주식이 포함되어 있으면 존속회사 또는 양수회사가 자기주식을 취득하게 된다. 이는 포괄승계로서 이론상 당연한 취득이다. 한편 분할합병의 경우에도 흡수합병의 경우와 질적인 차이가 없기 때문에 본호를 유추적용하여 자기주식의 취득을 허용하여야 한다.[190]

존속회사가 보유하고 있던 소멸회사의 주식은 실무상 포합주식(抱合株式)이라 한다. 포합주식은 상법 제341조의2에 의해서 규율되는 것이 아니라 포합주식에 대한 합병신주의 배정문제로 다루어지고 있다. 합병의 준비단계에서 미리 존속회사가 소멸회사의 주식을 매입하는 경우도 있고, 특히 모회사가 자회사를 합병하는 경우에 포합주식이 발생한다. 포합주식에 대한 합병신주의 배정은 실질적으로 신주발행에 의한 자기주식취득과 다르지 않다. 포합주식에 대해 합병신주를 부여할 수 있는지 여부에 대해서는 견해가 대립한다.

우선 포합주식에 대하여도 합병신주를 배정할 수 있다는 긍정설[191]은, ① 포합주식에 대한 합병신주의 배정은 통상의 신주발행에 의해 발행회사가 자기주식을 취득하는 것이 아니고, ② 존속회사가 보유하고 있던 자산이 합병으로 다른 종류의 자산으로 변한 것이라고 이해한다. 또한 ③ 포합주식에 대하여 신주를 배정하면 존속회사가 자기주식을 취득한 것이 되지만, 이는 상법 제341조의2 제1호에 의해 허용되는 예로 본다.[192] 판례도 "존속회사가 보유하던 소멸회사의 주식에 대하여 반드시 신주를 배정하여야 한다고 볼 수 없다"고 판시하여(대법원 2004. 12. 9. 선고 2003다69355 판결), 합병신주의 배정 여부는 당사자들이 자유롭게 정할 수 있다고 본다.[193] 합병신주를 배정하게 되면 존속회사가 자기주식을 보유하는 결과가 된다.[194]

반면 부정설[195]은 ① 상법 제341조의2가 이러한 경우를 규정한 것이 아니고, 그렇다고 일반목적에 의한 자기취득으로 본다면 상법상 규정된 취득방법에 반하므로 합병신주를 배정해서는 안 된다는 것이다. ② 포합주식에 대하여 합병신주

---

190) 권기범, 전게서, 515면.

191) 송옥렬, 전게서, 1193~1194면; 이철송, 전게서, 1052면; 정동윤, 「회사법[제7판]」, 법문사, 2001, 819면.

192) 이철송, 전게서, 1052면.

193) 동지, 정동윤, 전게서, 819면. 합병신주를 배정할 수 있으나, 신주를 배정하지 않아도 상관이 없고, 실제로는 신주를 배정하지 않는 경우가 대부분이라고 한다.

194) 송옥렬, 전게서, 1193~1194면.

195) 권기범, 전게서, 100면; 임재연, 전게서, 453면; 최기원, 「신회사법론[제14대정판]」, 박영사, 2012, 1107면; 한국상사법학회 편, 전게서, 1005면(정수용 집필부분).

를 배정하면 발행회사가 자신에 대하여 신주를 발행하여 주는 결과가 되고, ③ 포합주식에 대하여 합병신주를 배정하더라도 어차피 상당한 기간 내에 이를 소각하여야 하므로 포합주식에 대한 합병신주 배정을 허용하는 경우 불필요한 절차를 반복하게 된다는 것이다.[196] ④ 독일, 프랑스 일본의 경우에도 포합주식에 대하여 합병신주를 교부하지 않는다는 점을 명문으로 규정하고 있다고 한다(독일기업재편법 제68조 제1항 제1문, 프랑스상법 L.236-3조 제2항 제1호, 일본회사법 제749조 제1항 제3호 괄호).[197] 포합주식에 대하여 합병신주를 배정하지 않으면 합병의 의해 증가하는 금전의 자본액은 그만큼 적어지므로 소멸회사로부터 승계하는 순자산액과 합병에 의한 자본증가액의 차액이 자본준비금으로 적립되게 될 것이다(상법 제459조 제1항, 상법시행령 제18조). 이러한 내용은 합병계약서에 기재하여야 한다.[198]

생각건대, 상법 제341조의2 제1호를 이러한 경우까지 포함하는 것으로 확대해석하는 것은 적절하지 않고, 포합주식에 합병신주를 교부하더라도 어차피 소각하게 되므로 합병절차의 효율적인 측면에서도 부정설이 더 타당하다고 보며, 일본 회사법처럼 입법을 통해 해결하는 것이 바람직할 것이다.

2) 회사의 권리를 실행함에 있어 그 목적을 달성하기 위하여 필요한 경우(제2호)

회사의 권리를 실행할 때 채무자가 그 회사의 주식 이외의 재산을 가지고 있지 아니할 때에는 그 주식을 취득할 수밖에 없으므로 자기주식의 취득을 인정한 것이다. 예컨대, 채권자인 회사가 채무자에 대하여 강제집행을 하거나, 담보권을 실행하거나, 채무자와 소송상 화해를 하거나 또는 채무자로부터 대물변제를 받는 때에 채무자가 자기주식을 제외하고 달리 재산을 갖지 아니한 경우를 말한다. 채무자의 무자력이 자기주식 취득의 허용요건이며, 이는 자기주식을 취득하는 회사가 증명하여야 한다.[199]

3) 단주의 처리를 위하여 필요한 경우(제3호)

주주가 회사로부터 원시취득한 주식에 단주가 있을 경우 이를 환가하여 주주에게 대금으로 지급하기 위해서는 회사가 단주를 취득해야 한다. 단주처리방법이 법정되어 있지 않은 통상의 신주발행(제416조)이나 전환주식 · 전환사채의 전

196) 한국상사법학회 편, 전게서, 1005면(정수용 집필부분).

197) 권기범, 전게서, 100면; 江頭憲治郎 · 中村直人, 「論点體系 會社法 5」, 第一法規, 2012, 264面; 玉井裕子, 「合併ハンドブック」, 商事法務, 2010, 93面.

198) 임재연, 전게서, 453면.

199) 대법원 1977. 3. 8. 선고 76다1292 판결.

환 및 신주인수권부사채권자의 신주인수권행사로 인한 신주 발행 등의 경우에 단주의 처리를 위한 자기주식의 취득이 허용된다. 반면 자본금감소, 합병, 준비금의 자본전입, 주식배당 등과 같이 단주의 처리방법이 법정된 경우(제443조, 제461조 제2항, 제462조의2 제3항, 제530조 제3항)에는 그 방법에 따라야 하며 회사가 취득할 수 없다.[200)]

4) 주주가 주식매수청구권을 행사한 경우(제4호)

주식양도 제한회사에서 회사가 주식양도의 승인을 거부한 때 주주가 주식매수청구를 할 수 있는데 이때 회사는 자기주식을 취득하게 된다(제335조의6). 주식양수인이 매수청구를 하는 경우(제335조의2 제4항, 제335조의7 제2항)에도 마찬가지이다.

영업양도 · 합병 · 분할합병 · 주식의 포괄적 교환과 이전의 승인결의 등에 반대하는 주주가 주식매수청구권을 행사하는 경우(제360조의5, 제360조의22, 제374조의2 제1항, 제522조의3, 제530조의11 제2항)에도 자기주식을 취득할 수 있다.

(4) 자기주식의 질취

회사는 발행주식총수의 20분의 1을 초과하여 자기의 주식을 질권의 목적으로 받지 못한다(제341조의3 본문). 다만, ⅰ) 회사의 합병 또는 다른 회사의 영업전부의 양수로 인한 경우(제341조의2 제1호) 및 ⅱ) 회사의 권리를 실행함에 있어 그 목적을 달성하기 위하여 필요한 경우(동조 제2호)에는 그 한도를 초과하여 질권의 목적으로 할 수 있다(제341조의3 단서). 예컨대, 합병으로 인해 존속회사가 소멸회사가 가지고 있던 자기주식에 대한 질권을 승계하는 경우 또는 다른 회사의 영업전부를 양수함으로 인해 양도회사가 가지고 있던 양수회사의 주식에 대한 질권을 승계하는 경우 등이 해당할 것이다.

한편 자기주식의 질취에 대한 제한규정이 주식의 양도담보에도 적용되는지 여부가 문제될 수 있다. 질취의 경우 5% 범위 내에서 담보취득을 할 수 있도록 규정한 것은 질권의 경우 회사재산의 환급이 발생하지 아니하고, 주식의 소유권도 질권설정자에게 유보되기 때문이다. 그러므로 적어도 외부적으로는 주식의 소유권이 회사에 이전되는 양도담보의 경우에는 제341조의3이 적용되기 어려울 것이다.[201)]

---

200) 이철송, 전게서, 390면; 임재연, 전게서, 454면. 이에 대해 단주처리방법이 법정되어 있는 경우에도 매수인이 없어서 부득이한 때에는 자기주식의 취득방식으로 단주를 처리할 수 있다는 견해도 제기된다(권기범, 전게서, 516면).

(5) 기타 자기주식의 예외적 취득

1) 특별법상의 취득 주권상장법인은 자본시장법에 따라 자기주식을 취득할 수 있다(자본시장법 제165조의3). 또한 「벤처기업육성에 관한 특별조치법」은 상장회사가 아닌 벤처기업에 대해 전략적 제휴를 위하여 정관으로 정하는 바에 따라 자기주식을 다른 주식회사의 주식을 10% 이상 보유한 주요주주 또는 다른 벤처기업과 교환하여 소유하는 것을 허용한다(동법 제15조 제1항). 이를 위해 해당 기업들은 각자 주주총회 특별결의를 통해 주식교환계약을 체결해야 하며, 배당가능이익의 범위 내에서 자기주식을 취득하여야 한다(동법 제15조 제2항, 제3항). 이에 반대하는 주주는 주식매수청구권을 행사할 수 있다(동법 제15조의2).[202)]

2) 해석상 허용되는 자기주식의 취득 회사의 재산적 기초를 위태롭게 하지 않는 것이 명백한 경우 해석상 자기주식의 취득이 허용된다. 즉, ① 무상으로 취득하는 경우, ② 타인의 계산으로 취득하는 경우, ③ 위탁매매업자가 위탁자의 계산으로 자기주식을 매수하는 경우, ④ 금융투자회사가 자기주식의 신탁을 인수하는 경우 등이다.

(6) 자기주식의 지위

회사가 자기주식을 예외적으로 취득하는 경우에 회사는 그 주식에 기하여 주주권을 행사할 수 있는가? 자기주식에 대한 공익권 중 의결권에 대하여는 상법이 명문으로 규정하여 이를 배제하고 있으므로(제369조 제2항) 아무런 문제가 없다. 이러한 자기주식은 발행주식총수에 산입되지 않는다(제371조 제1항). 그러나 의결권 이외의 공익권과 자익권에 대하여는 상법에 규정이 없으므로 해석에 의하여 해결될 수밖에 없다.

소수주주권, 각종의 소제기권 등 의결권 이외의 공익권은 자기주식의 성질상 회사에 인정될 수 없다는데 학설은 일치한다.[203)]

자익권에 대하여는 견해가 대립하고 있으나, 일체의 자익권을 부정하는 전면적 휴지설이 통설이다.[204)] i) 이익배당청구권의 경우 자기주식에 배당을 하면 동 배당금을 회사에 유보하는 것과 차이가 없으므로 무의미하다. 또한 자기주식의 취득은 실질적인 출자의 환급이므로 자기주식에 배당하는 것은 가공의 자본

---

201) 한국상사법학회 편, 전게서, 1008～1009면(정수용 집필부분).

202) 이철송, 전게서, 391면.

203) 송옥렬, 전게서, 843면; 이철송, 전게서, 397면; 정찬형, 전게서, 743면.

204) 송옥렬, 전게서, 843면; 이철송, 전게서, 397면; 정찬형, 전게서, 743면.

금에 배당하는 결과가 된다. 주식배당도 그 본질은 이익배당이므로 금전배당과 같다. ii) 잔여재산분배청구권의 경우 소멸회사가 다시 재산을 취득하게 되어 이를 다시 주주에게 분배해야 하므로 순환이 무한대로 반복된다. iii) 자기주식이 신주인수권을 갖는지 여부에 대해서는 ① 자기주식의 가치를 유지해야 한다는 측면에서 인정된다는 견해,[205] ② 준비금의 자본전입으로 인한 신주발행시에만 인정하는 견해[206]가 있으나, 이를 부정하는 것이 통설이다.[207] 이를 인정하면 자기주식의 증대를 초래하고, 그 실질이 이익배당과 같이 잉여금의 처분이므로 허용되어서는 안 된다고 본다.[208] 회사가 준비금의 자본전입으로 인한 무상주교부에 참가하지 못함으로 인해 일실(逸失)하는 이익은 주주들에게 비례적으로 귀속하는데, 이것이 오히려 자연스러운 현상이다.[209] iv) 주식분할에 대해서는 준비금에 의한 자본전입과 마찬가지로 자기주식에 따로 주식을 배정할 수 없다는 견해[210]와 종전의 주주권의 동일성을 유지하면서 주주권이 작은 단위로 세분되는 것에 불과하므로 자기주식에 대해 주식분할을 인정하는 견해로 나뉜다.[211] 생각건대, 주식분할이나 주식병합처럼 주주권에 변화가 없는 경우에는 허용된다고 보는 것이 타당하다.[212]

자기주식에 대하여 주주권이 휴지되는 것은 주식 자체의 속성은 아니므로, 제3자에게 이전되면 모든 주주권이 부활한다.

(7) 위법한 자기주식 취득의 효력

2011년 개정상법에 따라 자기주식취득에 대한 위법행위의 유형이 다양해졌다. 제341조의2가 열거하지 않은 목적을 위해 자기주식을 취득하는 것이 위법한 것은 개정 전과 같다. 반면 제341조의 규정에 위반하여 자기주식을 취득하는 유형으로는 i) 배당가능이익이 없거나 부족한 경우에 자기주식을 취득하는 경우, ii) 주주총회 또는 이사회의 결의 없이 취득하는 경우, iii) 주주총회나 이사회가

---

205) 서정갑, 「주석실무 개정상법총람」, 홍문관, 1984, 447면; 채이식, 「상법강의(상)[개정판]」, 박영사, 1996, 641면.

206) 최기원, 전게서, 359면; 최준선, 전게서, 284면.

207) 송옥렬, 전게서, 844면; 이철송, 전게서, 398면; 정동윤, 전게서, 494~495면; 정찬형, 전게서, 744면.

208) 이철송, 전게서, 398면; 정동윤, 전게서, 495면.

209) 법무부장관 유권해석에서도 자기주식에 대해서는 준비금의 자본전입으로 인한 신주를 배정할 수 없다고 밝힌 바 있다(법무부 법심2301-1386, 1990. 2. 2).

210) 송옥렬, 전게서, 844면.

211) 이철송, 전게서, 398면.

212) 한국상사법학회 편, 전게서, 1012~1013면(정수용 집필부분).

결의할 사항이 적법하지 않은 경우, iv) 제341조 제1항 제1호 및 제2호에서 열거하지 않은 방법으로 취득하거나 또는 취득방법이 주식평등의 원칙에 어긋나는 경우, v) 취득가격이 현저하게 불공정하여 자본충실을 해하는 경우 등이다.[213)]

(가) 취득행위의 사법상 효력

상법상 자기주식의 취득 또는 질취에 관한 규정(제341조, 제341조의2, 제341조의3)에 위반한 취득 또는 질취의 효력에 관하여 학설이 대립한다.

(A) (절대적) 무효설(다수설 · 판례) 자기주식의 취득금지에 위반하여 자기주식을 취득하는 것은 출자금을 환급하는 것과 같은 결과를 가져오는데, 이것은 주식회사의 본질적인 요청인 자본충실의 원칙을 침해하는 결과가 되며, 또한 상법 제341조는 회사, 회사채권자, 주주 및 일반투자자 등의 이익을 보호한다는 정책적 이유에 의하여 법정된 강행규정이기 때문에, 이에 위반한 취득행위는 상대방(양도인)의 선의, 악의를 불문하고 무효가 된다고 한다.[214)]

판례도 회사 또는 주주나 회사채권자 등에게 생길지도 모르는 중대한 손해를 회피하기 위하여 부득이 한 사정이 있다고 하더라도 자기주식의 취득은 허용되지 아니하는 것이고 위와 같은 금지규정에 위반하여 회사가 자기주식을 취득하는 것은 당연히 무효라는 입장이다(대법원 2003. 5. 16. 선고 2001다44109 판결).

(B) 상대적 무효설(부분적 무효설) 자기주식취득은 원칙적으로 무효로 보면서 거래의 안전을 위해 선의의 제3자를 보호하여야 한다는 견해로서, 보호되어야 하는 범위에 따라 견해가 나뉜다.

i) 타인의 명의로 회사의 계산으로 취득하는 경우에는 양도인의 악의가 없는 한 유효하다는 견해이다.[215)] 이 견해는 양도인의 악의를 입증하기 곤란하다.

ii) 양도인은 선의 · 악의를 불문하고 무효를 주장하지 못하고, 거래의 안전을 위하여 회사 · 회사채권자 · 주주도 양도인에게 악의가 없는 한 무효를 주장하지 못한다는 견해이다.[216)] 이 견해에 대해서는 양도인의 악의를 입증하지 못하면 회사 이해관계자의 이익을 침해할 우려가 제기된다.

---

213) 이철송, 전게서, 391~392면.

214) 서돈각 · 정완용, 「상법강의(상)[제4전정판]」, 법문사, 1999, 37면; 송옥렬, 전게서, 846면; 정찬형, 전게서, 742~743면; 최기원, 전게서, 362면; 최준선, 전게서, 280면.

215) 강위두 · 임재호, 「상법강의(상)[제3전정판]」, 형설출판사, 2009, 626면; 손주찬, 「상법(상)[제15보정판]」, 박영사, 2004, 659면; 임홍근, 「회사법[개정판]」, 법문사, 2001, 259면; 양동석, "자기주식취득의 제한에 관한 고찰", 「기업법연구」 제9집(2002), 402면.

216) 권기범, 전게서, 518면; 정희철, 「상법학(상)」, 박영사, 1989, 426면.

iii) 자기주식의 취득은 양도인의 선의·악의를 묻지 않고 무효이지만 선의의 제3자(전득자·압류채권자 등)에게는 대항하지 못한다는 견해이다.[217] 제3자의 보호에는 장점이 있으나 회사 이해관계자의 이익을 침해할 우려가 있다.

(C) 유효설 상법 제341조의 규정을 단속규정으로 보고, 이에 위반한 자기주식의 취득행위의 사법상의 효력은 유효하다고 한다.[218] 이 설은 거래의 안전을 도모한다는 장점이 있으나, 모든 취득행위를 유효라고 보는 것은 자기주식의 취득을 금하는 입법취지에 어긋난다는 비판을 받는다.

(D) 위반유형별 접근방법 자기주식취득 규정 위반의 효력을 유형별로 접근하여, i) 절차적 요건을 위반한 자기주식취득의 효력은 대표이사의 대표권 제한에 위반한 행위에 준하여 해석한다. 즉, 법률상 요구되는 주주총회 결의를 거치지 않거나 주주총회 결의에 하자가 있는 경우 상대방이 선의·무과실인 경우에도 무효로 본다. 법률상 이사회 결의를 요건으로 하는 경우에는 거래의 안전을 위하여 상대방이 선의·무과실인 때 유효하다는 것이 판례(대법원 1996. 1. 26. 선고 94다42754 판결) 및 다수설이다. 반면 법률상 이사회 결의로써 주주총회 결의에 갈음할 수 있는 경우에는 무효 여부에 대하여 논란의 여지가 있다고 한다. ii) 상법이 규정하는 취득방법은 주주평등의 원칙을 보장하기 위한 것이므로 이에 위반하는 자기주식의 취득은 무효이다. iii) 취득한도를 초과한 자기주식취득의 효과에 대해서는 초과한 부분만을 무효로 보는 견해,[219] 초과한 부분까지도 유효로 보는 견해,[220] 그리고 더 세부적으로 구분하여 ① 배당가능이익이 없거나,[221] 처음부터 배당가능이익을 초과하여 취득한 경우에는 전술한 상대적 무효설에 따르고, ② 배당가능이익의 감소로 인하여 사후적으로 취득가액이 배당가능이익을 초과한 경우에는 배당가능이익을 초과하여 취득한 부분만 무효로 보는 견해[222]로 나뉜다.

생각건대, 회사의 자본충실의 원칙은 주식회사의 본질적 요소이고 또 이러한 자본충실을 기하고자 하는 것이 상법 제341조의 입법목적인 점에서 볼 때 동

217) 이철송, 전게서, 398면; 동지, 정동윤, 「상법(상)[제6판]」, 법문사, 2012, 496면.

218) 박원선·이정한, 「전정 회사법」, 수학사, 1983, 266면; 서헌제, 「사례중심체계 상법강의(상)」, 법문사, 2007, 238면; 채이식, 전게서, 648면.

219) 임재연, 전게서, 457~458면.

220) 김정수, 전게서, 1029면; 안성포, 전게논문, 82면. 한국증권법학회, 「자본시장법[주석서 I]」, 박영사, 2012, 696면(권종호 집필부분).

221) 다수설, 판례는 배당가능이익이 없는 상태에서 자기주식을 취득하는 경우에 무효로 본다.

222) 정준우, 전게논문, 251면.

규정을 강행규정으로 보아야 할 것이므로, 이에 위반한 자기주식의 취득행위의 사법상 효력은 양도인의 선의 · 악의를 불문하고 언제나 무효라고 보는 것이 타당하다고 본다(무효설).

(나) 이사 등의 책임

이사, 집행임원, 감사 등이 자기주식의 취득 규정을 위반하여 회사에 손해가 있는 때에는 이사는 연대하여 손해배상책임을 진다(제399조 제1항, 제408조의8 제1항, 제414조 제1항). 더욱이 고의 또는 중대한 과실이 있는 때에는 제3자(주주 또는 회사채권자 등)에 대하여 연대하여 손해배상책임을 진다(제401조). 이사 등이 누구의 명의로 하거나를 불문하고 회사의 계산으로 부정하게 그 주식 또는 지분을 취득하거나 질권의 목적으로 이를 받은 때에는 회사재산을 위태롭게 하는 죄에 해당하여 5년 이하의 징역 또는 1천500만 원 이하의 벌금에 처한다(제625조 제2호).

(다) 자기주식을 취득한 채권행위의 효력

자기주식을 취득하기 위한 원인행위로서 회사와 주주간에 매매, 교환 등의 채권적 합의가 이루어질 수 있는데, 2011년 개정법 아래에서 이러한 채권행위의 효력은 어떻게 되는가? 제1설은 이러한 채권행위는 처음부터 이행이 불가능한 것을 목적으로 한 것으로서, 강행법규에 반하여 무효라고 한다. 또한 자기주식의 취득을 전제로 하여야만 이행이 가능한 계약도 강행법규 위반 또는 원시적 불능으로서 무효로 본다.[223] 제2설은 2011년 개정상법 아래에서는 재원규제와 절차규제를 준수하는 한 자기주식을 취득할 수 있는 것이므로, 채권적 합의 자체를 무효로 하기 어렵다고 한다. 즉, 회사와 주주가 회사가 재원규제나 절차규제를 회피하여 자기주식을 취득하려는 사실을 알면서 이러한 규제를 회피할 목적으로 자기주식취득 약정을 체결하는 특별한 경우가 아니면 무효로 보기 어렵다는 것이다.[224]

2. 자기주식의 처분

(1) 자기주식 처분제도의 개선 필요성

2011년 개정전 상법은 자기주식의 처분에 대하여 처분시기를 제외하고는 처분절차나 요건에 대하여 규정하지 않고 있었다(개정전 제342조). 법무부가 2006

---

223) 이철송, 전게서, 392면.

224) 한국상사법학회 편, 전게서, 1020면(정수용 집필부분).

년 10월 4일에 입법예고한 상법개정안(법무부 공고 제2006-106호) 제342조 제2항은 자기주식의 처분에 관하여 신주발행절차를 준용하도록 규정하고 있었다.[225] 이는 일본회사법의 자기주식 처분방식을 도입한 것이다. 2007년 8월 27일 입법예고한 개정안(법무부 공고 제2007-97호) 제342조 제2항은 준용조항 가운데 신주인수권에 관한 조항(제418조 및 제419조)을 삭제하였으며, 이는 2008년 5월 7일 입법예고된 개정안에서도 그대로 마찬가지이다.[226] 그러나 자기주식의 처분에 대하여 신주발행절차를 준용하도록 규정한 상법개정안에 대하여 과잉규제를 비판이 제기됨에 따라,[227] 2008년 10월 21일 국회에 제출된 상법개정안(법무부 공고 제2008-47호)에서는 제342조 제2항 전체를 삭제하였다.[228] 이에 따라 2011년 개정상법 아래에서는 자기주식의 처분은 신주발행절차를 규제를 받지 않으며 회사가 자유롭게 처분할 수 있다고 해석된다.

그러나 2011년 개정상법이 제341조 제1항에서 배당가능이익의 범위 내에서 자기주식의 취득을 자유화하면서 자기주식의 처분에 관해서는 아무런 규정을 두지 않은 것은 입법적 흠결이라는 지적이 있다.[229] 즉, 자기주식의 취득을 원칙적으로 제한하는 개정전 상법 아래에서는 취득단계에서 취득가격이나 상대방의 선택에 있어서 어느 정도의 공정성을 확보할 수 있었다. 그러나 이를 자유화한 개정상법의 경우에는 자기주식의 취득 및 처분은 주식의 소각과 신주발행에 유사한 기능을 가지게 되므로, 자기주식의 처분이 신주발행이라는 번거로운 절차를 회피하는 수단으로 이용될 우려가 있다. 또한 자기주식의 취득이 자유화 되는 경우 그 처분에 있어서 처분가격[230]과 처분 상대방의 선택은 기존 주주의 지분율에

---

225) 2006년 상법개정안 제342조(자기주식의 처분) ① 회사가 보유하는 자기의 주식을 처분하는 경우에는 다음의 사항으로서 정관에 규정이 없는 것은 이사회가 결정한다.

1. 처분할 주식의 종류와 수
2. 처분할 주식의 처분가액과 납입기일

② 제417조 내지 제419조, 제421조, 제422조, 제423조 제2항 및 제3항, 제424조, 제424조의2, 제427조 내지 제432조의 규정은 제1항의 경우에 이를 준용한다.

226) 2008년 상법개정안 제342조(자기주식의 처분) ① 생략
② 제1항의 경우에는 제417조, 제421조 내지 제422조, 제423조 제2항 및 제3항, 제424조, 제424조의2, 제427조부터 제432조까지의 규정을 준용한다.

227) 송종준, "자기주식의 처분절차규제에 관한 소고", 「법률신문」 제3504호(2006. 11. 9), 13면.

228) 노혁준, "자기주식과 기업의 합병, 분할", 「증권법연구」 제9권 제2호(2008), 124면 주) 17.

229) 이철송, 전게논문, 22면.

230) 처분가격은 자본충실과 관련된 문제로서 처분가격이 낮게 책정되면 기존 주주의 지분가치가 희석화되는 문제가 발생하는데 이는 이사의 선관주의의무에 의해 규율될 수 있다(이철송, 전게논문, 13면).

영향을 미칠 수 있으므로 공정성의 확보가 중요한 과제로 등장한다.

한편 자기주식의 처분에 대해 신주발행 절차를 적용하는 것을 반대하면서, 처분을 손익거래로 규율하는 경우 파생되는 기존 주주의 지분비율 하락 문제를 해결하기 위하여, 자기주식의 처분이 경영권 방어목적으로 사용되는 경우에 대해서는 경영권 방어행위의 유효성 여부에 관한 기존의 판례나 법리를 통해 해결하는 방식을 지지하는 견해도 제기된다.[231] 그러나 자기주식의 처분이 불공정하게 이루어짐으로써 기존 주주의 지분율에 변화가 생기면, 이는 경영권 방어 이외의 중요한 회사의 의사결정에도 영향을 미치게 되므로 사후규제가 충분한 보호수단이 될 수 없다고 본다. 따라서 자기주식의 처분에 대한 입법적 보완이 필요하게 된다.

(2) 자기주식 처분에 관한 2011년 개정상법의 내용

개정전 상법 제342조는 소각 이외의 목적으로 취득한 자기주식은 상당한 시기에 처분하도록 규정하고 있었다. 그러나 개정상법 제342조는 회사가 보유하는 자기주식을 처분하는 경우에는 i) 처분할 주식의 종류와 수, ii) 처분할 주식의 처분가액과 납입기일, iii) 주식을 처분할 상대방 및 처분방법 등에 대하여 정관에서 규정이 없는 것은 이사회가 결정한다고 규정하고 있다. 여기서 "회사가 보유하는 자기주식"에는 배당가능이익에 의해 취득한 자기주식뿐만 아니라(제341조) 특정목적에 의해 취득한 자기주식(제341조의2)도 포함된다는 것이 통설이다.[232] 처분할 상대방이란 매수인이 될 자를 의미하지만 매수인을 선택하는 방법도 포함하는 것으로 해석해야 한다. 매수인을 선택하는 방법으로서는 증권시장을 통해 매각하는 것, 모든 주주들에게 매수의 청약을 권유하는 것, 특정인을 정해 상대매매로 처분하는 것 등을 들 수 있다. 처분방법이란 처분할 상대방을 정하는 것 이외의 매매 및 이행요령을 의미한다.[233]

개정상법에서 상당한 시기에 처분하여야 한다는 조항을 삭제하였지만 실무상으로는 개정전 상법 제342조 아래에서도 처분시기는 이사회의 경영판단 사항으로 해석되었으므로, 실질적으로는 개정 전과 큰 차이는 없다고 본다.[234] 자본

231) 송종준, 전게논설, 13면; 신우진, 전게논문, 156면.

232) 송옥렬, 전게서, 844면; 이철송, 전게서, 394면; 정찬형, 전게서, 745면; 최준선, 전게서, 285면. 반면, 특정목적에 의한 자기주식은 포함되지 않는다는 견해는 송종준, "상장회사의 자기자본질서의 변화와 법적 과제" 「상사법연구」 제31권 제2호(2012), 160면.

233) 이철송, 전게서, 395면.

234) 한국상사법학회 편, 전게서, 1021면(정수용 집필부분).

시장법도 2013년 개정에서 취득한도를 초과한 자기주식에 대하여 3년 이내에 처분하도록 하던 조항(개정전 동법 제165조의2 제5항, 동법시행령 제176조의3)을 삭제함으로써 상법과의 정합성을 유지하고 있다.

현실적으로 회사가 장차 취득하게 될 자기주식의 처분에 관하여 구체적인 내용을 정관에 규정하기는 어렵기 때문에, 대부분 이사회의 결의로 결정하여 처분하게 될 것이다.[235]

(3) 자기주식 처분의 법적 성격

자기주식의 처분거래의 법적 성격에 대해서는 손익거래로 보는 견해[236]와 자본거래로 보는 견해[237]로 나누어진다. 자본거래와 손익거래는 회계상의 용어이지만, 이는 취득한 자기주식의 법적 성격을 어떻게 파악하느냐와 연결된다. 즉, 취득한 자기주식을 자산으로 간주하게 되면 이를 매도하는 처분은 손익거래가 된다. 반면, 취득한 자기주식을 자본의 차감항목(즉, 미발행주식)으로 보면 이를 처분하면 자본이 증가하므로 자본거래의 성격을 갖는다.

자기주식 처분의 성격에 대하여 상법의 시각에서 이를 정면으로 다룬 대법원 판례는 아직 없는 실정이다.[238] 다만, 하급심 판례에서는 자본거래와 손익거래로 견해도 나뉘고 있다. 자기주식의 처분과 신주발행은 경제적 구조가 유사하므로 신주발행의 법리가 자기주식의 처분에 적용된다는 일부 판례가 있다.[239] 반면 더 많은 하급심 판례가 자기주식 처분을 손익거래로 보아 신주발행에 관한 규정을 적용하지 않는다.[240]

한편, 법인세법은 자기주식의 양도금을 익금으로 규정하여(법인세법 제15조, 동법시행령 제11조 제1항 제2조의2) 자기주식의 처분을 손익거래로 평가한다. 법인세를 다룬 사건에서 대법원은 자본감소절차의 일환 내지 회사합병으로 인하여 자기주식을 취득하거나(포합주식[241] 제외) 처분하는 경우에는 자본거래로 보고,

235) 이철송, 전게서, 394면.

236) 이철송, 전게논문, 4면; 정찬형, 전게서, 745면(배당가능이익에 의해 취득한 처분을 손익거래로 본다).

237) 황남석, 전게논문, 72면; 동지, 송옥렬, 전게논문, 58면.

238) 권재열, “개정상법상 주식관련제도의 개선내용과 향후과제”, 「선진상사법률연구」 제56호(2011), 18면.

239) 서울서부지방법원 2006. 6. 29. 선고 2005가합8262 판결(서울서부지방법원 2006. 3. 24. 선고 2006카합393결정의 본안사건).

240) 서울중앙지방법원 2012. 1. 17. 선고 2012카합23 결정; 광주고등법원 2010. 5. 28. 선고 2009나3277 판결(대법원 2010. 10. 28. 선고 2010다51413 판결); 수원지방법원 성남지원 2007. 1. 30. 선고 2007카합30 결정; 서울북부지방법원 2007. 10. 25. 선고 2007카합1082 판결.

그 이외의 경우에는 자산의 손익거래로 보고 있다.[242] 손익거래로 보는 견해는 위 법인세법이 자기주식을 자산으로 취급하는 것을 근거로 있으나, 자기주식을 자산으로 보고 그 처분을 손익거래로 보는 것은 위 거래를 소득과세의 관점에서 파악하는 세법의 입장일 뿐이다. 세법의 입장을 원용하여 상법상 자기주식 처분 거래의 법적 성격을 규정하는 것은 우선선위가 바뀐 것이다. 근본적으로 세법은 상법상 거래를 전제로 하는 것으로서 법인세법상 자기주식에 관한 규율은 상법과 입장을 달리하기 위하여 특칙을 둔 것에 불과하기 때문이다.[243] 회사법의 목적은 법인세법의 목적과는 다르기 때문에 이러한 규정에 근거하여 자기주식의 처분을 손익거래라고 볼 필요는 없다.[244]

또한 자기주식의 법적 성격에 관하여 상법에 직접적인 규정은 없지만, 개정 상법의 위임조항(상법 제446조의2, 상법시행령 제15조 제1호)에 따른 한국채택국제회계기준 및 일반기업회계기준은 자기주식을 자산으로 인식하지 않고 자본의 차감항목으로 규정한다.[245] 또한 자기주식 처분의 손익은 자본잉여금 및 자본조정으로 처리한다.[246] 이 두 기준은 모두 상법의 위임에 따라 규정된 것이므로 일정한 정도 규범적 효력을 인정할 수 있을 것이다.[247]

취득한 자기주식의 법적 성질을 미발행주식으로 파악하는 한 그 처분은 주식의 발행과 동일한 자본거래이다.[248] 이 경우 기존 주주들에게 신주인수권을 부여할 것인지의 여부는 전적으로 입법정책의 문제이면 그 거래가 손익거래인지 자본거래인지 여부와는 무관하다.[249]

주요국의 경우에도 미국은 자기주식의 처분거래는 손익에 영향을 미치지 않는다고 규정하고 있으므로 결국, 자기주식의 처분을 자본거래로 인식하고 있다.[250] 독일 상법도 자기주식을 미발행주식으로 규율함에 따라 그 처분거래를 출

241) 합병할 때 존속회사가 보유하는 소멸회사의 주식을 말한다.
242) 대법원 2005. 6. 10. 선고 2004두3755 판결.
243) 황남석, 전게논문, 71면.
244) 권재열, 전게논문, 23면.
245) 한국채택국제회계기준 제1032호 문단 33.
246) 일반기업회계기준 문단 15.8.
247) 황남석, "기업회계기준의 법규성 재고(再考)", 「상사법연구」 제31권 제1호(2012), 252면.
248) 이창우 · 김갑순 · 정도진 · 조형득, 「IFRS 회계원리[제4판]」, 도래, 2011, 610면.
249) 황남석, "상법상 배당가능이익에 의한 자기주식취득의 쟁점", 「상사법연구」 제31권 제3호(2012), 97면.
250) ASC 505-30-25-7~9; Bierman, Jr., An Introduction to Accounting and Managerial Finance: A Merger of Equals, 2010, pp. 154~155.

자환급 및 자본증가로 파악하고 있다. 일본은 자기주식을 종래 자산에 계상하던 것을 2001년 상법개정에서 자기주식 제도에 대한 규제를 완화하면서 자본의 공제항목으로 개정하였다(회사계산규칙 제76조 제2항 제5호).[251]

(4) 처분의 공정성

2011년 개정상법은 배당가능이익의 범위 내에서 자기주식의 취득을 자유화하고, 그 처분에 대해서도 처분할 주식의 종류와 수, 처분가액과 납입기일 그리고 처분할 상대방 및 처분방법 등에 대하여 정관에 따르고 정관에 규정이 없는 경우에는 이사회가 결정하도록 규정하고 있다(제342조). 일반적으로 정관에서 자기주식의 처분에 관하여 자세하게 미리 규정하기는 어려우므로 이사회에 자기주식의 처분에 관한 많은 재량이 부여된 결과를 초래하고 있다. 이에 따라 처분방법, 처분가격의 결정이나 처분 상대방의 선택 등에 관해 불공정성의 문제가 발생할 가능성이 높아졌다.[252]

1) 처분절차의 하자

자기주식의 처분은 상법 제342조 각 호가 규정한 사항에 관하여 정관에 규정이 없으면 이사회의 결의로 정한다. 따라서 이러한 절차를 위반한 처분행위에 대해서는 정관위반행위와 이사회결의를 거치지 않은 회사의 행위에 대한 논의가 적용된다. 우선 이사회결의를 거치지 않은 행위에 대해서는 거래 상대방이 이사회결의가 없었다는 사실을 알거나 알 수 있었을 경우가 아니라면 자기주식의 처분행위는 유효하다. 정관에서 정한 처분절차를 위반한 경우에는 원칙적으로 무효이지만 상대방은 선의취득 등에 의해 보호받게 된다.[253]

2) 처분가격의 공정성

자기주식을 처분하는 경우에는 취득할 때와 마찬가지로 공정한 가격으로 처분하여야 한다. 만일 이사 등이 고의 또는 과실로 부당한 염가로 자기주식을 처분하는 경우에는 상법 제399조에 따라 회사에 대하여 임무해태로 인한 손해배상책임을 지게 된다. 대표이사의 자기주식의 처분행위가 대표권의 남용 요건을 충

---

251) 일본의 경우 2001년 자기주식 제도의 개편 이전에 상법학자들의 통설은 취득한 자기주식을 자산으로 보고 그 처분은 자산의 매도로서 손익거래로 회계처리하면 된다는 것이었으며, 회계학자들의 통설은 자기주식의 자산성을 부정하고 그 처분은 자본금의 증가로 보아 자본거래로 회계처리해야 한다는 것이었다.上柳克郎 · 鴻常夫 · 竹內昭夫 編, 「新版注釋會社法(3) 株式(1)」, 有斐閣, 1986, 255面(蓮井良憲 執筆部分).

252) 박정구, "상법상 자기주식취득 · 처분제도에 대한 고찰－자기주식 취득 · 처분의 불공정성문제를 중심으로－", 「법학연구」 제22권 제1호(2014), 297면.

253) 한국상사법학회 편, 전게서, 1022면(정수용 집필부분).

족시킨 경우에는 상대방이 대표권 남용행위임을 알았거나 알 수 있었을 때에는 회사가 거래의 무효를 주장할 수 있다.[254]

3) 처분 상대방의 선택

(가) 해석론

자기주식 처분의 경제적 실질은 총자산이나 의결권에 미치는 영향이 신주발행과 유사하므로,[255] 처분의 상대방의 선택은 기존 주주들의 지분율이나 지배관계에 변동을 초래할 가능성이 있다. 이는 특히 적대적 M&A 국면에서 심각하게 나타날 수 있다. 그 이외에도 지분율의 변화는 회사의 의사결정과정에 영향을 미칠 수 있다. 이와 관련하여 2011년 개정상법의 논의과정에서 자기주식을 처분할 때 신주발행처럼 주주에게 신주인수권을 부여하고, 제3자에게 처분하는 경우에는 신주의 제3자배정에 관한 제418조 제2항의 요건을 구비해야 하는지가 문제되었다. 최종적으로 신주발행에 관한 규정을 준용하는 조항을 삭제한 채로 입법되었다.

(A) 처분시 주주에 대한 신주인수권의 인정 여부

개정상법에서 자기주식을 처분할 때 신주발행절차를 준용하는 규정을 두고 있지 않지만 자기주식의 처분에 대하여 그 규정을 유추적용하여 주주에게 신주인수권을 인정하여야 하는지에 대해 해석상 문제된다.

i) 신주인수권을 인정해야 한다는 견해 자기주식의 처분에 대하여 실주발행의 경우과 같이 주주들의 신주인수권을 인정하지 않을 경우 주주들의 비례적 지배관계에 영향을 미치게 되므로 자기주식을 처분할 때에도 신주발행절차를 유추적용하여야 한다는 견해이다. 따라서 원칙적으로 기존 주주들에게 처분하는 자기주식에 대한 인수권을 부여해야 하며, 제3자에 처분하려면 제3자 배정요건을 충족하여야 한다는 견해이다.[256]

ii) 신주인수권을 부정하는 견해 회사가 자기주식을 보유하는 동안 일시적으로 의결권이 제한됨에 따라 기존 주주들은 실제 보유하는 주식에 비하여 증대된 의결권을 행사할 수 있는 반사적 이익을 누려온 것인데, 이러한 이익을 누리지 못하게 되었다고 하여 자기주식의 처분을 제한하는 것은 회사의 자산에 대

---

254) 임재연, 전게서, 460면.

255) 자기주식의 처분과 신주발행에 대한 관계에 대한 자세한 분석으로는 송옥렬, 전게논문, 58~60면 참조.

256) 서울서부지방법원 2006. 3. 24. 선고 2006카합393 결정.

한 소유권 행사에 부당한 제약이 된다.[257] 또한 자기주식의 처분은 개인법적 거래로서 자본의 증가를 수반하지 않는 손익거래인 반면, 신주발행은 단체법적 효과를 수반하는 거래로서 자본의 직접적인 증가를 수반하는 자본거래이므로 각각에 대한 법적 가치판단을 달리 할 필요가 있다.[258] 자기주식의 처분에 관해 규정한 상법 제342조가 처분할 상대방 및 처분방법 등에 대해 정관에 규정이 없으면 이사회가 결정한다고 규정하고 그 밖에는 다른 규제가 없는데, 처분에 대해 신주발행절차에 관한 규정을 유추적용해야 한다고 해석하는 것은 위 규정에 부합하지 않는다.[259] 또한 개정상법상 만일 주주에게 처분하는 자기주식의 인수권을 인정하려면 정관에 규정이 있어야 하며, 이러한 정관규정이 없는 경우에까지 신주발행절차에 관한 규정을 유추적용하여야 한다고 해석하기는 어렵다.[260]

생각건대, 2011 개정상법의 입법과정에 비추어 자기주식의 처분에 관하여 신주발행에 관한 규정을 준용하지 않는다는 입법자의 의도가 명확하기 때문에 입법론과는 별개로 해석론으로는 자기주식의 처분에 대하여 신주인수권을 인정할 수는 없을 것이다.[261]

(B) 위법한 자기주식의 처분에 대한 주주평등의 원칙 적용 여부

ⅰ) 적용부정설 상법은 자기주식의 처분에 관해 주식평등과 같은 단체법적 원리는 전혀 고려하지 않고 있으며, 적법하게 취득한 자기주식은 회사가 다른 회사의 주식을 보유할 때와 마찬가지로 일반적인 유가증권으로서 회사재산을 구성한다고 본다. 이러한 재산을 처분할 때 주주평등의 원칙에 따라 모든 주주들에게 지주비율대로 우선매수의 기회를 주어야 하는 것은 아니듯이, 자기주식의 처분은 단체법적 고려가 불필요한 손익거래라는 것이다.[262] 자기주식의 처분이 신주발행과 유사한 효과를 나타낼 수는 있으나, 그렇다고 해서 그 처분이 바로 신주발행이 되는 것은 아니며, 법적 근거없이 같은 것으로 다룰 수 없다고 한다.[263]

---

257) 서울중앙지방법원 2012. 1. 17. 선고 2012카합23 결정; 수원지방법원 성남지원 2007. 1. 30. 선고 2007카합30 결정; 서울북부지방법원 2007. 10. 25. 선고 2007카합1082 결정.

258) 이철송, 전게논문, 18~19면.

259) 임재연, 전게서, 179면. 이 견해는 특히 자기주식을 소량으로 처분하는 경우에도 매번 주주의 신주인수권을 인정하는 것은 비현실적인 규제로 본다.

260) 한국상사법학회 편, 전게서, 1025면(정수용 집필부분).

261) 권기범, 전게서, 521면; 송옥렬, 전게서, 845면; 이철송, 전게논문, 19면; 황남석, 전게논문, 101면.

262) 이철송, 전게논문, 18면. 대법원도 자기주식의 취득과 처분을 손익거래로 파악하지만(대법원 1995. 4. 11. 선고 94누21583 판결), 이는 법인세 과세사건이므로 자기주식의 회사법적 성질을 판시한 것으로 볼 수는 없을 것이다.

263) 이철송, 전게논문, 19면.

ii) 적용긍정설 이 견해는 회사가 배당가능이익에 의해 취득한 자기주식은 회사 이외의 주주가 보유하는 회사의 주식과는 전혀 그 성격을 달리하므로, 회사가 자기주식을 처분하는 것은 회사 이외의 주주가 그의 주식을 처분하는 것과 동일하게 보아 이를 개인법적 거래로 보는 것은 타당하지 않다고 한다. 또한 결과적으로는 기존 주주의 이익을 해함에도 불구하고 자기주식의 처분은 손익거래로서 개인법적 거래이므로 이에는 단체법적 거래에 적용되는 주주평등의 원칙이 적용되지 않는다고 하는 것은 기존(일부)주주의 이익을 해하면서 하는 회사 임원의 자기주식의 처분을 합리화하기 위한 무리한 논리라고 비판한다.[264] 또한 회사가 자기주식을 취득하는 것은 주주평등의 원칙에 합치도록 하면서(제341조 제1호 및 제2호), 이의 처분은 개인법적 거래이므로 주주평등의 원칙이 적용되지 않는다는 해석은 불균형하며, 주주평등의 원칙은 회사와 주주간의 모든 법률관계에 적용되는 원칙이라고 한다.[265] 더불어 자기주식의 처분은 신주발행과 경제적 실질이 유사하므로 입법론적으로는 상법 제342조에서 기존 주주의 이익을 보호하기 위하여 상법 제418조를 준용하는 규정을 두는 것이 바람직하다는 것이다.[266] 해석론상으로는 주주평등의 원칙에 반하거나 기존주주의 이익을 해하는 경우에는 회사의 자기주식의 처분은 무효로 본다.[267]

(나) 입법론

자기주식 처분에 있어서 공정성을 확보하기 위하여 독일은 법정절차에 의하지 않는 자기주식의 처분은 주주평등의 원칙에 따라 자기주식을 처분하도록 한다(독일주식법 제71조 제1항 제8호). 영국회사법은 자기주식의 처분도 주주의 신주인수권이 대상이 된다고 규정하고 있다(2006년 영국회사법 제560조 제2항). 일본의 경우 주주에게 신주인수권이 인정되지 않지만, 자기주식의 처분에 대해서는 신주발행과 동일한 절차에 따르도록 규정하고 있다(일본회사법 제199조).

상법상 자기주식처분의 공정성을 확보하기 위한 방안으로는 다음과 같은 견해가 제기된다. i) 자기주식의 처분절차에 신주발행절차를 준용하자는 견해,[268] ii) 신주발행절차 중 제418조 신주인수권에 관한 조항을 준용하자는 견해,[269]

---

264) 정찬형, 전게서, 745~746면; 동지, 안성포, 전게논문, 96면.

265) 정찬형, 전게서, 746면.

266) 동지, 송옥렬, 전게논문, 65면; 안성포, 전게논문, 98면; 정찬형, 전게서, 746면; 최준선, 전게서, 285~286면.

267) 정찬형, 전게서, 746면.

268) 김홍기, 전게논문, 127면.

iii) 자기주식의 처분에 대하여 주주평등의 원칙에 따라야 한다는 규정을 두자는 견해,[270] iv) 시장을 통한 자기주식의 처분을 인정하는 견해,[271] v) 개정상법의 규정만으로 충분하고 부당하거나 불공정한 자기주식의 처분에 대해서는 유지청구권(제424조)을 행사하거나 신주발행무효의 소에 관한 규정(제429조)을 유추 적용하여 해결하면 된다는 견해가 있다.[272]

그러나 일본처럼 신주발행절차에 따르는 경우 자기주식 처분을 통하여 기동적인 재무전략을 실행하는데 걸림돌이 될 것으로 전망된다. 따라서 이러한 기업의 재무전략적인 신축성과 기존 주주의 지주비율의 유지라는 목적을 동시에 달성할 수 있는 규제가 필요하다고 본다. 이를 위해서는 독일처럼 자기주식의 처분에 대하여 주식평등의 원칙에 입각하여 처분하도록 하는 입법하는 것이 타당할 것이다.[273]

(C) 경영권 방어목적의 처분에 대한 신주발행무효의 법리 적용 여부

자기주식의 처분에 관하여 신주발행절차에 관한 규정이 유추적용되는지 여부과 별개의 문제로 경영권 분쟁상황에서 자기주식을 처분하는 경우, 경영권 방어목적의 신주발행은 무효라는 신주발행무효의 법리를 적용할 수 있는지 여부가 논란된다.

자기주식을 우호적인 제3자에 처분하면 신주발행에 의한 경영권 방어와 같은 기능을 한 반면 개정상법은 처분방법에 특별한 제한이 없으므로 회사는 거래소(증권시장)나 직접거래 등을 통하여 자유롭게 처분할 수 있다.[274] 일부 판례는 자기주식의 처분과 신주발행이 법적으로는 구별되는 개념이지만 경제적 구조에서는 유사하므로, 주주 전원을 상대로 하는 경우가 아니면 신주발행을 제3자에 배정하는 경우 요구되는 상법 제418조 제2항의 요건(경영상의 목적)이 자기주식의 처분에 관해서도 요구된다고 한다.[275] 반면 다른 판례는 자기주식의 처분은 이미 발행되어 있는 주식을 처분하는 것으로서 회사의 총자산에는 아무런 변동

---

269) 송옥렬, 전게논문, 65면; 안성포, 전게논문, 97면; 정찬형, 전게서, 746면; 최준선, 286면.

270) 졸고, "상법개정안상 자기주식 및 주식소각 제도 검토", 「일감법학」 제18호(2010), 164면; 박정구, 전게논문, 301면; 동지, 이철송, 전게논문, 22면; 정준우, 전게논문, 262면.

271) 오성근, "자기주식의 취득 · 처분과 내부자거래의 규제", 「비교사법」 제19권 제3호(2012), 830면.

272) 송종준, 전게논문, 160면.

273) 박정구, 전게논문, 301면; 동지, 이철송, 전게논문, 22면; 정준우, 전게논문, 262면.

274) 임재연, 전게서, 179~180면.

275) 서울서부지방법원 2006. 5. 4. 선고 2006카합393 결정 및 이 사건의 본안사건인 서울서부지방법원 2006. 6. 29. 선고 2005가합8262 판결.

이 없고, 기존 주주의 지분비율도 변동되지 않는다는 점에서 신주발행과 구별된다고 한다.[276] 이처럼 판례는 아직 정립되어 있지 않다.

4) 특정목적에 의해 취득한 자기주식의 처분

특정한 목적으로 취득한 자기주식을 상당한 기간 내에 처분하여야 하는지 여부가 문제된다. 2011년 개정상법은 '특정목적'에 의해 취득한 자기주식을 상당한 기간 내에 처분하여야 한다고 규정하였던 개정전 상법 제342조 제2항을 삭제하고 처분기간에 대한 제한을 철폐하였다. 이에 따라 개정상법 아래에서는 배당가능이익에 의한 취득뿐만 아니라 특정목적에 의해 취득한 자기주식도 처분기간의 제한을 받지 않는다고 해석된다.

이에 대하여 특정목적에 의한 자기주식의 취득(제341조의2)은 배당가능이익의 유무에 관계없이 자기주식을 취득하는 것이므로 회사의 자본적 기초를 해할 염려가 있어서 배당가능이익에 의한 취득(제341조)과는 달리 취급하여 상당한 시기에 처분하도록 개정 전 조항을 부활해야 한다는 주장이 제기된다.[277] 즉, 단주처리를 위해 필요한 경우, 주주가 주식매수청구권을 행사한 경우 등에는 배당가능이익의 존재 유무와 관계없이 회사의 자산에서 매수대금을 지급하여야 하므로 이는 회사채권자를 위한 책임재산을 감소시킨다는 것이다.[278]

반면 처분기간을 두지 않는 것이 타당하다는 견해는 자기주식 처분의 법적 성격을 개인법적 손익거래로 보는 이상 처분시기 및 처분 여부는 이사들의 선관주의의무를 기초로 경영판단의 원칙에 따라야 한다고 주장한다.[279] 또는 자기주식의 취득으로 적법하게 환급한 출자를 다시 서둘러 회복시켜야 할 이유가 마땅하지 않으며, 특정목적에 의한 자기주식 취득의 경우 자본금을 실제와 일치시키기 위한 목적 이외에는 그 처분을 강제해야 할 필요가 없으므로 처분기간을 삭제한 개정상법의 태도가 타당하다는 주장도 제기된다.[280]

---

276) 수원지방법원 성남지원 2007. 1. 30. 선고 2007카합30 결정.

277) 권재열, 전게논문, 23면; 김홍기, "2011년 개정상법 및 동법시행령상 회사재무분야의 주요쟁점과 해석 및 운용상의 과제", 「기업법연구」 제26권 제1호(2012), 125면; 송종준, 전게논문, 160면; 임재연, 전게서, 459면; 한국상사법학회 편, 전게서, 1021~1022면(정수용 집필부분); 황현영, "개정상법상 자기주식 관련 해석상 · 실무상 쟁점 검토", 「선진상사법률연구」 제60호(2012), 193면.

278) 권재열, 전게논문, 23면.

279) 최준선, "개정상법상 자기주식의 취득과 처분", 「상사법연구」 제31권 제2호(2012), 228면.

280) 송옥렬, "자기주식의 경제적 실질과 그에 따른 법률관계", 「법경제학연구」 제11권 제1호(2014), 63~64면.

Ⅵ. 자본시장법상 자기주식의 취득 및 처분의 특례[281)]

1. 2013년 개정 자본시장법의 내용

상장법인의 자기주식 취득 및 처분에 대해 자본시장법에서는 제165조의3에서 규정하고 있다. 2013년 자본시장법 개정에서는 2011년 개정상법을 반영하여 자기주식에 관한 조항의 일부 정비가 이루어졌다. 주권상장법인의 자기주식의 취득방법으로서 신탁계약에 의하는 경우 이외에 상법 제341조 제1항에 따른 방법을 수용하였다. 또한 상법 제341조 제2항은 배당가능이익의 범위 내에서 자기주식의 취득을 하는 경우 주주총회 또는 이사회결의에 의하도록 하고 있다. 이에 따라 상장회사가 자본시장법에 따라 자기주식을 취득하는 경우에도 주주총회 또는 이사회결의가 필요한지 여부에 대해 해석상 문제될 수 있으므로, 이사회결의로써 가능하도록 기존 자본시장법시행령 제176조의2 제1항에 규정하였던 내용을 자본시장법 제165조의3 제3항에 규정함으로써 해석상 논란의 소지를 제거하였다.

한편 2011년 상법개정으로 배당가능이익의 범위 내에서 자기주식을 취득하는 것이 상법과 자본시장법 아래에서 모두 가능하게 되었으므로 상장법인의 경우 이들 법률을 적용하는데 우선순위가 문제된다. 2013년 개정 자본시장법은 자본시장법의 주권상장법인에 대한 특례에 관한 제3편 제3장의2는 주권상장법인에 관하여 상법 제3편에 우선하여 적용한다고 규정한다(동법 제165조의2 제2항). 자본시장법은 자기주식의 취득에 관하여 재무건전성의 침해 및 불공정거래 등을 방지하기 위한 상법의 특별규정으로 보아야 하므로 상장법인에 대해서는 자본시장법이 우선 적용된다고 본다. 다만, 자본시장법이 규정하고 있지 아니한 사항(예컨대, 이사의 자본충실책임에 관한 상법 제341조 제3항 및 제4항)에 대하여 상법에 규정이 있을 경우 상법이 보충적으로 적용될 수 있을 것이다.[282)]

2. 자기주식의 취득방법 및 취득재원

가. 자기주식 취득의 허용

주권상장법인(외국법인등 및 투자회사 제외)은 원칙적으로 자기주식을 취득할 수 있다(법 165조의3 1항). 다만 은행법 등 다른 법률에서 별도로 규제하고

---

281) 이 부분은 한국증권법학회, 자본시장법[주석서Ⅰ], 2009, 692~705면(권종호 집필부분)을 2013년 개정 자본시장법을 반영하여 필자가 수정·보완한 것이다.

282) 임재연, 전게서, 460면; 한국상사법학회 편, 전게서, 1027면(정수용 집필부분).

있는 경우에는 그에 따라야 한다. 자기주식 취득에 대해 자본시장법은 목적에 대해 특별히 제한하고 있지 않기 때문에 주권상장법인은 오로지 주가관리나 적대적 M&A에 대한 방어수단으로 자기주식을 취득하는 것도 가능하다. 자기주식 취득을 방어수단으로 이용하는 것에 대해서는 경영진이 회사의 자금으로 경영권을 안정시킨다는 것은 불공정하다는 비판이 있지만, 적대적 M&A가 기업가치를 훼손하고 주주의 공동이익을 침해하는 경우라면 이 때에는 자기주식을 통해 경영권을 방어하는 것은 정당화된다고 본다.[283] 회사의 여유자금을 오로지 주가관리만을 위해 사용한다는 것에 대해서는 계속기업(going concern)을 전제로 할 때 비판의 여지가 있을 수 있을 것이다.

나. 자기주식의 취득방법

자본시장법상 주권상장법인은 i) 상법 제341조 제1항에 따른 방법이나 ii) 신탁계약에 따라 자기주식을 취득한 신탁업자로부터 신탁계약이 해지되거나 종료된 때 반환받는 방법(신탁업자가 해당 주권상장법인의 자기주식을 상법 제341조 제1항의 방법으로 취득한 경우로 한정함)으로 자기주식을 취득할 수 있다(법 165조의3 1항). 상법 제341조 제1항에 따르면 회사는 ① 거래소에서 시세가 있는 주식의 경우에는 거래소에서 취득하는 방법, ② 제345조 제1항의 주식의 상환에 관한 종류주식의 경우 외에 각 주주가 가진 주식 수에 따라 균등한 조건으로 취득하는 것으로서 대통령령으로 정하는 방법에 따라 자기의 명의와 계산으로 자식의 주식을 취득할 수 있다. 여기서 대통령령으로 정하는 방법이라 함은 ⒜ 회사가 모든 주주에게 자기주식 취득의 통지 또는 공고를 하여 주식을 취득하는 방법, ⒝ 자본시장법 제133조부터 제146조까지의 규정에 따른 공개매수의 방법을 말한다(상법시행령 9조).

따라서 자본시장법상 허용되는 자기주식 취득방법은 i) 거래소에서 취득하는 방법, ii) 회사가 모든 주주에게 자기주식 취득의 통지 또는 공고를 하여 주식을 취득하는 방법, iii) 자본시장법상 공개매수의 방법, iv) 신탁계약에 따라 자기주식을 취득한 신탁업자로부터 신탁계약이 해지되거나 종료된 때 반환받는 방법 등 네 가지이다. 여기서 i) 내지 iii)은 회사가 자기명의로 자기주식을 취득하는 경우이며, iv)는 타인명의로 취득하는 경우이다.

---

283) 임재연, 「증권거래법」, 박영사(전정판), 2008, 645면.

(1) 거래소에서 취득하는 방법

회사는 거래소에서 시세가 있는 주식의 경우에는 거래소에서 취득하는 방법으로 자기주식을 취득할 수 있다. 여기서 "거래소에서 시세가 있는 주식"은 자본시장법상 상장주식을 의미하고, "거래소에서 취득"한다는 것은 자본시장법상 증권시장에서 취득하는 것을 의미한다.[284] 상법은 거래소에서 장내취득하기만 하면 자기주식을 취득하는 방법에 대하여 아무런 제한규정을 두지 않고 있다. 주권상장법인에 관한 자기주식 특례 규정인 자본시장법 제165조의3 제1항은 상법 제341조 제1항에 의한 취득방법을 수용하고 있지만, 발행공시규정 제5-5조는 매수주문의 방법 및 기간외 대량매매 등에 대하여 규정하고 있다. 그러나 상법에는 이러한 제한이 없기 때문에 주권상장법인이 자본시장법상의 절차가 아니라 상법에 따라 자기주식을 취득하는 경우에는 자본시장법, 특히 발행공시규정의 제한을 받는지 여부가 문제될 수 있었다. 이에 대해 자본시장법은 상장법인 및 증권시장의 감독목적도 있으므로 상장법인에 대해서는 자본시장법이 우선하여 적용된다고 해석되었는데,[285] 2013년 개정된 자본시장법은 주권상장법인의 특례 규정을 상법 회사편에 우선하여 적용한다고 규정하여 이를 명확히 하였다(법 165조의2 2항). 따라서 상장법인이 발행공시규정의 제한을 회피하여 상법의 요건에 따라 자기주식을 취득할 수는 없을 것이다.

(2) 회사가 모든 주주에게 자기주식 취득의 통지 또는 공고를 하여 주식을 취득하는 방법(균등한 조건으로 취득하는 방법)

2013년 개정 전 자본시장법 제165조의2 제2항이 주권상장법인의 자기주식 취득방법을 제한적으로 열거함에 따라 상장회사가 상법 제341조 제1항 제2호 및 상법시행령 제9조에 따른 균등조건 취득의 방법으로 자기주식을 취득할 수 있는지 여부가 문제되었다. 이에 대해 거래소에서 취득하는 방법 이외의 다른 방법이 더 공정할 수 있고, 거래소 외에서의 취득이 회사에 더 유리할 수도 있으므로 상장회사라 하더라도 균등조건 취득방법으로 취득할 수 있다는 견해가 제기되었다.[286] 반면 2013년 개정 전 자본시장법 제165조의2 제2항이 상법 제341조 제1항

284) 임재연, 「개정판 회사법 I [개정판]」, 박영사, 2013, 444~445면.

285) 한국상사법학회 편, 전게서, 1002면(정수용 집필부분).

286) 이철송, 전게서, 386면. 이 견해는 거래소를 통해 취득하는 방법은 모든 주주에게 형식적으로 공평한 기회를 보장하지만, 거래방식에 따라서는 일부 주주의 주식만을 집중적으로 취득할 수도 있으므로 거래소를 통한 취득일지라도 형식적인 공평성 이외에 주주들에게 실질적으로 공평한 기회를 제공하여야 한다고 주장한다.

을 명시적으로 열거하지 않았을 뿐만 아니라,[287] 구법 제165조의2 제2항을 상법에 대한 특별 규정으로 보아 상장회사는 균등조건 취득의 방법으로 자기주식을 취득할 수 없다고 해석하는 것이 일반적인 견해이었다.[288]

한편 2013년 개정된 자본시장법 제165조의3 제1항이 자기주식의 취득방법으로서 상법 제341조 제1항에 따른 방법을 명시적으로 규정함에 따라, 상장회사가 상법 제341조 제1항 제2호에 따라 주주가 가진 주식 수에 따라 균등조건으로 취득하는 방법(이하 "균등조건 취득방법" 이라 한다), 즉 회사가 모든 주주에게 자기주식 취득의 통지 또는 공고를 하여 주식을 취득할 수 있는 방법을 활용할 수 있는지 여부가 문제된다.

자본시장법 제165조의2 제2항에 따라 주권상장법인에 대해서는 자본시장법상의 특례규정이 상법에 우선하여 적용되지만, 자본시장법과 그 하위 법령에서 상법 제341조 제1항 제2호의 균등조건에 의한 취득방법에 대하여 특별하게 규정하고 있지 않으므로, 상장법인도 균등조건에 의한 취득방법을 활용할 수 있을 것이다. 다만, 개별 주주들에게 통지를 하기 위해서는 기준일이나 주주명부 폐쇄 등을 통하여 실질주주를 확정하는 절차가 필요로 하는 등 번거로움이 있기 때문에 현실적으로 활용될 가능성은 높지 않다고 본다.[289]

상법시행령 제10조는 균등한 조건으로 취득하는 방법에 관하여 다음과 같이 규정하고 있다.

1) 이사회 결의

주주총회에서 자기주식 취득을 결정한 회사가 자기주식을 취득하려는 경우에는 이사회의 결의로써 다음 사항을 정하여야 한다. 이 경우 주식 취득의 조건은 이사회가 결의할 때마다 균등하게 정하여야 한다(상법시행령 10조 1호).

가. 자기주식 취득의 목적
나. 취득할 주식의 종류 및 수
다. 주식 1주를 취득하는 대가로 교부할 금전이나 그 밖의 재산(해당 회사의 주식은 제외. 이하에서 "금전등")의 내용 및 그 산정 방법
라. 주식 취득의 대가로 교부할 금전등의 총액
마. 20일 이상 60일 내의 범위에서 주식양도를 신청할 수 있는 기간 ("양도신청기간")

287) 한국상사법학회 편, 전게서, 1002면(정수용 집필부분).
288) 한국상사법학회 편, 전게서, 1029면(정수용 집필부분).
289) 동지, 한국상사법학회 편, 전게서, 1002면(정수용 집필부분).

바. 양도신청기간이 끝나는 날부터 1개월의 범위에서 양도의 대가로 금전등을 교부하는 시기와 그 밖에 주식 취득의 조건

2) 통지 및 공고

회사는 양도신청기간이 시작하는 날의 2주 전까지 각 주주에게 회사의 재무현황, 자기주식 보유 현황 및 제1호 각 목의 사항을 서면으로 또는 각 주주의 동의를 받아 전자문서로 통지하여야 한다(상법시행령 10조 2호).

3) 주식양도 신청

회사에 주식을 양도하려는 주주는 양도신청기간이 끝나는 날까지 양도하려는 주식의 종류와 수를 적은 서면으로 주식양도를 신청하여야 한다(상법시행령 10조 3호).

4) 계약의 성립

주주가 회사에 대하여 주식 양도를 신청한 경우 회사와 그 주주 사이의 주식 취득을 위한 계약 성립의 시기는 양도신청기간이 끝나는 날로 정하고, 주주가 신청한 주식의 총수가 제1호 나목의 취득할 주식의 총수를 초과하는 경우 계약 성립의 범위는 취득할 주식의 총수를 신청한 주식의 총수로 나눈 수에 제3호에 따라 주주가 신청한 주식의 수를 곱한 수(이 경우 끝수는 버린다)로 정하여야 한다(상법시행령 10조 4호).[290]

(3) 공개매수에 의한 취득

자본시장법상 주권상장법인은 자본시장법 제133조부터 제146조까지의 규정에 따른 공개매수의 방법을 통하여 자기주식을 취득할 수 있다(상법시행령 9조 1항 2호). 자본시장법상 공개매수란 불특정 다수인에 대하여 의결권 있는 주식, 그 밖에 대통령령으로 정하는 증권("주식등")의 매수(다른 증권과의 교환을 포함한다)의 청약을 하거나 매도(다른 증권과의 교환을 포함한다)의 청약을 권유하고 증권시장 및 다자간매매체결회사(이와 유사한 시장으로서 해외에 있는 시장을 포함한다.) 밖에서 그 주식등을 매수하는 것을 말한다(법 133조 1항).

여기서 "의결권 있는 주식, 그 밖에 대통령령으로 정하는 증권"이란 의결권 있는 주식에 관계되는 다음 각 호의 어느 하나에 해당하는 증권("주식등")을 말한다(영 139조 1항).

290) 상법시행령 제10조 제4호에 대해서는 주주가 가진 주식 수에 따라 균등조건으로 자기주식을 취득하여야 한고 규정한 상법 제341조 제1항 제2호와 모순된다는 주장이 제기된다(신현탁, 전게논문, 139면).

1. 주권상장법인이 발행한 증권으로서 다음 각 목의 어느 하나에 해당하는 증권
   가. 주권
   나. 신주인수권이 표시된 것
   다. 전환사채권
   라. 신주인수권부사채권
   마. 가목부터 라목까지의 증권과 교환을 청구할 수 있는 교환사채권
   바. 가목부터 마목까지의 증권을 기초자산으로 하는 파생결합증권(권리의 행사로 그 기초자산을 취득할 수 있는 것만 해당한다)
2. 제1호에 따른 주권상장법인 외의 자가 발행한 증권으로서 다음 각 목의 어느 하나에 해당하는 증권
   가. 제1호에 따른 증권과 관련된 증권예탁증권
   나. 제1호에 따른 증권이나 가목의 증권과 교환을 청구할 수 있는 교환사채권
   다. 제1호에 따른 증권이나 가목·나목의 증권을 기초자산으로 하는 파생결합증권(권리의 행사로 그 기초자산을 취득할 수 있는 것만 해당한다)

비상장회사도 자본시장법상 공개매수의 방법으로 자기주식을 취득할 수 있는가? 이에 대해 상법시행령 제9조 제1항 제2호는 자본시장법에 규정된 공개매수에 의하여 취득하는 방법을 정한 것이고, 반드시 자본시장법상 공개매수의 대상에 한정한다는 취지는 아니므로 비상장회사도 이 방식으로 취득할 수 있다는 견해[291]와, 상장회사만이 자본시장법상 공개매수의 방법으로 자기주식을 취득할 수 있다는 견해[292]로 나뉜다. 전자의 견해를 취하는 경우 비상장회사의 주식은 자본시장법상 공개매수의 대상증권에 해당하지 않기 때문에 오히려 상법시행령에서 이를 규정할 실익이 있으며, 다만 이 경우 자본시장법의 공개매수 관련 규제가 적용되지 않는다고 해석한다.[293]

(4) 신탁계약에 의한 취득

상장법인은 자기주식을 타인명의로 간접취득할 수도 있는데, 상장법인은 신탁업자와 자기주식 신탁계약을 체결함으로써 자기주식을 신탁회사 명의로 취득할 수 있다(자본시장법 제165조의3 제1항 제2호 괄호 및 동조 제2항). 신탁계약을 체결하는 경우에 신탁업자는 자기주식을 상법 제341조 제1항에 따라 거래소에서 취득하거나, 공개매수 또는 모든 주주에게 취득의 통지 또는 공고하는 방법

291) 임재연, 전게서, 446면.
292) 송옥렬, 전게서, 839면; 안성포, 전게논문, 85면.
293) 임재연, 전게서, 448면.

으로 취득하여야 한다(자본시장법 제165조의3 제1항 제2호 괄호 및 동조 제2항, 상법 제341조 제1항 제2호, 상법시행령 제9조 제1항).[294)]

자본시장법에서는 신탁계약을 통해 자기주식을 취득하는 것에 대해서는 매수방법 등에 대한 규제가 없다. 이는 신탁업자의 업무에 대해서는 자본시장법과 신탁법에서 별도로 규제하고 있을 뿐만 아니라 주권상장법인이 자기의 명의로 자기주식을 취득하는 경우에 비해 상대적으로 주가상승 등 시세조종에 대한 우려가 적은 것으로 보았기 때문일 것이다. 그러나 신탁계약을 통한 자기주식의 취득은 주로 특정금전신탁의 방법으로 이루어질 수밖에 없으므로 주권상장법인은 얼마든지 신탁업자에게 영향력을 행사할 수 있고, 그 점에서는 신탁을 통한 자기주식 취득의 경우에도 의도적인 주가고정 등의 형태가 나타날 수 있다. 이러한 때에는 시세조종혐의를 배제할 수 없을 것이다.[295)] 금융감독원의 실무는 자기주식 신탁계약의 자기주식 매매주문으로 발생할 수 있는 가격왜곡 현상을 최소화하기 위하여 자기주식을 직접 취득 · 처분할 때 적용되는 제한을 동일하게 적용하며, 다만 일일 주문수량은 발행주식총수의 1% 이내로 제한한다.[296)]

반면 신탁계약을 통해 자기주식을 취득한 경우에도 일정의 공시규제는 이루어지고 있다. 즉, 자기주식 취득에 관하여 신탁계약을 체결한 주권상장법인은 해당계약을 체결한 후 3월이 경과한 때에는 그 날부터 5일 이내에 신탁계약에 따라 신탁업자가 취득하여 보유하고 있는 자기주식 상황보고서, 즉 "신탁계약에 의한 취득상황보고서"를 금융위원회에 제출하여야 한다(발행공시규정 5-10조 1항). 그리고 동보고서에는 보고대상 기간 중 해당 신탁계약을 통하여 취득한 자기주식의 취득 결과를 확인할 수 있는 서류를 첨부하여야 한다(동조 3항 전단). 신탁계약에 따라 자기주식을 취득하여 보유하고 있는 주권상장법인은 자기주식 보유상황을 해당연도 각 분기말을 기준으로 사업보고서 및 분 · 반기보고서에도 기재하여야 한다(동조 4항).

그리고 신탁계약을 체결하고 있는 주권상장법인으로서 자기주식 취득금액한도를 초과하게 된 경우에는 해당 주권상장법인은 신탁계약을 체결하고 있는 신탁업자에 해당 사실을 지체없이 통보하여야 한다(발행공시규정 5-11조 3항).

---

294) 한국상사법학회 편, 전게서, 1029면(정수용 집필부분).

295) 김정수, 「자본시장법원론」, SFL그룹, 2011, 878면.

296) 금융감독원, 「기업공시 실무안내」, 2013, 61면.

다. 취득재원

주권상장법인이 자기주식을 취득하는 경우 자기주식의 취득가액의 총액은 상법 제462조 제1항에 따른 이익배당을 할 수 있는 한도 이내이어야 한다(법 165조의3 2항). 증권발행공시규정 제5-11조는 자기주식 취득금액한도의 산정기준을 정하고 있는데, 자기주식 신탁계약을 체결한 경우와 자기주식을 처분한 경우에 관한 특칙이 존재하여, 구체적인 취득한도금액이 상법과 달라질 수 있다. 자본시장법은 상법과는 달리 상법상 배당가능이익에 결산기말 이후에 자기주식을 취득한 금액을 공제하고, 처분한 금액을 가산하여 취득한도를 계산한다.[297]

즉, 주권상장법인이 자기주식을 취득할 수 있는 금액의 한도는 직전 사업연도말 재무제표를 기준으로 상법 제462조 제1항에 따른 이익배당을 할 수 있는 한도의 금액[298]에서 제1호부터 제3호까지의 금액을 공제하고 제4호의 금액을 가산한 금액으로 한다(발행공시규정 5-11조 1항).

1. 직전 사업연도말 이후 상법 제341조의2, 제343조 제1항 후단, 법 제165조의3에 따라 자기주식을 취득한 경우 그 취득금액(자기주식의 취득이 진행 중인 경우에는 해당 최초취득일부터 취득금액한도 산정시점까지 발생한 자기주식의 취득금액을 포함한다)
2. 신탁계약이 있는 경우 그 계약금액(일부해지가 있는 경우에는 해당 신탁계약의 원금 중에서 해지비율 만큼의 금액을, 직전 사업연도말 현재 해당 신탁계약을 통하여 취득한 자기주식이 있는 경우에는 해당 신탁계약의 원금 중에서 취득한 자기주식에 해당하는 금액을 각각 차감한 금액을 말한다)
3. 직전 사업연도말 이후의 정기주주총회에서 결의된 이익배당금액 및 상법 제458조 본문의 규정에 따라 해당 이익배당에 대하여 적립하여야 할 이익준비금(법 제165조의12에 따라 이사회에서 결의된 분기 또는 중간배당금액 및 해당 분기 또는 중간배당에 대하여 적립하여야 할 이익준비금을 포함한다)
4. 직전 사업연도말 이후 상법 제342조 · 법 제165조의3 제4항 · 제165조의5 제4항에 따라 처분한 자기주식(상법 제343조 제1항 후단에 따라 소각한 주식은

297) 한국상사법학회 편, 전게서, 1029면(정수용 집필부분).

298) 제462조(이익의 배당) ① 회사는 대차대조표의 순자산액으로부터 다음의 금액을 공제한 액을 한도로 하여 이익배당을 할 수 있다.

1. 자본금의 액
2. 그 결산기까지 적립된 자본준비금과 이익준비금의 합계액
3. 그 결산기에 적립하여야 할 이익준비금의 액
4. 대통령령으로 정하는 미실현이익

제외한다)이 있는 경우 그 처분주식의 취득원가(이동평균법을 적용하여 산정한 금액으로 한다)

경영실적 등의 악화로 인해 이익배당을 할 수 있는 한도 등의 감소로 직전 사업연도 말의 취득한도를 초과하여 자기주식을 취득한 경우 2013년 개정전 자본시장법은 이를 3년 이내 처분하도록 규정하였다. 그러나 2011년 상법개정으로 이러한 경우 초과하여 취득한 자기주식을 처분할 의무를 부담하지 않고, 이사들이 제341조 제3항과 제4항에 따른 책임만 부담한다. 이에 따라 상법과의 정합성을 위해 2013년 자본시장법을 개정하여 3년 이내에 처분하도록 규정한 구법 제165조의2 제5항, 영 제176조의3을 삭제하였다. 자기주식의 취득 또는 처분 기간은 이사회의 결의사항에 따른다(영 제176조의2 제1항 제1호, 규정 제5-1조 제1호 바목, 제2호 바목). 처분의무 조항은 삭제되었지만, 취득한도금액을 초과하여 취득한 자기주식은 이사회 결의로 상당한 기간 내에 처분하여야 할 것이다.

자기주식을 취득할 때 이사의 자본충실책임을 규정한 상법 제341조 제3항과 제4항은 자본시장법에 그 규정이 없으므로 상장법인에도 적용된다.[299] 상법 제341조 제3항과 제4항에 따른 책임과 관련하여 12월말 결산법인이 2013년 1월에 자기주식을 취득하고 2013년 3월 말에 정기총회를 통해 재무제표를 확정하는 경우, 취득할 1월 당시 직전 결산기의 배당가능이익은 2012년 재무제표가 아직 확정되지 않았으므로 2011년 배당가능이익이 될 수밖에 없으며, 자기주식을 취득한 해당 영업연도는 2013년 이므로 배당가능이익을 2011년과 2013년을 비교하여야 하는지, 아니면 2011년과 2012년을 비교하여야 하는지가 문제된다. 상법의 문언만으로 보면 2011년(직전 결산기)과 2013년(해당 영업연도)의 배당가능이익을 비교하여 이사의 자본충실책임을 판단할 수밖에 없다.[300]

라. 위반의 효과

(1) 취득방법의 위반

자본시장법에서 자기주식 취득의 방법에 대해 엄격히 규제하는 이유는 주주에게 주식을 매각할 기회를 공평하고 제공하기 위해서이다. 따라서 취득방법을 위반한 경우에는 주주평등원칙에 반하므로 그 거래는 무효라고 보는 견해[301]와,

---

299) 한국상사법학회 편, 전게서, 1029면(정수용 집필부분).

300) 금융감독원, 전게서, 119면; 한국상사법학회 편, 전게서, 1028면(정수용 집필부분).

301) 임재연, 전게서, 462면; 김정수, 「자본시장법원론[개정판]」, SFL그룹, 2014(이하, "전게서(2014)"라 칭한다), 1029면.

원칙적으로 무효이지만 상대방이 선의인 경우에 한하여 유효로 보는 견해[302]가 있다.

자기주식 취득의 대부분을 차지하는 거래소를 통한 취득의 경우 현재 증권 거래시스템 아래에서는 매도인별로 매도한 주식수를 특정할 수 없으므로 자기주식을 무효로 본다고 하더라도 원상회복이 불가능하다는 현실적인 문제가 제기된다.[303]

(2) 취득한도의 위반

자본시장법에서 자기주식의 취득재원에 대해 규제하는 이유는 회사의 채권자를 보호하기 위해서이다. 취득재원에 대한 규제에 위반하여 자기주식을 취득한 경우 그 법적 효과에 관해서는 유효설이 유력하다. 그 근거로는 자기주식 취득을 무효로 했을 때 발생하는 거래 안전상의 문제, 취득한 자기주식 중 재원규제 위반분과 그렇지 않은 부분의 구별의 현실적 어려움 등이 거론된다.[304] 반면 무효설은 취득금액 한도를 위반한 경우 위반분만 무효로 본다.[305]

생각건대, 취득재원에 관한 규제를 위반한 자기주식 취득의 경우에도 원칙적으로 무효로 보아야 할 것이나 현실적으로 취득한 자기주식 중 재원규제를 위반한 부분과 그렇지 않은 부분을 구별하는 것이 불가능할 수 있다는 점, 배당가능이익의 한도감소로 인하여 초과취득하게 된 자기주식을 무효로 하지 않고 3년 이내에 초과분을 처분하도록 하였는데 2013년 개정 자본시장법은 이 처분규정마저 삭제한 점(법 165조의2 5항 삭제)을 고려하면 유효로 볼 수밖에 없을 것이다.

3. 자기주식 취득의 절차

(1) 이사회 결의

주권상장법인은 자본시장법 제165조의3 제1항의 방법 또는 상법 제341조 제1항 각 호의 어느 하나에 해당하는 방법으로 자기주식을 취득하는 경우에는 상법 제341조 제2항에도 불구하고 이사회의 결의로써 자기주식을 취득할 수 있다(자본시장법 제165조의3 제3항). 자기주식의 처분도 이사회 결의에 따른다(동법 제165조의3 제4항, 동법시행령 제176조의2 제1항).

---

302) 한국증권법학회, 「자본시장법[주석서 I]」, 박영사, 2012, 696면(권종호 집필부분).

303) 임재연, 전게서, 458면; 한국상사법학회 편, 전게서, 1036면(정수용 집필부분).

304) 김정수, 「현대증권법원론」, 박영사, 2002, 542면.

305) 임재연, 전게서, 458면; 김정수, 전게서(2014), 1030면.

주권상장법인이 법 제165조의3에 따라 자기주식을 취득 또는 처분하거나 신탁계약을 체결 또는 해지하려는 경우 이사회는 다음 사항을 결의하여야 한다(동법시행령 제176조의2 제1항).

1. 거래소에 취득하는 방법이나 균등한 조건으로 취득 또는 처분하려는 경우에는 취득 또는 처분의 목적 · 금액 및 방법, 주식의 종류 및 수, 그 밖에 금융위원회가 정하여 고시하는 사항[306]

2. 신탁계약을 체결 또는 해지하려는 경우에는 체결 또는 해지의 목적 · 금액, 계약기간, 그 밖에 금융위원회가 정하여 고시하는 사항[307]

(2) 주요사항보고서의 제출

주권상장법인은 자기주식을 취득(자기주식의 취득을 목적으로 하는 신탁계약의 체결을 포함한다)할 것을 이사회에서 결의한 때에는 그 사실이 발생한 날의 다음 날까지 그 내용을 기재한 주요사항보고서를 금융위원회에 제출하여야 한다(법 제161조 제1항 제8호). 이처럼 자기주식 취득 전에 주요사항보고서를 금융위원회에 제출하도록 한 것은 미공개정보를 이용한 불법내부자거래를 방지하고 감독당국이 그 취득의 적법성여부를 사전에 객관적으로 검토하기 위해서이다.[308] 금융위원회는 주요사항보고서가 제출된 경우 이를 거래소에 지체 없이 송부하여

---

306) 제5-1조(자기주식취득 · 처분에 관한 이사회결의 사항) 주권상장법인이 영 제176조의2 제1항 제1호에 따라 이사회결의를 거쳐야 할 사항은 다음 각 호와 같다.
 1. 취득의 경우
  가. 취득의 목적
  나. 취득예정금액
  다. 주식의 종류 및 수
  라. 취득하고자 하는 주식의 가격
  마. 취득방법
  바. 취득하고자 하는 기간
  사. 취득 후 보유하고자 하는 예상기간
  아. 취득을 위탁할 투자중개업자의 명칭
  자. 그 밖에 투자자 보호를 위하여 필요한 사항

307) 제5-2조(신탁계약에 의한 자기주식취득 · 처분에 관한 이사회결의 사항) 주권상장법인이 영 제176조의2 제1항 제2호에 따라 이사회결의를 거쳐야 할 사항은 다음 각 호와 같다.
 1. 신탁계약의 체결의 경우
  가. 체결목적
  나. 체결금액
  다. 계약일자 및 계약기간
  라. 계약을 체결하고자 하는 신탁업자의 명칭
  마. 그 밖에 투자자 보호를 위하여 필요한 사항

308) 임재연, 「2014년판 자본시장법」, 박영사, 2014(이하 "자본시장법"이라 한다), 652면.

야 한다(법 제161조 제5항).

금융감독원의 실무는 자본시장법에 자기주식 취득 이외에 상법 제341조의2에 따른 특정목적에 의한 자기주식 취득의 경우 별도의 결의가 있다고 보기 어렵고, 단지 다른 행위에 자기주식 취득이 수반되는 것에 불과하므로, 자기주식 취득에 대한 주요사항보고서 제출의무는 없다고 본다. 다만 이렇게 취득한 자기주식을 처분할 때에는 처분결의를 수반하므로 제출의무가 있다.[309]

(3) **취득결과보고서의 제출**

주권상장법인이 자기주식의 취득을 완료하였거나 취득기간이 만료된 때에는 그 날로부터 5일 이내에 취득결과보고서를 금융위원회에 제출하여야 한다(발행공시규정 5-8조 1항). 취득결과보고서에는 ① 매매거래의 내역을 증명할 수 있는 서류, ② 취득에 관한 이사회 결의 내용대로 취득하지 않았을 경우에는 그 사유서 및 소명자료를 첨부하여야 한다(동조 2항). 주권상장법인은 취득결과보고서를 제출한 경우에 한하여 자기주식 취득에 관하여 새로운 이사회 결의를 할 수 있다(발행공시규정 5-4조 1항 전단).[310][311] 자기주식 취득에 관하여 신탁계약을 체결한 주권상장법인은 해당 계약을 체결한 후 3월이 경과한 때에는 그날부터 5일 이내에 신탁계약에 따라 신탁업자가 취득하여 보유하고 있는 자기주식 상황보고서(이하 "신탁계약에의한취득상황보고서")를 금융위에 제출하여야 한다(발행공시규정 5-10조 1항).

주요사항보고서 제출 후 주가가 상승하는 경우 신고금액을 초과하여 자기주식을 취득할 수 있는가? 현행법상 자기주식의 취득신고는 취득수량과 취득금액 중 어느 것을 기준으로 그 이행여부를 판단할 것인지에 대해 명확한 규정은 없으

---

309) 금융감독원, 전게서, 54면.

310) 그러나 주권상장법인이 주식매수선택권 행사에 대비하기 위하여 자기주식을 취득하고자 하는 경우에는 다음의 요건을 충족하면 취득결과보고서를 제출하지 않더라도 자기주식 취득에 관하여 새로운 이사회 결의를 할 수 있다(발행공시규정 5-4조 2항). ① 종전의 이사회결의에 따른 자기주식 취득이 주식매수선택권의 행사에 따라 자기주식을 교부하는 것을 목적으로 하지 않을 것, ② 새로운 이사회 결의일 현재 주식매수선택권의 행사가능일이 이미 도래하였거나 행사가능일이 3월 이내에 도래하는 경우로서 주식매수선택권 행사에 따라 자기주식을 교부하기로 한 수량 이내에서 취득할 것. 이 경우 해당 주권상장법인은 그 사실을 입증할 수 있는 서류를 주요사항보고서에 첨부하여야 한다.

311) 주권상장법인이 주식매수선택권의 행사에 따라 교부할 목적으로 취득하고 있는 자기주식은 해당 취득에 대한 취득결과보고서 제출 전이라도 이를 취득목적에 따라 교부할 수 있다. 이 경우 교부된 자기주식은 취득결과보고서 제출시점까지는 처분되지 않은 것으로 본다(발행공시규정 5-4조 3항).

나, 해석상 다음과 같은 근거에서 취득신고주식수량을 그 이행여부 판단기준으로 본다. 첫째, 발행공시규정 제5-4조 제1항에 따르면 취득신고주식수량을 모두 취득하지 못한 경우에는 해당 취득기간 만료 후 1개월이 경과하여야 새로운 이사회 결의를 할 수 있다. 둘째, 주요사항보고서상의 취득예정금액은 취득신고수량에 주요사항보고서 제출일의 전일종가를 적용하여 산출한 금액으로서 이는 취득할 금액이 아니라 투자자에게 공시하기 위한 예시금액에 불과하다. 따라서 주요사항보고서 제출 후 취득신고수량에 따라 자기주식을 취득하였으나 주가가 상승한 결과 취득예정금액을 초과하게 되는 것은 문제가 되지 않는다. 물론 상법상 배당가능이익의 한도를 초과할 수는 없다.[312)]

(4) 취득기간

주권상장법인이 법 제165조의3 제1항 및 제2항에 따라 자기주식을 취득하려는 경우에는 법 제391조에 따라 이사회 결의 사실이 공시된 날의 다음 날부터 3개월 이내에 금융위원회가 정하여 고시하는 방법[313)]에 따라 증권시장에서 자기주식을 취득하여야 한다(법 시행령 176조의2 3항). 주권상장법인은 자기주식의 취득결과보고서를 제출한 경우에 한하여 자기주식 취득에 관하여 새로운 이사회 결의를 할 수 있다. 3개월의 기간 이내에 결의한 취득신고주식수량을 모두 취득하지 못한 경우에는 해당취득기간 만료 후 1월이 경과하여야 새로운 이사회 결의를 할 수 있다(발행공시규정 5-4조 1항 후단). 다만, 보통주를 취득하기 위하여 취득에 관한 이사회결의를 하였으나 다시 상법에 따른 의결권이 없거나 제한되는 주식을 취득하고자 하는 경우에는 후단의 규정을 적용하지 아니한다(동조항 단서). 즉, 위 제한을 받지 않고 신고한 취득기간 이내에 별도의 이사회결의로 자기주식을 취득할 수 있다.[314)] 또한 주식매수선택권의 부여를 위하여 자기주식을 취득하는 경우에도 일정한 요건을 충족하는 때에는 이러한 제한을 받지 않는다(발행공시규정 5-4조 2항).

(5) 매수주문의 방법

(가) 원칙 주권상장법인이 자기주식을 취득하는 경우에는 취득방법이나 취득규모에 따라서는 시세에 큰 영향을 미칠 수 있다. 따라서 이러한 매매주문으로 인한 가격왜곡 현상을 최소화하기 위하여 발행공시규정은 매수주문방법에 관

312) 금융감독원, 전게서, 130면.

313) 증권발행공시규정 제5-5조 참조.

314) 한국상사법학회 편, 전게서, 1032면(정수용 집필부분).

해 일정한 제한을 하고 있다. 즉, 주권상장법인이 상법 제341조 제1항 제1호의 방법으로 자기주식을 취득하기 위하여 매수주문을 하고자 할 때에는 다음의 방법에 따라야 한다(발행공시규정 5-5조 1항).

(i) 첫째, 거래소가 정하는 바에 따라 장개시 전에 매수주문을 하는 경우에는 매수가격은 전일의 종가와 전일의 종가를 기준으로 100분의 5 높은 가격의 범위 이내로 하여야 한다.

(ii) 둘째 거래소가 정하는 정규시장의 매매거래시간 중에 매수주문(정정매수주문을 포함)을 하는 경우에는 매수가격은 다음 ①에서 정하는 가격과 ②에서 정하는 가격의 범위 이내로 하여야 한다. 이 경우 매매거래시간 중 매수주문은 거래소가 정하는 정규시장이 종료하기 30분 전까지 제출하여야 한다. ① 매수주문시점의 최우선매수호가와 매수주문 직전까지 체결된 당일의 최고가 중 높은 가격, ② 매수주문시점의 최우선매수호가와 매수주문 직전의 가격 중 높은 가격으로부터 10 호가가격단위 낮은 가격.

(iii) 셋째, 1일 매수주문수량은 취득신고주식수의 100분의 10에 해당하는 수량과 이사회결의일 전일을 기산일로 하여 소급한 1개월간의 일평균거래량의 100분의 25에 해당하는 수량 중 많은 수량 이내로 하여야 한다. 다만, 그 많은 수량이 발행주식총수의 100분의 1에 해당하는 수량을 초과하는 경우에는 발행주식총수의 100분의 1에 해당하는 수량 이내로 하여야 한다.

(iv) 넷째, 매수주문일 전일의 장 종료 후 즉시 위탁투자중개업자로 하여금 1일 매수주문수량등을 거래소에 신고하도록 하여야 하며, 매수주문위탁 투자중개업자는 1일 1사로 하여야 하고, 이사회에서 결의한 자기주식 취득기간 중에 매수주문을 위탁하는 투자중개업자는 5사를 초과해서는 아니된다.

(나) 시간외 대량매매 주권상장법인이 다음 어느 하나에 해당하는 경우에는 거래소가 정하는 시간외 대량매매의 방법에 따라 자기주식을 취득할 수 있다(발행공시규정 5-5조 2항).

(i) 정부, 한국은행, 예금보험공사, 한국산업은행, 중소기업은행, 한국수출입은행 및 정부가 납입자본금의 100분의 50 이상을 출자한 법인으로부터 자기주식을 취득하는 경우

(ii) 정부가 주권상장법인의 자기주식 취득과 관련하여 공정경쟁 촉진, 공기업 민영화 등 정책목적 달성을 위하여 허가 · 승인 · 인가 또는 문서에 의한 지도 · 권고를 하고 금융위에 요청한 경우로서 금융위가 투자자보호에 문제가 없다고

인정하여 승인하는 경우

(다) 주식매수선택권의 행사에 따른 취득의 경우 주권상장법인이 주식매수선택권의 행사에 따라 자기주식을 교부하기 위하여 새로이 자기주식을 취득하고자 이사회 결의를 한 때에는, 매수주문가격 및 1일 매수주문수량 등의 적용에 있어서 각각의 이사회 결의를 기준으로 적용한다(발행공시규정 5-5조 3항).

(라) 매수주문의 특례 자본시장법은 이처럼 주권상장법인의 자기주식 취득에 대해서는 매수수량과 시기에 대해 일정한 제한을 가하고 있지만, 시장상황의 급변 등 특수한 상황에 대비한 특례도 아울러 규정하고 있다. 즉, 거래소는 시장상황 급변 등으로 투자자 보호와 시장안정을 유지하기 위하여 즉각적인 조치가 필요한 경우 1일 매수주문수량을 이사회 결의 주식수 이내로 하여 주권상장법인 자기주식을 취득하도록 할 수 있다(발행공시규정 5-6조 1항). 다만 이러한 조치를 취하거나 이를 변경하려고 할 경우에는 거래소는 사전에 금융위원회의 승인을 받아야 한다(동조 2항).

(마) 투자중개업자의 위탁거부 자기주식의 취득을 위탁받은 투자중개업자는 해당 주권상장법인이 영 제176조의2 제2항에 위반하여 자기주식의 취득 제한기간 중에 자기주식의 매수를 위탁하는 것임을 안 경우에는 그 위탁을 거부하여야 한다(발행공시규정 5-7조).

4. 자기주식의 처분

(1) 처분방법

자본시장법은 상법과 마찬가지로 자기주식 처분에 관한 사항을 특별히 규정하고 있지 않다. 다만 자기주식의 장내처분에 관해서는 다음에 기술하는 것처럼 시장왜곡이나 불공정거래 방지를 위한 제한이 있다(발행공시규정 5-9조 5항~8항). 금융감독원 실무는 자본시장법상 자기주식의 취득은 모든 주주에게 매도할 수 있는 기회를 공평하게 주어야 하기 때문에 주주평등의 원칙상 거래소시장을 통한 경쟁매매만 허용한다. 그러나 자기주식의 처분에 관해서는 명문의 규정이 없어 이러한 원칙을 엄격하게 적용할 필요가 없으므로 장내처분뿐만 아니라 장외처분도 가능하다고 한다.[315]

또한 장외처분의 경우 거래소시장을 통한 매도의 경우와는 달리 수량과 매

315) 금융감독원, 전게서, 121면; 한국상사법학회 편, 전게서, 1030면(정수용 집필부분).

도가격에 대한 제한도 없으므로, 원칙적으로 수량과 매도가격 역시 당사자들의 합의에 의하여 정해진다. 그렇지만 발행공시규정이 장내매도의 경우 가격제한 규정을 둔 취지를 고래해 볼 때, 장외처분의 경우에도 이에 상응하는 합리적인 가격이어야 할 것이고, 처분가격이나 처분시기가 불합리한 경우 불공정거래행위나 이사의 배임행위 등 민 · 형사상 책임이 발생할 수 있다.[316)]

(2) **처분 절차**

주권상장법인이 취득한 자기주식을 처분(자기주식을 취득하기로 하는 신탁업자와의 신탁계약의 해지를 포함한다)하는 경우에는 대통령령으로 정하는 요건 · 방법 등의 기준에 따라야 한다(법 165조의3 4항).

1) 이사회 결의 주권상장법인이 취득한 자기주식을 처분하거나 신탁계약을 해지하려는 경우 먼저 이사회 결의를 거쳐야 한다(법 시행령 176조의2 1항 본문). 다만, 주식매수선택권의 행사에 따라 자기주식을 교부하는 경우와 신탁계약의 계약기간이 종료한 경우에는 그러하지 아니하다(법 시행령 176조의2 1항 단서).

자기주식을 처분하려는 경우 이사회 결의사항은 처분의 목적 · 금액 및 방법, 주식의 종류 및 수, 그 밖에 금융위원회가 정하여 고시하는 사항[317)]이다(영 176조의2 1항 1호). 신탁계약을 해지하려는 경우에는 해지의 목적 · 금액, 계약기간, 그 밖에 금융위원회가 정하여 고시하는 사항[318)]이다(영 176조의2 1항 2호).

---

316) 금융감독원, 전게서, 121면.

317) 제5-1조(자기주식취득 · 처분에 관한 이사회결의 사항) 주권상장법인이 영 제176조의2제1항 제1호에 따라 이사회결의를 거쳐야 할 사항은 다음 각 호와 같다.
 1. 취득의 경우 (생략)
 2. 처분의 경우
  가. 처분목적
  나. 처분예정금액
  다. 주식의 종류 및 수
  라. 처분하고자 하는 주식의 가격
  마. 처분방법
  바. 처분하고자 하는 기간
  사. 처분을 위탁할 투자중개업자의 명칭
  아. 그 밖에 투자자 보호를 위하여 필요한 사항

318) 제5-2조(신탁계약에 의한 자기주식취득 · 처분에 관한 이사회결의 사항) 주권상장법인이 영 제176조의2 제1항 제2호에 따라 이사회결의를 거쳐야 할 사항은 다음 각 호와 같다.
 1. 신탁계약의 체결의 경우 (생략)
 2. 신탁계약의 해지(일부해지를 포함한다. 이하 같다)의 경우
  가. 해지목적

2) 처분결과보고서 주권상장법인이 자기주식을 처분하면 처분결과보고서를 금융위원회에 제출하여야 하는데, 그 절차는 취득결과보고서와 동일하다. 즉, 주권상장법인이 자기주식의 처분을 완료하거나 처분하고자 하는 기간이 만료된 때에는 그 날로부터 5일 이내에 자기주식의 처분에 관한 결과보고서(처분결과보고서)를 금융위원회에 제출하여야 하며, 이때 처분결과보고서에는 ① 처분내역을 증명할 수 있는 서류, ② 처분에 관한 이사회결의 내용대로 처분하지 않았을 경우에는 그 사유서 및 소명자료를 첨부하여야 한다(발행공시규정 5-9조 1항, 5-8조).[319]

주권상장법인은 처분결과보고서를 제출한 경우에 한하여 자기주식처분에 관하여 새로운 이사회 결의를 할 수 있으며, 처분기간, 즉 이사회 결의일 익일부터 3월 이내(발행공시규정 5-9조 1항)의 기간 동안 결의한 처분주식수량을 모두 처분하지 못한 경우에는 해당 처분기간 만료 후 1월이 경과하여야 새로운 이사회 결의를 할 수 있다(발행공시규정 5-9조 1항, 5-4조 1항).[320] 다만 주식매수선택권의 행사에 따라 자기주식을 교부하는 경우와 신탁계약의 계약기간이 종료된 경우에는 처분결과보고서의 제출을 생략할 수 있다(발행공시규정 5-9조 4항).

3) 신탁계약 해지결과의 보고 주권상장법인이 신탁계약을 해지하는 이사회 결의를 한 때에는 신탁계약을 해지한 날부터 5일 이내에 신탁계약의 해지결과보고서(신탁계약해지결과보고서)를 금융위에 제출하여야 한다(발행공시규정 5-10조 2항). 신탁계약해지결과보고서에는 신탁계약 해지사실을 확인할 수 있는 서류를 첨부하여야 한다(동조 3항 후단).

4) 이사회 결의 후 처분기간 주권상장법인의 자기주식 처분기간은 이사회 결의 사실이 공시된 날의 다음 날부터 3월 이내로 한다(발행공시규정 5-9조 1항).

나. 해지금액
다. 해지일자
라. 해지할 신탁업자의 명칭
마. 그 밖에 투자자 보호를 위하여 필요한 사항

319) 다만 주식매수선택권의 행사에 따라 자기주식을 교부하는 경우에는 발행공시규정 제5-4조 제1항 및 제5-8조를 준용하지 아니하며, 자기주식을 교환대상으로 하는 교환사채의 발행을 통하여 처분하는 경우에는 발행공시규정 제5-8조를 준용하지 않는다(발행공시규정 5-9조 1항).

320) 다만 보통주를 처분하기 위하여 이사회결의를 하였으나 다시 의결권 없는 주식을 처분하고자 하는 경우에는 그러하지 아니하다(발행공시규정 5-9조 1항, 5-4조 1항 단서).

(3) 매도주문의 방법

자기주식처분의 경우에도 자기주식 취득의 경우와 마찬가지로 매도주문방법에 관해 엄격히 규제하고 있는데, ① 증권시장을 통한 처분뿐만 아니라 ② 시간외대량매매방법에 의한 처분, ③ 전자증권중개회사를 통한 처분에 관해서도 각각 규정을 두고 있다. 이는 자기주식의 장내처분은 위의 3방법에 의해서만 이루어져야 함을 의미하는 것으로 보아야 할 것이다.

1) 증권시장을 통한 처분 주권상장법인이 증권시장을 통하여 자기주식을 처분하기 위하여 매도주문을 하고자 할 때에는 다음 방법에 따라야 한다(발행공시규정 5-9조 5항).

(i) 첫째, ① 거래소가 정하는 바에 따라 장개시 전에 매도주문을 하는 경우에는 매도가격은 전일의 종가와 전일종가를 기준으로 2 호가가격단위 낮은 가격의 범위 이내로 하여야 하며, ② 거래소가 정하는 정규시장의 매매거래시간 중에 매도주문(정정매도주문 포함)을 하는 경우에는 매도가격은 매도주문 직전의 가격과 매도주문시점의 최우선매도호가 중 낮은 가격과 그 가격으로부터 10 호가가격단위 높은 가격의 범위 이내로 하여야 한다. 이 경우 매매거래시간 중 매도주문은 거래소가 정하는 정규시장이 종료하기 30분 전까지 제출하여야 한다(1호).

(ii) 둘째, 1일 매도주문수량은 처분신고주식수의 100분의 10에 해당하는 수량과 처분신고서 제출일 전일을 기산일로 하여 소급한 1개월간의 일평균거래량의 100분의 25에 해당하는 수량 중 많은 수량 이내로 하여야 한다. 다만, 그 많은 수량이 발행주식총수의 100분의 1에 해당하는 수량을 초과하는 경우에는 발행주식총수의 100분의 1에 해당하는 수량 이내로 하여야 한다(2호).

(iii) 셋째, 매도주문일 전일의 장 종료 후 즉시 매도주문 위탁 투자중개업자는 1일 매도주문수량등을 거래소에 신고하여야 한다(3호).

(iv) 매도주문 위탁 투자중개업자는 1일 1사로 하여야 하고, 다만 이사회 결의에서 정한 자기주식 처분기간 중에 매도주문을 위탁하는 투자중개업자는 5사를 초과해서는 아니된다(4호).

2) 시간외대량매매의 방법에 의한 처분 주권상장법인은 자기주식을 거래소가 정하는 시간외대량매매의 방법으로 처분하는 것도 가능한데, 이 경우에는 위 (1)의 (i) 및 (ii)는 적용하지 아니하며, 매도주문의 호가는 당일(장 개시 전 시간외대량매매의 경우에는 전일을 말한다) 종가를 기준으로 100분의 5 낮은 가격과 100분의 5 높은 가격의 범위 이내로 하여야 한다(발행공시규정 5-9조 6항).

3) 다자간매매체결회사를 통한 처분 주권상장법인이 다자간매매체결회사를 통하여 자기주식을 처분하기 위하여 매도주문을 할 때에는 발행공시규정 제5-9조 제5항에 따른 증권시장을 통한 처분의 방법을 준용한다(발행공시규정 5-9조 7항).

4) 투자중개업자의 위탁거부 주권상장법인으로부터 자기주식의 처분을 위탁받은 투자중개업자는 주권상장법인이 자기주식처분기준에 관한 시행령 제176조의2에 위반하여 자기주식의 매도를 위탁하는 것임을 안 경우에는 그 위탁을 거부하여야 한다(발행공시규정 5-9조 8항).

(4) 자기주식을 교환대상으로 하는 전환사채의 발행

주권상장법인이 자기주식을 교환대상으로 하는 교환사채를 발행한 경우에는 그 사채권을 발행하는 때에 자기주식을 처분한 것으로 본다(법 시행령 176조의2 4항). 주권상장법인이 자기주식을 교환대상으로 하는 교환사채의 발행을 완료한 때에는 그 날로부터 5일 이내에 처분결과보고서를 제출하여야 하며, 동 처분결과보고서에는 처분(교환사채 발행)내역을 증명할 수 있는 서류를 첨부하여야 한다(발행공시규정 5-9조 3항).

5. 자기주식 취득 또는 처분의 금지기간

주권상장법인은 다음에 해당하는 기간 동안에는 자기주식의 취득 또는 처분 및 신탁계약의 체결 또는 해지를 할 수 없다(법 시행령 176조의2 2항, 106조 5항). 이는 자기주식의 취득 또는 처분(신탁계약의 체결 · 해지 및 신탁계약을 통한 자기주식의 취득 · 처분)으로 인하여 인위적인 시장가격의 왜곡이 발생하거나, 미공개정보를 이용한 매매거래가 발생되지 않도록 하기 위한 것이다.

1. 다른 법인과의 합병에 관한 이사회 결의일부터 과거 1개월간
2. 유상증자의 신주배정에 관한 기준일(일반공모증자의 경우에는 청약일) 1개월 전부터 청약일까지의 기간
3. 준비금의 자본전입에 관한 이사회 결의일부터 신주배정기준일까지의 기간
4. 제205조 제1항 제5호에 따른 시장조성을 할 기간
5. 법 제174조 제1항에 따른 미공개중요정보가 있는 경우 그 정보가 공개되기 전까지의 기간
6. 처분(신탁계약의 해지를 포함) 후 3개월간 또는 취득(신탁계약의 체결을 포함) 후 6개월간.

이러한 제한사유 중 제1호와 제2호는 상장법인이 자기주식을 취득하여 주가에 영향을 미침으로써 합병이나 신주발행 시의 기준가격의 공정한 산정을 저해할 우려가 있기 때문이다. 제3호의 경우 신주발행과 관련하여 기존에 공시한 사항의 변경이 초래되기 때문이다. 제4호 내지 제5호는 증권시장에서의 기타 공정한 거래의 형성을 저해한다. 제6호는 빈번한 취득 · 처분으로 인한 시장가격의 왜곡을 예방하기 위한 것이다.[321]

한편 i) 주요사항보고서 제출 후 자기주식 취득 전에 보고서에 기재한 취득기간, 취득방법, 수량 등을 변경할 수 있는가? 이러한 사항은 투자자의 투자판단에 영향을 미치는 중요한 사항이고, 변경을 허용하면 투자자에게 혼란을 줄 수 있으므로 변경을 허용하지 않는 것이 금융감독원의 실무이다.[322] ii) 신고한 자기주식취득기간 중에 취득수량을 증가시키거나 별도의 자기주식 취득을 위한 주요사항보고서를 제출하는 것은 이미 제출한 보고서에 대한 공시번복에 해당할 수 있고 투자자들의 예측 가능성을 저해할 수 있으므로 허용되지 않는다(발행공시규정 5-4조 1항).[323] 반면 유사한 경제적 효과를 초래함에도 불구하고 자기주식의 신탁계약기간 도중 별도의 신탁계약을 체결하면서 주요사항보고서를 제출하는 것은 허용한다. 즉, 자본시장법이 신탁계약 체결 이후 6개월 이내에 이를 해지하거나, 신탁계약 해지 이후 3개월 이내에 신규 신탁계약을 체결하는 것을 금지하고 있다. 그러나 자기주식의 신탁계약기간 도중 새로운 신탁계약을 체결하면서 주요사항보고서를 추가로 제출할 수 있는지 여부에 대하여는 명문의 규정은 없는데, 신탁계약의 체결 및 해지에 대한 제한만 명시하고, 통상 신탁계약기간이 1년 이상인 장기인 점 등을 고려하여 신탁계약기간 중 별도의 신탁계약 체결 및 동 보고서의 제출도 허용한다.[324]

한편 취득 또는 처분의 제한기간 운용과 관련하여 투자자의 투자판단에 중대한 영향을 미칠 요인이 적거나 기업 경영상 불가피하게 자기주식의 취득 또는 처분이 필요한 경우까지 제한할 필요가 없기 때문에 다음의 경우 “처분(신탁계약의 해지를 포함한다) 후 3개월간 또는 취득(신탁계약의 체결을 포함한다) 후 6개월간”이라는 제한이 적용되지 않는다(법 시행령 176조의2 2항 6호).[325]

---

321) 금융감독원, 전게서, 57~59면; 한국상사법학회 편, 전게서, 1032~1033면(정수용 집필부분).
322) 금융감독원, 전게서, 120면; 한국상사법학회 편, 전게서, 1033면(정수용 집필부분).
323) 금융감독원, 전게서, 122면.
324) 금융감독원, 전게서, 123면; 한국상사법학회 편, 전게서, 1033면(정수용 집필부분).
325) 김정수, 전게서(2014), 1037면.

가. 임직원에 대한 상여금으로 자기주식을 교부하는 경우(계열사의 임직원은 불포함)
나. 주식매수선택권의 행사에 따라 자기주식을 교부하는 경우
다. 법 제165조의3 제2항에 따른 한도를 초과하는 자기주식을 처분하는 경우
라. 임직원에 대한 퇴직금 · 공로금 또는 장려금 등으로 자기주식을 지급(「근로복지기본법」에 따른 사내근로복지기금에 출연하는 경우를 포함)하는 경우
마. 「근로복지기본법」 제2조 제4호에 따른 우리사주조합에 처분하는 경우
바. 법령 또는 채무이행 등에 따라 불가피하게 자기주식을 처분하는 경우
사. 「공기업의 경영구조개선 및 민영화에 관한 법률」의 적용을 받는 기업이 민영화를 위하여 그 기업의 주식과의 교환을 청구할 수 있는 교환사채권을 발행하는 경우
아. 국가 또는 「예금자보호법」에 따른 예금보험공사로부터 자기주식을 취득한 기업이 그 주식과 교환을 청구할 수 있는 교환사채권을 발행하는 경우(자목의 경우는 제외). 이 경우 교환의 대상이 되는 자기주식의 취득일부터 6개월이 지난 후에 교환을 청구할 수 있는 교환사채권만 해당한다.
자. 아목에 따른 기업이 교환사채권을 해외에서 발행하는 경우로서 자기주식을 갈음하여 발행하는 증권예탁증권과 교환을 청구할 수 있는 교환사채권을 발행하는 경우
차. 자기주식의 취득일부터 금융위원회가 정하여 고시하는 기간이 경과한 후 자기주식을 기초로 하는 증권예탁증권을 해외에서 발행하기 위하여 자기주식을 처분하는 경우
카. 신탁계약에 따라 자기주식을 취득한 신탁업자로부터 신탁계약이 해지되거나 종료된 때(법 제165조의3 제1항 제2호) 자기주식을 반환받는 경우

금융감독원 실무에 따르면 주권상장법인이 일정한 계약에 따른 대가로 현재 보유하고 있지 아니한 자기주식을 취득하여 계약 상대방에게 이를 교부하기로 하는 약정을 한 경우에는 이와 같은 약정을 할 당시에 이미 자기주식의 처분을 예정하고 있었던 것으로서, 자기주식을 취득한 이후 발생한 채무이행 등의 사정에 따라 처분하는 것이 아니므로, 상기 바목의 "채무이행에 따라 불가피하게" 자기주식을 처분하는 경우에 해당한다고 보기 어렵다고 본다.[326]

6. 자기주식의 법적 지위

자기주식의 법적 지위에 관해 자본시장법은 아무런 규정을 두고 있지 않다.

326) 금융감독원, 전게서, 72면.

상법에서도 자기주식의 경우 의결권이 없다는 규정(동법 369조 2항) 이외에는 특별한 규정을 두고 있지 않다.

공익권은 인정되지 않다는 것에 대해 이설이 없으나 자익권의 경우에는 견해가 대립하고 있다. 통설은 자익권도 전면적으로 인정되지 않는다고 본다. 즉, 주주권은 본래 회사 이외의 자를 위하여 인정되는 권리로서 회사가 동시에 그 구성원이 되는 자기주식 취득의 경우에는 그 성질상 인정될 수 없다고 한다. 다만 준비금의 무상전입시 신주인수권이 인정되어야 하는지에 대해서는 견해의 대립이 있다.[327)]

회사가 자기주식을 제 3 자에게 양도하게 되면 그때에는 자기주식에 부착된 모든 권리가 부활하여 양수인은 모든 권리를 행사할 수 있게 된다.

제2절 주식소각 제도

Ⅰ. 2011년 개정전 주식소각 제도의 내용 및 문제점

주식의 소각이라 함은 회사의 존속 중에 특정한 주식을 절대적으로 소멸시키는 회사의 행위를 말한다. 합명회사와 같은 사원의 퇴사제도(제217조)가 없는 주식회사에서 주식의 소각은 회사존속 중의 유일한 주식의 소멸원인이다.[328)]

주식의 소각은 주주 및 채권자의 이익에 중요한 관계를 가진다. 소각되는 주식의 주주는 임의소각[329)]의 경우에는 특별히 중요한 이해관계는 없지만, 강제소각의 경우에는 소각되는 주식의 주주에게 그 주식의 취득 전에 장래 강제소각될지도 모른다는 것을 알릴 필요가 있다. 이에 따라 원시정관, 신주에 대해서는 신주인수 전의 정관, 혹은 적어도 총주주의 동의에 의한 정관변경에서 그러한 취지의 규정을 하는 것이 타당하다. 소각되는 주식 이외의 주주는 무상소각의 경우에는 아무런 불이익을 받지 않지만, 유상소각의 경우에는 기업경영에 필요한 재산

327) 최준선, 전게서, 284면.

328) 上柳克郎 · 鴻常夫 · 竹內昭夫 編, 前揭書, 282面.

329) 임의소각이란 특정한 주식의 소각에 있어서 구체적으로 그 주주의 동의를 얻어 회사가 자기주식을 취득하고 그 후 소각을 하는 것을 말하며, 전형적인 예는 매입하여 소각하는 방법이다. 반면 강제소각이란 이러한 주주의 동의를 얻지 않고, 회사가 주식을 취득하지 않은 채로 소각하는 것을 말하며, 추첨이나 고지 등의 방법에 따른다.

이 감소하며, 또한 그 대가가 부당한 때에는 평등하게 잔여재산의 분배에 참가하는 권리가 침해되므로 중요한 이해관계를 가진다.

회사의 채권자로서는 무상소각 또는 이익소각의 경우에는 대가의 지불에 의해서 자본금에 대응하는 기본재산이 감소하는 것은 아니기 때문에 불이익이 없다. 소각이 유상으로, 그 위에 대가가 자본금에 대응하는 기본재산으로부터 지불되는 한, 대가의 지불에 의해 직접적으로 채권자의 이익이 침해되며, 더욱이 소각이 자본금을 감소시키는 결과를 초래하는 한 주주에 대해 배당할 수 있는 금액이 증가하며, 그 배당에 의해 간접적으로 채권자의 이익이 침해될 우려가 있다. 이처럼 주식의 소각은 회사의 주주와 채권자에게 중요한 이해관계가 있으므로 법률적 규제가 필요하다.[330)]

2011년 개정전 상법상 주식소각은 ① 자본감소의 방법으로 소각하는 방식(개정전 상법 제343조 제1항 본문)과 ② 배당가능이익으로 소각하는 방식(개정전 상법 제343조 제1항 단서, 제343조의2, 제345조 제1항)의 두 가지 유형으로 구분되었다. 자본감소의 방식의 경우 소각되는 주식만큼 자본이 감소하므로 채권자보호절차가 필수적이지만(개정전 제439조 제2항), 이익소각방식의 경우에는 배당가능이익으로 소각하기 때문에 자본금에 영향이 없으므로 동 절차가 불필요하다.

개정전 상법상 이익소각은 i) 상환주식의 상환(개정전 제345조), ii) 정관에 의한 이익소각(개정전 제343조 제1항 단서), iii) 주주총회 특별결의에 의한 이익소각(개정전 제343조의2) 등 세 가지였으며 모두 배당가능이익으로 소각하였다. 이익소각의 본질이 재산의 분배로서 배당이나 자기주식의 취득과 실질적으로 동일함에도 불구하고 서로 다른 절차를 거치도록 하는 것은 바람직하지 않다고 지적되었다. 이익소각의 경우 폐쇄회사는 주주총회 특별결의를 통하여 결정해야 하는데 비하여, 상장회사는 이사회가 결정하도록 하는 것(자본시장법 제165조의3 제1항)은 합리적 근거가 없었다.[331)] 또한 자본시장법은 소각기간을 3개월로 규정함으로써(동법시행령 제176조의4 제1항 제1호) 상장법인과 비상장법인 사이에 소각절차를 달리하고 있는데 이 역시 합리적인 근거가 없었다.[332)]

---

330) 上柳克郎 · 鴻常夫 · 竹內昭夫 編, 前揭書, 282～283面.

331) 김건식 외 6인, 「21세기 회사법 개정의 논리」, 소화, 2007, 284면.

332) 국회 법제사법위원회, 상법 일부개정법률안(정부제출) 검토보고, 2007. 11., 73～75면.

Ⅱ. 2011년 개정상법의 내용

개정 전 상법	개정 상법
제343조(주식의 소각) ① 주식은 자본감소에 관한 규정에 의하여서만 소각할 수 있다. 그러나 정관의 정한 바에 의하여 주주에게 배당할 이익으로써 주식을 소각하는 경우에는 그러하지 아니하다. ② 제440조와 제441조의 규정은 주식을 소각하는 경우에 준용한다.	제343조(주식의 소각) ① 주식은 자본금 감소에 관한 규정에 따라서만 소각(消却)할 수 있다. 다만, 이사회의 결의에 의하여 회사가 보유하는 자기주식을 소각하는 경우에는 그러하지 아니하다. ② 자본금감소에 관한 규정에 따라 주식을 소각하는 경우에는 제440조 및 제441조를 준용한다.
제343조의2(총회의 결의에 의한 주식소각) ① 회사는 제343조의 규정에 의하는 경우외에 정기총회에서 제434조의 규정에 의한 결의에 의하여 주식을 매수하여 이를 소각할 수 있다. ② 제1항의 규정에 의한 총회의 결의에서는 매수할 주식의 종류, 총수, 취득가액의 총액 및 주식을 매수할 수 있는 기간을 정하여야 한다. ③ 제2항의 경우에 매수할 수 있는 주식의 취득가액의 총액은 대차대조표상의 순자산액에서 제462조 제1항 각호의 금액을 공제한 액을 초과하지 못한다. ④ 제2항의 경우에 주식을 매수할 수 있는 기간은 제1항의 결의 후 최초의 결산기에 관한 정기총회가 종결한 후로 정하지 못한다. ⑤ 회사는 당해 영업연도의 결산기에 대차대조표상의 순자산액이 제462조제1항 각호의 금액의 합계액에 미치지 못할 우려가 있는 때에는 제1항의 규정에 의한 주식의 매수를 하여서는 아니된다. ⑥ 당해 영업연도의 결산기에 대차대조표상의 순자산액이 제462조 제1항 각호의 금액의 합계액에 미치지 못함에도 불구하고 회사가 제1항의 규정에 의하여 주식을 매수하여 소각한 경우 이사는 회사에 대하여 연대하여 그 미치지 못한 금액을 배상할 책임이 있다. 이 경우 제462조의3 제4항 단서의 규정을 준용한다.	〈삭 제〉

개정상법 제343조 제1항은 본문에서 자본금감소에 관한 규정에 따른 소각을 규정하고, 단서에서 이사회의 결의에 의하여 회사가 보유하는 자기주식을 소각하는 경우를 규정한다. 즉, 상법상 주식소각은 자본금감소에 의한 소각과 자본금감소에 의하지 않는 소각으로 구분되고, 후자는 다시 상환주식의 상환(제345조 제1항), 자기주식의 소각(제343조 제1항 단서), 무액면주식의 소각 등으로 구분된다.[333]

2011년 개정상법은 주식소각제도 중 자본금감소에 의한 소각제도는 그대로 존치하면서(제343조 제1문) 전술한 이익소각제도를 본질상 동일한 것으로 보고 하나의 제도로 통합하였다. 즉, i) 정관에 의한 이익소각제도(개정전 상법 제343조 단서)와 ii) 주주총회 특별결의에 의한 소각제도(개정전 상법 제343조의2)에 관한 규정을 삭제하여 이익소각제도를 폐지하였으며, 자기주식의 소각에 관한 규정(제343조 단서)으로 통합하였다. 이익을 반환하는 방법의 하나로 주식을 소각하면 자본금의 감소없이 이익을 반환하게 되므로 실질적으로는 자기주식의 취득 후 주식을 소각하는 것과 경제적으로 동일하게 된다.[334] 이에 따라 개정상법은 이익소각의 개념을 자기주식의 취득 및 소각이라는 개념으로 정리하였다. 이는 일본 회사법에서 종래의 소각 개념을 자기주식의 취득과 취득한 자기주식의 소각 이라는 두 가지의 행위의 조합으로 정리하고, 자기주식 이외의 소각을 인정하지 않는 제도(일본 회사법 제178조 제1항)를 도입한 것이다.

2011년 개정상법은 배당가능이익의 범위 내에서 자기주식의 취득을 자유화하였으므로 자기주식의 취득 또는 배당과 구별되는 이익소각제도를 존치할 실익이 거의 없다. 자기주식의 취득과 이익소각을 분배(distribution)의 개념으로 인식함으로써 배당과 동일하게 규제하는 방식이 의사결정권자나 재원규제에 통일성을 기할 수 있다.[335] 이에 따라 이익소각제도를 폐지하고 이를 자기주식의 취득 후 주식을 소각하는 방식으로 규정하였다.

그러므로 자기주식소각의 경우 이사회결의로 가능하며 주주총회 특별결의나 채권자보호절차가 불필요하고, 주식병합규정에 따른 주주 등에 대한 통지절차(상법 제440조, 제441조)도 불필요하다(제343조 제2항). 이에 따라 그 동안 상법상 이익소각에 관한 유형별로 절차가 다르고 또한 자본시장법상의 이익소각 절차가

333) 임재연, 전게서, 530면.
334) 김건식 외 6인, 전게서, 284면.
335) 김건식 외 6인, 전게서, 284면.

다르게 규정됨으로 인한 모순과 혼란을 하나의 규정으로 통합하여 해소하게 되었다.

Ⅲ. 입법례

1. 미국

미국의 주별 배당규제의 유형은 잉여금(Surplus), 자본(Capital) 및 액면주식(Par Value Share) 등의 개념을 유지하고 있는 전통적 입법모델(법정자본제도에 근거한 모델)과 이를 폐지한 현대적 입법모델(법정자본제도를 폐지한 모델)로 구분할 수 있다. 전통적 입법모델에는 델라웨어주회사법, 뉴욕주회사법, 1969년 모범사업회사법(Model Business Corporation Act : MBCA) 등이 속하며, 이 모델은 금고주[336)]의 개념을 유지하고 있다. 반면 현대적 입법모델은 1970년대 후반 이후 등장한 모델로서 캘리포니아주회사법, 1984년 개정모범사업회사법(Revised Model Business Corporation Act : RMBCA) 등이 여기에 속한다. 이 모델은 배당(Dividend)과 자기주식의 취득(Repurchase)을 모두 '분배(Distribution)'라는 개념 아래 통일적으로 이해하고, 금고주의 개념을 폐지하고 있다.[337)]

현대적 모델에서는 금고주 내지 자기주식의 취득 한도액이라는 문제 자체가 독립적인 논점은 아니며, 이 문제는 주주에 대한 '분배'의 재원 및 한도의 문제 중에 포함된다. 현대적 모델에서는 자본금, 자본준비금이라는 개념 자체가 존재하지 않기 때문에 이러한 개념을 전제로 하는 '감자', '자본준비금을 이용한 주식소각'이라는 개념 내지 절차가 존재하지 않는다. 따라서 현대적 모델에서는 우리나라의 이익배당, 주식의 이익소각, 자본준비금에 의한 소각, 감자 등이 모두 '주주에 대한 분배'의 문제로 취급된다. 반면 전통적 모델에서는 금고주의 취득한도액이라는 문제 자체는 계속 법적 논점으로 존재한다.[338)]

---

336) 금고주라 함은 취득목적을 특정하지 않거나 취득목적을 묻지 않고 취득 · 보유할 수 있는 자기주식을 말한다.

337) 太田 洋, "「金庫株」の解禁問題に關する論点整理[Ⅰ]－米國の關係規制からの示唆－", 商事法務 No. 1586 (2001), 15面.

338) 자기주식 취득의 재원규제와 그 수량한도는 대개 배당규제와 일치하지만, 델라웨어주처럼 자기주식 취득의 재원 및 그 수량한도가 배당규제에 비하여 엄격한 주도 상당수 존재한다(김순석, 전게논문, 259면).

2. 유럽

유럽회사법 제2지침은 자본금감소나 주식소각에 대하여 제30조부터 제40조까지 자세하게 규정하고 있다. 제2지침에서도 아직 자기주식의 취득이 완전히 자유화되지 않았으므로 2011년 우리나라 개정전 상법과 동일한 이익소각제도를 구비하고 있다.[339)]

인수자본금의 감소는 법원의 결정이 있는 경우를 제외하고는 주주총회의 특별결의에 의한다(제30조). 회원국의 법률이 자본금감소 없이 인수자본금의 일부 또는 전부 소각을 승인하는 경우, 당해 법률은 다음의 요건을 충족하여야 한다. 즉, i) 법률이나 정관이 소각을 규정하고 있는 경우, 소각은 주주총회 보통결의에 의하여 결정되어야 한다. 법률이나 정관이 소각을 규정하고 있지 않는 경우에는 소각은 주주총회 특별결의에 의해서 결정되어야 한다(제35조(a)). 또한 ii) 소각 목적으로 사용할 수 있는 재원은 제15조에서 규정한 배당가능이익이다(제35조(b), 이익소각). iii) 소각된 주식의 주주는 회사에 대한 권리를 보유하여야 한다. 단, 투자에 대한 재지급 권리나 소각되지 않은 주식에 대한 잔여재산분배청구에 대한 참여 권리를 제외한다(제35조(c)).

회원국의 법률이 강제소각에 의한 인수자본금의 감소를 규정하고 있는 경우, 당해 법률은 다음의 조건을 충족시켜야 한다. 즉, i) 소각될 주식의 인수 이전에 강제소각이 법률이나 정관에 의하여 규정되거나 승인되어야 한다(제36조(a)). ii) 강제소각이 법률이나 정관에 의하여 승인만 된 경우, 강제소각은 관련된 주주 전원의 동의가 없는 한 주주총회 보통결의에 의한다(제36조(b)). iii) 강제소각을 결정하는 회사기구는 법률이나 정관에서 소각조건 및 소각방식을 정하지 않는 경우 이를 정해야 한다(제36조(c)). 자기주식을 소각함으로써 인수자본을 감소하는 경우, 소각은 항상 주주총회 보통결의에 따른다(제37조).

3. 영국

2006년 영국회사법에 따르면 회사는 상환주식을 발행할 수 있다. 공개회사는 정관의 규정이 있는 경우에 한하여 상환주식을 발행할 수 있다(제684조 제1항). 2006년 회사법은 폐쇄회사에 대해서 상환주식의 배정 이전에 정관에 의한 사전승인 요건을 삭제하였다.[340)] 그러나 폐쇄회사는 정관의 규정을 통하여 상환

339) 김건식 외 6인, 전게서, 285~286면.

340) Saleem Sheikh, A Guide to the Companies Act 2006, Routledge · Cavendish, 2008, p. 779.

주식의 발행을 배제하거나 제한할 수 있다(제684조 제2항). 이사는 정관이나 주주총회 보통결의에 의한 승인이 있는 경우, 상환조건 및 상환방식을 결정할 수 있다(제685조 제1항, 제2항). 이 조항은 회사법검토위원회(Company Law Review Group)의 권고에 따라 공개회사와 폐쇄회사 모두 이사회에 수권할 수 있도록 규정한 것이다.[341)]

상환주식은 배당가능이익이나 상환의 목적으로 발행된 신주의 발행대금으로만 상환할 수 있다(제687조 제2항). 즉, 이익소각을 허용하고 있다(제687조 제2항 (a)). 폐쇄회사는 주주총회 특별결의를 통하여 상환주식을 자본금으로 상환할 수 있다(제687조 제1항, 제716조 제1항). 주식을 상환할 때 프리미엄을 지급하여야 하는 경우 그 프리미엄은 배당가능이익으로부터 지급되어야 한다(제687조 제3항).

주식이 상환되면 그 주식은 소각된 것으로 간주되며(제688조(a)), 상환된 주식의 액면가치 만큼 회사의 자본금이 감소한다(제688조(b)).

4. 독일

원칙적으로 주식소각은 자본금감소의 규정에 따라야 한다(독일주식법 제237조 제2항). 다음의 경우 주식의 발행가액이 전부 납입되었다면 자본금감소에 관한 규정에 따르지 않고 소각할 수 있다(동조 제3항). 즉, 주식이 무상으로 회사의 처분에 맡겨진 때(제1호), 대차대조표상의 이익(Bilanzgewinn)이나 이익준비금(Gewinnrücklage)의 소각을 위한 목적으로 이용할 수 있는 경우에는 대차대조표상의 이익이나 이익준비금의 적립금으로서 소각하는 때(제2호), 무액면주식의 소각(제3호) 등이 해당한다. 이 중 제2호가 이익소각을 규정하고 있다. 이익소각의 경우에는 소각된 주식의 금액과 동일한 금액을 자본준비금(Kapitalrücklage)으로 적립하여야 한다(동법 제237조 제5항).[342)]

5. 일본

(1) 연혁 및 제도취지

2005년 개정전 상법에서는 주식소각에 대해 ⅰ) 회사가 주주와 합의에 의하여 이미 취득한 자기주식을 이사회결의에 의해 소각하는 경우(개정전 상법 제212조 제1항), ⅱ) 자본감소의 규정에 따르는 경우(제213조 제1항, 제375조 제1항 제

341) Id.

342) 김건식 외 6인, 전게서, 286면.

2호), iii) 정관규정에 근거하여 이익소각을 하는 경우(제213조), iv) 강제상환형의 수의상환주식의 경우(제213조 제1항, 제222조 제1항 제4호)에 대해서 주주가 보유하는 주식을 소각할 수 있었다. 여기서 ii) 이하는 주주로부터 동의를 얻지 않고(즉, 회사의 취득절차 없이) 소각이 이루어지기 때문에 강제소각이라 칭하였다.[343] 회사법에서는 i) 유형의 소각만을 제178조에서 규정하고 있는데 이는 개정전 상법 제212조를 계승한 것이다.[344]

이처럼 강제소각이 아니라 자기주식의 소각을 존속시키도록 한 것은 회사에 의한 주식취득 절차를 거치는 i)의 경우가 실무상 장점이 크고 또한 제도가 보다 명확하였기 때문이다.[345] 다만 종래의 강제소각도 실질적으로 불가능하게 된 것은 아니며, 회사법 아래에서는 회사가 주주의 동의 없이 주식을 취득한 후에 이를 소각하는 것으로 정리되었다.[346] 그런 의미에서 강제소각의 폐지는 조문수를 줄이기 위해 정리한 것에 불과하다.[347]

(2) 소각절차

자기주식을 소각하는 데에는 회사가 소각하는 자기주식의 종류와 수를 정하여야 한다(제178조 제1항). 이러한 결정은 이사회설치회사에서는 이사회결의에 따라야 한다(동조 제2항). 이사회비설치회사는 이사의 과반수에 의한 결정으로 족하다고 해석된다(제348조 제2항).[348] 유한회사법이 유한회사의 지분소각은 사원총회의 특별결의를 요구하고 있다는 점(동법 제23조의3 제2항)을 이유로, 이사회비설치회사에서 소각결정을 하는 데에는 주주총회의 보통결의가 필요하다는

---

343) 江頭憲治郎,「株式會社法 · 有限會社法[第4版]」, 2005, 249~250面.

344) 伊藤靖史,「逐條解說會社法 第2卷 株式 · 1(酒卷俊雄/龍田 節 編)」, 中央經濟社, 2008, 465面.

345) 相澤 哲,「一問一答新會社法」, 商事法務, 2005, 62~63面.

346) 종래 강제소각과 같은 것은 회사가 자기주식을 주주로부터 강제적으로 취득하여 이를 제178조의 규정에 의해 소각함으로써 할 수 있다. 예컨대, 정관규정에 근거하여 배당가능이익으로써 하는 소각(개정전 상법 제213조 제1항)에 대해서는 정관에서 취득조항(회사법 제107조 제1항 제3호, 제108조 제1항 제6호) 또는 전부취득조항(회사법 제108조 제1항 제7호)을 부과한 주식을 강제적으로 취득하고, 취득대가로서 금전을 교부함으로써 동일한 결과를 실현할 수 있다. 또한 종래 상환주식(개정전 상법 제222조 제1항 제4호)에 대해서는 회사법 아래에서는 취득청구권부주식이나 취득조항부주식을 이용하는 것으로 된다. 자본금감소규정에 따른 소각(개정전 상법 제213조 제1항)에 대해서는 이미 2001년 6월 상법개정에 의해 액면주식제도가 폐지되었기 때문에, 회사법 아래에서는 자본금감소를 할 때 발행주식총수를 감소시킬 필요성이 생기지 않는다. 그러나 자본금의 감소와 동시에 자기주식을 취득하여 이를 소각할 수도 있다(相澤 哲,「一問一答新會社法」, 商事法務, 2005, 63面; 江頭憲治郎, 前揭書, 259面; 伊藤雄司,「會社法コメンタール 4-株式[2](山下友信 編)」, 商事法務, 2009, 133~134面).

347) 伊藤靖史, 前揭書, 465~466面.

348) 龍田節,「會社法大要」, 有斐閣, 2007, 265面.

학설도 있다.[349] 그러나 유한회사법에서 사원총회 특별결의가 필요한 것은 출자 1구좌의 금액에 출자의 총구좌수를 곱한 금액이 자본금총액으로 되며(동법 제61조 제3항), 출자와 자본금의 관계가 절단되어 있지 않아서, 지분의 소각이 필연적으로 자본금총액의 감소를 수반하는 것으로 해석되기 때문이지만,[350] 회사법 아래에서는 이사회비설치회사에 대해서 종전의 규제를 유지해야 할 이유는 없다. 제178조의 문언, 그리고 주식소각이 회사로서 중요한 의사결정이라고 말하기 어렵기 때문에 전술한 것처럼 해석하는 것이 타당하다.[351]

소각을 결정한 후 회사는 지체없이 주식실효의 절차를 취하여야 한다. 주주명부에서 당해 주주에 관한 사항을 말소하고, 주권발행회사는 주권을 폐기하여야 한다.[352] 이에 대해 2005년 개정전 상법 제212조 제2항은 자기주식소각의 이사회결의 후 회사가 "지체없이 주식실효의 절차를 행한다"는 규정을 두었다. 회사법에서는 이에 해당하는 규정은 없지만, 이는 개정전 상법 아래에서 주식실효의 절차의 내용이 명확하지 않았기 때문이라고 설명되며, 회사법 아래에서도 이러한 종류의 작업이 필요하다는 데에는 변함이 없다.[353] 다만 2005년 개정전 상법 아래에서는 이러한 행위가 이루어지기까지는 소각의 효력이 생기지 않는다고 해석될 수 있었지만,[354] 이 견해를 회사법 아래에서도 유지해야 하는가에 대해서는 의문이 제기된다. 확실히 주권이 발행되어 있는 경우에 대해서는 자기주식에 대한 강제집행이나 자기주식의 선의취득을 인정하는 입장을 취하는 한, 주권의 폐기나 소각된 주식의 주권번호의 특정 등에 의해 소각된 자기주식과 그렇지 않은 자기주식을 구별할 필요가 있으며, 그러한 행위가 이루어질 때까지는 자기주식은 소각되지 않고 "존재한다"고 취급하지 않을 수 없을 것이다. 이에 대해 주권이 발행되지 않은 경우에는 원래 소각된 자기주식과 소각되지 않은 자기주식과를 구별할 필요는 없고, 이러한 경우에 대해서 예컨대, 주주명부의 기재말소에 의해서 비로소 소각의 효력이 생기게 하는 실익이 있다고 할 수 있다. 따라서 이 경우에

349) 江頭憲治郎, 「株式會社法[第4版]」, 有斐閣, 2011, 260面 註) 3.

350) 江頭憲治郎, 「株式會社法・有限會社法[第4版]」, 有斐閣, 2005, 253面.

351) 伊藤雄司, 前揭書, 135～136面.

352) 江頭憲治郎, 「株式會社法[第4版]」, 有斐閣, 2011, 260面.

353) 相澤哲・豊田祐子, "株式(株式會社による自己の株式の取得)", 「立法擔當者による新・會社法の解說(相澤 哲 編)」, 別冊商事法務 No. 295 (2006), 44面.

354) 東京地判平成 2・3・29 金融・商事判例 第857号 27面; 矢澤惇, "株式の消却一特に償還株式について", 「松本先生古稀記念企業法の諸問題」, 有斐閣, 1981, 130面 以下; 上柳克郎・鴻常夫・竹內昭夫 編, 「新版注釋會社法(3)」, 有斐閣, 1986, 293面.

는 회사의 소각결정에 의해서 바로 소각효과가 생기는 것으로 하여도 좋을 것이다.[355] 다만 대체주식에 대해서는 발행자가 소각된 자기주식에 대해 말소신청을 하여야 하며, 대체계좌부에 감액기재가 이루어진 날에 소각효력이 생긴다.[356]

(3) 미발행주식의 재발행 문제

주식을 소각할 때에 소각분만큼 발행가능주식총수 중 미사용분이 부활하는가 라는 문제가 오래 전부터 다투어졌다. 즉, 주식소각을 함에 따라 정관소정의 발행가능주식총수로부터 발행주식총수를 뺀 수가 증가하며 그만큼 회사가 다시 주식을 발행할 수 있는지 여부가 특히 공개회사에서 문제로 되었다.

이에 대해 종래는 수권자본제도의 취지를 어떻게 해석하느냐에 따라 결론이 달라지게 된다고 이해되었다. 즉, 수권자본제도를 수권주식수만큼 주식발행을 이사회에 수권한 것이라고 생각하면, 이미 그 권한을 행사한 것이기 때문에 주식을 소각하더라도 그만큼 다시 주식을 발행할 수 없다고 해석된다.[357] 이에 대해 수권자본제도의 취지를 장차 신주발행에서 기존 주주의 지분비율 감소의 한계를 설정하는 것으로 생각하면, 주식소각에 의해서 감소한 발행주식총수만큼 새롭게 신주를 발행하는 것은 상관이 없다고 해석된다.[358]

2005년 개정전 상법 아래에서 통설은 사용하지 않은 발행가능주식이 부활하지 않는다는 것이었다.[359] 등기실무에서도 소각된 주식수만큼 발행주식총수가 감소하면 당연히(정관변경 절차 없이) 발행가능주식총수가 감소하고, 따라서 주식소각할 때에 발행주식총수의 변경등기(회사법 제911조 제3항 제9호, 제915조 제1항) 외에 발행가능주식총수의 변경등기도 요하는 것으로 하였다.[360]

그러나 회사법에서는 주주총회 결의를 거치지 않고 정관변경의 효력이 생기는 경우에 대해서 명문의 규정이 제정되고(회사법 제184조 제2항, 제191조, 제195조), 또한 다른 사실의 발생에 의해 정관변경이 이루어진 것으로 간주할 필요

---

355) 神田秀樹, 「會社法[第11版]」, 弘文堂, 2009, 108面; 龍田節, 前揭書, 265面.

356) 社債株式振替法 第158條 第1項, 第2項, 第134條; 伊藤雄司, 「會社法コメンタール 4－株式[2](山下友信 編)」, 商事法務, 2009, 135～136面.

357) 鈴木竹雄・石井照久, 「改正株式會社法解說」, 日本評論社, 1950, 314面; 鈴木竹雄・竹內昭夫, 「會社法[第3版]」, 有斐閣, 1994, 14面; 大隅健一郎・今井宏, 「會社法論・中[第3版]」, 有斐閣, 1992, 541面.

358) 神田秀樹, 前揭書, 125面; 矢澤惇, "株式の消却－特に償還株式について", 「松本先生古稀記念・企業法の諸問題」, 有斐閣, 1981, 162面.

359) 江頭憲治郎, 前揭書, 260面 註) 2.

360) 昭和27年3月28日民事甲227号民事局長通達; 昭和44・10・3 民事甲第2028号民事局長回答.

가 있는 경우에 대해서도 규정되었다(회사법 제112조 제1항, 제608조 제3항, 제610조). 그러므로 정관변경에 관한 이러한 특별한 규정이 없는 주식소각의 경우에는 정관기재사항인 발행가능주식총수는 감소하지 않는다.[361] 여기서 더 나아가 주식소각에 의해 감소한 발행주식총수만큼 그 후 발행가능주식총수가 증가하고 소각분에 해당하는 주식을 재발행할 수 있다는 유력한 견해도 제기된다.[362] 그러한 의미에서 발행가능주식총수는 회사가 발행할 수 있는 주식수의 상한이라기 보다는 기존 주주의 지주비율 감소의 하한을 획정하는 정관의 정함이라고 할 수 있다.[363] 더욱이 발행주식총수의 감소에 의해 공개회사에서 발행가능주식총수가 발행주식총수의 4배를 초과하더라도 상관없다.[364]

회사법이 이러한 종래의 통설을 폐기한 이유는 다음과 같이 설명된다. 즉, 종래 통설의 사고방식은 이사회가 주식소각과 재발행을 무한하게 반복할 수 있다고 하면 수권자본제도의 취지를 몰각하는 것으로 보기 때문이다. 그러나 회사법에서는 자기주식의 취득과 처분을 반복하는 것은 완전히 자유롭게 되었으며, 자기주식의 처분은 신주발행과 동일한 규율에 따르는 것으로 되었다.[365] 결국 주식소각과 재발행을 반복하는 것과 동일한 경제적 실질을 가지는 행위가 회사법 규정에 따르면서 적법하게 이루어지게 되었다. 따라서 종래와는 달리 주식소각과 재발행을 반복하는 것을 금지할 이유는 없다고 생각되어 종래의 통설을 폐기하였다.[366]

(4) '자기주식의 소각 후 신주발행'과 '보유하는 자기주식의 처분' 간의 차이점[367]

2001년 6월 상법개정은 자기주식의 취득을 자유화하고 그 취득한 자기주식을 회사가 영속적으로 보유하는 것을 인정하였다(금고주의 해금). 동시에 자기주식의 처분에도 신주발행과 동등한 절차를 거칠 것을 요구하였다. 회사법에서도 이를 수용하고 자기주식의 처분과 신주발행을 모집주식의 발행 등으로서 일괄하

361) 相澤 哲・岩崎友彦, 前揭論文, 28面. 또한 자기주식의 소각의 경우에 소각한 주식수만큼 발행가능주식총수가 감소한다는 취지의 정관규정을 두는 것은 가능하다(相澤哲・葉玉匡美・郡谷大輔, 「論点解說新・會社法」, 商事法務, 2006, 182面).

362) 江頭憲治郎, 前揭書, 260面

363) 矢澤惇, 前揭論文, 162面.

364) 江頭憲治郎, 前揭書, 260面. 회사법 제113조 제3항은 '정관변경'에 의해 발행가능주식총수가 증가하는 경우만을 규제하고 있다.

365) 회사법 제199조 제1항. 2005년 개정전 상법에서는 자기주식의 처분과 신주발행은 달리 규정되었다.

366) 伊藤靖史, 前揭書, 467面.

367) 伊藤雄司, 前揭書, 134～135面.

여 규정하고 있다.[368] 이러한 규제 아래에서는 자기주식을 소각한 후에 다시 신주발행을 하는 것과 회사가 보유하는 자기주식을 처분하는 것에는 실제상 차이는 거의 없다.

양자의 차이점으로는 첫째, 회계상의 차이점이다. 회사가 가지는 자기주식은 대차대조표상 주주자본의 공제항목으로서 계상된다(회사계산규칙 제76조 제2항 제5호). 자기주식을 소각한 경우 자기주식의 장부가격을 감액하고 대신에 기타자본잉여금을 감액하는 처리(기타자본잉여금이 마이너스인 경우에는 기타이익잉여금을 감액한다)가 된다.[369] 소각에 따라 주주자본 내부의 내역이 변할 따름이며 분배가능액에도 영향은 없다. 다만 회사가 보유하는 자기주식을 소각하지 않고 그 후 처분한 경우에 그 처분차익은 기타자본잉여금을 증가시키기 때문에 자기주식의 처분에 의해서 회사에 유입된 재산가액의 일부에는 배당구속력이 미치지 않을 가능성이 있지만, 회사가 자기주식을 소각한 후에 다시 신주발행을 한 경우에는 자본금 및 자본준비금을 증가시키기 때문에 유입한 재산가액의 전액으로 배당구속력이 미친다는 차이가 있다.

둘째, 강제집행 가능성 여부이다. 2005년 개정전 상법 아래에서는 회사가 보유하는 자기주식에 대해서는 채권자가 강제집행을 할 수 있다는 견해가 유력하였다.[370] 자기주식에 어떠한 자산성이 인정된다는 견해나, 자기주식이 '존재한다'고 하는 사고방식과 유사하다. 다만 이러한 귀결이 반드시 명확한 것은 아니며,[371] 이처럼 해석하는 실제상 의의도 없고 이러한 견해가 유지될 수 있을지도 명확하지 않다.[372]

---

368) 자기주식의 시장매각을 규정한 제179조는 중의원 심의과정에서 내부자거래 등을 우려하여 삭제되었다.

369) 企業會計基準委員會, 企業會計基準第1号「自己株式及び準備金の額の減少等に關する會計基準」11・12 [2002], 회사계산규칙 제24조 제2항・제3항.

370) 森本滋, "自己株式取得規制の改正－平成13年6月商法改正の評價", 「金融法務事情」 第1643号(2002), 60面; 江頭憲治郎 外 編, 「改正會社法セミナー[株式編]」, 有斐閣, 2005, 107～108面.

371) 藤田友敬, "自己株式の法的地位", 「商事法への提言－落合誠一先生還暦記念(小塚莊一郎・高橋美加 編)」, 商事法務, 2004, 97面.

372) 森本滋, "自己株式の取得規制", 「金融法務事情」第1813号(2007), 15面은 자기주식의 처분이 회사법 아래에서 제약되고 있다는 것을 이유로 채권자에 의한 압류를 부정적으로 다루고 있다.

Ⅳ. 개정상법의 검토

1. 소각의 종류

개정상법은 주식소각을 i) 자본금 감소에 관한 규정에 따른 소각(제343조 제1항 본문)과 ii) 이사회의 결의에 의하여 회사가 보유하는 자기주식의 소각(제343조 제1항 단서)으로 구분하여 규정하고 있다.

(1) 자본금 감소에 관한 규정에 의한 소각

1) 의의 상법은 자본금 감소에 관한 규정[373]에 따라서만 주식을 소각할 수 있다고 규정하고 있다(제343조 제1항 본문). 2011년 개정전 상법은 자기주식의 취득사유 중 하나로 "주식을 소각하기 위한 때"를 규정하고 있었으나(개정전 제341조 제1호), 개정상법은 이를 삭제하였다. 이에 따라 소각을 위한 자기주식의 취득도 배당가능이익의 범위 내에서 이루어져야 한다(제341조 제1항). 개정상법 제343조 제1항 본문에서 "자본금 감소에 관한 규정에 따라서만 주식을 소각할 수 있다"는 것은 소각을 위해서는 원칙적으로 자본금 감소에 관한 절차에 따라 주주총회 특별결의와 채권자보호절차를 거쳐야 한다는 의미이다.[374]

2) 적용범위 상법 제343조 제1항 본문은 액면, 무액면주식을 가리지 않고 주식의 소각은 자본금 감소의 절차에 따라야 하는 것으로 규정하고 있다. 그러나 무액면주식을 발행하는 경우에는 발행가의 일부 또는 전부가 자본금에 계상된 후에는 발행주식총수와 자본금은 무관하게 존재하므로 이를 소각하더라도 자본금에는 영향이 없다. 물론 무액면주식을 소각하면서 자본금도 같이 감소할 수 있으나, 이는 무액면주식의 소각과 자본금 감소라는 별개의 현상이 병행하는 것에 불과하다.[375]

따라서 제343조 제1항 본문에 근거하여 자본금 감소에 관한 규정에 따라 주식소각을 하는 것은 소각의 결과 자본금이 감소하는 액면주식의 소각에만 해당한다고 보아야 한다.[376] 또한 무액면주식의 소각을 하면 그 발행가액 중 자본금

---

373) 자본금감소에 관한 규정이란 주주총회의 결의에 관한 규정(제438조, 제439조 제1항), 채권자보호에 관한 규정(제439조 제2항 · 3항, 제232조), 주식병합의 절차에 관한 규정(제440조 내지 제442조), 단주처리에 관한 규정(제443조), 자본금감소무효의 소에 관한 규정(제445조 내지 제446조) 등을 말한다.

374) 임재연, 전게서, 531면; 한국상사법학회 편, 전게서, 1064면(오성근 집필부분).

375) 이철송, 전게서, 426면.

376) 이철송, 전게서, 425면; 임재연, 전게서, 531면; 최준선, 「2011 개정상법 회사편 해설」, 한국상장

으로 계상한 금액[377]이 감소하므로 자본금 감소에 관한 규정에 따라 소각하여야 할 것 같지만, 무액면주식은 일단 발행된 이후에는 주식수와 자본금이 연계되지 않는다. 따라서 무액면주식 발행회사의 자본금 감소는 주식의 소각 · 병합과 관계없이 주주총회 특별결의와 채권자보호절차에 따라 이루어진다.[378]

무액면주식을 발행하는 회사가 자본금을 감소하는 방법이나 절차는 액면주식과 유사하다. 단순히 자본금의 액을 낮추는 방법과 발행주식총수를 줄이는 방법을 모두 사용할 수 있을 것이다. 주식소각으로 발행주식총수를 줄이는 방법을 사용하면서 그에 상응하는 자본금을 감소시킬 수 있다.[379]

(2) 자기주식의 소각

1) 소각규정의 적용범위

개정상법 제343조 제1항 단서를 이사회의 결의에 의하여 회사가 보유하는 자기주식을 소각하는 경우에는 자본금 감소절차에 따르지 않고 소각할 수 있도록 규정하고 있다. 상법은 이 단서조항의 적용을 받을 수 있는 대상을 정하고 있지 않기 때문에 그 적용범위가 문제된다.

(가) 무액면주식 무액면주식은 상법 제341조 제1항 단서에 따라 배당가능이익으로 취득한 자기주식이든, 상법 제341조의2에 해당하여 특정목적(기본재산)으로 취득한 자기주식이든, 어느 것이나 이사회의 결의에 의해 소각할 수 있다(통설).[380]

(나) 액면주식 액면주식이 제343조 제1항 단서에 의해 소각될 수 있는지 여부에 대해서는 학설이 대립한다. 제1설은 제343조 제1항 단서의 적용대상에는 무액면주식의 경우 제341조 제1항에 의해 취득하든 제341조의2에 의해 취득하든 모두 포함되는 반면, 액면주식은 포함되지 않는다고 보는 견해이다. 이 견해는 i) 액면주식을 발행한 경우에는 발행주식의 액면총액이 자본금을 구성하므로(제451조 제1항) 주식의 소각은 바로 자본금의 감소를 의미한다고 본다. 따라서 자

회사협의회, 2011(이하 "2011년 개정상법 회사편 해설"이라 한다), 74면; 한국상사법학회 편, 전게서, 1064면(오성근 집필부분).

377) 회사가 무액면주식을 발행하는 경우 회사의 자본금은 주식 발행가액의 2분의 1 이상의 금액으로서 이사회에서 자본금으로 계상하기로 한 금액의 총액이다(제451조 제2항).

378) 임재연, 전게서, 531면.

379) 송옥렬, 전게서, 872면.

380) 법무부 해설서의 경우에만 제341조 1항 단서의 적용범위를 배당가능이익으로 취득한 자기주식(무액면주식 및 액면주식 포함)으로 해석한다(법무부, 전게서, 120면).

본금의 감소는 주주와 채권자의 이해에 직결되는 문제인데, 이를 이사회의 결의만으로 실행할 수는 없다고 한다. ii) 상법 제343조 제1항 단서는 일본 회사법 제178조를 참고하면서 생긴 입법의 착오로 본다. 즉, 일본 회사법 아래에서는 무액면주식만 발행할 수 있으므로 동법 제178조가 자기주식을 이사회결의로 소각할 수 있다고 하는 것은 무액면주식인 자기주식을 이사회결의로 소각할 수 있다는 의미인데, 이를 간과한 데서 비롯된 오류로 본다.[381)]

제1설에 대해서는 액면주식의 소각의 경우에도 배당가능이익에 의한 소각은 자본금 감소를 수반하지 않고, 다만 발행주식총수와 자본금 간에 괴리가 발생할 뿐이라는 통설의 입장에 부합하지 않는다는 비판이 제기된다.[382)]

제2설은 제341조 제1항에 의해 배당가능이익으로 취득한 액면주식만 포함된다고 보는 견해이다.[383)] 특정목적에 의해 취득한 자기주식은 취득할 때 재원규제가 없기 때문에 이를 포함할 경우 배당가능이익을 초월하여 자본금 감소절차 없이 주식을 소각하게 되어, 자본충실의 원칙에 반하고 채권자 보호절차도 취하지 않게 되는 문제가 있으므로 이사회결의로 소각할 수 없다고 보는 제2설이 타당하다고 본다.

제3설은 제341조 제1항 및 제341조의2에 의해 취득한 액면주식이 모두 포함된다고 보는 견해[384)]이다. 그 근거로는 i) 회사재산의 유출은 자기주식을 취득할 때 이루어진 것이므로 회사채권자 보호는 소각시점이 아니라 취득시점에 절차가 진행되어야 한다는 것이다. ii) 취득시 채권자보호절차가 없는 경우는 상법이 채권자보호절차 없이 자본금을 반환할 수 있다고 정책적으로 규정한 것으로 본다.[385)] iii) 자기주식의 소각은 자본금의 감소절차를 거치지 않고 이루어지므로, 자본금이 감소하지도 않고 채권자보호절차가 필요하지도 않다. 특정목적에 의해 취득한 자기주식을 소각한다고 하더라도 소각시점에 회사재산이 추가로 유출되

---

381) 이철송, 전게서, 426~427면. 이 견해는 무액면주식에 대해서만 제343조 제1항 단서를 적용해야 하는 이유를 무액면주식의 경우 자기주식을 소각하더라도 주식의 수와 자본금이 연관을 갖지 않으므로 자본금에 영향에 없다고 한다. 또한 자기주식을 소각할 경우 회사의 발행주식총수가 감소하여 그 효과는 모든 주주에게 비례적으로 미치므로 주주에게 새로운 이해문제를 초래하지 않고, 소각하는 단계에서는 회사의 자산이 유출되는 것도 아니므로 회사채권자의 이해와도 무관하다고 한다.

382) 임재연, 전게서, 533면.

383) 법무부, 전게서, 120면; 한국상사법학회 편, 전게서, 1067면(오성근 집필부분); 임재연, 전게서, 533면; 정찬형, 전게서, 747면.

384) 권기범, 전게서, 455면; 송옥렬, 전게논문, 66면; 정동윤, 전게논문, 528면; 최준선, 전게서, 337면.

385) 송옥렬, 전게논문, 66면; 최준선, 전게서, 337면.

는 것도 아니다. 따라서 제341조 제1항 단서에 따른 소각은 자본금 감소절차에 따른 소각이 아니므로 취득한 액면주식을 소각하더라고 자본금이 감소하지 않고 소각시점에 추가적인 회사재산의 유출도 없다는 것이다.[386]

2. 소각 관련 준용규정의 명확화

개정상법 제343조 제1항에서 현행 상법상 배당가능이익에 의한 이익소각 제도를 하나의 조문으로 통합하여 통일한 것은 타당한 입법이라고 본다. 이는 법률의 실질적 효과가 같을 경우 동일하게 규율한다는 현대 회사법의 경향을 반영한 것이다. 특히 개정상법 제341조 제1항에서 배당가능이익의 범위 내에서 자기주식의 취득을 자유화하였기 때문에 종래 자기주식의 취득이 제한적인 경우에 그 존재 의의가 있었던 이익소각 제도를 폐지한 것은 일관성이 있는 입법으로 본다.

개정상법 제343조 제2항은 자본감소에 의한 주식소각의 절차에 대하여 주식병합에 관한 규정 중 주권제출과 병합의 효력발생시기에 관한 제440조와 제441조를 준용하고 있다. 그러나 이 조항은 해석상 강제소각에 대해서만 적용되며, 주주와 회사간 계약에 따라 주로 매입하여 소각하는 방식인 임의소각에는 적용되지 않는다.[387] 즉, 임의소각의 경우에는 회사가 정관에서 정하는 회수방법에 따라 자기주식을 취득한 후 지체없이 주식의 실효절차를 밟음으로써 그 효력이 발생하기 때문이다(상법 제341조 제1호, 제342조).[388]

유상소각의 경우 단주가 생길 수 있는데 이는 주식병합에서의 단주처리 절차 규정(제443조 및 제444조)을 유추적용해야 할 것이다.[389] 그러나 개정상법 제343조 제2항은 주식병합 절차 가운데 제440조와 제441조만을 준용할 뿐, 단주처리에 관한 제443조와 제444조를 제외하고 있는데, 이 조항들을 포함하여야 할 것이다. 이에 대해 실무가 단주를 절사하는 방법으로 처리하고 있기 때문에 이를 반영하여 준용대상에서 제외한 것으로 보는 견해[390]가 있지만, 준용규정을 명확하게 포함시켜 개정하는 것이 바람직하다고 본다.[391]

386) 정동윤, 전게서, 528면.
387) 권기범, 전게서, 453면.
388) 권재열, "현행 상법상 주식소각제도의 문제점과 개선방안", 「상사법연구」 제29권 제3호(2010), 60~61면.
389) 임재연, 전게서, 532면.
390) 권기범, 전게논문, 127면 주) 48.
391) 동지, 권재열, 전게논문, 61면.

3. 소각을 위하여 취득할 수 있는 주식수

2011년 개정전 상법은 주주총회 결의에 의한 주식소각의 경우에 총회결의에서 매수할 주식의 총수를 결의하도록 하고(개정전 제343조의2 제2항), 취득가액의 총액은 배당가능이익을 초과하지 못하도록 제한하고 있었으나(개정전 제343조의2 제3항), 취득할 수 있는 주식수에 대해서는 제한이 없었다. 이는 이익소각을 목적으로 자기주식을 취득하는 경우에는 지체없이 소각하여야 하였으므로(개정전 제342조 전단) 자기주식 보유로 인한 폐해가 발생할 우려가 없다는 데에 기인한 것이다.[392] 개정상법에서는 제343조의2를 삭제하고 이익소각 전체를 자기주식을 취득하여 소각하는 절차에 포함시켰으므로 개정전 상법상 제342조의2는 개정상법 제341조에 의하여 규율된다. 그런데 개정상법 제341조 제2항은 주주총회에서 취득할 수 있는 자기주식의 수를 결의하고, 취득재원에 대해서는 개정전 제343조의2 제3항과 마찬가지로 배당가능이익으로 제한하고 있으나 취득할 수 있는 주식수를 제한하지 않으므로(제341조 제1항), 개정전처럼 발행주식총수의 소각이 문제된다.[393]

상장회사의 경우에는 주식소각의 결과 발행주식총수가 상장기준을 하회하게 되면 상장폐지사유가 되기 때문에 현실적으로 상장기준에 미달할 정도로 주식소각을 할 수 없을 것이다.[394] 그러나 비상장회사의 경우 이러한 제한이 없으므로 이론상 1주를 제외한 발행주식총수를 소각할 수 있다는 문제가 남는다. 이익소각은 배당가능이익으로 소각하는 것이기 때문에 자본금에 영향을 미치지 않고 따라서 채권자의 이해관계에도 영향을 미치지 않는다. 그러나 1주를 제외한 발행주식총수를 소각하면 실질적으로 회사를 해산하는 것과 마찬가지의 효과가 발생하게 되어 이익소각을 통하여 해산절차를 우회하는 결과를 초래하는데, 이는 상법이 예정하지 않은 효과이다.[395] 따라서 1주를 제외한 발행주식총수를 소각하는 문제를 해결하기 위해서 소각을 위하여 취득할 수 있는 주식수에 일정한 제한을 가하는 것이 타당하다고 본다.

---

392) 권종호, "2001년 개정상법 및 증권거래법상의 주식소각제도", 「현대상사법논집(우계 강희갑 박사 화갑기념), 2001, 125~126면.

393) 권재열, 전게논문, 68~69면.

394) 권종호, "[토론요지] 자기주식의 이익소각제도에 대한 몇가지 시사점", 「비교사법」 제8권 제2호(한국비교사법학회, 2001), 45면.

395) 옥무석, "자기주식의 이익소각제도에 대한 몇가지 시사점", 「비교사법」 제8권 제2호(한국비교사법학회, 2001), 45면.

4. 소각에 의한 완전감자가 가능한가?

이러한 문제는 이사회 결의에 의한 소각뿐만 아니라 자본금감소에 의한 주식소각의 경우에도 동일하게 발생한다. 양자는 발행가능주식총수가 감소한다는 점에서는 동일하지만, 후자는 주식소각으로 자본금이 감소한다는 점에 차이가 있다. 2009년 5월 상법개정에 의해 최저자본금제도 관한 규정(제329조 제1항)이 폐지되었고 상법상 1주당 금액은 100원 이상이어야 하므로(제329조 제4항), 이론상 자본금을 100원까지 감소시킬 수 있다.[396] 그러나 자본감소에 의한 주식소각의 경우에도 회사의 해산과 실질적으로 동일한 효과를 가져오는 완전감자는 허용되지 않는다고 본다.[397]

다만 완전감자와 동시에 신주발행을 하는 경우에는 이를 예외적으로 허용한다고 볼 필요성이 있다. 대법원 등기선례도 완전감자와 증자등기가 순차로 접수되고 그 사이에 효력 공백이 없는 경우에는 완전감자를 허용하고 있다.[398] 독일의 통설, 판례도 동일한 견해이다.[399] 일본회사법은 완전감자와 신주발행을 명문으로 인정하고 있다. 즉, 감소하는 자본금의 액은 자본감소의 효력발생일의 자본금의 액을 초과하지 못한다고 규정한다(회사법 제447조 제2항). 즉, 자본금의 액은 마이너스가 아닌 한 0으로까지 감소될 수 있으며, 기준시기가 주주총회 결의시가 아니라 자본감소의 효력발생일이라는 것이다. 예컨대, 회사가 자본금의 감소와 병행하여 모집주식의 발행절차를 진행한 경우에는 그 절차에 따라 증가한 자본금의 액이 감소한도액으로 된다.[400]

우리나라에서 완전감자와 동시에 신주발행을 허용하기 위해서는 상법에 근거규정을 두어 주주 전원의 동의를 요건으로 하고 발행되는 신주는 구주주에게 배정을 의무화하여야 한다는 견해가 제기된다.[401] 이에 대해 현행법의 해석론으로도 가능하며 그 결의는 주주총회 특별결의로 족하다는 입장도 있다.[402] 생각건

---

396) 권재열, 전게논문, 57면.

397) 옥무석, 전게논문, 33면.

398) 대법원 등기선례 3402-795 (2001. 12. 7.).

399) 권기범, 전게논문, 93면.

400) 相澤 哲 · 岩崎友彦, "株式會社の計算等", 「商事法務」 第1746号(2005), 39面; 江頭憲治郎, 前揭書, 629~ 630面.

401) 염춘필, "자본감소절차 및 등기실무에서 발생하는 제문제－사례별 실무내용 소개와 검토의견을 중심으로－", 「법무사저널」 2008년 11월 · 12월호, 서울지방법무사협회, 97면; 권재열, 전게논문, 58~59면.

402) 권기범, 전게논문, 92~93면.

대, 완전감자 후 증자는 대부분 기업구조조정을 위한 목적으로 활용되는 점을 감안하여 현행법으로 해석론으로 가능하게 하고, 그 결의요건도 주주총회 특별결의로 하는 것이 타당하다고 본다. 또한 주주에게 신주인수권이 보장되므로 신주배정에 관한 별도의 규율이 필요 없을 것이다.

5. 주식소각으로 소멸된 주식의 재발행

한편 주식소각으로 소멸된 주식을 재발행할 수 있는지 여부가 문제된다. 현행 상법상 통설은 자기주식 취득에 대한 이사회의 수권은 최초로 주식을 발행할 때 이미 사용하였으므로, 재발행을 허용하는 것은 이사(이사회)에게 무한의 수권을 하는 것으로 보아 소각된 주식분의 재발행을 허용하지 않았다. 그러나 일본의 경우 2001년 자기주식 취득을 자유화하면서 이러한 수권자본제도에 대한 기존의 인식을 수정하였다. 즉, 수권자본제도는 주주의 지주비율 감소의 한계를 정하는 기준으로 보아 이러한 수권범위 내에서라면 재발행은 제한없이 허용된다고 보았다. 이를 통하여 기업의 재무전략적 탄력성을 높일 수 있게 되었다. 우리나라의 경우에도 2011년 개정상법에서 배당가능이익의 범위 내에서 자기주식 취득을 자유화하고 있는 만큼 수권자본제도에 대한 인식을 수정하여 기업들이 탄력적으로 재무전략을 활용할 수 있도록 할 필요가 있다고 본다.[403)]

Ⅴ. 결어

2011년 개정상법은 자기주식취득 제도를 자본시장법과 마찬가지로 배당가능이익의 내에서 자유화하면서 이익소각 제도를 철폐하고 자기주식의 취득 및 소각이라는 개념으로 통일하였다. 이는 법률관계의 실체를 반영한 타당한 입법이라고 본다.

그러나 자기주식의 취득방법을 규정한 제341조 제1항 제2호는 대통령령에 위임하는 형식을 취하고 있으나 이는 너무 광범위한 위임입법으로 생각된다. 동 조항에서 보다 더 구체적인 자기주식의 취득방법을 규정하는 것이 타당하다고 본다. 즉, ⅰ) 회사와 주주 간에 합의에 의한 취득이나, ⅱ) 특정한 주주로부터 취득하는 방법에 대한 기본적인 사항을 상법에서 규정하고 구체적인 내용을 시행령에 위임하는 것이 타당하다고 본다.

---

403) 이철송, 전게서, 429면.

자기주식의 처분제도에 대해서 2011년 개정상법은 처분시기, 처분절차나 요건에 대하여 규정하지 않고 있다. '자기주식의 취득 및 처분'은 '주식의 소각과 신주발행'에 유사한 기능을 가지게 되므로, 자기주식의 처분이 신주발행이라는 번거로운 절차를 회피하는 수단으로 악용될 우려가 있다. 그러나 일본처럼 신주발행절차에 따르는 경우 자기주식 처분을 통하여 기동적인 재무전략을 실행하는데 걸림돌이 될 것으로 전망된다. 따라서 이러한 기업의 재무전략적인 신축성과 기존 주주의 지주비율의 유지라는 목적을 동시에 달성할 수 있도록 독일처럼 자기주식의 처분에 대하여 주식평등의 원칙에 입각하여 처분하도록 하는 규정을 두는 것이 타당하다.

주식소각을 하면서 유상으로 소각하는 경우 단주가 생길 수 있는데 이는 주식병합에서의 단주처리 절차(제443조 및 제444조)에 따라야 할 것이다. 그러나 개정상법 제343조 제2항은 주식병합 절차 가운데 제440조와 제441조만을 준용하고 있는데, 단주처리에 관한 조항들을 포함시켜야 한다. 한편 주식소각으로 소멸된 주식을 재발행할 수 있는지 여부가 문제된다. 개정전 상법상 통설은 자기주식 취득에 대한 이사회의 수권은 최초로 주식을 발행할 때 이미 사용하였으므로, 재발행을 허용하는 것은 이사(이사회)에게 무한의 수권을 하는 것으로 보아 소각된 주식분의 재발행을 허용하지 않는 것이었다. 그러나 자기주식 취득을 자유화하는 경우 수권자본제도는 주주의 지주비율 감소의 한계를 정하는 기준으로 보아 이러한 수권범위 내에서라면 재발행은 제한없이 허용된다고 보는 것이 타당하다.

제 7 장

워런트(Warrant) 제도

7

워런트(Warrant) 제도*

Ⅰ. 서설

워런트는 그 보유자가 발행자로부터 사전에 정해진 가격으로 연계된 equity (대부분 보통주식)의 지분을 매수할 수는 권리이다. 워런트는 대부분 우선주나 채무증권에 부착되어 하나의 단위로서 투자자에게 판매된다. 콜옵션과 워런트는 매우 유사하며, 연혁적으로 워런트의 존속기간이 통상 3년에서 5년으로 콜옵션보다 장기이다. 워런트의 행사가격은 워런트의 발행시점에 있어서 연계증권의 시장가격보다 통상 20% 이상 높은 것이 일반적이다. 워런트의 조건은 행사가격의 범위(예컨대, 시간이 지남에 따라 행사가격이 높아지는 경우)를 구체적으로 정하거나, 또는 보유자가 행사시점에 다른 증권을 교부함으로써 워런트 행사가격을 지불할 수 있도록 한다. 워런트는 보통주식이나 채무증권을 모집할 때 매수자에게 인센티브를 제공하기 위하여 발행될 수 있다. 워런트는 연계증권과 분리형이나 비분리형으로 발행된다.

워런트가 채무증권과 하나의 단위로 발행된 때에는 워런트 보유자는 그 행사가격을 관련된 채무증권(debt securities)으로 지불할 수 있다. 워런트와 함께 발행된 채무증권은 종합적으로 전환부채를 복제한 것이며 투자자와 발행자 모두에게 혜택을 제공한다. 투자자는 발행자의 연계채무증권에 대한 투자를 유지하면서 주 채권과 워런트를 분리하고, 워런트에 내재된 콜옵션의 가치를 실현할 수 있다. 발행자는 세제상 그리고 회계상 혜택을 향유한다. 예컨대, 주당 이익을 계산할 때 워런트의 공정시장가격이 지분으로 기록된다.

워런트는 전형적으로 주식배당, 주식분할, 여타 기업구조조정과 자본재구성 등 지분을 희석화하는 발행에 대해 보호장치를 갖추고 있다. 이러한 규정의 목적은 워런트 보유자가 이러한 행위가 발생하기 이전의 보통주식 보유자처럼 이러

---

* 이 장은 "워런트(Warrant) 제도에 관한 검토", 기업법연구 제24권 제3호(2010), 63~104면을 수정·보완한 것이다.

한 조치가 취해진 이후 본질적으로 동일한 지위를 유지하도록 하기 위한 것이다.[1)]

워런트를 도입하기 위해서는 상법, 자본시장법, 세법 등 다양한 검토가 필요할 것이다. 이 논문에서는 주요국의 워런트 제도를 분석하고 우리 상법상 워런트 제도를 도입하는 데 고려해야 할 법적 쟁점을 논의하고자 한다.

Ⅱ. 워런트의 의의 및 기능

1. 워런트의 개념

2010년 3월 국회에 회부된 상법일부개정법률안(의안번호 제7842호)에 따르면 "신주인수선택권"의 개념을 "회사는 정관으로 정하는 바에 따라 이사회의 결의로 주주에게 그가 가진 주식의 종류 및 수에 따라 미리 정한 가액(행사가액)으로 일정한 기간(행사기간) 내에 회사에 대하여 신주의 발행을 청구할 수 있는 권리"로 정의하고 있다. 신주인수선택권은 워런트의 기능을 제한하여 적대적 기업인수에 대한 방어수단으로만 활용하기 위하여 협의로 규정하고 있다.

일반적인 워런트 제도를 신주예약권이란 용어로 도입한 2005년 일본회사법은 신주예약권을 "주식회사에 대하여 행사함으로써 당해 주식회사의 주식을 교부받을 수 있는 권리"로 정의하고 있다(일본회사법 제2조 제21호). 보다 더 자세한 정의로는 "권리자가 미리 정한 기간(행사기간) 내에 미리 정한 가격(권리행사가격)을 주식회사에게 지불하면(지불 여부는 신주예약권자의 자유이다), 회사로부터 일정한 수의 당해 회사의 주식(자기주식도 무방)을 교부받을 수 있는 권리"[2)]라고 한다. 신주예약권자는 권리행사가격을 지불함에 따라 당연히 주주로 되기 때문에(일본회사법 제282조), 신주예약권은 형성권과 같으며 모집주식을 배정받을 권리와는 다르다. 권리내용이 이렇기 때문에 신주예약권의 목적인 주식의 시가가 상승하는 만큼 신주예약권자는 이익을 얻는다.[3)]

우리나라의 경우 워런트의 정의를 "보유자가 일정한 기간 동안 일정한 수량의 특정 주식을 일정한 가격에 매입할 수 있는 권리"[4)]라고 하거나, "증권의 보유

1) Bruce N. Hawthorne, John L. Graham & Elizabeth M. Schubert, Equity Derivatives Overview, 1279 PLI/Corp 225, 227-28 (2001).
2) 江頭憲治朗, 「株式會社法[第4版]」, 有斐閣, 2011(이하 "株式會社法"이라 한다), 721面.
3) 江頭憲治朗, 株式會社法, 721面.
4) 김건식, "워런트(warrant)의 도입을 위한 소론", 「서울대학교 법학」 제40권 제1호(1999), 242면.

자가 일정한 시기에 일정한 가액으로 일정한 수량의 주식을 매수할 수 있는 권리를 나타내는 증권"[5]으로 정의하기도 한다. 또는 주식워런트(stock purchase warrant)라고 번역하여 "일반적으로 보유자가 일정기간 동안 일정한 수량의 특정 주식을 일정한 가격(행사가격)에 매입할 수 있는 권리"[6]라고 정의한다. 또는 주식매수권이라고 번역하여 "일정한 기간(행사기간) 내에 일정한 가격(행사가격)으로 발행회사로부터 일정한 수량의 주식을 취득할 수 있는 권리"[7]로 정의한다. 주식매수권부증서로 번역하여 "발행일로부터 1년 이상인 행사일자 이내에 워런트 증서를 수령하고 구체적인 대가를 받은 때에, 회사가 증권을 교부하는 의무를 부담하는 계약에 따라 창설된 양도 가능한 선택권"[8]으로 정의한다.

이처럼 워런트의 번역이나 정의에 대하여 일치된 견해는 없지만 공통분모는 나타난다. 이 글에서는 워런트라는 용어를 일단 사용하면서 워런트의 정의를 그 일반적인 기능에 초점을 맞추어 "일정한 조건이 달성되면 일정한 기간 이내에 일정한 가격으로 워런트 발행회사의 신주를 인수하거나 자기주식을 매수하거나 기타 대가[9]를 취득할 수 있는 권리"라고 정의하고자 한다.

2. 워런트의 필요성

워런트를 도입하면 주식회사의 새로운 자본조달수단을 제공하게 되어 투자자에게는 유리한 투자수단을 제공하고, 발행회사에게는 자금조달의 효율성을 증대시킨다. 발행회사의 입장에서는 첫째, 주식시장이 침체된 상태에서도 유리한 가격으로 미래의 자금조달을 할 수 있다. 발행회사는 투자자에게 장래의 옵션을 부여하는 대가로 미리 그 대금을 수령하는 한편 미래의 자금유입도 확보한다. 둘째, 워런트의 행사가격 및 만기 등 구조를 회사의 운영계획에 맞게 구성하여 미래의 자금을 확보하고 계획적인 자금운영을 할 수 있다. 셋째, 통상의 신주발행이 초래하는 주주지분의 희석화(dilution) 및 주가하락의 문제를 완화할 수

5) 윤영신, "워런트(warrant)의 도입시 고려해야 할 증권법상의 문제", 「한림법학 FORUM」 제8권 (1999), 213면.

6) 박세화, "주식회사 자금조달의 활성화를 위한 새로운 주식 제도", 「상사법연구」 제24권 제3호 (2005), 210~ 211면.

7) 박철영, "상법상 주식제도의 문제점 및 과제", 「기업법연구」 제19권 제3호(2005), 25면.

8) 법무부, 「각국의 최근 상법 동향」, 1998, 26~27면(윤영신 집필부분); Henry B. Reiling, Warrants in Bond-Warrant Units: A Survey and Assessment, 70 Mich L. Rev. 1411, 1412 (1972).

9) 대가로는 발행회사의 모회사나 자회사의 주식, 기존주식, 사채, 주식과 사채 중 선택 등이 거론된다(법무부, 전게서, 27면).

있다.[10)]

투자자의 경우 첫째, 일반적으로 워런트의 가격변동성은 주식의 경우보다 크므로 투자자는 주식에 대한 투자보다는 큰 수익을 얻을 수 있다(gearing effect). 또한 워런트는 가격변동성이 큰 반면 그 가격은 주식보다 훨씬 낮기 때문에 적은 비용으로 높은 수익을 창출할 수 있다(leverage effect). 둘째, 투자자는 워런트의 매도를 통해 매매차익을 얻거나 또는 권리행사를 통해 행사가격과 주식 시가와의 차익을 얻을 수 있으므로 수익창출의 기회가 넓어진다. 반면, 주식의 시가가 워런트 행사가격보다 낮아서 투자자가 행사기간 만기까지 권리를 행사하지 못할 경우 최대손실금액은 워런트를 매수한 금액에 한정된다. 이는 주식에 투자한 경우의 주가 하락폭 보다 작기 때문에 투자손실을 최소화할 수 있게 된다. 셋째, 인플레이션이 발생하는 경우 사전에 정해진 행사가격으로 주식을 인수하게 되므로 투자자는 인플레이션을 헤지(hedge)할 수 있다.[11)]

3. 워런트의 특징 및 기능

공개시장에서 거래되는 워런트는 다음과 같은 특징을 가지고 있다. 즉, i) 보통주식에 대한 선택권(option)이며, ii) 행사가격이 고정되고, iii) 행사할 때 현금이 지급된다. iv) 존속기간이 워런트 발행일 이후 5년에서 10년이다. v) 발행자가 상환할 수 없다. vi) 희석화에 대한 실질적인 보호조치를 한다. vii) 의결권이 없다. viii) 배당에 대한 권한이 없다. ix) 청산시 잔여재산분배청구권이 없다. 이러한 특징들은 사모로 발행되는 워런트의 경우에도 공통적이다. 다만 후자는 양도제한이 있고, 이로 인해 워런트의 가치가 낮아진다는 점이 특징이다.[12)]

워런트는 임직원에 대한 주식매수선택권(stock option), 신주인수권부사채의 신주인수권, 자본조달에서 인센티브 등 다양하게 활용되고 있다. 또한 워런트는 손해가 한정되고 레버리지 효과가 높기 때문에 자본거래에 자주 활용된다.[13)] 첫째, 워런트는 우선주, 보통주, 사채 등과 결합하여 하나의 단위로서 발행될 때 투자자에 대한 인센티브로 작용한다. 둘째, 기업인수 과정에서 피인수회사의 주식

---

10) 박철영, 전게논문, 26면; Andrew Mchattie, Warrants, 2nd ed., 1996, pp. 6~11.

11) 박철영, 전게논문, 26면; Andrew Mchattie, op. cit., pp.13-15.

12) Henry B. Reiling, op. cit., p. 1414; 법무부, 전게서, 28면.

13) 일본의 신주예약권제도의 활용에 대한 자세한 소개는 양만식, "일본 회사법에 있어서 주식제도와 코포레이트 거버넌스-신주예약권제도의 활용을 중심으로-", 「경영법률」 제19집 제2호(2009), 321면 이하 참조.

을 취득하는데 대한 대가로서 부여하거나, 기업구조조정시 권리가 감축되거나 소멸하는 주주에게 부여한다. 도산상태에 빠진 기업을 회생하기 위하여 필요한 자금을 조달하는 경우 대부기관에게 낮은 이자율을 부담하는 대신 워런트를 제공하면, 회사는 이자부담을 완화하고 대부자는 기업이 회생하는 경우 혜택을 누리게 된다.[14] 셋째, 최초 공모나 적격투자업체가 아닌 기업이 주식이나 사채를 공모하는 경우 부여한다. 넷째, 금융기관으로부터 대출을 받을 때 회사가 이자율을 적정 수준으로 낮추기 위해 부여한다.[15]

4. 워런트의 발행전략

자본조달의 도구로서 워런트는 워런트 발행시점에 그 행사가격을 보통지분증권의 시장가격에 프리미엄을 부과하는 수준으로 고정시킴으로써, 보통지분증권의 매각에 따른 발행자의 지분이 희석화 되는 효과를 약화시킬 수 있다. 지분증권이나 채무증권에 워런트를 부착하는 것은 의도한 조건으로 실현가능하지 않을 수 있는 모집을 가능하도록 하기 위한 것이다. 더욱이 워런트는 종종 채무증권의 모집조건을 향상시키기 위하여 이용된다. 왜냐하면 부착된 워런트의 가치는 통상 연계된 채무에 대한 이자율을 낮추는 결과를 가져오기 때문이다. 워런트의 발행은 초창기 벤처기업과 투자적격등급을 갖추지 못한 기업들이 자주 활용한다.

워런트를 발행하는 기업들이 고려해야 할 점은 현재 및 미래의 자금수요, 자금조달비용, 회사가 수용할 수 있는 공정한 가격으로 워런트를 매도할 수 있는 발행자의 전반적인 자본구조 및 능력 등이다. 이러한 분석을 하는 경우 발행자가 고려해야 할 요소는 다음과 같다. 즉, ⅰ) 워런트는 발행일자에 자본조달비용을 낮추기 위하여 발행되므로, 워런트 발행여부를 결정할 때에 채무증권과 지분증권 양자에 대한 현재의 시장조건을 분석하고 장래의 시장조건을 예측하여야 한다. ⅱ) 비록 보통지분증권의 현재 시장가격을 초과한 권리행사가격을 가진 워런트를 발행하면 시장가격의 일시적인 하향압력을 초래하는 지분증권의 모집보다는 희석효과가 덜 하지만, 워런트의 실행은 여전히 주당이익, 현금배당 및 기존 주주의 의결권을 희석화 시킨다. ⅲ) 배당이나 사채이자의 지급은 워런트를 수반하지 않는 동일한 구조화 증권에 대한 것보다 낮아야 한다. 발행자는 초기 부채비용의

14) 김건식, 전게논문, 246~248면.

15) 법무부, 전게서, 30~31면; Henry B. Reiling, op. cit., pp. 1419-1420; John G. Hundley, Comment, "Glass-Steagall: Section 16 and the Authority of a National Bank to Accept the Common Stock Purchase Warrants of the Debtor-Issuer", 51 Tenn. L. Rev. 535, 537-42 (1984).

절약분이 워런트의 행사에 수반되는 잠재적인 장래 지분 희석화를 정당화하는지 여부를 판단하여야 한다.

워런트 발행의 또 다른 장점은 전문적인 투자자가 워런트를 헤징수단으로 활용하기 때문에 발행자의 주식가격 변동성을 줄일 수 있다는 점이다. 워런트는 합병, 기업인수, 기업구조조정 등에서 추가적인 가치나 또는 인수인에 대한 추가적인 보상으로서 배당, 주주권리 등과 같은 여타의 회사의 목적을 충족하기 위해 사용될 수 있다.

공개시장에서 거래되는 증권의 발행인에게는 워런트(특히 분리형 워런트)의 발행은 공개시장에서 거래되는 지분증권을 관리하는 데에 추가적인 비용을 초래한다.[16)]

Ⅲ. 워런트의 입법례

1. 미국

(1) 워런트의 연혁

워런트는 영국의 금융기법으로부터 발전하였으며 1709년 잉글랜드은행(Bank of England)이 최초의 주식매수권리(stock purchase right)를 도입하였다. 미국 최초의 워런트(stock purchase warrant)는 1852년 미국 일리노이 중앙철도회사(Illinois Central Railroad)가 영국 투자자들에게 채권판매와 관련하여 발행한 것이다. 워런트가 본격적으로 등장한 것은 1920년대 중반이며 1929년 공황 직전에는 신규 채권과 우선주 발행의 20%가 워런트를 포함하고 있었다. 공황 이후 워런트는 급격하게 쇠퇴하였는데 그 이유는 1930년대 옵션과 워런트의 가치가 쇠퇴하고, 워런트가 기존 주주의 이익을 희석화 시키는 점이 적절하게 평가되지 않았다는 인식이 제기되었으며, 보통주식에 비하여 너무 많은 워런트가 발행되었기 때문이다.[17)]

1960년에 들어 워런트는 다시 중요한 금융수단으로 등장하였다. 그 배경에는 우선 주식시장에 대한 전망이 낙관적으로 변하고, 자금부족으로 이자율이 높았기 때문에 직접 부채를 차입하는 경우에 비해 워런트를 발행하여 이자율을 낮추고자 하는 유인이 있었으며, 경영자들이 자본조달을 하는데 워런트를 인센티브

16) Bruce N. Hawthorne, John L. Graham & Elizabeth M. Schubert, op. cit., pp. 228-230.

17) Henry B. Reiling, op. cit., pp. 1420-1423.

로 적극 활용한 데에 있다.[18)]

미국 회사는 주식을 매수하는 옵션, 권리 또는 워런트를 회사의 일반적인 계약권한과 주식발행권한에 근거하여 특별한 법적 근거 없이 오랫동안 발행하여 왔다. 예컨대, 권리나 옵션에 의한 신주발행에 대해 기존 주주가 자신의 지주비율에 따라 매수할 수 있는 신주인수권을 명시하는 것이 관습적이었다. 더욱이 1920년대에는 투자은행에게 그들이 제공한 서비스에 대한 보상으로 또는 주식매수자에게 제공하기 위하여 유리한 가격으로 주식을 매수하는 워런트를 발행하는 실무가 발전하였다.

워런트의 발행에 관한 규정이 법률에서 명시적으로 도입된 것은 1929년 델라웨어주 회사법이 최초이며, 그 후 다른 주 회사들이 뒤따랐다.[19)] 현재는 컬럼비아특별구를 제외한 미국의 모든 주회사법은 주주권리 및 옵션의 창설을 허용하는 명시적인 규정을 두고 있으며, 이 규정들은 통상 워런트에 대해 정관에서 제한하는 규정을 포함하고 있다.[20)]

(2) 워런트의 법적 근거

1) RMBCA

(가) 워런트의 발행 "회사는 당해 회사의 주식이나 다른 증권(shares or other securities of the corporation)을 매수하기 위한 권리, 옵션 또는 워런트를 발행할 수 있다. 이사회는 i) 권리, 옵션, 또는 워런트가 발행되는 조건들 그리고 ii) 발행된 '주식이나 다른 증권'에 대한 대가를 포함하여 조건들을 결정하여야 한다. 회사가 이러한 권리, 옵션, 또는 워런트를 발행하는 것에 대한 이사회의 승인은 그 권리, 옵션 또는 워런트가 실행될 수 있는 주식이나 다른 증권의 발행을 승인하는 것이 된다."(RMBCA 제6.24조(a)).

"권리, 옵션 또는 워런트의 조건은 본 조항의 효력발생일에 현존하는 것을 포함하여 다음에 대한 제한 또는 조건을 포함할 수 있다. 즉, i) 당해 회사의 사외주식(outstanding share)[21)]이나 다른 증권의 일정한 수나 비율을 소유하거나

---

18) Henry B. Reiling, op. cit., pp. 1424.

19) ABA Section of Business Law, Model Business Corporation Act Annotated, 4th ed., vol. 1, 2008 pp. 6-130~6-131.

20) ABA Section of Business Law, op. cit., p. 6-133.

21) 사외주식이라 함은 발행주식(issued stock) 중 발행회사가 보유하고 있는 자기주식(treasury stock: 金庫株)을 제외한 주식을 말하며, 이익배당청구권이나 의결권 등 주주로서 권리는 사외주식의 주주가 행사한다.

매수청약을 하고 있는 자 또는 이러한 자들의 양수인이 당해 권리, 옵션 또는 워런트의 실행, 양도 또는 수령을 하지 못하게 하거나 제한하거나 또는 ii) i)에서 규정한 자나 이들의 양수인이 보유한 당해 권리, 옵션, 또는 워런트를 무효화시키는 것 등이다."(RMBCA 제6.24조(b)).

미국은 회사가 권리, 옵션 또는 워런트를 발행할 내재적 권한을 가지고 있다는 점을 인정하지만, 이들의 경제적 중요성과 이를 발행하면서 받는 대가를 결정하는데 있어서 이사회의 폭넓은 재량권을 확인하여 주기 위하여 명확한 승인이 바람직하다고 한다. 이사나 종업원 등에 대한 인센티브 보수계획을 작성하는 것은 기본적으로 경영판단의 문제이다. 이는 권리, 옵션 또는 워런트의 발행이나 현금지급을 포함하는 인센티브계획의 경우에도 마찬가지이다.

이러한 권리, 옵션 또는 워런트를 발행하는 데에는 주주의 사전승인을 요하지는 않지만 자의적으로나 또는 법령에 요건을 충족하기 위하여 하는 경우가 있다. 예컨대 증권시장의 규칙[22]이나 연방소득세법상의 혜택을 받기 위한 경우[23] 등이다. 이러한 권리, 옵션 또는 워런트는 당해 회사의 주식이나 다른 증권의 발행 및 매도와 함께 발행되거나 또는 독립적으로 발행될 수 있다.[24] 한편 제6.24조(b)는 주주권리계획의 일환으로 권리, 옵션 또는 워런트가 발행될 수 있다는 점을 명확하게 하고 있는데 이 조항은 2003년 추가되었다.[25]

(나) 워런트 대가가 현물인 경우 워런트가 현금이나 현금 상응물(cash equivalent) 이외의 것을 대가로 발행되고, 또한 워런트의 행사로 인해 취득될 의결권이 회사 전체 의결권의 20%를 초과하는 경우, 당해 워런트의 발행에는 주주총회의 승인을 필요로 한다. 이 경우 주주총회는 적어도 의결권의 과반수의 정족수를 충족시켜야 한다(RMBCA §6.21(f)(1)).[26]

이 조항은 미국 주요 증권거래소의 상장규정에 따른 것이다.[27] 또한 이 조항은 공모와 관련여부를 불문하고 워런트가 현금이나 현금 상응물을 대가로 발행되는 경우에는 적용되지 않는다. 여기서 '현금 상응물'이라 함은 일정한 현금으로

22) NYSE Listed Company Manual Rule § 309.00.

23) Internal Revenue Code § 422(b)(1) (1986).

24) Official Comment to RMBCA §6.24, ABA Section of Business Law, op. cit., pp. 6-128～6-129.

25) ABA Section of Business Law, op. cit., pp. 6-128～6-129.

26) 동 조항에서는 "주식에 대해 행사할 수 있는 권리(rights exercisable for shares)"를 규정하고 있는데 이는 워런트를 포함하는 것으로 해석한다(ABA Section of Business Law, op. cit., p. 6-79).

27) NYSE Listed Company Manual Rule § 312.03; American Stock Exchange Company Guide Rule § 712(b); NASDAQ Stock Market Rule § 4310(c)(25)(H)(i).

전환 가능하고 이자율의 변동위험이 별로 없는 단기투자상품을 말한다. 일반적으로 3개월 이하의 만기인 투자상품이나 유동성이 높은 투자상품, 그리고 단기의 통지로 언제든지 현금화할 수 있는 투자상품은 이 정의를 충족할 수 있을 것이다. 예컨대, 미국 재무부 단기증권, 투자적격인 상업어음, MMF 등이다.[28)]

(다) 워런트의 양도 정관, 부속정관, 주주간 계약 또는 주주와 회사간의 계약에 근거하여 워런트의 양도나 양도등록을 제한할 수 있다. 이러한 제한은 당해 제한이 채택되기 이전에 발행된 워런트에 대해서는 영향을 미치지 않는다. 단, 워런트 보유자가 그 계약의 당사자이거나 그 제한에 찬성한 경우에는 영향을 미친다(RMBCA §6.27(a)).

양도제한을 알지 못하는 선의의 양수인에 대해서는 양도제한의 효력이 미치지 않는다(RMBCA §6.27(b)). 본조의 목적상 주식은 주식으로 전환할 수 있는 증권 또는 주식을 인수하거나 취득하는 권리를 가진 증권을 포함한다((RMBCA §6.27(e)).

2) 델라웨어주회사법

(가) 워런트의 발행 "정관규정에 따라 모든 회사는, 당해 회사의 주식이나 다른 증권의 발행 또는 매도와 관련 여부를 불문하고, 그 보유자가 회사로부터 어떠한 종류나 시리즈의 자본주식의 지분(any shares of its capital stock of any class or classes)을 취득하는 권한을 부여하는 권리 또는 옵션을 창설하거나 발행할 수 있다. 이러한 권리나 옵션은 이사회에 의해 승인된 증서에 의해 증명된다."(DGCL §157(a)).

"당해 권리나 옵션을 실행하는 경우 회사가 취득할 수 있는 행사대가 그리고 행사기간(제한적이거나 무제한적일 수 있음)에 관한 조건이 정관에서 규정되거나, 그 권리나 옵션의 발행을 결정한 이사회에서 정해져야 하며, 또한 이러한 권리나 옵션을 증명하는 증서에 기재되어야 한다. 거래에서 실제적 사기(actual fraud)[29)]가 없는 한, 권리나 옵션의 발행에 대한 대가와 그 충분성에 대한 이사들

---

28) ABA Section of Business Law, op. cit., p. 6-79.

29) 실제적 사기의 개념은 의제사기(constructive fraud)와 구분하기 위하여 규정된 것이지만, 그 기준이 명확하지 않다. 과거 판례는 발행대가 대한 평가가 과도하거나 부적절하다는 것만으로는 이사 판단의 최종성을 반박할 수 없다거나(Diamond State Brewery, Inc. v. De La Riguadiere, 17 A.2d 313, 316 (Del. Ch. 1941), 사기가 추론되는 다른 모든 요소를 고려하여 판단해야 한다고 판시하였다(Lewis V. Scotten Dillon Co., 306 A.2d 755, 757 (Del. Ch. 1973)(Edward P. Welch, Andrew J. Turezyn & Robert S. Saunders, Folk on the Delaware General Corporation Law, 5th ed., vol. I, Wolters Kluwer, 2008, § 152.6, p. GCL-V-60).

의 판단은 최종적인 것이 된다."(DGCL §157(b)).

"이사회는 이사회의 결정에 따라 1명 이상의 임원으로 하여금 다음의 행위 중 하나 이상을 하는 권한을 부여할 수 있다. 즉, i) 회사가 발행한 권리나 옵션의 수령자로서 당해 회사나 그 자회사의 임원과 종업원을 지정하는 것, ii) 그 임원이나 종업원이 받을 권리나 옵션의 수를 결정하는 것이다. 단, ii)의 경우 임원에게 이러한 권한을 부여하는 이사회의 결정에서 그 임원이 부여할 수 있는 권리나 옵션의 총수를 구체적으로 정하여야 한다. 이사회는 이러한 권리나 옵션의 수령자로서 임원이 그 자신을 지정하는 것을 허락할 수 없다."(DGCL §157(c)).

"권리나 옵션의 실행에 의해 발행되는 주식은 액면주식이어야 하며, 발행대가는 액면가치 이상이어야 한다. 만일 발행되는 주식이, 무액면주식인 경우에는 발행대가는 제153조[30]에서 정한 방식에 따라야 한다."(DGCL §157(d)).

제157조는 기존의 델라웨어주 회사법상 주식매수선택권의 문구를 약간 수정한 것이다. 이 조항은 비록 정관상의 제한에 따르기는 하지만 이사에게 회사의 주식을 취득하는 권리나 옵션의 발행조건이나 대가를 정하고 배분하는데 있어서 광범위한 재량을 부여하고 있다. 옵션의 조건은 정관이나 이를 채택한 이사회의 결정에서 정해져야 한다고 규정하고 있다.[31] "실제적인 사기"가 없는 경우 옵션의 대가에 대한 이사의 결정은 최종적인 것으로 된다.[32]

옵션의 행사기간에는 제한이 없다. 행사기간이 16년인 옵션이 회사가 자진해산되었음에도 불구하고 권리구제가 이루어진 경우도 있다. 델라웨어주 대법원은 "반파괴조항(anti-destruction clauses)"[33]이 합병의 경우에 워런트를 포함한 특정한 증권의 보유자에게 보유 증권에 대하여 그 회사의 주식을 대체하는 다른 증권으로 전환하도록 함으로써 전환권을 보호하는 역할을 한다고 보았다.[34]

---

30) 즉, 발행대가는 이사회에 의해 결정되거나 정관에 규정이 있는 경우 주주에 의해서 결정될 수 있다(Del. Code. Ann. tit. 8, §153(b)).

31) Niehenke v. Right O Way Transp., C.A. No. 14392, slip op. at 8 (Del. Ch. Dec 28, 1995)(옵션의 조건이 정관이나 이사회의 결정에서 정해지지 않았다고 하여 옵션을 무효로 판단하였다).

32) Edward P. Welch, Andrew J. Turezyn & Robert S. Saunders, Folk on the Delaware General Corporation Law, 5th ed., vol. Ⅰ, Wolters Kluwer, 2008, § 157.1, pp. GCL-V-82~83.

33) 반파괴조항은 합병의 경우에 주주의 전환권(conversion rights)을 보호하는 증권상의 조항이다. 이 조항은 합병종료 후 주주가 보유한 주식에 대하여, 대상회사의 주식을 대체하게 되는 다른 증권으로 전환하도록 하는 권리를 부여함으로써 주주의 이익을 보호한다.

34) Cont'l Airlines Corp. v. Am. Gen. Corp., 575 A.2d 1160, 1165, 1168 (Del. 1990), aff'd, 276 A.2d 269 (Del. 1971). 회사가 합병 후의 절차에서 형성된 주식의 공정가치를 받을 권한이 있다고 판단하였다. 이러한 결과는 워런트 보유자를 다른 주주와 상응하는 지위에 두게 하는 워런트에 관한 조항의 목적과 일치한다.

주식매수선택권은 양도할 수 없는 것으로 정할 수도 있지만,[35] 제157조는 회사에게 옵션의 양도를 제한하는 권한을 구체적으로 규정하지 않고 있다. 만일 주 의회가 일반관행과 연방세법상의 혜택을 무효화하려고 하였다면 구체적으로 이러한 권한을 부정하였을 것이다. 옵션이 부여되는 조건을 정하는 권한을 회사에게 광범위하게 수권한 점에서도 양도를 제한하는 권한이 회사에 있음을 추론할 수 있다.[36]

(나) 주주권리계획 제157조는 주식을 취득하는 권리와 옵션을 규정하고 있는데, 델라웨어주 대법원은 권리가 옵션보다 더 광의의 개념으로 본다. 권리는 법적으로 실행할 수 있는 청구권에 의한 것으로 특정인에 대한 것이며, 옵션은 선택권을 요구하는 것으로 좁게 해석된다. 권리의 행사기간을 선택하는 권한은 옵션의 중요한 구성요소이지만, 제157조에 "권리"라는 용어를 포함시킴으로써 입안자들은 다른 거래가 포함되는 것을 의도하였다.[37]

법원은 회사의 CEO가 장래 주주에 대한 주식모집에서 10%를 매도하겠다는 구두약속은, 주주가 그 10%를 매수하겠다는 약속과 결부되어 제157조의 권리에 해당한다고 보았다. 따라서 법원은 당해 약속이 이사회에 의해 승인되지 않았으며 또한 제157조에서 요구되는 서면에 의하지 않았으므로 당해 약속은 무효라고 판단하였다.[38]

많은 델라웨어주 회사들이 적대적 기업인수를 방지하기 위하여 주주권리계획을 채택하고 있는데 이른바 포이즌필(poison pill)이다. 가장 일반적인 형태는 주주가 배당으로서 보통주마다 하나의 권리를 받는 것이다. 이러한 권리는 두 가지의 발동조건(triggering condition)에 의해 작동된다. 첫째, 일정비율(통상 30%) 이상의 주식에 대하여 공개매수가 발표된 경우이다. 둘째, 일정비율(통상 20%) 이상의 주식취득이다. 발동조건이 충족되었을 때 이러한 권리는 그 권리보유자(적대적 매수자를 제외하고)가 당해 회사의 부채, 우선주식 또는 보통주식을 할인된(통상 50%) 가격으로 취득하게 함으로써 당해 회사의 주식을 희석화 시킨다. 이러한 형태를 플립인(flip-in)형이라 한다. 만일 주주권리가 회사의 주식이나 부채에 대해 행사되지 않고 기업인수가 다른 회사와 일어나는 경우 주주권리는 할인된 가격으로 존속회사의 증권에 대하여 실행될 수 있다. 이러한 형태를 플립오

35) Frankel v. Donovan, 120 A.2d 311, 313 (Del. Ch. 1956).
36) Edward P. Welch et al., op. cit., § 157.2, p. GCL-V-83.
37) Grime v. Alteon Inc., 804 A.2d 256 (Del. 2002).
38) Grime, 804 A.2d 256, 265; Edward P. Welch et al.,, op. cit., § 157.11, pp. GCL-V-106~107.

버(flip-over)형이라 한다.

발동조건이 발생하기 이전까지는 주주권리는 주식에 부착되어 거래되며, 권리에 대해 명목가격으로 상환될 수 있다. 발동조건이 충족된 이후에는 주주권리는 주식과 분리하여 거래되며, 상환될 수 없다.

Moran v. Houshold International, Inc. 사건[39]에서 델라웨어 대법원은 현실적인 기업인수의 위협이 발생하기 이전에 이사회가 채택한 주주권리계획을 지지하였다. 법원은 권리계획이 제157조에 따라 합법적으로 승인되었으며, 이사의 경영판단의 원칙이 적절하게 행사되었다고 판단하였다.[40] 법원은 반대의 증거가 없는 한 제157조에 의해 승인된 권리계획의 기능을 기업의 자금조달 목적의 권리계획에 한정하는 것은 부적절하다고 판단하였다. 법원은 사실상 권리계획은 허위가 아니며 발동조건의 충족에 따라 실행될 수 있는 것이라고 보았다.[41] 법원은 제157조가 권리계획을 발행하는 회사의 권한을 회사의 자본주식의 지분에 대하여 실행할 수 있는 것에 한정하고 있지만, 다양한 증권에서 나타난 "반파괴조항(anti-destruction clauses)"을 유추적용함으로써, 취득자가 합병에서 존속회사인 경우, 회사가 취득자에 대해 실행할 수 있는 권리계획을 행사하는 것은 적절하다고 판단하였다.[42]

Moran 판결 이후 권리계획에 대한 소송은 주로 권리계획의 채택이나 당해 회사 주식의 전부 또는 일부 매수제안에 대해 권리계획의 상환여부를 결정하는 데 있어서 이사가 경영판단을 적절하게 행사하였는지에 관한 것이었다.[43] 델라웨어주 법원은 Moran 판결을 유지하고 있다.[44]

3) 워런트 발행에 대한 규제구조

개정모범사업회사법 제6.24조는 인센티브계획의 일환으로 이러한 권리와 옵션을 부여하는 데에 주주의 승인을 요하지 아니한다. 그러나 뉴욕증권거래소의

---

39) Moran v. Household Int'l, Inc., 500 A.2d 1346 (Del. 1985).

40) Household사의 권리계획은 플립인 단계에서 적대적 매수자를 제외한 권리계획 보유자에게 권리실행을 허용함으로써 적대적 매수자를 차별하는 성격을 가지고 있지는 않았다. 그러나 Revlon 사건의 권리계획은 매수자를 차별하는 것이었다. Revlon, Inc. v. MacAndrews & Forbes Holding, Inc., 506 A.2d 173, 177 (Del. 1986).

41) Moran, 500 A.2d 1346, 1352.

42) Moran, 500 A.2d 1352.

43) Revlon, Inc. v. MacAndrews & Forbes Holding, Inc., 506 A.2d 173 (Del. 1986); Dynamics Corp. of Am. CTS Corp., 794 F.2d 250 97th Cir. 1986), rev'd on other grounds, 481 U.S. 69 (1987); Dynamics Corp. of Am. CTS Corp., 805 F.2d 705 (7th Cir. 1986).

44) Edward P. Welch et al.,, op. cit., § 157.9, pp. GCL-V-102~105.

상장기준이나 SEC의 규칙에 의해 사전 주주의 승인을 요구한다. 즉, 뉴욕증권거래소 상장기준은 워런트로 인해 보통주식이 발행되는 경우 당해 보통주식의 수가 발행주식총수의 20%를 초과하는 경우 주주총회의 사전승인을 요한다.[45]

전통적으로 SEC나 NASD는 워런트의 발행에 대하여 옵션[46]에 대한 것처럼 제한적이지 않다. 워런트는 전형적으로 다른 증권처럼 사업설명서에 정한 조건에 따라 모집된다. 사업설명서에서는 워런트의 행사가격, 매수자가 현물이나 현금을 지급받는지 여부, 최종 행사일자, 워런트가 미국형인지 유럽형인지 여부, 실행가격의 지급방법, 콜의 특징, 연계지분에 대한 희석화의 효과, 발행회사가 제시된 조건을 변경할 수 있는지 여부 등을 구체적으로 정한다.

워런트를 행사하는 것은 현금교환이다. 그 결과 워런트가 행사되었을 때 발행자는 1933년법 제10조(a)의 요건에 따라 보유자를 대상으로 사업설명서 회의를 개최하여야 한다. 워런트 발행자는 1933년법을 위반하지 않고 워런트의 실행을 보장하기 위하여 연계주식에 대한 사업설명서가 현재 상황을 반영하도록 하여야 한다.[47]

2. 일본

(1) 연혁

일본은 2001년 상법개정에서 신주예약권의 정의를 신주예약권자가 회사에 대해 이를 행사하는 때에 회사가 신주예약권자에게 신주를 발행하거나 또는 회사가 보유하는 자기주식을 이전하는 의무를 부담하는 것으로 정하고 있었다(개정전 상법 제280조의19 제1항).

그러나 2005년 회사법에 따르면 신주예약권이라 함은 주식회사에 대하여 행사함으로써 당해 주식회사의 주식을 교부받을 수 있는 권리를 말한다(일본회사법 제2조 제21호). “주식의 교부”라는 새로운 개념으로 신주발행과 자기주식의 이

---

45) NYSE Listed Company Manual § 312.03 Shareholder Approval
(c) Shareholder approval is required prior to the issuance of common stock, or of securities convertible into or exercisable for common stock, in any transaction or series of related transactions if:
… (2) the number of shares of common stock to be issued is, or will be upon issuance, equal to or in excess of 20 percent of the number of shares of common stock outstanding before the issuance of the common stock or of securities convertible into or exercisable for common stock.

46) 옵션의 경우 매도자가 매수자의 투자경력을 이해하여야 하며, 옵션투자에 대한 위험성을 공시하여야 한다.

47) Bruce N. Hawthorne, John L. Graham & Elizabeth M. Schubert, op. cit., pp. 229-230.

전의 양자를 포함하는 용어로서 사용하고 있다.

이러한 정의는 모집주식[48]의 발행절차에 발행하는 주식 또는 처분하는 자기주식을 인수하는 자를 모집하는 때를 모두 포함하고 있는 데(회사법 제199조 제1항), 이 조항과 조화를 위한 것이다. 또한 회사법에서 주주의 신주인수권 이라는 개념을 폐지하고 있기 때문에 종래 신주인수권의 개념에 의해서 이루어졌던 기능을 신주예약권이 담당하게 되었다.[49] 신주예약권자는 권리행사가액을 불입함에 따라 당연하게 주주로 되기 때문에(회사법 제282조), 신주예약권은 형성권이라고 해석된다.[50]

신주예약권은 2001년 이전에는 이사, 사용인에게 부여되는 스톡옵션 또는 사채발행과 함께하는 경우에만 인정되었다. 그러나 동 개정에 의해 누구에게라도 당해 권리 자체를 (사채에 결부시킬 필요가 없이) 부여할 수 있게 되었다. 이 개정 이후 자금이 부족한 벤처기업이 현금지출에 대신하여 거래처에 발행할 수 있게 되었다. 그 외에 2005년경부터 소위 적대적 기업인수에 대한 평시도입형 방어책의 주요한 방법 가운데 하나로 되었다. 또한 회사법 제정에 따라 취득청구권부주식의 취득가격 등으로서 교부할 수도 있게 되었다.[51]

(2) 신주예약권의 발행

1) 신주예약권의 내용

회사법은 제2편 제3장 신주예약권의 첫머리에 발행절차와 분리하여 신주예약권의 내용에 관한 규정(제236조 제1항)을 신설하였다. 개정전 상법에서는 이러한 사항은 신주예약권의 발행절차에서 규정되었다(개정전 상법 제280조의20 제2항). 회사법에서는 취득청구권부주식이나 취득조항부주식의 취득대가 또는 합병 등의 기업구조조정에서 대가로서 신주예약권을 교부할 수 있는 등, 신주예약권이나 신주예약권부사채를 발행하는 경우 이외에도 주식회사가 신주예약권을 창설하는 경우가 몇 가지 발생하였기 때문에 신주예약권의 내용에 관한 조문을 별도로 두고 있다.[52]

---

48) 일본 회사법은 신주발행이라는 용어를 폐지하고, 신주발행과 자기주식의 처분을 포함한 개념으로 모집주식의 개념을 신설하였다. 따라서 모집은 신주발행과 자기주식처분 절차에 의한 주식의 인수와 배정을 모두 포함하는 개념이다. 모집은 종전의 공모, 제3자배정, 주주배정을 포함하며, 일본 금융상품거래법상 모집의 개념과는 다르다(유영일, "일본 회사법상의 신주예약권에 관한 연구", 「상사판례연구」 제19집 제4권(2006), 417면 주) 30).

49) 江頭憲治朗・門口正人 編, 「會社法大系 2(內藤良祐 執筆部分)」, 青林書院, 2008, 269面.

50) 江頭憲治朗, 株式會社法, 721面.

51) 江頭憲治朗, 株式會社法, 721~722面.

신주예약권의 내용으로 다음 사항을 열거하고 있다(회사법 제236조 제1항).

① 신주예약권의 목적인 주식의 수(종류주식 발행회사의 경우에는 주식의 종류 및 종류별 수) 또는 그 수의 산정방법

② 신주예약권의 행사시 출자될 재산의 가액(권리행사가액) 또는 그 산정방법

③ 금전 이외의 재산을 출자목적으로 하는 때에는 그 취지와 당해 재산의 내용 및 가액

④ 신주예약권의 행사기간

⑤ 신주예약권의 행사에 의해 주식을 발행하는 경우 증가하는 자본금 및 자본준비금에 관한 사항

⑥ 양도에 의한 신주예약권의 취득에 대해서 당해 주식회사의 승인을 요하는 때(양도제한신주예약권)는 그 취지

⑦ 일정한 사유가 생기는 것을 조건으로 하여 당해 회사가 신주예약권을 취득할 수 있는 것으로 한 때(취득조항부신주예약권)는 그 취지와 일정한 사항에 관한 사항, 대가에 관한 사항 등(소각조건)

⑧ 주식회사가 합병, 흡수분할, 신설분할, 주식교환 또는 주식이전을 하는 경우에 신주예약권자에게 합병존속회사 등의 신주예약권을 교부하는 것으로 하는 때는 그 취지와 조건

⑨ 신주예약권을 행사한 신주예약권자에게 교부하는 주식수에 단주가 발생한 경우에, 이것을 절사하는 것으로 하는 때에는 그 취지

⑩ 신주예약권증권을 발행하는 것으로 하는 때에는 그 취지

⑪ ⑩의 경우에 신주예약권자가 기명식과 무기명식 신주예약권증권 간의 전환을 할 수 없는 것으로 하는 때에는 그 취지

신주예약권부사채에 부착된 신주예약권의 수는 당해 신주예약권부사채에 대한 사채금액별로 균등하게 정하여야 한다(제236조 제2항).

신주예약권을 발행하는 때는 그 권리내용의 중요사항을 등기하여야 한다(회사법 제911조 제3항 제12호). 등기사항은 신주예약권의 수, 전술한 ①부터 ④까지의 사항, 행사조건을 정한 때는 그 조건 및 전술한 ⑦의 사항과 더불어 모집시에 정한 모집사항, 즉 모집신주예약권과 교환으로 금전의 납입을 요하지 않는 것으로 하는 경우에는 그 취지(회사법 제238조 제1항 제2호) 또는 모집신주예약권

52) 相澤哲・豊田祐子, "新株豫約權", 「立法擔當者による新・會社法の解說(相澤 哲 編)」, 別冊商事法務 No. 295(2006), 63~64面.

의 납입금액과 그 산정방법(동조 제1항 제3호)으로 되어 있다.

2) 모집신주예약권의 발행절차

모집사항 등의 결정 → 모집사항 등의 공시 → 인수신청희망자에게 정보제공 → 인수신청 → 배정의 결정 → 배정의 통지 → 모집신주예약권의 배정

(가) 모집사항 등의 결정

신주예약권의 발행에 대해서는 신주발행과 마찬가지로 모집의 개념이 사용되며, 모집사항의 결정기관, 배정절차나 이사의 책임 등에 대해서, 모집신주의 발행절차와 거의 유사한 규정이 마련되었다. 즉, 신주예약권을 주식과 같은 자금조달수단으로 위치시켜 주식과 동일한 규정을 정비하였다고 할 수 있다.[53]

모집신주예약권의 발행절차는 모집주식의 발행과 마찬가지로 모집사항[54]의 결정에 대하여 주주배정 이외의 경우(공모, 제3자배정)를 원칙적인 절차로 하고(제238조 이하), 주주배정의 경우를 특칙으로 하여 규정하고 있다(제241조).[55]

(나) 제3자배정 · 공모

(A) 일반 신주예약권의 발행은 이사 등에 대해 인센티브 보수로 부여되는 경우를 비롯하여, 제3자배정의 방법으로 발행되는 경우가 많다. 사채와 함께 발행되는 때는 공모되는 경우도 있다. 제3자배정 또는 공모의 방법에 의해 발행되는 경우에는 원칙적으로 주주총회의 특별결의에 의해 모집사항을 정하여야 한다. 납입조건, 납입금액이 모집신주예약권을 인수한 자에게 특히 유리한 경우에는 이사가 주주총회에서 당해 모집이 필요한 이유를 설명해야 하는 것(제238조 제3항), 종류주식발행회사에 있어서 신주예약권의 목적인 주식의 종류가 양도제한주식인 경우에는 당해 종류주주에 의한 종류주주총회의 특별결의를 요하는 것(제238조 제4항, 제324조 제2항 제3호 정관의 별도의 정함이 가능) 및 주주총회의 특별결의(제309조 제2항 제6호)에 의해 이러한 모집사항의 결정을 이사 · 이사회에 위임하는 것이 인정되는 것(제239조) 등은 모집주식의 발행과 같다. 모집신

---

53) 內藤良祐 編,「新會社法對應 種類株式 · 新株豫約權活用の實務」, 2006, 71面.

54) 모집사항은 ① 모집신주예약권의 내용 및 수, ② 모집신주예약권과 교환으로 금전의 납일을 요하지 않는 경우(무상발행)에는 그 취지, ③ 모집신주예약권의 납입금액 또는 그 산정방법(②의 경우를 제외), ④ 모집신주예약권의 배정일, ⑤ 납입기일을 정한 때는 그 기일, ⑥ 모집신주예약권이 사채에 부착된 것인 경우에는 모집사채의 발행에 관한 사항, ⑦ 모집신주예약권이 사채에 부착된 것인 경우에 당해 신주예약권의 매수청구방법에 대해 별도로 정한 때에는 그 정한 것 등이다(제238조 제1항).

55) 關西法律特許事務所 · 成和共同法律事務所 編,「詳解新會社法の理論と實務」, 民事法研究會, 2006, 237面.

주예약권의 목적인 주식이 양도제한주식인 경우 또는 모집신주예약권이 양도제한신주예약권(제262조 내지 제266조)인 경우에 배정처의 결정에는 주주총회(이사회설치회사의 경우 이사회)의 결의를 요하는 점도 모집주식의 발행 등과 같은 취지이다(제243조 제2항).[56)]

(B) 공개회사의 경우 공개회사(제2조 제5호)에서는 모집신주예약권의 유리발행(제238조 제3항)에 해당하는 경우를 제외하고, 모집사항을 이사회(위원회설치회사의 경우 집행임원에 위임 가능하며 경우에 따라 종류주주총회의 결의를 요한다(제238조 제4항))의 결의에 의해 정해야 한다(제240조 제1항). 배정일 2주 전까지 당해 모집사항을 주주에 대해 통지・공고하여야 한다(제240조 제2항, 제3항. 금융상품거래법에 근거하여 공시되는 경우를 제외한다(회사법 제240조 제4항, 동시행규칙 제53조). 이 점도 모집주식의 발행과 동일하다.[57)]

(다) 주주배정

(A) 일반 주주배정은 주주가 보유하는 주식수에 따라 신주예약권을 배정받을 권리를 부여하는 것이다(발행회사의 자기주식은 제외)(제241조 제2항). 주주배정의 경우에는 모집사항 이외에 ① 주주에게 모집신주예약권의 배정을 받을 권리를 부여하는 취지(제241조 제1항 제1호, 제2항) 및 ② 모집신주예약권의 인수 신청기일(제241조 제1항 제2호, 제243조 제4항)을 정해야 한다.

비공개회사의 주주배정사항은 원칙적으로 주주총회 특별결의에 의해 결정될 필요가 있지만(제241제 제3항 제4호, 제309조 제2항 제6호), 정관에 정함이 있으면 이사(이사회설치회사인 경우 이사회)가 결정할 수 있다(제241조 제3항 제1호, 제2호). 공개회사는 이사회의 결의에 따른다(제241조 제3항 제3호). 전주식양도제한회사인 경우 주주총회 특별결의에 의해 정한다(제243조 제2항, 제309조 제2항 제6호).[58)]

(B) 신주예약권 무상배정 신주예약권은 무상배정 즉, 주주에 대하여 새로운 납입을 시키지 않는 형태로 배정이 이루어지는 경우다(제277조 내지 제279조, 제322조 제1항 제6호). 주주배정의 방법에 의해 모집주식을 발행하는 때에 주주가 당해 배정을 받을 권리를 양도할 수 있도록 하거나, 혹은 적대적 기업매수에 대한 방어를 위해 행해진다.[59)]

---

56) 江頭憲治朗, 株式會社法, 728～729面.
57) 江頭憲治朗, 株式會社法, 731面.
58) 關西法律特許事務所・成和共同法律事務所 編, 前掲書, 243～244面.

(라) 신청 · 배정

모집신주예약권을 배정하는 경우에 주주배정의 방법에 의한 때는 모집주식 발행의 절차와 마찬가지로 회사에 의한 기준일의 공고(제124조 제3항), 기준일의 주주명부상 주주에 대한 권리내용 등의 통지(제241조 제4항, 제242조 제1항, 제4항, 제5항, 동규칙 제54조, 제55조, 사채주식대체법 제184조 제1항), 주주에 의한 신청(제242조 제2항 · 제3항 · 제6항, 제243조 제4항)이 이루어지며, 신청에 대한 배정(제241조 제2항)이 이루어진다. 모집신주예약권의 배정을 받을 권리를 양도하는 절차는 없다.

제3자배정 · 공모방법에 의한 경우도 모집주식의 발행절차와 마찬가지이며, 모집신주예약권을 인수한 자가 1인인 경우(제244조)를 제외하고 회사에 의한 인수의 신청을 하고자 하는 자에 대해 회사가 모집사항 등을 통지하고(제242조 제1항 제4항 · 제5항, 동규칙 제54조 · 제55조), 주주에 의한 신청(제242조 제2항 · 제3항 · 제6항)이 이루어지며, 회사에 의한 배정이 행해진다(제243조 제1항 내지 제3항).

모집신주예약권에 대해서는 그 납입을 기다리지 않고 배정일에 신청자(총액인수자)가 신주예약권자로 된다(제245조 제1항). 신주예약권의 발행 후 2주간 이내에 그 등기를 하여야 한다(제911조 제3항 제12호).[60]

(마) 납입

신주예약권이 무상으로 발행되는 경우는 별개로 하고, 모집신주예약권의 배정을 받은 자는 납입기일을 정한 때(제238조 제1항 제5호)에는 당해 기일, 기타 경우에는 행사기간(제236조 제1항 제4호)의 초일의 전일까지 회사가 정한 납입취급금융기관에 납입금액의 전액을 납입하여야 한다(제246조 제1항 · 제2항). 당해 기일까지 납일을 하지 않은 때에는 당해 모집신주예약권은 행사할 수 없게 되며(제246조 제3항), 당연히 소멸한다(제285조).[61]

(3) 유리발행

1) 유리발행 여부의 판단기준

공개회사인 경우라도 제3자에 대한 특히 유리한 조건으로 발행(유리발행)되는 경우에는 주주총회 특별결의가 요구된다(회사법 제240조 제1항, 제238조 제3

59) 江頭憲治朗, 株式會社法, 733面.

60) 江頭憲治朗, 株式會社法, 733～734面.

61) 江頭憲治朗, 株式會社法, 734面.

항). 또한 이사는 유리발행이 필요한 이유를 주주총회에서 설명하여야 한다(제238조 제3항). 이는 신주예약권의 발행에 따라 기존주주의 경제적 이익을 해칠 가능성이 있기 때문에 주주총회에서 충분한 정보를 제공하고 그 동의를 얻기 위한 것이다.[62]

유리발행에 대해서 회사법 제238조 제3항 제1호는 "금전납입을 요하지 않는 것으로 하는 것이 당해자(신주예약권을 인수한 자)에게 특히 유리한 조건인 때"를 규정하고, 제2호는 금전의 납입을 요하는 경우에 "납입금액이 당해자에게 특히 유리한 금액인 때"를 규정하고 있다.

여기서 특히 문제되는 것은 금전납입을 요하지 않는 것으로 한 경우에 특히 유리한 조건으로 하는 제238조 제3항 제1호가 문제된다. 여기서 우선 특별히 유리한 '금액'으로 하지 않고 특별히 유리한 '조건'으로 한 것은 제1호가 문제되는 때는 납입금액의 문제가 생기지 않기 때문이다. 그렇지만 모집주식을 발행하는 경우처럼 모집신주예약권의 발행에서 유리성 판단은 기존주주가 입게 될 경제적 불이익과 관련되어 결정되며, 발행조건이 유리하다면 금액에 반영하기 때문에 이렇게 표현을 다르게 한다고 해서 금전의 납입이 요구되는 발행과 실질적 차이를 인정해야 하는 것은 아니다. 따라서 발행시점에 있어서 신주예약권의 공정한 가액 즉, 합리적인 가치평가방법에 근거한 금전적 평가를 현저하게 하회하는 조건 또는 금액으로 발행되는 경우에는 유리발행으로 평가해야 할 것이다.[63] 모집신주예약권의 합리적 평가액을 기초로 하여 행사기간 내에 있어서 이익배당의 영향, 혹은 당해 신주예약권의 행사에 의한 희석화 효과를 종합적으로 판단하여 기존 주주가 입는 경제적 불이익이 명백한 경우에는 유리발행이 된다고 본다.[64]

이에 대해 '신주예약권의 납입금액과 신주예약권을 행사하는 때에 출자해야 하는 금액'과의 합계액과, '신주예약권 행사기간 중 주식시가의 평균치'와의 상관관계에서 발행의 유리성 여부를 결정해야 한다는 견해도 제기된다.[65]

이러한 견해에 따르면 예컨대, 신주예약권의 납입금액을 0으로 하고 권리행사시의 출자금액을 10, 주식의 시가 평균치가 10 미만이라면 유리발행에 해당하지 않는다. 이처럼 신주예약권의 금전적 가치를 하회한 액을 납입금액으로 하여

62) 酒巻俊雄 · 龍田節 編, 「逐條解說 會社法 第3卷 株式 · 2/新株豫約權」, 中央經濟社, 2009, 259面 [松井秀征 執筆部分].

63) 酒巻俊雄 · 龍田節 編, 前揭書, 259面; 江頭憲治朗, 前揭書, 714～715面.

64) 酒巻俊雄 · 龍田節 編, 前揭書, 260面.

65) 前田庸, 「會社法入門[第12版]」, 有斐閣, 2009, 317面.

발행한 때에는 기존 주주로부터 신주예약권자로 이유 없이 이익이 이전하는 점이 이론적으로 지적된다.[66] 이러한 이익의 이전을 규율하는 것이야 말로 유리발행 규제의 핵심이라고 생각되는 때, 역시 유리성의 판단은 발행시점에서의 신주예약권의 공정한 가액 즉, 합리적인 평가방법에 근거한 금전적 평가액을 현저하게 하회하는 조건이나 금액인지 여부를 기준으로 해야 한다.[67]

이 점에 대해서 상법 아래에서 하급심판례는 원칙적으로 신주예약권의 금전적 평가액을 기준으로 유리성 판단을 하면서 사업의 특수성을 전제로 하여, 납입금액과 권리행사시의 출자금액의 합계액과 권리행사기간 중의 주가와의 비교에 대해서도 언급하였다. 법원은 "특별히 유리한 조건"에 의한 신주발행이라 함은 공정한 발행가액보다 특히 낮은 가액으로 발행하는 것을 말한다고 본다. 신주예약권의 공정한 발행가액을 현재의 주가, 권리행사가격, 권리행사기간, 금리, 주가변동률의 요소 아래에서 옵션의 평가이론에 근거하여 산출된 가액이라고 해석하고, 이렇게 산출된 가액과 이사회가 정한 발행가액과를 비교하여 이사회에서 정한 발행가액이 이를 크게 하회한 때는 신주예약권의 유리발행에 해당한다고 판시하였다.[68]

모집신주예약권이 신주예약권부사채에 부착되어 소위 전환사채형신주예약권부사채로서 발행되는 경우 실무에서는 모집신주예약권의 납입금액을 0으로 하는 경우가 있었다. 신주예약권부사채에 부착된 모집신주예약권의 금전적 평가액이 0으로 되는 것은 아니기 때문에, 이러한 모집신주예약권의 발행은 형식상 유리발행으로 될 수 있다. 이에 대해 실무운용은 사채부분의 이율은 일반사채의 이율보다 낮게 설정하고 기존 주주에게 생기는 경제적 불이익을 보전함으로써 유리발행이 아니라고 해석하였다. 이러한 실무가 이루어진 배경에는 신주예약권부사채의 신주예약권 부분의 대가와 사채 부분의 대가를 구별하지 않는 회계처리가 증권업계에서 선호되었기 때문이다.[69] 그러나 발행절차 중에 신주예약권의 경제적 가치가 명확하게 되지 않는 취급은 그 가치를 과소평가하기 쉽다는 지적

---

66) 藤田友敬, "オプションの發行と會社法(上)－新株豫約權制度の創設とその問題點", 商事法務 第1622号 20面 以下.

67) 酒巻俊雄・龍田節 編, 前掲書, 263～264面.

68) 東京地決平成17年 3月 11日. 그 후의 하급심판례도 신주예약권의 금전적 평가액을 기준으로 유리성 여부를 판단하는 경향이다(東京地決平成18年 6月 30日).

69) 이를 구별하는 회계처리를 하면 사채부분의 상환금액과 납입금액의 차액을 사채발행차금으로 계상하고, 상환기간까지 상각해야 한다. 이렇게 처리하면 사채이율을 일반사채보다 낮게 하는 장점이 상실된다고 보았다(江頭憲治朗, 株式會社法, 729～730, 735面).

이 있다.[70] 이러한 의미에서 분리표시를 회계처리상 강제한다거나, 또는 발행절차에서 이를 명확하게 하는 입법조치를 하더라도, 양자 모두 입법론적으로 검토의 여지가 있다.[71]

2) 문제되는 사례

(가) (하방)수정조항부신주예약권 신주예약권부사채에 부착된 신주예약권의 주가가 그 권리를 행사할 수 있는 수준까지 상승하지 않는 경우에 대비해서, 권리행사기간 중 일정한 시기에 행사가액을 목적인 주식의 시가를 기준으로 하방으로 수정하는 취지를 정하는 경우가 있다. 하방수정조항은 이를 부착한 신주예약권이 그 납입금액 자체가 특히 유리한 납입금액에 의한 발행으로 평가될 수 있다는 점을 별개로 하면, 유효하다고 본다. 문제는 신주예약권을 발행할 때 이러한 조항이 없었음에도 불구하고 권리행사가액을 하방수정할 수 있는지 여부이다. 신주예약권자 측면에서 불이익이 수반되지 않는 수정이라면, 발행회사로서는 일종의 계약조건의 변경으로서 권리내용의 결정에 대해 권한이 있는 기관이 결정함으로써 가능하다고 해석된다. 다만 이사회 결의에 의해 발행회사에 불리한 변경을 하는 경우에는, 주주 이외에 자에 대한 특히 유리한 조건이 되어 다시 주주총회의 특별결의가 요구되는 사례가 있을 수 있다.[72]

(나) 수정조항부전환사채형신주예약권부사채(MSCB: Moving Strike Convertible Bond)

MSCB라 함은 보통주식으로 전환권이 부여되고 그 전환가액이 정기적으로 수정되는 전환가액수정조항부 전환사채형신주예약권부사채이다.[73] 즉, 주가에 연동된 전환조건이 수정되는 것이며, 그러한 수정을 빈번하게(매월) 하는 채권을 말한다. 일반적으로 공모에 의한 자금조달이 어려운 회사가 많이 이용하고 있다. 주식의 공매도에 의해 권리행사가액을 낮추도록 하기 쉽다는 점과, 1주당 권리행사가액이 항상 그 시점의 주가의 90%가 되도록 설계하고 있다는 점이 문제로 된다. 즉, 장래 희석화 될 위험부담이 없다는 것 자체가 유리한 것이라는 비판이 제기된다.

(다) 권리행사가액수정조항부신주예약권(MSSO: Moving Strike Stock Option)

MSCB와 유사한 구조이지만 신주예약권으로 신주예약권부사채의 형식을 취

70) 江頭憲治朗, 株式會社法, 730面.

71) 酒卷俊雄 · 龍田節 編, 前揭書, 264~265面.

72) 江頭憲治朗, 株式會社法, 725~726面.

73) 川口幸美, “新株豫約權の第3者割當の法的問題”, 「川村正幸先生退職記念論文集 會社法 · 金融法の新展開」, 中央經濟社, 2009, 90面.

하지 않는 것이다.[74] 일본증권협회와 증권거래소가 자율규제를 통하여 MSCB의 발행을 제한함에 따라 그에 대신해서 빈번하게 이용되고 있다.

일본의 경우 최근 신주예약권을 사용하여 사모형의 제3자배정에 의한 자금조달이 증가하고 있다.[75] 이로 인해 신주예약권이 대량으로 행사되어 1주당 주식가치의 희석화가 기존 주주에게 초래하는 불이익이나 거래선과의 배정계약 등에 관한 정보공시가 불투명하다는 법적 문제가 제기되고 있다. MSCB와 MSSO의 제3자배정 증자는 특정한 기업이나 투자펀드에게 신주예약권을 부여하기 때문에, 이것이 대량으로 행사되면 기존 주주의 지주비율이 대폭적으로 인하되어 1주당 이익이 희석화 되고 주가가 하락하는 불이익을 초래한다. 또한 정보공시제도가 불충분하여 정체불명의 해외투자펀드가 거래선으로 되어 발행을 결의하였지만 갑자기 중간에 중지하여 시장을 혼란시키거나, 반사회적 세력의 자금세탁에 이용되는 경우도 있다. 일본의 경우 금융상품거래법에서 감독대상으로 되는 것은 국내에서 자금을 모집한 펀드이고, 해외펀드는 규제대상이 아니며, 또한 국내 자금을 모집하여 조세피난처에 적을 둔 펀드는 규제되지 않는 문제가 제기된다. 이에 따라 뉴욕증권거래소와 NASDAQ은 발행주식총수의 20%를 초과하는 신주(신주예약권 포함)의 발행에 대해서 주주총회의 승인을 얻도록 규제하고 있다. 영국도 마찬가지이다.[76]

(4) 신주예약권의 양도

1) 신주예약권의 양도

(가) 일반적인 양도방법 신주예약권의 양도(입질)방법은 사채의 경우와 마찬가지로 네 가지이다. 증권발행신주예약권(제236조 제1항 제10호, 제249조 제3호 2)에는 i) 기명식, ii) 무기명식 2종류가 있으며, 모두 신주예약권증권의 교부방법에 의한다(제255조 제1항, 제267조 제4항, 제268조 제2항). iii) 증권발행신주예약권 이외의 신주예약권에 대해서는 그 발행결정시에 대체제도의 적용을 받는다는 취지를 정하지 않는 한, 그 양도(입질)는 당사자 간에서는 의사표시에 의해 효력이 발생하고, 신주예약권원부의 명의개서가 회사, 기타 제3자에 대한 대항요건으로 된다(제259조 제1항, 제260조, 제268조 제1항, 제269조, 회사법규칙

74) 江頭憲治朗, 前揭書, 726面.

75) 2007년도 제3자배정 증자에 의한 자금조달은 1조 7200억엔으로 전년에 비하여 1.3배 증가하였다.

76) 川口幸美, 前揭論文, 89~91面. 신주인수권, 신주예약권, 전환권의 규제와 관련하여 발행가액 뿐만 아니라 미국이나 영국처럼 발행수량에 대한 규제도 필요하다고 본다.

제56조). iv) 증권발행신주예약권 이외의 신주예약권 중 그 목적인 주식이 대체주식인 것 등 일정한 요건을 만족하는 것에 대해서는 대체제도의 대상으로 될 수 있으며(대상 여부는 회사가 발행할 때마다 정할 수 있다), 대상으로 한 경우(대체신주예약권)에는 권리의 귀속은 대체계좌부의 기재 · 기록에 의해 정한다(사채주식대체법 제163조, 제174조, 제175조).[77]

(나) 신주예약권의 양도제한 신주예약권의 양도를 제한할 필요가 있는 경우는 i) 이사 등에 대한 인센티브 보수로서 부여되는 경우, ii) 신주예약권의 목적인 주식이 양도제한주식(제2조 제17호)인 경우, iii) 적대적 기업인수에 대한 방어책으로서 신주예약권이 무상배정된 경우, iv) 사채와 동시에 사모에 의해 모집된 경우 등이 있다. 이에 따라 양도제한신주예약권제도가 창설되었으며, 이는 대체제도의 대상으로 될 수 없다(사채주식대체법 제163조).

신주예약권의 발행시에 권리내용으로서 그 양도에 의한 취득에 대해 회사의 승낙을 요하는 것으로도 정한다(제236조 제1항 제6호, 제243조 제2항 제2호). 그렇게 정한 경우에는 권리를 양도하고자 하는 신주예약권자 또는 신주예약권취득자가 회사로부터 양도 등의 승인(승인기관 · 절차 등은 양도제한주식의 경우와 같다(제262조 내지 제266조, 회사법규칙 제57조))을 얻은 후에 신주예약권원부의 명의개서를 하지 않으면, 회사에 대하여(증권발행신주예약권 이외의 신주예약권에 대해서는 기타 제3자에 대해서도) 그 양도 · 취득으로 대항할 수 없다. 또한 회사가 그 양도 · 취득을 승인하지 않은 경우에도, 양도제한주식 사례와는 달리 회사는 그 신주예약권을 매수하거나, 지정매수인을 지정할 의무가 생기지 않는다.[78]

(다) 대체제도에 의한 양도 회사가 발행을 결정할 때에 대체제도의 적용을 받는다는 취지를 정한 신주예약권(대체신주예약권)은 대체계좌부에 기록 · 기재된다. 그 신규 기록절차는 대체주식을 발행하는 경우와 같다(사채주식대체법 제184조, 제166조). 대체신주예약권의 양도 · 입질은 양도인(질권설정자)인 가입자의 대체신청에 의해 양수인(질권자)이 자기의 계좌의 보유란(질권란)에 증가의 기재 · 기록을 받음으로써 효력이 발생한다(사채주식대체법 제174조, 제175조, 제190조).[79]

---

77) 江頭憲治朗, 前揭書, 736面.
78) 江頭憲治朗, 前揭書, 737面.
79) 江頭憲治朗, 前揭書, 738面.

2) 신주예약권원부 신주예약권에 대해서도 주주명부나 사채원부에 준하여 신주예약권원부제도가 창설되었다. 주식회사는 신주예약권을 발행한 날로부터 지체 없이 신주예약권원부를 작성하고, 증권발행의 유무나 기명식 신주예약권증권과 무기명식 신주예약권증권으로 구분하여 법정사항을 기재 또는 기록하여야 한다(제249조).

회사는 신주예약권원부를 작성하여 본점에 비치하여야 하며(제252조 제1항), 주주, 채권자 및 친회사 주주의 열람 등에 제공하여야 한다(제252조 제2항 내지 제4항). 회사의 신주예약권자에 대한 통지 또는 최고에 대해서 주주에 대한 통지에 관한 규정(제126조)에 준하여 규정이 마련되었으며(제253조), 신주예약권원부에 기재 또는 기록된 주소로 발송하면 충분하다. 회사가 주주명부관리인을 두고 있는 경우에는 신주예약권자원부의 작성 및 비치 사무를 주주명부관리인에게 위탁할 수 있다(제251조).[80]

3) 신주예약권증권 회사는 신주예약권을 발행한 일 이후에 신주예약권증권을 발행할 수 있다(제288조 제1항, 제976조 제13호). 다만 납입을 완료하지 않은 신주예약권에 대해 신주예약권증권이 발행되는 것은 바람직하지 않으며(제246조 제3항, 제287조), 또한 증권발행신주예약권으로 할 필요가 있는 것은 투자가를 향한 신주예약권이기 때문에 그 납입기일은 배정일보다 이전에 설정될 것이다(제238조 제1항 제5호, 제246조 제1항, 상업등기법 제65조 제2호).[81] 신주예약권증권은 불발행이 원칙이며 신주예약권의 내용으로서 증권의 발행을 정한 경우에 한하여 신주예약권증권의 발행을 인정한다(제236조 제1항 제10호).[82]

신주예약권증권 중 기명식은 신주예약권원부에 신주예약권자의 성명 등이 기재된 것이며(제249조 제3호), 주권과 거의 대등한 제도이다(신주예약권원부가 주주명부에 해당한다). 신주예약권원부에 권리자의 성명이 기재되어 있지 않은 무기명식(제249조 제1호)이 인정되는 이유는 신주예약권에는 무기명식 사채와 함께 발행되어 후발채로 사채와 분리되어 유통되는 것이 있기 때문이다. 기명식 신주예약권증권이 발행되고 있는 경우에는 증권소지인은 신주예약권원부에 명의개서를 하지 않으면 권리취득을 회사에 대항할 수 없는데 비하여(제257조 제2항), 무기명식 신주예약권증권은 그렇지 않기 때문에(제257조 제3항), 신주예약

80) 前田庸, 前掲書, 321面.
81) 江頭憲治朗, 前掲書, 734面.
82) 關西法律特許事務所 · 成和共同法律事務所 編, 前掲書, 254面.

권을 양도제한신주예약권으로 활용하기 위해서는 기명식이어야 한다. 양도제한 신주예약권(제236조 제1항 제6호, 제243조 제2항 제2호, 제262조 내지 266조)이라는 취지는 증권에 기재되어야 한다(제289조 제2호).

신주예약권증권은 기재사항이 법정되어 있는 요식증권이다(제289조, 제976조 제15호). 신주예약권자의 청구가 있는 때에 한하여 발행하는 취급을 할 수도 있다(제288조 제2항). 특별한 정함이 없는 한, 신주예약권자에 대하여 기명식 · 무기명식 간의 전환청구권이 인정된다(제236조 제1항 제11호, 제290조). 주권과는 달리 공시최고의 대상으로 된다(제291조).[83]

(5) 회사에 의한 취득조항부신주예약권의 취득

1) 의의 신주예약권을 회사가 임의로 신주예약권자로부터 취득하여 소각하는 것은 자유이다(제276조, 제287조). 한편 이사 등에 대한 인센티브 보수로서 신주예약권을 부여한 경우에 이사 등이 단기간에 퇴직하거나, 주주의 이익으로 되는 기업인수 제안이 있어서 포이즌필 목적의 신주예약권을 소멸시킨다거나, 주식교환 · 주식이전에 의해 완전자회사로 되는 회사에 신주예약권이 잔존하여 곤란하게 되는 등, 행사기간 만료 전에 회사가 이를 강제취득하고자 하는 사례가 있을 수 있다. 이에 따라 취득조항부주식에 상당하는 신주예약권의 강제취득 절차가 규정되었다.[84]

2) 절차 등 신주예약권의 발행을 결정할 때 권리내용으로서 그 취득사유 및 취득대가 등을 정하여야 한다(제236조 제1항 제7호). 취득일, 취득대상 신주예약권을 회사가 결정하는 경우(제236조 제1항 제7호 ロ ハ)에 그 결정기관, 취득대상신주예약권의 신주예약권자 · 등록신주예약권질권자에 대한 통지 · 공고, 취득효력의 발생에 대해서는 기본적으로 취득조항부주식과 같다(제273조 내지 제275조, 제293조 제1항 제1호, 제2항 내지 제4항).[85]

(6) 신주예약권의 행사

신주예약권의 행사는 행사기간 내에 ⅰ) 그 행사에 관한 신주예약권의 내용 · 수, 및 ⅱ) 신주예약권의 행사일을 명확히 하여야 한다(제280조 제1항). 신주예약권의 행사에 있어서 금전을 출자목적으로 하는 때는 행사일에 회사가 정한 납입취급 금융기관에 권리행사가액의 전액을 납입하여야 한다(제281조 제1항). 금전

83) 江頭憲治朗, 前掲書, 736~737面.

84) 江頭憲治朗, 前掲書, 738面.

85) 江頭憲治朗, 前掲書, 738~739面.

이외의 재산을 신주예약권 행사의 출자목적으로 하는 때(제236조 제1항 제3호)는 당해 재산을 급부하여야 한다(제281조 제2항, 제284조). 증권발행신주예약권에 대해서는 행사 대상 신주예약권증권을 회사에 제출하여야 한다(제280조 제2항).

신주예약권의 행사가 위법으로 된 경우(출자이행이 없거나, 행사조건의 불성취 등)에는 회사가 주식발행을 하더라도, 그 주식발행은 무효의 소(형성의 소)를 기다리지 않고 당연히 무효 또는 부존재로 된다.

신주예약권자는 신주예약권을 행사한 날에 그 신주예약권의 목적인 주식의 주주가 된다(제282조). 그러나 신주예약권의 행사에 의한 변경의 등기는 매월 말일을 기준으로 2주 이내에 하면 된다(제915조 제3항 제1호, 상업등기법 제57조).[86]

(7) 신주예약권 발행의 하자

1) 발행의 금지 회사가 법령 · 정관에 위반하거나 불공정한 방법에 의해 신주예약권을 발행함에 따라 주주가 불이익을 입을 우려가 있는 경우, 주주는 회사에 대해 그 발행의 금지를 청구할 수 있다(제247조). 신주예약권 무상배정(제277조)의 금지도 가능하다.

2) 신주예약권발행무효의 소 신주예약권의 발행에 대해서도 모집주식의 발행과 마찬가지로 형성소송으로서 대세적 효력(제838조)이 있는 '신주예약권발행무효의 소'(신주예약권부사채에 대해서는 사채발행도 무효로 된다)가 인정되었다. 당해 신주예약권의 행사에 의해 주식발행이 이루어지면 주주의 의결권에 영향을 미치기 때문에 획일적 처리가 필요하기 때문이다.

이러한 소의 대상으로 되는 무효사유는 모집주식의 발행의 경우와 거의 유사하다고 생각된다. 즉, 무효사유로 인정되는 것은 i) 양도제한주식을 목적으로 하는 신주예약권이 주주총회 · 종류주주총회의 결의 없이 발행되거나(제238조 제2항 · 제4항, 제241조 제3항 제4호, 제243조 제2항, 제322조 제1항 제5호), ii) 양도제한주식을 목적으로 하는 신주예약권에 대해 주주배정을 받는 권리(제241조 제2항)를 무시한 채 배정이 이루어지거나, iii) 공개회사에 있어서 모집사항의 통지 · 공고(제240조 제2항 · 제3항)를 흠결한 제3자배정 또는 공모방법에 의한 발행이 되거나, iv) 신주예약권발행금지가처분을 위반하여 발행된 경우 등이다. 이에 비하여 v) 신주예약권의 목적인 주식수가 회사의 교부가능주식수를 초과하고, vi) ii) 내지 iv) 이외의 발행절차상 법령위반, vii) 모집신주예약권에 관한 납

86) 江頭憲治朗, 前掲書, 740面.

입금액이 인수인에게 특히 유리하기 때문에 주주총회의 특별결의를 요하는 경우(제240조 제1항, 제238조 제3항)에 있어서 그 결의가 없거나, viii) 현저하게 불공정한 방법에 의한 발행(제247조 제2호)이기 때문에 주주가 불이익을 받는 등의 경우는 무효사유가 아니다.

또한 이미 발행된 차별적 행사조건이 부착된 신주예약권은 평등원칙에 위반함에도 불구하고 행사될 수 있지만, 그 신주예약권은 신주예약권발행무효의 소를 기다리지 않고 무효라고 해석해야 하며(발행시에 무효의 소를 제기할 여지가 없다), 따라서 그것이 행사되더라도 주식발행은 당연무효로 해석된다.[87]

3) 불공정한 납입금액 등의 경우에 있어서 관련자의 민사책임

이사와 통모하여 현저하게 불공정한 납입금액에 의해 신주예약권의 인수가 이루어진 경우에 그 신주예약권을 행사한 신주예약권자, 그리고 신주예약권 발행시에 정한 것에 비해 현저하게 부족한 가액의 현물출자재산 급부에 의해 신주예약권이 행사된 경우에 그 직무집행에 관여한 이사 등에 대해 모집신주발행의 경우와 유사한 민사책임의 규정이 있다(제285조, 제286조, 회사법규칙 60조 내지 제62조).[88]

Ⅳ. 워런트 도입에 관한 법률문제

1. 현행 상법상 워런트의 도입 가능 여부

현행 상법상 워런트를 발행할 수 있는지 여부에 대해서는 이를 부정하는 견해가 다수설이다. 그 근거로는 i) 신주인수권부사채를 발행할 때 각 신주인수권부사채에 부여된 신주인수권의 행사로 인하여 발행할 주식의 발행가액의 합계액이 각 신주인수권부사채의 금액을 초과할 수 없도록 규정한 상법 제516조의2 제3항의 제한이다. ii) 유가증권법정주의에 의하여 법률에서 명시적으로 규정되지 아니한 증권의 발행이 허용되지 않다. iii) 워런트의 발행으로 기존 주주의 이익이 침해(희석화)될 수 있지만 이에 대한 특별한 대책이 없다.[89] iv) 상법이 예외적으로 주식매수선택권을 입법화한 것은 그 이외에 경우에는 워런트를 부여하지 않는다는 것을 전제로 한다.[90] v) 자기주식거래 금지의 원칙에 위반할 소지가

87) 江頭憲治朗, 前掲書, 743～744面.

88) 江頭憲治朗, 前掲書, 744面.

89) 송옥렬, “포이즌필의 도입에 따른 법정책적 쟁점”, 「상사법연구」 제27권 제2호(2008), 100면.

있다는 것 등이 거론된다.[91]

이에 대해 현행 상법상으로도 워런트의 발행을 긍정하는 견해는 사법상의 유가증권이 아니라 단순한 계약상의 권리로서의 워런트는 유가증권법정주의와 관계없이 창출할 수 있고, 워런트를 증권에 표창하는 것도 본질적으로 동일한 신주인수권증권이 상법에 규정되어 있는 이상 유가증권법정주의에 반하는 것은 아니라고 한다. 주주의 이익침해도 워런트의 발행에 의하여 회사 내지 주주가 이익을 얻는 것을 고려하면 문제되지 않는다는 것이다. 또한 워런트의 발행이 신주인수권의 남발을 제한하는 상법 제516조의2 제3항의 취지를 퇴색시킬 수 있으나 제3자의 신주인수권을 인정하는 이상 워런트를 배제할 이유는 없다는 것이다.[92]

생각건대, 현행법상 워런트와 동일한 기능을 하는 주식매수선택권과 신주인수권부사채 등을 예외적으로 규정하고, 워런트 운용을 위한 다른 제도를 정비하지 않은 점에 비추어 현행 상법상 워런트의 발행을 부정하는 것이 타당하다고 본다. 이처럼 워런트 발행에 대한 법적 불확실성과 관련 제도의 미비로 인하여 법적 위험을 부담하면서 현실적으로 워런트를 발행하기는 어려운 형편이다. 이에 따라 긍정설, 부정설 모두 상법 개정을 통한 워런트의 도입을 강조하고 있다.

2. 용어의 선택 문제

2010월 3월 국회에 회부된 상법개정안(의안번호 제7842호)은 신주인수선택권을 회사가 정관으로 정하는 바에 따라 이사회의 결의로 주주에게 그가 가진 주식의 종류 및 수에 따라 미리 정한가액(행사가액)으로 일정한 기간(행사기간) 내에 회사에 대하여 신주의 발행을 청구할 수 있는 권리로 정의하고 있다(상법개정안 432조의2 제1항).

그러나 워런트로 인해 교부하는 주식은 신주의 발행에 의한 경우뿐만 아니라 자기주식을 교부할 수도 있기 때문에 신주인수선택권이라는 용어는 그 범위를 제한하는 문제가 있다.

일본의 경우에도 2001년 상법개정에서는 신주예약권을 신주예약권자가 회사에 대해 이를 행사하는 때에 회사가 신주예약권자에게 '신주를 발행하거나 또는 회사가 보유하는 자기주식을 이전하는 의무'를 부담하는 것으로 정하고 있었

---

90) 김택주, "포이즌 필의 이용방안과 문제점", 「기업법연구」 제20권 제3호(2006), 150면.

91) 유영일, 전게논문, 455~456면.

92) 이에 관한 자세한 내용은 김건식, 전게논문, 253~257면 참조.

다(일본 개정전상법 제280조의19 제1항). 그러나 2005년 회사법은 신주예약권이라 함은 주식회사에 대하여 행사함으로써 '당해 주식회사의 주식을 교부받을 수 있는 권리'로 규정한다(일본회사법 제2조 제21호). "주식의 교부"라는 새로운 개념으로 신주발행과 자기주식의 이전을 모두 포함하는 용어로서 사용하고 있다.

워런트는 신주발행형과 자기주식 교부형이 있으므로 이를 "신주" 인수선택권이라고 칭하는 것은 그 일부만을 포함하므로 적절한 용어가 아니라고 본다.[93] 또한 현행 상법상 비슷한 어감을 주는 주식매수선택권, 주식매수청구권, 신주인수권 등이 사용되는 점을 고려할 때, 새로운 용어를 추가하여 혼돈을 초래하는 것 보다는 기존의 주식매수선택권이라는 용어를 사용하고, 현행 스톡옵션을 이에 포함시키는 방안이 바람직하다고 본다.[94]

3. 워런트의 도입방식

워런트 제도를 도입하는 경우 먼저 그 도입범위을 정할 필요가 있다. 워런트는 긍정적인 기능에도 불구하고 그 연혁에서 보듯이 투기적 측면으로 인한 폐해도 상당하므로 도입에 신중을 기하여야 한다.

워런트를 도입하는 경우 그 방법은 워런트 기능을 하는 수단을 포괄적으로 규정하는 방식과, 개별적으로 규정하는 방식이 있다. 포괄방식의 경우에는 유사한 기능을 가진 주식매수선택권, 전환사채의 전환권, 신주인수권부사채의 신주인수권증권, 상법개정안의 신주인수선택권을 포괄하여 하나의 제도로 포섭하는 방식이다. 미국의 워런트나 일본의 신주예약권이 이러한 방식을 채택하고 있으며, 이상적인 입법형태라고 할 수 있다. 이러한 형태의 입법을 추진하는 데에는 미국이나 일본 회사법의 경우 주주에게 우선적인 신주인수권을 부여하지 않는데 비해 우리나라는 이를 인정하고 있으므로, 회사의 지배적 이익과 경제적 이익을 둘러싼 주주간 이해조정의 문제가 남는다.[95]

따라서 옵션형 잠재주식인 워런트를 운영한 경험이 부족한 우리나라로서는 이를 전면적으로 수용하기에는 기존 주주간 이해충돌의 조정 등 여러 가지 제도적인 정비가 필요하고, 또한 시장에서 옵션상품을 제대로 운영하기 위한 평가제도의 발달 등 법률 외적인 측면에서의 여건 성숙도 필요하다고 본다.[96]

---

93) 동지, 유영일, 전게논문 457면.

94) 유영일, 전게논문, 457면.

95) 송종준 · 김윤정, "한국형 포이즌 필의 법리 해석과 몇 가지 입법과제－2010년 상법일부개정법률안상 신주인수선택권을 중심으로－", 「증권법연구」 제11권 제1호(2010), 293면.

도입방식으로는 먼저 통합이 가능한 영역부터 출발하여 점차 확대해 나가는 것이 바람직하다고 본다. 우선 기존의 주식매수선택권(stock option)과 상법개정안상의 신주인수선택권을 포함하는 워런트 발행조항을 도입하는 것이 타당하다.[97] 또한 워런트를 도입하는 경우 주식회사의 자금조달수단의 다양화나 옵션제도의 합리화에 중점을 두어야 하며, 단순히 방어수단에 초점을 맞추는 것은 바람직하지 않다.[98] 이 경우 전환사채, 신주인수권부사채, 주식매수선택권 등의 규정에 대한 정비가 필요하게 된다. 워런트가 도입되면 전환사채와 신주인수권부사채는 일본의 신주예약권부사채처럼 장차 워런트와 결부된 하나의 채권으로 통합되어 운영되어야 할 것이다.

4. 워런트의 발행

(1) 발행사항의 결정

워런트의 도입은 정관의 규정에 따라 주주 자치에 의해 도입하도록 하는 것이 바람직하다. 워런트를 도입하는 경우 주주의 지분이 희석화될 가능성이 있으므로 주주의 동의를 거치는 것이 타당하다.[99] 정관에서는 주주 또는 제3자에게 워런트를 부여할 수 있다는 취지, 워런트의 행사에 의해 발행하는 주식의 종류 및 발행한도, 워런트의 양도제한에 관한 사항, 신주를 발행하는 경우 증가하는 자본금 및 자본준비금에 관한 사항 등 기본적인 사항만 정하고, 포이즌필을 도입할 경우 그 근거에 관한 사항도 정한다.

워런트의 발행은 그 배정방식에 따라 주주배정과 제3자배정으로 구분할 수 있다. 워런트는 옵션의 성격을 가진 잠재적 주식이므로 그 발행은 신주발행절차에 준하는 것이 타당하다. 최근 주주에게 우선적으로 신주인수권을 부여하는 방식에 대하여 좀 더 유연한 제도의 운영해야 한다는 주장이 제기된다. 신주인수권제도를 근간으로 한 자본제도의 체계에 관한 재검토의 필요성이 제기되기도 한다.

---

96) 일본의 경우에도 2001년 신주예약권 제도를 도입함으로써 옵션제도를 본격적으로 상법에 수용하였지만, 일본 기업들은 풍부한 자금을 바탕으로 이미 1960년대부터 미국의 워런트 시장에서 주요 고객으로 등장하여 장기간 워런트 운영경험을 축적하고 있었다는 사실을 인식할 필요가 있다.

97) 김건식, 전게논문 260면; 김택주, 전게논문, 150면; 박세화, 전게논문, 214면; 박철영, 전게논문, 27면; 송종준, "경영권 방어수단 도입의 전제조건", 「기업법연구」 제19권 제4호(2005), 223면; 유영일, 전게논문, 455면.

98) 유영일, 전게논문 456면; 같은 취지, 송옥렬, "포이즌필의 도입 가능성－일본에서의 논의를 중심으로－", 「BFL」 제12호(2005), 50면; 권재열, "한국형 포이즌 필의 도입에 관한 연구－2009년 12월 법무부가 입법예고한 상법 일부개정법률안에 대한 검토－", 「경영법률」 제20집 제2호(2010), 389면.

99) 송종준 · 김윤정, 전게논문, 293면.

이러한 논의와 별개로 워런트를 상법상 도입하는 경우 기존 주주의 이익을 배려하기 위하여 현재로서는 신주인수권 규정을 활용하는 방식이 타당하다고 본다.

워런트를 발행하여 워런트 보유자가 권리를 행사하면 기존 주주의 지분이 희석화 된다. 따라서 주주의 신주인수권을 인정하는 한 워런트를 발행하는 경우에도 주주배정 방식을 원칙으로 할 수밖에 없을 것이다. 주주배정 방식을 채택하는 경우에는 워런트의 발행은 정관의 수권에 따라 이사회가 정하도록 하는 것이 타당하다.

그러나 현실적으로 자금조달 등을 위하여 워런트를 발행하는 때에는 제3자 배정 방식이 선호된다. 워런트를 제3자에게 발행하면 기존 주주들의 주식의 지분 비율이 감소함으로써 주주의 이익이 침해된다. 제3자 배정 문제는 전환사채(제513조 제3항)나 신주인수권부사채(제516조의2 제4항)의 경우에도 발생하는데 이 때에는 주주의 신주인수권에 관한 규정을 준용함으로써 해결하고 있다. 이 규정을 워런트를 발행하는 경우에도 적용할 수 있을 것이다. 즉, "주주 이외의 자에게 워런트를 발행하는 경우에 워런트의 목적인 주식의 종류와 수, 워런트의 발행가액 및 행사가액, 행사기간에 대하여 정관에 규정이 없으면 제434조의 결의로써 이를 정하여야 한다. 이 경우 제418조 제2항 단서[100]의 규정을 준용한다."고 규정함으로써 주주간 이익충돌의 문제를 해결하는 방안이 제시된다.[101]

현행 주식매수선택권은 정관이 정하는 바에 따라 주주총회의 특별결의에 의하여 발행하는데(상법 제340조의2), 이는 그 부여대상이 주주 아닌 제3자이고 특별히 유리한 가격으로 주식을 인수할 권리를 부여하기 때문이다. 스톡옵션 등 특별히 유리한 가격으로 발행하는 경우에는 정관이나 주주총회의 특별결의에 의하도록 규정하는 것이 타당하다. 이 경우 이사는 유리발행이 필요한 이유를 주주총회에서 설명하도록 하여야 한다. 유리발행은 기존 주주의 경제적 이익을 침해할 가능성이 있으므로 주주총회에서 충분한 정보를 제공하고 주주의 동의를 얻도록 할 필요가 있다.

이사회 또는 주주총회에서 결의할 사항은 워런트의 행사로 발행할 주식의 종류와 수, 발행가격, 행사가격, 행사기간 등이 될 것이다. 현재의 신주인수권부사채의 경우와 같이 워런트의 행사로 인하여 발행할 주식수는 그 행사기간 동안

---

100) 제418조 제2항 단서 : 다만, 이 경우에는 신기술의 도입, 재무구조의 개선 등 회사의 경영상 목적을 달성하기 위하여 필요한 경우에 한한다.

101) 송옥렬, "포이즌필의 도입에 따른 법정책적 쟁점", 「상사법연구」 제27권 제2호(2008), 100~101면; 동지, 김건식, 전게논문, 261면.

발행주식총수 중에 유보하여야 할 것이다(상법 제516조의10, 제516조 제1항, 제346조 제2항). 그렇다면 워런트의 발행한도는 정관이나 주주총회결의로 정할 것이지 상법상 따로 부과할 필요는 없을 것이다. 워런트의 발행한도는 기존 주주의 이익을 희석화 시킬 수 있는 범위를 설정한다. 워런트로 인한 기존 주주의 이익을 보호하기 위하여 미국, 영국의 경우 워런트의 발행한도에 관하여 일정한 제한을 하고 있다. 즉, 증권거래소 상장규정을 통하여 발행주식총수의 20%를 초과하는 워런트의 발행은 주주총회의 승인을 얻도록 규제하고 있다. 일본 동경증권거래소의 경우에도 2009년 8월 24일 '유가증권상장규정'을 개정하여 의결권의 25%를 초과하여 모집주식 등을 제3자에게 배정하는 경우 주주총회의 승인을 얻도록 하고 있다.[102)]

(2) 발행가격 및 행사가격

현재 워런트의 하나인 신주인수권부사채의 신주인수권은 사채에 부속되는 권리이므로 그 독자적인 가치를 결정하지 아니한다. 그러나 독자적으로 발행되는 워런트의 경우 그 공정한 가액을 평가하여 이를 기준으로 발행가격 및 행사가격을 결정하여야 한다. 워런트는 잠재적인 주식이므로 현행 스톡옵션의 경우와 같이 대상주식의 실질가액을 공정한 가격으로 볼 수 있다. 주권상장법인의 경우 워런트 부여일 전 일정기간 동안의 평균주가가 될 것이다. 워런트의 행사가격은 반드시 확정금액으로 정하여야 하는 것은 아니고 이와 같이 산정한 실질가액에 일정비율을 곱하는 산식으로 정하는 것도 허용될 수 있을 것이다.

워런트가 도입되어 실제로 운영될 경우 워런트의 공정한 가액의 평가문제는 가장 빈번하게 발생하는 법률문제이다. 특히 유리한 발행인지 여부를 판단하는 전제로서 옵션가액의 평가문제가 수반된다. 유리발행인지 여부는 결국 발행시점에서 워런트의 공정한 가액 즉, 합리적인 평가방법에 근거한 금전적 평가액을 현저하게 하회하는 조건이나 금액인지 여부로 판단하는 것이 타당하다. 전술한 일본 하급심판례는 워런트의 공정한 발행가액을 현재의 주가, 권리행사가격, 권리행사기간, 금리, 주가변동률의 요소 아래에서 옵션의 평가이론에 근거하여 산출된 가액이라고 해석하고, 이렇게 산출된 가액과 이사회가 정한 발행가액과를 비교하여 이사회에서 정한 발행가액이 이를 크게 하회한 때는 신주예약권의 유리발행에 해당한다고 판시하였는데,[103)] 향후 유리발행 여부를 평가하는데 유익한

102) 東京證券去來所, 有價證券上場規程(2010年 3月 10日 現在) 第432條.

103) 東京地決平成17年 3月 11日. 그 후의 하급심판례도 신주예약권의 금전적 평가액을 기준으로 유

기준이라고 본다.

5. 워런트의 양도

(1) 워런트의 양도방법

워런트는 자유롭게 양도할 수 있어야 할 것이다. 다만 포이즌필 목적이나, 스톡옵션으로 발행한 경우, 업무제휴 또는 안정주주의 확보를 목적으로 발행하는 경우 등에는 양도제한이 불가피하므로 예외적으로 이사회의 승인을 받도록 하는 것도 필요하다. 양도승인에 대해서는 정관에 의한 주식양도제한에 관한 규정(제335조의2 내지 제335조의7)을 준용할 수 있을 것이다.

이러한 워런트의 관리를 위해서는 워런트명부가 필요하며, 이에 대해서는 주주명부나 사채원부에 관한 규정을 준용할 수 있을 것이다. 무기명식증권의 경우 주권과 같이 증권의 교부에 의하여 양도의 효력이 발생하고, 기명식증권을 발행한 경우에는 증권의 교부 이외에 워런트명부에 기재를 회사에 대한 대항요건으로 한다.[104]

(2) 워런트증권

워런트의 경우도 신주인수권증권과 마찬가지로 그 유통의 원활화를 위하여 유가증권을 발행할 필요가 있다. 워런트를 양도 가능한 것으로 할 때에는 상법상 신주인수권부사채의 신주인수권증권에 관한 규정을 준용할 수 있을 것이다.[105] 즉, 현재의 신주인수권증권과 마찬가지로 워런트를 표창한 증권으로서 워런트증권을 발행할 수 있다. 이는 권리의 내용 중 인수대상에 있어 차이가 있을 뿐 신주인수권증권과 같은 성질과 내용의 유가증권으로서 "일정한 행사기간 내에 일정한 행사가격으로 일정한 수량의 발행회사의 주식을 취득할 수 있는 권리를 표창하는 유가증권"이라고 정의될 수 있다.

다만 워런트증권은 워런트를 유통하는 수단이므로 워런트의 보유자가 그 유통의 필요를 느끼지 못하는 경우에는 이를 발행할 필요가 없다. 즉, 신주인수권증서와 같이(상법 제416조 제6호) 그 권리자의 청구가 있는 경우에만 발행할 수 있도록 할 필요가 있다. 그러나 그 유통기간은 신주인수권증서와 달리 장기이므로 발행청구기간을 설정할 필요는 없을 것이다.

리성 여부를 판단하는 경향이다(東京地決平成18年 6月 30日).

104) 송종준 · 김윤정, 전게논문, 294면.

105) 김건식, 전게논문, 261면.

워런트증권의 권리추정력, 선의취득 및 제권판결에 대해서는 신주인수권증권의 규정을 준용하여 해결할 수 있을 것이다(제516조의6 제2항, 제336조 제2항, 제360조, 수표법 제21조). 현행 신주인수권증권이나 신주인수권증서의 경우에는 인수자의 성명을 기재하지 않으므로 무기명증권이다(제516조의5 제2항, 제420조의2 제2항).[106] 워런트증권의 경우 회사가 기명식이나 무기명식을 선택할 수 있도록 하는 것이 바람직하다. 기명식의 경우 '워런트명부'에 워런트 보유자의 성명 또는 명칭을 기재하도록 하고, 이를 회사에 대하여 대항요건을 할 수 있을 것이다.

(3) 워런트명부

워런트를 발행하는 경우 워런트의 권리관계를 관리를 위하여 주주명부처럼 워런트명부가 필요하다. 일본은 신주예약권원부 제도를 도입하고 있다. 주식회사는 워런트를 발행한 날로부터 지체 없이 워런트명부를 작성하고, 워런트증권을 발행하지 않은 경우와 발행한 경우는 기명식과 무기명식으로 구분하여 법정사항을 기재 또는 기록하도록 한다(일본회사법 제249조). 워런트증권을 발행하지 않은 경우에는 워런트보유자의 성명 또는 명칭과 주소, 워런트의 내용과 수, 워런트 취득일 등 세 가지를 기재한다. 무기명식의 경우에는 증권의 번호, 워런트의 내용과 수를 기재하고, 기명식인 경우에는 워런트보유자의 성명 또는 명칭과 주소, 워런트의 내용과 수, 워런트 취득일 및 증권번호를 기재한다.

회사는 워런트명부를 작성하여 본점에 비치하고, 주주, 채권자 및 친회사 주주의 열람 등에 제공하도록 한다. 회사의 워런트 보유자에 대한 통지 또는 최고에 대해서는 워런트명부에 기재 또는 기록된 주소로 발송하면 충분하다. 회사가 주주명부관리인을 두고 있는 경우에는 워런트명부의 작성 및 비치 사무를 주주명부관리인에게 위탁할 수 있도록 한다(일본회사법 제251조).[107]

6. 워런트의 행사

워런트 보유자가 그 권리를 행사하면 회사는 신주를 발행하거나 보유하고 있는 자기주식을 교부하게 된다. 신주를 발행하는 경우 워런트를 발행할 때와 행사할 때 2차례 납입이 있게 된다. 이 경우 신주의 발행가액은 워런트의 발행가액과 행사가액의 합계액이 될 것이다. 워런트는 그 보유자의 권리(option)일 뿐 의무는 아니므로 주식의 가격이 행사가격보다 낮은 경우에는 이를 행사하지 않을

106) 이철송, 「회사법강의[제22판]」, 박영사, 2014, 1024면.
107) 前田庸, 前揭書, 321面.

수 있다. 워런트는 행사기간 내에 이를 행사하지 않는 경우 소멸한다. 워런트의 일부만을 행사하는 것은 가능할 것이다.

워런트의 행사에 대해서는 신주인수권부사채에 부착된 신주인수권의 행사에 관한 규정(제516조의8, 516조의9)을 준용할 수 있을 것이다. 즉, 워런트를 행사하려는 자는 청구서 2통을 회사에 제출하고, 신주의 행사가액의 전액을 납입하여야 한다. 이 경우 워런트증권이 발행된 경우에는 이를 첨부하여야 한다. 행사가액의 납입은 워런트증권에 기재한 은행 기타 금융기관의 납입장소에서 하여야 한다. 워런트를 행사한 자는 납입한 때에 주주가 된다(제516조의8). 주주명부폐쇄기간 중에 워런트를 행사하여 주주가 된 자는 그 기간 중의 총회의 결의에 관해서는 의결권을 행사할 수 없다(제516조의9, 제350조 제2항). 워런트를 행사하여 주주가 된 자는 이익배당에 관해서는 워런트가 행사한 때가 속하는 영업년도말에 워런트를 행사한 것으로 본다. 다만 정관의 정함에 따라 직전 영업년도에 행사한 것으로 할 수 있다(제516조의9, 제350조 제3항).

7. 워런트의 상환

워런트의 상환조항은 자금조달목적의 워런트에는 적용되지 않고 포이즌필형 워런트에 적용하기 위한 조항이다. 2010년 3월 상법개정안 제432조의7에서 규정한 것처럼 정관의 규정을 적용하여 워런트를 상환하는 때에는 이사회의 결의로써 상환에 관한 사항을 정한다. 즉, 상환하는 뜻 및 사유, 상환하는 워런트의 범위, 상환의 효력발생일, 상환의 대가로 교부할 신주 또는 금전, 그 밖의 재산의 구체적인 내용, 주주의 일부에 대하여 상환에 차별을 하는 경우 그 내용 및 해당 주주의 범위 등이다(개정안 제432조의7 제1항). 상환결의는 이사 총수의 3분의 2 이상으로 하고, 결의 후 결의내용을 지체 없이 공고해야 하며, 공고는 적어도 상환의 효력발생일 2주전에 하여야 한다(동조 제2항).

이 조항은 방어수단의 목적으로 주주에게 무상배정한 워런트를 회사가 강제로 취득하기 위한 조항으로 일본의 취득조항부신주예약권의 유사한 기능을 가진다. 이를 통해 방어수단이 불필요하게 된 경우 회수하거나, 방어수단을 발동할 필요가 있을 경우에는 매수자의 워런트를 강제로 취득하여 소각할 수 있다.[108)]

108) 전국경제인연합회, 모범회사법, 2010, 253~254면.

8. 워런트 발행의 하자

워런트의 발행에 하자가 있는 경우 워런트 발행의 유지청구를 하거나 무효확인소송을 제기할 수 있다. 2010년 3월 상법개정안 제432조의8은 회사가 법령 또는 정관을 위반하거나 현저하게 불공정한 방법으로 워런트를 부여 또는 상환하거나 그 행사를 제한하여 주주가 불이익을 받을 염려가 있는 경우, 그 주주는 회사에 대하여 그 행위의 留止 또는 그로 인한 워런트의 발행의 유지를 청구할 수 있다고 규정한다. 또한 신주발행무효의 소에 관한 규정(제429조 내지 제431조)을 준용하고 있다. 이에 따라 주주, 이사 또는 감사는 워런트를 발행한 날로부터 6개월 이내에 소만으로 무효를 주장할 수 있으며, 무효판결에는 대세적 효력과 불소급효가 인정된다.

무효원인은 신주발행의 무효원인과 동일하지만 신주발행은 자금조달이라는 조직법적 행위와 신주의 주주와 그 양수인에 미치는 영향이 크다는 점에서 무효원인이 제한된다. 그러나 워런트의 경우 장래 주식발행이나 자기주식을 교부받을 수 있는 권리에 불과하다는 점에서 무효원인을 엄격하게 해석할 필요는 없다.[109] 일본의 경우 통설과 판례는 유리발행 규제에 위반한 워런트의 발행은 무효사유가 아니라고 한다.[110]

한편 워런트 발행 부존재 확인의 소에 대해서는 2010년 3월 상법개정안에도 명문의 규정이 없으며, 우리나라 통설, 판례는 신주발행부존재확인의 소를 인정하고 있다.[111] 워런트에 대해서도 부존재확인의 소를 인정하는 것이 타당하다고 본다. 일본 회사법은 신주예약권발행 부존재확인의 소를 명문으로 인정하고(일본 회사법 제829조 제3항), 그 무효판결에 대하여 대세적 효력과 불소급효를 인정한다(동법 제838조, 제839조).

9. 신주인수권부사채, 주식매수선택권(stock option) 등의 취급

새로운 워런트 제도를 도입하여 워런트를 독립적인 권리로 발행하면 현재의 신주인수권부사채 및 전환사채는 따로 규정할 필요가 없게 된다. 사채를 발행하면서 이에 워런트를 부가하면(전환사채의 경우에는 사채의 주식으로의 전환에

---

109) 新谷勝, 『敵對的企業買收－原因と對策に關する法律問題のすべて－[改訂版]』, 稅務經理社, 2005, 242面.

110) 유영일, 전게논문, 445면.

111) 이철송, 전게서, 903면; 대법원 1989. 7. 25. 선고, 87다카2316 판결.

관한 조건을 추가하면 된다)[112] 충분하다. 분리형 신주인수권부사채를 발행하는 경우에는 사채와 워런트를 동시에 발행하면 된다. 즉, 일본의 경우와 같이 신주인수권부사채를 워런트부사채로 그 명칭을 변경하되 비분리형만 인정하고, 전환사채는 이를 별도로 규정하지 않고 워런트부사채의 한 유형으로 규정할 필요가 있다.[113] 비분리형 워런트부사채만 인정될 경우 현재의 신주인수권증권과 같은 워런트증권은 발행되지 않고 워런트는 債券에 의하여 표창되게 된다.

문제가 되는 것은 워런트부사채 및 전환사채의 권리행사로 인하여 사채권자가 취득하게 되는 주식에 발행회사의 신주뿐만 아니라 구주(자기주식)도 포함될 수 있는지 여부이다. 대부분의 경우 신주를 대상으로 할 것으로 예상되나, 구주를 대상으로 하더라도 별 다른 문제는 없다. 오히려 신주의 발행에 따른 주주의 지분희석화의 문제를 방지할 수 있는 장점이 있다. 따라서 워런트가 도입될 경우에는 구주를 대상으로 하는 워런트부사채를 허용하는 것이 바람직할 것이다.

Ⅴ. 결어

우리나라 경제규모가 커지고 기업들의 글로벌 경영활동이 증가함에 따라, 회사법 제도에 대하여 지속적인 변화가 요구되고 있다. 최근에 들어서는 특히 기업의 자금조달과 자본제도의 효율성에 대한 논의가 증가하고 있다.

정부는 적대적 M&A에 대한 방어책의 일환으로 한국형 포이즌필 제도를 도입하기 위한 상법개정안을 2010년 3월 국회에 상정하였으나 통과되지 못하였다. 그 내용은 워런트의 기능 중 일부를 활용하는 것이다. 그 동안 워런트에 대한 도입의 필요성은 여러 차례 제기되었으나 본격적인 논의나 검토는 별로 이루어지지 않았다. 그러나 우리 상법에서도 이미 워런트의 일부인 주식매수선택권이나 신주인수권부사채의 신주인수권증권 등이 도입되어 운영되고 있다.

이 장에서는 우선 미국 및 일본을 중심으로 워런트 제도의 내용을 분석하고 우리나라에 도입하는 경우 검토해야 하는 법적 문제들을 검토하였다. 현행 상법상 워런트 도입이 가능한지 여부, 워런트 용어에 대한 검토, 워런트를 도입하는 경우 워런트의 도입방식 · 발행 · 양도 · 행사 · 상환 · 발행의 하자 등을 중심으로

---

112) 신주인수권부사채를 비분리형 · 대용납입형으로 발행하면 전환사채의 발행과 동일한 내용이 된다.

113) 일본 회사법은 신주예약권부사채를 이와 같이 규정하고 있다(일본 회사법 제254조 제2항 · 제3항, 제267조 제2항 · 제3항).

논의하였다.

워런트는 벤처기업이나 적격투자등급에 도달하지 못한 기업들의 자금조달, 또는 기업구조조정, 적대적 M&A에 대한 방어수단 등 다양한 용도로 활용될 수 있다. 그러나 워런트는 본질적 성격이 콜옵션으로서 파생상품이기 때문에 제도가 제대로 작동하지 않을 경우 기존 주주의 지분을 희석시켜 손해를 초래하는 부작용도 과소평가할 수 없다. 따라서 워런트 제도를 도입하기 위한 주요국의 제도를 철저하게 분석한 후 부분별로 점진적으로 도입해 나아가는 방향이 바람직하다고 본다.

제 8 장

자본금 제도상 채권자 보호의 법적 과제

8

자본금 제도상 채권자 보호의 법적 과제*

Ⅰ. 서설

일반적으로 자본금제도[1]의 목적은 크게 두 가지로 분류된다. 첫째, 자본금은 주주의 개별적인 권리의 근거를 형성하기 때문에 조직적인 기능을 가진다. 이는 1주 1의결권이나 주주의 신주인수권 등에서 나타난다. 둘째, 회사채권자로 위험이 이전하기 전에 손실을 흡수하는 쿠션을 제공한다. 대륙법계의 관점에서는 주식회사의 경우 주주가 유한책임만을 부담하기 때문에 회사채권자의 보호를 위하여 유일한 담보재산인 회사재산의 유지를 위한 것으로 설명된다. 이 기능은 순자산에서 자본금을 공제한 금액 이상으로 배당하지 못하게 할 뿐만 아니라 부채가 자산을 초과하는 때, 즉 지급불능이 임박하는 때 이를 경고하는 기능도 한다.[2]

최근 유럽은 자본금제도를 둘러싸고 많은 논의가 있었는데, 회사법 제2지침[3]을 중심으로 하는 전통적인 자본금제도를 지지하는 견해와 채권자보호에 치우진 기존의 자본제도에 대한 비판적인 견해로 나누어진다. 이러한 견해의 차이는 대륙법계와 영미법계의 자본조달시장의 특징에도 기인한다. 영미법계는 채무자에 우호적인데 반하여 유럽법계는 채권자에 우호적이다. 이는 미국의 경우 자본시장을 통한 직접적인 자금조달(equity financing)이 발달된데 비해, 유럽의 경

---

* 이 장은 "자본금 제도상 채권자 보호의 법적 과제", 「기업법연구」 제26권 제2호(2012), 9~52면을 수정 · 보완한 것이다.

1) 이 장에서는 특별한 언급이 없는 한 자본금제도는 자본금과 법정준비금 제도 등을 포함한 광의의 개념으로 사용하고자 한다.

2) Jean-Marie Nelissen Grade & Matthias Wauters, "Reforming Legal Capital: Harmonization or Fragmentation of Creditor Protection?", 「The European Company Law Action Plan Revisited」, Leuven University Press, 2010, pp. 32-34.

3) Directive 2006/68/EC of the European Parliament and of the Council of 6 September 2006 amending Council Directive 77/91/EEC as regards the formation of public limited liability companies and the maintenance and alteration of their capital, Official Journal L 264, 25/09/2006 pp. 32-36.

우 은행차입 등을 통한 자금조달(debt financing)이 발달된데 기인한다. 그러나 이러한 차이점은 자본시장이 국제화됨에 따라 점차 사라질 것으로 보인다.[4)]

자본금제도는 회계제도나 공시제도가 충분하게 발전하지 않았던 시절에는 회사채권자를 보호하는 데에 중요한 역할을 해 왔다. 그러나 회계제도 내지 재무구조의 평가방법과 감사제도 및 공시제도가 발달한 현 시점에서는 자본금제도의 근본적인 재검토가 필요하다는 주장이 제기된다. 특히 기업활동이 다양화하고, 금융수단이 혁신되어 재무구조가 복잡해진 오늘날 일정한 금액을 공시하여 그에 상당하는 순자산을 유지하도록 획일적으로 규제하는 자본금제도의 의의는 감소하고 있다.[5)]

또한 오늘날 기업의 주요 채권기관인 금융기관이 자금을 대여할 때 그 기업의 자본금이나 법정준비금의 적립 상황에 크게 의존하지는 않는 것으로 보인다. 오히려 대출계약상의 재무제한조항, 기업에 대한 신용평가기관의 평가나 자기자본비율, 적절한 담보력의 유무, 주력사업의 시장전망 등에 더 의존하는 경향이 높다. 이에 따라 자본금제도가 당초 기대하였던 채권자의 보호 역할은 제대로 하지 못하는 반면 재무구조를 경직화하고, 절차를 번거롭게 하며 전문가의 평가나 법률자문 등으로 인해 기업의 비용부담을 증가시킨다는 비판을 받게 되었다.[6)] 특히 현물출자나 부실기업에 대한 출자를 어렵게 하는 등 회사의 원활한 운영을 저해하는 문제도 제기되기에 이르렀다.[7)]

2011년 개정상법은 자본금에 관한 규정에 대하여 미국에서 발달된 재무이론을 수용한 일본법을 대폭적으로 받아들임으로써 잉여금 분배에 관하여 상당한 신축성을 부여하였다. 그러나 채권자보호에 관해서는 별다른 규정을 하지 않음에 따라 그 보완이 필요한 실정이다.

---

4) Friedrich Kübler, "The Rules of Capital Under Pressure of the Securities Markets", 「Capital Markets and Company Law(Klaus J. Hopt & Eddy Wymeersch ed.)」, Oxford University Press, 2003, p. 108.

5) 森本 滋, "序論－わが國會社法の資本制度關聯改正の動向", 「商事法務」 No. 1601 (2001), 5面. 예컨대, 금융기관의 재무구조 건전성이 자본금제도와는 이질적인 자기자본규제비율에 의해 평가되고, 미국의 배당규정은 자산부채비율기준이나 지불불능기준 등에 따르고 있다.

6) Luca Enriques & Jonathan R. Macey, "Creditors versus Capital Formation: The Case against the European Legal Capital Rules", 86 Cornell L. Rev. 1165, 1184-85 (2001); 권기범, "주식회사의 자본감소에 관한 연구", 「상사법연구」 제23권 제1호 (한국상사법학회, 2004), 105면; 森本 滋, 前揭論文, 5面.

7) 김건식, "자본제도와 유연한 회사법", 「절차적 정의와 법의 지배(이창희 · 장승화 편)」, 박영사, 2003, 129면.

이 장은 최근 유럽의 자본금제도에 대한 논의동향을 검토하고, 2011년 개정된 최저자본금의 폐지, 무액면주식 제도, 현물출자 규제 완화, 주식소각, 자본금 및 준비금의 감소 그리고 이익배당 등을 논의한다. 또한 자본금제도 및 배당규제상 채권자보호에 관한 법적 쟁점을 분석한다.

Ⅱ. 유럽에서의 자본금 제도 개정 논의동향

1. 논의의 경과

유럽에서는 지난 20년간 채권자보호에 관한 활발한 논의가 이루어졌다.[8] EU회사법 제2지침의 법정자본금제도가 효용에 비해 비용이 너무 높다는 비판을 받아왔다.[9] 이에 따라 채권자보호를 위한 대체수단으로서 미국의 지급가능기준(solvency test)이 제시되었다. 그러나 법정자본금제도를 옹호하는 주장이 또한 상당한 것도 사실이다.[10] 2006년 회사법 제2지침이 개정된 이후에는 법정자본금제도의 개혁을 위한 움직임이 중단되었다.[11] 그 이유는 EU 집행위원회가 KPMG

8) 미국, 유럽, 일본 등 주요국의 자본금제도에 대해서는 국내에 이미 선행연구가 많으므로 여기서는 최근 유럽에서의 논의동향만 간략히 소개한다.

9) 법정자본금제도의 비판에 관한 대표적인 문헌으로는 J. Rickford, "Reforming Capital", 15 European Business Law Review 919 (2004); idem, "Legal Approaches to Restricting Distribution to Shareholder - Balance Sheet Tests and Solvency Tests", 7 European Business Organization Law Review 153 (2006); J. Armour, "Share Capital and Capital Protection: Efficient Rules for a Modern Company Law", 63 Modern Law Review 355 (2000); idem, "Legal Capital - An Outdated Concept?", 6 European Business Organization Law Review 5 (2006); P. Davies, 「Gower and Davies' Principles of Modern Company Law」, 8th ed., Sweet & Maxwell, 2008, paras 11-1 et seq, 11-15; E. Ferran, "The Place of Creditor Protection on the Agenda for Modernisation of Company Law in the European Union", 3 European Company and Financial Law Review 178 (2006); L. Enriques and J. Macey, "Creditors versus Capital Formation: The Case against the European Legal Capital Rules", 86 Cornell Law Review 1165 (2001); P. Mülbert & M. Birke, "Legal Capital - Is there a Case against the European Legal Capital Rules?", 5 European Business Organization Law Review 695 (2004); H. Schutte-Veenstra, H. Boschma, & M-L. Lennarts, 「Alternative Systems for Creditor Protection」, Kluwer, 2005 등 참조.

10) 법정자본금제도 옹호론자의 대표적인 문헌으로는 Marcus Lutter, ed., 「Legal Capital of Public Companies in Europe」, European Company and Financial Law Review Special Volume 1, De Gruyter Recht, 2006; M. Miola, "Legal Capital and Limited Liability Companies: The European Perspective", 2 European Company and Financial Law Review 413 (2005); H. Merkt, "Creditor Protection and Capital Maintenance from a German Perspective", 15 European Business Law Review 1054 (2004); W. Schön, "The Future of Legal Capital", 5 European Business Organization Law Review 429 (2004) 등 참조. 독일의 경우도 실무계와 학계의 지배적인 견해는 법정자본금제도를 선호한다.

11) 2006년 개정된 EU 회사법 제2침은 법정자본금제도에 관해 과거 엄격하게 운영하였던 금융지원에 대한 규제를 완화하는 등(제23조) 약간의 유연성을 두었지만 큰 변화는 이루어지지 않았다.

에 의뢰하여 작성된 타당성조사 보고서[12]에서 현재의 유럽 법정자본금제도에 대해서 명백하게 반대되는 결과를 발견하지 못하였기 때문이다. 더욱이 2008년 도래한 유럽의 금융위기의 여파로 인하여 법정자본금제도를 비판하는 학자들이 법정자본금제도가 경제적인 측면에서 더 비효율적이라는 자신들의 주장에 대한 신념을 상실한 것도 하나의 이유이다.[13]

그럼에도 불구하고 법정자본제도에 대한 개혁에 대한 논의가 종결된 것은 아니다. 개별 회원국들은 적어도 폐쇄회사에 대해서는 완화된 법정자본제도의 도입을 검토하고 있다. EU 집행위원회는 폐쇄회사에 관한 법률안[14]에서 최저자본금으로 1유로를 제시하는 등 법정자본제도가 대폭적으로 완화되고 있다.[15]

2. KPMG 타당성 조사보고서(Feasibility Study)의 내용

EU 집행위원회는 회사법 제2지침에 규정된 현행 법정자본금제도를 대체하는 수단의 타당성에 대한 평가를 하고, 국제회계기준(International Financial Reporting Standards : IFRS)이 이익분배(profit distribution)에 미치는 영향을 검토하기 위하여 KPMG에 분석을 의뢰하였다. KPMG는 2006년 10월부터 작업을 시작하여 2008년 다음과 같은 내용을 포함한 검토보고서를 발표하였다.

현행 제2지침상의 법정자본금제도를 유지하기 위한 비용이 구체적인 절차(자본감소 등)에 평균 30,000 유로를 초과하지 않는다고 보았다. 따라서 이러한 비용을 감축하는 것이 현행 법정자본금제도를 그 대체적인 제도인 지불가능기준에 근거한 제도(solvency-based system)로 변경하는 동기가 될 수 없다고 보았다.

또한 회계문제와 관련해서는 각 회원국이 국내 입법을 통하여 개별재무제표를 작성하는데 있어서 IFRS를 허용할 수 있다고 보았다. 현재 27개 회원국 중 17개 회원국이 이러한 방식을 채택하고 있다. 다만 이를 채택한 회원국 중 7개 회

---

12) KPMG, Feasibility Study on an alternative to the capital maintenance regime established by the Second Directive 77/91/EEC of 13 December 1976 and an examination of the impact on profit distribution of the new EU-accounting regime(2008)(이하 "Feasibility Study"라 칭한다). 〈http://ec.europa.eu/internal_market/company/docs/capital/feasibility/study_en.pdf〉.

13) Heribert Hirte & Alexander Schall, "Legal Capital and the EU Treaties", 「Corporate Finance Law in the UK and EU」(Dan Prentice & Arad Reisberg, ed.), Oxford University Press, 2011, pp. 519-520.

14) Proposal for a Council Regulation on the Statute for a European Private Company, COM (2008) 396/3 of 25 June 2008, pp. 7-8.

15) 이에 대해 EU 의회는 자본금을 1유로로 할 경우 배당 이전에 집행임원의 지급가능선서의 작성을 요구하고 있다. 만일 이러한 선서를 작성하지 않는 경우에는 최저자본금으로 8,000유로를 제시하고 있다(Jean-Marie Nelissen Grade & Matthias Wauters, op. cit., pp. 43-44).

원국들은 IFRS에 의해 산정된 이익을 분배의 목적상 수정하고 있는데, 특정한 미실현이익을 분배할 수 없는 것으로 처리하고 있다.

KPMG는 경제적 효과의 분석을 위하여 5개의 EU 회원국(프랑스, 독일, 폴란드, 스웨덴 및 영국)과 4개의 비회원국(미국, 캐나다, 호주 및 뉴질랜드)의 법정자본금제도를 검토하였다. 또한 제2지침의 법정자본금제도를 수정하기 위하여 제안된 4개의 모델(고위회사법전문가그룹, Rickford 그룹,[16] Lutter 그룹 및 네덜란드 그룹)에 대해서도 분석하였다. EU 5개 회원국과 4개의 비회원국의 현행 자본금제도에 관한 비용을 분석한 결과, 모든 국가에서 자본금제도를 유지하기 위한 비용이 구체적인 절차에 평균 3만 유로를 초과하지 않아서 그다지 부담이 되지 않는다고 보았다. 따라서 현행 법정자본금제도를 다른 대체적인 수단으로 변경함으로써 자본금제도로 인한 비용을 낮추어 역내 기업들에게 실질적으로 혜택을 가져오는지 여부를 결정하는데 있어서, 이러한 비용측면이 중요한 역할을 할 것으로 보이지는 않는다. 그러나 지급가능기준(solvency test)을 도입하는 데에는 상당한 비용이 소요될 것으로 보았다.[17]

IFRS가 개발된 주된 목적은 재무제표의 이용자들에 제공되는 정보의 유용성을 높이기 위한 것이다. 따라서 이 기준은 회사의 장래 생존능력을 보장하기 위한 분배정책의 기준으로의 사용을 의도한 것이 아니다. IFRS는 공정한 가치를 산정하는데 있어서 평가모델을 사용하게 된다. 이에 따라 시장가격 등의 변동에 따라 재산정하게 되어 미실현된 이익이나 손실을 인식하는 결과를 초래한다.

EU는 현재 상장회사의 연결재무제표에 한하여 IFRS의 도입을 강제하고, 개별재무제표에 대해서는 그 도입 여부를 회원국에 일임하고 있다. KPMG의 분석결과 IFRS를 도입하더라도 회원국들이 미처분이익을 배제하는 등의 조정을 하기 때문에 이익이나 지분의 증가를 수반하지는 않는다고 보았다.[18]

KPMG 보고서 발표 이후 EU 집행위원회 역내시장서비스국은 다음과 같이 입장을 정리하였다. 즉, 현재의 최저자본금 요건과 자본유지에 관한 규범이 이익분배를 하는데 있어서 장해요인은 아니다. 이익분배에 대한 IFRS의 영향에 대해

---

16) Jonathan Rickford, Reforming Capital, Report of the Interdisciplinary Group on Capital Maintenance, 15 Eur. Bus. L. Rev. 919 (2004). 이 보고서는 제2지침에 대한 종합적인 평가보고서이며, 유럽의 자본금 규정에 관하여 가장 잘 비판한 문헌으로 평가된다(Friedrich Kübler, "A Shifting Paradigm of European Company Law?", 11 Colum. J. Eur. L. 219, 224 (2005).

17) Feasibility Study, pp.1-6.

18) Feasibility Study, p.7.

서는 많은 회원국들이 이익분배에 관한 특별한 어려움 없이 개별재무제표에 IFRS를 적용하고 있다. 따라서 당분간은 제2지침을 개정하지 않는다는 것이다.[19)]

3. 법정자본금제도에 대한 유럽에서의 논의 요약

2008년 KPMG의 타당성조사 보고서 이후 법정자본금제도에 대해 명백히 반대하거나 또는 분배기준으로서 대체적인 지급가능기준(solvency test)을 선호하는 사례는 나타나지 않고 있다. 지금까지 논의를 다음과 같이 요약할 수 있다. 첫째, 채권자보호를 위해 법정자본금제도가 필요하다는 것이다. 둘째, 채권자보호를 위한 최적의 법제도는 채권자보호에 관한 전체적인 시스템과 관할권(대륙법계 또는 영미법계)의 구체적인 성격에도 달려있다. 셋째, 법정자본금제도와 지급가능기준은 그 목적의 달성을 위해 다소간 비용이 소요된다. 넷째, 법정(최저)자본금은 지급가능기준의 완충작용이나 지급불능의 해독제로 기능하는 것이 아니라, 소규모기업이 회사형태를 취하는 것을 막는 장애물로 기능한다.[20)]

Ⅲ. 개정상법상 자본금 관련 제도의 검토

1. 최저자본금의 폐지

최저자본금 제도에 관한 우리나라의 기업 관행은 중대규모 주식회사를 설립하는 경우에는 5천만원의 최저자본금이 납입되었지만, 소규모 주식회사를 설립하는 때에는 대부분 가장납입이 이루어짐으로써 동 제도가 유명무실하게 되는 문제가 있었다.

대법원 판례에 의해 가장납입이 유효로 인정되고,[21)] 납입가장죄(상법 제628조)에 관한 처벌이 거의 이루어지지 않음에 따라 우리나라 상법상 최저자본금에 관한 규정은 실효성을 상실한지 오래되었다. 이것은 기업의 형태를 선택함에 있어서 그 실체에 맞는 유형을 선택하기 보다는 주식회사를 선호하는 사회적 현상과 결부되어 있다고 본다. 주식회사 형태가 아닌 다른 기업조직을 선택하는 편이

---

19) Position of DG Internal Market and Services, Result of the external study on an alternative to the Capital Maintenance Regime of the Second Law Directive and the impact of the adoption of IFRS on profit distribution, pp.1-2, 〈http://ec.europa.eu/internal_market/company/docs/capital/feasibility/market-position_en.pdf〉.

20) Heribert Hirte & Alexander Schall, op. cit., pp.525-526.

21) 대법원 2001.3.27. 선고 99두8039; 대법원 2004.3.26. 선고 2002다29138 판결.

그 실체에 비추어 바람직함에도 불구하고, 사회통념이나 대외 신용도 등을 고려하여 대부분 주식회사를 설립하였으며, 사업 초창기에는 자금이 부족하기 때문에 가장납입이 관행화되었다. 대법원의 판례도 이러한 현실을 무시할 수 없었기 때문에 가장납입을 유효라고 판단한 것으로 보인다. 이처럼 가장납입으로 설립된 회사들이 사업을 종료한 후에도 회사를 청산하지 않고 그대로 방치함으로써 많은 기업들이 휴면회사의 형태로 남아있는 실정이다.

그렇다면 상법상 최저자본금은 우리나라의 기업현실에서는 주식회사를 설립하는 단계에서 소규모회사들에게는 실질적으로 기능하지 않았던 제도이다. 2009년 5월 개정상법은 상법 329조 제1항을 삭제함으로써 최저자본금 제도가 폐지되었다. 이러한 최저자본금 제도의 폐지는 동 제도가 본래의 기능을 상실하였다는 이론적 배경[22] 이외에도 우리나라의 독특한 현실을 반영한 것이라고 볼 수 있다.

2. 무액면주식 제도의 도입

우리 상법은 1962년 제정 이래 액면주식제도만을 유지해 오다가 2011년 개정상법에서 50년 만에 비로소 무액면주식 제도를 도입하였다.[23] 무액면주식은 액면이 없는 주식, 즉 주권에 단지 그 표창하는 주식의 수만이 기재되고 액면주식의 권면액에 해당하는 금액은 기재되지 않는 주식이다. 무액면주식 제도는 미국에서 발달한 제도로서 일본은 1950년 상법개정을 통하여 도입하였다. 원래 미국의 무액면주식에는 기재식무액면주식(stated value no-par stock)[24]과 진정무액면주식(true no-par stock)의 두 가지가 있었다. 기재식무액면주식은 주권에는 권면액의 기재가 없지만 정관에서는 권면액을 정하고 그 금액 미만의 가액으로 발행할 수 없으며, 또한 발행가액 중 그 금액이 자본에 전입되어야 한다. 따라서 액면주식과의 차이는 주권에 권면액의 기재가 없다는 점뿐이므로, 실질적으로는 액면주식과 다르지 않는 주식이다. 반면 진정무액면주식은 주권은 물론 정관에도 권면액에 해당하는 금액의 기재가 없는 주식이다.[25]

---

22) 최저자본금제도를 폐지하는 이론적 근거에 관한 자세한 설명은 송옥렬, "자본제도의 개정방향 : 2008년 상법개정안을 중심으로", 「상사법연구」 제28권 제3호(2009), 270~272면; 윤영신, "주식회사의 출자관련 규제의 폐지에 관한 연구 - 액면주식제도, 현물출자제도, 최저자본금제도 -", 「법조」 제596호(2006), 109~113면 참조.

23) 무액면주식에 관한 자세한 내용은 김순석, "무액면주식 제도 도입에 따른 법적 쟁점" 「저스티스」 통권 제127호(2011), 171~203면; 안상현, "개정상법상 무액면주식의 도입", 「BFL」 제51호(2012), 86~97면 참조.

24) 또는 준무액면주식(quasi no-par stock)이라고도 한다.

2011년 개정상법은 무액면주식을 발행하면 액면주식을 발행할 수 없도록 함으로써(제329조 제1항) 두 제도 중 기업들이 한 가지만을 선택할 수 있도록 규정하고 있다.[26] 기존의 액면주식 제도는 채권자를 보호하는 기능이 없고, 주주간 형평성을 유지하는 기능은 회사를 설립하는 때에만 제한적으로 발휘되는데 비하여 제도를 유지하는데 상당한 비용을 초래하였다. 또한 회사의 경영상태가 부진할 경우 액면미달발행이 허용되지 않아(제330조) 자금조달을 어렵게 한다는 점도 문제로 제기되었다.[27] 이에 따라 무액면주식 제도를 도입하게 되었는데, 급격한 변화로 인한 혼동을 우려하여 액면주식 제도와 함께 존치시키면서 기업들이 선택할 수 있도록 하고 있다.

무액면주식을 발행하는 경우 자본금은 주식발행가액의 2분의 1 이상으로서 이사회에서 정한 금액이며 자본금으로 계상하지 아니하는 금액은 자본준비금으로 계상한다(제451조 제2항). 반면 액면주식을 발행하는 때는 자본금은 액면총액이 되고(제450조 제1항), 그 이상의 금액은 자본준비금으로 된다.[28] 따라서 액면주식의 액면금액을 2배 이상 할증하여 발행하면, 무액면주식을 발행하는 경우보다 자본금으로 계상하는 금액은 더 적게 되고 자본준비금으로 더 많은 금액을 할당할 수 있으므로 보다 탄력적인 재무전략을 취할 수 있게 된다.

무액면주식을 분할하는 때에는 액면분할이 필요하지 않고 주식 수만 증가하게 되므로 정관을 변경하는 절차가 필요 없게 된다. 그러나 상법은 액면주식과 무액면주식을 구분하지 않고 주식을 분할하는 때에 주주총회 특별결의를 요구하고 있는데(제329조의2 제1항), 무액면주식의 주식분할은 이사회 결의로 가능하다는 내용을 제329조의2 제1항에 추가하여야 할 것이다.

한편 액면주식을 병합하는 경우에는 주식수가 감소하기 때문에 자본금이 감소되므로, 주주총회 특별결의가 필요하다(제438조 제1항). 그러나 무액면주식을 병합하는 경우에 회사의 자본금이나 재산을 변경하지 않고 주식수만을 감소시킬

---

25) 上柳克郎・鴻常夫・竹內昭夫, 新版注釋會社法(3) 株式(1), 有斐閣, 1986, 19面(松岡誠之助 執筆部分).

26) 「자본시장 및 금융투자업에 관한 법률」(이하 "자본시장법"이라 한다)에 의하여 설립되는 투자회사의 주식은 무액면 기명주식으로 발행하여야 한다(동법 제196조 제1항).

27) 김건식 외 6인, 「21세기 회사법 개정의 논리－2006년 법무부 상법개정작업 기초실무 자료(기업재무편)－」, 도서출판 소화, 2007, 167면.

28) 개정전 상법 제451조 제1항 제1호는 자본준비금으로 주식의 액면초과발행액을 규정하고 있었으나, 개정상법은 이를 삭제하고 '자본거래에서 발생한 잉여금'으로 포괄적으로 규정하고, 대통령령으로 정하도록 규정하고 있다(상법 제459조 제1항, 상법시행령 제18조). 상법시행령 제18조는 기업회계기준에 따르도록 하고 있으며, 자본잉여금을 자본준비금으로 본다.

수 있는데, 이때에는 주주총회 특별결의가 필요 없고 이사회 결의로 가능하다고 본다.[29)]

무액면주식을 채택한 경우 주식배당을 할 수 있는지 여부가 문제된다. 이러한 논란이 생긴 것은 무액면주식 제도를 도입하면서 무액면주식의 주식배당 기준에 관하여 규정을 하지 않은 입법의 미비로 인한 것이다. 입법론적으로는 제462조의2 제2항에서 무액면주식을 발행한 경우 주식배당 기준을 "주식배당을 결의한 주주총회에서 정한 발행가액"을 기준으로 한다는 문구를 추가하여야 할 것이다.

3. 현물출자 규제의 완화

현물출자의 목적은 금전 이외의 재산으로서 양도 가능하고 재무상태표(대차대조표)의 자산의 부에 기재할 수 있는 것이면 무엇이든지 가능하다. 그러나 개정상법 아래에서도 노무, 서비스 또는 신용의 출자는 합명회사와 합자회사의 무한책임사원에게만 허용되며(제195조, 제222조, 제269조),[30)] 자본단체인 주식회사의 경우에는 재산적 가치가 불분명하고 당장 현실화될 수 없으므로 허용되지 아니한다.[31)]

개정상법은 회사설립시나 신주발행시 현물출자를 하는 경우 출자재산의 총액이 비교적 소액이거나, 공정한 가액이 있는 경우에는 부당하게 가액을 평가할 가능성이 적으므로 제3자에 의한 가액평가제도인 검사인의 조사, 보고절차를 면제하고 있다(제299조 제2항, 제422조 제2항).[32)]

회사를 설립하는 때에 ⅰ) 현물출자 및 재산인수의 재산총액이 자본금의 5분의 1을 초과하지 아니하고 5천만원을 초과하지 아니하는 경우(제299조 제2항 제1호, 상법시행령 제7조 제1항), ⅱ) 현물출자 또는 재산인수의 대상재산이 거래소에서 시세가 있는 유가증권인 경우로서 정관에 적힌 가격이 대통령령으로 정

29) 송옥렬, "2011년 개정 회사법의 해석상 주요쟁점－기업재무 분야를 중심으로－", 「저스티스」 제127호(2011), 49면.

30) 송종준, "주식회사 법정자본제도의 국제적 개혁동향과 입법 과제－주주와 채권자의 이해조정을 중심으로－", 「경영법률」 제20집 제1호(2009), 195면.

31) 이철송, 「회사법강의[제22판]」, 박영사, 2014, 234면; 최준선, 「회사법[제9판]」, 삼영사, 2014(이하 "회사법"이라 한다), 169면.

32) 법무부, 「상법 회사편 해설」, 2012, 538면. 현물출자에 대한 검사인 조사 · 보고의무 면제 등에 관한 규정은 일본 회사법의 영향을 받은 것이다(일본회사법 제33조 제10항, 제207조 제9항, 상법시행규칙 제6조, 제43조)(송옥렬, 전게논문, 281면).

한 방법으로 산정된 시세[33]를 초과하지 아니하는 경우(제299조 제2항 제2호, 상법시행령 제7조 제2항), iii) 그 밖에 i)과 ii)에 준하는 경우로서 대통령령이 정하는 경우(제299조 제2항 제3호. 상법시행령에서 특별하게 정하지 않고 있다) 등에는 검사인의 조사 · 보고를 요하지 않는다. 그러나 이러한 현물출자 및 재산인수의 대상재산에 그 사용, 수익, 담보제공, 소유권 이전 등에 대한 물권적 또는 채권적 제한이나 부담이 설정된 경우에는 검사인의 조사 · 보고의무가 면제되지 아니한다(상법시행령 제7조 제3항). 한편 검사인의 조사 · 보고를 요하지 않는 사항에 대하여 검사인의 선임을 하는 것은 의미가 없으므로 검사인의 선임 자체를 요하지 않는 것으로 해석하여야 한다(제298조 제4항의 예외).[34] 부동산에 대해서 공시지가 등을 기준을 하여 면제대상으로 할 것인지 여부가 검토되었으나, 시세의 불확실과 감정인의 감정이 보편화되어 있으므로 제299조의2에 의해 해결하는 것으로 되어 조사 · 보고의무는 면제되지 않았다.[35]

한편 제299조 제2항은 발기설립의 경우 일정한 요건을 충족하는 현물출자와 재산인수에 대하여 검사인의 조사 · 보고를 면제하였는데, 이 규정은 모집설립에도 준용되어야 함에도 불구하고 이에 대한 규정이 누락되었다(제310조 제3항 참조). 특히 상업등기법은 검사인의 조사보고서를 등기신청서에 첨부할 서류로 요구하고 있으므로(상업등기법 제80조 제5호) 조속한 입법적 해결이 요망된다.[36]

한편 신주를 발행하는 때의 현물출자에 대해서는 i) 현물출자의 목적인 재산의 가액이 자본금의 5분의 1을 초과하지 아니하고 5천만원을 초과하지 아니하는 경우(제422조 제2항 제1호, 상법시행령 제14조 제1항), ii) 현물출자의 목적인 재산이 거래소에서 시세가 있는 유가증권인 경우로서 신주의 발행사항을 결정하는 이사회(또는 주주총회)가 정한 가격이 대통령령으로 정한 방법으로 산정된 시세[37]를 초과하지 아니하는 경우(제422조 제2항 제2호, 상법시행령 제14조 제2

---

33) 대통령령으로 정한 방법으로 산정된 시세란 다음 ①과 ② 중 낮은 금액을 말한다(상법시행령 제7조 제2항).
① 정관의 효력발생일부터 소급하여 1개월간의 거래소에서의 평균 종가, 효력발생일부터 소급하여 1주일간의 거래소에서의 평균 종가 및 효력발생일의 직전 거래일의 거래소에서의 종가를 산술평균하여 산정한 금액
② 효력발생일 직전 거래일의 거래소에서의 종가.

34) 이철송, 전게서, 244면; 최준선, 전게서, 181면 주) 1.

35) 송옥렬, 「상법강의[제4판]」, 홍문사, 2014, 739면.

36) 이철송, "2011개정상법의 정책적 및 기술적 오류", 증권법연구 제13권 제2호(2012), 10면.

37) 대통령령으로 정한 방법으로 산정된 시세란 다음 ①과 ② 중 낮은 금액을 말한다(상법시행령 제14조 제2항).

항), iii) 변제기가 돌아온 회사에 대한 금전채권을 출자의 목적으로 하는 경우로서 그 가액이 회사장부에 적혀 있는 가액을 초과하지 아니하는 경우(제422조 제2항 제3호), iv) 그 밖에 i)부터 iii)까지의 규정에 준하는 경우로서 대통령령으로 정하는 경우(제422조 제2항 제4호. 상법시행령에서 특별하게 정하지 않고 있다) 등에는 검사인의 조사 · 보고를 요하지 않는다. 그러나 이러한 현물출자의 목적인 재산에 물권적 또는 채권적 제한이나 부담이 설정된 경우에 검사인의 조사 · 보고 의무가 면제되지 아니하는 것은 회사설립시와 동일하다(상법시행령 제14조 제3항). 제422조 제2항 제3호에서 변제기가 돌아온 회사에 대한 금전채권을 출자의 목적으로 하는 경우란 회사에 대한 채권을 상계하는 방식으로 출자하는 출자전환(debt equity swap)을 말한다. 개정상법 제421조 제2항은 회사의 동의가 있는 경우 출자전환을 허용하며, 주주의 회사에 대한 상계를 금지하는 제334조를 폐지하였다.[38] 또한 '그 가액이 회사의 장부가를 초과하지 아니하는 경우'란 상계되는 신주의 발행가가 채권의 장부가를 초과하지 아니하는 경우를 말하며, 이는 채권의 과대평가나 주식의 저가발행을 막고자 한 것이다.[39]

현물출자에 대한 검사인의 조사 · 보고의 면제는 소규모이거나 시세가 존재하는 유가증권 등의 경우 현물출자를 증진시킬 것으로 전망된다. 그러나 부동산에 대해서는 물권이나 채권적 제한이 있는 경우 평가의 어려움으로 인하여 규제가 완화되지 않음에 따라 현물출자 활성화라는 당초 목적이 반감되는 측면도 있다.

4. 주식소각

(1) 자기주식 소각규정의 적용범위

개정상법에 따르면 주식의 소각은 자본금 감소에 관한 규정[40]에 따라서만 소각할 수 있다(제343조 제1항 본문). 그런데 무액면주식은 발행할 때 발행가액

---

① 신주발행사항을 결정하는 이사회 또는 주주총회의 결의가 있는 날부터 소급하여 1개월간의 거래소에서의 평균 종가, 결의일부터 소급하여 1주일간의 거래소에서의 평균 종가 및 결의일의 직전 거래일의 거래소에서의 종가를 산술평균하여 산정한 금액

② 결의일 직전 거래일의 거래소에서의 종가.

38) 주금납입의 상계금지 철폐와 회사에 의한 출자전환 허용에 대해 자세한 내용은 송옥렬, 전게논문, 283~286면.

39) 이철송, 전게서, 883면.

40) 자본금 감소에 관한 규정은 주주총회의 특별결의에 의한 소각방법의 결정(제438조, 제439조 제1항), 채권자보호절차(제439조 제2항, 제3항), 주권제출공고(제440조), 주식소각의 효력발생(제441조), 단주처리에 관한 규정(제443조, 제444조), 자본감소무효의 소에 관한 규정(제445조 내지 제446조) 등을 말한다.

의 전부 또는 일부가 자본금에 계상된 이후에는 자본금과 주식의 수와 무관하게 존재하므로, 무액면주식을 소각하더라도 자본금에는 영향이 없다. 무액면주식을 소각하면서 자본금도 동시에 감소할 수 있으나, 이는 무액면주식의 소각과 자본금 감소하는 별개의 현상이 병행하는 것이지 양자가 반드시 결부되어 있는 것은 아니다.[41]

따라서 제343조 제1항 본문에 근거하여 자본금 감소절차에 따라 주식소각을 하는 것은 소각의 결과 자본금이 감소하는 액면주식의 소각에만 해당한다고 보아야 한다.[42] 또한 무액면주식의 소각을 하면서 동시에 자본금을 감소하는 경우에는 당연히 제438조 이하 자본금 감소에 관한 규정이 적용되므로 이 경우에는 제343조 제1항 본문은 별 의미가 없는 규정이다.[43]

한편 제343조 제1항 단서에 따르면, 이사회의 결의에 의하여 회사가 보유하는 자기주식을 소각하는 경우에는 자본금 감소절차에 따르지 않고 소각할 수 있다. 이 조항에 따른 소각은 무액면주식을 소각하면서 자본금 감소가 없는 경우에 적용된다는 데에 관해서는 견해가 일치한다.[44] 자본금감소가 발생하는 때에는 이사회의 결의에 의한 자기주식의 소각이라고 하더라도 자본금감소 절차를 밟아야 할 것이다.[45]

그러나 제341조에서 규정한 배당가능이익으로 자기주식을 취득하여 소각하는 경우 제343조 제1항 단서를 적용할 수 있는지에 대해서는 견해가 대립한다. 제1설은 제343조 제1항 단서의 자기주식에는 제341조에 따라 배당가능이익으로 취득한 자기주식인 경우 무액면주식 뿐만 아니라 액면주식도 해당한다고 본다.[46] 이에 대하여 제2설은 배당가능이익에 의해 자식주식을 취득하여 소각하더라도, 액면주식을 소각하는 경우에는 자본금 감소가 발생하므로 제343조 제1항 단서가 적용될 수 없다는 견해이다.[47] 생각건대, 배당가능이익에 의해 자기주식을 취득

41) 이철송, 전게서, 426면.

42) 이철송, 전게서, 425면; 최준선, 「2011 개정상법 회사편 해설」, 한국상장회사협의회, 2011(이하 "2011년 개정상법 회사편 해설"이라 한다), 74면.

43) 최준선, 2011 개정상법 회사편 해설, 74면.

44) 이철송, 전게서, 427면; 최준선, 2011년 개정상법 회사편 해설, 74면.

45) 최준선, 2011년 개정상법 회사편 해설, 74~75면.

46) 송옥렬, 전게서, 870면.

47) 이철송, 전게서, 426면. 이 견해는 제343조 제1항 단서는 무액면주식에 한하여 적용된다고 본다. 배당가능이익에 의해 자기주식을 취득하였더라도(제341조) 2011년 개정전의 이익소각과는 달리 취득한 자기주식은 특정목적으로 취득한 자기주식(제341조의2)과 마찬가지로 발행주식의 일부로 존속하는 것이고, 이를 소각할 경우 그로 인한 자본감소의 효과는 다른 주식소각과 마찬가지라는

하여 이를 소각함으로써 발행주식수가 감소하더라도 자본금은 변하지 않는다고 보는 것이 개정상법 아래에서도 다수설이다.[48] 이 경우 액면주식을 발행한 회사의 경우 자본금과 주식의 액면총액이 일치하지 않게 되어 제451조 제1항의 예외적인 상황이 발생된다. 따라서 배당가능이익에 의해 자기주식을 취득하여 소각하는 경우에는 그 주식이 액면주식이든 무액면주식이든 제343조 제1항 단서가 적용된다고 본다.

이와 더불어 특정목적에 의해 취득한 자기주식(제341조의2)에 대해서도 제343조 제1항 단서에 의해 이사회결의로 소각할 수 있는지 여부가 문제된다. 이는 343조 제1항 단서가 적용되는 자기주식의 취득의 유형에 대하여 특별한 제한을 하지 않음에 따라 생긴 문제이다. 무액면주식의 경우에는 가능하다는 견해와,[49] 불가능하다는 견해[50]로 나누어진다. 특정목적에 의한 자기주식 취득의 경우 재원규제가 없기 때문에 이를 허용할 경우 배당가능이익을 초월하여 자본금 감소절차 없이 주식을 소각하게 되어 자본충실에 반하고 채권자 보호절차도 취하지 않게 되는 문제가 있으므로 이사회결의로 소각할 수 없다고 본다.[51]

또한 제343조 제2항은 불필요한 조항으로 삭제하는 것이 타당하다고 본다. '자본금감소에 관한 규정에 따라 주식을 소각하는 경우'에는 자본금감소에 관한 규정인 제440조 및 제441조를 '준용'되는 것이 아니라 '적용'되는 것이 당연하기 때문이다.[52]

(2) 정관규정에 의한 강제소각의 허용 여부

개정전 상법 제343조 제2문에서는 정관에 의해 주주에게 배정할 이익으로 강제소각할 수 있었다. 개정전 상법에서 정관규정에 의해 이익소각을 하는 때에는 자본감소절차에 의하는 소각과는 달리 정관에 근거규정이 있어야 하고, 그 재원도 배당가능이익으로 한정되었다. 또한 임의소각과 강제소각 모두 가능하였다. 이 경우 정관규정은 원시정관이나 총주주의 동의에 의해 변경된 정관규정을 의미한다는 것이 통설이었다.

것이다.

48) 송옥렬, 전게서, 875면; 정찬형, 「상법강의(상)[제17판]」, 박영사, 2014, 790면; 최기원, 「신회사법론[제14대정판]」, 박영사, 2012, 251면; 최준선, 회사법, 338면.

49) 이철송, 전게서, 427면.

50) 송옥렬, 전게서, 872면.

51) 법무부, 전게서, 120면.

52) 최준선, 2011년 개정상법 회사편 해설, 75면; 동지, 이철송, 전게서, 426면.

일본의 경우 2005년 개정전 상법 아래에서는 회사가 정관변경에 의해 모든 주식 내지 어떤 종류의 주식을 강제상환주식으로 하는 때, 그리고 어떤 종류의 주식에 대해 강제전환조항을 부가하는 때에, 정관변경에 필요한 주주총회의 특별결의만을 요하는가, 영향을 받는 주주 전원의 동의를 요하는지 여부가 명확하지 않았다. 그렇지만 2005년 개정전 상법 아래에서는 정관변경에 근거한 강제소각(일본회사법에서는 이 제도가 승계되지 않았다)[53]에 대해 원시정관 또는 주주 전원의 동의에 의한 정관변경을 필요로 한다고 해석되었다.

이러한 해석을 수용하기 위하여 일본은 회사법을 제정하면서 정관규정에 의해 강제로 취득할 수 있는 조항을 명문으로 규정하였으며(일본회사법 제110조, 제111조 제1항),[54] 이렇게 취득한 주식을 소각하면 강제소각이 이루어지게 된다. 제110조 및 제111조 제1항은 취득조항부주식[55]에 대해 정관변경에 의해 그러한 정함을 설정하거나 또는 변경하는 경우(폐지하는 경우를 제외)에 요구되는 절차를 규정하고 있다.

즉, 정관을 변경하여 그 발행하는 주식 '전부'의 내용으로서 제107조 제1항 제3호에 열거한 사항(당해 주식에 대해 당해 주식회사가 일정한 사유가 생기는 것을 조건으로 하여 이를 취득할 수 있다는 것)에 대해 정관의 정함을 두거나, 또는 당해 사항에 관한 정관을 변경하고자 하는 경우(종류주식 발행회사인 경우를 제외)에는 주주 전원의 동의를 얻어야 한다(일본회사법 제110조). 제110조는 종류주식발행회사가 아닌 회사, 즉 1종류의 주식만을 발행한 회사가 그 발행주식 전부에 대해서 취득조항부주식으로 하는 정관변경을 하거나, 또는 그러한 정관의 정함을 변경하는 경우에 대해 규정한 것이다. 이 경우 정관변경절차 이외에 주주 전원의 동의를 요하는 것으로 하고 있다. 이러한 동의가 없이 취득조항부주식으로 되면 회사가 주주의 동의 없이 그 주식을 취득하게 되기 때문이다. 또한 취득조항부주식에 대한 정관의 정함을 변경하는데 대해서도 주주 전원의 동의를 요하는 것은 정관의 정함이 취득일자나 취득사유, 취득대가에 관하여 주주의 이해와 크게 관련되기 때문이다.[56]

---

53) 伊藤靖史, 「逐條解說 會社法(酒巻俊雄 · 龍田節 編) 第2巻 株式 · 1」, 中央經濟社, 2008, 465面.

54) 권기범, 「현대회사법론[제3판]」, 삼영사, 2010, 412면.

55) 2005년 개정전 상법에서 강제상환주식과 강제전환조항부주식이 회사법에서 취득조항부주식으로 정리되었다. 즉, 전자는 취득조항부주식 중 금전을 대가로 하는 것이고, 후자는 주식을 대가로 하는 것이다.

56) 伊藤靖史, 「逐條解說 會社法(酒巻俊雄 · 龍田節 編) 第2巻 株式 · 1」, 中央經濟社, 2008, 118~119面.

또한 종류주식 발행회사가 어떤 종류주식을 발행한 후에 정관을 변경하여 당해 종류주식의 내용으로서 일본회사법 제108조 제1항 제6호에 열거한 사항(당해 주식에 대해 당해 주식회사가 일정한 사유가 생기는 것을 조건으로 하여 이를 취득할 수 있다는 것)에 대해서 정관에 정함을 두거나, 또는 당해 사항에 대해서 정관을 변경하고자 하는 때에는 당해 종류주식을 보유한 주주 전원의 동의를 얻어야 한다(일본회사법 제111조 제1항). 제111조 제1항은 문언상 종류주식발행회사가 어떤 종류주식의 발행 후에 '당해 종류주식의 내용'으로서 취득조항을 정한 경우, 또는 그러한 조항을 변경하는 경우에 적용되는 것이다.[57] 이 경우 정관변경절차 이외에 그 종류주주 전원의 동의를 요하는 것으로 하고 있다. 이러한 동의가 필요한 취지는 제110조와 같다. 종류주식 발행회사가 모든 종류의 주식에 대해 그 발행 후에 취득조항부주식으로 하는 정관변경을 하거나 또는 그러한 정관의 정함을 변경하는 경우에도 제111조 제1항이 적용된다.[58]

이러한 일본회사법과는 달리 우리나라 개정상법은 정관규정에 의한 강제소각[59]에 관하여 특별하게 규정하고 있지 않아서 그 허용 여부가 불명확하다. 입법적 보완이 필요하다고 본다. 해석론으로는 주식소각에 관한 정관변경 절차 이외에 소각대상 주식(또는 종류주식)의 주주 전원의 동의가 있으면 강제소각이 가능하다고 해석하는 것이 타당하다고 본다.

(3) 주식소각 시점에 배당가능이익이 존재해야 하는지 여부

자기주식을 취득할 당시에는 배당가능이익이 존재하였으나 소각 당시에는 배당가능이익이 소멸되는 경우, 이사회의 결의에 의한 자기주식의 소각이 가능한지 여부가 문제된다. 이러한 경우에 대해 법무부 해설서에 따르면 자기주식을 취득할 당시에 배당가능이익의 한도 내에서 이를 재원으로 하여 자기주식을 취득하였을 것이므로 소각 시점에서 배당가능이익의 존재여부와 관계없이 자기주식의 소각이 가능하다고 본다.[60] 생각건대, 자기주식의 취득은 이익배당과 마찬가지로 주주에 대한 분배라는 점에서 그 법적 성격이 동일하다. 따라서 자기주식의

57) 역으로 말하면 회사가 그 발행하는 주식의 종류로서 새로운 취득조항부주식을 추가하는 경우에는 정관변경을 위한 주주총회 특별결의(회사법 제309조 제2항 제11호, 제466조)만을 요한다.

58) 伊藤靖史, 前掲書, 121面.

59) 일본의 경우 2005년 개정전 상법상 주식의 강제소각은 회사법 아래에서는 다음과 같이 이루어진다. 즉 i) 회사가 정관변경에 의해서 주식에 취득조항이나 전부취득조항을 부가하고, ii) 이러한 조항을 이용하여 주식을 회사가 강제적으로 취득하고, 그 대가로서 금전을 교부한다. iii) 취득한 자기주식을 소각한다.

60) 법무부, 전게서, 121면.

취득시점과 동일한 회계연도 결산시점에 배당가능이익이 존재하지 아니한 경우에는 자기주식을 취득할 수 없으므로 소각문제는 발생하지 아니한다. 그러나 자기주식의 취득이 당기의 배당가능이익에 반영되어 결산이 종료된 이후, 회사가 다음 회계연도까지 보관하고 있는 자기주식의 경우(이른바 금고주) 이미 전년도 배당가능이익에 반영되어 회계처리가 되었기 때문에 소각시점에서 배당가능이익 유무를 불문하고 자기주식의 소각이 가능할 것이다.

5. 자본금 및 준비금의 감소

결손의 보전을 위하여 자본금을 감소하는 경우에는 채권자보호절차를 거치지 아니하고 주주총회 보통결의에 의할 수 있다(제438조 제2항, 제439조 제2항 단서). 결손을 보전하기 위한 자본금감소는 회사의 자산이 사외로 유출되지 않고 계정간의 수치조정에 불과하며, 회사의 일부청산[61]이라는 의미도 갖지 않으므로 주주총회 특별결의에서 보통결의로 개정한 것이다. 또한 회사의 자산이 유출되지 않기 때문에 채권자보호도 요구되지 않는다(제439조 제2항 단서).[62]

이익준비금의 경우 적립의무나 적립한도는 변경이 없지만, 개정상법에서는 금전배당뿐만 아니라 현물배당(제462조의4)이 허용되므로 현물배당도 준비금의 적립기준에 포함시키기 위하여 종래의 '금전에 의한 이익배당액'에서 '금전에 의한' 문구를 삭제하였다. 또한 주식배당의 경우 주식을 추가발행하지만 회사자산을 사외로 유출하지 않으므로 이익준비금의 적립 대상이 아니라는 점을 규정하였다(제458조).

개정전 상법에서는 자본준비금의 적립항목을 열거하였으나, 개정상법은 자본거래에서 발생한 잉여금을 대통령령이 정하는 바에 따라 자본준비금으로 적립하도록 규정하고 있다(제459조 제1항). 상법시행령은 기업회계기준에 따른 자본잉여금을 자본준비금으로 적립하도록 규정하고 있다(상법시행령 제18조).[63]

또한 결손전보에 충당하는 경우 이익준비금을 자본준비금보다 먼저 사용하여야 한다는 규정(제460조 제2항)을 폐지하였다. 이는 두 가지의 준비금이 형성된 후 사후적인 관점에서 보면 그 기능에 차이가 생기지 않기 때문이다.[64]

---

61) 江頭憲治郎, 『株式會社法[第4版]』, 有斐閣, 2011, 636面.

62) 이철송, 전게서, 911~912면.

63) 자본잉여금은 증자나 감자 등 주주와의 거래에서 발생하여 자본을 증가시키는 잉여금이다. 예를 들면, 주식발행초과금, 자기주식처분이익, 감자차익 등이 포함된다(일반기업회계기준 2.30, 한국회계기준원 2009.11.27.). 기업회계기준서 제1001호(한국회계기준원, 2010.11.19.) 재무제표 표시 참조.

회사는 적립된 자본준비금 및 이익준비금의 총액이 자본금의 1.5배[65]를 초과하는 경우에 주주총회의 보통결의에 따라 그 초과한 금액 범위에서 자본준비금과 이익준비금을 감액할 수 있다(제461조의2). 개정상법은 이 경우 채권자보호절차를 거치지 않아도 되도록 규정하였는데,[66] 이는 준비금의 감소한도를 자본금의 1.5배로 높여놓았기 때문에 채권자에 대한 채무변제에 지장이 별로 없기 때문이라고 한다.[67] 즉, "자본금+자본금의 150%" 정도이면 채권자보호 측면에서 쿠션으로서 여유가 있다고 본 것이다.[68] 이처럼 준비금의 감소절차가 자본금의 감소절차보다도 간편하므로 통상 준비금의 감소에 의한 결손전보가 자본금의 감소보다도 먼저 이루어지게 되며, 이에 따라 준비금은 자본금에 대한 완충적 역할을 하게 된다.[69] 또한 준비금의 감소는 미처분잉여금이 증가하는 효과가 크다. 이에 따라 배당가능이익이 증가하고, 배당가능이익의 산출을 위한 공제항목이 감소하는 효과가 생긴다.[70]

상법은 법정준비금을 감소하는 주주총회에서 감소하는 준비금의 종류와 금액만을 정하도록 하고 있으나, 준비금 감소의 효력발생일도 정해야 할 것이다.[71] 준비금 감소의 효력이 발생하는 때에 감소된 준비금에 상응하는 처분가능이익이 생겨나기 때문이다.[72]

법정준비금의 감소한도[73]가 자본금의 1.5배인 것은 여전히 다른 주요국과 비교하였을 때 높은 수준이다. 일본의 경우 2001년 상법개정에서는 감소한도가 자본금의 4분의 1까지였으나, 2005년 회사법을 제정하면서 감소한도에 대한 제한을 철폐하여 법정준비금이 0일 때까지 감소시킬 수 있다.[74] 미국과 영국의 경

---

64) 김순석, "주식회사 법정준비금제도의 재검토", 「상사법연구」 제23권 제3호(2004), 327~328면.

65) 1.5배라는 숫자는 2003년말 증권거래소 상장법인의 법정준비금의 적립비율이 자본금의 150.7%인 점을 고려한 것으로 보인다(김순석, 전게논문, 327면).

66) 일본의 경우 준비금을 감소할 때 주주총회 보통결의와 채권자보호절차가 필요하지만, 준비금의 전액을 자본금으로 계상하는 경우나 결손전보를 위한 경우에는 채권자보호절차를 면제하고 있다(일본회사법 제448조 및 제449조 제1항 단서)(關西法律特許事務所 · 成和共同法律事務所, 「詳解 新會社法の理論と實務」, (株)民事法硏究會, 2006, 499면).

67) 법무부, 「상법개정특별분과위원회 회의록[회사편]」, 2006, 307면(박준 위원 발언부분).

68) 송옥렬, 전게논문, 288면.

69) 江頭憲治郎, 前揭書, 643面.

70) 이철송, 전게서, 949면.

71) 일본회사법은 주주총회 결의를 할 때 준비금 감소의 효력발생일을 정하도록 규정하고 있다(일본회사법 제448조 제1항 제3호).

72) 이철송, 전게서, 950면.

73) 법정준비금의 감소한도와 적립한도는 구별할 필요가 있다. 2011년 개정상법에서도 법정준비금의 적립한도에 대해서는 개정이 되지 않았다.

우에도 법정준비금의 적립제도는 존재하지 않으며, 독일과 프랑스는 법정준비금의 감소한도를 자본금의 10분의 1까지로 하고 있다. 우리나라의 경우에도 채권자 보호와 기업의 재무적 신축성을 고려하여 자본금의 4분의 1 수준으로 감소한도를 낮추는 것이 바람직하다고 본다.[75)]

상법은 준비금감소가 무효인 경우에 대하여 규정하지 않고 있다. 이에 대하여 일본의 경우 2005년 회사법 제정 이전에는 법정준비금감소 무효의 소에 관하여 자본감소무효의 소에 관한 규정을 준용하고 있었으나(일본상법 제289조 제4항, 제380조), 회사법 아래에서는 폐지하였다(일본회사법 제828조 제1항 참조). 따라서 회사법 아래에서는 준비금감소의 무효는 일반법리에 따라 누구도 언제든지 어떠한 방법으로도 제기할 수 있게 되었다. 예컨대, 무효인 준비금의 감소를 전제로 한 이익배당의 효력은 배당가능이익의 규제(제461조 제1항)에 위반한 배당효력의 문제로서 규율된다. 준비금의 감소에 관한 사항을 정하는 주주총회 절차의 위법, 결의내용의 정관위반 등의 주장방법에 대해서는 주주총회결의취소의 소의 제도에 따른 제약을 받는다(제831조).[76)] 우리나라의 경우 입법으로 보완될 때까지는 자본금감소의 무효에 관한 규정(제445조)을 유추적용하는 것이 타당하다고 본다.[77)]

6. 이익배당

(1) 배당결정기관의 변경

개정상법은 이익배당의 결정을 원칙적으로 주주총회에서 하지만, 일정한 요건을 충족하는 경우 이사회에서 할 수 있도록 규정하였다. 즉, 재무제표가 법령 및 정관에 따라 회사의 재무상태 및 경영성과를 적정하게 표시하고 있다는 외부감사인의 의견이 있고, 또한 감사(감사위원회 설치회사의 경우 감사위원) 전원의 동의가 있는 경우에는 회사는 정관으로 정하는 바에 따라 이사회의 결의로 재무

---

74) 일본의 경우 이익준비금의 적립하도는 잉여금의 10분의 1로서 자본금의 4분의 1에 달할 때까지 적립한다.

75) 김순석, 전게논문, 351~352면; 손영화, "상법상 자본제도의 개선방안", 「상사법연구」 제25권 제2호(2006), 391면 주) 159; 유석호, "상법상 자본제도의 개선방안 토론문", 「상사법연구」 제25권 제2호(2006), 407면. 법정준비금의 감소한도를 현행보다 더 낮추어야 한다는 견해로는 윤영신, "법정자본제도 입법례와 자본개념 폐지 입법례에 대한 비교법적 연구", 「비교사법」 제13권 제3호(2006), 330면; 최준선, 「주식회사 자본제도 개선방안 연구」, 한국상장회사협의회, 2006, 198면.

76) 關西法律特許事務所・成和共同法律事務所, 前掲書, 499面.

77) 이철송, 전게서, 951면.

제표를 승인할 수 있다(제449조의2 제1항). 이러한 경우 이익배당은 이사회의 결의로 한다(제462조 제2항 단서). 이처럼 이익배당의 승인 및 결정권한을 이사회에 인정한 것은 배당기준일과 주주총회의 배당결의일 사이에 이익배당의 규모에 대한 정보가 부재함에 따른 주식시장의 혼란을 방지하기 위한 것이다.[78]

상법은 주식배당에 관하여 "회사는 주주총회의 결의에 의하여 이익의 배당을 새로이 발행하는 주식으로써 할 수 있다."고 규정하고 있다(제462조의2 제1항). 이에 따라 이사회의 결의로 이익배당을 결정하는 경우 주식배당도 이사회의 결의로 정할 수 있는지 문제된다. 이에 대해 명문의 규정은 없으나 주식배당도 이사회에서 결의할 수 있다는 견해가 있다.[79] 반면 제462조 제2항 단서는 주식배당에까지 적용되지 않으므로 이사회가 재무제표 승인을 하면서 주식배당을 하기로 한 경우에는 다시 주주총회의 결의가 필요하다는 견해가 제기된다.[80] 생각건대, 현행 규정 아래에서는 주식배당도 이사회의 결의로 할 수 있다고 해석하기 어렵다고 본다. 그러나 입법론적으로는 주식배당의 성질도 결국 이익배당이라고 본다면 이사회의 결의로 할 수 있도록 보완이 필요하다고 본다. 주식배당을 하면 배당가능이익이 사내에 유보되고 자본금이 증가하기 때문에 채권자보호에는 문제가 없다. 주주로서는 현금을 배당받지 못하고 주식을 받기 때문에 당해 기업이 시장에 처해 있는 상황에 따라서 다르게 된다. 액면가보다 시가가 높으면 양도차익을 얻을 수 있는 반면, 반대의 경우는 불리할 수도 있다. 따라서 주주가 원하는 경우 현금으로 배당을 청구할 수 있다는 조건 아래에서 주식배당을 이사회의 결의로 할 수 있도록 보완하는 것이 바람직하다고 본다.

(2) 배당가능이익의 산정

상법은 자본충실과 채권자보호를 위하여 이익배당의 요건을 엄격하게 규정하고 있다. 개정상법은 배당가능이익을 산정할 때 공제항목으로서 '대통령령으로 정하는 미실현 이익'을 추가하였다(제462조 제1항 제4호). '대통령령으로 정하는 미실현이익'이란 일반적으로 타당하고 공정한 회계 원칙에 따라 자산 및 부채를 평가한 결과 증가한 대차대조표상의 순자산액으로서, 미실현손실과 상계하지 아니한 금액을 말한다(상법시행령 제19조, 상법 제446조의2). 미실현이익으로는 단기매매증권에 대한 미실현보유손익, 매도가능증권에 대한 미실현보유손익, 외환

78) 김홍기, 전게논문, 137면; 법무부, 전게서, 337면.
79) 최준선, 2011년 개정상법 회사편 해설, 182면.
80) 이철송, 전게서, 970면.

차손익, 지분법손익 등이 있다.[81] 미실현이익은 실현 전에 미리 이익으로 계상되며, 추후 자산의 처분으로 이익이 실현될 때에는 당초 금액과 상당한 차이가 있을 수 있다. 이에 따라 상법은 미실현이익을 배당가능이익을 산정하는데 있어서 순자산액에서 미실현이익을 공제함으로써 조정하고 있다.[82]

이러한 미실현이익은 중간배당의 경우에도 배당가능이익을 산정할 때 공제항목으로 되어야 할 것이다. 제462조의3 제1항은 미실현이익을 공제항목에서 누락하고 있는데 이는 향후 개선되어야 할 것이다.[83]

(3) 현물배당제도의 도입

개정상법은 회사가 정관에서 정하는 바에 따라 금전 외의 재산으로 배당할 수 있도록 규정함으로써 현물배당을 허용하였다(제462조의4 제1항). 다만 현물배당으로 인한 주주의 이익침해를 방지하기 위해 회사는 주주가 현물배당 대신 금전배당을 회사에 청구할 수 있도록 '정할 수' 있고, 또한 소수주주에게 현금을 지급하도록 '정할 수' 있도록 규정하고 있다(제462조의4 제2항). 따라서 이러한 소수주주의 보호에 관한 규정은 이익배당을 결정하는 주주총회 또는 이사회에서 주주에게 금전배당의 선택권을 부여한다는 결의가 있어야만 가능하다.[84] 현물배당은 향후 기업구조에 유용하게 활용될 것으로 기대된다.[85]

Ⅳ. 자본금 제도상 채권자 보호의 법적 과제

1. 개정상법의 시행에 따른 채권자보호의 과제

상법상 자본금제도를 통하여 채권자를 보호하는 데에는 자본유지의 원칙을 근간으로 하는 자본3원칙에 관련된 제도들과 배당규제가 중요한 역할을 한다고 볼 수 있다. 그 이외에도 공시규제, 합병 등의 경우 채권자보호 절차, 이사의 제3자에 대한 책임, 법인격부인의 법리 등이 거론된다. 또한 채권자보호와 직접적인 관련은 없지만 영미에서 발달한 지배주주의 충실의무도 논의된다. 또한 사해행위 방지를 위한 채권자취소권의 활용이나, 비계약적 채권자를 위한 보험의 활용 등

---

81) 일반기업회계기준 6.31, 8.18, 23.10 등 참조.
82) 최준선, 2011년 개정상법 회사편 해설, 183면.
83) 이철송, 전게서, 959면; 최준선, 2011년 개정상법 회사편 해설, 184면; 법무부, 전게서, 345~346면.
84) 법무부, 전게서, 351면.
85) 송옥렬, "2011년 개정 회사법의 해석상 주요쟁점－기업재무 분야를 중심으로－", 「저스티스」 제127호(2011), 71면.

다양한 수단이 거론된다.

주식회사의 주주가 유한책임을 부담함에 따라 회사 채권자의 유일한 담보재산인 회사재산을 유지하는 것이 채권자보호의 중요한 수단으로 간주되었다. 이에 따라 회사재산을 유지하기 위해서 자본금제도가 중요한 기능을 하는 것으로 인식되어 왔다. 그러나 최근 논의의 결과 자본금제도는 채권자보호에는 별 실효성이 없으면서 동 제도를 유지하는 데는 효용보다 기업의 경제적 비용이 더 초래된다는 것이 일반적 평가이다.[86] 그렇지만 자본금제도를 대체하여 채권자보호를 할 다른 적절한 상법상 수단이 아직까지는 강구되지 않고 있다. 자본금제도 이외에서 그 대안을 찾아야 한다고 하지만 아직은 세계적으로 적절한 제도가 없는 실정이다. 따라서 미국 등 일부 국가를 제외하고 대부분 국가들이 불완전하지만 자본금제도를 유지하고 있는 실정이다.

이러한 자본금제도와 더불어 채권자보호를 위한 회사법상 중요한 제도가 배당에 관한 제도라고 할 수 있다. 2011년 개정상법은 회사의 재무전략의 신축적인 운영을 위하여 많은 제도를 도입하였으나 채권자보호 측면에서는 달리 특별한 수단을 강구하지 않고 있다. 그러나 자본조달 측면에서의 신축성을 부여한 주요국의 제도는 그 나름대로의 채권자보호 절차에 기반하고 있다. 따라서 이제는 새로 도입된 제도의 활성화를 도모하면서도 채권자보호에 관한 보완적인 수단을 마련하는 데에도 논의가 필요하다고 본다. 배당기준에 관하여 전통적인 대차대조표기준 이외에 지급불능기준 등 다른 기준을 보완하는 방안을 검토할 필요가 있다.

한편 2011년 도입된 많은 제도가 미국에서 발달된 제도를 일본을 통하여 도입한 만큼 재무전략의 신축성 이외에 회사의 이해관계자를 둘러싼 공정한 거래를 확보할 수 있도록 지배주주의 충실의무의 도입에 관해서도 검토할 때가 되었다고 본다.[87]

2. 자본금제도와 채권자보호의 한계

(1) 법정준비금의 감소 절차 도입 및 채권자보호절차의 배제 문제

개정상법이 법정준비금의 감소절차를 마련하여 준비금을 배당재원이나 자기

---

86) 윤영신, "자본유지제도의 채권자보호 기능의 한계에 대한 연구", 「중앙법학」 제9집 제2호(2007), 701면 이하; 동, "회사법상 자본제도에 의한 채권자보호의 득실", 법학연구(충남대학교, 2004), 제15권 제1호(2004), 181면 이하.

87) 송종준, "주식회사 법정자본제도의 국제적 개혁동향과 입법 과제－주주와 채권자의 이해조정을 중심으로－", 「경영법률」 제20집 제1호(2009), 194면.

주식의 취득 등 다양한 용도로 활용할 수 있게 함으로써 회사의 재무전략의 탄력성을 높였다는 측면에서 바람직하다고 본다. 법정준비금을 감소하기 위해서는 주주총회 보통결의를 거쳐야 하지만 채권자보호절차는 거치지 않아도 되도록 규정하고 있다. 이는 법정준비금을 감소하더라도 자본금의 1.5배 이상을 초과한 준비금에 관해서만 감소하기 때문에 회사 내에 자본금의 2.5배가 유보되어 채권자보호에 문제가 없다는 인식에 기인한 것으로 보인다.

그러나 이러한 제도의 운영은 경영자로 하여금 탄력적인 재무전략을 위하여 자본금의 규모를 되도록 적게 유지하도록 하는 유인을 제공할 것이다. 또한 주주로서도 자본금 규모가 작으면 준비금을 감소하여 이익배당 등에 활용하기 더 용이하므로 경영자와 같은 유인을 갖게 된다. 이러한 현상은 채권자보호를 위하여 바람직하지 않다고 본다.[88] 따라서 준비금의 감소한도에 관한 제한을 철폐하면서 채권자보호절차를 유지하고 있는 일본 회사법의 태도가 채권자보호의 관점에서는 오히려 더 바람직하다고 볼 수 있다. 즉, 준비금을 감소하려면 원칙적으로 채권자보호 절차를 거쳐야 하지만, 준비금 전액을 자본금으로 계상하는 경우나 결손전보를 위한 경우에는 이를 면제함으로써 회사의 부담을 덜어주고 있다(일본회사법 제448조, 제449조 제1항 단서). 미국의 경우도 주주에 대한 분배규제가 완화되어 있지만, 배당기준으로서 모든 주가 지불불능기준(insolvency test)을 채택하면서 추가적인 배당기준을 채택하고 있으며, 사기양도금지법 등 다른 수단을 통하여 채권자보호를 하고 있기 때문에 배당기준만을 가지고 채권자보호 수준을 비교하는 것은 타당하지 않다고 본다.

또한 자본금의 1.5배 이상이라고 하더라도 자산에 대비한 부채의 비율이 어느 정도인지에 따라 회사의 재무적 안정성은 크게 다르기 때문에, 준비금의 감소를 하는 데에 채권자보호절차를 생략하는 것이 타당한지도 의문이다. 또한 준비금의 감소한도를 정하는데 있어서 자본금만을 기준으로 하는 것보다는 오히려 자산에 대한 부채비율 등을 고려하여 결정하는 것이 채권자보호의 관점에서는 더 타당하지 않을까 생각된다.

(2) 최저자본금 제도의 폐지 및 무액면주식 제도의 도입으로 인한 채권자 보호 문제

최저자본금 제도가 폐지됨으로써 벤처기업이나 소규모의 창의적인 기업들이

---

88) 양기진, "무액면주식의 도입 관련 회사법상 쟁점 연구", 「일감법학」 제22호(건국대학교 법학연구소, 2012), 153면; 김홍기, "2011년 개정상법 및 동법시행령상 회사재무분야의 주요쟁점 해석 및 운용상의 과제", 「기업법연구」 제26권 제1호(2012), 138면.

창업절차를 추진하는데 불편이 해소되었다. 가장납입의 줄어들고, 금융거래에서 특수목적회사(SPC)를 설립할 때 최저자본금을 납입해야 하는 부담이 없어지는 등 긍정적 효과가 나타나고 있다고 한다.[89)]

그러나 최저자본금의 폐지와 무액면주식 제도의 도입으로 주식회사의 유한책임을 악용하여 회사 사기가 발생할 여지도 높아졌다. 채권자보호가 필요한 경우는 대부분 비상장회사이거나 재무상태가 악화된 기업과 거래를 한 경우가 많을 것이다. 이러한 위험으로부터 회사채권자와 소수주주를 보호하기 위하여 지배주주에게 선관주의의무 또는 충실의무를 부과하고, 지배주주와 이사의 책임을 추궁하기 위한 소주주주권의 행사요건도 단독주주권으로 완화하는 것이 바람직하다는 견해도 제기된다.[90)]

(3) 회사법상 자본금제도의 과제

회사법상 자본금제도는 미국, 일본, 유럽 등에서 현재 존망의 위기에 처해 있다.[91)] 그 최대 이유는 자본금제도가 채권자보호기능을 충분하게 하지 못한다는 비판이 강하게 제기되고, 또한 그러한 주장에 설득력이 있다고 이해되고 있다.[92)] 회사가 일단 파산에 이르게 되면 자본유지정책은 기능하지 않게 되며, 또한 자본유지의 요청만으로는 회사재산의 악화 그 자체를 막을 수 없게 된다. 채권자보호의 중요한 수단이라고 하기에는 많은 결점이 있는 것도 명백하다.[93)] 그래서 일본 회사법에서는 자본금은 이제 분배가능액 계산에 있어서 단순한 '計數'의 하나에 불과하다고 한다.[94)] 자본금이 가지는 잉여금배당 재원규제로서의 의미에 대해서도 최근 회계의 동향을 보면 의문이 생긴다. 국제회계기준(IFRS)의 도입에 따라 특히 미실현이익의 배당 가능성에 관해 문제되고 있다. IFRS 아래에서는 평가의 요소가 증가된다고 생각되며, 평가의 수정으로 평가손익이 적지 않

---

89) 송옥렬, 전게논문, 272면.

90) 송종준, 전게논문, 194면.

91) Marcus Lutter, "Legal Capital of Public Companies in Europe", 「Legal Capital in Europe」, European Company and Financial Law Review Special Vol. 1, 2006, p.1.

92) 郡谷大輔 · 岩崎友彦, "會社法における債権者保護[上], [下]", 「商事法務」 第1746号(2005), 42面; 第1747号(2005), 19面; 吉原和志, "會社の責任財産の維持と債権者の利益保護(一)~(三 · 完)", 「法學協會雜誌」 第102巻 第3号(1985), 423面; 第102巻 第5号(1985), 881面; 第102巻 第8号(1985), 1431面.

93) 이에 따라 금융기관들은 보증신용장 등 매우 다양한 담보수단을 개발하여 활용하고 있다(Friedrich Kübler, "The Rule of Legal Capital Under Pressure of the Securities Markets", 「Capital Markets and Company Law(Klaus J. Hopt & Eddy Wymeersch, ed.)」, Oxford, 2003, p.110).

94) 大隅健一郎 · 今井宏 · 小林量, 「新會社法概說」, 有斐閣, 2009, 21~22面.

게 발생할 수밖에 없다. 이에 따라 대차대조표 순자산방식이 어디까지 유지될 수 있는지도 의문이다.[95)]

우리 상법은 자본금에 상당하는 재산의 유지를 요구하는 재산구속기능과 배당가능이익 산정에 적용되는 공제항목으로서의 계산척도기능을 통해 채권자보호기능을 자본금에서 구하고 있다. 자본금은 회사가 보유해야 하는 순재산의 기준으로서 일정금액이므로 개개의 자산이나 영업용재산과는 전혀 별개의 것이며, 기업의 계속을 전제로 회계처리되어 있는 자산이 언젠가 장부가로 환금된다는 보증은 전혀 없다.[96)] 확실히 자본금이 많으면, 그것만으로 채권자보호를 위한 쿠션으로서의 의의는 있지만, 그것이 회사의 재산상태나 지불능력을 반드시 나타내는 것은 아니다.

한편 주주는 회사에 대하여 유한의 출자의무를 부담하므로, 회사의 재산적 기초로 되고 회사채권자의 담보로 되는 것은 회사재산만이다. 따라서 회사채권자를 보호하고 회사 자신의 장기적인 경영을 가능하기 위해서도 회사재산을 확보하는 것이 필요하다. 그러나 이 채권자보호는 계산척도로서 자본금에 결부된 이론상의 필연성이 있다는 의미는 아니며, 다만 일정한 재산을 회사에 유보함으로써, 유한책임의 대가를 채권자에게 부여한다는 입법정책상의 이유에 불과하다. 이 제도에 의해 회사가 부당하게 재산을 유출시켜 자본금의 결손이 생기는 것을 방지하더라도 영업부진에 의해 회사재산이 감소하는 것까지 저지할 수는 없다.

회사가 도산하는 경우 채권자의 구제라는 각도에서 보면, 최저자본금을 약간 높이더라도 그다지 도움이 되지 않는다. 최저자본금을 인상하는 것보다도 차라리 도산시 채권자의 변제에 제공되는 책임재산을 크게 하는 방법을 강구해야 하며,[97)] 자본금을 유지하더라도 반드시 유효한 채권자보호가 되는 것은 아니다. 회사채권자도 일반적으로 자본금의 대소를 기준으로 거래를 하는 것은 아니다. 신용이나 업적 등에 따라 거래를 하기 때문에, 회사채권자도 자본금의 담보기능에 대하여 중요한 관심을 가지지 않는다.

현행법상 법정자본금은 실질자본인 출자액이나 주식과도 관계가 없다. 현재 자본금이 무엇을 표시하고 무엇을 의미하고 있는지가 불명확하지만, 불완전하더라도 회사의 재산적 기초가 약화되는 것을 저지하는 기능으로서 배당저지기능을

---

95) 尾崎安央, "株式, 資金調達, 計算", 商事法務 第1940号(2011), 45～46面.

96) 中村忠, "資本および拂入剩餘金", 「企業會計」 第33卷 第5号(1981), 16面.

97) 吉原和志, "會社の責任財産の維持と債權者の利益保護(一)", 「法學協會雜誌」 第102卷 第3号(1985), 430面.

가지며, 자본의 결손이나 채무초과에 빠지지 않도록 경고하는 기능도 있다. 그러나 회사채권자에 대한 담보기능이나 회사의 도산방지기능 등 어떠한 중요한 역할을 자본금에 기대해서는 아니 되며, 채권자보호를 위한 새로운 수단을 마련하는 것이 과제이다.[98)]

3. 배당규제[99)]와 채권자보호

(1) 회사법상 배당규제의 존재의의

만일 과도한 배당에 의해 채권자에 대해 지불불능이 일어나면 채무자가 자신의 재산을 채권자의 손이 미치지 않는 곳에 무상으로 이전시킨다는 의미이기 때문에 사해행위로서 채권자취소권으로 대응할 수 있을 것이다. 주식회사에 특유한 배당규제를 하는 것은 사행행위의 특별규정과 같은 것이다. 이러한 특별규정의 존재의의는 어디에 있는가? 주주가 많은 주식회사의 경우 사후적이고 개별적인 구제인 채권자취소권에만 의지하는 경우, 산재하는 주주에 대하여 채권자취소권을 행사하여 반환을 구하는 데에는 비용이 지나치게 든다. 그래서 배당에 관해 사전에 일률적인 제약을 가하고 위반에 대해서 이사에게 엄중한 책임을 부담시키는(상법 제625조 제3호) 규율을 함으로써 제도의 실행비용(enforcement cost)이 대폭적으로 절약될 수 있게 된다. 그러한 의미에서 배당규제는 사해행위라는 일반적인 규범을 회사법이라는 특수한 국면에 맞게 실효성 있는 형태로 실현시킴으로써 주주와 채권자 간에 이해대립을 완화시킨다는 의미가 있다. 이것은 통상적인 계약에서 충분하게 이루어질 수 없는 이해조정이며, 그러한 의미에서 이 규범은 계약에 의한 이해조정을 보완하는 기능도 한다.[100)]

(2) 배당가능액에 의한 규제의 의의

1) 배당규제와 채권자의 채권회수의 확보 배당규제의 의의에 대해서는 주주가 간접유한책임밖에 부담하지 않으며, 주식회사의 채권자로서 책임재산은 주식회사의 재산뿐이기 때문에, 채권자를 보호하기 위해서 이익배당 등에 제한을 가할 필요가 있다(자본유지원칙)고 설명된다. 그러나 여기서 말하는 채권자 보호의 의미는 미묘하다.

---

98) 葭田英人, "資本制度と株式制度の課題", 「法學新報」 第107卷 第11・12号(2001), 617~618面.

99) 여기서 배당규제는 이익배당 뿐만 아니라 자기주식의 유상취득에 대한 규제도 포함하는 분배규제의 개념으로 사용하고자 한다.

100) 藤田友敬, "株主有限責任と債權者保護(2)", 「法學教室」 第262号(2002), 126面.

회사법제는 회사의 사업손실이나 자산의 가치하락에 의한 회사재산의 감소에 대하여 특별한 규제를 하고 있지 않기 때문에, 이러한 사유에 의한 회사재산이 감소하더라도 채권자가 변제를 받지 못할 위험은 통상 존재하는 위험이다. 만일 채권자보호를 그 채권자가 변제받을 수 있는 권리를 보호하는 것이라고 하면, 배당규제는 그 중 주주에 대한 회사재산의 반환에 의해서 채권의 만족을 얻을 수 없는 경우만을 방지하는 것으로 되어, 극히 한정적인 의미에서 밖에 채권자의 보호를 도모하지 않게 된다. 따라서 채권자보호를 그러한 의미로 사용한다면 주식회사에 부과된 대규모의 배당규제를 정당화하는 근거로서 채권자보호를 거론하는 것은 다소 근거가 부족하다고 할 수 있다.[101]

2) 배당규제의 근거로서 채권자와 주주 간의 이해조정 만일 배당규제가 없다면 채권자는 사업손실에 의한 회사재산의 감소에 추가하여, 자기보다도 열후한 자금제공자인 주주에게 회사재산을 반환함에 따라 채권의 만족을 얻을 수 없는 위험도 부담하게 된다. 주주는 회사의 지배권과 회사재산에 대한 최종적인 처분권한을 가지기 때문에 주주에 대한 회사재산의 반환에 대하여 법적으로 규제할 필요가 있다. 본래 주주는 사업이 성공한 경우에 이익을 얻을 수 있지만, 사업이 실패할 경우에는 채권자보다도 재산분배에서 후순위가 된다. 그러나 배당규제를 하지 않으면 주주가 사업의 성공여부와 관계없이 항상 채권자보다 회사재산을 우선적으로 반환받을 수 있는 법제가 될 수 있다.

배당규제가 없으면 채권자는 안심하고 회사와 거래할 수 없게 된다. 채권자는 자기의 채권을 관리하기 위하여 주주에 대한 회사재산의 반환행위를 항상 감시 · 제한할 수 있도록 계약을 체결하여야 한다. 역으로 회사는 충분한 신용의 공여를 받지 못하고 사업수행에 지장을 초래하거나, 신용공여를 받기 위하여 많은 비용이 발생할 우려가 있다. 따라서 회사 및 채권자가 지불해야 하는 거래비용이 상승하게 되며, 불특정 다수자로부터 자금을 제공받아서 대규모사업을 실시할 수 있는 수단을 제공하고자 하는 주식회사 제도의 목적을 달성될 수 없게 된다.

이에 따라 주식회사법제에서는 채권자와 주주 간에 이해조정을 도모하기 위하여 강행법적인 배당규제를 함으로써 거래비용을 경감시키고자 한다. 즉, 용이하고 명확한 배당규제의 기준을 사용하면서, 회사재산이 일정한 금액 미만으로 되는 경우에는 주주에 대한 반환을 금지하게 된다. 따라서 배당규제가 채권자가 변제받을 권리를 보호한다는 관점에서는 극히 한정적인 효과밖에 없지만, 채권자

---

101) 郡谷大輔 · 岩崎友彦, "會社法における債權者保護[下]", 「商事法務」 第1747号(2005), 19～20面.

와 주주 간에 이해를 조정하는 데에서는 그 존재의의를 찾을 수 있다.[102)]

3) 배당규제의 방법 전술한 바와 같이 배당규제의 역할은 채권자가 변제를 받을 권리를 보호하기보다는 주주와 채권자 간에 이해를 조정하는 비용을 경감하는데 있다. 따라서 구체적인 배당규제의 방법을 모색하는 경우에도 이러한 비용을 경감하는 방안이 필요하게 된다. 너무 엄격한 배당규제는 주주의 회사에 대한 투자매력을 경감시키며, 느슨한 배당규제는 채권자와 주주 간에 이해를 조정하는데 어려움이 있다.

따라서 배당규제를 둘러싼 문제는 어떠한 수치를 이용하여 배당규제를 할 것인가 라는 점과, 어떠한 행위를 배당규제의 대상할 것인가 라는 점으로 압축된다. 전자의 경우 배당규제를 위한 수치로서 대차대조표상의 수치를 사용하는 방식, 자본금을 사용하는 방식 및 자본금의 감소를 사용하는 방식 등이 거론된다.[103)]

(3) 현행 배당규제 방법의 검토

1) 대차대조표 · 자본금 등을 기준으로 하는 방법의 문제점

(가) 자본금을 기준으로 배당규제를 하는 경우의 합리성 유무 자본유지원칙의 관점에서 생각하면 주주에 대한 회사재산의 배당규제도 자본금에 상당하는 금액을 회사에 유보하기 위한 규제의 일부이기 때문에, 배당규제의 기준으로서 대차대조표상의 자본금(일정한 완충장치인 준비금을 포함)을 사용하는 데에는 합리성이 있으며, 또한 규제목적에 비추어 필연적이다.

그러나 자본유지원칙이 엄밀한 의미에서 확보되어 있지 않은 현행 법제 아래에서는 배당규제의 경우에만 자본금을 기준으로 규제하면 족하다는 사고방식은 곧바로 타당한 것은 아니다. 우선 채권자로서는 자기가 채권자로 되었던 시점의 회사재산의 상황이나 현재의 회사재산의 상황이 관심사이며, 자기의 채권이 변제기에 이른 경우에 그 전부가 변제되는 것이 중요하다.

한편 자본금이라 함은 과거의 출자가액의 범위 내에서 정해진 것이면서, 그 후 회사재산의 변동을 반영하지 않으며, 회사재산과는 관계없는 수치로 된다. 따라서 자본금이 주주와 채권자의 이해조정을 도모하는 데에 왜 적절한 것인지가 합리적으로 설명될 수 없다는 문제가 있다. 따라서 과거의 출자액의 범위 내에서

---

102) 배당규제 이외에도 회사의 공시규제, 합병 등의 경우 채권자보호절차 등도 이해조정비용의 경감에 도움이 되는 것은 당연하다(郡谷大輔 · 岩崎友彦, 前揭論文, 19面).

103) 郡谷大輔 · 岩崎友彦, 前揭論文, 20～21面.

정해지고, 현실의 회사재산과는 무관한 자본금을 사용하여 배당규제를 하더라도 그것이 이해조정을 위하여 합리적인 것이라고 할 근거는 부족하다.[104)]

(나) 대차대조표를 배당규제의 기준으로 하는 경우의 문제점 첫째, 대차대조표를 기준으로 배당규제를 하는 경우에는 자산을 유출하는 유형의 주주에 대한 반환규제를 하는 것은 가능하다. 그러나 부외자산을 주주에게 반환하는 유형이거나, 장래 부채가 발생하도록 하는 유형 또는 장래의 회사 수익을 감소시키는 유형 등인 경우에, 회사로부터 이러한 주주에게 회사재산을 반환하는 것을 적절하게 규제하기 어렵다는 문제가 있다. 2011년 개정상법은 기업회계기준을 적용하여 자산을 평가하도록 규정하고 있다. 이에 따라 시가주의가 확대되어 과거 취득원가주의를 채택할 때 보다는 회사재산의 현황을 더 정확하게 반영할 수 있게 되었다. 그러나 IFRS의 도입으로 미실현이익을 평가하게 됨에 따라 장래 이익이 실현될 때 평가손익이 나타날 위험이 상존한다.

둘째, 채권자로서 변제의 위험성을 고려함으로써 중요한 자산의 유동성이나 현금흐름 이라는 개념이 무시된다는 문제가 있다. 회사는 대차대조표상 채무초과로 되더라도 당연히 도산하는 것은 아닌데, 소위 흑자도산으로 불리는 현상이 있는 것처럼 변제기가 도래하는 채무를 변제하기 위하여 충분한 현금이나 예금이 없으면 회사는 도산한다.

셋째, 연결재무제표를 작성하지 않는 회사의 경우 종속회사 등과의 거래에 의한 이익이 계상될 우려가 있다. 우리나라의 배당규제는 상장회사를 제외하고 회사 단위의 개별재무제표를 채용하고 있다. 배당규제의 관점에서 개별주의를 채용하는 것에는 ⅰ) 종속회사의 재산상황이 자회사 주식의 평가에 적시에 반영되는 것만은 아니며, ⅱ) 종속회사와의 거래에 의해서 용이하게 지배회사의 자산상황 등을 조작할 수 있다는 문제가 있다.[105)]

2) 대차대조표를 기준으로 한 배당규제를 유지하는 이유

이처럼 대차대조표를 배당규제의 기준으로 하는 것에는 문제도 많으며, 자본금을 기준으로 배당규제를 하는 것도 그다지 합리적인 것은 아니다. 그럼에도 불구하고 대차대조표를 배당규제의 기준으로 유지하는 것은 이것에 대신하는 유효한 배당규제의 방법을 현시점에서는 구축하기 어렵기 때문이다. 또한 대차대조표 기준의 문제점을 해결하기 위해서는 별도의 작성기준을 마련해야 하는 등의

104) 郡谷大輔・岩崎友彦, 前揭論文, 21面.
105) 郡谷大輔・岩崎友彦, 前揭論文, 21～22面.

부담이 수반된다. 대차대조표상의 수치를 기준으로 한 배당규제는 명확하고 기준의 작성 · 준수, 감시 등이 용이하며, 또한 비용이 저렴하다는 장점도 있다.[106]

(4) 새로운 배당기준의 도입 문제

1) 미국의 자본금제도 및 배당규제의 검토[107]

(가) 자본금의 의의와 기능 미국 각주의 회사법은 전통적으로 자본금제도를 규정하고 있었지만 현재는 자본금제도 자체를 폐지한 주도 있다. 자본금제도를 유지하고 있는 주들은 법정자본금(legal capital)의 정의를 액면주식의 액면총액과, 무액면주식을 발행한 때는 이사회가 자본금에 편입할 것으로 정한 금액과의 합계액으로 규정하고 있다.[108] 현재는 액면금액이 매우 낮게 정해지며 주주는 액면금액을 크게 초과하는 금액을 지불하거나 또는 무액면주식이 발행되는 경우가 일반적이다. 액면주식의 납입액 중 액면초과분이나 무액면주식의 납입액 중 자본금에 편입되지 않는 부분은 잉여금(surplus)[109]으로 된다. 또한 최저자본금제도는 존재하지 않는다. 1977년 시행된 캘리포니아 회사법과 1980년 모범회사법 및 1984년의 개정모범회사법은 액면주식과 법정자본금제도를 폐지하고 새로운 배당제한기준을 규정하고 있다.

(나) 배당규제 배당을 선언하는 권한은 이사회가 보유한다.[110] 전통적으로 배당지불은 각주의 회사법 이외에 사기양도방지법(Fraudulent Conveyance Law) 등 일반적인 채권자보호법에 의해 규제된다. 전자는 위법배당을 한 이사의 책임에 중점을 두는 데 비하여 후자는 위법한 배당을 받은 주주의 책임에 중점을 둔다. 배당규제 유형은 법정자본제를 유지하는 주법과 이를 폐지한 주법으로 구분된다.

---

106) 郡谷大輔 · 岩崎友彦, 前揭論文, 22～23面.

107) 김순석, 전게논문, 329～332면. 2011년 개정상법상의 자본금제도가 주로 미국의 제도를 수용한 일본법의 영향을 받을 점을 고려하여 여기서는 미국의 배당규제에 대해서만 검토한다. 주요국의 배당규제에 관한 문헌으로는 윤영신, "법정자본제도 입법례와 자본금 폐지 입법례에 대한 비교법적 연구", 「비교사법」 제13권 제3호(2006), 297면 이하 참조.

108) 예컨대, Del. Code Ann. Tit. 8, §154 (1991); N. Y. Bus. Corp. L. §506.

109) 잉여금은 이익잉여금(earned surplus)과 자본잉여금(capital surplus)으로 분류하는 것이 일반적이다. 이익잉여금은 회사의 사업활동에 의해 발생한 수익 중 아직 주주에게 분배하지 않은 것(retained surplus: 유보이익)을 말한다. 자본잉여금은 자본거래(증자, 감자, 합병 등)에 의해 생긴 잉여금이며, 납입잉여금(paid-in surplus: 주식발행시의 납입액 중 법정자본으로 되지 않은 금액), 감자잉여금(reduction surplus: 감자에 의해 법정자본이 감소된 금액), 합병잉여금, 고정자산의 재평가익(revaluation surplus) 등이 포함된다.

110) 예컨대, Del. Code Ann. Tit. 8, §170(a) (1991); N. Y. Bus. Corp. L. §510(a); Cal. Corp. Code §§300, 500, 501.

(A) 법정자본제를 채택한 주회사법의 배당규제 법정자본제를 채택한 경우 배당규제는 우선 지불불능기준(insolvency test)을 채택하여 회사가 지불불능일 때나 회사를 지불불능 상태에 빠지게 하는 배당은 허용되지 않는다. 여기서 지불불능이라 함은 기한이 도래한 채무를 지불하지 못하는 것을 의미하는 형평법상의 의미에서의 지불불능을 말한다.[111] 그 이외의 배당제한기준으로 대차대조표기준(자본잠식기준)을 채택한다. 이 기준에 의하면 회사의 자산액이 부채와 법정자본을 합산한 금액을 하회하는 경우 배당이 금지된다. 즉, 잉여금에 의한 배당만을 허용하며 자본잠식상태(부채+법정자본〉 자산)에서는 배당이 허용되지 않는다. 소수의 주에서는 이익잉여금에 의한 배당만을 허용하는 이익잉여금기준이 채택되고 있다. 이러한 기준을 채택한 주일지라도 정관의 규정이나 주주총회결의가 있으면 자본잉여금에 의한 배당도 허용하는 것이 일반적이다. 따라서 대차대조표기준과 차이가 크지 않다.

그러나 법정자본제를 채택한 주에서도 회사법상 몇 가지 예외를 인정함으로써 법정자본에 의한 배당규제의 실효성을 상실하게 한다. 즉, 대차대조표기준을 채택한 주에서 판례상 미실현평가익으로부터 배당이 허용되거나, 자본잠식상태에 있더라도 당기 또는 전기의 이익에 의해 배당을 허용(nimble dividend)하는 경우이다. 이익잉여금기준에 의하면 자본잉여금에 의한 배당은 허용되지 않지만, 자본잉여금에 의해 이익잉여금의 결손전보를 인정하는 경우이다(quasi-reorganization: 준갱생). 이에 따라 법정자본에 의한 배당규제는 실효성을 상실하고 지불불능기준만이 현실적으로 배당제한기준으로 작용하고 있다. 미국에서 법정자본은 배당저지금액으로서 기능하고 있다고 할 수 없다.

(B) 법정자본제를 폐지한 주회사법의 배당규제 1977년 시행된 캘리포니아 주회사법은 액면주식과 법정자본금제도를 폐지하였다. 배당제한기준으로 우선 배당 이외에 자기주식의 취득 등을 포함한 분배(distribution)라는 개념을 도입하여 분배에 대해 공통의 제한기준을 설정하였다. 분배의 제한기준으로서 우선 지불불능기준을 채택하고 있다. 이와 더불어 다음 두 가지의 기준이 선택적으로 가능하다. ⅰ) 분배가 유보이익으로부터 이루어지는 경우, 또는 ⅱ) ① 분배 후 자

111) 형평법상 지불불능을 규정한 예로는 N.Y. Bus. Corp. Law §102(a)(8) 참조. 지불불능의 또 다른 개념으로는 부채가 자산을 초과하는 상태를 의미하는 파산법상 지급불능이 있는데, 이는 파산법(Bankruptcy Code)과 통일사기양도금지법(Uniform Fraudulent Transfer Act)에 규정되어 있다(Melvin Aron Eisenberg, Cases and Materials on Corporation and Other Business Organizations (9th ed.), 2005, pp. 1233-34).

산이 부채의 1.25배 이상(자기자본비율 20% 이상)이며 또한 ② 유동자산이 유동부채 이상이거나 또는 과거 2년 평균 유동자산이 유동부채의 1.25배 이상인 경우 중 어느 하나를 만족하면 주주에게 분배할 수 있다.[112] ⅰ)의 유보이익기준과 관련하여 준갱생(quasi-reorganization)이나 nimble dividend는 허용되지 않는다.

1980년에 개정된 모범사업회사법은 캘리포니아주회사법을 수용하여 액면주식과 법정자본금제도를 폐지하였다. 배당제한기준으로는 캘리포니아주회사법처럼 배당 이외에 자기주식의 취득 등을 포함하는 분배가 공통의 제한기준에 따른다. 분배는 분배 후 회사의 자산액이 부채액(+잔여재산의 분배에 대해 우선권을 가진 주식에 지불해야 하는 금액)을 하회하는 경우에는 허용되지 않는다. 후자의 기준은 법정자본의 개념을 폐지하면서도 대차대조표에 근거한 배당제한기준을 잔존시킨 것이다. 미국이 경우 과반수의 주가 모범사업회사법에 따른 분배제한기준을 채택하고 있다.

캘리포니아주회사법은 지불불능기준 이외에 엄격한 유보이익기준과 재무상태에 대한 기준을 채택하고 있는데 비하여, 모범사업회사법은 지불불능기준 이외에는 자본잠식기준이나 이익잉여금기준보다도 더 완화된 기준을 두고 있다. 또한 캘리포니아주회사법은 일반적으로 인정된 회계원칙에 준거할 것을 요구하지만 모범사업회사법은 요구하지 않는다. 양자는 배당규제가 부담해야 하는 역할에 대한 기본적인 인식을 달리한다.

(다) 채권자보호제도 미국에서 채권자보호제도의 특징은 자본금제도가 채권자보호를 위한 사전규제로서 기능하지 않으며 이러한 기능이 기대되지도 않는다는 점이다. 배당규제, 자기주식취득규제에 대해 법정자본금에 근거한 기준이 없고 자기자본비율 · 유동비율이라는 재무상태에 관한 기준에 의지하며(캘리포니아주회사법) 또는 지불불능기준만이 인정되는 경우(모범사업회사법)도 있다. 채권자보호는 채권자 자신이 계약조항에 의해 스스로 보호하여야 하며 법적 규제는 사후규제에 그친다.

채권자보호를 위해 재산의 사기적 양도에 대해서는 연방파산법이나 통일사기양도방지법(Uniform Fraudulent Conveyance Act, Uniform Fraudulent Transfer Act)이 적용된다. 채권자 자신의 자위수단으로는 금융기관, 사채권자 및 우선주주 등은 물적 · 인적 담보를 요구하는 이외에 대부계약이나 사채 · 우선주의 증서에 여러 가지 재무제한조항을 두고 있다. 여기에는 자산처분제한조항, 추가채무

112) Cal. Corp. Code §§500-502.

부담제한조항, 배당제한조항 등이 포함된다. 실무상 배당규제는 법률보다는 계약에 의한다.[113]

(라) 미국의 주별 배당규제의 유형[114] 〈표 1〉에 나타난 것처럼 미국의 배당규제는 배당가능이익의 산정방식에 따라 크게 여섯 가지로 분류할 수 있다. 즉, ① 실질지불불능기준(Equitable Insolvency Test)은 회사가 지불불능상태이거나, 배당을 하면 지불불능상태에 빠지는 경우 배당을 금지한다. 이 기준은 실질적으로 모든 주가 채택하고 있으며, 다른 배당기준을 채택하고 있는 주일지라도 실질지불불능기준을 모두 동시에 채택하고 있다. ② 델라웨어주 등이 채택하고 있는 당기이익에 의한 배당기준은 잉여금이 존재하지 않더라도 당기 또는 전기에 회사이익이 있으면 그 범위 내에서 현금배당을 인정한다. ③ MBCA가 채택하고 있는 이익잉여금기준은 이익잉여금이 존재하여야 배당이 가능하다. ④ 대차대조표잉여금방식은 자본잉여금과 이익잉여금으로 배당할 수 있으며 뉴욕주 등이 채택하고 있다. ⑤ RMBCA가 채택하고 있는 대차대조표기준의 경우 순자산이 플러스이면 배당이 가능하다. ⑥ 캘리포니아주 등이 채택하고 있는 재무비율방식은 가장 제한적인 기준으로 자기자본비율이나 기타 재무제표에 의한 재무기준을 충족하여야 배당이 가능하다.[115]

〈표 8-1〉 〈미국의 주별 배당규제의 유형〉[116]

배당규제의 기준	해당 주
이익잉여금기준(MBCA) (자산〉부채+자본금+자본잉여금)	없음
잉여금기준 (Balance Sheet Surplus) (자산〉부채+자본금)	Missouri, New York, Ohio, Texas

113) Melvin Aron Eisenberg, op. cit., p. 1248.

114) 김순석, "미국의 배당규제와 자기주식 제도", 「비교사법」 제13권 제1호(2006), 260~261면.

115) 자세한 내용은 Craig A. Peterson & Norman W. Hawker, Does Corporate Law Matter? Legal Capital Restrictions on Stock Distribution", 31 Akron L. Rev. 175, 183-195 (1997); Richard O. Kummert, "State Statutory Restrictions on Financial Distributions by Corporations to Shareholders", 59 Wash. L. Rev. 185, 193~266 (1984); 太田 洋, "「金庫株」の解禁問題に關する論点整理[Ⅱ]－米國の關係規制からの示唆－", 商事法務 No. 1587 (2001), 28~35面; 김재문, "주식회사의 이익배당에 관한 법적 고찰－이익배당의 기준을 중심으로－", 「상사법연구」 제14집 제2호 (1995), 241면 이하 참조.

116) Barbara Black, Corporate Dividend and Stock Repurchases, Westlaw DB CORPDIVSR (updated to December 2011) §1:3; ABA, Model Business Corporation Act Annotated 4th ed., vol. 1, 2008, pp.6-242~6-245.

배당규제의 기준	해당 주
잉여금기준과 당기이익 병용	Delaware, Kansas, Louisiana, Oklahoma
대차대조표기준 (RMBCA) 〈자산〉부채〉	Alabama, Arizona, Arkansas, Colorado, Connecticut, Florida, Georgia, Hawaii, Idaho, Illinois, Indiana, Iowa, Kentucky, Maine, Maryland, Massachusetts, Michigan, Minnesota, Mississippi, Montana, Nebraska, Nevada, New Hampshire, New Jersey, New Mexico, North Carolina, Oregon, Pennsylvania, Rhode Island, South Carolina, South Dakota, Tennessee, Utah, Vermont, Virginia, Washington, West Virginia, Wisconsin and Wyoming(39)
자기자본비율 기타 재무기준	Alaska, California
실질지불불능기준	North Dakota

2) 우리나라의 배당기준

이익배당을 하기 위해서는 배당가능이익이 존재해야 하는데 배당가능이익은 대차대조표의 순자산액으로부터, ① 자본금의 액, ② 그 결산기까지 적립된 자본준비금과 이익준비금의 합계액, ③ 그 결산기에 적립하여야 할 이익준비금의 액, ④ 대통령령으로 정하는 미실현이익을 공제한 금액이며, 이를 한도로 이익배당을 할 수 있다(제462조 제1항). 결산기에 적립하여야 할 이익준비금의 액은 주식배당 이외에 이익배당액의 10분의 1 이상이어야 한다(제458조). 미실현이익은 기업회계의 원칙에 따라 자산 및 부채를 평가한 결과 증가한 대차대조표상의 순자산액으로서 미실현손실과 상계하지 않는 금액을 말한다(상법시행령 제19조). 미실현이익이 발생하더라도 이는 자산의 평가익에 불과한 것으로서 회사의 지급능력을 이루는 것이 아니므로 배당가능이익에서 차감한다.117)

우리나라의 현행 배당기준은 미국의 대차대조표 기준 중에서 이익잉여금 기준에 유사하지만 공제항목이 더 많으므로 이른바 강화된 이익잉여금 기준이라 할 수 있다.118) 개정상법은 배당기준에는 기업회계기준과의 정합성을 위하여 배당가능이익을 산정할 때 미실현이익을 공제한 것 이외에는 변함이 없다. 그러나 이미 소개한 바와 같이 이익배당에 관한 많은 규제들이 완화되었다. 즉, 준비금이 자본금의 1.5를 초과하여 적립된 경우 그 초과한 준비금을 감소하여 잉여금화 함으로써 배당가능재원으로 활용할 수 있다. 자산평가에 있어서도 원가주의 채택하였던 상법규정(제452조)을 폐지하고 기업회계기준에 따르도록 하고 있다. 결손

117) 이철송, 전게서, 953면.
118) 윤영신, 법정자본제도 입법례와 자본금 폐지 입법례에 대한 비교법적 연구, 303면.

전보를 위한 자본금감소 절차를 간소화하여 채권자보호절차 없이 주주총회 보통결의에 의하도록 하였다(제438조 제2항, 제439조 제2항 단서). 또한 배당가능이익의 범위 내에서 자기주식을 취득하여 소각할 수 있도록 하였다(제343조 제1항 단서, 제341조 제1항).

3) 새로운 배당기준의 모색

현행 이익배당기준은 준비금의 감소한도를 더 완화한다거나 이익준비금의 적립한도를 낮추거나, 또는 배당가능이익을 계산할 때 준비금을 공제항목에서 제외하거나, 준비금 제도 자체를 폐지하고 자본금에 통합할 수도 있을 것이다. 또한 자본금 제도가 폐지되는 경우에는 배당가능이익을 계산할 때 자본금은 고려대상에서 제외되는 등 배당기준은 향후 얼마든지 변화가 가능하다고 본다.

다만, 주주에 대한 회사재산의 반환규제를 완화하는 추세와 더불어 회사의 채권자보호를 위한 절차를 더 정교하게 구성하여 실질적인 보호가 될 수 있는 방안을 동시에 모색하여야 할 것이다.

2011년 개정상법은 미국이나 일본에서 도입된 배당규제의 완화경향을 상당한 부분 수용하였다. 그러나 채권자보호 측면에서는 별다른 조치를 취하지 않고 배당규제를 일방적으로 완화하였기 때문에 채권자보호를 위한 보완이 필요하다고 본다.

또한 잉여금의 배당규제가 완화됨에 따라 현재 유럽에서 논의되고 있는 지불가능기준(solvency test)[119]의 도입에 대한 검토도 필요하다고 본다. 미국은 거의 모든 주가 지불불능기준(insolvency test)을 채택하면서 각각의 배당기준을 운영하고 있다. 우리나라의 경우에도 향후 배당기준이 완화될 것에 대비하여 지불불능기준의 도입에 대한 검토가 필요하다고 본다.

자본금 제도는 당초 채권자보호를 위하여 회사의 재산을 주주에게 반환하는 데 있어서 쿠션으로서 기능하도록 설계되었다. 그러나 자본금 제도의 기능이 약화됨에 따라 배당기준에서 자본금이나 준비금의 역할은 점차 축소될 것으로 보인다. 이러한 자본제도의 기능이 점점 유명무실해짐에 따라 향후 법정자본금 제도가 철폐되거나 그 대체적인 제도가 출현할 수도 있을 것이다. 법정자본금 제도가 철폐된다고 하더라도 채권자보호를 위하여 주주에 대한 회사재산의 반환을 규제할 필요성은 존속하는 것이므로 그 기준으로서 배당기준에 대한 재검토가

---

119) 유럽문헌에서는 주로 '지급가능기준'이라는 용어를 쓰고 미국문헌에서는 '지급불능기준'이라는 용어를 사용하고 있으나, 여기에서는 유사한 의미로 사용하기로 한다.

필요하다고 본다. 이 경우 계속기업으로서 회사의 존속을 위해 지급불능기준 등의 도입이 필요할 것이다.

지급불능기준은 기존 대차대조표기준과 중복되는 측면이 있는 것도 사실이다. 현행 우리나라 배당기준은 배당가능이익을 산출할 때 순자산에서 자본금, 법정준비금, 그 결산기에 적립하여야 할 이익준비금, 미실현이익 등을 공제하고 있어서(제462조 제1항) 상대적으로 채권자를 위한 쿠션이 높게 설정되어 있는 편이다. 그러나 이러한 엄격한 배당기준은 법정자본금 제도의 기능변화에 따라 점차 완화되어 갈 것으로 보이며, 그러한 경우 지급불능기준의 도입 필요성이 높아질 것이다.

지불불능기준과 대차대조표기준(자산〉부채) 간에 실질적인 차이가 있는지 여부는 자산과 부채를 어떻게 정의하느냐에 달려있다.[120] 지불불능기준의 목적은 주주에 대한 분배를 한 이후에 일정한 기간 내에 도래하는 채무를 만족시킬 수 있는 충분한 유동성이 있는지 여부를 판단하는데 있다. 회계를 기반으로 하는 자본유지제도에 비해서 지급불능기준은 재무예산서(financial budget)에 요약되어 있는 장래의 현금흐름에 의존한다. 재무예산서는 재무제표보다는 예측에 훨씬 더 의존하기 때문에 신뢰성에 한계가 있다.[121]

지불불능기준에도 여러 가지 유형이 존재한다. 가장 일반적인 유형은 회사가 지불불능일 때나 회사를 지불불능 상태에 빠지게 하는(또는 빠지게 할 가능성이 있는) 경우에는 배당을 허용하지 않는 것이다. 여기서 지불불능이라 함은 기한이 도래한 채무를 지불하지 못하는 것을 의미하는 형평법상의 의미에서의 지불불능을 말한다.[122] 가장 엄격한 지불불능기준은 첫째, 회사가 배당한 이후 그 다음 연도까지 지불불능에 빠지지 않아야 하며, 둘째, 지불불능기준을 만족하였다는 증명서를 발행하여 공개하여야 한다.[123]

한편 지급불능기준의 대상기간을 어떻게 설정할 것인가도 중요한 문제로 대

120) John Rickford, "Legal Capital to Restricting Distributions to Shareholders: Balance Sheet Tests and Solvency Tests", 「The Law and Economics of Creditor Protection (Horst Eidenmüller & Wolfgang Schön ed.)」, T.M.C. Asser Press., 2008, p.172.

121) Bernhard Pellens & Thorsten Sellhorn, "Improving Creditor Protection through IFRS Reporting and Solvency Tests", 「Legal Capital in Europe (Marcus Lutter ed.)」, European Company and Financial Law Review Special Volume 1, De Gruyter Recht, 2006, pp.380-381.

122) N.Y. Bus. Corp. Law §102(a)(8) 참조.

123) Jonathan Rickford, "Reforming Capital－Report of the Interdisciplinary Group on Capital Maintenance", 15 Euro. Bus. L. Rev. 919, 979 (2004).

두된다. 당해 연도만을 중심으로 판단할 것인지 아니면 다음 연도까지 지급불능이 되지 않도록 할 것인지에 따라 경영진의 배당결정에 영향을 미칠 것이기 때문이다.

또한 자본금제도를 향후 철폐하는 것에 대비하여 캘리포니아주회사법의 재무비율에 따른 배당기준 등에 대해서도 검토가 필요하다고 본다.

Ⅴ. 결어

2011년 개정상법은 자본금제도에 관하여 많은 획기적인 개정을 하였다. 미국이나 일본에서 채택된 탄력적인 재무조항들이 대부분 수용되었다. 그러나 채권자보호 측면에서는 별다른 검토가 이루어지지 않음으로써 향후 이의 보완이 필요하다고 본다. 금융기관 등 교섭력이 있는 채권자들의 경우에는 회사에 대한 재무정보를 종합적으로 분석하여 스스로 보호를 할 수 있지만, 영세한 채권자나 비자발적 채권자의 경우에는 보호방안이 검토되어야 할 것이다.

또한 채권자보호를 위한 상법상 제도인 자본제도와 배당규제가 당초 제도의 취지와는 달리 채권자보호에 실효성이 반감되는 점을 고려하여 이의 보완이 필요하다고 본다. 채권자보호를 위해서는 회사의 재무상태에 대한 공시규제를 강화하고, 이사나 업무집행자의 제3자에 대한 책임, 법인격부인론, 채권자취소권 등 다양한 수단을 강구되어야 할 것이다. 또한 취약한 입장에 있는 불법행위로 인한 채권자, 임금채권자, 영세한 채권자 등의 보호를 위하여 관련 보험을 강제하거나, 우선변제권 등을 인정하는 방안도 검토할 필요가 있을 것이다.[124)]

124) Fernanco D. Simões, "Legal Capital Rules in Europe: Is There Still Room for Creditor Protection?", February 14, 2012, pp. 13-14, 〈http://ssrn.com/abstract=2004825〉.

제 9 장

법정준비금 제도

9

법정준비금 제도*

Ⅰ. 서설

현행 자본금 제도[1]는 채권자를 보호하고 기업의 계속성을 유지하기 위해 필요한 주식회사의 기본적인 제도라고 평가되어 왔다. 특히 주주의 이익과 채권자의 이해관계를 조정하는 제도라고 설명된다.[2] 그러나 오늘날 기업들의 주요 채권기관인 금융기관들이 기업에 자금을 대여할 때 그 기업의 자본금이나 법정준비금의 적립 상황에 크게 의존하지는 않는 것으로 보인다. 오히려 대출계약상의 재무제한조항, 기업에 대한 신용평가기관의 평가나 자기자본비율, 적절한 담보력의 유무, 주력사업의 시장전망 등에 더 의존하는 경향이 높다. 이에 따라 자본금 제도가 당초 기대하였던 채권자의 보호 역할은 제대로 하지 못하는 반면 재무구조를 경직화하고, 절차를 번거롭게 하며 전문가의 평가나 법률자문 등으로 인해 기업의 비용부담을 증가시킨다는 비판을 받게 되었다.[3] 특히 현물출자나 부실기

---

* 이 장은 "주식회사 법정준비금제도의 재검토"라는 제목으로 「상사법연구」 제23권 제3호(한국상사법회, 2004), 323~361면에 게재된 것을 수정 · 보완한 것이다. 이 논문은 2011년 개정상법에서 법정준비금 제도가 개정된 전후 배경을 연혁적으로 고찰하는데 도움이 될 것으로 보인다. 이 논문에서 필자가 주장한 내용은 2011년 개정상법에서 법정준비금 제도를 개정하는데 참고가 된 것으로 평가된다. 특히 제461조의2에서 적립된 법정준비금의 총액이 자본금의 1.5배를 초과하는 경우에는 주주총회 결의에 따라 그 초과한 금액의 범위에서 감액할 수 있도록 규정함으로서 감액된 금액을 이익배당 등에 활용할 수 있게 되었는데, 1.5배는 이 논문의 〈표 1〉에서 제시된 통계에 근거한 것으로 보인다. 또한 법정준비금의 다양한 활용방안에 대해서도 제안을 하였다. 그 이외에도 개정 전 제460조 제2항은 법정준비금을 결손 전보에 충당하는 경우 이익준비금을 먼저 사용하고 그 다음 자본준비금으로 충당하도록 하였으나, 2011년 개정상법은 제460조 제2항을 삭제함으로써 결손을 보전하는 데에 있어서 이익준비금과 자본준비금을 사용하는 순서에 차이를 두지 않도록 개정하였는데, 이에 대해서도 언급하였다.

1) 이 논문에서는 특별한 언급이 없는 한 자본금 제도는 자본금 및 법정준비금 제도를 포함한 광의의 개념으로 사용하고자 한다.

2) 神田秀樹 · 武井一浩, 「新しい株式制度」, 有斐閣, 2002, 22面.

3) Luca Enriques & Jonathan R. Macey, "Creditors versus Capital Formation: The Case Against the European Legal Capital Rules", 86 Cornell L. Rev. 1165, 1184-85 (2001); 권기범, "주식회사의 자본감소에 관한 연구", 「상사법연구」 제23권 제1호 (한국상사법학회, 2004), 105면; 森本 滋, "序論

업에 대한 출자를 어렵게 하는 등 회사의 원활한 운영을 저해하는 문제도 제기된다.[4)]

그렇다면 현행 경직적인 자본금과 법정준비금 제도를 개선할 여지는 없는가라는 의문이 제기된다. 더구나 미국, 일본 등 주요 선진국은 자본금 제도에 대한 규제를 대폭적으로 완화하여 기업의 자율성을 높이고 있다. 우리나라에서는 그동안 주식회사 자본금 제도에 대해 의문을 제기하는 경우는 드물었다. 그러나 1997년 경제위기를 경험하면서 지금까지 직면하지 못하였던 자본금 제도상의 문제점들이 등장함에 따라 기존 제도에 대한 재검토의 필요성이 제기되고 있었다.[5)] 이 논문에서는 우리나라 자본금 제도의 체계에 대한 전반적인 재검토가 필요하다는 문제의식 아래 배당가능이익의 산정시 중요한 기능을 하고 있는 법정준비금제도에 한정하여 고찰하고자 한다.

우리나라에서도 시가발행제도가 보편화됨에 따라 주식발행초과금이 전액 자본준비금으로 적립되어 자본준비금이 과도하게 적립되는 현상이 나타나고 있다. 자본준비금은 아무리 많이 적립되어 있더라도 재원이 생기면 한도가 없이 적립해야 한다. 또한 이익준비금의 적립한도가 자본금의 2분의 1까지로 규정되어 주요 선진국과 비교하여 과도하게 한도가 높게 설정되어 있다.[6)] 또한 준비금을 감소하는 경우에 자본금의 1.5배 이상이 회사 내에 유보되도록 하는 등 감소기준이 높게 설정되어 있다.

이러한 문제점에 대한 해결방안을 제시하기 위하여 이 장에서는 우선 법정준비금 제도의 의의 및 법적 성격을 검토하고 주요국의 제도를 비교법적으로 고찰한다. 이를 통하여 우리나라 법정준비금 제도의 문제점에 대한 개선방안을 제시하고자 한다.

Ⅱ. 법정준비금의 의의

1. 법정준비금의 의의

상법상 주식회사의 자본금은 액면주식을 발행한 회사의 경우 "발행주식의

－わが國會社法の資本制度關聯改正の動向", 「商事法務」 No. 1601 (2001), 5面.

4) 김건식, "자본제도와 유연한 회사법", 「절차적 정의와 법의 지배(이창희 · 장승화 편)」, 박영사, 2003, 129면.

5) 김건식, 전게논문, 129면.

6) 예컨대, 일본은 자본금의 4분의 1, 프랑스나 독일은 자본의 10분의 1에 불과하다.

액면총액"으로 정의되고 있다(제451조 제1항). 회사가 무액면주식을 발행하는 경우 회사의 자본금은 주식 발행가액의 2분의 1 이상의 금액으로서 이사회에서 자본금으로 계상하기로 한 금액의 총액을 말한다. 이 때 주식의 발행가액 중 자본금으로 계상하지 아니한 금액은 자본준비금으로 계상하여야 한다(제451조 제2항). 자본금의 액은 금액으로 표시되며 정관의 기재사항은 아니고 등기사항에 불과하다(제317조 제2항 제2호). 주식회사의 최저자본금은 종전까지 5천만원이었으나 2009년 5월 28일 상법개정에서 이 조항이 삭제됨에 따라 최저자본금에 관한 규제가 철폐되었다(개정전 제329조 제1항 철폐).

준비금이라 함은 잉여금[7]의 일부를 회사에 유보하기 위한 계산상의 수액으로서 대차대조표상 자본의 부에 기재되며 적립금으로도 불린다. 회계학상 준비금은 자본금[8]과 함께 자기자본을 구성한다. 준비금은 상법 기타 법률에 적립이 강제되는 법정준비금과 정관의 규정이나 주주총회 결의에 따라 적립되는 임의준비금으로 구분된다.[9]

법정준비금제도의 기원은 1867년 7월 24일의 프랑스회사법 제36조이다.[10] 그 후 많은 대륙법계 국가에서 이를 계수하였다. 상법상 법정준비금(legal reserve)은 자금의 원천을 기준으로 이익준비금(earned surplus reserve)과 자본준비금(capital surplus reserve)으로 구분된다.

이익준비금은 이익을 재원으로 하여 적립되는 준비금이다. 이익은 기업회계상의 손익거래 즉, 자기자본의 운영의 결과 실현된 이익을 말한다. 상법 제458조는 매결산기 이익배당액의 10분의 1 이상을 적립하도록 규정하고 있다. 그러나 당기이익이 없더라도 전기이월이익이나 임의준비금으로 금전배당을 하는 경우에는 이익준비금을 적립하여야 한다.[11]

자본준비금이라 함은 자본거래에서 발생하는 잉여금을 재원으로 하여 적립되는 법정준비금을 말한다.[12] 2011년 개정전 상법 제459조 제1항은 자본준비금

---

7) 회사의 순자산액이 자본금을 초과하는 경우, 그 초과액을 회계학상 잉여금이라 한다.

8) 회계학상 자본금은 현행 상법상 자본금에 해당하며, 2011년 개정상법의 경우 자본이라는 용어를 폐지하고 자본금을 채택하고 있다.

9) 김건식, 「주석상법[회사(Ⅳ)]」(손주찬 · 정동윤 편), 한국사법행정학회, 2003, 132면.

10) 尾崎安央, "法定準備金制度の發展と機能的變化－わが國における制度的展開と問題點－", 「早稲田法學」 第57巻 第2号 (1982), 67面. 이보다 먼저 1863년 3월 29일의 법이 최초로 법정준비금을 규정하고 있었지만 이는 일정한 규모 이상의 회사에만 적용되었기 때문에 일반적으로 적용된 것은 1867년법을 효시로 본다.

11) 김건식, 전게서, 136면; 정찬형, 「제17판 상법강의(상)」, 박영사, 2014, 1127면; 정동윤, 회사법[제7판], 법문사, 2001, 612면.

의 재원으로 일곱 가지를 나열하고 있었으나, 개정상법에서는 이를 삭제하고 '자본거래에서 발생한 잉여금'이라고 포괄적으로 규정하고 구체적인 범위는 회계기준에 따르도록 하고 있다(상법 제459조 제1항, 상법시행령 제15조, 제18조).[13]

2003년말 증권거래소 상장법인 616개사를 기준을 볼 때 [표 1]에 나타난 것처럼 우리 나라는 법정준비금의 자본금에 대한 적립비율이 150.7%로 일본의 107.8%보다 높다. 또한 법정준비금 중에서도 자본준비금의 적립비율이 대부분을 차지하고 있는 특징을 보이고 있다.

〈표 9-1〉 〈한국과 일본 기업의 법정자본금 적립현황 비교〉

구 분	한 국*	자본금대비적립율	일 본**	자본금대비적립률
자본금	54조 7,962억원		51조엔	
법정준비금	82조 6,015억원	150.7%	55조엔	107.8%
자본준비금	81조 9,336억원	149.5%		
이익준비금	6,679억원	1.2%		

주) * 한국은 2003년말 증권거래소 상장법인 616개사의 사업보고서 기준임
** 일본은 2000년 3월 상장회사 기준임

2. 법정준비금의 법적 성격

자본준비금을 자금원천(준비금 형성에 있어서 사전적인 관점) 측면에서 보면 주주가 납입한 자본금을 원천으로 하는 소위 자본거래로부터 생긴 잉여금이다. 특히 자본준비금의 주요부분을 구성하는 액면초과액(주식발행초과금)은 성격상 발행가액의 일부로서 자본전입할 수 있는 부분이 전입되지 않고 자본준비금으로 분개되는 것이다. 따라서 회사채권자로서는 자본전입한 경우와 비교해서 불리한 취급을 받게되며 이러한 의미에서는 자본준비금은 주주의 이익을 고려한 제도이다.[14]

이에 비해 이익준비금은 본래 배당가능이익으로 해야 하는 자금의 일부를 사내에 유보하여 강제적으로 적립시키는 것이기 때문에(제458조) 채권자의 이익

---

12) 정찬형, 전게서, 1128면.

13) 한국채택국제회계기준(K-IFRS)에서는 자본잉여금에 대해 규정하고 않고, 일반기업회계기준은 자본잉여금의 예로서 주식발행초과금, 자기주식처분이익, 감자차익 등을 규정하고 있다(동 기준 문단 2.30).

14) 大隅健一朗 · 今井宏, 「會社法論[第3版]」, 有斐閣, 1992, 454面; 上柳克郎 · 鴻常夫 · 竹內昭夫, 「新版注釋會社法(8)」, 有斐閣, 1987, 285面.

을 고려한 제도이다.[15)]

그러나 이러한 두 가지 준비금의 성격 차이는 준비금 형성 후 사후적인 관점에서 보면 그 기능에 차이가 생기지 않는다. 첫째, 재산구속기능 내지 배당저지기능을 가진다. 법정준비금은 배당가능이익을 산정할 때 순자산액의 공제항목으로서 회사재산의 사외유출을 억제하며, 이를 회사채권자에 대한 책임재산으로서 사내에 확보하는 기능을 가진다. 둘째, 자본금의 완충장치 기능을 한다. 법정자본금의 결손이 생기기 전 단계에서 자본금의 결손 상태를 파악하여, 이를 회사재무상 일종의 주의신호로 인식시켜 법정자본금의 결손을 방지하게 한다. 셋째, 간편한 결손전보기능을 한다. 자본금의 결손이 생긴 경우에도 자본금 감소와 같이 주주총회 특별결의 및 채권자보호절차를 요하지 않고 주주총회 보통결의만으로 법정준비금을 감소시켜(제461조의2) 간편하게 자본금의 결손을 전보한다.[16)]

3. 법정준비금의 기능변천

주식회사는 주주유한책임으로 인해 회사재산 이외에 재산적 기초가 없기 때문에 상법은 자본금이라는 일정액과 법정준비금 제도를 두고 회사재산을 유지하고, 이를 초과한 부분에 한하여 이익으로 배당을 하게 된다. 따라서 자본금과 법정준비금 제도는 배당규제와의 관계에서 의미를 가지는 제도이다. 자본금과 법정준비금에 해당하는 재산이 회사에 어떠한 형태로 보유되고 있는 가는 문제되지 아니한다.[17)]

이러한 자본금 제도는 회계제도나 공시제도가 충분하게 발전하지 않았던 시절에는 회사채권자를 보호하는 데에 중요한 역할을 해 왔다. 그러나 회계제도 내지 재무구조의 평가방법과 감사제도 및 공시제도가 발달한 현 시점에서는 자본금 제도의 근본적인 재검토가 필요하다는 주장이 제기된다. 특히 기업활동이 다양화하고, 금융수단이 혁신되어 재무구조가 복잡해진 오늘날 일정한 금액을 공시하여 그에 상당하는 순자산을 유지하도록 획일적으로 규제하는 자본금 제도의

---

15) 자본준비금과 이익준비금의 성격차이 및 기능적 변화에 대해서는 尾崎安央, "法定準備金制度の發展と機能的變化－わが國における制度的展開と問題點－", 「早稲田法學」 第57券 第2号 (1982), 65面 이하 참조.

16) 吉本健一, "資本と法定準備金", 「判例タイムズ」 No. 1093 (2002), 160面. 자본금 결손의 전보방법으로서 감자의 경우보다도 기동성이 있으며, 이것에 의해 재무전략을 탄력적으로 운영할 수 있게 된다(小林 量, "商法の債權者保護機能との關係", 「企業會計」 第54券 第7号 (2002), 30面).

17) 神田秀樹 · 武井一浩, 前揭書, 22面.

의의는 감소하고 있다.[18)]

이처럼 현행 자본금과 법정준비금 제도는 회사채권자의 보호라는 본래의 기능을 제대로 수행하지 못하고 있으며 회사채권자 보호는 담보제공 등 자본금 제도 이외의 다른 수단에 의해 실질적으로 보장되고 있는 것이 현실이다. 또한 회계제도 및 공시제도가 발달하고 재무구조의 건전성, 자산의 효율적 운영이 강조되기 때문에 자본금 제도의 회사채권자 보호기능은 그 의의가 약화된다.[19)] 이에 따라 상법상 주식회사의 경직된 자본금 및 법정준비금 제도를 완화하기 위한 개정이 2011년 개정상법에 반영되었다.

Ⅲ. 비교법적 고찰

1. 미국

(1) 자본금의 의의와 기능

미국 각주의 회사법은 전통적으로 자본금 제도를 규정하고 있었지만 현재는 자본금 제도 자체를 폐지한 주도 있다. 자본금 제도를 유지하고 있는 주들은 법정자본금(legal capital)의 정의를 액면주식의 액면총액과, 무액면주식을 발행한 때는 이사회가 자본금에 편입할 것으로 정한 금액과의 합계액으로 규정하고 있다.[20)] 현재는 액면금액이 매우 낮게 정해지며 주주는 액면금액을 크게 초과하는 금액을 지불하거나 또는 무액면주식이 발행되는 경우가 일반적이다. 액면주식의 납입액 중 액면초과분이나 무액면주식의 납입액 중 자본에 편입되지 않는 부분은 잉여금(surplus)[21)]으로 된다. 또한 최저자본금 제도는 존재하지 않는다. 1977년 시행된 캘리포니아 회사법과 1980년 모범회사법 및 1984년의 개정모범회사법은

---

18) 森本 滋, 前揭論文, 5面. 예컨대, 금융기관의 재무구조 건전성이 자본금 제도와는 이질적인 자기자본규제비율에 의해 평가되고, 미국의 배당규정은 자산부채비율기준이나 지불불능기준 등에 따르고 있다.

19) 강희갑, "세계 주요국가의 주식회사 자본제도에 관한 최근의 개정동향", 「경영법률」 제12집(한국경영법률학회, 2001), 170~171면.

20) 예컨대, Del. Code Ann. Tit. 8, §154 (1991); N. Y. Bus. Corp. L. §506.

21) 잉여금은 이익잉여금(earned surplus)과 자본잉여금(capital surplus)으로 분류하는 것이 일반적이다. 이익잉여금은 회사의 사업활동에 의해 발생한 수익 중 아직 주주에게 분배하지 않은 것(retained surplus: 유보이익)을 말한다. 자본잉여금은 자본거래(증자, 감자, 합병 등)에 의해 생긴 잉여금이며, 납입잉여금(paid-in surplus: 주식발행시의 납입액 중 법정자본금으로 되지 않은 금액), 감자잉여금(reduction surplus: 감자에 의해 법정자본금이 감소된 금액), 합병잉여금, 고정자산의 재평가익(revaluation surplus) 등이 포함된다.

액면주식과 법정자본금 제도를 폐지하고 새로운 배당제한기준을 규정하고 있다.

(2) 배당규제

배당을 선언하는 권한은 이사회가 보유한다.[22] 전통적으로 배당지불은 각 주의 회사법 이외에 사기양도방지법(Fraudulent Conveyance Law) 등 일반적인 채권자보호법에 의해 규제된다. 전자는 위법배당을 한 이사의 책임에 중점을 두는 데 비하여 후자는 위법한 배당을 받은 주주의 책임에 중점을 둔다. 배당규제 유형은 법정자본금 제도를 유지하는 주법과 이를 폐지한 주법으로 구분된다.

1) 법정자본금제도를 채택한 주회사법의 배당규제

법정자본제를 채택한 경우 배당규제는 우선 지불불능기준(insolvency test)을 채택하여 회사가 지불불능일 때나 회사를 지불불능으로 되게 하는 배당은 허용되지 않는다. 여기서 지불불능이라 함은 기한이 도래한 채무를 지불하지 못하는 것을 의미하는 형평법상의 의미에서의 지불불능을 말한다.[23] 그 이외의 배당제한기준으로 대차대조표기준(자본잠식기준)을 채택한다. 이 기준에 의하면 회사의 자산액이 부채와 법정자본금을 합산한 금액을 하회하는 경우 배당이 금지된다. 즉, 잉여금에 의한 배당만을 허용하며 자본잠식상태(부채+법정자본금〉 자산)에서는 배당이 허용되지 않는다. 소수의 주에서는 이익잉여금에 의한 배당만을 허용하는 이익잉여금기준이 채택되고 있다. 이러한 기준을 채택한 주일지라도 정관의 규정이나 주주총회결의가 있으면 자본잉여금에 의한 배당도 허용하는 것이 일반적이다. 따라서 대차대조표기준과 차이가 크지 않다.

그러나 법정자본금 제도를 채택한 주에서도 회사법상 몇 가지 예외를 인정함으로써 법정자본금에 의한 배당규제의 실효성을 상실하게 된다. 즉, 대차대조표기준을 채택한 주에서 판례상 미실현평가익으로부터 배당이 허용되거나, 자본잠식상태에 있더라도 당기 또는 전기의 이익에 의해 배당을 허용(nimble dividend)하는 경우이다. 이익잉여금기준에 의하면 자본잉여금에 의한 배당은 허용되지 않지만, 자본잉여금에 의해 이익잉여금의 결손전보를 인정하는 경우이다(quasi-reorganization: 준갱생). 이에 따라 법정자본금에 의한 배당규제는 실효성을 상실하고 지불불능기준만이 현실적으로 배당제한기준으로 작용하고 있다. 미

---

22) 예컨대, Del. Code Ann. Tit. 8, §170(a) (1991); N. Y. Bus. Corp. L. §510(a); Cal. Corp. Code §§300, 500, 501.

23) Mevin Aron Eisenberg & James D. Cox, 「Cases and Materials on Corporation and Other Business Organizations」, 10th ed., Foundation Press, 2011, p. 1379.

국에서 법정자본금은 배당저지금액으로서 기능하고 있다고 할 수 없다.

2) 법정자본금 제도를 폐지한 주회사법의 배당규제

1977년에 제정된 캘리포니아주회사법은 액면주식과 법정자본금 제도를 폐지하였다. 배당제한기준으로 우선 배당 이외에 자기주식의 취득 등을 포함한 분배(distribution)라는 개념을 도입하여 분배에 대해 공통의 제한기준을 설정하였다. 분배의 제한기준으로서 우선 지불불능기준을 채택하고 있다. 이와 더불어 다음 두 가지의 기준이 선택적으로 가능하다. ① 분배가 유보이익으로부터 이루어지는 경우, 또는 ②ⓐ 분배 후 자산이 부채의 1.25배 이상(자기자본비율 20% 이상)이며 또한 ⓑ 유동자산이 유동부채 이상이거나 또는 과거 2년평균 유동자산이 유동부채의 1.25배 이상인 경우 중 어느 하나를 만족하면 주주에게 분배할 수 있다.[24] ①의 유보이익기준과 관련하여 준갱생(quasi-reorganization)이나 nimble dividend는 허용되지 않는다.

1980년에 개정된 모범사업회사법은 캘리포니나주회사법을 수용하여 액면주식과 법정자본금 제도를 폐지하였다. 배당제한기준으로는 캘리포니아주회사법처럼 배당 이외에 자기주식의 취득 등을 포함하는 분배가 공통의 제한기준에 따른다. 분배는 분배 후 회사의 자산액이 부채액(+잔여재산의 분배에 대해 우선권을 가진 주식에 지불해야 하는 금액)을 하회하는 경우에는 허용되지 않는다. 후자의 기준은 법정자본금의 개념을 폐지하면서도 대차대조표에 근거한 배당제한기준을 잔존시킨 것이다. 미국의 경우 과반수의 주가 모범사업회사법에 따른 분배제한기준을 채택하고 있다.

캘리포니아주회사법은 지불불능기준 이외에 엄격한 유보이익기준과 재무상태에 대한 기준을 채택하고 있는데 비하여, 모범사업회사법은 지불불능기준 이외에는 자본잠식기준이나 이익잉여금기준보다도 더 완화된 기준을 두고 있다. 또한 캘리포니아주회사법은 일반적으로 인정된 회계원칙에 준거할 것을 요구하지만 모범사업회사법은 요구하지 않는다. 양자는 배당규제가 부담해야 하는 역할에 대한 기본적인 인식을 달리한다.

(3) 채권자보호제도

미국에서 채권자보호제도의 특징은 자본금 제도가 채권자보호를 위한 사전규제로서 기능하지 않으며 이러한 기능이 기대되지도 않는다는 점이다. 배당규

---

24) Cal. Corp. Code §§500-502.

제, 자기주식취득규제에 대해 법정자본금에 근거한 기준이 없고 자기자본비율·유동비율이라는 재무상태에 관한 기준에 의지하며(캘리포니아주회사법) 또는 지불불능기준만이 인정되는 경우(모범사업회사법)도 있다. 채권자보호는 채권자 자신이 계약조항에 의해 스스로 보호하여야 하며 법적 규제는 사후규제에 그친다.

채권자보호를 위해 재산의 사기적 양도에 대해서는 연방파산법이나 통일사기양도방지법(Uniform Fraudulent Conveyance Act, Uniform Fraudulent Transfer Act)이 적용된다. 채권자 자신의 자위수단으로는 금융기관, 사채권자 및 우선주주 등은 물적·인적 담보를 요구하는 이외에 대부계약이나 사채·우선주의 증서에 여러 가지 재무제한조항을 두고 있다. 여기에는 자산처분제한조항, 추가채무부담제한조항, 배당제한조항 등이 포함되다. 실무상 배당규제는 법률보다는 계약에 의한다.[25)]

2. 영국

(1) 자본금의 의의와 기능

영국회사법은 상장회사에 대해 EC 제2지침[26)]에 따라 법정자본금 개념을 기초로 하는 엄격한 자본유지규제를 도입하였지만 이익준비금제도는 채택하지 않았다. 영국은 액면주식의 발행만이 허용되며 자본금은 일정한 액면주식으로 분할된다(2006년 영국회사법 제542조). 따라서 자본금은 지분비율산정의 기초로 된다. 2006년 영국회사법은 1985년 회사법에서 규정한 수권자본금(authorized share capital) 제도에 관한 규정[27)]을 철폐하였다. 자본금(issued share capital)은 주식의 액면총액이다. 전액납입제도는 채택되지 않고 있다(제581조). 상장회사의 경우 액면금액의 4분의 1 이상과 프리미엄 전액이 납입된 주식만이 발행될 수 있다(제586조). EC 제2지침에 따라 공개회사의 경우 최저자본금제도가 도입되었다(5만 파운드)(제763조 제1항).

발행가액이 액면금액을 초과한 경우 당해 초과액은 원칙적으로 납입잉여금계정(the share premium account)에 계상된다(제610조 제1항). 납입잉여금은 배당재원은 아니지만(제831조 제4항(a)) 감자절차에 의해 감소할 수 있다(제610조 제4항). 납입잉여금은 무상주의 불입에 이용됨으로써 자본금으로 전환된다(제610

---

25) Melvin Aron Eisenberg & James D. Cox, op. cit., pp. 1391-92.

26) EC 제2지침에 대한 자세한 내용은 홍복기, 「EU회사법」, 법문사, 1999, 49면 이하 참조.

27) Company Act, 1985 §2(5).

조 제3항).

(2) **배당규제**

1980년 회사법 개정 전에는 판례법에 의해 형성된 전통적인 배당규제를 하였다. 이에 의하면 회사는 ① 누적된 이익 중 자본금 또는 준비금에 포함되지 않은 금액을 배당할 수 있었으며, ② 전년도 손실을 처리하지 않고 당기이익을 배당할 수 있었고(미국법상 nimble dividend), ③ 고정자산평가익뿐만 아니라 잉글랜드의 경우 고정자산평가의 미실현이익까지도 배당재원으로 할 수 있었다.[28)]

그러나 1980년 회사법에 의해 배당규제에 관한 규정이 명문화되었으며, EC 제2지침에 따라 공개회사에 대해서는 법정자본금을 배당저지금액으로 하는 자본유지제도가 도입되었다. 2006년 영국회사법 제8편은 채권자보호를 위해 분배에 관한 두 가지 원칙을 규정하고 있는데, 그 중 공개회사와 폐쇄회사에 모두 적용되는 규정[29)]과 공개회사에게만 적용되는 규정으로 구분된다(제831조). 배당가능이익은 누적실현이익[30)]에서 누적실현손실을 공제한 금액으로 산출된다. 이 때 누적실현이익은 그 이전에 분배 또는 자본전입에 사용되지 않은 것이어야 하고, 누적실현손실은 그 이전에 적법한 자본감소나 자본재편성(reorganization of capital)에 의해 전보되지 않은 것이어야 한다(제831조 제4항). 이 조항에 따라 미실현이익(주로 고정자산평가익)을 배당재원으로 하거나, 전년도 누적손실을 전보하지 않고 당기이익을 배당하는 것(nimble dividend)은 더 이상 허용되지 않게 되었다.

더욱이 공개회사의 경우 순자산액이 주식자본금(share capital)과 '분배할 수 없는 준비금'(undistributable reserves)의 합계액 이상인 경우에 한하여, 분배 후 잔존순자산액의 합계액이 이들 합계액을 하회하지 않는 범위에서만 분배할 수 있다(제831조 제1항). 분배할 수 없는 준비금이라 함은 주식납입잉여금계정 및 자본상환준비금 이외에, 재평가준비금(그 이전에 자본전입에 사용되지 않은 누적미실현이익이 그 이전에 적법한 자본감소 또는 재편성에서 전보되지 않은 누적미실현손실을 초과하는 액) 및 제정법 · 기본정관 · 부속정관 등에 의해 회사가 분배하는 것을 금지하는 기타 준비금을 말한다(동조 제4항). 이에 따라 공개회사의

28) Paul L. Davies, Gower and Davies' Principles of Modern Company Law 275-276 (2003).

29) Company Act, 1985 §§ 829(1)-(2), 830(1)-(3), 849, 850(1)-(2).

30) 일반적으로 승인된 회계원칙에 따라 작성된 계산서류에서 실현이익으로 산정된 것이어야 한다(제853조 제4항, 제5항).

경우 배당가능이익 산정에서 미실현손실도 공제된다.[31]

(3) 법정준비금제도

영국은 법정준비금 중 이익준비금에 해당하는 제도는 없다. 다만, 자본준비금에 해당하는 것으로 납입잉여금(share premium amount)과 자본상환준비금(capital redemption)이 존재한다.

(4) 자본금의 감소

주식회사는 이사의 지불가능진술서(solvency statement)[32]에 의해 지원을 받은 주주총회의 특별결의와 법원의 인가를 얻어 자본금, 납입잉여금 또는 자본상환준비금을 감소시킬 수 있다.[33] 주주는 자본금을 감소시켜 주주에게 금전으로 분배할 수 있다. 다만 감자에 의해 주주에게 분배하는 경우에는 법원의 개입 아래 채권자보호절차를 거쳐야 한다.[34] 특이한 점은 주주총회의 특별결의가 이루어지고 채권자가 이의신청을 하지 않더라도 감자의 인가여부는 법원의 재량사항이라는 점이다(제648조 제4항).[35]

3. 독일[36]

(1) 자본금의 의의 및 기능

자본금(Grundkapital)은 대차대조표상 대변에 계상되는 일정한 금액이다. 자본금의 주요한 기능은 채권자보호기능이며 이 기능은 우리나라와 마찬가지로 설립시 · 증자시 재산확보기능과 완충장치로서의 기능을 통하여 완수된다. 재산확보기능을 위해 독일에서는 자본금이 주식으로 분할되며(1965년 주식법 제1조 제2항), 액면주식의 액면미만 발행이 금지되고, 무액면주식의 경우는 1주당 자본액을 하회하는 금액으로 발행하는 것이 금지된다(동법 제9조 제1항). 재산확보기능은 현물출자 및 재산인수의 규제, 기타 규제의 의해서도 이루어진다. 완충장치기

31) Saleem Sheikh, A Guide to the Company Act 2006, Routledge · Cavendish, 2008, pp. 744-745.

32) 지불가능진술서라 함은 진술서 작성 당시를 기준으로 i) 회사가 부채를 지불할 수 있고, 또한 ii) 12개월 이내에 회사가 해산하는 경우에 회사의 부채를 전액 상환할 수 있으며, iii) 당해 연도에 지불기간이 도래하는 부채를 지급할 수 있음을 증명하는 이사의 진술서이다(제643조).

33) Company Act, 2006 §§610(4), 641(1)-(3), 733(5)-(6).

34) Id., §§646(2)-(3).

35) Saleem Sheikh, op. cit., pp. 694-695.

36) 森本 滋 編, 「比較會社法研究－21世紀の會社法制を模索して－」, 商事法務, 2003, 216～225面; 小林 量, "ドイツとフランスにおける資本制度", 商事法務 No. 1601 (2001), 27～32面.

능은 자본금에 상당하는 순자산을 회사에 유지하기 위한 것으로, 회사에 예측하지 못한 손해가 발생할 경우에 채무초과에 이르는 것을 방지하기 위한 것이며, 소위 배당저지금액으로서 기능한다(동법 제58조 제4항, 상법 제272조 제1항 A).[37] 이러한 규제의 실효성을 확보하기 위하여 독일에서도 최저자본금 제도가 채택되고 있으며 최저자본금은 5만 유로이다(1965년 독일주식법 제7조).

독일에서 자본금은 그 외에 경고기능(동법 제92조)과 지분비율 산정기능을 가진다. 경고기능은 회사가 그 결손금액이 자본금의 절반에 이른 경우 지체 없이 주주총회를 소집하여 총회에 그 사실을 알리도록 한다. 지분비율 산정기능은 자본금이 주식으로 분할되고 주식은 자본금의 구성요소이기 때문에, 주주의 회사에 대한 지분비율은 자기가 보유한 주식이 자본금에서 차지하는 비율에 의해 산정되도록 기능한다. 실제 소수주주권에 대해서는 자본금에 대한 비율로 규정되어 있다(동법 제122조 제1항 등).

(2) 자본준비금 및 법정준비금제도

독일에서도 자본금 제도를 보완하기 위한 제도로 자본준비금(Kapitalrücklage)과 법정준비금(gesetzliche Rücklage)이 존재한다.[38]

1) 자본준비금 자본준비금에는 다음과 같은 종류가 있다(상법 제272조 제2항). ① 지분을 발행할 때의 발행프리미엄,[39] ② 전환사채 및 신주인수권부사채의 발행시 전환권 · 인수권의 대가, ③ 사원이 자기지분에 대해 부여된 특별이익에 대해 행하는 급부, ④ 사원이 자기자본에 대하여 행하는 기타의 지불 등이다.

2) 법정준비금 법정준비금은 회사가 이익으로부터 적립할 것이 요구된다. 회사는 매기 당기이익으로부터 이월손실금액을 공제한 금액의 20분의 1 이상을, 전술한 자본준비금 중 ①에서 ③까지의 합계액이 자본금의 10분의 1에 달할 때까지, 또는 정관에 의해 이것보다 높은 금액이 규정되어 있으면 그 금액에 달할 때까지 법정준비금을 적립할 필요가 있다(1965년 주식법 제150조 제2항). 법정준비금은 이익을 원천으로 하며 이점에서 임의준비금도 마찬가지이기 때문에 임의준비금과 법정준비금을 합하여 이익준비금(Gewinnrücklage)[40]이라 칭한다(상

---

37) 독일에도 자본충실 및 유지의 원칙에 해당하는 것으로서 Grundsatz der Kapitalaufbringung, Grundsatz der Kapitalerhaltung이 있다. 전자에는 주식의 액면미달발행의 금지, 현물출자에 관한 규제 등이, 후자에는 배당규제, 자기주식취득규제 등이 속한다.

38) Claussen, in Kölner Kommentar, 2. Aufl., 1991, Anm. 17, zu §150. 독일에는 출자를 주주에게 반환하는 것을 금지하는 명문의 규정이 있다(1965년 주식법 제57조).

39) 액면주식의 경우 액면초과액, 무액면주식의 경우 계산상의 금액(1주당 자본금액)을 초과한 금액이다.

법 제272조 제3항).

(3) **자본준비금과 법정준비금의 용도**

자본준비금 중 ①에서 ③까지와 법정준비금은 그 용도가 한정되며, 자본전입 또는 결손전보를 위해서만 사용할 수 있지만(1965년 주식법 제150조 제3항, 제4항),[41] 다음과 같은 경우로 나누어진다.

첫째, 이들 합계액이 자본금의 10분의 1 이하인 때에는 당기손실을 이월이익 및 다른 이익준비금의 감소에 의해 전보할 수 없는 경우에 이들을 당기손실의 전보를 위해 사용할 수 있다. 다만 이월손실을 당기이익에 의해 전보할 수 없는 경우 및 다른 이익준비금[42]의 감소에 의해 전보할 수 없는 경우에 한한다.

둘째, 이들의 합계액이 자본액의 10분의 1을 초과한 때에는 초과한 금액에 대해서는 i) 당기손실이 있는 때에 이월이익에 의해 이를 전보할 수 없는 경우에 그 전보, ii) 이월손실이 있는 때에 연도잉여금에 의해 전보할 수 없는 경우에 그 전보, iii) 회사재산에 의한 증자에 사용할 수 있다. 다만 i), ii)의 용도에 사용할 때에는 배당에 사용할 수 있는 이익준비금을 감소할 필요가 있다.

(4) **자본금의 감소**

1) 감자절차 통상적인 감자에는 총회의 특별결의(출석의결권의 4분의 3 이상)와 채권자보호절차가 필요하다(주식법 제222조 제1항, 제225조, 제237조 제2항). 간편한 감자는 손실전보, 감자에 의한 자본전입 등 일정한 목적을 위한 경우에 인정되며 채권자보호절차가 생략된다(제229조 제3항).

2) 감자차익의 취급 통상적인 감자에 의해 생긴 감자차익은 종래부터 배당에 사용할 수 있다고 해석된다.[43] 한편 간편한 감자의 경우에 대해서는 자본감소액, 자본준비금 · 법정준비금의 감소액을 주주에게 배당하는 것이 금지되며, 이들은 손실의 전보, 자본준비금 · 법정준비금의 전입에만 사용될 수 있으며, 그 사용방법은 총회에서 결정되어야 한다(제230조). 다만 자본감소액을 자본준비금

40) 우리나라의 경우 이익준비금은 이익을 원천으로 하고 매결산기의 금전에 의한 이익배당액의 10% 이상을 자본금의 2분의 1에 달할 때까지 적립하여야 하며, 이 한도를 초과한 이익준비금은 임의준비금으로 본다. 따라서 독일의 법정준비금이 우리나라의 이익준비금에 대응하는 것으로 볼 수 있다.

41) ④의 사유에 의한 자본준비금에 대해서도 감소할 수 있다고 해석된다. Alder/During/Schamaltz, Rechnungslegung und Prüfung der Unternehmen, 6. Aufl., 1997, Anm. 134, zu §272.

42) 자기주식준비금은 제외된다. Claussen, a. a. O., Anm. 20, zu §150.

43) Lutter, in Kölner Kommentar, 2. Aufl., 1995, Anm. 46, zu §225; Schilling, in Groβkomentar, 3. Aufl., 1973, Anm. 18, zu §237.

으로 전입하고, 이익준비금의 감소액을 법정준비금으로 전입하는 것에 의해 양 준비금의 합계가 자본금의 10분의 1을 넘지 않아야 한다(제231조).

4. 프랑스[44]

(1) 자본금의 의의와 기능

프랑스에서 자본금의 의의와 기능은 독일과 같으며, 그 기능으로서 ① 회사 재산의 확보기능과 완충장치로서의 재산유지기능(배당저지금액으로서의 기능(상법 제232-11조)[45]을 통한 채권자보호기능, ② 경고기능(제225-248조), ③ 지분비율산정의 기초금액으로서의 기능 등을 들 수 있다.[46] ①의 기능을 실효성 있는 것으로 하기 위해 최저자본금 제도가 채택되어 있는 것은 독일과 같으며, 그 금액은 상장회사의 경우 22만5천 유로, 비상장회사의 경우 3만7천 유로이다(제224-2조). 또한 ②의 경고기능에 관한 규제는 독일보다도 엄격하며 회사는 그 순자산액이 자본금의 2분의 1을 하회한 경우에는 회사의 해산여부를 결정하기 위한 주주총회 소집하여야 한다. 해산이 결의되지 않는 경우에는 제2영업년도말까지 그 손실과 동액의 자본감소가 이루어져야 한다. 총회가 소집되지 않는 경우 이해관계인이 회사의 해산을 법원에 청구할 수 있다(제225-248조).

(2) 프리미엄준비금 · 법정준비금제도

1) 법정준비금(réserve légale)[47] 프랑스에서도 자본금의 채권자보호기능을 보완하는 제도로서 법정준비금제도가 채택되고 있다.[48] 회사는 당기이익으로부터 이월손실을 공제한 금액의 20분의 1을 자본금의 10분의 1에 달할 때까지 법정준비금으로 적립하여야 한다(제232-10조). 법정준비금의 용도에 대해 자본전입을 인정하는 규정(제225-129조 제2항) 이외에 이에 관한 규정은 없지만 결손의

44) 森本 滋 編, 前揭書, 226~232面; 小林 量, "ドイツとフランスにおける資本制度", 商事法務 No. 1601 (2001), 32~35面.

45) 프랑스는 그동안 주식회사에 관한 규정을 1966년 회사법에서 규정하고 있었으나, 2000년 개정에 의해 상법(Ordnannce no. 2000-912, 18 Sept. 2000)을 재편하여 주식회사에 관한 규정을 상법 제3장에서 규정하고 있다. 회사법에 관해서는 단지 조문의 변경에 그치고 있다.

46) 프랑스에서도 종래 주식은 액면주식뿐이었으며 주식은 자본금의 구성요소로 되어 있었다(상법 제225-1조). 1999년 개정에 의해 무액면주식이 도입되었지만 이 경우에도 자본금은 주식에 분할되어 1주당 자본액(pair)을 하회하는 발행을 할 수 없다(Mercadal = Janin, Sociétés commerciales 2001, 2000, n° 18025.)는 것은 독일과 같다. 따라서 이 무액면주식도 부진정무액면주식이다.

47) 프랑스의 법정준비금은 우리나라의 이익준비금에 대응하는 개념으로 볼 수 있다.

48) M. Juglartt = B. Ippolito, Les sociétés commerciales, 10e éd., 1999, n° 133; Mercadal = Janin, Sociétés commerciales 2001, 2000, n° 25108(森本 滋 編, 前揭書, 231面 註3에서 재인용).

전보에 사용할 수 있다고 일반적으로 해석된다.[49)]

2) 프리미엄준비금(prime d'emission) 프랑스는 우리 나라의 자본준비금에 해당하는 것으로 발행프리미엄과[50)] 합병차익이 자본금과는 별개로 프리미엄준비금으로서 적립된다. 발행프리미엄의 용도에 대해서는 자본전입할 수 있고(제225-129조 제2항), 신주발행비용으로서 이용할 수 있다(제232-9조 제2항)고 규정되어 있지만, 기타 특히 용도에 관한 규정은 없다. 우리 나라의 경우와 달리 프랑스에서는 종래부터 이 발행프리미엄을 총회결의에 의해 감소할 수 있으며, 배당에 사용하는 것도 가능하다고 해석된다.[51)]

(3) 감자제도

프랑스에서도 감자는 엄격한 규제를 받는다. 감자를 위해서는 특별총회의 결의(상법 제225-204조 제1항)와 채권자보호절차가 필요하다. 다만 결손전보를 위한 형식적 감자인 경우에는 독일처럼 채권자보호절차는 불필요하다(제225-205조 제1항).

감자차익이나 감자차손의 취급에 관한 규정은 없지만, 감자할 때 감자차익은 발행프리미엄과 같이 계정에 포함되며, 감자차손은 배당가능이익이 부담한다고 해석된다.

5. 일본

(1) 준비금에 대한 2001년 상법개정 및 2005년 회사법상의 개정

2000년 3월 현재 일본 상장회사 전체 자본금의 합계액은 51조엔이며 법정준비금의 합계액은 55조엔으로 과잉준비금이 존재한다고 평가되었다.[52)] 일본에서 법정준비금이 증가된 원인은 시가발행으로 인한 것이다. 2001년 일본상법개정에서 법정준비금제도를 개정한 것은 법정준비금제도에 대한 규제를 완화함으로써 회사가 재무관리를 하는 데 신축성을 부여하고, 또한 지금까지 과도하게 적립된 법정준비금을 활용하자는 취지이었다.[53)]

---

49) Id.

50) 액면주식의 경우는 액면초과액, 무액면주식의 경우는 1주당 자본액(pair)의 초과액이다.

51) Hamel = Lagarde = Jauffret, Droit Commercial, tomb.1 2vol. 2e éd., 1980, n° 540; Mercadal = Janin, op. cit., n° 11627(森本 滋 編, 前掲書, 231面 註6에서 재인용).

52) 布井千博, "法定準備金の取崩しとその使途について", 「銀行法務21」 No. 599 (2002), 57面 註2.

53) 布井千博, 前掲論文, 51～52面. 2001년 일본 개정상법상 법정준비금 감소절차에 대한 자세한 내용은 왕순모, "일본 상법의 최근 개정동향－일본의 「금고주 해금 등에 관한 상법개정」과 우리 법

일본은 계속적인 주가하락과 대차대조표상 주식에 관한 시가평가의 도입 등으로 인해 '주식상호보유'가 더 이상 유지하기 어렵게 되었다. 이에 따라 상호보유 물량이 대량으로 시장에 방출되는 경우 예상되는 주가하락을 방지하기 위해 자기주식을 취득할 수밖에 없었다. 이를 위해 필요한 재원을 확보하기 위해 과도하게 적립된 법정자본금에 대한 규제를 완화한 것이다.54) 또한 자본준비금에 대해서는 2001년 개정 이전에도 1998년에 개정된 주식소각특례법에 의하여 공개회사에 한하여 자본준비금을 자기주식소각의 재원으로 사용하였다. 이를 수용하기 위하여 금고주해금 등 2001년 상법개정에서 법정준비금을 전면적으로 개정하게 된 것이다.55)

일본 특유의 사정으로는 버블경제의 붕괴 후 불량채권문제가 좀처럼 처리될 수 없는 당시의 경제상황에서 배당가능이익이 없는 기업이 증가하였기 때문에, 자본준비금 등을 감소하여 배당가능이익으로 계상할 필요성이 나타났다.

그 뿐만 아니라 현대 자본시장에서 파이낸스 이론의 추세로서 잉여자금이 회사에 있으면 그것을 주주에게 분배하는 것도 일종의 경영자의 경영판단으로서 필요하게 된다.56) 즉, 회사가 풍부한 자금을 보유하고 있음에도 불구하고 자본코스트를 하회하는 투자기회밖에 갖지 못하는 기업은 잉여자금을 주주에게 반환하는 것이 경영자의 의무라는 것이다.57)

2005년 제정된 회사법은 2001년 개정된 법정준비금 제도에 대한 규제를 후술하는 바와 같이 더 완화하였다.

(2) 일본 회사법상 법정준비금 제도에 대한 규제완화

준비금은 법률의 규정에 의해 순자산의 부에 계상하는 것을 요하는 계산상의 금액으로, 순자산액이 자본금 · 준비금의 합계액을 상회하지 않으면, 분배가능

에의 시사-",「법조」제548호(법조협회, 2002), 100~102면 참조.

54) 江頭憲治郎, "日本の株式關聯法制の改革と今後に殘された課題",「상사법연구」제22권 제5호(한국상사법학회, 2004), 11面.

55) 神田秀樹 · 武井一浩, 前掲書, 43~44面.

56) 이것을 간단히 말하면 잉여자금이 회사에 있더라도 주주가 직접 이를 시장에서 운용하는 경우에 비해 더 높은 수익을 올릴 수 있는 용도가 회사에 없다면, 주주에게 이러한 잉여자금을 반환하여야 한다는 이론이다.

57) 江頭憲治郎, "法定準備金制度の規制緩和",「ジュリスト」第1206号 (2001), 118面; 布井千博, 前掲論文, 52面(이처럼 출자자에게 출자금의 반환이 이뤄지게 되면 자금이 보다 효율성이 높은 곳에 투자되어 국민경제적으로 바람직하게 된다. 그러나 재무기반이 취약한 기업이 법정준비금을 감소시켜 사외로 유출하는 것은 자본부족 현상을 초래하고 채무초과를 가속화하는 결과가 될 수도 있다.).

액은 생기지 않는 구조로 되어 있다.[58] 법정준비금에는 자본준비금(회사법 제445조 제3항 · 제4항, 회사계산규칙 제76조 제4항 제1호)과 이익준비금(회사법 제445조 제4항, 회사계산규칙 제76조 제5항 제1호)이 있다.[59]

잉여금을 배당하는 경우에는 법무성령의 정함에 따라 준비금의 합계액이 자본금의 4분의 1에 달할 때까지 배당에 의해 감소하는 잉여금의 10분의 1을 자본준비금 또는 이익준비금으로서 적립하여야 하다(회사법 제445조 제4항, 회사계산규칙 제22조). 이에 대한 예외로서 조직변경이나 합병 · 흡수분할 · 신설분할 · 주식교환 또는 주식이전을 할 때 준비금으로 계상해야 하는 금액은 법무성령에서 정해진다(회사법 제445조 제3항, 회사계산규칙 제33조 이하). 준비금은 정관기재나 등기사항은 아니지만, 대차대조표에 의해 공개된다.

1) 이익준비금 적립한도의 인하 이익준비금은 장래 회사의 경영이 악화될 경우에 감소하여 결손전보에 충당할 (회사법 제449조 제1항 단서, 회사계산규칙 제151조) 수 있도록 회사가 기타잉여금(회사계산규칙 제76조 제5항 제2호)을 재원으로 하는 잉여금 배당을 하는 때에 기타잉여금의 일부를 적립하도록 요구되는 준비금이다. 즉, 이익준비금과 자본준비금을 합하여 준비금이 자본금의 4분의 1에 달할 때까지 기타잉여금을 재원으로 하는 배당액의 10분의 1을 적립해야 한다(회사법 제445조 제4항, 회사계산규칙 제22조 제2항). 일정한 준비금이 없으면 어느 사업연도에 당기 순손실이 생긴 경우에 바로 순자산액이 자본금을 하회할 수 있기 때문이다.

이익준비금은 이러한 경우 이외에 ① 합병 등의 기업구조조정행위 시에 소멸회사의 이익준비금 인계하는 경우 등(회사계산규칙 제36조 제1항, 제38조 제1항, 제47조 제1항, 제50조 제1항), 또는 ② 잉여금(기타이익잉여금)을 감소할 때 이익준비금에 전입하도록 정한 경우 (회사법 제451조 제1항, 회사계산규칙 제28조 제1항)에 증가한다. 이익준비금의 법정 상한은 없다.

또한 회사는 기타이익잉여금의 처분으로서 이익준비금 이외의 형태(법적으로는 '기타이익잉여금' 그대로)의 적립금을 조성하는 경우가 적지 않다(회사법 제

58) 2005년 회사법 제정 이전에 배당가능이익은 순자산으로부터 자본금과 기타 항목을 공제하는 형태로 산출되었기 때문에(2005년 개정전 상법 제290조 제1항) 일목요연하였다. 회사법 아래에서는 분배가능액의 산출방식이 변경되어 알기 어렵게 되어 있지만(회사법 제446조, 제461조 제2항), 순자산액이 자본금을 하회하는 경우에 분배가능액이 0으로 되는 점은 회사법 제정 이전과 다르지 않다(江頭憲治郎, 株式會社法[第5版], 有斐閣, 2014(이하 "株式會社法[第5版]"이라 한다), 655面 註) 6).

59) 江頭憲治郎, 株式會社法[第5版], 657面.

452조 임의적립금).[60)]

2005년 개정전 상법과 차이점은 잉여금을 배당할 때 준비금 계상금액이 '10분의 1 이상'이던 것이 '10분의 1'로 개정되고,[61)] 합병 등의 경우에 이익준비금의 계상금액에 대해 성령에 위임하는 형태로 규정된 것이다.[62)]

2) 자본준비금의 적립에 관한 개정 자본준비금은 자본거래로부터 생기기 때문에 성질이 자본금에 가까워 분배가능금액을 하는 것이 적절하지 않으므로 준비금으로 적립하는 것이 요구되며, 또는 장래 회사의 경영이 악화하여 결손이 생기는 경우 감소시켜 그 전보에 충당할 (회사법 제449조 제1항 단서, 회사계산규칙 제151조) 수 있도록 기타자본잉여금(회사계산규칙 제76조 제4항 제2호) 중에 적립하도록 요구된다.[63)]

자본준비금으로 적립해야 하는 금액은 ① 설립 또는 주식의 발행 시에 주주로 되는 자가 회사에 대하여 납입 또는 급부한 재산의 금액 중, 자본금으로 계상되지 않은 금액(납입잉여금, 제445조 제3항), ② 기타자본잉여금을 배당재원으로 하여 잉여금을 배당하는 경우에 적립이 요구되는 금액(회사법 제445조 제4항, 회사계산규칙 제22조 제1항),[64)] ③ 합병 등 기업구조조정을 할 때 생기는 합병차익 중 합병계약 등에 의해 자본준비금으로 계상해야 하는 금액(제445조 제5항),[65)] ④ 자본금 또는 잉여금(기타자본잉여금)을 감소하는 경우에 자본준비금으로 전입하기로 정한 금액(회사법 제447조 제1항 제2호, 제451조 제1항, 회사계산규칙 제26조 제1항) 등이다.

2005년 개정전 상법과 차이점은 자본잉여금을 배당재원으로 하는 잉여금의 배분 시 자본준비금 계상 제도를 정비하고(전술한 ②), 합병 등을 할 경우 준비금

60) 江頭憲治郎, 株式會社法[第5版], 658面.

61) 주주총회의 결의가 있으면 10분의 1을 초과하여 적립할 수 있다(회사법 제451조).

62) 關西法律特許事務所 · 成和共同法律事務所 編, 「詳解新會社法の理論と實務」, (株)民事法研究會, 2006, 482面.

63) 江頭憲治郎, 株式會社法[第5版], 657面.

64) 적립이 요구되는 금액은 감소하는 기타자본잉여금의 10분의 1에 상당하는 금액이다(회사계산규칙 제22조 제1항 제2호 ロ). 자본준비금과 이익준비금을 합산한 준비금의 액이 당해 잉여금을 배당하는 날에 자본금의 4분의 1(기준자본금)에 달하면 적립을 요하지 아니한다(회사계산규칙 제22조 제1항 제2호 イ).

65) 기업구조조정행위를 할 때 합병 등의 존속회사가 취득하는 재산의 액 중 자본금으로 되지 않은 금액을 합병차익 · 흡수분할차익 · 신설분할차익 · 주식교환차익 · 주식이전차익으로 부른다. 당해 차익 중 어느 정도를 자본준비금으로 해야 하는 지에 대한 최저한도에 관한 제약이 없는 점은 자본금의 경우와 같다(회사계산규칙 제35조 제2항, 제37조 제2항, 제39조 제2항, 제45조 제2항, 제46조 제2항, 제49조 제2항, 제52조 제2항).

계상금액을 성령에 위임한 것(전술한 ③)이다.[66]

자본준비금의 적립에는 분배가능액을 감소하는 형태로 주주의 이익에 영향을 미치기 때문에 전술한 ①부터 ④까지는 한정적인 열거로 해석된다. 자본준비금의 법정 상한은 없다.[67]

(3) 법정준비금의 감소

1) 감소액에 관한 규정의 변경 준비금을 감소하는 목적은 i) 자본전입, ii) 결손보전 및 iii) 잉여금(기타자본잉여금, 기타이익잉여금)의 증가 등이다. 자본준비금과 이익준비금 가운데 어느 것을 먼저 감소할 것인지는 회사의 선택에 따른다.

준비금에 대해서는 자본금과는 달리 등기사항이 아니며, 형성소송으로서 무효의 소 제도가 없다. 따라서 준비금의 감소절차에 하자가 있으면 회사채권자는 주주에 대한 금전지불청구소송(회사법 제463조 제2항) 중에 준비금 감소의 무효를 주장할 수 있다.[68]

주식회사가 준비금을 감소하는 경우에는 주주총회 결의에 의해 감소하는 준비금의 액, 이를 자본금으로 하는 때는 그 취지와 금액, 효력발생일을 정해야 한다(회사법 제448조 제1항).

2005년 개정전 상법 아래에서는 결손보전 목적 이외로 준비금을 감소하는 경우에는 자본금의 4분의 1을 초과한 부분에 한하여 감소가 허용되었지만(상법 제289조 제2항), 회사법 아래에서는 이러한 제한이 폐지되었다. 2005년 개정전 상법 아래에서 자본금의 4분의 1 이하 부분의 준비금을 감소시키기 위해서는 먼저 감자를 해야 하였으므로, 자본금의 완충장치로서의 준비금의 역할과 모순된다는 지적이 있었다. 회사법 아래에서는 결손전보 목적 이외의 경우에도 자본금은 그대로 둔 채 준비금의 액을 0으로 할 수 있게 되었다.

가) 준비금의 자본전입 2005년 개정전 상법 아래에서는 준비금을 자본전입하는 경우에 이사회결의를 얻으면 되었지만, 회사법에서는 이러한 경우에도 주주총회결의가 필요하다. 회사는 주주총회의 보통결의에 의해 준비금의 전부 또는 일부는 자본금으로 전입할 수 있다(회사법 제448조 제1항 제2호).

주주총회결의를 필요로 하는 이유는 준비금이 감소하여 동일한 금액만큼 자

66) 關西法律特許事務所・成和共同法律事務所 編, 前揭書, 482面.

67) 江頭憲治郎, 株式會社法[第5版], 657面.

68) 江頭憲治郎, 株式會社法[第5版], 688～699面.

본금이 증가하면, ① 그에 따라 새롭게 준비금을 적립할 필요성이 생기거나 적립해야 하는 금액이 증가할 수 있고, 또한 ② 결손이 생길 때 보전절차가 엄격하게 되어 주주에 대한 재산분배가 곤란해지기 때문이다.[69] 준비금의 자본전입의 경우 회사채권자 보호절차를 불필요하다(회사법 제449조 제1항).[70]

나) 결손전보를 위한 준비금의 감소 준비금의 감소도 자본금의 감소와 마찬가지로 결손전보를 목적으로 하는 경우가 많다. 그 절차는 주주총회 보통결의(분배특칙규정이 적용되는 회사의 경우 회사법 제436조 제3항의 이사회결의로도 가능(회사법 제459조 제1항 제2호))에 의해 ① 감소하는 준비금의 액, ② 준비금 감소의 효력발생일을 정하여야 한다(회사법 제448조 제1항). 주주총회라면 정기주주총회 이외의 경우에도 보통결의로 가능하고 분배특칙규정의 적용이 있으면 이사회결의로 가능한 점 등에서 자본금의 감소보다도 절차가 간단하다.

더욱이 정기주주총회에서 정기주주총회일에 있어서 결손금액을 초과하지 않는 범위에서 준비금을 감소한다는 결의를 한 경우에는 자본금 감소와는 달리 채권자 보호절차가 필요 없다(제449조 제1항 단서). 이 점도 자본금의 감소보다도 절차가 간단하기 때문에 통상 준비금의 감소에 의한 결손전보가 자본금의 감소보다 먼저 이루어진다. 즉, 준비금은 자본금의 완충장치로서 역할을 하고 있다.[71]

다) 기타자본잉여금, 기타이익잉여금으로 계상 결손전보, 준비금의 자본전입 이외의 경우에는 감소한 준비금은 자본준비금을 감소시킨 때는 '기타자본잉여금', 이익준비금을 감소시킨 때는 '기타이익잉여금'으로 계상되며(회사계산규칙 제27조 제1항 제2호, 제29조 제1항 제1호), 분배가능액을 증가시킨다(회사법 제446조 제4호). 이러한 준비금의 감소결정은 주주총회 보통결의에 따른다(회사법 제448조 제1항, 제2항). 기타자본잉여금, 기타이익잉여금을 증가시키는 자본금의 감소에는 주주총회 특별결의가 필요한데 비하여(회사법 제309조 제2항 제9호), 준비금에 대해서는 이러한 점에서도 절차가 완화되어 있다. 다만 자본금을 감소하는

---

69) 2005년 회사법 제정 이전에는 이사회의 결의를 통해 준비금을 자본전입할 수 있었다(상법 제293조의3). 주주총회결의가 필요하지 않았던 이유는 액면주식제도의 폐지(2001년 개정) 전에는 '무상교부형 주식분할'을 하는 데에 준비금의 자본전입을 필요로 하는 사례가 많았고, 더구나 상장회사에서 주식분할은 실질적으로 주주에게 이익을 가져오는 경우가 많았기 때문이다. 그러나 액면주식제도가 폐지됨에 따라 주식분할을 하는 경우에 준비금을 자본금으로 전입할 필요성이 있는 사례가 없어졌기 때문에 2005년 회사법을 제정할 때 규정이 정리되었다(江頭憲治郎, "「會社法制の現代化に關する要綱案」の解說[VI]", 「商事法務」 第1726号(2005), 27面).

70) 江頭憲治郎, 株式會社法[第5版], 659面.

71) 江頭憲治郎, 株式會社法[第5版], 689～690面.

경우와 마찬가지로 채권자 보호절차를 취해야 한다(회사법 제449조 제1항).[72]

2) 준비금의 감소에 관한 결정기관의 변경[73]

가) 자본금의 계상 2001년 개정상법에서는 이사회결의에 의해 준비금을 자본금으로 전입할 수 있었다(일본상법 제293조의3). 그러나 준비금을 자본금과 비교하여 보면, 자본금을 감소하여 배당재원으로 하는 데에는 반드시 채권자보호절차가 필요하다는 점에서, 준비금을 감소시켜 자본금으로 전입하는 것은 주주로서는 불리한 계수변경이라고 할 수 있으므로, 회사법은 주주총회의 결의에 의하도록 하고 있다(회사법 제448조 제1항).

나) 주식발행과 동시에 하는 준비금의 감소 주식발행과 동시에 준비금을 감소하는 경우에는 이사의 결정(이사회설치회사의 경우 이사회결의)에 의해 준비금을 감소할 수 있는 점은 자본금의 경우와 마찬가지이다(회사법 제448조 제3항).

다) 정기주주총회에서 준비금의 감소 2005년 개정전 상법상 준비금의 감소에 대해서는 ⅰ) 손실처리로서 하는 준비금의 감소(상법 제289조의 제1항), ⅱ) 기중에 임의로 하는 준비금의 감소(상법 제289조 제2항 내지 제4항) 등 두 가지의 준비금의 감소절차가 있었으며, 손실처리안을 이사회가 결정하는 위원회설치회사의 경우 ⅰ)을 이사회결의로 할 수 있는 경우가 있었다(상법 특례법 제21조의3 제1항).

회사법에서는 ⅰ), ⅱ)를 불문하고 준비금을 감소하는 경우에는 원칙적으로 주주총회결의에 의하도록 하고 있지만(회사법 제448조 제1항), 후술하는 잉여금의 배당을 결정하는 기관의 특칙에 관한 정관의 정함을 두고 있는 주식회사(회사법 제459조)에서 준비금의 액을 감소시켜 잉여금만을 증가시키는 경우, 당해 준비금의 감소 후에 분배가능액이 플러스로 되지 않는 때에는 준비금의 감소를 이사회결의로 할 수 있다(회사법 제459조 제1항 제2호).

3) 채권자보호절차를 요하지 않는 준비금의 감소

회사법 제459조 제1항 각호에 해당하는 경우에 있어서 준비금의 감소에 대해서는 채권자보호절차를 요하지 않는다. 이는 개정전 상법에서 손실처리안에 근거한 준비금의 감소(상법 제289조 제1항)에 대해서 채권자보호절차가 요구되지

---

72) 江頭憲治郎, 株式會社法[第5版], 690～691面.

73) 이하의 내용은 相澤哲・岩崎友彦, “株式會社の計算等”, 「立案擔當者のよる新・會社法の解說(相澤哲 編)」, 別冊商事法務 第295号(2006), 128～129面 참조.

않는 것과 마찬가지이다. 따라서 회사법상 자본금과 준비금과의 차이를 두는 가장 큰 의미는 이러한 경우에는 채권자보호절차 없이 그 금액을 감소할 수 있다는 점이다.

이 예외에 해당하기 위한 요건으로는 i) 정기주주총회에서 준비금의 감소에 관한 사항을 정할 것과, ii) 준비금의 감소 후에 분배가능액이 플러스로 되지 않을 것 등이다.

4) 준비금 감소의 무효의 소

2005년 개정전 상법에서 인정되었던 법정준비금 감소 무효의 소(개정전 상법 제289조 제4항, 제380조)는 회사법 아래에서는 폐지되었다(회사법 제828조 제1항 참조). 그 이유는 준비금의 감소는 등기사항이 아니고, 채권자보호절차가 이루어지지 않기도 하므로(제449조 제1항 단서), 채권자가 준비금의 감소를 일체 알 수 없는 경우도 있기 때문이다. 준비금 감소 무효의 소에 대해 제소기간을 설정하여 제소를 제한하는 것은 채권자의 재판받을 권리를 침해할 우려가 있다. 또한 준비금은 등기사항이 아니기 때문에 준비금 감소의 무효에 대해서는 등기의 신뢰성 확보의 견지로부터 대세효가 있는 판결을 요구할 필요성이 없으며, 분식결산으로 순자산액이 증가하여 배당이 이루어진 경우와 같이 채권자가 주주나 이사에게 배당금액 상당의 금전지불청구소송(회사법 제462조, 제463조)의 이유 가운데 주장하면 되는 것으로 정리되었다.[74)]

따라서 준비금감소의 무효는 일반법리에 따라 누구든지 언제 어떠한 방법으로도 주장할 수 있게 되었다. 예컨대, 무효인 준비금의 감소를 전제로 이루어진 잉여금배당의 효력은 분배가능액 규제(제461조 제1항)의 일반문제로 규율된다. 또한 준비금 감소에 관한 사항을 결정한 주주총회 절차의 위법, 결의내용의 정관위반 등의 주장방법에 대해서는 주주총회결의 취소의 소 제도에 의한 제약을 받는다(제831조).[75)]

(4) 잉여금의 감소에 의한 준비금의 증가

주식회사는 잉여금을 감소하여 준비금을 증가시킬 수 있다. 이 경우에 있어서는 감소하는 잉여금의 액 및 준비금 증가의 효력발생일을 주주총회 결의에 의해 정해야 한다(제451조 제1항, 제2항).

---

74) 相澤哲・葉玉匡美・湯川毅, "外國會社・雜則", 「立案擔當者のよる新・會社法の解說(相澤哲 編)」, 別冊商事法務 第295号(2006), 214面.

75) 關西法律特許事務所・成和共同法律事務所 編, 前揭書, 499面.

2005년 개정전 상법 아래에서는 이익배당이나 중간배당 시에 이익준비금을 적립해야 하는 규정 이외에 잉여금으로부터 준비금으로 전입하는 규정은 없었지만, 회사법에 의해 인정되어 유연한 자본정책이 가능하게 되었다.[76)]

Ⅳ. 상법상 법정준비금 제도

1. 2011년 개정전 상법의 내용 및 문제점

개정전 상법은 이익준비금의 적립한도와 적립금액에 대해 "회사는 그 자본의 2분의 1에 달할 때까지 매결산기의 금전에 의한 이익배당액의 10분의 1 이상의 금액을 이익준비금으로 적립하여야 한다."고 규정하고 있었다(개정전 제458조). 자본의 2분의 1을 초과하여 적립한 금액은 임의준비금이 된다.

법정준비금이 용도에 대해서는 원칙적으로 자본금의 결손전보에만 충당하여야 한다(제460조 제1항). 자본금의 결손을 전보하는 데에는 이익준비금을 자본준비금보다 먼저 사용하도록 규정하고 있었다(개정전 제460조 제2항). 이는 채권자에게 유리한 조항이었다. 그 이유는 이익준비금은 사용하고 나면 그 다음 해에 다시 적립하여야 하는 의무가 생기는데 비해 자본준비금을 사용하는 경우에는 그러한 의무가 발생하지 않기 때문이다.[77)] 이에 대해 기업의 재무관리에 신축성을 부여한다는 견지에서 이익준비금을 자본준비금에 비해 우선 사용하여야 한다는 제한을(제460조 제2항) 폐지할 필요성이 제기되었다.

2011년 개정전 상법은 법정준비금의 용도를 자본의 결손전보와 자본전입에 국한하고 있었다. 법정준비금을 경직적으로 운용하는 이유는 회사채권자를 보호하기 위한 것이지만, 전술한 바와 같이 채권자보호는 담보확보 등 다른 수단이 더 실효성이 있다. 따라서 회사 재무관리의 신축성을 확보하고 효율적인 자산운영을 위하여 법정준비금의 용도를 자기주식의 취득, 주주에 대한 분배 및 손실처리 등으로 확대하는 방안의 필요성이 제기되었다.[78)]

한편 법정준비금의 감소절차에 관한 규정이 없었다. 개정전 상법상 법정준비금의 감소를 위해서는 준비금을 자본전입하면서 무상신주를 교부하는 방법이 유일하였다. 이에 대해 자본금에 대해서는 감소절차가 있는데 비해 더 구속력이

---

76) 關西法律特許事務所 · 成和共同法律事務所 編, 前揭書, 482面.

77) 김건식, 전게서, 143~144면.

78) 동지, 강희갑, 전게논문, 169면.

약한 법정준비금에는 감소절차가 없는 것은 불합리하다는 비판이 제기되었다.

2. 2011년 개정상법의 내용

주식배당을 하는 경우 회사재산의 사외유출이 없으므로 이익준비금을 적립하지 않아도 되도록 제458조의 단서를 신설하였다. 또한 2011년 개정상법에 따라 현물배당이 허용되었으므로 준비금의 적립기준에 관한 문구를 수정하였다(제458조 본문).

2011년 개정전 상법 제459조 제1항은 자본준비금을 열거하였으나, 개정상법은 자본거래에서 발생한 잉여금을 대통령령으로 정하는 바에 따라 자본준비금으로 적립하도록 하고, 상법시행령 제18조는 회계기준에 따라 자본잉여금을 자본준비금을 적립하도록 규정하고 있다.

한편 법정준비금의 사용순서에 관한 제460조 제2항을 폐지함으로써 결손보전을 하는데 있어서 이익준비금과 자본준비금 간의 차이를 제거하였다.

준비금의 감소에 관한 절차를 신설하여 적립된 자본준비금 및 이익준비금의 총액이 자본금의 1.5배를 초과하는 경우에 주주총회의 결의에 따라 그 초과한 금액의 범위에서 자본준비금과 이익준비금을 감액할 수 있도록 규정하였다(제461조의2). 이는 준비금이 실질적으로 미처분 상태의 잉여금을 환원하는 것을 말하며, 이에 따라 배당가능이익이 증가하고 향후 배당가능이익의 산출을 위한 공제항목이 감소하는 효과가 생긴다.[79)]

3. 2011년 개정상법의 검토

(1) 이익준비금의 적립한도 문제

상법은 이익준비금의 적립한도와 적립금액에 대해 "회사는 그 자본금의 2분의 1이 될 때까지 매결산기 이익배당액의 10분의 1 이상을 이익준비금으로 적립하여야 한다."고 규정하고 있다(제458조). 자본금의 2분의 1을 초과하여 적립한 금액은 임의준비금이 된다. 자본준비금의 적립한도에 대해서는 규정이 없어서 계속 적립해야 하는 구조이다.

일본회사법은 이익준비금과 자본준비금을 합하여 준비금이 자본금의 4분의 1에 달할 때까지 기타잉여금을 재원으로 하는 배당액의 10분의 1을 적립해야 한

---

79) 이철송, 「회사법강의[제22판]」, 박영사, 2014, 948~949면.

다(회사법 제445조 제4항, 회사계산규칙 제22조 제2항).

독일의 경우 자본금의 10분의 1까지 적립한도를 규정하고 있으나(독일주식법 제150조 제2항) 이것도 적립한도를 축소하자는 견해가 유력하다.[80] 프랑스의 경우도 적립한도를 자본의 10분이 1까지로 하고 있다(프랑스회사법 제232-10조). 반면 미국과 영국은 법정준비금의 적립제도가 존재하지 않는다.[81]

이익준비금은 채권자보호를 위한 제도이지만 우리나라는 자본금의 2분의 1까지 적립하도록 규정하고 있는데 이러한 적립한도는 비교법적으로 볼 때도 너무 높다고 본다.[82] 일본의 입법례처럼 법정준비금의 적립한도를 이익준비금과 자본준비금을 합하여 자본금의 4분의 1까지로 하는 것이 바람직하다고 본다.

(2) 준비금 감소기준의 문제

일본의 경우 2005년 개정전 상법 아래에서는 결손보전 목적 이외로 준비금을 감소하는 경우에는 자본금의 4분의 1을 초과한 부분에 한하여 감소가 인정되었지만(일본상법 제289조 제2항), 회사법에서는 이러한 제한이 폐지되었다. 따라서 일본회사법 아래에서는 결손전보 목적 이외의 경우에도 자본금은 그대로 둔 채 준비금을 0으로까지 감소할 수 있게 되었다. 반면, 일본은 자본금전입과 결손보전 목적 이외로 준비금을 감소하는 경우(기타자본잉여금, 기타이익잉여금으로

80) 김건식, 전게서, 137면.

81) 왕순모, "법정준비금의 과도적립현상을 시정하기 위한 입법론적 고찰 - 일본의 개정논의 및 연구성과를 토대로 하여 -", 「상사법연구」 제14집 제1호 (한국상사법학회, 1995), 327~328면.

82) 우리나라의 이익준비금의 적립한도가 다른 나라와 비교해서 어느 정도인지는 적립한도에 관한 비율만을 비교해서는 정확하지 않다. 그 이유는 적립의 기준이 되는 자본금의 개념이 국가마다 다르기 때문이다. 예컨대, 일본의 경우 자본금을 원칙적으로 발행가액의 총액으로 하고 있으나 그 중 50%까지는 자본금으로 편입하지 않고 납입잉여금으로 적립할 수 있다(자본준비금의 재원). 이에 따라 시가할증발행이 이루어지는 경우 자본이 액면총액보다 더 증가하게 된다. 이 경우 적립한도는 증가된 자본금을 기준으로 하기 때문에 적립비율이 우리나라보다 낮다고 해서 반드시 적립금액이 낮다고 볼 수는 없다. 예컨대, 액면 5천원의 주식을 2만원으로 할증하여 1만주를 발행한 경우 우리나라의 경우 자본금이 5천만원 증가하고 자본준비금이 1억 5천만원 증가하며, 이익준비금은 증가한 기존 자본금에 자본금 5천만원을 포함하여 2분의 1을 적립하여야 하므로 2,500만원을 추가 적립요인이 발생한다. 일본의 경우 만일 발행가액 전액을 자본으로 편입한 경우 증자로 인해 자본은 2억원이 증가하고 이익준비금과 자본준비금을 합산하여 자본의 4분의 1까지 적립하여야 하므로 자본준비금이 제로인 경우 이익준비금은 2억원의 4분의 1인 5천만원의 증가요인이 발생한다. 그러나 이것은 극단적인 예이고 발행가액의 50%를 자본으로 편입한다면 자본과 자본준비금은 각각 1억원씩 증가한다. 또한 이익준비금과 자본준비금을 합하여 자본의 4분의 1까지 적립하여야 하는데 이미 적립되어 있는 자본준비금에 추가로 1억원의 자본준비금이 더 적립되었기 때문에 적립기준인 {(기존 자본 + 1억원의 자본증가액) × 4분의 1}의 산식으로 볼 때 추가분인 2,500만원보다 자본준비금 신규 증가분 1억원이 더 높게 되어 이익준비금을 적립하여야 하는 부분이 오히려 7,500만원만큼 줄어들게 된다. 현실적으로는 이러한 두 가지의 극단적인 범주 내의 어느 중간부분에서 적립이 이루어지겠지만 대체적으로 우리나라의 부담이 더 높다고 보아야 할 것이다.

계상하여 배당가능이익이 증가하는 경우)에는 채권자보호절차를 거치도록 규정하고 있다.

반면 우리나라 2011년 개정상법은 준비금이 자본금의 1.5배를 초과하는 경우에 감액할 수 있도록 규정하여(제461조의2) 준비금의 감소기준이 너무 높게 설정되어 있다. 이렇게 높은 감소기준을 설정하면서 채권자보호절차를 두지 않고 있다.

기업의 재무전략의 탄력적 운영을 위하여 일본처럼 채권자보호절차를 두면서, 준비금의 감소기준을 2005년 개정전 일본상법처럼 자본금의 4분의 1로 하는 것이 타당하고 본다.[83] 이는 앞서 제안한 자본금의 적립한도 4분의 1과 동일하게 자본금의 감소기준을 책정하는 방안이다.

(3) 준비금감소의 하자

개정상법은 준비금 감소의 무효를 다투는 소송에 관하여 규정을 두지 않고 있다. 이에 대해 감자무효의 소에 관한 규정(제445조)을 유추적용해야 하다는 견해가 제기된다.[84] 그러나 준비금의 감소는 등기사항이 아니고, 채권자보호절차도 이루어지지 않기 때문에 채권자가 준비금의 감소를 일체 알 수 없는 경우가 있을 수 있다. 감자무효의 소를 유추적용하는 경우, 준비금감소 무효의 소에 대해 제소기간을 설정하게 되어 제소를 제한하게 되므로, 이는 채권자의 재판받을 권리를 침해할 우려가 있다. 따라서 민사소송법상 일반 확인의 소를 제기하거나,[85] 소송 이외의 방법으로도 무효를 주장할 수 있다고 보아야 할 것이다.[86]

Ⅴ. 결어

이 장에서는 2011년 개정상법에서 변화된 법정준비금 제도를 고찰하고 그 개선방안을 제시하였다.

---

83) 상법이 이익준비금의 적립한도를 자본금의 2분의 1로 규정(제458조 본문)하고 있는 점에 비추어 준비금의 감소기준으로는 자본금의 2분의 1 정도가 타당하다는 견해도 제기된다(이철송, 전게서, 949면).

84) 이철송, 전게서, 951면.

85) 임재연, 「회사법Ⅰ[개정2판]」, 박영사, 2014, 732면.

86) 권기범, 「현대회사법론[제5판]」, 삼영사, 2014, 1096면; 相澤哲・葉玉匡美・湯川毅, 前揭論文, 214面. 예컨대, 분식결산으로 위법배당이 이루어진 경우처럼 채권자가 직접 주주에게 배당금액 상당의 반환청구소송(제462조 제3항, 제462조의3 제6항)을 제기하면서, 그 이유 가운데 자본금감소의 무효를 주장할 수 있을 것이다.

첫째, 법정준비금의 적립한도를 이익준비금과 자본준비금을 합하여 자본의 2분의 1에서 자본의 4분의 1로 축소하는 것이 합리적이라고 본다. 과도한 적립한도는 기업의 재무관리에 신축성을 저해하며 법정준비금의 적립한도가 낮거나 아예 적립제도 자체가 없는 다른 나라에 비해 우리 기업들에게 경쟁상 불리한 요인으로 작용할 수 있기 때문이다.

둘째, 2011년 개정상법은 준비금이 자본금의 1.5배를 초과하는 경우에 감액할 수 있도록 규정하여(제461조의2) 준비금의 감소기준이 너무 높게 설정되어 있다. 이렇게 높은 감소기준을 설정하면서 채권자보호절차를 두지 않고 있다. 기업의 재무전략의 탄력적 운영을 위하여 일본처럼 채권자보호절차를 두면서, 준비금의 감소기준을 2005년 개정전 일본상법처럼 자본금의 4분의 1로 하는 것이 타당할 것이다.[87)]

---

87) 상법이 이익준비금의 적립한도를 자본금의 2분의 1로 규정(제458조 본문)하고 있는 점에 비추어 준비금의 감소기준으로는 자본금의 2분의 1 정도가 타당하다는 견해도 제기된다(이철송, 전게서, 949면).

제 10 장

결 론

10

결 론

기업을 둘러싼 경영환경이 급변하고 경쟁이 글로벌 차원으로 전개됨에 따라 탄력적인 재무전략과 구조조정이 회사법의 중요한 과제로 등장하고 있다. 이에 따라 회사법을 기업지배구조, 기업재무, 기업구조조정 등으로 3분하는 경우 기업재무와 구조조정 분야의 중요성이 상대적으로 높아지고 있다. 이 책에서의 논의는 이러한 기업재무 전략을 수립하는데 필수적인 주식과 자본금 제도를 중심으로 한 것이다.

제2장에서 논의한 종류주식은 지배권의 배분과 자금조달의 효율성, 그리고 적대적 M&A에 대한 방어수단 등으로 그 기능이 매우 다양하다. 그러나 2011년 개정상법은 적대적 M&A에 대한 방어수단으로 활용되는 측면을 경계하여 폐쇄회사의 경우 다양한 주주간 계약을 상법상 수용하는데 매주 제한적인 형편이다. 벤처기업이나 합작회사의 주주간 계약 뿐만 아니라, 최근에는 중소기업의 사업승계의 문제를 해결하는 수단으로서 종류주식이 관심을 받고 있다. 주식제도는 기본적으로 기업들의 창조적인 재무활동이나 지배권 배분활동에 대하여 다양한 조합이 가능하도록 앞으로 그 제한을 더욱 완화해 나아가야 할 것이라고 본다.

종류주식제도의 다양화와 더불어 발생하는 종류주주간의 이해를 조정하는 문제가 더욱 중요하게 되었으며, 지배주주 충실의무에 관한 규정의 필요성도 높아지고 있다. 상법상 주주평등의 원칙을 종류주식에 적용하는 경우 어느 정도 유연하게 해석할 것인지 여부도 심층적인 검토가 필요하다고 본다. 또한 종류주식을 보유한 폐쇄회사가 상장하는 경우에 대비한 종류주식의 상장문제 등에 대해 추가적인 논의가 있어야 할 것이다.

제3장에서는 종류주식의 활용방안의 하나로서 중소기업의 경영권 승계를 원활하게 하기 위하여 종류주식을 이용하는 방안을 검토하였다. 제3장에서 논의된 내용 이외에도 중소기업의 경영권 승계를 위해서는 자기주식의 취득과 처분, 신주 또는 신주인수선택권(warrant)의 발행, 회사조직의 변경과 재편성인 합병 · 회

사분할 · 영업양도, 그리고 주식교환 또는 주식이전에 의한 완전자회사화 등을 활용하는 방안에 대해서도 추후 연구가 이루어져야 할 필요가 있다.

또한 상속세 및 증여세 등 세법상의 논의 이외에도 종류주식의 평가가 종류주식 제도를 도입하는데 있어서 중요한 과제로 등장하고 있다. 종류주식을 적절하게 평가하는 방식으로서 회사법상 평가방식과 세법상 평가방식의 괴리 문제와 이를 조화시키기 위한 논의가 더 필요할 것이다.

중소기업의 경영권 승계를 원활하게 하기 위해서는 이러한 회사법 및 세법상의 제도 개선과 더불어 민법상의 유류분 제도에 대한 개선도 필요하다. 또한 최근에는 종업원지주제도나 신탁을 활용하는 방안도 논의되고 있다. 중장기적으로는 이러한 내용을 포괄적으로 규정하는 특별법을 제정하는 방안도 검토할 필요가 있다고 본다.

제4장은 황금주 문제를 다루었다. 우리나라의 경우 2006년 상법개정안에서 거부권부종류주식과 임원임면권부종류주식을 도입하였으나, M&A에 대한 방어효과가 너무 강하여 경영권을 고착화할 우려가 있다는 이유 등으로 인하여 개정안에서 삭제하였다. 2008년 신정부 출범이후 적대적 M&A에 대한 방어수단을 확충한다는 취지에서 포이즌필 등 방어수단에 대한 검토가 다시 이루어졌으나 입법이 보류되었다.

그러나 황금주는 적대적 M&A에 대한 방어수단으로서의 기능 뿐만 아니라 벤처기업이나 합작기업의 지배구조나 자금조달의 유연성을 확보할 수 있는 수단으로도 활용되고 있다. 따라서 황금주의 남용을 방지할 수 있는 수단을 보완하면서 국가기간산업과 폐쇄회사에 한하여 제한적으로 허용하는 입법은 필요하다고 본다. 황금주의 남용을 제한하기 위하여 지배주주에게 충실의무를 부과하고 이를 위반한 경우 회사나 주주에게 손해배상책임을 부과하는 방안을 검토할 필요가 있을 것이다. 또한 황금주는 폐쇄회사에 대해서만 허용함으로써 상장하지 못하도록 하여야 한다. 이를 위해서는 한국거래소의 유가증권시장상장규정 및 코스닥시장상장규정 등을 통하여 규제하는 것이 바람직하다고 본다. 국가기간산업에 종사하는 업체의 경우 특별법에 의해 황금주 발행을 허용하고, 상장문제는 국가 정책적인 측면에서 일반적인 폐쇄회사와는 별개로 검토하여야 할 것이다.

제5장에서는 2011년 개정상법에 따라 도입된 무액면주식 제도를 검토하였다. 개정상법은 액면주식과 무액면주식 중 하나만을 선택적으로 채택하고, 양자간에 상호 전환을 허용하고 있지만, 무액면주식의 최저 발행가액에 대해서는 제

한하지 않고 있다. 만일 무액면주식을 낮은 가액으로 발행한 후 이를 모두 액면주식으로 전환하면 실질적으로 액면주식을 액면미달로 발행하는 것과 동일한 효과를 가져 온다. 따라서 자본충실의 측면에서 무액면주식의 경우 자본금에 대한 지분금액 이상으로 발행되어야 한다는 조항이 필요하다고 본다(독일주식법 제9조 제1항).

개정상법에 따르면 무액면주식을 발행하는 경우 자본금은 주식발행가액의 2분의 1 이상으로서 이사회에서 정한 금액이며 자본금으로 계상하지 아니하는 금액은 자본준비금으로 계상한다(제451조 제2항). 반면 액면주식을 발행하는 때는 자본금은 액면총액이 되고, 그 이상의 금액은 자본준비금으로 된다. 따라서 액면주식의 액면금액을 2배 이상 할증하여 발행하면, 무액면주식을 발행하는 경우보다 자본금으로 계상하는 금액은 더 적게 되고 자본준비금으로 더 많은 금액을 할당할 수 있으므로 보다 탄력적인 재무전략을 취할 수 있게 된다. 이러한 문제를 해결하기 위해서는 액면주식과 무액면주식을 동일하게 취급할 필요가 있으며, 양자 모두 발행가액(또는 액면금액)의 2분의 1을 초과하지 않은 금액을 자본금에 전입하지 않을 수 있도록 규정하는 것이 필요하다.

무액면주식을 분할하는 때에는 액면분할이 필요하지 않고 주식 수만 증가하게 되므로 정관을 변경하는 절차가 필요 없게 된다. 그러나 상법은 액면주식과 무액면주식을 구분하지 않고 주식을 분할하는 때에 주주총회 특별결의를 요구하고 있는데(제329조의2 제1항), 이는 무액면주식 제도의 도입을 고려하지 않은 입법의 미비이다. 따라서 무액면주식의 주식분할은 이사회 결의로 가능하다는 내용을 제329조의2 제1항에 추가하여야 할 것이다.

무액면주식을 채택한 경우 주식배당을 할 수 있는지 여부가 문제된다. 이러한 논란이 생긴 것은 무액면주식 제도를 도입하면서 무액면주식의 주식배당 기준에 관하여 규정을 하지 않은 입법의 미비로 인한 것이다. 입법론적으로는 제462조의2 제2항에서 무액면주식을 발행한 경우 주식배당 기준을 "주식배당을 결의한 주주총회에서 정한 발행가액"을 기준으로 한다는 문구를 추가하여야 할 것이다.

무액면주식의 경우 1주당 발행가액은 액면주식과는 달리 정관의 절대적 기재사항이 아니다(제289조 제1항 제4호). 따라서 설립등기를 통하여 공시되어야 하는데, 무액면주식이 보통주식과 종류주식으로 두 가지 이상의 종류가 발행되는 경우 각각의 발행가액을 등기하지 않으면 이를 알 수가 없다. 따라서 설립 시 등기사항으로서 종류별 무액면주식의 발행가액을 포함하는 것이 바람직할 것이다.

제6장은 자기주식의 취득 및 처분 그리고 주식소각 제도를 논의하였다. 자기주식의 처분제도에 대해서 2011년 개정상법은 처분시기, 처분절차나 요건에 대하여 규정하지 않고 있다. '자기주식의 취득 및 처분'은 '주식의 소각과 신주발행'에 유사한 기능을 가지게 되므로, 자기주식의 처분이 신주발행이라는 번거로운 절차를 회피하는 수단으로 악용될 우려가 있다. 그러나 일본처럼 신주발행절차에 따르는 경우 자기주식 처분을 통하여 기동적인 재무전략을 실행하는데 걸림돌이 될 것으로 전망된다. 따라서 이러한 기업의 재무전략적인 신축성과 기존 주주의 지주비율의 유지라는 목적을 동시에 달성할 수 있도록 독일처럼 자기주식의 처분에 대하여 주식평등의 원칙에 입각하여 처분하도록 하는 규정을 두는 것이 타당하다.

주식소각을 하면서 유상으로 소각하는 경우 단주가 생길 수 있는데 이는 주식병합에서의 단주처리 절차(제443조 및 제444조)에 따라야 할 것이다. 그러나 개정상법 제343조 제2항은 주식병합 절차 가운데 제440조와 제441조만을 준용하고 있는데, 단주처리에 관한 조항들을 포함시켜야 한다. 한편 주식소각으로 소멸된 주식을 재발행할 수 있는지 여부가 문제된다. 개정전 상법상 통설은 자기주식 취득에 대한 이사회의 수권은 최초로 주식을 발행할 때 이미 사용하였으므로, 재발행을 허용하는 것은 이사(이사회)에게 무한의 수권을 하는 것으로 보아 소각된 주식분의 재발행을 허용하지 않는 것이었다. 그러나 자기주식 취득을 자유화하는 경우 수권자본제도는 주주의 지주비율 감소의 한계를 정하는 기준으로 보아 이러한 수권범위 내에서라면 재발행은 제한없이 허용된다고 보는 것이 타당하다.

제7장에서는 미국 및 일본을 중심으로 워런트 제도의 내용을 분석하고 우리나라에 도입하는 경우 검토해야 하는 법적 문제들을 검토하였다. 현행 상법상 워런트 도입이 가능한지 여부, 워런트 용어에 대한 검토, 워런트를 도입하는 경우 워런트의 도입방식 · 발행 · 양도 · 행사 · 상환 · 발행의 하자 등을 중심으로 논의하였다.

워런트는 벤처기업이나 적격투자등급에 도달하지 못한 기업들의 자금조달, 또는 기업구조조정, 적대적 M&A에 대한 방어수단 등 다양한 용도로 활용될 수 있다. 그러나 워런트는 본질적 성격이 콜옵션으로서 파생상품이기 때문에 제도가 제대로 작동하지 않을 경우 기존 주주의 지분을 희석시켜 손해를 초래하는 부작용도 과소평가할 수 없다. 따라서 워런트 제도를 도입하기 위한 주요국의 제도를 철저하게 분석한 후 부분별로 점진적으로 도입해 나아가는 방향이 바람직하다고 본다.

제8장은 자본금 제도상 채권자 보호문제를 다루었다. 2011년 개정상법은 자본금제도에 관하여 많은 획기적인 개정을 하였다. 미국이나 일본에서 채택된 탄력적인 재무조항들이 대부분 수용되었다. 그러나 채권자보호 측면에서는 별다른 검토가 이루어지지 않음으로써 향후 이의 보완이 필요하다고 본다. 금융기관 등 교섭력이 있는 채권자들의 경우에는 회사에 대한 재무정보를 종합적으로 분석하여 스스로 보호를 할 수 있지만, 영세한 채권자나 비자발적 채권자의 경우에는 보호방안이 검토되어야 할 것이다.

또한 채권자보호를 위한 상법상 제도인 자본금 제도와 배당규제가 당초 제도의 취지와는 달리 채권자보호에 실효성이 반감되는 점을 고려하여 이의 보완이 필요하다고 본다. 채권자보호를 위해서는 회사의 재무상태에 대한 공시규제를 강화하고, 이사나 업무집행자의 제3자에 대한 책임, 법인격부인론, 채권자취소권 등 다양한 수단을 강구되어야 할 것이다. 또한 취약한 입장에 있는 불법행위로 인한 채권자, 임금채권자, 영세한 채권자 등의 보호를 위하여 관련 보험을 강제하거나, 우선변제권 등을 인정하는 방안도 검토할 필요가 있을 것이다.

제9장은 법정준비금 제도의 의의 및 법적 성격을 검토하고 주요국의 제도를 비교법적으로 고찰하였다. 이를 통하여 우리나라 법정준비금 제도의 문제점을 검토하고 개선방안을 제시하였다.

법정준비금의 적립한도를 이익준비금과 자본준비금을 합하여 자본금의 2분의 1에서 자본금의 4분의 1로 축소하는 것이 합리적이라고 본다. 과도한 적립한도는 기업의 재무관리에 신축성을 저해하며 법정준비금의 적립한도가 낮거나 아예 적립제도 자체가 없는 다른 나라에 비해 우리 기업들에게 경쟁상 불리한 요인으로 작용할 수 있기 때문이다. 또한 2011년 개정상법은 준비금이 자본금의 1.5배를 초과하는 경우에 감액할 수 있도록 규정하여(제461조의2) 준비금의 감소기준이 너무 높게 설정되어 있다. 이렇게 높은 감소기준을 설정하면서 채권자보호절차를 두지 않고 있다. 기업의 재무전략의 탄력적 운영을 위하여 일본처럼 채권자보호절차를 두면서, 준비금의 감소기준을 2005년 개정전 일본상법처럼 자본금의 4분의 1로 하는 것이 타당할 것이다.

| 참고문헌 |

제2장 종류주식

Ⅰ. 국내문헌

강희갑, “세계 주요국가의 주식회사 자본제도에 관한 최근의 개정동향”, 「경영법률」 제12집(한국경영법률학회, 2001).

경제개혁연대, “상법 일부개정법률안(의안번호 1566호)에 대한 의견서”, 2008.

국회 법제사법위원회, “상법 일부개정법률안(정부제출) 검토보고”, 2007. 11.

국회 법제사법위원회, “상법 일부개정법률안(정부제출) 검토보고[회사편]”, 2008.

권기범, “주식회사의 자본감소에 관한 연구”, 「상사법연구」 제23권 제1호(한국상사법학회, 2004).

권종호, “방어수단으로서 종류주식－2006년 개정안과 2008년 개정안을 중심으로－”, 「상사법연구」 제27권 제2호(2008).

김건식, 「무의결권우선주에 관한 연구」, 한국상장회사협의회, 1994.

______, “자본제도와 유연한 회사법”, 「절차적 정의와 법의 지배(이창희 · 장승화편)」, 박영사, 2003.

김광록 · 윤성민, “기업의 자기주식 취득제한과 취득동기에 관한 법 · 경제학적 고찰”, 「기업법연구」 제19권 제1호(한국기업법학회, 2005).

김병연, 자기주식의 처분 및 활용방안, 한국상장회사협의회, 2005.

김성호, “트래킹 스톡(Tacking Stock)의 도입을 위한 회사법상 문제점－독일 주식법(AktG)상의 논의를 중심으로－”, 「상사법연구」 제26권 제1호 (2007).

______, “트래킹 스톡(Tracking Stock)의 개념과 허용 가능성”, 「기업법연구」 제20권 제3호(한국기업법학회, 2006).

김순석, “주식회사 법정준비금제도의 재검토”, 「상사법연구」 제23권 제3호(한국상사법학회, 2004).

______, “종류주식의 다양화와 자금조달의 유연성에 관한 법적 쟁점 분석”, 「상사법연구」 제27권 제2호(2008).

______, “황금주(Golden Shares) 제도에 관한 연구”, 「비교사법」 제16권 제1호(2009).

______, “주식제도의 연구－종류주식을 중심으로－”, 「상사법연구」 제28권 제3호 (2009).

김재문, “주식회사의 이익배당에 관한 법적 고찰－이익배당의 기준을 중심으로－”, 상사법연구 제14집 제2호 (한국상사법학회, 1995).

김정수, 현대증권법원론, 박영사, 2002.

김정태, “자기주식 취득제도의 개선”, 「상장회사 관련 주요제도와 정책의 개선방안」, 1988.

박세화, “주식회사의 자금조달의 활성화를 위한 새로운 주식 제도”, 「상사법연구」 제24권 제3호 (한국상사법학회, 2005).

박철영, “종류주식의 확대와 주주간 이해조정”, 「상사법연구」 제24권 제2호(한국상사법학회, 2005).

______, “상법상 주식제도의 문제점 및 과제”, 「기업법연구」 제19권 제3호(한국기업법학회, 2005).

______, 「종류주식의 다양화를 위한 법적 연구」, 성균관대학교대학원 박사학위논문, 2004.

법무부, “상법(회사편) 개정안 설명자료”, 2007.

손 성 · 김수경, “트래킹스톡 발행회사(TSC)에서의 법적 문제－미국법상 이익충돌문제의 해결을 중심으로－”, 「상장협」 제46호 (2002).

송종준, “방어적 주식제도의 국제적 입법동향과 도입 과제－2006년 회사법 개정안을 중심으로－”, 「경영법률」 제17집 제2호(한국경영법률학회, 2007).

왕순모, “법정준비금의 과도적립현상을 시정하기 위한 입법론적 고찰－일본의 개정논의 및 연구성과를 토대로 하여－”, 「상사법연구」 제14집 제1호 (한국상사법학회, 1995).

______, “일본 상법의 최근 개정동향－일본의 「금고주 해금 등에 관한 상법개정」과 우리 법에의 시사－”, 「법조」 제548호 (법조협회, 2002).

______, “이익준비금제도의 재검토－일본의 연구성과를 토대로 하여－”, 「경성법학」 제4호 (경성대학교 법학연구소, 1995).

윤영신, “미국법상 트랙킹 스톡(tracking stock)에 대한 고찰”, 「21세기 한국상사법의 과제와 전망(심당송상현선생화갑기념논문집)」, 2002.

______, 상법상 다양한 증권발행의 촉진방안에 관한 연구－트래킹스톡을 중심으로－」, 한국법제연구원 2001.

이기욱, “트래킹주식과 이사의 의무－미국에서의 논의를 중심으로－”, 「법과 정책연구」 제4집 제2호(한국법정책학회, 2004).

이범찬 · 임충희, “자기주식취득의 규제에 관한 몇 가지 문제”, 「현대상사법의 제문제(일석박상조교수화갑기념)」, 한올출판사, 1998.

이영주, “트래킹스톡에 관한 고찰”, 「법학연구」 제20집(한국법학회, 2005).

이철송, 「회사법강의[제22판]」, 박영사, 2014.

임재연, 개정2판 증권거래법, 박영사, 2004.

———, 「미국기업법」, 박영사, 2009.

정동윤, 「회사법」, 박영사, 2001.

최준선 · 김순석, 「회사법 개정방향에 관한 연구」, 한국상장회사협의회, 2004.

최준선, 「회사법[제9판]」, 삼영사, 2014.

Ⅱ. 일본문헌

加藤貴仁, 「株主間の議決權配分」, 商事法務, 2007.

————, “事業承繼の手段としての種類株式－株式の評價の問題を中心に”, 「ジュリト」 No. 1377 (2009).

加藤和成, “わが國における－トラッンキング・ストックの導入に可能性と問題點(2)” 「商事法務」(No. 1558), 2000.

江頭憲治朗, “法定準備金制度の規制緩和”, 「ジュリスト」 第1206号(2001).

—————, “日本の株式關聯法制の改革と今後に殘された課題”, 「상사법연구」 제22권 제5호 (한국상사법학회, 2004).

—————, 「株式會社法[第4版]」, 有斐閣, 2011.

江頭憲治郎ほか編, 「改正會社法セミナー株式編」, 有斐閣, 2005.

關谷理記, “子會社連動株式(日本版トラッキンッグ・ストック)の開發”, 「商事法務」 第1581号(2000).

————, “M&Aと資金調達－トラッンキング・ストックを中心に－”, 「M&A法大全」 (商事法務研究會, 2001).

關西法律特許事務所 · 成和共同法律事務所 編, 「詳解新會社法の理論と實務」, (株)民事法研究會, 2006.

關 俊彦, 「會社法概論[新訂版]」, 商事法務, 2004.

宏戶善一, “種類株式, ストック・オプション等の自由化”, 「ジュリスト」 No. 1206, 2001.

企業會計基準委員會, 企業會計基準第1号 「自己株式及び法定準備金の取崩等に關する會計基準」 (2002.2.21.).

吉本健一, “資本と法定準備金”, 「判例タイムズ」 No. 1093 (2002).

________, “金庫株の解禁”, 「金融・商事判例」 No. 1160 (2003).

吉川 純, “エクイティ・ファイナンスの新展開(8)－多様化をめぐる法的論点(その2)”, 「商事法務」 第1555号(2000).

大杉謙一, “優先株の實務的問題(Ⅱ)”, 商事法務 No. 1443(1996).

________, “トラッキング・ストック”, 「法學教室」 第250号(2001).

________, “新會社法における株主平等の原則”, 「會社法と商事法務」(辛堂幸司・山下友信 編), 商事法務, 2008.

大隅健一朗・今井宏, 「會社法論[第3版]」, 有斐閣, 1992.

尾崎安央, “法定準備金制度の發展と機能的變化－わが國における制度的展開と問題點－”, 「早稲田法學」 第57巻 第2号(1982).

________, “法定準備金制度の改正－商法上の法定準備金制度再論－”, 「法曹時報」 第54巻 第2号(2002).

味村治・竹内昭夫ほか, “(座談會) 定款・株式取扱い規則の變更(Ⅰ)”, 商事法務 第389号(1966).

弥永眞生, “法定準備金と「その他の剰餘金」”, 「企業會計」 第53巻 第12号(2001).

________, 「企業會計と法[第2版]」, 新世社, 2001.

北澤正啓, 「會社法[第6版]」, 青林書院, 2001.

森本 滋, “序論－わが國會社法の資本制度關聯改正の動向”, 「商事法務」 No. 1601 (2001).

________, 「比較會社法研究－21世紀の會社法制を模索して－」, 商事法務, 2003.

________, “種類株式Ⅱ”, 「新會社法の檢討－ファイナンス關係の改正－」(證券去來法研究會 編), 別冊 商事法務 No. 298 (2006).

上柳克郎・鴻常夫・竹内昭夫, 「新版注釋會社法(8)」, 有斐閣, 1987.

橡川泰史, “トラッンキング・ストックや新株豫約權はどのように活用できるのか”, 法學セミナー (Vol.47, No.11), 2002.

上村達男, “株主平等原則”, 「特別講義商法Ⅰ」(竹内昭夫編), 有斐閣, 1995.

細川 健, “エクイティ・ファイナンスの新展開(1)－米國の現狀”, 「商事法務」 第1548号 (2001).

小林 量, “商法の債權者保護機能との關係”, 「企業會計」 第54巻 第7号(2002).

________, “ドイツとフランスにおける資本制度”, 商事法務 No. 1601 (2001).

________, “コーポレート・ファイナンス法制に關する改正の檢證”, 「商事法務」 No. 1671 (2003).

松尾健一, 「逐條解說 會社法(酒卷俊雄/龍田節 編) 第2巻 株式・1」, 中央經濟社,

2008.
須藤正彦, "義務償還株式－取得請求權付株式を視野に入れて", 「最近倒産法・會社法をめぐる實務上の諸問題」, 2005.
神田秀樹, 「會社法[第5版]」, 弘文堂, 2004.
神田秀樹・武井一浩 編, 「新しい株式制度」, 有斐閣, 2002.
安藤博之・關谷理記, "トラッキング・ストックとグループ戰略", 「月刊 資本市場」第194号(2001).
岸田雅雄, "法定準備金制度の改正の意義", 「企業結合法の現代的課題と展望(田村諄之輔先生古稀記念)」, 商事法務, 2002.
野村修也, "新會社法の意義と問題點－株式の多様化とその制約原理", 「商事法務」第1775号(2006).
鈴木竹雄, 新版會社法[全訂第5版], 弘文堂, 1994.
牛丸與志夫・黑沼悅朗・近藤光男・田村詩子・正井章筰・行澤一人, "資本準備金による自己株式の取得と消却[中]", 商事法務 No. 1499 (1998).
原田晃治・泰田啓太・群谷大輔, "自己株式の取得規制等の見直しに係る改正商法の解說[下], 商事法務 No. 1609 (2001).
日本銀行金融研究所, "「デットとエクイティに關する法原理についての研究會」 報告書", 「金融研究」 제20권 제3호 (2001).
鳥本喜章, "優先株式に關する實務的問題(1)", 商事法務 No. 1337 (1993).
洲崎博史, "平成13年・14年商法改正と一株一議決權原則", 「比較會社法研究(參本滋編)」, 商事法務, 2003.
中島達哉, "エクイティ・ファイナンスの新展開(4)－トラッキング・ストックの効用(その2)", 商事法務 No. 1551 (2001).
布井千博, "法定準備金の取崩しとその使途について", 「銀行法務21」 No. 599 (2002).
太田 洋, "「金庫株」の解禁問題に關する論点整理[Ⅰ], [Ⅱ], [Ⅲ], [Ⅳ]－米國の關係規制からの示唆－", 商事法務 No.1586, No.1587, No.1588, No.1589 (2001).
太田 洋・小野美惠, "トラッキング・ストック", 「ファイナンス法大全(上)」(西村總合法律事務所 編), 商事法務, 2003.
黑沼悅郎, "日本におけるトラッンキング・ストックの導入と課題", 「증권법연구」 제2권 제2호(韓國證券法學會, 2001)」.

Ⅲ. 구미문헌

ABA, Model Business Corporation Act Annotated 3rd ed., Vol. 1, Prentice Hall &

Business, 1993.

ABA Section of Business Law, Model Business Corporation Act Annotated, 4th ed., vol. 2, 2008.

Barbara Black, Corporate Dividends and Stock Repurchases, West, 2004.

Richard A. Booth, Financing the Corporation, West, 2005.

Dickson G. Brown & Jonathan Cantor, Tracking Stock, 548 PLI/Tax 815 (2002).

Cox/Hazen/O'Neal, Corporations, Aspen Law & Business, 1997.

Paul L. Davies, Gower and Davies' Principles of Modern Company Law, 2003.

Melvin Aron Eisenberg, Cases and Materials on Corporation and Other Business Organizations, 8th ed., 2000.

Luca Enriques & Jonathan R. Macey, "Creditors versus Capital Formation: The Case against the European Legal Capital Rules", 86 Cornell L. Rev. 1165 (2001).

Eugene F. Fama & Kenneth R. French, "Disappearing Dividends: Changing Firm Characteristics or Lower Propensity to Pay?", 60 J. Fin. Econ. 3 (2001).

Ferran, Com[any Law and Corporate Finance, 1999.

Stephen I. Glover, "The Tracking Stock Company's Board of Director", 4 NO. 9 M&A Law. 27 (2001).

Stephen I. Glover, "Business Separation Transaction : Spin-Offs, Subsidiary IPOs and Tracking Stock", Law Journal Press, 2002.

Hamel = Lagarde = Jauffret, Droit Commercial, tomb.1 2vol. 2e éd., 1980.

Robert W. Hamilton, The Law of Corporations, 4th ed., West Publishing Co., 1996.

Jeffrey J. Hass, "Directorial Fiduciary Duties in a Tracking Stock Equity Structure: The Need for a Duty of Fairness", 94 Mich. L. Rev. 2089 (1996).

David Ikenberry et al., "Stock Repurchases in Canada: Performance and Strategic Trading", 55 J. Fin. 2373 (2000).

M. Juglartt = B. Ippolito, Les sociétés commerciales, 10e éd., 1999.

Richard O. Kummert, "State Statutory Restrictions on Financial Distributions by Corporations to Shareholders", 59 Wash. L. Rev. 185 (1984).

Friedrich Kübler, "The Rules of Capital Under Pressure of the Securities Markets", 「Capital Markets and Company Law」(Klaus J. Hopt & Eddy Wymeersch, eds.), 2003.

Mercadal = Janin, Sociétés commerciales 2001, 2000.

Craig A. Peterson & Norman W. Hawker, "Does Corporate Law Matter? Legal Capital

Restrictions on Stock Distribution", 31 Akron L. Rev. 175 (1997).
Jeffrey J. Schick, Comment, "Toward Transaction-Specific Standards of Directorial Fiduciary Duty in the Tracking-Stock Context", 75 Wash. L. Rev. 1365 (2000).
Schilling, in Großkomentar, 3. Aufl., 1973.
Ok-rial Song, "Hidden Social Costs of Open Market Share Repurchases", 27 J. Corp. L. 425 (2002).
A Gilchrist Sparks, Ⅲ & Patricia A. O'Neill, "Merger Issues at the New Millenium: Strategic Deals, Tracking Stocks and the Duty to Be Informed", 1158 PLI/Corp 179 (2000).
Dirk A. Verse, Der Gleichbehandlungsgrudsatz im Recht der Kapitalgeschellschaften, 2006.

Bishop v. Prosser-Grandview Broadcasters, Inc., 472 P.2d 560 (Wash. App. Ct. 1970).
Field v. Bankers Trust Co., 296 F.2d 109 (2d Cir. 1961), cert. denied, 369 U.S. 859 (1962).
Hansen v. Singmaster Ins. Agency Inc., 722 P.2d 1254 (Or. App. Ct. 1986).
Klang v. Smith's Food & Drug Centers, Inc., 702 A.2d 150 (Del. 1997).
Lewis v. H.P. Hood & Sons, Inc., 331 Mass. 670, 121 N.E.2d 850 (1954).
Lutter, in Kölner Kommentar, 2. Aufl., 1995, Anm. 46, zu §225.
In re Sea-land Corp. Shareholders Litigation, 642 A.2d 792 (Del. Ch. 1993), aff'd, 633 A.2d 371 (Del. Sup. 1993).
Unocal Corp. v. Mesa Petroleum, 493 A.2d 946 (Del. 1985).

제3장 경영권 승계와 종류주식의 활용

권종호, "방어수단으로서 종류주식－2006년 개정안과 2008년 개정안을 중심으로－", 「상사법연구」 제27권 제2호(2008).
______, "적대적 M&A방어수단의 도입 필요성－2008년 경영권방어법제 개선위원회의 입법초안을 중심으로－", 「상사판례연구」 제22집 제4권(2009).
______, "중소기업의 원활한 사업승계를 위한 방안－2011년 개정상법 및 개정신탁법을 중심으로－", 「비교사법」 제18권 제4호(2011).
김순석, "주식제도의 개선－종류주식을 중심으로－", 「상사법연구」 제28권 제3호(2009).
______, "황금주(Golden Shares) 제도에 관한 연구", 「비교사법」 제16권 제1호(2009).

박철영, “종류주식의 활용과 법적 과제－의결권제한주식을 중심으로－”, 「기업법연구」 제25권 제4호(2011).

송옥렬, 「상법강의[제2판]」, 홍문사, 2012.

송종준, “방어적 주식제도의 국제적 입법동향과 도입 과제－2006년 회사법 개정안을 중심으로－”, 「경영법률」 제17집 제2호(2007).

이철송, 「회사법강의[제22판]」, 박영사, 2014.

정동윤, 「상법(상)[제6판]」, 법문사, 2012.

정수용 · 김광복, “개정상법상 종류주식의 다양화”, 「BFL」 제51호(2012).

정찬형, 「상법강의(상)[제15판]」, 박영사, 2012.

조병선 · 조봉현, “가족기업 승계 지원정책의 현황과 발전방안”, 「중소기업연구」 제33권 제3호(2011).

중소기업중앙회, 「중소기업통계DB－중소기업기본통계」, 〈http://stat.kbiz.or.kr/stat_new/sta_00.asp〉(2012.12.4. 방문)

최기원, 「신회사법론[제14대정판]」, 박영사, 2012.

최수정, “개정신탁법상의 재산승계제도－유언대용신탁과 수익자연속신탁을 중심으로－”, 「법학논총」 제31집 제2호(전남대학교 법학연구소, 2011).

최준선, 「2011년 개정상법 회사편 해설」, 한국상장회사협의회, 2011.

______, 「회사법[제7판]」, 삼영사, 2012.

최준선 · 김순석, 「회사법 개정방향에 관한 연구」, 한국상장회사협의회, 2004.

한국증권법학회, 「적대적 M&A 방어수단 관련연구」, 2008.

한원규 · 이제원, “상환주식과 전환주식의 법적 성질”, 「증권법연구」 제3권 제1호(2002).

홍성철 · 신상철 · 조봉현, 「중소기업 가업승계 제도적 기반조성에 관한 연구」, 중소기업연구원, 2011.

江頭憲治郎, 「株式會社法[第4版]」, 有斐閣, 2011.

今川嘉文, 「事業承繼法の理論と實際」, 信山社, 2009.

稻葉威雄, 「會社法の解明」, 中央經濟社, 2010.

事業承継協議會 · 事業承継關連會社法制等検討委員會, “事業承継關連會社法制等検討委員會 中間報告”, 2006 〈http://jcbshp.com/achieve/law_mid_01.pdf〉(2012. 12. 2. 방문).

松尾建一, 「逐條解說 會社法(酒卷俊雄/龍田節 編) 第2卷 柱式 · 1」, 中央經濟社, 2008.

新谷勝, 「新しい事業承繼と企業再生の法務－事業承繼の圓滑化 · 事業再生ADR－」,

(株)稅務經理協會, 2010.
前田庸, 「會社法入門[第12版]」, 有斐閣, 2009.
太田 洋・小野美惠, "トラッキング・ストック", 「ファイナンス法大全(上)」(西村總合法律事務所 編), 商事法務, 2003.
平野敦士・藤本純也・板倉はるみ・杉田和哉 編, 「新しい事業承繼對策と實務手續」, 清文社, 2008.
荒井邦彦・大村健 編, 「新株予約權・種類株式實務－法務・會計・稅務・登記－[改訂版]」, 第一法規, 2009.

Sebastian V. Grassi, Jr. & Julius H. Giarmarco, "The Five Levels of Practical Succession Planning for the Family-Owned Business", 23 No. 2 PRACTXL 39, (2009).

제4장 황금주 제도

곽관훈, "벤처기업에 있어서의 주주간 계약－의결권구속계약을 중심으로－", 상사법연구 제22권 제1호(2003).
권종호, "2006년 회사법개정시안의 주요내용－자금조달관련 사항을 중심으로－", 「상사법연구」 제25권 제2호(2006).
김순석, "종류주식의 다양화와 자금조달의 유연성에 관한 법적 쟁점 분석", 「상사법연구」 제27권 제2호(2008).
박철영, "종류주식의 확대와 주주간 이해조정", 「상사법연구」 제24권 제2호(2005).
이형규, "상법개정안상 거부권부주식의 도입에 관한 검토", 「상사법연구」 제25권 제4호(2007).
임재연, 「[수정2판]미국회사법」, 박영사, 2007.
전국경제인연합회, "상법개정 입법예고(안)에 대한 의견", 2006.
정동윤, 「회사법」, 박영사, 2001.
증권법학회 M&A법연구회, 「적대적 M&A 방어수단 관련연구」, 2008. 9.
최준선・김순석, 「회사법 개정방향에 관한 연구」, 한국상장회사협의회, 2004.

加藤貴仁, 「株主間の議決權配分」, 商事法務, 2007.
江頭憲治郎, 「株式會社・有限會社法[第4版]」, 有斐閣, 2005.
__________, 「株式會社法[第2版]」, 有斐閣, 2008.

江頭憲治郎ほか編,「改正會社法セミナー株式編」, 有斐閣, 2005.

關西法律特許事務所・成和共同法律事務所 編,「詳解新會社法の理論と實務」, (株)民事法研究會, 2006.

南保勝美, 前揭論文, 352面 以下; 野村修也, “新會社法の意義と問題點－株式の多様化とその制約原理”,「商事法務」第1775号(2006).

弥永眞生 外 3人,「新會社法實務相談」, 商事法務, 2006.

飯田一弘, “買収防衛策の導入に係る上場制度の整備”,「商事法務」第1760号(2006).

浜田道代, “黃金株”,「法學敎室」第306号(2006), 2面; 酒井太郎, “株式の內容と種類”,「新しい會社法制の理論と實務(川村正幸・布井千博 編」, 經濟法令研究會, 2006.

山下友信, “種類株主間の利害調整－序說”,「會社法と商事法務」, 商事法務, 2008.

森本 滋, 森本 滋, “會社法の下における株主平等原則”,「商事法務」第1825号(2008).

相澤哲・岩崎友彦, “株式(總則・株主名簿・株式の讓渡等)”,「商事法務」第1739号(2005).

松尾健一, “種類株式Ⅱ”,「新會社法の檢討－ファイナンス關係の改正－」(證券去來法研究會 編), 別冊 商事法務 No. 298 (2006).

松本眞輔,「新會社法・新證取法下における敵對的買收と防衛策」, 稅務經理協會, 2005.

神田秀樹・武井一浩,「新しい株式制度」, 有斐閣, 2002.

葉玉匡美, “議決權制限株式を利用した買收防衛策”,「商事法務」第1743号(2005).

鈴木正貢, “株主間協定の法的諸問題”,「商事法務」第1043号(1985).

前田 庸,「會社法入門[第11版補訂版]」, 有斐閣, 2008.

———, “商法等の一部を改正する法律案要綱の解說[上]－株式制度の見直し・會社關係書類の電子化等－”,「商事法務」第1606号(2001).

———, “商法等の一部を改正する法律案要綱の解說[Ⅰ]”,「商事法務」第1621号(2002).

中山龍太郎, “日本版ライツ・プラン(ポイズン・ピル)導入に係る法的課題”,「敵對的M&A對應の最先端(太田 洋・中山龍太郎 編」, 商事法務, 2005.

ABA Section of Business Law, Model Business Corporation Act Annotated, 4th ed., vol. 2, 2008.

Alice Pezard, “The Golden Share of Privatized Companies”, 21 Brook. J. Int'l L. 85 (1995).

Andre A. Baev, “Is There A Niche for the State in Corporate Governance? Securitization of State-owned Enterprises and New Forms of State Ownership", 18 Hous. J. Int'l L. 1, 28 (1995).

Cherry W. Gray et al., "Hungarian Legal Reform for the Private Sector", 26 Geo. Wash. J. Int'l L. & Econ. 294, 326 (1992).

Christine O'Grady Putek, "Limited But Not Lost: A Comment on the ECJ's Golden Share Decisions", 72 Fordham L. Rev. 2219 (2004).

Larry C. Backer, "The Private Law of Public Law: Public Authorities As Shareholders, Golden Shares, Sovereign Wealth Funds, and the Public Law Element in Private Choice of Law", 82 Tul. L. Rev. 1801 (2008).

Case C-58/59, Commission v. Italy, 2000 E.C.R. I-3811.

Case C-367/98, Commission v. Portugal, 2002 E.C.R. I-4731.

Case C-483/99, Commission v. France, 2002 E.C.R. I-4781.

Case C-503/99, Commission v. Belgium, 2002 E.C.R. I-4809.

Case C-463/00, Commission v. Spain, 2003 E.C.R. I-4581.

Case C-98/01, Commission v. United Kingdom, 2003 E.C.R. I-4641.

Case C-267 & 268/91, Keck & Mithouard, 1993 E.C.R. I-6097.

Case C-282/04 & 283/04, Commission v. Netherlands, 2006 E.C.R. I-9141.

Case C-112/05, Commission v. Germany, 2007 ECJ (Oct. 23, 2007), 〈http://europa.eu.int〉.

Cases C-463/04 and 464/04, Federconsumatori v. Comune di Milano, 2007 ECJ (Dec. 6, 2007), 〈http://europa.eu.int〉.

제5장 무액면주식

Ⅰ. 국내문헌

국회 법제사법위원회, 상법 일부개정법률안 심사보고서, 2010. 3. 10.

권재열, "개정상법상 주식관련제도의 개선내용과 향후과제", 선진상사법률연구 제56호 (2011).

김건식 외 6인, 21세기 회사법 개정의 논리－2006년 법무부 상법개정작업 기초실무 자료(기업재무편), 도서출판 소화, 2007.

이철송, 회사법강의[제22판], 박영사, 2014.

______, 「2011 개정상법 – 축조해설 –」, 박영사, 2011.
심 영, "영국 회사법", 주요국 회사법, 전국경제인연합회(2009).
옥무석, "무액면주식제도의 도입에 관한 연구", 법학논집 제4권 제4호(2000).
이영종, "독일 무액면주식 제도-제도적 특징과 우리 회사법 상의 주식제도에 대한 시사점에 관한 고찰", 일감법학 제18호(2010).
장지석, "무액면주식에 관한 법적 고찰", 연세대학교 대학원 법학박사논문(1990).
______, "무액면주식제도 도입론", 상장협 제48호(2003).
최병규, "개정 상법상 무액면주식제도에 관한 연구", 경영법률 제21권 제4호(2011).
최준선, 회사법[제9판], 삼영사, 2014.

Ⅱ. 외국문헌

江頭憲治郎, 株式會社法[第4版], 有斐閣, 2011.
大隅健一郎・今井宏, 新版會社法論 上卷, 有斐閣, 1980.
稻葉威雄, 改正會社法, 金融財政事情研究會, 1982.
味村 治, 改正株式會社法, 商事法務研究會, 1967.
北澤正啓, 會社法[新版], 青林書院, 1982.
________, 會社法[第6版], 青林書院, 2001.
上柳克郎・鴻常夫・竹內昭夫, 新版注釋會社法(3) 株式(1), 有斐閣, 1986.
石井照九・鴻常夫, 會社法 第1卷, 勁草書房, 1977.
鈴木竹雄 外, 1966年改正會社法實務の研究, 商事法務研究會, 1966.
田中誠二, 全訂會社法詳論 上卷, 勁草書房, 1974.
高島文雄, "無額面株式(No-Par Stock)の觀念及價値(一)", 法學協會雜誌 第48卷 第10号(1930).
渡部喬一, "額面・無額面株式の發行等の實務", 改正商法と實務(1981).
________, "會社の決定による額面・無額面株式の一齊轉換", 商事法の諸問題(石井照九先生追悼論文集), 有斐閣(1974).
西田 博, "米國無額面株式制度展開の一考察 – 『株式水增』問題との關連において –", 經營研究 第30卷 第5・6号(1980).
小林量, "無額面株式制度に關する一考察(一), 民商法雜誌 第89卷 第1号(1983).
______, "無額面株式制度に關する一考察(二・完)", 民商法雜誌 第89卷 第2号(1983).
小林俊明, "株式における額面価額の意義(二・完)", 東京都立大學法學會雜誌 第30卷 第2号(1989).
松岡誠之助, "額面株式と無額面株式の轉換", 商事法務 第1207号(1990).

松岡熊三郎, "額面株式と無額面株式", 株式會社法講座 II, 有斐閣(1956).
中村武, "比較無額面株制度論", 法學新報 第67卷 第3号(1960).

ABA Section of Business Law, Model Business Corporation Act Annotated, 4th ed., vol. 1, 2008.
Henry W. Ballantine, Ballantine on Corporations, rev. ed., 1946.
Adolf A. Berle, Studies in the Law of Corporation Finance, 1928.
James C. Bonbright, "The Dangers of Shares Without Par Value", 24 Col. L. Rev. 449(1924).
Richard A. Booth, Financing the Corporation, Westlaw DB.
Coing-Kronstein, Die nennwerlose Aktie als Rechtsproblem, 1959.
James D. Cox & Thomas L. Hazen, Cox & Hazen on Corporations, 2nd ed., vol. 2, Wolters Kluwer, 2003.
Melvin A. Eisenberg, Corporations and Other Business Organizations, 9th ed. - unabridged, Foundation Press, 2005.
T. Fiflis, Accounting Issues for Lawyers, 4th ed., 1991.
H.E. Guthmann & H.E. Dougall, Corporate Financial Policy, 1940.
Jahr/Stützel, Aktien ohne Nennbetrag, 1963.
Geoffrey Morse, et al., Palmer's Company Law Annotated Guide to the Company Act 2006, Sweet & Maxwell, 2007.
Saleem Sheikh, A Guide to the Companies Act 2006, Routledge · Cavendish, 2008.

제6장 자기주식 및 주식소각 제도

국중권, 「적대적 M&A 방어법제에 관한 연구」, 성균관대학교대학원 법학박사학위논문, 2006.
국회 법제사법위원회, "상법 일부개정법률안(정부제출) 검토보고", 2007.
――――――――――, 「상법 일부개정법률안 검토보고」, 2008.
권기범, "주식소각에 의한 자본감소 소고", 「상법연구의 향기(정희철 교수 정년 20년 기념)」, 2004.
권기범, "주식회사의 자본감소에 관한 연구", 「상사법연구」 제23권 제1호(한국상사법학회, 2004).
―――, 「현대회사법론[제4판]」, 삼영사, 2012.

권재열, “현행 상법상 주식소각제도의 문제점과 개선방안”, 「한국기업의 위기와 법적 대응방안(한국상사법학회 2010년 하계학술대회 발표논문집)」, 2010.

권종호, “2001년 개정상법 및 증권거래법상의 주식소각제도”, 「현대상사법논집(우계 강희갑 박사 화갑기념), 2001.

______, “[토론요지] 자기주식의 이익소각제도에 대한 몇가지 시사점”, 「비교사법」 제8권 제2호(한국비교사법학회, 2001).

김건식 외 6인, 「21세기 회사법 개정의 논리」, 소화, 2007.

김건식, “자본제도와 유연한 회사법”, 「절차적 정의와 법의 지배(이창희 · 장승화편)」, 박영사, 2003.

김광록 · 윤성민, “기업의 자기주식 취득제한과 취득동기에 관한 법 · 경제학적 고찰”, 「기업법연구」제19권 제1호(한국기업법학회, 2005).

김병연, 「자기주식의 처분 및 활용방안」, 한국상장회사협의회, 2005.

김순석, “주식회사 법정준비금제도의 재검토”, 「상사법연구」 제23권 제3호(한국상사법학회, 2004).

______, “미국의 배당규제와 자기주식 제도”, 비교사법 제13권 제2호 2006.

김순석 · 심영 · 권종호 · 최병규 · 곽관훈, 「주요국 회사법」, 전국경제인연합회, 2009.

김재문, “주식회사의 이익배당에 관한 법적 고찰－이익배당의 기준을 중심으로－”, 상사법연구 제14집 제2호 (한국상사법학회, 1995).

김정수, 현대증권법원론, 박영사, 2002.

김정태, “자기주식 취득제도의 개선”, 「상장회사 관련 주요제도와 정책의 개선방안」, 1988.

김홍식, 「M&A 개론」, 박영사, 2009.

노혁준, “자기주식과 기업의 합병, 분할”, 「증권법연구」 제9권 제2호(2008).

송종준, “자기주식의 처분절차규제에 관한 소고”, 「법률신문」 제3504호(2006. 11. 9), 13면.

신우진 “경영권 방어를 위한 자기주식의 제3자에 대한 처분의 법적 문제점”, 「기업법연구」 제21권 제1호(2007).

염춘필, “자본감소절차 및 등기실무에서 발생하는 제문제－사례별 실무내용 소개와 검토의견을 중심으로－”, 「법무사저널」 2008년 11월 · 12월호, 서울지방법무사협회.

옥무석, “자기주식의 이익소각제도에 대한 몇가지 시사점”, 「비교사법」 제8권 제2호(2001).

왕순모, “일본 상법의 최근 개정동향－일본의 ‘금고주 해금 등에 관한 상법개정’과 우리 법에의 시사－”, 「법조」 제548호(2002).

윤영신, “EU 회사법상 자본제도에 관한 제2지침 개정 동향”, BFL 제13호(2005).

이범찬,「자기주식취득규제에 관한 연구」, 한국상장회사협의회, 1993.
이범찬 · 임충희, "자기주식취득의 규제에 관한 몇 가지 문제",「현대상사법의 제문제(일석박상조교수화갑기념)」, 한올출판사, 1998.
이철송, "불공정한 자기주식거래의 효력－주식평등의 원칙과 관련하여",「증권법연구」제7권 제2호(2006).
______,「회사법강의[제22판]」, 박영사, 2014.
최준선,「회사법강의[제9판]」, 삼영사, 2014.
최준선 · 김순석,「회사법 개정방향에 관한 연구」, 한국상장회사협의회, 2004.

江頭憲治郎, 株式會社法 · 有限會社法[第4版], 有斐閣, 2005.
__________,「株式會社法[第4版]」, 有斐閣, 2011.
江頭憲治郎 外 編,「改正會社法セミナー[株式編]」, 有斐閣, 2005.
關西法律特許事務所 · 成和共同法律事務所 編,「詳解新會社法の理論と實務」, (株)民事法硏究會, 2006.
關 俊彦,「會社法槪論[新訂版]」, 商事法務, 2004.
吉本健一, "金庫株の解禁",「金融 · 商事判例」No. 1160 (2003).
大隅健一郎 · 今井宏,「會社法論 · 中[第3版]」, 有斐閣, 1992.
藤田友敬, "自己株式の法的地位",「商事法への提言－落合誠一先生還曆記念(小塚莊一郎 · 高橋美加 編)」, 商事法務, 2004.
弥永眞生, "ヨーロッパ諸國における「金庫株」法制[上]",「商事法務」第1586号(2001).
鈴木竹雄 · 石井照久,「改正株式會社法解說」, 日本評論社, 1950.
鈴木竹雄 · 竹內昭夫,「會社法[第3版]」, 有斐閣, 1994.
森本滋, "自己株式取得規制の改正－平成13年6月商法改正の評價",「金融法務事情」第1643号(2002).
森本滋 編,「比較會社法硏究」, 商事法務, 2003.
森本滋, "自己株式の取得規制",「金融法務事情」第1813号(2007).
森本 滋, "序論－わが國會社法の資本制度關聯改正の動向",「商事法務」No. 1601 (2001).
神田秀樹 · 武井一浩 編,「新しい株式制度」, 有斐閣, 2002.
上柳克郎 · 鴻常夫 · 竹內昭夫 編,「新版注釋會社法(3)」, 有斐閣, 1986.
相澤 哲,「一問一答新會社法」, 商事法務, 2005.
相澤哲 · 豊田祐子, "株式(株式會社による自己の株式の取得)",「立法擔當者による新 · 會社法の解說(相澤 哲 編)」, 別冊商事法務 No. 295 (2006).

相澤哲・葉玉匡美・郡谷大輔,「論点解説新・會社法」, 商事法務(2006).

相澤 哲・岩崎友彦, "株式會社の計算等",「商事法務」第1746号(2005).

矢澤惇, "株式の消却一特に償還株式について",「松本先生古稀記念企業法の諸問題」, 有斐閣, 1981.

神田秀樹・武井一浩 編,「新しい株式制度」, 有斐閣, 2002.

神田秀樹,「會社法[第11版]」, 弘文堂, 2009.

龍田節,「會社法大要」, 有斐閣, 2007.

牛丸與志夫・黒沼悦朗・近藤光男・田村詩子・正井章筰・行澤一人, "資本準備金による自己株式の取得と消却[中]", 商事法務 No. 1499 (1998).

原田晃治・泰出啓太・君谷大輔, "自己株式の取得規制等の見直しに係る商法改正の解說",「商事法務」제1607号(2001).

伊藤雄司,「會社法コメンタール 4－株式[2](山下友信 編)」, 商事法務, 2009.

伊藤靖史,「逐條解說會社法 第2卷 株式・1(酒卷俊雄/龍田 節 編)」, 中央經濟社, 2008.

太田 洋, "「金庫株」の解禁問題に關する論点整理[Ⅰ], [Ⅱ], [Ⅲ], [Ⅳ]－米國の關係規制からの示唆－", 商事法務 No.1586, No.1587, No.1588, No.1589 (2001).

Barbara Black, Corporate Dividends and Stock Repurchases, West, 2004.

Richard A. Booth, Financing the Corporation (Supp. 2005, West).

Directive 2006/68/EC of the European Parliament and of the Council of 6 September 2006 amending Council Directive 77/91/EEC as Regards the Formation of Public Limited Liability Companies and the Maintenance and Alteration of Their Capital, OJ L 264, 25.9.2006.

Luca Enriques & Jonathan R. Macey, "Creditors versus Capital Formation: The Case against the European Legal Capital Rules", 86 Cornell L. Rev. 1165 (2001).

Eugene F. Fama & Kenneth R. French, "Disappearing Dividends: Changing Firm Characteristics or Lower Propensity to Pay?", 60 J. Fin. Econ. 3 (2001).

David Ikenberry et al., "Stock Repurchases in Canada: Performance and Strategic Trading", 55 J. Fin. Econ. 2373 (2000).

Gesetz zur Kontrolle und Transparenz im Unternehmensbereich(KonTrag) vom 30. April 1998(BGB1. I S. 786).

Gesetz zur Umsetzung der Aktionärsrechterichtlinie(ARUG) vom 30 Juli 2009.

Richard O. Kummert, "State Statutory Restrictions on Financial Distributions by

Corporations to Shareholders", 59 Wash. L. Rev. 185 (1984).

Friedrich Kübler, "The Rules of Capital Under Pressure of the Securities Markets", 「Capital Markets and Company Law」(Klaus J. Hopt & Eddy Wymeersch, eds.), 2003.

Craig A. Peterson & Norman W. Hawker, "Does Corporate Law Matter? Legal Capital Restrictions on Stock Distribution", 31 Akron L. Rev. 175 (1997).

Ok-rial Song, "Hidden Social Costs of Open Market Share Repurchases", 27 J. Corp. L. 425 (2002).

Bishop v. Prosser-Grandview Broadcasters, Inc., 472 P.2d 560 (Wash. App. Ct. 1970).

Field v. Bankers Trust Co., 296 F.2d 109 (2d Cir. 1961), cert. denied, 369 U.S. 859 (1962).

Hansen v. Singmaster Ins. Agency Inc., 722 P.2d 1254 (Or. App. Ct. 1986).

Klang v. Smith's Food & Drug Centers, Inc., 702 A.2d 150 (Del. 1997).

In re Sea-land Corp. Shareholders Litigation, 642 A.2d 792 (Del. Ch. 1993), aff'd, 633 A.2d 371 (Del. Sup. 1993).

Unocal Corp. v. Mesa Petroleum, 493 A.2d 946 (Del. 1985).

제7장 워런트 제도

권재열, "한국형 포이즌 필의 도입에 관한 연구－2009년 12월 법무부가 입법예고한 상법 일부개정법률안에 대한 검토－", 「경영법률」 제20집 제2호(2010).

김건식, "워런트(warrant)의 도입을 위한 소론", 「서울대학교 법학」 제40권 제1호(1999).

김순석 · 최준선, 「회사법 개정방향에 관한 연구」, 한국상장회사협의회, 2004.

김택주, "포이즌 필의 이용방안과 문제점", 「기업법연구」 제20권 제3호(2006).

박세화, "주식회사 자금조달의 활성화를 위한 새로운 주식 제도", 「상사법연구」 제24권 제3호(2005).

박철영, "상법상 주식제도의 문제점 및 과제", 「기업법연구」 제19권 제3호(2005).

법무부, 「각국의 최근 상법 동향」, 1998.

송옥렬, "포이즌필의 도입 가능성－일본에서의 논의를 중심으로－", 「BFL」 제12호 (2005).

______, "포이즌필의 도입에 따른 법정책적 쟁점", 「상사법연구」 제27권 제2호(2008).

송종준, "경영권 방어수단 도입의 전제조건", 「기업법연구」 제19권 제4호 (2005).

송종준 · 김윤정, “한국형 포이즌 필의 법리 해석과 몇 가지 입법과제 – 2010년 상법일부 개정법률안상 신주인수선택권을 중심으로 –”, 「증권법연구」 제11권 제1호 (2010).

양만식, “일본 회사법에 있어서 주식제도와 코포레이트 거버넌스 – 신주예약권제도의 활용을 중심으로 –”, 「경영법률」 제19집 제2호(2009).

유영일, “일본 회사법상의 신주예약권에 관한 연구”, 「상사판례연구」 제19집 제4권 (2006).

윤영신, “워런트(warrant)의 도입시 고려해야 할 증권법상의 문제”, 「한림법학 FORUM」 제8권(1999).

江頭憲治朗, 「株式會社法[第4版]」, 有斐閣, 2011.

江頭憲治朗 · 門口正人 編, 「會社法大系 2」, 青林書院, 2008.

關西法律特許事務所 · 成和共同法律事務所 編, 「詳解新會社法の理論と實務」, 民事法研究會, 2006.

內藤良祐 編, 「新會社法對應 種類株式 · 新株豫約權活用の實務」, 2006.

藤田友敬, “オプションの發行と會社法(上) – 新株豫約權制度の創設とその問題點”, 商事法務 第1622号(2002).

相澤哲 · 豊田祐子, “新株豫約權”, 「立法擔當者による新 · 會社法の解說(相澤哲編)」, 別冊商事法務 No. 295 (2006).

新谷勝, 「敵對的企業買收 – 原因と對策に關する法律問題のすべて – [改訂版]」, 稅務經理社, 2005.

前田庸, 「會社法入門[第12版]」, 有斐閣, 2009.

酒卷俊雄 · 龍田節 編, 「逐條解說 會社法 第3卷 株式 · 2/新株豫約權」, 中央經濟社, 2009.

川口幸美, “新株豫約權の第3者割當の法的問題”, 「川村正幸先生退職記念論文集會社法 · 金融法の新展開」, 中央經濟社, 2009.

ABA Section of Business Law, Model Business Corporation Act Annotated, 4th ed., vol. 1, 2008.

Bruce N. Hawthorne, John L. Graham & Elizabeth M. Schubert, Equity Derivatives Overview, 1279 PLI/Corp 225 (2001).

Henry B. Reiling, Warrants in Bond-Warrant Units: A Survey and Assessment, 70 Mich L. Rev. 1411 (1972).

Andrew Mchattie, Warrants, 2nd ed., 1996, pp. 6~11.

Edward P. Welch, Andrew J. Turezyn & Robert S. Saunders, Folk on the Delaware General Corporation Law, 5th ed., vol. Ⅰ, Wolters Kluwer, 2008.

Cont'l Airlines Corp. v. Am. Gen. Corp., 575 A.2d 1160 (Del. 1990), aff'd, 276 A.2d 269 (Del. 1971).

Dynamics Corp. of Am. CTS Corp., 794 F.2d 250 97th Cir. 1986), rev'd on other grounds, 481 U.S. 69 (1987).

Frankel v. Donovan, 120 A.2d 311 (Del. Ch. 1956).

Grime v. Alteon Inc., 804 A.2d 256 (Del. 2002).

Lewis V. Scotten Dillon Co., 306 A.2d 755 (Del. Ch. 1973).

Moran v. Household Int'l, Inc., 500 A.2d 1346 (Del. 1985).

Niehenke v. Right O Way Transp., C.A. No. 14392, slip op. at 8 (Del. Ch. Dec 28, 1995).

Revlon, Inc. v. MacAndrews & Forbes Holding, Inc., 506 A.2d 173 (Del. 1986).

제8장 자본금 제도상 채권자 보호

권기범, “주식회사의 자본감소에 관한 연구”, 「상사법연구」 제23권 제1호 (한국상사법학회, 2004).

김건식, “자본제도와 유연한 회사법”, 「절차적 정의와 법의 지배(이창희 · 장승화 편)」, 박영사, 2003.

김건식 외 6인, 「21세기 회사법 개정의 논리-2006년 법무부 상법개정작업 기초실무 자료(기업재무편)-」, 도서출판 소화, 2007.

김순석, “주식회사 법정준비금제도의 재검토”, 「상사법연구」 제23권 제3호(2004).

———, “미국의 배당규제와 자기주식 제도”, 「비교사법」 제13권 제1호(2006).

———, “무액면주식 제도 도입에 따른 법적 쟁점” 「저스티스」 통권 제127호(2011).

김재문, “주식회사의 이익배당에 관한 법적 고찰-이익배당의 기준을 중심으로-”, 「상사법연구」 제14집 제2호(1995).

김홍기, “2011년 개정상법 및 동법시행령상 회사재무분야의 주요쟁점 해석 및 운용상의 과제”, 「기업법연구」 제26권 제1호(2012).

법무부, 「상법개정특별분과위원회 회의록[회사편]」, 2006.

———, 「상법 회사편 해설」, 2012.

손영화, “상법상 자본제도의 개선방안”, 「상사법연구」 제25권 제2호(2006).

송옥렬, “자본제도의 개정방향 : 2008년 상법개정안을 중심으로”, 「상사법연구」 제28권 제3호(2009).

———, “2011년 개정 회사법의 해석상 주요쟁점 – 기업재무 분야를 중심으로 –”, 「저스티스」 제127호(2011).

———, 「상법강의[제2판]」, 홍문사, 2012.

송종준, “주식회사 법정자본제도의 국제적 개혁동향과 입법 과제 – 주주와 채권자의 이해조정을 중심으로 –”, 「경영법률」 제20집 제1호(2009).

안상현, “개정상법상 무액면주식의 도입”, 「BFL」 제51호(2012).

양기진, “무액면주식의 도입 관련 회사법상 쟁점 연구”, 「기업환경변화와 회사법의 대응(건국대학교 법학연구소 국내학술대회 발표자료집)」, 2012. 3. 23.

유석호, “상법상 자본제도의 개선방안 토론문”, 「상사법연구」 제25권 제2호(2006).

윤영신, “회사법상 자본제도에 의한 채권자보호의 득실”, 「법학연구(충남대학교, 2004)」, 제15권 제1호(2004).

———, “법정자본제도 입법례와 자본개념 폐지 입법례에 대한 비교법적 연구”, 「비교사법」 제13권 제3호(2006).

———, “주식회사의 출자관련 규제의 폐지에 관한 연구 – 액면주식제도, 현물출자제도, 최저자본금제도 –”, 「법조」 제596호(2006).

———, “법정자본제도 입법례와 자본금 폐지 입법례에 대한 비교법적 연구”, 「비교사법」 제13권 제3호(2006).

———, “자본유지제도의 채권자보호 기능의 한계에 대한 연구”, 「중앙법학」 제9집 제2호(2007).

이철송, 「회사법강의[제20판]」, 박영사, 2012.

———, “2011개정상법의 정책적 및 기술적 오류”, 한국증권법학회 제178회 정기세미나 자료(2012.6.2.)

최준선, 「주식회사 자본제도 개선방안 연구」, 한국상장회사협의회, 2006.

———, 「2011 개정상법 회사편 해설」, 한국상장회사협의회, 2011.

———, 「회사법[제7판]」, 삼영사, 2012.

葭田英人, “資本制度と株式制度の課題”, 「法學新報」 第107卷 第11・12号(2001).

江頭憲治郎, 「株式會社法[第4版]」, 有斐閣, 2011.

關西法律特許事務所・成和共同法律事務所, 「詳解 新會社法の理論と實務」, (株)民事法研究會, 2006.

郡谷大輔・岩崎友彦, “會社法における債權者保護[上], [下]”, 「商事法務」 第1746号

(2005), 第1747号(2005).

吉原和志, “會社の責任財産の維持と債權者の利益保護(一)~(三・完)”, 「法學協會雜誌」 第102卷 第3号(1985), 第102卷 第5号(1985), 第102卷 第8号(1985).

大隅健一郎・今井宏・小林量, 「新會社法概說」, 有斐閣, 2009.

藤田友敬, “株主有限責任と債權者保護(2)”, 「法學教室」 第262号(2002).

尾崎安央, “株式, 資金調達, 計算”, 「商事法務」 第1940号(2011).

森本 滋, “序論－わが國會社法の資本制度關聯改正の動向”, 「商事法務」 No. 1601 (2001).

上柳克郎・鴻常夫・竹內昭夫, 新版注釋會社法(3) 株式(1), 有斐閣, 1986.

神田秀樹・武井一浩, 「新しい株式制度」, 有斐閣, 2002, 22面.

中村忠, “資本および拂入剩餘金”, 「企業會計」 第33卷 第5号(1981).

太田 洋, “「金庫株」の解禁問題に關する論点整理[Ⅱ]－米國の關係規制からの示唆－”, 商事法務 No. 1587 (2001).

ABA, Model Business Corporation Act Annotated 4th ed., vol. 1, 2008.

J. Armour, “Share Capital and Capital Protection: Efficient Rules for a Modern Company Law”, 63 Modern Law Review 355 (2000).

J. Armour, “Legal Capital - An Outdated Concept?”, 6 European Business Organization Law Review 5 (2006).

Barbara Black, Corporate Dividend and Stock Repurchases, Westlaw DB CORPDIVSR (updated to December 2011).

P. Davies, 「Gower and Davies' Principles of Modern Company Law」, 8th ed., Sweet & Maxwell, 2008.

Directive 2006/68/EC of the European Parliament and of the Council of 6 September 2006 amending Council Directive 77/91/EEC as regards the formation of public limited liability companies and the maintenance and alteration of their capital, Official Journal L 264, 25/09/2006.

Melvin Aron Eisenberg, Cases and Materials on Corporation and Other Business Organizations (9th ed.), 2005.

Luca Enriques & Jonathan R. Macey, “Creditors versus Capital Formation: The Case against the European Legal Capital Rules”, 86 Cornell L. Rev. 1165 (2001).

E. Ferran, “The Place of Creditor Protection on the Agenda for Modernisation of Company Law in the European Union”, 3 European Company and Financial

Law Review 178 (2006).

Heribert Hirte & Alexander Schall, “Legal Capital and the EU Treaties”, 「Corporate Finance Law in the UK and EU」(Dan Prentice & Arad Reisberg, ed.), Oxford University Press, 2011.

KPMG, Feasibility Study on an alternative to the capital maintenance regime established by the Second Directive 77/91/EEC of 13 December 1976 and an examination of the impact on profit distribution of the new EU-accounting regime(2008), 〈http://ec.europa.eu/internal_market/company/docs/capital/feasibility/study_en.pdf〉.

Friedrich Kübler, “The Rule of Legal Capital Under Pressure of the Securities Markets”, 「Capital Markets and Company Law(Klaus J. Hopt & Eddy Wymeersch, ed.)」, Oxford, 2003.

______________, A Shifting Paradigm of European Company Law?, 11 Colum. J. Eur. L. 219 (2005).

Richard O. Kummert, “State Statutory Restrictions on Financial Distributions by Corporations to Shareholders”, 59 Wash. L. Rev. 185 (1984).

Marcus Lutter, “Legal Capital of Public Companies in Europe”, 「Legal Capital in Europe」, European Company and Financial Law Review Special Vol. 1, 2006.

H. Merkt, “Creditor Protection and Capital Maintenance from a German Perspective”, 15 European Business Law Review 1054 (2004).

M. Miola, “Legal Capital and Limited Liability Companies: The European Perspective”, 2 European Company and Financial Law Review 413 (2005).

P. Mülbert & M. Birke, “Legal Capital - Is there a Case against the European Legal Capital Rules?”, 5 European Business Organization Law Review 695 (2004).

Jean-Marie Nelissen Grade & Matthias Wauters, “Reforming Legal Capital: Harmonization or Fragmentation of Creditor Protection?”, 「The European Company Law Action Plan Revisited」, Leuven University Press, 2010.

Bernhard Pellens & Thorsten Sellhorn, “Improving Creditor Protection through IFRS Reporting and Solvency Tests”, 「Legal Capital in Europe (Marcus Lutter ed.)」, European Company and Financial Law Review Special Volume 1, De Gruyter Recht, 2006.

Craig A. Peterson & Norman W. Hawker, Does Corporate Law Matter? Legal Capital Restrictions on Stock Distribution”, 31 Akron L. Rev. 175 (1997).

Position of DG Internal Market and Services, Result of the external study on an alternative to the Capital Maintenance Regime of the Second Law Directive and the impact of the adoption of IFRS on profit distribution, 〈http://ec.europa.eu/internal_market/company/docs/capital/feasibility/market-position_en. pdf〉.

Jonathan Rickford, Reforming Capital, Report of the Interdisciplinary Group on Capital Maintenance, 15 Eur. Bus. L. Rev. 919 (2004).

________________, "Legal Approaches to Restricting Distribution to Shareholder - Balance Sheet Tests and Solvency Tests", 7 European Business Organization Law Review 153 (2006).

John Rickford, "Legal Capital to Restricting Distributions to Shareholders: Balance Sheet Tests and Solvency Tests", 「The Law and Economics of Creditor Protection (Horst Eidenmüller & Wolfgang Schön ed.)」, T.M.C. Asser Press., 2008.

W. Schön, "The Future of Legal Capital", 5 European Business Organization Law Review 429 (2004).

H. Schutte-Veenstra, H. Boschma, & M-L. Lennarts, 「Alternative Systems for Creditor Protection」, Kluwer, 2005.

Fernanco D. Simões, Legal Capital Rules in Europe: Is There Still Room for Creditor Protection?, February 14, 2012, 〈http://ssrn.com/abstract= 2004825〉.

제9장 법정자본 제도

강희갑, "세계 주요국가의 주식회사 자본제도에 관한 최근의 개정동향", 「경영법률」 제12집(한국경영법률학회, 2001).

권기범, "주식회사의 자본감소에 관한 연구", 「상사법연구」 제23권 제1호 (한국상사법학회, 2004).

______, 「현대회사법론[제5판]」, 삼영사, 2014.

김건식, "자본제도와 유연한 회사법", 「절차적 정의와 법의 지배(이창희 · 장승화 편)」, 박영사, 2003.

______, 「주석상법[회사(Ⅳ)]」(손주찬 · 정동윤 편), 한국사법행정학회, 2003.

김순석, "주식회사 법정준비금제도의 재검토", 「상사법연구」 제23권 제3호(한국상사법회, 2004).

왕순모, "일본 상법의 최근 개정동향 - 일본의 「금고주 해금 등에 관한 상법개정」과 우리 법에의 시사-", 「법조」 제548호 (법조협회, 2002).

______, "법정준비금의 과도적립현상을 시정하기 위한 입법론적 고찰-일본의 개정논의 및 연구성과를 토대로 하여-", 「상사법연구」 제14집 제1호 (한국상사법학회, 1995).

이철송, 「회사법강의[제22판]」, 박영사, 2014.

임재연, 「회사법Ⅰ[개정2판]」, 박영사, 2014.

정동윤, 회사법[제7판], 법문사, 2001.

정찬형, 「제17판 상법강의(상)」, 박영사, 2014.

江頭憲治郎, "法定準備金制度の規制緩和", 「ジュリスト」 第1206号 (2001).

__________, "日本の株式關聯法制の改革と今後に殘された課題", 「상사법연구」 제22권 제5호(한국상사법학회, 2004).

__________, "「會社法制の現代化に關する要綱案」の解說[Ⅵ]", 「商事法務」 第1726号 (2005).

__________, 株式會社法[第5版], 有斐閣, 2014.

關西法律特許事務所・成和共同法律事務所 編, 「詳解新會社法の理論と實務」, (株)民事法研究會, 2006.

吉本健一, "資本と法定準備金", 「判例タイムズ」 No. 1093 (2002).

大隅健一朗・今井宏, 「會社法論[第3版]」, 有斐閣, 1992.

尾崎安央, "法定準備金制度の發展と機能的變化 — わが國における制度的展開と問題點 —", 「早稻田法學」 第57券 第2号 (1982).

森本 滋, "序論—わが國會社法の資本制度關聯改正の動向", 「商事法務」 No. 1601 (2001).

森本 滋 編, 「比較會社法研究 - 21世紀の會社法制を模索して -」, 商事法務, 2003.

上柳克郎・鴻常夫・竹內昭夫, 「新版注釋會社法(8)」, 有斐閣, 1987.

相澤哲・岩崎友彦, "株式會社の計算等", 「立案擔當者のよる新・會社法の解說(相澤哲 編)」, 別冊商事法務 第295号(2006).

相澤哲・葉玉匡美・湯川毅, "外國會社・雜則", 「立案擔當者のよる新・會社法の解說(相澤哲 編)」, 別冊商事法務 第295号(2006).

小林 量, "ドイツとフランスにおける資本制度", 商事法務 No. 1601 (2001).

_______, "商法の債權者保護機能との關係", 「企業會計」 第54券 第7号 (2002).

神田秀樹・武井一浩, 「新しい株式制度」, 有斐閣, 2002, 22面.

布井千博, "法定準備金の取崩しとその使途について", 「銀行法務21」 No. 599 (2002).

Alder/During/Schamaltz, Rechnungslegung und Prüfung der Unternehmen, 6. Aufl., 1997.

Paul L. Davies, Gower and Davies' Principles of Modern Company Law, 2003.

Mevin Aron Eisenberg & James D. Cox, 「Cases and Materials on Corporation and Other Business Organizations」, 10th ed., Foundation Press, 2011.

Hamel = Lagarde = Jauffret, Droit Commercial, tomb.1 2vol. 2e éd., 1980.

M. Juglartt = B. Ippolito, Les sociétés commerciales, 10e éd., 1999.

Luca Enriques & Jonathan R. Macey, "Creditors versus Capital Formation: Lutter, in Kölner Kommentar, 2. Aufl., 1995.

Mercadal = Janin, Sociétés commerciales 2001, 2000.

Saleem Sheikh, A Guide to the Company Act 2006, Routledge · Cavendish, 2008.

| 색인 |

기타

저자약력

김순석(金淳錫)

성균관대학교 법과대학 및 동 대학원 졸업
미국 Southern Methodist Law School LL.M.
미국 University of Pennsylvania Law School LL.M.
성균관대학교대학원 법학박사
기획재정부 과징금부과심의위원회 위원
공정거래위원회 규제개혁심의위원회 위원
한국거래소 코스닥시장공시위원회 위원장
대한상사중재원 중재인
사법시험위원, 입법고등고시위원
독일 프랑크푸르트대학교 방문교수
일본 와세다대학교 방문교수
미국 뉴욕주 변호사
한국기업법학회 회장
한국상사법학회 부회장
한국증권법학회 부회장
현 전남대학교 법학전문대학원 교수

주식 및 자본금 제도

인쇄 | 2015년 2월 10일
발행 | 2015년 2월 25일

저자 | 김순석
발행인 | 지병문
발행처 | 전남대학교출판부

등록 | 1981. 5. 21. 제53호
주소 | 500-757 광주광역시 북구 용봉로 77
전화 | (062) 530-0571～2
마케팅 | 530-0573
팩스 | (062) 530-0579
홈페이지 | http://www.cnup.co.kr
이메일 | cnup0571@hanmail.net

값 30,000원

ISBN 978-89-6849-196-2 (93360)

이 도서의 국립중앙도서관 출판예정도서목록(CIP)은
서지정보유통지원시스템 홈페이지(http://seoji.nl.go.kr)와
국가자료공동목록시스템(http://www.nl.go.kr/kolisnet)에서 이용하실 수 있습니다.
(CIP제어번호 : CIP2015005585)